서양 중세 정치사상 연구

서양 중세 정치사상 연구

마르실리우스와 오캄을 중심으로

박 은 구 지음

혜안

부모님께 드립니다

지은이의 말

필자는 지금까지 우리 사회와 대학으로부터 많은 사랑을 받아 왔다. 특히 숭실대학교는 보잘것없는 한 중세사학도였던 필자를 일찍이 사학과의 교수로 불러서 안정된 환경에서 학문에 정진할 수 있는 각별한 여건을 마련해 주었다. 기초학문 분야 특히 인문학도의 어려움이 어제 오늘의 일이 아님을 생각한다면, 필자가 지난 이십 수년 동안의 교수생활에서 받은 사랑과 격려는 지극히 과분한 것이었다. 그럼에도 불구하고 필자는 게으르고 무능력해서 본인의 학문정신의 결실임을 떳떳이 자부할 만한 성과를 우리 사회와 대학에 제대로 내놓지 못했다. 참으로 부끄럽고 송구스럽다. 그러니까 이 책은 그 동안 필자를 짓눌러 온 죄책감의 소산이며, 속죄의 한 표식인 셈이다.

필자가 서양 중세사학도의 길을 걷기로 결심한 것은 1970년대 초엽의 일이고, 이 책과 유사한 체제의 연구서를 구상한 것은 80년대 후엽의 일이었다. 그러니까 이 책이 한 역사학도가 가지게 된 문제의식의 산물이라면, 그 문제의식은 1970년대와 80년대에 형성된 것이다. 돌이켜보면, 별들도 빛을 잃었던 1970~80년대에 우리 사회에 대한 애정을 숨죽여 가며 내연시켰던 모든 이들의 절실한 화두는 민주화였다. 따라서 필자가 우리 사회의 이 시대적 요구를 어떻게 하면 중세사학도의 학문정신으로 여과해 낼 수 있을까 하는 작업동기를 가지게 된 것은 오히려 당연한 일이었다.

그러나 당시 필자는 서양 중세 정치사상에 관한 나름의 절실한 지적 탐구열에도 불구하고, 서양 중세사학계의 학문적 동향은 물론 연구자로서 갖추어야 할 최소한의 기본적인 시각이나 인식의 지평도 가지지 못한 상태였다. 그리하여 중세의 복잡다기한 정치적 논술들을 읽고, 이를 필자의 독자적 역사의식으로 정제해 내는 작업이 요원하게만 느껴졌으며, 이로 인한 방황 또한 적지 않게 경험했던 것이 사실이다. 이 같은 상황에서 필자의 지적 방황에 새로운 학문적 희망과 시야를 열어 준 이가 중세 인민주의(medieval populism)라는 정치사상사의 새로운 패러다임을 제시한 영국의 중세 사학자 울만(W. Ullmann)이었다.

당시까지 서양 중세 정치사학의 주제는 보편주의 지배이데올로기 대 분권적인 봉건적 현실이라는 이원적 정치구조 및 이를 토대로 출현한 근대 민족국가의 형성 과정 등에 집중되어 있었다. 그리하여 학문적 논의의 지평도 교황권, 제국, 봉건적 정치 질서 내지 세속국가 등에 머물러 있었다. 이에 비해 울만은 정치사상사의 극히 기본적인 주제이면서도, 중세의 정치적 논술들에 관한 한 오랫동안 직접적으로는 규명되지 않았던 정치 권력의 원천 내지 그 소재의 문제를 정면으로 제기하였다. 사실 중세의 정치적 논술들은 거의 예외 없이 '신은 인간을 매개로 일한다'는 그리스도교적 명제를 가지고 있었다. 문제는 신의 뜻을 이 땅에서 주권적으로 매개하는 '정치적 인간'을 누구로 그리고 어떻게 규정할 것인가 하는 점이었다. 여기서 울만은 방대하기 짝이 없는 이 시기의 정치적 견해들에서 정치 주권체에 대한 중세적 인식의 변화를 포착하여, 외형상의 신정적 정치 원리로부터 인민주의적 정치 원리의 형성 궤적을 추적하였던 것이다. 울만의 이 같은 작업은, 명백한 한계와 많은 비판에도 불구하고 필자에게는 중세 정치사상에 관한 새로운 접근의 모델과 학문적 재해석의 가능성을 보여 주었다. 이로부터 생경하기만 했던 중세 인민주의 정치사상에 대한 해명 작업이 우리 사회의 민주화 열망을 학문정신으로 여과해 보고 싶었던 한 중세사학도의 정신적 지평이 되었다.

이 책은 지난 20여 년에 걸쳐 여기저기에 실은 글들을 모아서 정리한 것이다. 글을 쓴 순서에 따라 이 책의 구성을 간략히 정리해 둔다. 먼저 4장 '중세 정치의식의 유형'은 대체로 80년대 초엽에 집필된 것들로서, 이는 중세의 정치적 논술들을 파악하는 필자 나름의 지적 패러다임을 형성하기 위한 작업이었다. 행여나 이 분야에 학문적 관심을 가진 이들에게 도움이 될까 해서 감히 여기에 싣게 되었다.

그리고 3장 '윌리엄 오캄의 정치사상'은 필자의 학위논문 주제이기도 했던바, 주로 80년대 중엽에 집필되었다. 오캄의 유명론(nominalism)이 철학 및 신학사상에서 점하는 의의와 비중에 대해서는 일찍부터 활발한 논의가 있어 왔다. 그러나 그의 정치적 견해의 성격은 상대적으로 소홀하게 규명되어 온 것이 사실이다. 이에 필자는 오캄을 중세 말의 시대정신을 해명하는 한 중요한 통로로 간주하고, 정치사상사에서 점하는 그의 위치를 설정해 보고자 하였다. 오캄의 정치적 견해의 성격을 개체주의적 인민주의(individualistic populism)로 해석하고자 했던 원래의 의도가 얼마나 성공적이었던가 하는 점에 대해서는 지금도 두려움이 앞선다. '정치적 오캄주의에 관한 보다 설득력 있는 재구성은 앞으로의 과제이다'라고 했던 맥그레이드의 지적이 여전히 유용함은 이를 나위가 없다.[1]

다음으로 2장 '마르실리우스 파두아의 정치사상'은 주로 90년대에 집필되었다. 마르실리우스는 중세 정치 이론가들 가운데서도 자타가 공인하는 대표적인 반교황적 속권주의자이며, 중세 인민주의의 기수로 평가되어 왔다. 그러나 필자는 마르실리우스의 정치적 견해를, 오캄의 그것과 대비시켜, '일종의 인민주의' 즉 전체주의적 인민주의(totalitarian populism)로 해석하였다. 사실 교권이 지배하는 사회에 대한 마르실리우스의 공격은 자본제 사회에 대한 마르크스의 공격만큼이나 전면적이고 철저한 것이었다. 따라서 필자가 제시한 마르실리우스 분석의 보편적 타당성 여부에 대한 평가는 모름지기 독자들의 몫이다.

끝으로 1장 '용어 해설'은 서양 중세 정치사상에 관한 국내 학계의 학문

---

1) A. McGrade, *CMPT*, p.745.

적 논의가 충분하지 못한 실정임을 감안하여, 이 책에서 다루게 될 용어의
개념을 미리 한정해 둔 것이다. 이는 비단 정치사상의 분야뿐만 아니라 서
양 중세사 전반에 있어서도 우리 나름의 학문적 언어와 수단을 강화하기
위해서 필요한 일이라고 생각되었다. 부족하나마 이 시론적 시도가 중세사
학의 용어와 개념의 문제에 관한 보다 심층적인 논의를 낳아서, 서양 중세
사학의 기초가 건설적으로 다져지는 한 단서가 된다면 그것은 기대 이상
의 성과라 하겠다.

　명백히 이 책은 한 권의 단행본이 되기에는 많은 한계를 가지고 있다.
그럼에도 불구하고 여기에 실린 글들을 비교적 오랫동안 구상하고, 다시
이를 한 권의 책으로 정리하면서, 필자는 두 가지 점을 주로 염두에 두었
다. 첫째, 필자는 이 책에서 하나의 일관된 문제의식을 가능한 한 긴 호흡
으로 유지하고자 했다. 필자는 먼저 중세의 공식적 정치 원리였던 신정적
보편주의적 이데올로기의 기저에 인민주의적 정치 의식이 도도히 숙성되
고 있었으며, 이 중세적 인민주의 의식이 근대적 민주주의 정치 이념의 한
원천이었다고 상정하였다. 그러나 문제가 여기서 끝나지는 않을 것 같다.
한 사회가 민주적 정치 원리를 형성하고 구현하기 위해서는 주권적 정치
체로 동시에 상정된 개인과 집단 간의 문제 역시 반드시 해명되어야 할 화
두라는 점이 그것이다. 이에 필자는 중세 말의 상황이 낳은 두 유형의 인
민주의 정치 이론을 통해서 개체와 전체의 문제까지 깊이 있게 분석해 보
고자 하였다. 표면상의 정치 원리로부터 의미 깊은 기저의 정치적 모색들
을 구별해 내고, 다시 이 기저의 모색들을 일관된 문제의식을 가지고 다양
한 쟁점별로 분석함으로써, 이 주제에 관한 논의의 한 역사적 전형을 재구
성하는 작업 그것이 필자의 기본 목표였다.　·
　둘째, 필자가 이 글들을 통해 늘 마음에 두었던 작업정신은 학문적 독창
성이었다. 1970년대 이후 에코(U. Eco), 터치만(B. Tuchman), 하워드(D.
Howard) 등에 의해 중세 사회와 문화에 대한 대중적 관심이 크게 진작된
것은 매우 반가운 일이다. 이는 필경 중세사학도들에게, 칸토(N. Cantor)가

지적했듯이,[2] 중세 문화의 창의성과 복합성 그리고 심지어 모호성에 대한 폭넓은 해명을 요구하게 마련이다. 현대 중세사학의 한 중요한 과제가 바로 여기에 있지 않을까. 울만이 제기했던 중세 인민주의 정치의식의 경우도, 그것이 오늘날 우리에게 살아 숨쉬는 정치·문화적인 유산이 되기 위해서는 보다 세밀한 실체적 파악이 요구된다고 필자는 생각하였다. 필자가 마르실리우스와 오캄의 정치적 논술들을 공통의 신념에 기초한 그러나 서로 다른 정치 질서를 추구했던 이론으로 규정한 이유도 중세 정치사상의 창의적 다원성을 실증해 보려는 동기에서였다. 중세적 인민주의 정치의식을 통해서 현대 서양 중세사학이 안고 있는 학문적 과제 즉 문화적 복합성의 해명 요구에 도전해 보고자 한 것이 필자의 한 작업 의도였다.

지은이로서는 이 책을 정리하면서 서양 중세 문화와 정치사상에 관심을 가진 모든 이들을 고려하려는 욕심을 가졌던 것이 사실이다. 그래서 되도록이면 읽기 쉬운 책으로 꾸미고자 수정과 가필을 가하고자 했다. 그러나 이 점에 관한 한 필자의 노력은 성공하지 못했음이 이미 분명해 보인다. 아마도 이것은 현재의 필자에게는 능력 밖의 일인 것 같다. 단지 독자들의 날카로운 가르침에 힘입어 치열한 반성의 계기를 가질 수만 있다면, 그리하여 중세 사학도로서의 사명을 새롭게 다짐하는 기회가 된다면, 필자로서는 그 이상의 보람이 없겠다.

이 부족한 책을 펴냄에 있어서도 필자는 참으로 많은 분들의 도움을 받았다. 먼저 필자의 오늘을 있게 해 주셨고, 한국 교회와 가정을 위해 각각의 삶을 바치신 부모님께 이 책을 드리고 싶다. 그리고 무엇보다도 필자를 학문적으로 계몽해 주고, 함께 고민하며, 토론과 비판에 참여해 준 국내의 은사, 동학, 후배님들에 대한 고마움은 이루 다 말할 수 없다. 여기서 그분들의 성함을 일일이 열거하기는 어렵다 하더라도, 이들의 격려가 없었더라면, 이 책은 결코 햇빛을 볼 수 없었을 것이다. 또한 이 자리를 빌려 영국

---

[2] N. Cantor, *Inventing the Middle Ages* (Cambridge, 1992), p.29.

케임브리지 대학의 C. N. L. Brooke 교수와 R. Dobson 교수 그리고 미국 킹 대학의 E. Rohr 교수 내외분께도 감사의 뜻을 밝혀두고 싶다. 이들이 실천적으로 보여준 학문하는 이의 맑은 삶과 따뜻한 선의는 필자의 메마른 생활과 편협한 정서를 깊이 되돌아보도록 이끈 한 동인이 되었다.

특히 이 책의 출판 과정에서 여러 번거로운 일들을 마다하지 않고 묵묵히 감당해 준 숭실대학교의 이희만 박사와 이영재 선생 그리고 혜안출판사의 오일주 사장과 편집진 여러분께는 마음으로부터 우러나오는 사의를 표한다. 무엇이 이들로 하여금 물질적 시간적 손해들을 그토록 기꺼이 감수하도록 했을까. 그저 고개가 숙여질 따름이다. 이 많은 분들이 오랫동안 참으며 베풀어 준 희생적 호의야말로 필자가 앞으로도 져야 할 학문적 빚이다.

2001년 5월
상도동 연구실에서
박 은 구

차 례

약어표

<저작 및 잡지명>

AHR	The American Historical Review
CLMP	The Cambridge History of Later Medieval Philosophy
CMH	The Cambridge Medieval History
CHPT	The Cambridge History of Medieval Political Thought
DNB	The Dictionary of National Bibliography
EHR	The English Historical Review

<마르실리우스의 저술>

DP	Defensor Pacis
DM	Defensor Minor

<오캄의 저술>

AP	An Princeps pro suo succursu
BR	Breviloquium de Principatu Tyrannico (1341~42)
CB	Tractatus Contra Benedictum
DIPP	De Imperatorum et Pontificum Potestate (1346~47)
OND	Opus Nonaginta Dierum (1332~34)
OQ	Octo Ququesitones de Potestate Papae

<위클리프의 저술>

Eccls.	De Ecclesia
Eng. Works	The English Works of Wyclif
Reg.	De Officio Regis

제1장 용어 해설

본 장에서는 독자들의 이해를 돕기 위하여 이 책에서 다루게 될 몇몇 중요한 용어들에 대한 해설을 첨부하였다.

1. 공공 이익(*publica utilitas*)

마르실리우스와 오캄은 공통적으로 공공 이익을 세속정부의 목표로 간주하였다. 여기서는 특히 오캄의 견해를 밝혀 두고자 하는데, 그 근거로는 다음을 들 수 있다. *Dialogus* I, bk.6, ch.45 ; *Dialogus* III, tr.1, bk.2, ch.6, 17, 31 ; *Dialogus* III, tr.2, bk.2, ch.25, 28 ; *OQ*, qu.3, ch.4 ; *AP*, ch.2.

오캄은 공공 이익(*publica utilitas*)을 *bonum commune, utilitas communis, bonum multorum, iustitiam necessitas* 등과 유사한 의미로 혼용하였다. 이는 C. C. Bayley, 'Pivotal Concepts in the Political Philosophy of William of Ockham,' *Journal of History of Ideas* 10 (1949), pp.199~218에서도 지적되고 있다. 그러나 베일리는 오캄의 '공공 이익'의 개념을 객관적으로 존재하는 그리고 추상적 포괄적인 개념으로 파악하였다.

그러나 필자는 오캄의 이 개념이 매우 구체적이며(*Dialogus* III, tr.2, bk.2, ch.28), 경우에 따라서는 가변적이고(*Dialogus* I, bk.6, ch.24), 또한 인정법에 의해 보장되어야 하는 개인적 권리로 해석하였다. 이 점은 '개인의 자유와 권리들의 보전이 진정한 공공 선이다'(*Dialogus* III, tr.1, bk.2, ch.3 ; *OQ*, qu.3, ch.11) 및 '공공 선의 내용을 이루는 인간의 권리들이 모든 곳에서 항상 동일해야 하는 것은 아니다'(*Dialogus* III, tr.1, bk.2, ch.3 ; *OND*, ch.5, 11, 17) 등의 지적을 통해서 확인될 수 있다. '신민의 공공 선이 모든 세속정부의 목표이며, 이 공공 선의 확대는 모든 신민의 의무다'(*Dialogus* III, tr.1, bk,1, ch.17 ; bk.2, ch.17 ; *OQ*, qu.3, ch.4 ; *AP*, ch.2) 라는 오캄의 주장은 그의 저항권 논리와도 직결된다.

2. 공의회(General Council)

마르실리우스와 오캄이 14~15세기에 있었던 가톨릭 교회정부 내의 공의회주의 운동에 미친 영향에 관해서는 널리 알려져 있다. 여기서는 공의회에 대한 오캄의 견해를 구체적으로 정리해 두도록 하겠다.

(1) 전체 종교회의는 신도집단(*congregatio fidelium*)을 대리할 수 있다 (*Dialogus* I, bk.5, ch.25 ; *Dialogus* I, bk.6, ch.4).

(2) 전체 종교회의는 신성한 공의회다. 그러나 그것의 일상적 기능은 엄격히 교황에 대한 조언이다(*Dialogus* I, bk.1, ch.1 ; *Dialogus* III, tr.2, bk.1, ch.20).

(3) 신도집단, 사제 또는 교황이 그 권한을 위임하는 경우, 이 공의회는 도덕률 또는 신조 등의 문제를 판단할 수 있다. 그러나 이 경우에도 공의회의 판단이 오류일 가능성은 언제나 있다(*Dialogus* I, bk.5, ch.25 ; *Dialogus* III, tr.2, bk.1, ch.20).

(4) 비상한 시기에는 경우에 따라서, 공의회가 전체 신도집단을 대리해서 이단자 - 교황을 판단하고 징벌하는 등의 특별한 기능을 담당할 수 있다(*CB*, bk.1, ch.6).

(5) 교황만이 공의회의 소집을 명할 수 있으며, 공의회의 결정이 구속력을 갖기 위해서는 반드시 교황의 동의가 있어야 한다(*Dialogus* III, tr.1, bk.3, ch.8).

3. 공의회주의(conciliarism)

공의회주의는 이론상의 강조점이 변화함에 따라 세 시기로 구분된다. 먼저 1기(1378~1383)에는 마르실리우스와 특히 오캄의 견해가 광범위하게 수용되었다. 2기(1408~1418)에는 교황과 주교 간의 권력분점론이 지배적이었다. 그리고 3기(1432~1450)에는 공의회의 무제한적 주권이 강조되었다. 공의회주의 이론은 교황청의 사법적 권한을 제약하려는 교회법학자들의 이론에서 기원했으며, 신도집단 전체를 대표하는 공의회가 그 권위에 있어서 교황보다 우월하다고 주장하게 되었고, 15세기 중엽에는 공의회가 상황과 필요에 따라 교황을 선출 또는 폐위할 수 있다는 공의회주권론으로 진전되었다.

교황권의 남용과 교황청의 아비뇽 유수(1305~1377) 그리고 교회의 대분열(1378~1417)이 공의회주의운동에 비옥한 토양을 제공하였다. 디트리히 니엠, 니콜라스 쿠사, 프란시스 자바렐라, 장 제르송, 삐에르 다이이 등이 대표적인 공의회주의자들로서, 이들은 교회의 대분열을 종식시킨 콘스탄스 공의회(1411~1418)에 이론적 근거를 제공하기도 했으나, 15세기 중엽 이후 교황수장제 교회제도가 재확립됨에 따라 그 영향력을 급격히 상실하였다. 그러나 공의회주의에 의해 제시된 교황 대 공의회의 관계는 서구 입헌주의의 발달 과정에서 군주 대 의회의 관계를 위한 모델이 되었다는 점에서 의미 깊은 위치를 점하고 있다. 이에 관해서는 F. Oakley, *Natural Law, Conciliarism and consent in the Late Middle Ages* (1984) ; B. Tierney, *Religion, Law and the Growth of Constitutional Thought 1150~1650* (1982), p.87 등 참조.

4. 교속분쟁

마르실리우스와 오캄의 정치사상은 특히 14세기에 접어들면서 야기된 교권과 속권 간의 심각한 정치적 갈등이 낳은 지적 이론적 산물이기도 하

다. 교황 보니파키우스 8세(Bniface VIII, 1294~1303)와 프랑스의 군주 필
립 4세(Philip the Fair, 1285~1314)의 분쟁 및 교황 클레멘트 5세(Clement
V, 1305~1314)와 신성로마제국의 황제 하인리 히7세(Henry VII, 1308~
1313)의 분쟁 그리고 교황 요한 22세(John XXII, 1316~1334)와 황제 루드
비히 4세(Ludwig of Bavaria, 1328~1347)의 분쟁으로 이어진 일련의 교속
갈등은 교권주의자와 속권주의자 간의 전통적인 논쟁을 확연히 새로운 지
평에로 나아가게 하였다. 이 시기 교속분쟁의 주역들과 주저 그리고 이로
인해 야기된 직접적 정치적 사건들을 정리해 보면 아래와 같다.

교황	세속통치자	이론가와 저술	직접적 사건
보니파키우스 8세	필립 4세	Pierre de Bois(1302) 『성지회복론』 (*De recuperatione Terre Sancte*)	삼부회 소집 (1302. 8. 14) 아비뇽 유수(1309~77)
클레멘트 5세	하인리히 7세	A. Dante(1310~13) 『제정론』 (*De Monarchia*)	이탈리아 원정 (1311~13)
요한 22세	루드비히 4세	W. Ockham(1334~36) 『대화론』(*Dialogus*) Marsilius(1324) 『평화수호자』(*Defensor Pacis*)	이탈리아 원정 (1327~30) 대립교황 니콜라스 5세 (1328~30) 선출

5. 국가(*civitas, regnum*)

아리스토텔레스에게 있어서 국가는 가정과 촌락으로부터 성장한 최종적
인 인간 결사체로서 자율적이며 자급자족적인 완전한 공동체였다. 이에 비
해 중세적 국가관은 다분히 성 아우구스틴류의 그리스도교적 신학적 국가
인식에 기초하고 있었다. 인간의 도시(*civitas terrena*)는 완전한 공동체인
신의 도시(*civitas dei*)와는 달리 인간의 원죄와 탐욕에 의해 초래된 잠정
적 인간공동체이기 때문에, 여기에 속하는 모든 인정적 구조물과 현세적
제도들은 예외없이 불완전성과 유한성을 태생적으로 가지고 있었다. 따라

서 이 땅에서의 여하한 국가도 그 자체로서는 진정한 의미의 정의를 이룩할 수 없다고 생각하였다.

한편 토마스 아퀴나스에 의해 대표되는 중세 아리스토텔레스학파에 있어서 '완전한 공동체로서의 국가'는 성 아우구스틴의 원죄론적 지상국 인식과는 물론 오늘날의 '국가' 인식과도 구별된다. 오늘날의 국가는 사회와는 분리되어 주로 '사회의 모든 정치적 조직'을 가리킨다. 그러나 중세 아리스토텔레스주의자들에게 있어서 국가란 자족적 생존수단과 더불어 '좋은 삶'의 본질인 윤리적·도덕적 가치 역시 정치공동체의 구성원 모두에 의해 공유되고 추구되는 '완전한 사회'를 의미하였다.

아베로이스주의자인 마르실리우스는 국가(*regnum*)라는 술어의 개념을 종래와는 구별되게 사용하고 그 외연 또한 확대하였다. 당시까지 *regnum*은 일반적으로 '군주가 지배하는 왕국(*regalis monarchia*) 또는 여러 개의 도시(*civitas*)로 이루어진 왕국'을 의미하였다. 그러나 마르실리우스는 국가를 첫째, 인간이 이 땅에서 좋은 삶을 성취하는 데 필요한 모든 자급자족적 수단을 갖춘 완전한 공동체, 둘째, 모든 유형의 현세적 지배체제의 공통토대 셋째, 현세적인 정치적 강제력을 배타적으로 갖춘 인정집단 등으로 이해하였다. 또한 그는 *regnum*과 *civitas*를 병용 내지 혼용하였는데, 그가 국가를 가리키는 데 썼던 '도시 또는 왕국'(*civitas sive regnum*)이라는 표현은, 국가가 다양한 형태의 정부를 가질 수 있다는 생각을 단적으로 반영하고 있다. 마르실리우스는 정부와 사회(인민집단)를 충분히 구분하지 않았고, 사회적 정의와 공공 이익 그리고 통치자의 안전 등을 사실상 동일시하였다. 바로 이 점이 그의 논술의 복합성과 시대성을 반영하고 있으며, 또한 이 점은 그의 정치사상의 기본 성격에 관한 논쟁의 한 근거이기도 하다.

이와 관련된 용어로서 흔히 쓰이는 '*status*'는 당시 개인이나 집단의 지위(standing, position) 혹은 상황(condition)을 가리킬 뿐, 특정한 정치·사회적 단위를 의미하지는 않았다는 점도 유의해 둘 만하다. 마르실리우스의 '*status principis*'(정부 내지 통치자의 지위)라는 표현 역시 이 점에서 예외가 아니다. *status*가 근대적 의미의 '국가'(state)를 함의하게 된 것은 15세기 말엽의 일로서, 이를 위해서는 *status principis* 즉 정부의 지위 내지 권위가 '정치공동체 그 자체의 권위'와 동일시될 수 있어야 했다.

14세기까지는 주로 *res publica, regnum, civitas* 등이 '국가'를 가리키는 데 사용된 술어들이었다. 오늘날의 '사회' 내지 '사회적 집단' 등을 가리키는 데는 *communitas, universitas, corpus, communica, collegium* 등이 사용되었다. 오늘날 흔히 쓰이는 '*societas*'는 비교적 드물게 사용되었다.

6. 국가지상주의(*Erastianism*)

교회의 국가 권력에 대한 복속을 강조하는 이론으로서 토마스 에라스투스(Thomas Erastus, 1524~1584)의 이름에서 유래되었다. 그는 스위스 출신으로 하이델베르그 대학에서 의학을 수학하였으며, 쯔빙글리를 추종한 프로테스탄트 신학자였다. 그에 따르면 오직 국가의 정치 권위만이 강제력을 가졌으며, 이는 세속사와 교회사 모두에 대한 세속정부의 사법권 주장으로 표출되었다. 그러나 그가, 흔히 인식되듯이, 종교를 국가 권력의 산물로 간주한 것은 아니었다. 그의 역점은 교회사에 관한 국가 권력의 후견을 통해 교회의 종교적 기능을 고유하게 유지하려는 데 있었다.

그의 견해는 콘스탄티누스 대제의 종교 정책에 뿌리를 두고 있으며, 중세에는 단테, 마르실리우스 등에 의해서도 표명되었다. 17세기 영국의 국가교회 정책과 토마스 홉스의 『리바이어던』(1651)은 그의 영향을 잘 드러내주고 있다.

7. 내셔널리즘(nationalism)

본서의 내셔널리즘이 시민혁명 이후 발전을 거듭해 온 근대적 개념의 민족주의를 의미하는 것은 물론 아니다. 이 책에서는 중세의 지배적 정치문화였던 세계주의(cosmopollitanism), 보편주의(universalism) 또는 국제주의(internationalism)와는 구별되는 새로운 경향, 즉 왕권을 중심으로 한 중앙집중적 군주정부의 성장을 의미하는 정도의 용어로 사용하였다. 이에 관해서는 C. L. Tipton, *Nationalism in the Middle Ages* (1972) ; J. R. Strayer, 박은구 졸역, 『근대국가의 기원』 (1982) 참조.

8. 만민법과 자연법

로마법의 범주였던 시민법(*ius civile*), 만민법(*ius gentium*) 그리고 자연법(*ius naturale*) 가운데 중세 사상가들은 흔히 만민법과 자연법을 '보편적 공익성'에 비추어 동일한 범주의 규범으로 이해하였다. 예를 들어 아퀴나스는 만민법을 '자연법에 매우 가까운 인정법'으로, 오캄은 이를 '조건적 자연법'으로, 그리고 두란두스(Durandus)는 만민법을 '자연법적 규범'으로 각각 파악하였다.

오캄은 만민법을 보편적인 관습의 체계로 파악하고, 이를 조건적 자연법으로 규정하였다. 왜냐 하면 관습법(*ius consuetudinis*)은 자연적 형평의 질서 그 자체는 아니라 하더라도, 그것의 성취를 현실적으로 최대한 가능하게 하는 규범이기 때문이었다. 물론 그가 모든 관습을 합리적이고 보편적인 규범으로 수용한 것은 아니었다. '이른바 인정 관습들은 적지 않은 경우 비합리적이며, 올바른 이성(*recta ratio*)은 이 비합리적인 관습들의 개정을 명령하고 있다'고 밝혔으며, '개인들은 경우에 따라서 관습의 일부를 무시할 수도 있다'고 생각하였다. 그러나 그는 계속해서 '모든 민족들에 의해 지켜지고 있는 보편적인 관습법은 특정한 집단이나 민족의 관습과 실정법에 반드시 우선되어야 한다. 이러한 관습법에 의해 보다 많이 규제되는 통치자일수록 바람직한 정치지배자다'라고 주장하였다. 개별적인 관습의 비합리성 내지 가변성에도 불구하고, 오캄은 보편적인 관습법의 체계를 특정 정치집단의 권위에 우선하는 그리고 그것을 규제해야 하는 만민법적 질서로 간주하였다. 오캄이 만민법을 조건적 자연법적 규범으로 이해했던 기본 이유도 여기에 있었다.

9. 뮌헨학파

14세기 초엽 신성로마제국의 황제 루드비히 4세의 보호를 받았던 뮌헨 학파는 윌리엄 오캄, 미카엘 세스나, 프란시스 아스콜리, 보나그라티아 베르가모 등의 정통파 프란시스주의자들과 파리 대학의 교수였던 존 장당, 마르실리우스 파두아 등을 중심으로 형성되었다. 청빈 문제를 둘러싸고 아비뇽의 교황 요한 22세와 논쟁을 벌였던 프란시스회의 정통파는 교황이 자신들을 이단적인 교회 내부의 적으로 간주함에 따라, 1328년 교황청의 탄압을 피해 뮌헨의 자파 수도원으로 피신하였다. 한편 파리 대학의 반교황적 속권주의자들도 황제의 보호라는 정치적 후원을 얻기 위해 여기에 가담하였다. 이들은 당대의 교황권에 대해 매우 비판적이었던 지식인 집단으로서 성 프란시스의 절대 청빈 이념의 구현에 많은 노력을 기울였고, 루드비히 4세의 이탈리아 원정과 로마에서의 대립교황 옹립에도 이론적 근거를 제공하였다. 그러니까 황제 루드비히 4세는 이들로부터 속권주의 정치 이론과 반교황적인 가톨릭적 도덕성을 동시에 제공받았던 셈이다.

10. 법률(*jus* 또는 *lex*)

법률을 가리켰던 중세 용어로는 '*jus*' 와 '*lex*'가 있다. 이들의 함의를 구별하여 검토해 두는 일이 혼동을 피하는 데 도움이 될 것 같다. 그라티안은 『교회법령집』에서 *jus*를 (1) 개별화·구체화된 법률, (2) 집단적 법률, (3) 법률의 체계, (4) 법률적 권리 내지 권리의 체계, (5) 법률의 원리 내지 원리의 체계, (6) 재판관에 의해 활용되는 법률의 조항 등으로 구분하였다. 한편 아조(Azo, 1150~1230)는 신을 *justitia*(신적 정의)의 제정자로 그리고 인간을 *jus*(인정적 정의)의 제정자로 규정하였다. 아조에 의하면 *jus*는 신적 정의의 인정적 개념화로서, 이 인정적 정의의 해독 가능한 구체적 표현이 *lex*였다. 다시 말하면 *lex*(법률)가 담고 있는 내용이 *jus*(인정적 정의)였다. 또한 아퀴나스는 *jus*를 '객관적 정의'로 규정하고, 이 *jus*의 '부분적 해석'을 *lex*로 파악하였다. 이는 '*lex*(법률)'를 일종의 *jus*'(정의)로 간주하는 중세의 한 법률 전통을 대변하고 있다. 따라서 *jus*를 '정의의 규범'으로 그리고 *lex*를 '실정법'으로 이해하는 근대적 구분은 중세적 전통과도 무관하지 않다.

기본적으로 마르실리우스는 *jus*를 극히 교리적인 주제였던 복음적 청빈(evangelical poverty) 논쟁을 다룰 때로 한정해서 사용하고, 그 밖에는 대부분의 경우 법률을 *lex*로 표기하였다. 그의 *jus*는 '정의 및 법률, 그리고 법률 및 정의에 관한 지혜(*scientia*) 내지 이들에 부합하는 행위, 습관, 권한'들을 함의하는 개념이었다. 요컨대 그의 *jus*는 객관적 정의(objective right)와 주관적 권리(subjective right)를 동시에 가리키는 용어였다. 따라서 그의 *jus*를 *lex*(법률)와 구별하기 위해 단순히 '권리'로만 해석하는 것은, 왕왕 있는 일이기는 하지만, 적절해 보이지 않는다. 왜냐 하면 이는 규범이 아니라 권한 특히 '주관적 권리'만을 연상시키기 때문이다.

법률(*lex*)을 보는 중세적 시각은 두 유형으로 대별될 수 있다. 하나는 법률을 기본적으로 정의롭고 이성적인 객관적 질서의 표현으로 간주하는 시각이다. 따라서 법률은 그것의 적용과정에서 수반되는 요소 즉 어떠한 성격의 명령인가 하는 점과는 무관한 가치의 규범으로 이해되었다. 다른 하나는 법률을 기본적으로 처벌이 수반되는 일종의 강제적 명령으로 간주하는 시각이다. 법률의 본질은 신조, 도덕 및 단순한 규범과는 달리 그것을 위반하는 자에 대한 강제력에 있다는 것이다. 따라서 법률은 강제적 수단을 갖춘 개인 또는 집단의 의사에 다름 아니다라고 이해되었다. 마르실리우스의 법률관은 명백히 후자에 속한다.

11. 법률의 유형

토마스 아퀴나스에 의해 대변된 중세적 법률 전통에 따르면 법률에는 네 가지 유형이 있었다. 영원법(*lex aeterna*), 자연법(*lex naturalis*), 인정법 (*lex humana*), 신법(*lex divina*)이 그것이다. 이들 가운데 상위법이 신법, 영원법, 자연법이었으며, 하위법이 인정법 및 관습이었다. 상위법은 객관적 보편적 규범으로서 하위법의 원천 내지 토대인 동시에, 하위법에 한계를 부여하고 그 타당성을 가늠하는 기준이었다. 하위법은 다양한 인간 행위에 관한 실제적 제한적 가변적 규범이었다. 흔히 중세 교회법학자들은 신법을 '*jus naturale et divinum*'으로 병기함으로써 신법과 자연법을 동일시하였고, 교회법도 이 범주에 포함시켜 상위법적 신법의 일부로 간주하였다. 교회법학자 그라티안(Gratian)은 "인간은 두 유형의 규범에 의해 지배된다. 그것은 자연법과 관습이다'라고 밝힌 바 있다.

한편 오캄은 교회법을 인정법의 일부로 간주하였으며, 인정법의 한 형태인 관습 가운데 '보편적 관습의 체계'인 만민법에 대해서는 이를 자연법적 범주에 포함시켰다. 그의 견해를 간략히 도식화하면 아래와 같다.

반면에 마르실리우스는 자연법을 인정법의 일부로 파악하였다. 이는 매우 예외적인 태도에 속한다. 마르실리우스는 법률을 신법과 인정법으로 대별하여 각각 아래와 같이 정의하였다.

(1) 신법은 인간이 추구하는 내세에서의 최선의 목표 내지 상황을 위해,

이 땅에서 행하거나 행하지 말아야 할 인간의 의지적 행위들에 관해,
인간의 판단과는 무관하게 주어진 신의 직접적 지시이다(*DM*, i, 2).

(2) 인정법은 인민집단 전체(*universitas civium*) 또는 그 중요 부분
(*valentior pars*)의 지시다. 인정법은 인간이 이 땅에서 추구하는 최
선의 목표 내지 상황을 위해, 현세에서 행하거나 행하지 말아야 할
인간의 의지적 행위들에 관해서 그리고 직접적인 인간의 판단에 의
해서, 반드시 제정되어야 한다(*DM*, i, 4).

12. 사용권과 소유권

오캄은 절대 청빈의 문제를 놓고 교황 요한 22세와 심각하게 대립하였
다. 여기에는 한 그리스도인이 실정법상의 권리없이 현세 사물을 사용하는
일이 신적 정의에 위배되느냐 또는 위배되지 않느냐 하는 교리적 문제가
포함되어 있었다. 요한 22세는 기본적으로 소유권과 사용권은 분리될 수
없으며, 이의 분리는 가톨릭적 원리에 위배된다고 판단하였다. 따라서 실
정법상의 재산권(*possessio*) 내지 소유권(*dominium*)을 가지지 않은 자가
현세 사물들에 대해서 단지 사용권(*ius utendi*)만을 주장하는 것은 명백한
오류라고 규정하였다. 이에 비해 오캄은 '절대 청빈'의 원리를 실천하려는
프란시스회의 청빈파 수도사들의 삶, 즉 현세 사물에 대해 소유권은 포기
하고 최소한의 사용권만을 가지는 삶이 이 땅에서 그리스도인이 택할 수
있는 이상적인 생활의 한 형태라고 주장하였다.

오캄은 소유권 개념이 역사적 과정을 통해서 단계적으로 변화하여 왔다
고 파악하였다. 즉 원죄 이전 사회의 질서였던 원형적 소유권은 모든 사물
을 공동으로 소유하는 권리였다. 그러나 원죄 이후 현세 사회에서의 소유
권은 엄밀한 의미에서 원형적 소유권이 아니라 단지 사물들을 공동으로
이용하는 사용권을 의미하였다. 그러다가 원죄 이후의 인정적 관습과 제도
가 형성되면서 초래된 재산의 사유화와 더불어 배타적인 사적 소유를 보

장하는 재산권 내지 소유권이 인간 사회에 뿌리내리게 되었다는 것이다. 다시 말해서 오캄에 따르면 신이 인간을 위해서 만들어 놓은 현세 사물들에 대한 사용권은 양도될 수 없는 인간의 본성적 권리로서, 이는 인간의 생존을 위한 경우 어떠한 상황 하에서도 마땅히 보장되어야 하는 권리였다. 반면에 배타적 재산권 내지 사적 소유권이란 자연법에 의해 금지되지 않은 경우에 한해서 현세 사물을 마음대로 처리하고 사용하는 인정법상의 권리를 의미하였다. 따라서 하위법적 권리인 재산권 내지 소유권은 상위법인 자연법적 질서를 이룩하기 위해서 경우에 따라서는 인정법 등에 의해 제한될 수 있는 성격의 권리였다.

13. 사용권의 유형

소유권과 사용권을 구분했던 오캄은 사용권을 다시 사물에 대한 단순한 사용권(*simplex usus facti*), 실정적 사용권(*ius utendi positivum*) 그리고 자연적 사용권(*ius utendi naturale*)으로 구분하였다. 실정적 사용권은 특정 사물에 대해 인정적 실정법이 허용하는 직접적인 이용의 권리를 의미하였다. 이 같은 사용권은 그것을 허용하는 실정법의 정당성에 동의하지 않는 사람들의 경우 부정될 수도 있는 성격의 권리였다.

자연적 사용권은 자연 이성(*ratio naturalis*)에 입각한 것으로서, 이는 인간집단들 사이의 동의 또는 협약과는 무관한 자연법적 권리의 일부였다. 예를 들어, 인간 생명의 절대적 존엄성은 자연 이성의 명령으로서 인간의 생존이 문제되는 경우 자연적 사용권은 실정법적 권리보다 마땅히 우선되어야 했다. 오캄은 창세 사회의 질서였던 공동 소유제 역시 이 자연적 사용권의 당위성을 반증한다고 생각하였다.

단순한 사용권은 올바른 이성(*recta ratio*)에 입각한 이상적 자연법적 권리의 일부로서, 실정법상의 허락없이도 현세 사물을 정당하게 사용할 수 있는 권리를 의미하였다. 오캄은 그리스도와 사도들 그리고 성 프란시스가 실천한 무소유의 삶이 합법적인 근거도 단순한 사용권이 자연법적 권리이기 때문이라고 생각하였다. 물론 이러한 류의 권리는 그야말로 '이상적인' 것이라서 현세적 삶에 관한 한 인정법 등에 의해 마찬가지로 합법적으로 유보될 수 있었다. 그러나 올바른 이성의 명령에 따라 완전한 형태의 그리스도인의 삶을 추구하는 자들은 이 '유보된' 권리의 행사를 요구할 수 있었다. 따라서 사적 소유권을 포기한 모든 이성적 인간에게는 어떠한 상황 하에서도 현세 사물에 대한 이 단순한 사용권이 반드시 보장되어야 한다고 주장하였다. 또한 단순한 사용권은 '모든 소유를 팔아 나누어주고 …… 먹을 것을 구하라'는 성서의 기록 즉 신법에 의해서도 그 정당성이 보장된다는 것이 오캄의 견해였다.

14. 이원주의와 일원주의

중세사 연구에서 빈번히 활용되는 이원주의(dualism)의 함의는 그 폭이 매우 넓다. 이원주의는 서양 중세 사회의 문화적·사회경제적·정치적 및 의식체계상의 특징을 두루 가리키는 개념이기 때문이다. 예를 들어서, 이원주의란 문화적으로는 그리스도교적 라틴적 보편주의 대 지역적 종족적 배타주의 내지 속어문화라는 이원구조를 가리킨다. 동시에 이는 사회경제적으로는 인적 물적 교류의 양상에서 확인되는바, 대규모 원격지 교류의 단속적 유지 대 소규모 근거리 교류의 국지적 단절이라는 대비적 양상을 가리키기도 한다. 또한 정치적으로 그것은 교권(*sacerdotium*) 대 속권(*regnum*)의 대립을 일차적으로 가리키는 동시에, 봉건적 정치 질서의 특징인 교황과 황제(또는 군주)의 보편적 지배권 대 봉건 영주의 지방적 개별적 분권체제 역시 함의하고 있다. 이에 필자는 중세 사회의 정치구조에 관한 한 그 핵심적 성격을 '이중적 이원구조'(two dual structures)로 파악할 수 있지 않을까 하는 의견을 가지고 있다. 단지 중세 말기의 정치적 이원주의 논의에 관한 한, '그것이 사라진 것은 아니었지마는, 이 시기의 가장 특징적이거나 영향력이 컸던 논리는 아니었다'라고 한 왓트(Watt)의 지적은 음미할 만하다. J. A. Watt, 'Spiritual and Temporal Powers,' *CMPT*, p.423 참조.

뿐만 아니라 이원주의는 중세적 정치·역사 의식의 한 속성을 가리키고 있기도 하다. 이 점은 성 아우구스틴(St. Augustine)의 예만 생각하더라도 자명해질 것이다. 성 아우구스틴은 널리 알려져 있듯이, 인류의 역사를 정신 대 물질, 선 대 악, 예정(predestination) 대 자유의지(free will), 빛 대 어두움, 교회 대 국가, 천국 대 지상국 등의 이원체제로 해석하였으며, 이같은 그의 의식체계는 중세적 사상구조의 한 결정적 토대가 되었다. 사실 중세 그리스도교 사상의 한 고유한 성격을 우리는 그리스도교적 종교적 가치와 현세적 이성적 가치라는 두 대립적인 축들 간의 모순과 긴장, 그리고 이의 극복을 위한 모색들이 빚어낸 사유의 체계라는 측면에서 찾을 수 있는 것이다. 이 같은 중세적 이원주의와 관련해서 혼란과 오해가 있을 수 있는 일원주의(monism)의 개념 역시 해명해 둘 필요가 있을 것 같다. 물론 일원주의의 극히 다의적인 함의들을 모두 해명하는 일은 필자의 역량 밖의 일이며, 여기서 반드시 필요한 작업도 아닐 것이다. 따라서 여기서는 중세 정치의식의 한 속성인 정치적 일원주의(political monism)의 개념만을 검토해 두도록 하겠다.

'정치적 일원주의'가 중세 정치의식의 한 속성으로 간주되는 이유는 정치적 주권체에 대한 논의에서 중세 이론가들이 공유하였던 독특한 인식 때문이다. 신을 유일하고 진정한 주권자(the Sovereignty)로 상정하였던 이들은, 이 땅에서 신의 주권을 대리하는 현세적 정치 주권체로서 교황권주의자는 교황, 제권주의자는 황제, 그리고 인민주의자는 인민(*populus*)을 각각 지목하였다. 이같이 정치 주권체가 교황·황제·인민 등으로 다양하게 주장되고 있었음에도 불구하고, 그러나 이들은 '단일한 주권체'가 현세적 정치 권위와 권한들을 모두 수렴하여야 신성한 유기체인 그리스도교 공동체의 계서적 정치 질서가 정당하게 유지될 수 있다는 인식은 공유하고 있었다. 중세의 정치적 일원주의는 바로 이 점, 즉 정치공동체의 정치적

권위와 권한들이 종국적으로 하나의 주권체에 의해 수렴되어야 하며, 모든
통치 조직과 체제는 이 주권체의 정치적 우위를 반드시 보장하여야 한다
는 '주권의 단일성'(unity of the sovereignty)에 대한 중세적 인식을 가리
키는 개념이다.

　예를 들어보자. 우선 성 아우구스틴의 교권주의적 신정정치 이론은 정치
권력의 일방적 계서적 흐름을 당연시한 중세의 정치적 일원주의(medieval
political monism)의 이를 나위 없는 한 전형이었다. 또한 병행주의자인 아
퀴나스에 있어서도 속권에 대한 교황권의 우위가 종국적으로는 부정되지
않았다는 점에서, 그의 견해를 정치적 일원주의 인식으로부터 완전히 벗어
난 것이었다고 해석하기는 어렵다. 한편 마르실리우스는 주로 로마법학자
들에 의해 잠재적인 형태로 상정되어 온 '인민집단=주권자'라는 이론상의
개념을 현실적 실체적 정치 원리로 발전시켰다. 그리하여 정치 주권체의
단일성에 관한 한 마르실리우스의 인민주권론도 중세적 일원주의 인식으
로부터 벗어나 있지 않다.

　요컨대 '정치적 일원주의'는 중세의 다양한 정치 이론들, 이를테면 교황
권주의·병행주의·인민주의 등과 밀접하게 결부되어 있으며, 결코 이들
과 상충적이거나 대립적인 개념이 아니다. 그것은 오히려 '이원적 정치 질
서'의 내면에 흐르고 있던 중세 정치의식의 특징적 본질을 해명해 주는 한
분석적 개념이다. 필자의 견해로는 이 일원주의적 정치의식으로부터 예외
적으로 벗어나 있던 인물이 오캄이었다. 그에게 있어서는 정치 주권체의
종국적 단위가 개인 내지 개체였기 때문에 논리상 정치 권력의 일방적 계
서적 흐름이 정당화될 수 없었다. 중세 사회의 구조적·사상적 특징을 포
괄적으로 설명하는 개념틀로서의 '이원주의'와 정치 주권체의 단일성에 관
한 독특한 중세적 인식을 가리키는 '정치적 일원주의'가, 용어상의 대비성
내지 유사성에도 불구하고, 전혀 다른 지평상의 개념임을 명확히 확인해
두는 일은 중세 정치사상의 복합성과 역동성을 실체적으로 규명하는 데
반드시 필요하다.

15. 인간입법권자(*legislator humanus*)

중세 정치 이론에 있어서 실정법의 입법권이 누구에게 속하는가 하는 주제는 학자들의 입장을 다양하게 갈라놓는 중요한 쟁점이었다. 이 문제에서 교황권주의자는 교황을, 로마법 전통은 입법자 - 군주(*lex-regia*)를, 인민주의자는 인민을 각각 상정하였다. '인간입법권자'는 마르실리우스에 의해 독특하게 제시된 입법적 주권체다. '인민집단 전체=인간입법권자'라는 마르실리우스 개념의 사상적 제도적 토대로서 우리는 아리스토텔레스와 키케로의 사상 및 로마공화정 체제 등을 들 수 있을 것이다. 또한 이에 상응하는 당대의 사회 조직으로서는 도시국가의 입법기구, 길드와 같은 서약 공동체, 신분제 의회와 같은 대의기구, 수도원과 주교구 참사회의 중요한 원로집단(*maior et sanior pars*) 및 대학의 학부(faculty)와 지역단(nation) 등을 들 수 있다.

16. 인명 표기

이 책에서는 Marsilius of Padua, William of Ockam, John of Wyclif 등의 영어식 인명 표기를 'of'는 생략한 채 '마르실리우스 파두아', '윌리엄 오캄,' '존 위클리프' 등으로 옮겼다. 그렇게 하는 것이 인명을 부르는 우리식 관행에 가깝고 혼동도 피할 수 있지 않을까 생각했기 때문이다. 필자의 의견으로는 Thomas de Aquino를 '토마스 아퀴나스'라고 표기하는 것과 마찬가지로, John of Salisbury, Siger of Brabant 등 대부분의 중세 인명들도 '존 솔즈베리', '시제르 브라방'과 같은 식으로 표기하는 것이 어떨까 한다. 흔히 출신지역을 나타냈던 인명상의 'of' 관행은 서양에서도 14세기 중엽부터 점차 'of'가 생략되는 형태로 바뀌게 되었다. 연구자들의 토론을 통해 서양 중세 인명에 대한 우리 나름의 합의된 표기방식이 마련되기를 바란다.

17. 인민집단(*universitas civium*)

인민집단 전체를 하나의 통합된 정치적 입법적 주권체로 파악하는 마르실리우스의 시각은 중세 아리스토텔레스주의자로서도 매우 독특한 태도에 속한다. 전통적 교황권주의자들은 물론 중세 아리스토텔레스주의자들도 거의 예외 없이 정치공동체 구성원들 사이의 개인적 역량과 자질의 차이를 정치적 권위와 권한의 차이, 즉 정치적인 지배와 피지배 관계의 당연한 한 근거로 간주하였다. 이 점이 단테의 경우 '제권주의', 에기디우스 (Egidius)의 경우 '교황권주의', 삐에르 드보아(Pierre de Bois)의 경우 '속권주의', 그리고 존 장당(John of Jandun)의 경우 '철학자의 우위'를 각각 변론하는 논리적 기반의 일부였다.

그러나 마르실리우스는 '인민집단 전체'를 유기적인 가상적 인격체 (*persona ficta*) 즉 일종의 정치적·법률적 실체로 간주하고, 그것의 정치적·입법적·자율적 주권성에 대해 일관된 신념을 표명하였다. 이는 현세적 정치공동체의 불완전성에 대한 중세 그리스도교적 인식 및 목표 지향적인 계서적 가치체계 그리고 정치적 권리와 의무에 대한 봉건적인 신분제 전통으로부터의 이탈을 함의한다. 동시에 이는 정치적 동물인 인간 (*homo politicus*)의 본성적 욕구의 당위성과 그것의 집단적 의사의 절대적 가치에 대한 마르실리우스의 극히 소박하고 낙관적인 신뢰 역시 분명하게 드러내고 있다.

18. 인민집단의 전체성과 개체성

마르실리우스의 '인민집단 전체' 개념이 특정 신분 내지 계층이 아니라 정치공동체 즉 국가를 구성하는 모든 사람(*omnes persona*)을 총체적으로 함의했다는 점은 강조해 둘 만하다. 그는 심지어 아리스토텔레스와도 달리 농민·수공업자·상인과 같은 평민계층을 인민집단에 포함시켰다(*DP* I, xiii, 3, 4). 요컨대 그의 '인민집단 전체'는 중세적 개념으로서는 매우 충실한 의미에서 '정치공동체를 이루는 모든 구성원들'을 포함하고 있었다. 이로부터 명시적으로 배제된 사회집단은 '왜곡된 본성을 가진 사람'(*DP* I, iv, 2) 및 '어린이, 노예, 외국인 그리고 여성'(*DP* I, xii, 2) 등이었다.

필자가 이해하기로는 '전체 내지 다수 집단의 판단과 의사가 개인 또는 소수의 그것에 비해 질적·양적으로 반드시 우월하다'라는 신념이 마르실리우스를 동료 인민주의자였던 윌리엄 오캄으로부터 구별시키는 한 핵심 요소다. 그러니까 마르실리우스의 인민집단 전체는 그 자체로서, 개별적 구성원들과는 구별되는, '일종의 유기적 법률적 실체'였다. 그러나 유명론적 개체주의 논리에 충실하였던 오캄에 있어서 '전체'란 언제나 개별적 구성원들의 단순한 집합에 불과하였다. 따라서 오류 가능한 개인들의 수적인 집합 그 자체만으로는 전체의 무오류성 내지 개인에 대한 전체의 우월성이 반드시 보장될 수는 없었다.

19. 일상권과 비상권

전통적으로 교황은 신의 현세적 대리자로 간주되었던 만큼, 그 권한도 신의 권한을 모델로 하였다. 신의 권한은 두 유형 즉 절대권(*potentia absoluta*)과 일상권(*potentia ordinata*)으로 구분되었다. 절대권은 신의 전지전능함을 끊임없이 확인하는 개념으로, 그리고 일상권은 인간 및 자연 세계의 합리성과 자율성을 보장하는 개념으로 가능하였다. 교황의 비상권(*casualiter*, casual power)과 일상권(*regulariter*, ordinary power)도 기본적으로 동일한 성격의 원리였다. 즉 비상권은 그리스도교 사회 전반에서 점하는 교황의 수장적 지위를 확인해 주는 권한이었고, 일상권은 교황과 교회정부의 종교적 정신적 역할을 보장해 주는 권한이었다. 단지 13세기 이후 이 주제에 관한 논의는 교황전능권의 자의성을 강화하기보다는 그것을 합리화하고 세속정부의 자율성을 보호하는 경향으로 나아갔다.

예를 들어, 교황은 인류 영혼의 구원 내지 정신적 계도를 위해 교리의

확립, 성사의 집행, 사제의 임면, 교회조직의 정비, 교회 재산의 관리 등의
기능을 담당해야 하는바, 이를 수행하는 권한이 일상권이었다. 뿐만 아니
라 교황은 그리스도교 사회의 평화와 질서가 위협받는 경우 등의 상황에
서는 그것의 보편적 통치자로서 이에 개입하는 비상권도 보유하였다. 오캄
은 교황의 비상권이, (1) 교회와 사회의 안전이 위협받는 상황, (2) 사제권
및 교회 재산이 침해되는 상황, (3) 세속 통치자가 교정 불가능한 실정을
계속하는 상황 등에 행사될 수 있다고 지적하였다. 황제라 하더라도 이단
으로 전락하는 경우에는 교황이 비상권을 통해 황제직을 유보・박탈하거
나 대리할 수도 있다고 그는 생각하였다.

20. 입법절차

마르실리우스는 입법과정을 세 단계 즉 (1) 심의(*consiliari*)의 단계, (2)
판정(*judicare*)의 단계, (3) 제정의 단계로 구분하였다. 이러한 구분은 외견
상 아리스토텔레스의 견해를 따른 것이었다. 아리스토텔레스에 의하면 정
부의 기능은 심의・행정・사법의 세 영역에 걸쳐 있었으며, 입법에 관련된
사항은 정부의 심의적 영역에 속하는 기능이었다. 그러나 마르실리우스는
법률제정의 예비단계라고 할 심의와 판정의 기능을 기본적으로 인간입법
권자의 권한으로 간주하였다. 그가 상정했던 정부의 심의적 기능은, 아리
스토텔레스가 밝혔던 정부의 입법기능과는 달리, 잠재적 법률들을 예비적
으로 심사 내지 제안하는 과정에 인간입법권자는 물론 통치집단도 참여할
수 있다는 의미였다. 입법절차에 관한 한 인간입법권자가 주도적 실질적
역할을 담당하고, 통치집단은 보조적 형식적 역할을 담당해야 한다는 것이
그의 논지였다.

또한 마르실리우스는 판정(*judicare*)의 기능을 두 가지, 즉 인간입법권자
의 판정적 기능과 통치집단의 그것으로 구분해서 사용하였다. 입법 과정상
의 판정적 기능은 잠재적 법률들에 대한 인간입법권자의 주권적 입법권의

일부임에 비해, 통치집단의 판정적 기능은 법률에 의한 지배에 수반되게 마련인 정부의 사법적 역할을 가리켰다. 그러니까 통치집단의 판정적 기능은 입법절차의 일부가 아니라 정부의 강제력을 제정된 법률에 따라 여하히 해석·적용할 것인가 하는 사법적 권한의 일부였다.

21. 저항권

중세의 저항권 이념은 '카이사르의 것은 카이사르에게 돌리고, 하나님의 것은 하나님에게 돌리시오'(마가 12 : 17) 및 '우리는 사람이 아니라 하나님에게 복종해야 합니다'(사도 5 : 29)라는 성서의 기록에 기초하고 있었다. 그러나 교권과 속권 모두가 그리스도교적 신성성을 표방한 이후에는 적극적인 저항의 권리에 비해 소극적인 순복의 의무가 보다 지배적인 정치 원리가 되었던 것이 사실이다. 소극적 순복의 의무 역시 '우리는 국가의 권위에 복종해야 합니다. 하나님께로부터 오지 않은 권위는 하나도 없습니다. 세상의 모든 권위는 하나님께서 세워주신 것입니다'(로마 13 : 1)라는 성서적 근거에 기초하였다.

인민주의적 인식에 입각해서 정치적 저항권을 제기한 최초의 중세 이론가는 11세기 말엽의 마네골드 라우텐바흐(Manegold of Lautenbach)였다. 그의 인민주권론의 기저에는, (1) 군주는 법률 아래 있다는 중세 게르만적 전통, (2) 자유민간의 상호 의무에 기초한 봉건적 계약사상, (3) 교황은 군주에 대한 신민의 복속 의무를 무효화시킬 수 있다는 교회정부의 원리 등이 깔려 있었다. 그러나 다른 한편으로 보면, 인정법에 대한 신법의 우위론 및 입법자 - 군주(lex-regia)의 로마법 원리 등은 교권과 속권 모두에서 정치적 절대주의의 강화에 기여하였다.

그러나 전체적 맥락에서 볼 때 군주권의 절대성 주장과 인민의 정치적 주권성 인식 모두가 중세 정치 이론의 형성과 적용 과정에서 주변적인 흐름이었다. 세속군주권의 경우만 하더라도 전통적으로 이는 혈연적 세습,

종교적 재가 그리고 정치공동체의 동의라는 복합적 관습을 그 기초로 하였다. 정치공동체가 하나의 통합된 종교적 유기체로 간주되었기 때문에, 지배집단인 정부의 배타적 특권과 피지배집단인 인민의 본성적 권리를 이론적 대립적으로 구별하는 일은 매우 어려운 과제였다.

피지배집단의 저항권을 본성적 권리의 일부로 간주하는 정치 이론은 13세기 이후 특히 아리스토텔레스의 정치적 견해가 수용되면서 구체화되었다. 예를 들어서, 군주의 정치적 권위는 인민집단의 그것보다 우위에 있다. 그러나 군주의 기능은 법률을 반포하고 집행하는 것으로서, 법률의 권위가 군주의 그것보다 우위에 있다. 그런데 무엇이 법률인가를 결정하는 권한은 인민집단에 속한다는 것이었다. 또한 실정법의 강제성은 그것이 신법과 자연법에 부합될 때 비로소 합법적이다라고 주장되었다. 이 같은 중세 정치 이론의 한 전제가 저항권의 당위성에 대한 자각이었다. 그러나 중세 사회에 있어서 피지배집단의 적극적 저항의 권리와 소극적 순복의 의무라는 상이한 두 정치 규범의 실효성은 다분히 이론이 아니라 현장적인 정치적 상황에 의해 결정되었다.

마르실리우스는 물론 오캄도 전제적 통치자에 대한 저항을 모든 신민의 의무(*Dialogus* I, bk.7, ch.1, 35, 38 ; *Dialogus* III, tr.1, bk.3, ch.6 ; *OQ*, qu.2 ch.2 ; *OND*, ch.65)라고 밝히고, 이 같은 통치자에 대한 신민의 저항권과 군주 폐위권을 인간에게 본성적으로 부여된 자연법적 권리의 일부로 규정하였다(*CB*, bk.7, ch.12, 14). 여기서 우리는 '정의는 어떠한 대가를 치르더라도 반드시 추구되어야 한다'는 그의 완강한 개인적 신념을 읽을 수 있다. 니쉬(G. D. Knysh)는 이 신념이 정치적 오캄주의의 매우 중요한 그러나 빈번히 간과되고 있는 축이라고 지적한 바 있다.

22. 전능권(*plenitudo potestatis*)

'*plenitudo potestatis*'라는 술어가 광범위하게 쓰이기 시작한 것은 12세

기의 일로서, 필자는 이를 '전능권'이라고 옮겼다. 그 이유는 대체로 다음의
세 가지다.

(1) 기본적으로 *plenitudo potestatis*(fullness of power, 전능권)는 *plena
potestas*(full power, 전권)와 구별될 필요가 있다. 중세 교회법학자
들은 교황 및 교황정부의 *plenitudo potestatis*를 그 기원에 있어서,
'인간의 위임'에서 유래된 인정적 권한이 아니라 '신으로부터 주어진'
신적 기원의 권한으로 간주하였다. 반면에 로마법적 용어인 *plena
potestas*는 소송의 당사자가 자신의 대리인에게 특정 권위나 권한을
조건 없이 위임하는 경우에 사용되었던 용어로서, 인정적·계약적
기원과 성격을 가진 개념이다. 이는 일차적으로 '전권'을 위임받은
특정 (소송) 대리인의 '*libera potesta*'(자유로운 재량)을 가리켰던 것
이다.

(2) 교황의 전능권(papal *plenitudo potestatis*)은 본질에 있어서, 교황의
개인적 의지 내지 판단 이외에는 어떠한 법률이나 규범 심지어 전임
교황에 의한 관행에 의해서조차도 제한받지 않고 이를 집행할 수 있
는 무조건적 무제한적 성격의 자율적 권한으로 간주되었다.

(3) 교황의 전능권은 그 권한이 미치는 영역에 있어서, '여하한 신분 내
지 직책상의 구분과도 무관하게 그리고 예외 없이' 공동체의 구성원
전체에 미치는 보편적 포괄적 권한을 의미하였다.

현세사에 관한 한 교황의 전능권을 필자는 '정치적 절대권' 내지 '절대적
통치권'과 동일한 성격의 권한으로 간주하였다. 마르실리우스는 교황전능
권을 다음과 같은 여덟 가지 함의로 구분하였다.

(1) 오직 그리스도만이 보유했던 바, 모든 행위와 일을 자신의 뜻에 따라
처리하는 무제한적 권한

(2) 단지 인간에게 허용된 행위와 일들에 한해서 자신의 뜻에 따라 처리
하는 권한

(3) 이 땅의 모든 정부, 인민, 집단, 개인들에 대해 행사될 수 있는 최고
의 강제적 사법권

(4) 단지 성직자와 정신사에 관련된 사항들에 대해서만 행사될 수 있는 최고의 행정적 사법적 권한

(5) 모든 인간들의 범죄행위에 대해 그들의 벌을 사면해주거나, 파문에 처하거나, 성사에의 참여를 금지하는 등의 권한

(6) 모든 인간에 대해 성직을 부여하거나, 성사의 집전을 허용 또는 금지 하는 권한

(7) 성서의 의미 특히 구원에 관련된 사항들을 해석하고, 올바른 교리와 교회의식을 제정하여 이를 강제하는 권한

(8) 이 땅의 모든 종족과 지역에 두루 미치는 인간 영혼의 치유를 위한 보편적 사목권

23. 정부의 유형

정부 형태에 관한 중세적 논의의 기초는 아리스토텔레스의 정부론이었다. 아리스토텔레스는 공공의 이익을 기준으로 하여 정부를 건강한 정부와 병든 정부의 두 유형으로 구분하였다. 즉 건강한 정부는 신민의 의사에 부합하여 공공의 이익을 위해 통치하는 데 비해, 병든 정부는 신민의 의사와는 무관하게 사사로운 이익을 위해 지배하는 정부를 의미하였다. 또한 아리스토텔레스는 이로부터 정부 형태를 다시 여섯으로 세분하였다. 한 사람의 통치자가 지배하는 건강한 군주정과 병든 전제정, 명예로운 계층이 지배하는 귀족정과 그것이 타락한 형태인 과두정, 그리고 건강한 정부 형태로서의 혼합정(*politia*)과 그것이 타락한 형태인 민주정 등이 그것이었다. 이를 도식화하면 아래와 같다.

	일인 지배	소수 지배	다수 지배
건강한 정부	군주정	귀족정	혼합정
병든 정부	전제정	과두정	민주정

지워쓰와 스킨너 등은 마르실리우스의 정치사상의 기본 성격을 혼합정을 추구했던 공화주의 이념으로 규정하였다. 그 근거로서 이들은 마르실리우스의 인민 개념의 특징을 사회적 포괄성과 정치적 적극성 그리고 정치 공동체를 구성하는 각 신분들의 유기적 역할 분담과 협업 등에서 찾았다. 특히 블라이쓰는 14세기의 정치 이론가들 가운데 '오직 마르실리우스'를 공화정 이론의 기수로 파악하였다. 그 이유로서 '마르실리우스의 혼합정부 이론은 단순히 다양한 신분들의 수적 비례에 의한 참여뿐만 아니라, 다양한 이해관계의 조화와 질적 요소의 적정한 반영이 동시에 보장되는 체제였다'는 점을 지적하였다.

24. 정신사와 현세사

정신사(*spiritualia*)와 현세사(*temporalia*)의 구분은 인간이 영혼과 육체로 구성된다는 관념에서 비롯되었으며, 이는 교권과 성직자가 정신사의 관리를 그리고 속권이 물질적 현세사의 관리를 담당한다는 중세의 이원적 정치 구조의 토대가 되었다. 마르실리우스는 정신사를 영원한 삶에 관한 것, 비물질적인 것 및 내면적인 행위로 규정하였다. 그는 정신사의 영역을 극도로 제한했던바, 전통적으로 정신사의 일부로 간주되었던 교황의 성직자 임면권, 교회 재산 관리권 및 성직자들의 사회적 행위 등을 현세사의 일부로 파악하였다. 그에 의하면 성직자의 행위라 하더라도 이자놀이, 저축, 구매와 판매, 살인, 도적질, 강간, 사기, 위증, 이단에 빠지거나, 분노에 사로잡히거나, 범죄를 저지르는 일 등은 정신사가 아니라 현세사에 속했다 (*DP* II, ii, 7 ; II, xxi, 13).

또한 그는 현세사를 이 땅에서의 삶에 관한 것, 물질적인 것 및 인간의 모든 외연적 사회적 행위로 규정하였다. 특히 현세사란 국가와 그 구성원들의 정치적 사회적 조직과 활동에 영향을 미치는 모든 외연적 행위들을 포괄하는 것으로서, 이를 관리하는 정치적 권위는 마땅히 세속정부 내지 인민집단의 본성적 권한에 속한다고 그는 생각하였다.

한편 오캄은 정신사를 인간의 영혼과 신도집단을 관리하는 데 관련된 일로 정의하였다. 그리하여 교회를 통치하고 계도하는 데 필요한 도덕률, 신조, 성사의 절차, 사제 조직의 확립과 운용, 참회에 관한 사항 등이 여기에 속했다(*Dialogus* III, tr.2, bk.2, ch.6). 또한 그는 현세사를 역사적으로 보아 자연 및 인간 사회에 관련된 일로 정의하였다. 그리하여 자연법과 인정법에 의해서 규제되는 모든 인간이 행하고 지켜야 할 인간사가 여기에 속했다(*Dialogus* III, tr.2, bk.2, ch.4).

정신사와 현세사의 구분은 전통적으로 교황권주의자들에 의해 교권우위론의 근거로 활용되었다. 인간의 삶에 있어서 영혼 내지 정신사가 물질적 현세사에 비해 보다 중요하다는 것이 그 이유였다. 그러나 마르실리우스는 이 점을 완강히 부정하였다. '영혼을 지배하는 자가 육체를 지배하는 자가 아닌 것은 육체를 지배하는 세속통치자가 성직자가 아닌 것과 마찬가지이다. …… 영혼이 육체가 아니라는 점에서 영혼은 육체로부터 분리될 수 있다. 그러나 육체의 주인으로서 영혼의 주인이 아닌 경우가 어디에 있는가' 하는 것이 그의 입장이었다(*DP* II, xxx, 1).

25. 정치주권의 전체성과 개체성

필자는 앞서 중세 정치사상을 논함에 있어서 '정치적 일원주의'와 '이원적 정치 질서'가 동일 지평상의 대립적 개념이 아님을 지적하였다. 이는 중세 인민주의의 복합성을 규명하는 데도 중요한 토대가 된다. 마르실리우스는 정치 주권체에 대한 '인민주의적 일원적 인식'을 치열하게 밀고나감으로써, 현실 정치상의 교권 대 속권이라는 이원적 정부체제를 거부하는 데까지 나아갔다. 이에 비해 오캄은 현실 정치구조로서의 이원적 정부체제를 부정하지는 않으면서도, 정치 주권체의 인식에 있어서는 일원적이지 않았다는 것이 필자의 견해다. 개체의 신성성 내지 절대성에 관한 유명론적 인식에 입각하였던 오캄은 정치적 주권 역시 종국적으로 하나의 집단 내지 전체가 아니라, 신성하고 개별적이고 자율적인 '개인들'(*singuli*)에 귀속될 수밖에 없다고 생각하였다.

 필자의 한 논점은 마르실리우스의 강제적·독점적 단일 세속정부론의 기저에는 정치 주권체에 대한 일원적 인식이 깔려 있고, 오캄의 소극적 교회·세속 정부론의 기저에는 정치 주권체에 대한 탈일원적 내지 다원적 인식(pluralistic conception)이 각각 깔려 있다는 것이다. 중세 인민주의를 특징적으로 대표하고 있는 마르실리우스와 오캄의 정치적 견해들 간의 공통점과 차이점을 분석해 냄으로써, 결과적으로 인민주의의 폭과 깊이를 실체적으로 규명해 보려는 것이 필자의 일관된 의도다. 필자는 이것이 중세 정치사상이라는 풍요로운 세계의 역동적 다양성과 창의적 생명력을 해명하는 한 방법이라고 생각한다.

26. 주의주의(*voluntarism*)

 인간의 본성 가운데 이성 대 의지 내지 욕구(*voluntas*)의 관계는 스콜라 사상 특히 13세기 철학자들의 중요한 주제였다. 대체로 보아 도미닉파는 이성을 보다 강조하는 주지주의(intellectualism) 전통을 그리고 프란시스파는 의지를 보다 강조하는 주의주의 전통을 형성하였다. 예를 들어, 도미닉파였던 토마스 아퀴나스에 따르면 이성은 인간의 행위에 대한 명령 내지 선악을 판별하는 지침을 제공하는 데 비해, 의지는 인간의 욕구에 목표를 제공하고 이 목표에 수반되는 행위를 취사선택하게 하는 힘이었다. 다시 말해서 이성은 진리 및 이로부터 유출된 결과들을 인식하는 힘인 데 비해서, 의지와 욕구는 행위의 목표를 설정하고 여기에 이르는 수단을 선택하는 힘이었다. 그런데 인간의 욕구 내지 의지에 종국적 목표를 부여하는 요소가 이성이기 때문에 그리고 의지는 이성적 명령을 수행하는 힘이기 때문에, 인간 행위의 지평에서 보다 많은 비중을 가지는 요소는 이성이라

는 것이 아퀴나스의 견해였다(이에 관하여는 A. Donagan, *CLMP*, pp. 652
~653 참조).

반면에 프란시스파는 비록 의지가 이성의 계도를 필요로 하기는 하지마
는 의지는 그 자체로서 이성을 명령하고 이성에 실천력을 부여한다고 생
각하였다. 예를 들어, 둔스 스코투스는 인간의 의지가 이성에 의해 제시된
바를 반드시 욕구하지는 않는다고 생각하였다. 의지는 인간의 가능성을 실
현하는 요소로서, 이에 따라 욕구하는 바를 스스로 행동에 옮길 수 있으며,
이 경우 인간은 의지적 작용에 의해 이성의 계도를 수용할 수도 또는 수용
하지 않을 수도 있다는 것이었다. 의지가 이성보다 우월하며, 사랑이 지식
보다 우월하고, 선이 진리보다 우월하다는 것이 그의 판단이었다.

또한 오캄은 이성과 의지의 문제를 본질에 있어서 자연과 자유의 문제
로 간주하였다. 그에 의하면 신의 속성의 핵심은 절대 자유였다. 즉 신은
무엇이든 아무런 모순없이 욕구할 수 있는 존재였고, 이 신의 절대 자유가
신적 사랑의 본질이었다. 따라서 법칙에 의해 운용되는 자연과는 달리 신
적 형상의 모상인 인간은 의지를 통해 행위의 목표와 그것에 이르는 수단
을 스스로 선택하는 자유를 보유한다고 그는 생각하였다. 요컨대 인간의
의지는 이성에 의해 계도된 바를 욕구하거나 욕구하지 않을 수도 있는 자
유롭고 능동적인 힘이라는 것이다. 인간은 자연의 질서가 아니라 자유의
질서에 속하는 존재인바, 이를 가능케 하는 요소가 바로 의지라는 것이 오
캄의 견해였다. 이 같은 경향의 주의주의가 아퀴나스류의 주지주의에 비해
말기 중세의 사조에 관한 한 지배적인 흐름이 되었다.

중세 말의 정치적 주의주의는 사회를 움직이는 동인 내지 추동력이 그
구성원들의 의지적 요소이다라는 자각에서부터 비롯되었다. 무엇보다도
이 같은 자각의 기저에는 인간 본성에 입각한 정신적 육체적 물질적 욕구
의 가치를 신학적 도덕적 지적인 그것과 대등하게 보는 가치의 평준화 내
지 전통적인 계서적 가치체계의 역전이 깔려 있었다. 이는 대략 세 방향의
정치적 결과를 초래했는데, 요약해 보면 (1) 교황의 전능권에 대한 부정,
(2) 군주 및 통치자의 의지 강조, (3) 개인과 집단들의 자유·관습·권리의

위상 강화 등으로 정리될 수 있다. 중세 인민주의의 주의주의적 논리는, (1) 인민의 의사(*voluntas populi*)가 주권적 정치 권위를 가진다는 신념의 산물로서, (2) 인정적 세속정부의 합리성과 자율성을 전제하고 있었다. 마르실리우스의 전제적 정부와 오캄의 개인적 자유도 이러한 주의주의적 논리의 산물이었다. 이 시기에 관한 한 양자는 당면한 시대적 현안이었던 수장제 교황정부, 봉건적 권리들의 계서적 체계, 성직자·길드 등의 특권들을 공격하는 데 있어서 공통의 사상적 토대와 정치적 입지를 가질 수 있었던 것이다.

전통적으로 중세 주의주의는 인간의 주관적 내면적 행위로서의 본성적 욕구 내지 바라는 바 그 자체를 주로 함의하였다. 그러나 마르실리우스는 이 욕구를 내면적인 것과 외연적인 것으로 구분하여, 정치적 요소로서의 욕구란 인간의 내면적인 욕구 그 자체가 아니라, 이 욕구하는 바를 이루기 위한 외연적인 추구 행위라고 생각하였다. 그에 의하면 인간의 본성적 욕구에 입각한 이 외연적 추구 행위야말로 '정부 및 인간입법권자의 가장 큰 관심의 대상'(*DP* II, ii, 4)이었다. 전통적 주의주의의 특징을 '내면주의'(internalism)라고 한다면, 마르실리우스의 그것을 우리는 '행동적 주의주의'(behavioristic voluntarism)로 부를 수 있을 것이다.

27. 중세 법률학자

중세 법률학의 성장에 기여한 지식인은 대략 세 그룹이다. 로마법학자(civilian)와 교회법학자(canonist) 그리고 인간 사회의 철학적 구조에 대해서도 관심을 가졌던 스콜라 신학자가 여기에 속한다. 토마스 아퀴나스, 윌리엄 오캄 등과는 달리 마르실리우스는 엄격히 말해서 이들 가운데 어느 그룹에도 속하지 않는다. 그의 지적 훈련은 주로 인문학과 의학 분야였다. 그럼에도 불구하고 그가 체계적 법률 이론을 가졌으며, 더욱이 그것이 그의 정치적 논술의 토대를 이루고 있다는 점은 매우 흥미롭다.

로마법학자들 가운데 주석학파(glossator)는 11세기 이후 유스티니아누스의 『시민법 대전』을 고전적 원형적 형태로 되찾으려는 노력을 이르네리우스(1055~1130)의 볼로냐 대학을 중심으로 맹렬히 경주하였다. 그리하여 12세기에는 『대전』을 구성하는 개요집(*Institutes*), 법령집(*Digest*), 신법집(*Novellae*)이 거의 완전한 모습으로 알려지게 되었다. 이를 로마법 계수운동이라 부른다. 로마법 계수운동은 봉건적 중세 사회에서 정치 권력을 현실화, 체계화, 제도화하고 정치 주권의 개념을 부활시키는 중요한 계기가 되었다. 아쿠시우스(1180~1260)의 『대주석서』는 로마법의 원형을 복원하여 이를 주석했던 주석학파의 업적을 대표하고 있다.

뒤이어 13세기 후엽부터 형성된 후기 주석학파(post-glossator) 내지 해석학파(commentator)는 주석학파에 의해 누적된 로마법 지식을 토대로, 그 원리들을 추출하여, 이를 중세적 현실 즉 봉건적 관습적 지방적 정치·법률의 구조에 실천적으로 응용 내지 적용하고자 했다. 16세기 초엽까지 유지된 이들을 통해서 군주의 입법권, 법률의 성문화, 형법과 상법의 분화 등이 이루어졌으며, 사실상 이들에 의해 로마법은 영국을 제외한 대부분의 유럽 국가들에서 지배적인 법률체계가 되었다. 후기 주석학파를 대표하는 인물들로는 바르톨루스(1313~1357)를 비롯한 키노, 발두스, 루카 드 페나(Lucas de Penna) 등을 들 수 있다.

한편 교회법학자들에 있어서도 11세기 이후의 일련의 사건들 즉 교황 그레고리 7세의 개혁운동, 서임권 투쟁, 로마법의 재발견 등은 수장제 교황정부와 계서적 교회제도를 법리적으로 뒷받침하도록 이끈 중요한 계기가 되었다. 특히 중앙집권적 제국체제의 산물이었던 로마법은 그리스도교 사회의 정점에 위치한 보편정부로서 봉건적 중세 사회 전반에 대한 포괄적 지배를 추구했던 교황정부와 교회법학자들에게 중요한 모델이 되었다. 이를 대표하는 성과가 1140년경에 나온 그라티안(Gratian)의 『교회법령집』(*Decretum*)이다. 그 이후 중세 교회법학자들은 『교회법령집』을 중심으로 연구하는 디크레티스트(decretist)와 교황령을 주된 연구대상으로 했던 디크레탈리스트(decretalist)로 구분된다. 교회법은 중세 법률학 가운데서도 가장 발달한 영역이었으며, 교황청 정부의 운용도 이것에 크게 의존하였다. 13세기 전기에 나온 튜토니쿠스(J. Teutonicus)의 『교회령 주석서』(*Glossa Ordinaria*)는 그 대표적인 예다.

28. 청빈 논쟁(*poverty controversy*)

성 아우구스틴은 가난한 사람(the poor)을 생계를 영위하는 데 필요한 최소한의 재원도 가지지 못한 자 및 타인의 자선을 구걸함에 있어 수치심을 느끼지 못하는 자로 정의한 바 있다. 전자의 경우를 1300년 전후의 농경상황에 비추어, 4인 가정을 기준으로 계량화해 보면, 4 헥타르 이하의 경작지를 가진 40 내지 60 퍼센트의 토지경작 계층이 여기에 속한다(J. Coleman, *CMPT*, pp. 625~628 참조).

그러나 빈곤을 수치의 대상으로 보았던 전통적 태도는 12세기 중엽 이후 중세 교회 내의 개혁주의자들이 그리스도와 사도들의 청빈을 강조하면서부터 의미 있는 변화를 겪게 되었다. 이들은 빈곤을 물질적 삶에 초연한 강한 신앙심의 표식 즉 그리스도를 모방하는 삶의 한 형태로 해석하였다. 이 같은 변화는 빈곤문제가 인구 증가, 농경구조의 변화, 화폐경제 및 도시화의 진전, 사회계층화의 심화 등에 의해 중요한 사회적 현상이 되었음을 반영하는 것이기도 하다.

이 책에서 다루는 청빈 논쟁의 직접적인 발단은 이를 나위 없이 성 프란시스(1182~1226) 자신의 삶이었다. 그는 그리스도와 그의 사도들이 무소유의 삶을 살았으며, 이 무소유의 삶이 그리스도인의 완전한 삶의 형태임을 신봉하였다. 그리하여 그는 '당신이 완전한 사람이 되려거든 가서 당신의 모든 재산을 팔아 가난한 사람들에게 나누어 주시오'(마태 19 : 21) 및 '당신들은 거저 받았으니 거저 주시오. …… 일하는 사람은 자기 먹을 것을 얻을 자격이 있습니다'(마태 10 : 8~10)라는 그리스도의 말씀을 적극적으로 실천에 옮기고, 이를 자신의 추종자들에게도 반드시 지켜야 할 규범으로 제시하였다.

'절대 청빈'에 관한 프란시스의 견해는 교황 이노센트 3세와 호노리우스 3세에 의해 공식 승인되었고, 그 자신 1228년 교황 그레고리 9세에 의해 시성되었다. 그러나 그의 절대 청빈 신조는 얼마 지나지 않아서 심각한 신학적 논쟁을 촉발하였다. 첫째, 그리스도와 그의 사도들이 현세적 소유권을 실제로 포기한 적이 있는가. 둘째, 자발적인 청빈이 과연 완전한 그리스도인의 삶의 형태인가. 셋째, 현세 사물의 소유권이란 무엇인가, 과연 그것이 단순한 사용권과 구별될 수 있는가. 넷째, 소유권과 사용권의 분리가 성 프란시스의 진정한 의도였던가 등의 쟁점이 그것이다.

성 프란시스의 '절대 청빈' 이념을 현실 생활에서 자구적 극단적으로 실천하는 일은 사실상 불가능한 일로서, 프란시스회 내부에서도 이를 일관되게 주장했던 정통파(Spiritual Franciscan)는 이의 완화된 실천 내지 정신적 추구를 주장했던 수도회파(Conventual Franciscan)에 비해 소수집단이었다. 그런데 1320년대에 들어서 교황 요한 22세(1316~1334)는 전임 교황들의 태도와는 달리 일련의 교서를 통해, 사용권은 소유권과 분리될 수 없으며, 절대 청빈의 주장은 가톨릭적 신앙을 파괴하는 것이라고 단정적으로 선언함으로써, 정통파 프란시스회주의자들을 '교회 내부의 적'으로 돌리고, 마침내 이들을 이단으로 정죄하였다.

14세기 초엽의 청빈 논쟁은 정통파 내지 사도적 청빈주의자들에 대한 교황측과 수도회파의 승리로 종식되었다. 그러나 이는 초기 그리스도교 공동체의 법제적 구조, 경제생활의 질서 및 인간의 자연법적 권리의 한계, 그리고 교황 무오류설의 정당성 여부 등과 같은 중요한 정치적 쟁점들을 표면화시켰다.

29. 충족한 삶(*vita sufficiens*)

마르실리우스가 이 땅에서의 삶의 목표로 상정하였던 *vita sufficiens*(충족한 삶)은 현세적 행복(*civilis felicitas*)을 의미하였다. 아리스토텔레스의 '자족성'의 원리로부터 차용했다고 보이는 이 술어를 그는 좋은 삶(*bene vivere*), 선한 삶(*bona vita*), 행복(*felicitas*) 등과 혼용하였다. 원래 '충족한 삶'이란 인간이 본성적으로 욕구하는 물질적 정신적 정서적 가치들을 모두 포함하는 개념이다. 그러나 중세 아리스토텔레스주의자들이 그 핵심을 인간의 이성적 본성의 충족으로 간주하였음에 비해, 마르실리우스는 그것의 일차적 조건을 인간의 생물적 욕구의 충족에서 찾았다. 그는 인간 본성의 일부인 생물적 주의주의(biological voluntarism)를 충족한 삶의 기본 전제로 간주하였던 것이다.

또한 마르실리우스는 전통적인 중세적 인식과는 달리 '삶의 충족성'을 위해 필요한 모든 가치들을 상하 내지 우열의 계서적 체계로 이해하지 않았다. 그는 인간의 다양한, 심지어 상충적이기조차 한, 생물적·정치적·이성적·도덕적·윤리적·신학적 추구들을 예외 없이 동일한 지평상의 대등한 가치로 논의하였다. '가치들에 대한 계서적 인식'이 아니라, '다양한 가치들의 수평화'가 그의 '충족한 삶'의 토대였다. 동시에 마르실리우스는 '모든 사람은 충족한 삶을 원하고, 이에 반대되는 것을 피하고자 한다. 인간은 사회적·정치적 결사를 통해서 이 같은 충족한 삶을 성취할 수 있다. 이에 의하지 않고는 충족한 삶이 이룩될 수 없다'(*DP* I, xiii, 2)라고 밝혔다. '충족한 삶'이란 완전한 사회적·정치적 공동체인 국가를 통하지 않고는 성취되기 어렵다는 지적은 그것의 정치적 사회적 성격(political corporational character)에 대한 그의 강렬한 인식을 잘 드러내고 있다. 뿐만 아니라 '충족한 삶'이 유익한 것을 취하고 해로운 것을 피하는 인간의 본성적 욕구에 의해 성취될 수 있다는 태도는 그의 정치적 낙관주의(political optimism)도 여실히 드러내고 있다.

마르실리우스의 논의의 초점은 '보다 높은 가치' 또는 '보다 적극적인 선'을 규명하고 이를 이룩하려는 것이 아니었다. 오히려 그것은 다분히 '방어적'인 정치적 가치라고 할 평화(*pax, tranquilitas*)를 해명하고 수호하려는 데 있었다. 따라서 그가 밝힌 충족한 삶의 특징도 종교적 도덕적 지적 추구 등의 구현이 아니라, 인간의 안전하고 자유로운 사회적 삶 내지 인간의 본성적 욕구가 방해받지 않고 보장되는 현세적 삶이라는 측면에서 이해되어야 하지 않을까.

30. 파리 대학

'모든 지식의 근원지' 및 '신성한 학문의 원천지'로 불렸던 13세기 후엽과 14세기 초엽의 파리 대학은 인문학(Arts), 의학(Medicine), 법학(Law) 그리고 신학(Theology)의 4개 학부(faculty)로 구성되었다. 인문학부는 프랑스 · 노르만 · 피카르디 · 영국의 4개 지역단(nation)으로 구성되었으며, 그것의 정회원은 교수로서 학생을 제외한 인문학부의 모든 교수들은 이 지역단 가운데 어느 하나에 속해 있었다. 오늘날의 학부 과정에 해당하는 인문학부에서의 지역단이 오늘날의 대학원 과정에 해당하는 타 학부에서도 그대로 통용되었으며, 이 지역단이 대학 생활의 중심이었다. 지역단을 가지지 못했던 의학, 법학 그리고 신학부가 각 학부의 대표로 학장(dean)을 가졌던 데 비해, 각 지역단들은 행정적 업무를 위해 보통 임기 1개월의 학감(proctor)을 선출하였다. 이때 학감의 피선자격은 21세 이상의 대학인으로 강의를 담당하는 사람이었다.

대학 행정을 전담하는 중앙부서가 따로 없었던 상황에서 가장 중요한 선출직이었던 총장(rector)은 4명의 학감 또는 각 지역단을 대표하는 선거인단에 의해 피선되었으며, 이는 13세기 후기에 이르러 단지 인문학부를 대표하던 직책으로부터 점차 대학 전체를 대표하는 직책으로 바뀌게 되었다. 총장에 대한 선거는 1년에 네 차례 있었다. 학부와 지역단은 그 구성원들을 대표하는 대의체적 성격을 가지고 있었으며, 이 점은 총장선거 등에서 구현되었다. 총장이 가지게 된 대학 행정의 최고 책임자로서의 권위를 인정하는 데 가장 소극적이었던 인물이 신학부의 학장이었다. 각 지역단에 속한 교수(master)들이 인문학부에서 강의를 담당하면서, 동시에 다른 학부에서 수강하며 연구하는 것은 당시 흔히 있는 일이었다. 그러니까 마르실리우스의 파리 대학 생활에서 확인되는바, 자연과학을 가르치며 철학과 의학을 공부했다든가, 3개월 동안 총장직을 수행했다든가 하는 일은 당시의 대학 관행으로 보아 조금도 예외적인 것이 아니었다. L. J. Daly, *The Medieval University 1200~1400* (New York, 1961), pp. 48~63 참조.

31. 평화수호자(*defensor pacis*)

마르실리우스 저작의 표제이기도 한 평화의 수호자가 원저자에 있어서 구체적으로 누구를 가리켰던가 하는 호기심은 적지 않은 논의를 낳았다. 이는 왕왕 '마르실리우스 자신' 또는 '황제 루드비히 4세'에 대한 수식어였다고 해석되어 왔다. 그러나 필자는 마르실리우스가 '평화의 수호자'라는 술어로 함의했던 바가 '세속정부' 내지 '통치자'였다고 생각한다. 이 같은 해석의 근거로는, *DP* I, i, 6의 '분쟁을 제거하고, 평화를 전파하며 육성하는 황제' 및 *DP* I, xix, 3의 '통치자의 적법한 행위는 사회적 공익과 평화의 실천인(efficient cause)이다' 또한 *DP* II, 7의 '통치자의 적절하고 방해받지 않는 행위가 평화를 창출하고 보존하는 동인이다' 등의 언급을 들 수 있다.

32. 펠라기우스주의와 아우구스틴주의

영국 출신의 신학자 펠라기우스(Pelagius, 354~418)는 4세기 말엽부터 5세기 초엽에 걸쳐 로마에서 가르치면서, 초기 그리스도교의 원죄설과 종말론을 비판하였다. 그에 의하면 인간 본성은 신에 의해 피조되었으므로, 인간은 본성적으로 선 또는 악을 선택할 자유가 있으며, 이 자유의지와 본성적 노력을 통해 인간은 신의 은총과는 무관하게 또는 그것과 더불어, 영원한 구원에 이를 수 있다고 주장하였다. 펠라기우스주의적 태도는 인간의 본성과 자유의지 및 현세적 요소들에 대해 기본적으로 비관적 견해를 가졌던 초기 그리스도교에 심각한 도전이 되었다.

이 같은 견해는 구원의 문제에 관한 한 인간의 본성적 자유와 의지의 역할을 부정하였던 성 아우구스틴(354~430)의 예정설과는 상충되는 것으로서, 431년 마침내 이단으로 정죄되었다. 역사적으로 보아 펠라기우스주의의 최대의 기여는 인간의 의지적 도덕적 요소를 그리스도교적 금욕주의 신학으로 재구성했다는 점에 있다. 이는 카씨안(J. Cassian) 등에 의해 그 이후로도 준펠라기우스주의(semi-pelagianism)의 형태로 남부 프랑스와 영국 등에서 꾸준히 영향력을 행사하였다.

반면에 아우구스틴은 인간이란 자신의 영혼을 구원하기 위해 스스로는 아무것도 할 수 없고, 이는 오직 신의 은총을 통해서만 이루어질 수 있다는 예정설을 통해 펠라기우스주의를 정면 논박하였다. 이교적 로마 사회로부터 자신들을 구별해주었던 초기 그리스도교 공동체의 선민적 정체감(identity)은 이 예정설에 의해 중세 사회의 가톨릭적 자기인식으로 부단히 유지되었다고 하겠다. 동시에 아우구스틴은 도나투스(313~347)의 추종자들과의 논쟁을 통해 자신의 예정론에 내포되어 있던 극단적 분파주의적 경향 역시 극복하였다. 중세 그리스도교에 있어서 아우구스틴주의의 획기적인 한 기여는 신의 은총 내지 예정의 교리와 가톨릭적 교회제도의 보편적 유일성의 교리를 성공적으로 양립시켰다는 데 있다.

33. 혼합정(*politia*)과 민주정(*democratia*)

'*politia*'는 아리스토텔레스에 의해 민주정과 과두정의 원리가 '잘 혼합된'(*mixta bene*) 정치체제로 규정되었다. 그리하여 이것이 영어로는 'polity' 'political government' 'republican government' 혹은 'mixed government' 등으로 옮겨지고 있으며, 우리말로도 '입헌 민주정' '다수 지배정' '법률적 민주정' '혼합정부' 등으로 다양하게 옮겨지고 있다. 필자는 이를 '혼합정'으로 옮겼다. '혼합정'의 특징에 대한 마르실리우스의 견해를 정리해 보면 아래와 같다.

(1) 인민이 통치자를 선출한다.

(2) 인민이 법률을 제정한다.

(3) 통치자의 지배는 반드시 법률에 부합되어야 한다.

(4) 인민은 법률을 위반한 통치자를 교정, 폐위, 징벌할 수 있다.

끝으로 아리스토텔레스에 의해 '건강한 정부'의 하나로 규정되었던 혼합정과 '병든 정부'의 하나로 간주되었던 민주정이 마르실리우스에 의해서는 어떻게 구별되었던가 하는 점을 정리해 두기로 하겠다.

(1) 혼합정의 사회적 기초는 인민집단 전체였으며, 민주정의 그것은 평민계층이었다(*DP* I, viii, 3). 그런데 혼합정의 '인민집단'이 명예로운 계층(*honorabilitas*) 즉 성직자, 전사, 법률인 내지 지식인과 평민계층(*vulgus*) 모두를 포함하는 데 비해, 민주정의 평민계층은 '농민, 수공업자, 회계인 및 이와 유사한 생업에 종사하는 가난한 대중'만을 가리켰다(*DP* I, v, 1 ; I, xii, 4, 7). 따라서 마르실리우스에 있어서는 혼합정이 민주정에 비해 보다 넓은 사회적 기초를 가진 정치체제였다.

(2) 그는 시민(*civis*)을 '정치공동체와 정부 그리고 심의적 사법적 역할에 자신의 신분에 따라 참여하는 사람'으로 정의하였다(*DP* I, xii, 4). 이 같은 시민개념은 신분과는 무관하게 모든 시민의 평등한 정치적 참여를 표방했던 민주정의 원리와 일치하지 않는다.

(3) 또한 그는 중요 부분(*pars valentior*)을 설명하면서, '여기에는 수적인 요소뿐만 아니라 질적 요소에 대한 고려도 포함되어야 한다'고 지적하였다(*DP* I, xii, 3). '중요 부분'이 주권적 정치체의 사회적 실체의 하나였던 만큼, 이에 대한 질적 요소의 고려는 다수결의 원리 등 수적 요소에 대한 고려가 언제나 그리고 반드시 우선하는 민주정과는 그 체제의 성격이 동일할 수 없다.

그러나 '건강한 정부'로서의 혼합정과 '병든 정부'로서의 민주정에 대한 이 같은 인식이 마르실리우스의 이른바 '민주적 신념'을 부정하거나 희석시키는 것이 아니라는 점은 재론의 여지가 없다. 오히려 그 반대다. 단지 필자는 마르실리우스의 정치적 논술들 역시 당대적 맥락 하에서, 자신의 언어와 내면적 원리에 입각하여, 그 실체와 성격이 분석적으로 해명되어야 한다는 원칙에 충실하고자 했을 따름이다. '마르실리우스와 관련된 논술들을 규명함에 있어서, 그것이 민주적인 것이었다 또는 반민주적인 것이었다는 식으로 주장하는 우리들의 경향은 역사적 이해보다는 오히려 이념적 열정에 다분히 근거를 두고 있다'라고 한 콘드렌의 지적은 유용한 지침이다.

제2장 마르실리우스 파두아의 정치사상

I. 삶과 인간

1. 문제의 제기

라스키(H. Laski)는 마르실리우스 파두아(Marsilius of Padua, 1275/80~ 1342/43)[1]의 정치적 견해들에 대하여 '그것은 근대 정치사상의 거의 모든 측면을 예시하였다. ······ 의심할 여지없이 마르실리우스는 그 시대가 성취하려고 했던 곳보다 훨씬 앞선 곳에 있었다. ······ 장구한 중세 철학사에 있어서 마르실리우스보다 더 깊이 인간집단의 여러 조건들을 통찰하였던 사상가는 찾아보기 어렵다'[2]고 평한 바 있다. 근년의 연구자인 지워쓰(A. Gewirth)도 '마르실리우스는 정치사상사에 있어서 극소수에 불과한 진정한 혁명적 인물 가운데 한 사람이다. 그가 제기한 혁명의 영향과 문제들은 지금도 우리와 함께하고 있다'[3]고 지적하고, '마르실리우스주의자가 된다는 것은 여러 세기 후 마르크스주의자라는 용어가 함축하게 된 것과 유사한 의미를 가지고 있었다'[4]는 흥미 있는 비교까지 곁들여 놓았다.

---

1) 인명 표기에 관해서는 제1장 용어 해설 참고.
2) H. J. Laski, 'Political Theory in the Later Middle Ages,' *CMH* VIII (1936), pp.629~630.
3) A. Gewirth, *Marsilius of Padua and Medieval Political Thought* (Columbia Univ. Press, 1964), I, xix.
4) A. Gewirth, *Marsilius of Padua: Defensor Pacis* (Columbia Univ. Press, 1980), II, xix. 본서에서 인용되는 『평화수호자』는 모두 이 지워쓰 본이며, *DP*로 표기하

사실 지금까지 마르실리우스가 '중세가 낳은 가장 독창적이고 탁월한 한 이론가'로 규정된 이유는 무엇보다도 그가 '새로운 시대와 사상의 선구자'라는 점 때문이었다.5) 윌크스(M. Wilks)와 콘드렌(C. Condren)은 각각 마키아벨리(N. Machiavelli)의 정치 이론의 원형을 종교 내지 도덕적 가치와 현실적 정치 원리들을 엄격히 구별한 마르실리우스에게서 찾았으며,6) 스킨너(Q. Skinner)도 마르실리우스를 통해 이탈리아 중세 도시들이 실험하였던 공화주의 원리들이 근대 정치 이론의 기초로 기능할 수 있었다고 주장하였다.7) 또한 중세의 스콜라적 정치 이론들이 마르실리우스에 의해 인문주의 정치 전통으로 수용될 수 있었다고 파악한 울만(W. Ullmann)도 '마르실리우스의 사상이 정치사상사에 가져온 진정한 반전을 20세기 사람들이 제대로 이해하기란 여간 어려운 일이 아니다. 그러나 보다 세밀히 고찰해보면 그의 여러 주장들은 여전히 현재적인 주제이다'8)라고 밝히고 있

였다.

5) 이에 관하여는 다음의 연구를 참고할 수 있다. W. Ebenstein, *Great Political Thinkers* (New York, 1951), pp.265~266 ; G. Lagarde, *Marsile de Padoue ou le premier théoricièn de l'état laique* (Paris, 1948), pp.91~92, 246 등 ; R. H. Murray, *History of Political Science* (Cambridge, 1929), p.81 ; C. V. Previté-Orton, 'Marsiglio of Padua: Doctrines,' *EHR* XXXVIII (1923), p.2 ; H. B. Workman, *Christian Thought to the Reformation* (London, 1911), p.218. 국내에서 발표된 강치원 교수의 유용하고 계몽적인 연구들, 즉 「파두아의 마르실리우스의 정치사상: 국민주권론」 ; 「마르실리우스의 정치사상에 있어서의 아리스토텔레스적 요소」 ; 「중세 후기 마르실리우스와 바르톨로스의 국민주권론 비교」 ; 「마르실리우스와 마키아벨리의 정치적 사회와 사상」, 『중세의 정치적 갈등』 (강원대출판부, 1989), 115~299 등도 기본적으로 이 전통에 속한다고 보인다.

6) M. Wilks, *The Problem of Sovereignty in the Later Middle Ages* (Cambridge, 1963), p.102 ; C. Condren, 'Marsilius and Machiavelli,' ed. R. Fitzgerald, *Comparing Political Thinkers* (New York, 1980), p.96 ; F. Raab, *The English Face of Machiavelli* (London, 1964), pp.1~2 등 참조.

7) Q. Skinner, *The Foundations of Modern Political Thought* (Cambridge Univ. Press, 1978), v. I, pp.49~54.

8) W. Ullmann, *Medieval Political Thought* (Penguin Books, 1975), p.213 ; 'Political Humanism,' *Medieval Foundations of Renaissance Humanism* (Ithaca, 1977), p.124 이하.

다.

이와 같이 마르실리우스의 정치적 견해들을 근대 정치사상을 형성시킨 한 초석으로 보는 광범위한 인식에도 불구하고, 이들을 자세히 살펴보면, 정작 마르실리우스 정치사상의 본질적 이론체계와 그것의 기여에 대한 연구자들의 이해는 매우 다양하며, 적지 않은 경우에 서로 상충하고 있는 것이 사실이다.

먼저 기에르케(O. Gierke)로부터 오즈맹(S. Ozment)에 이르는 유서 깊은 한 시각에 따르면, 마르실리우스는 무엇보다도 루터와 프로테스탄트 종교개혁의 한 선구자였다.9) 뿐만 아니라 그는 근대적 회의주의 정신 및 종교적 자유와 관용의 기수였으며,10) 또한 법률 아래 있는 정부, 동의와 선거에 의한 정부 그리고 정치 권력의 분리 등 인민주권론에 입각한 민주주의 정치 원리의 의미 깊은 원천이었다.11)

---

9) O. Gierke, *Political Theories of the Middle Ages*, tr. F. W. Maitland (Cambridge, 1900), p.5 ; S. Ozment, *The Age of Reform* (New Haven, 1980), pp.154~155.
10) 이와 같은 지적에 대하여는 다음의 연구들을 참조할 수 있다. L. Strauss & J. Cropsey, *History of Political Philosophy* (Chicago, 1987), p.289 ; D. M. Webb, 'The Possibility of Toleration: Marsiglio and the City States of Italy,' *Studies in Church History* 21 (1984), pp.99~113 ; R. L. Poole, *Illustrations of the History of Medieval Thought and Learning* (New York, 1960), p.238.
11) 이러한 류의 해석의 대표적인 예가 E. Emerton, *The Defensor Pacis of Marsilius of Padua* (Harvard Univ. Press, 1920)일 것 같다. 에머튼은 자신의 저서 서두에서 '마르실리우스는 새로운 세계의 전령이며, 새로운 사회 질서의 예언자이다. 그는 자신의 근대성을 예민하게 의식하고 있었으며, 이 점을 표명하는 데 주저하지 않았다'라고 평가한 다음, 일관되게 마르실리우스로부터 다수결의 원리(25), 대의제(54~55), 교회와 국가의 분리(34, 47~48, 77~78), 정치 권력에 대한 사회의 지배(40, 58), 성서의 절대적 권위(70), 교회의 개혁(71), 인민주권론(74) 등의 이론을 확인하고 있다. '마르실리우스는 다양한 사회계층들의 공정한 균형(just balance)에 입각한 세계평화라는 영원한 민주적 가치를 완강히 호소한 인물이다'(80~81)라는 것이 그의 결론이다. 그 밖에도 이 전통에 속하는 고전적인 연구로서 C. E. Obsborne, *Christian Ideas in Political History* (London, 1929), pp.157~158을 들 수 있으며, 한편 이에 대한 비판적인 연구로는 B. Tiernery, *Religion, Law and the Growth of Constitutional Thought 1150~1650* (Cambridge Univ. Press, 1961), pp.48~50이 참고할 만하다.

그러나 당뜨레브(A. P. D'Entrèves) 등은 마르실리우스가 교황의 전능권
논리에 격렬히 도전하였음에도 불구하고, 여전히 그가 제시한 국가체제는
종교적 자유를 위한 어떠한 여지도 배제하고 있다고 밝혔다.12) 특히 제이
콥(E. Jacob)은, 마르실리우스의 이론이 본질에서 교황주권론과는 형태를
달리하는 그러나 또 다른 유형의 한 전체주의적(totalitarian) 논리였다고
지적하였다.13) 게다가 소로킨(P. Sorokin) 등은 논점을 달리하여 19세기
사회주의 이론의 한 원형, 즉 유물론적 역사해석의 맹아를 마르실리우스에
게서 확인하고 있기도 하다.14)

한편 이들과는 전혀 시각을 달리하는 해석도 제기되어 있다. 매길웨인
(C. H. McIlwain) 등은 마르실리우스의 정치사상이 왕왕 지나치게 '근대적'
의미로 그리고 적극적으로 해석되어 왔다고 생각하였다. 특히 카알라일(R.
Carlyle)과 알렌(J. Allen)은 각각 이렇게 지적하고 있다.

> 마르실리우스는 새롭고 혁명적인 민주적 원리를 제기하지 않았다. 오히
> 려 그는 중세의 정규적 판단과 관행을 다소 거칠고 무절제하게 표현하였
> 다. …… 그가 대변한 것은 근대적이고 혁명적인 논리가 아니라, 전통적인
> 원리들의 재천명이었다.15)

1324년에 『평화수호자』(Defensor Pacis)가 출간되었다는 것은 조금도 놀

---

12) A. P. D'Entrèves, *The Medieval Contribution to Political Thought* (New York,
1959), pp.77~80 ; G. H. Sabine, *A History of Political Thought* (New York,
1961), pp.299~300 등 참조.
13) E. F. Jacob, *Essays in the Conciliar Epoch* (Manchester, 1943), p.93 ; D. Hawkins,
A Sketch of Medieval Philosophy (New York, 1947), p.141 ; J. Bowle, *Western
Political Thought* (New York, 1948), p.206 ; F. Gavin, *Seven Centries of the
Problem of Church and State* (Princeton, 1938), p.106 ; D'Entrèves, 앞의 책,
p.85.
14) P. Sorokin, *Contemporary Sociological Theories* (New York, 1928), p.544.
Gewirth, 앞의 책, p.5에서 재인용.
15) R. W. & A. J. Carlyle, *A History of Medieval Political Theory in the West* VI
(New York, 1903~1936, 3rd. ed.), p.9.

라운 일이 아니다. 그와 같은 저작은 바로 그 시기에 출현하도록 되어 있었다. …… 만약 1324년이 중세에 속한다면, 『평화수호자』는 명백히 그리고 철저하게 중세적인 저작이다. …… 흔히 『평화수호자』를 시대에 앞선 저술로 평가해 왔다. 이러한 평가는 언제나 무의미하다고 생각된다.16)

이들에 따르면 지금까지 마르실리우스의 것으로 간주되어 오던 새로운 정치 원리들, 예를 들어서 다수결의 원리 및 정치 권력의 분리 등과 같은 민주주의 이론이나 16세기 종교개혁 이념의 맹아를 그의 주저 『평화수호자』는 결코 변론하거나 주장하지 않았다.17) 오히려 그것은 전통적 원리들의 중세적 재천명이었다. 이를테면 이들은 마르실리우스에 대한 '유서 깊은' 연구 전통을 전면 부정하고, 그의 사상의 기본 성격에 대한 근본적인 재검토를 요구하고 있는 것이다.

그런가 하면 숄츠(R. Scholz) 등은 거듭 『평화수호자』가 이행과 위기의 시대, 즉 유럽의 사회·정치적 생활 구조가 근저로부터의 전환을 경험하던 시기의 한 지적 소산임을 지적하였다. 그러면서도 그는 '아마도 우리는 마르실리우스를 과거의 그림자에 그 일부가 여전히 가려져 있는 많은 사상가들의 한 상징적 대표로 남겨둘 수밖에 없을 것이다'라고 밝힘으로써, 마르실리우스에 대한 역사적 평가를 유보하였다.18)

지금까지의 연구성과들에 대한 이러한 검토는, 그렇다면 마르실리우스의 정치사상의 실질적인 논리와 진정한 구조가 과연 무엇인가 하는 근본

16) J. W. Allen, 'Marsiglio of Padua and Medieval Secularism,' *The Social and Political Ideas of Some Great Medieval Thinkers*, ed. F. J. C. Hearnshaw (London, 1923), p.172.
17) C. H. McIlwain, *The Growth of Political Thought in the West* (New York, 1955), p.307.
18) L. C. McDonald, *Western Political Theory3* (New York, 1968), p.180 ; R. Scholz, 'Marsilius von Padua und die Idee der Demokratie,' *Zeistschrift für Politik* I (1907), pp.61~94 ; *Marislius von Padua, Defensor Pacis* (Hanover, 1932) ; 'Marsilius von Padua und die Genesis des modernen Staatsbewußsteins,' *Historische Zeistschrift* CLVI (1936), pp.88~103 참조.

문제를 새삼 제기하고 있다. 마르실리우스의 정치적 견해들을 재구성하여 그 의미를 규명해 보려는 동기도 여기에 있다. 본 장에서는 논지를 한정하여 마르실리우스의 삶을 시대적 상황 속에서 파악하고, 그의 주저『평화수호자』의 성격을 분명히 드러내는 데 역점을 두고자 한다. 정치적 마르실리우스주의(political marsilianism)의 논리와 의미에 대한 검토는 이 책 전편의 한 과제이다.

아마도 여기서 마르실리우스의 정치사상의 중요성을 언급하는 일은 사족이 될 것이다. 그의 인민주권론(theory of popular sovereignty)을 상정하지 않고는 중세 정치 이론의 마지막 장을 그릴 수 없으며, 따라서 중세 정치사상과 근대 정치사상의 관계 내지 근대 정치사상의 토대 역시 제대로 파악되기 어렵다. 중세 말기에 표출된 정치의식의 다양한 양상들을 알아보고자 하는 연구자들에게 있어서 마르실리우스의 사상은 하나의 결정적인 도전이 아닐 수 없다. 나아가 전환과 위기의 시대가 낳은 이 '도발적'인 지적 소산이 개인과 사회, 사회와 정치 권력, 국가와 교회 그리고 전통적 도그마와 개인적 신조의 제관계들에 대한 우리들의 사유와 반성에 한 의미 있는 실마리가 되기를 바란다면 지나친 기대일까.

2. 시대적 배경

마르실리우스의 주저『평화수호자』가 신성로마제국의 황제 루드비히 4세(Ludwig of Bavaria, 1314~1347)에게 헌정된 것은 1324년 6월의 일이다. 『평화수호자』가 간행된 역사적 배경과 마르실리우스가 속했던 시대적 상황을 먼저 파악해 두는 것이 순서이겠다.

『평화수호자』가 출간되기 정확히 20년 전 그리스도교 사회에는 교황청의 아비뇽 유수라는 매우 충격적인 사건이 일어났다. 그것은 이를 나위 없이 교황 보니파키우스 8세(Boniface VIII, 1294~1303)와 프랑스의 군주 필립 4세(Philip the Fair, 1285~1314)가 벌인 격렬한 권력 투쟁의 한 결과였다. 교황 보니파키우스 8세는 1296년 『재속 성직자』(*Clericos Laicos*)와 『성스러운 교회』(*Sacrosancta Ecclesia*) 그리고 1298년에는 『아들아 들어라』(*Ausculta Fili*), 또한 1302년에는 『지극한 성스러움』(*Unam Sanctam*) 등의 교서를 통해서, 서구 그리스도교 사회의 모든 구성원과 사건들에 대한 교황의 전능권을 거듭 천명하였다. 이들 교서는 그리스도교 사회의 모든 법률의 정당성 및 과세권을 포함하는 모든 정치 권력의 합법적 구속력이 교황청의 승인에 기초하고 있으며, 교황은 스스로가 해석하는 신법의 규제에 의하지 않는 한 절대적이고 무제한적인 주권을 보유한다고 천명하였다.[19]

그러나 교황 측의 이러한 움직임은 군주 필립 4세에 의해 최초로 소집된 삼부회(Etats-Generaux)가 1302년 4월 파리에서 열리는 한 직접적인 계기가 되었다. 삼부회를 통한 왕국과 시민에 대한 필립의 설득은 커다란 성공을 거두었다. 성직자와 귀족 그리고 도시 대표들은 모두 필립에 대한 지지를 선언하였으며, 이듬해에는 파리 대학 역시 군주에 의한 교회의 공의회 소집에 동의하였다. 급기야 1303년 9월에는 군주 필립의 신임을 등에 업은 기욤 노가레(Guillaume de Nogaret), 스키아라 콜로나(Sciarra Colonna), 리날도 수피노(Rinaldo da Supino) 등이 교황 보니파키우스 8세에 대한 아나니(Anagni) 폭거를 감행하기에 이르렀다. 왕국과 시민의 광범위한 동의가 필립의 노골적인 반교황 활동을 가능하게 하였던 것이다.[20]

군주 필립과 교황 보니파키우스의 투쟁은 추기경단의 다수가 프랑스 사람들로 채워지고, 뒤이은 교황 클레멘트 5세(Clement V, 1305~1314)가 아

---

19) 이에 대해서는 다음의 연구를 참조할 수 있다. D. Luscombe, 'The *Lex divinitas* in the Bull *Unam Sanctam* of Pope Boniface VIII,' *Church and Government in the Middle Ages*, ed. C. N. Brooke (Cambridge, 1976), pp.205~221 ; W. Ullmann, 'Die Bulle *Unam Sanctam*: Rückblick und Ausblick,' *Römische Historische Mitteilungen* 16 (1974), pp.45~77 ; 'Boniface VIII and his contemporary scholarship,' *Journal of Theological Studies* 27 (1976), pp.58~87.
20) 이 과정을 알아보는 데는 Carlyle, 앞의 책 VI, pp.96~97 ; H. Johnston, 'France: the Last Capetians,' *CMH* VII, pp.311~355가 여전히 매우 유용하다.

비농에 머물기로 함으로써 군주 측의 완승으로 종결되었다. 이 기이한 일련의 사태는 지금도 그 계기와 성격이 충분히 밝혀지지 않고 있다. 그럼에도 불구하고 그것이 교황청의 권위에 준 타격은 실로 심대하고 파괴적이었다. 과연 그것이 교황 보니파키우스가 겪은 개인적인 굴욕에 지나지 않는 것일까. 설령 그렇다 하더라도 아비뇽의 교황들은 신의 현세적 대리자(God's Vicar)라는 주권체적 위상에 걸맞게, 마땅히 이 사태를 어떠한 형태로든 규정하여야 했을 것이다. 또한 이것이 한 세기 이전의 일이기만 하였더라도 신정적 논리에 입각한 교황 측의 반격, 예를 들어서 프랑스 군주에 대한 십자군 원정에의 호소조차 그리스도교 사회 전반에 의해 오히려 당연하게 받아들여졌을 것이다.[21]

그러나 현실은 그렇지 않았다. 교황 측에 의한 이 사태의 새로운 규정이나 반격은커녕, 오히려 군주 필립이 자신에게 적대적이었던 교황 보니파키우스 8세에 대한 정죄 문제를 다시 제기하였고, 후임 교황 클레멘트 5세는 군주 측의 이 요구를 무마하기 위해 1312년에는 성당기사단(Templars)까지 해체하지 않을 수 없었다.[22] 단적으로 말해서 아비뇽의 교황청은 이 사태가 초래한 굴욕으로부터 결코 그 전통적인 권위를 완전히 회복하지 못하고 있었던 것이다.

그렇기는 하지만 군주 필립 측의 이와 같은 완승이 국가 단위의 교회 및 속권의 우위를 보장하는 등의 새로운 정치 이론의 형성을 구체적으로 수반한 것은 또한 아니었다. 교황청과 무관한 여하한 정치 권력도 독신적인 것이라는 교황 보니파키우스의 교리적 주장에 대하여, 필립은 단지 보니파키우스의 개인적 탐욕과 종교적 실덕을 비난했을 뿐, 그리고 왕왕 물리적 내지 억압적인 수단으로 교황의 인신을 위협했을 뿐, 어떠한 체계적인 대응논리도 제시하지는 못하였다.

군주 측이 내놓은 이론이 있다면, 단지 삐에르 드보아(Pierre de Bois)가 사태의 진전에 따라 붙이고 있는 약간의 주석 정도가 있을 따름이다.[23] 이

---

21) Allen, 앞의 글, p.168 참조.
22) Johnston, 앞의 글, pp.318~319 참조.

를테면 군주 측이 반교황적 민족주의적 정서를 토대로 관철시켰던 폭력에 의한 교속분쟁의 해결은, 그 자체가 당시 진행되고 있던 사회와 정치문화의 변화를 풍부하게 시사하고 있기는 하다. 그러나 여전히 그것은 교황 보니파키우스의 일련의 교서들이 제기하였던 교리적 문제의 핵심을 새롭게 재정립하거나 이론적으로 재구성한 것은 전혀 아니었다.

이 충격적인 사태가 야기한 여러 문제들을 새로운 정치 이론으로 재구성하려는 획기적인 시도가 바로 단테(A. Dante)의 『제정론』(De monarchia, 1310~1313)과 마르실리우스의 『평화수호자』였다. '사태'가 발발한 지 10여 년이 경과하여서, 그리고 『평화수호자』보다 10여 년 먼저 출간된 『제정론』은 이 전환기적 소용돌이가 낳은 최초의 체계적인 정치적 대응 논리의 모색이었다.[24] 그러나 『제정론』은 저자가 보여주는 철학적 깊이와 뛰어난 상상적 재구성력에도 불구하고, '충격'이 내포하는 정치적 이슈의 핵심을 제대로 포착하는 데 성공한 것 같지는 않다.[25]

물론 단테는 성직자정치론의 허구성과 탐욕성을 공격하는 데 주저하지 않았다. 그러나 단테에게 있어서 문제는 무엇보다도 보편국가와 이에 대한 보편적 지배권 즉 제국과 황제권의 정당성을 입증하는 일이었다. 그는 이렇게 지적하였다.

(욕구의) 대상이 없을 때 이에 대한 열정이 존재하지 않는 것처럼, 탐욕은 더 이상 바랄 것이 없을 때 비로소 소멸된다. 황제는 자신의 지배 영역이 또 다른 군주의 지배 영역에 의해 제한되고 있는 여타의 세속군주들과

---

23) Carlyle, 앞의 책, pp.124~127 ; E. E. Power, 'Pierre du Bois and the Domination of France,' Some Great Thinkers, pp.139~165 참조.

24) 단테의 정치사상에 대한 근년의 연구로는 다음 논저를 들 수 있다. S. Farnell, The Political Idea of Divine Comedy (Lanham, 1985) ; W. Anderson, Dante the Maker (London, 1980) ; W. Ullmann, 'Dante's Monarchia as an illustration of a politico-religious Renovatio,' B. Jaspert & R. Mohr eds., Traditio-Krisis-Renovatio aus theologischer Sicht (Marburg, 1976), pp.101~113 ; A. P. D'Entrèves, Dante as a Political Thinker (Oxford, 1952).

25) Skinner, 앞의 책, pp.6, 18 참조.

는 달리 더 이상 바랄 무엇을 가지고 있지 않다. 대양 이외에는 아무것도 황제의 지배 영역을 제한하지 않는다. 따라서 모든 인류 가운데 황제만이 정의의 순수한 구현체일 수 있다.26)

단테는 정치적 분쟁의 근본 원인 내지 정의의 구현을 가로막는 최대의 장애물이 모든 인간에게 공통되는 심성인 탐욕(cupiditas)이라고 생각하였다. 그리하여 보편적 정치적 정의가 구현되기 위해서는 이 탐욕으로부터 해방된 지배자가 반드시 필요하며, 그가 바로 황제라는 것이었다. '앞서 밝힌 바와 같이, 인류는 전체로서 하나의 목표를 가지고 있으므로 이를 관리하고 통치할 한 사람의 인물을 필요로 한다'27)는 것이 제권의 정당성에 대한 그의 기본 인식이었다. 그가 교황권주의자와 구별되는 주된 논점은 현세사에 관한 한 탐욕으로부터 해방된 보편적 정의의 구현체가 교황이 아니라 황제라는 점에 있었다.

동시에 단테는 인간의 궁극적인 목적을 현세적 행복과 영원한 행복의 두 가지로 구분하고, 현세적 행복은 영원한 행복의 성취에 마땅히 기여하여야 한다고 생각하였다. 따라서 그는 교황과 황제의 관계에 대해서도, '황제는 장남이 아버지에 대하여 그러해야 하는 것처럼 교황에게 경의를 표하여야 한다. 교황의 가르침에 의해 계몽될 때 황제는 더욱 강력하게 세계를 계몽할 수 있다'28)고 말할 수밖에 없었다. 단테가 가졌던 강렬한 반성직자주의(anti-clericalism)에도 불구하고, 그의 정치적 논의의 기반은 현세사와 정신사에 관한 전통적이고 계서적인 이분적 인식으로부터 크게 벗어나 있지 않았다.

그러나 이미 문제의 핵심은 보편국가의 정당성 내지 황제권의 성격 또한 교황권과 황제권의 관계 등의 범주에 머물러 있지 않았다. 중세 제국에

26) *Monarchia* I, c.11. 본서의 *Monarchia* 인용은 모두 *The Monarchy and Three Political Letters*, tr. D. Nicholl & C. Hardie (London, 1954)의 것이다.
27) *Monarchia* I, c.5. 단테의 제국관에 대하여는 E. S. Smith, 'Dante and World-Empire,' *Some Great Thinkers*, pp.107~138을 참고할 수 있다.
28) *Monarchia* III, c.16.

관하여는 삐에르 드보아와 존 파리(John of Paris)가 단테에 앞서 그 시대
착오적인 성격을 지적한 바 있다.[29] 사실 당대의 정치적 충격은 과연 신성
로마제국이 현실적인 정치 단위로, 또한 그 황제가 이름에 걸맞는 보편적
통치자로 기능한 적이 있었던가 하는 이들의 의문에, 이미 상당한 정도의
실질적인 답변을 들려주고 있던 터였다.[30]

오히려 '충격'이 제기한 이론적 쟁점의 핵심은, 삶의 초월적 가치와 목표
의 절대성에 대한 인식을 그 토대로 하였던 신정적·보편적 주권론과 이
에 정면으로 맞섰던 세속적·지역적 정치 주권의 절대성 여부였다. 정신사
와 현세사를 분리 인식한다 하더라도, 양자의 궁극적 가치를 상하관계로
규정하는 계서적 시각으로부터 벗어나지 않는 한, 토마스 아퀴나스 등의
병행주의자들이 그러했던 것처럼, 교황권의 우위(papal supremacy)를 완
전히 부정하기란 어려운 일이었다.[31] 세속적·지역적 정치 권력의 구체적
성격에 대한 논의는 무엇보다도 인간의 현세적 욕구의 정당성과 정치적
삶의 자율성에 대한 보다 철저한 인식을 필요로 하고 있었다.

『제정론』의 한계가 바로 이 점에 있지 않을까. 알렌(J. Allen)은 '교황권
이 치명적 손상을 입고 신음하는 상태가 당대의 정치 현실이었다면, 이에
비해 세계국가와 보편적 지배권은, 설령 그것이 제대로 기능한 적이 있었
다 하더라도, 이미 운명을 달리한 주검의 상태였다'[32]고 지적한 바 있다.
단테가 그리스도교적 인문주의의 한 위대한 원천임에도 불구하고, 정치적
견해에 관한 한 그의 논술이 사자에 대한 만가처럼 들리는 데는 그만한 이
유가 있다고 하겠다.[33]

29) Allen, 앞의 글, p.170 참조. 중세 제국에 관한 연구로는 Ullmann, 'Reflections on
Medieval Empire,' *Transactions of the Royal Historical Society* 14 (1964), pp.89
~108 ; G. Barraclough, *The Medieval Empire* (London, 1950) 등이 있다.
30) M. W. Baldwin, *The Medieval Church* (Ithaca, 1953), pp.91~92는 '단테는 보니
파키우스 8세가 교황직에 전혀 부적합한 부패한 인물이기 때문에 지옥불에 던져
져야 마땅하다고 확신하였다. 그러나 군주 필립이 휘두른 적나라한 폭력은 단테에
게조차 충격적인 것이었다'라고 지적하고 있다.
31) Ozment, 앞의 책, p.169 ; D'Entrèves, *Dante*, p.50 참조.
32) Allen, 앞의 글, p.169.

한편 마르실리우스는 단테와 동시대인으로서 삶의 배경과 현장적 경험에 있어서도 적지 않은 공통점을 가지고 있었다.[34] 그러나 마르실리우스는 14세기 초엽의 이 '충격'에 내포된 정치적 의미를 전혀 새로운 시각과 논리로 재구성하였다. 실제로 마르실리우스는 저술을 통해서뿐만 아니라 루드비히 4세와 교황 요한 22세(John XXII, 1316~1334)의 분쟁이라는 당대의 정치 현실에도 깊숙이 뛰어들었다. 따라서 그의 삶의 과정을 이해하는 일은 그의 정치사상에 접근하는 직접적인 첫 걸음이 될 것 같다.

3. 마르실리우스의 생애

대부분의 중세 사상가들과 마찬가지로 마르실리우스의 삶도 매우 모호해서 정확한 재구성이 거의 불가능하다.[35] 그렇기는 하지만 부분적으로 확인되는 사실들을 토대로 우리는 그의 생애를 다음의 세 시기로 구별해 볼 수 있다. 즉 초기의 파두아 시기(출생 이후 대략 1319년경까지), 그 다음의 파리 대학 시기(1312~1313년 및 1320~1326년), 그리고 황제 루드비히 4

---

33) Poole, 앞의 책, p.230은 '14세기에 접어들어 최저점에 달했던 제국에 대한 단테의 구상은 거의 역설처럼 들린다. 그것은 예언이 아니라 비문이었다'고 지적하였다.
34) 단테와 마르실리우스는 이탈리아 도시국가라는 공통된 성장 배경을 가지고 있으며, 일찍부터 정치 활동에 참여하고, 베로나의 지배자 간 그란데 델라 스깔라(Can Grande della Scala)를 지지한 점도 같다. 또한 저작과 행동을 통해 신성로마제국과 황제를 후원하고, 말년을 정치적 망명객으로 마감했다는 점에서도 공통적이다. 양자를 비교한 흥미있는 연구로는 M. Reeves, 'Marsiglio of Padua and Dante Alighieri,' *Trends in Medieval Political Thoguht*, ed. P. R. L. Brown (Oxfrod, 1965), pp.86~104가 있다.
35) 마르실리우스의 생애를 알아보기 위해서는 앞서 언급한 연구들 이외에 다음의 글들을 참고할 수 있다. C. K. Brampton, 'Marsiglio of Padua, life,' *EHR* XXXVII (1922), pp.501~515 ; J. Haller, 'Zur Lebensgeschichte des Marsilius von Padua,' *Zeitschrift für Kirchengeschichte* XLVIII (1929), pp.166~199 ; F. Battaglia, *Marsilius de Padove e la filosofia politica* (Florence, 1928) ; C. W. Previté-Orton, 'Marsilius of Padua,' *Proceedings of the British Academy* XXI (1935), pp.137~183.

세의 정치적 동반자로 활동했던 1326년 이후의 시기가 그것이다.

1) 파두아 시기

14세기 초엽의 도시국가 파두아(Padua)는 교황청의 정치적 간섭과 경쟁 도시국가 밀라노의 위협에 대치하고 있던 황제파(ghibelline)의 도시였다. 그리하여 교회의 간섭으로부터 도시공동체의 독립과 자유를 확보하고자 했던 파두아가 반교황주의 심지어 반성직자주의 정서를 수용한 것은 오히려 자연스러운 일이었다. 또한 파두아는 정치 조직에 있어서도, 단테의 피렌체가 이미 전제군주정(signoria)으로 이행했던 데 비해, 여전히 1000여명의 시민들로 구성되는 대회의(concilium maius)가 시정을 주도하였고, 다시 이들이 정무관(podesta)을 선출하는 이른바 전형적이라 할 도시공화정 체제를 유지하고 있었다.36)

그러니까 반교황주의와 공화주의라는 두 정치 전통은 도시국가 파두아의 독특한 정치적 분위기였다. 물론 우리가 이 시기 마르실리우스의 행적에서 반교황적 활동을 직접적으로 확인하기는 어렵다. 그럼에도 불구하고 이는 그 도시의 중산층 출신인 마르실리우스가 적어도 25년 내지 30년 가까이 호흡하였던 정서적 토양이었음에 분명하다. 헤이(D. Hay)가 『평화수호자』를 '철저하게 이탈리아적인 저작'이라고 지적했던 근거도 여기에 있었던 것으로 보인다.37)

---

36) 파두아는 1262년 4월 베로나, 트레비소, 비센짜(Vicenza)와 함께 정치적 동맹체로서 반전제군주정(anti-signoria) 연합을 결성하였으며, 이들 가운데서도 파두아는 공동체적 공화주의 체제를 가장 완강하게 유지하였다. 파두아가 까라르(Carrar) 가문의 전제군주 체제로 이행된 것은 1328년의 일이다. J. Larner, *Italy in the Age of Dante and Petrarch 1216~1380* (London, 1980), pp.137~138 ; L. Martins, *Power and Imagination-City States in Renaissance Italy* (New York, 1979), pp.94~95 참조. 이 시기 파두아에 관한 연구로는 J. K. Hyde, *Padua in the Age of Dante* (Manchester Univ. Press, 1966)가 있다.

37) D. Hay, *Europe in the Fourteenth and Fifteenth Centuries* (London, 1966), p.85. 사실 마르실리우스가 이 시기부터 반교황적 정치 활동에 구체적으로 가담하였다고 추정하기는 어렵다. 1316년 교황 요한 22세는 마르실리우스를 파두아 성당의

파두아 대학의 공증인[38]으로서 법률업에 종사하였던 부친 본마떼오 마
이나르디니(Bonmatteo dei Mainardini)의 아들로 태어난 우리들의 주인공
마르실리우스(Marsilio dei Mainardini)는 일찍부터 다양한 분야에 왕성한
지적 호기심을 가졌던 것 같다. 무싸토(A. Mussato)가 쓴 「교수이며 자연
과학자인 마르실리우스에게 : 일관되지 못한 그의 학문적 편력을 비판함」
이라는 당대의 서한은 이 점을 잘 반증해주고 있다.[39] 지방 차원의 정치
활동에 간간이 참여하는 외에는,[40] 파두아 대학(1222년 설립)이 활동의 중
심지였다고 추정되는 이 시기 동안, 마르실리우스는 주로 의학을 공부하였
으며, 자연과학과 철학 그리고 부친의 가업이었던 법률학 등에 대해서도
폭넓게 학문적 소양을 쌓았다.

마르실리우스가 의학도로서 당시 아리스토텔레스의 영향을 강하게 받고
있던 파두아 대학에서 초기의 지적 훈련을 쌓았다는 사실은 기억해 둘 만
하다. 중세적 아리스토텔레스주의자라는 당뜨레브 이래의 고전적 평가에
걸맞게,[41] 마르실리우스는 자신의 주장의 주된 근거가 어느 고전사상가보
다도 아리스토텔레스임을 표방하였으며, 스스로도 자신을 엄격한 아리스
토텔레스의 추종자라고 믿었다.[42]

참사원(canon)으로 임명하였고, 다시 1318년에는 파두아에 있는 자신의 성직록을
마르실리우스에게 맡겼다. 이 시기는 그가 파두아에 머문 마지막 수년에 해당된
다. Gewirth, *Marsilius of Padua* I, p.21 참조.
38) 당시 공증인(notary)은 보통 대학 교육을 2~3년 정도 받은 자들로 라틴어에 대한
풍부한 지식을 가지고 있었다. 일반적으로 공증인과 법률가(lawyer)들은 세속민
들 가운데 가장 학식이 많고 공공 업무에 관해서도 적극적인 집단이었으며, 인문
주의의 형성에서도 핵심적인 역할을 담당하였다. Martines, 앞의 책, pp.204~205
참조.
39) Gewirth, 앞의 책 I, p.20에서 재인용. 무싸토(Alberto Mussato)는 공증인으로서,
당시 파두아의 시정에 활발히 참여한 초기 인문주의자의 한 사람이다.
40) 마르실리우스는 밀라노의 마떼오 비스콘티(Matteo Visconti)와 베로나의 깐 그란
데 델라 스깔라(Can Grande della Scala)의 군대에 가담한 적이 있다.
41) D'Entrèves, *Medieval Contribution*, p.87 ; Strauss, 앞의 책, p.277 ; J. Quillet,
'Nouvelles Etudes Marsiliennes,' *History of Political Thought* I (1980), pp.391~
410 등.

12세기 이래로 중세 대학에 형성된 다수의 그리스도교적 아리스토텔레스주의자들이 아리스토텔레스의 사상을 깊이 수용한 것은 사실이다. 그러나 아퀴나스 등 이들의 대부분이 신학적 추구로 매진했던 것과는 달리, 아리스토텔레스에 대한 마르실리우스의 이해는 생물학적 자연과학적 탐구를 그 출발점으로 하였다.『평화수호자』에서 왕왕 확인되는바, 국가의 운명과 사회를 자연적 생명체(*natura animata*) 즉 동물 내지 인체에 비교하고[43] 실험과 경험적 검증을 중시하는 태도[44] 등은 그가 아리스토텔레스와 마찬가지로 받았던 의학도로서의 훈련과 무관하지 않을 것이다.[45] 이 점은 16세기의 국가지상주의자 에라스투스(T. Erastus, 1524~1584) 역시 의사였다는 점을 상기할 때 더욱 흥미로운 대목이다.

특히 마르실리우스가 지적 형성기에 파두아 대학에서 당대의 아베로이스주의자(Averroist)였던 피터 아바노(Peter Abano, †1316)의 영향을 받았다는 점은 마땅히 지적되어야 할 것 같다. 1307년경부터 파두아 대학에

---

42) 마르실리우스의 주저『평화수호자』가 아리스토텔레스의 저술로부터 인용한 양은 다른 고전사상가들의 인용을 모두 합한 것보다도 많다. 그는『정치학』을 중심으로『논리학』,『세대론』,『동물론』등 아리스토텔레스의 저술을 광범위하게 활용하였으며, 거듭 '아리스토텔레스의 진리와 조언에 따라'(*DP* I, xii, 3) 또는 '아리스토텔레스가 명백히 증명한 바와 같이'(*DP* II, i, 9 ; II, xxx, 5)라고 밝혔다. 그가 아리스토텔레스를 가리키는 데 사용한 다양한 표현, 즉 '신성한 철학자'(*DP* I, xi, 1), '으뜸 가는 철학자'(*DP* I, iii, 3), '찬탄할 만한 철학자'(*DP* I, vi, 9), '유명한 철학자'(*DP* II, ix, 8), '이교도 현자'(*DP* I, xvi, 15 ; II, xxiv, 10) 등도 이 점을 뒷받침하고 있다.
43) 예를 들면 다음과 같다.
 DP I, vii, 3 '(국가의) 특정 직책에 규칙이 부과되는 것은 신체의 각 기관이 일정한 운동을 하는 것과 같다.'
 DP I, viii, 2 '정부에는 두 종류가 있다. 하나는 건강 상태가 좋은 정부이고, 다른 하나는 병든 상태의 것이다.'
 DP I, xi, 9 '법률은 여러 개의 눈들로 구성된 하나의 눈이다.'
44) 이러한 태도는『평화수호자』의 전편에 일관되게 흐르고 있다. 한 예를 들면 *DP* I, xii의 표제가 '인정법의 논증적 동인과 비논증적 동인들에 대한 고찰'이다.『평화수호자』의 성격을 살펴보면 이 점은 더욱 분명해질 것이다.
45) Ozment, 앞의 책, p.149 참조.

서 자연과학과 의학을 가르치고 있던 피터 아바노는 이 곳의 지적 분위기를 파리 대학과 구별되게 이끈 장본인이었다.46) 그는 그리스도교적 아리스토텔레스주의자와는 달리 그리스도교의 가르침과 아리스토텔레스의 이론 간의 긴장을 첨예하게 인식하였다. 그리하여 그는 철학적 추구와 종교적 신앙은 각각 자족적 자율적 영역을 가지고 있어서, 이성과 신앙이 서로 상충하는 결론에 도달할 수도 있다는 이중진리설(theory of two-fold truth)을 수용하였다.47) 피터 아바노의 이러한 아베로이스적 시각은 명백히 그 추종자들로 하여금 교회조직의 현세적 기반과 요구에 대한 비판적 탐구 및 종교적 도그마와는 모순될 수도 있는 이성적 진리 그 자체에 대한 보다 적극적인 추구를 이끄는 사상적 틀이 될 것이었다.

앞서 지적했듯이, 마르실리우스가 아리스토텔레스의 사상을 수용하였다는 점은 대부분의 중세 그리스도교적 아리스토텔레스주의자들과 크게 다를 바 없다. 그러나 마르실리우스는 이들과는 정반대에 가까운 견해, 즉 교권의 속권에 대한 완전한 복속 그리고 합리적인 고려만에 의한 정치 권력의 논의를 강력히 주장하였다. 그 이유가 어디에 있었을까. 무엇보다도 그에게는 인간 이성의 완비성에 대한 아베로이스적 인식이 있었으며, 여기에 내포되어 있던 종교적 도그마에 대한 끊임없는 회의주의 정신 및 전통적

---

46) 피터 아바노(Peter of Abano)는 사람의 일생을 성장기(1~16세), 청년기(16~30세), 완숙기(30~40세), 쇠퇴기(40~60세), 노년기(60세 이상)로 구분하고, 다시 성장기를 유아기(1세 이하), 치아가 나는 시기(1~7세), 정서 불안정기(7~11 내지 12세), 사춘기(11 내지 12~16세)로 세분하는 등 인간의 심리와 인체의 변화에 대한 뛰어난 분석과 함께, *Conciliar Differentiarum, De Physiogomia* 등의 저술을 남기고 있다. Larner, 앞의 책, pp.59, 145 ; E. Gilson, *History of Christian Philosophy in the Middle Ages* (London, 1972), pp.524~525 등 참조.

47) 아베로이스(Averroes, 1126~1198)의 본명은 Abù al-Walid Muhammad Ibn Ahmad Ibn Rushd이다. 아베로이스주의의 '이중진리설'은 전통적인 그리스도교 사상과 아리스토텔레스 이론 간의 갈등이 낳은 한 획기적인 철학적 산물이다. 이에 관하여는 R. Lerner & M. Mahdi, 'Philosophy and Political Thought in the Fourteenth Century,' *The Forward Movement of the Fourteenth Century*, ed. F. Utley (Columbus, 1961), pp.125~164 ; F. Copleston, *A History of Philosophy* II (1962), pp.435~441 등을 참고할 수 있다.

제도와 권위에 대한 합리적 비판을 그가 일관되게 추구하였기 때문이다. 우리는 마르실리우스가 인민주의로 표방하였던 정치적 아베로이스주의 (political averroism)의 한 근원적 형성력을 그가 일찍부터 파두아에서 접했던 피터 아바노의 지적 영향에서 확인하게 되는 것이다.[48]

2) 파리 대학 시기

13세기 초엽부터 아리스토텔레스의 사상을 본격적으로 흡수하기 시작한 파리 대학은 토마스 아퀴나스(Thomas Aquinas, 1225~1274)와 시제르 브라방(Siger Brabant, 1235~1282)을 거치면서, 각각 그리스도교적 아리스토텔레스주의 및 아베로이스주의적 학풍을 형성하는 등 철학과 신학 연구를 위한 널리 알려진 중심지가 되었다.[49] 또한 14세기 초엽의 파리 대학은 정치적으로 군주 필립 4세를 후원하는 속권주의자(secularist)의 중심이었음은 물론, '복음적 청빈'(Evangelical Poverty)의 추구라는 순전히 종교적 원인으로 교황청과 심각한 마찰을 빚고 있던 정통파 프란시스회주의자 (Spiritual Franciscan 또는 Fraticelli)에 의해서도 반교황적 활동의 주된 근거지로 활용되었다.[50]

마르실리우스는 1310년대 초엽과 20년대 전기의 수년 간 두 차례에 걸쳐 파리 대학에 체류하였다. 그가 자연과학과 철학을 가르치고 공부한 10년대 초엽의 첫 파리 대학 생활은 비교적 성공적이었던 것 같다. 이는 그가 인문학부의 교수로 재직하면서 대학 행정의 최고 선출직에까지 피선되었다는 사실에서 잘 드러나고 있다. 그러나 마르실리우스가 파리 대학의

---

48) Gewirth, 앞의 책, I, pp.39~40에 따르면, 마르실리우스와 피터 아바노는 '파두아 아베로이스주의'의 공동 설립자이다. 양자의 관계에 대하여는 Lagarde, 앞의 책, pp.81, 89 ; D'Entrèves, 앞의 책, pp.48, 86 등 참고.

49) M. Wulf, *Philosophy & Civilization in the Middle Ages* (New York, 1953), pp.238~288 ; H. Rashdall, *The Universities in the Middle Ages* I (Oxford, 1936), pp.385~552 ; G. Leff, *Paris and Oxford Universities in the Thirteenth Centuries* (New York, 1968), pp.187~270.

50) Ebenstein, 앞의 책, p.265 ; Emerton, 앞의 책, pp.14~15.

총장(rector)으로 재임하였던 시기(1312년 12월~1313년 3월)[51]는 흥미로운 두 정치적 진전이 아비뇽의 교황 클레멘트 5세에게 외압으로 작용한 때이기도 하였다.

당시 군주 필립은 전임 교황 보니파키우스 8세에 대한 정죄를 아비뇽에 요구하고 있었고, 또한 단테의 영웅이었던 신성로마제국의 황제 하인리히 7세(Heinrich Ⅶ, 1274~1313)는 이탈리아 원정(1311~1313)을 진행시키고 있었다. 프랑스의 속권주의자들은 아비뇽에 대한 고삐를 단단히 조이고 있었으며, 황제와 제권주의자들은 당대의 반교황주의적 시도들을 제국 차원의 정치적 사건으로 비화시켰던 것이다. 따라서 속권주의적 학풍을 강하게 가졌던 파리 대학의 핵심 인물로서 마르실리우스가 현실 사회의 이와 같은 정치적 움직임들을 충분히 파악하고 있었으리라고 생각하는 것은 조금도 무리한 추론이 아닐 것이다.

마르실리우스와 속권주의자 그리고 청빈파 프란시스회와의 유대는 그의 두 번째 파리 대학 체류기간(1320~1326)에 더욱 깊어졌다. 파두아의 아베로이스적 학풍을 토대로 다시 의학, 철학 그리고 신학 연구에 정진하며, 『평화수호자』를 집필하였던 마르실리우스가 이 곳의 아베로이스주의자 존 장당(John of Jandun, 1286~1328)과 지적 교류를 맺은 것은 자연스러운 일이었다.[52] 그러나 프란시스회 회원이 아니었던 마르실리우스가 '과격한' 프란시스회의 수도사들과 연대하고, 이들과 운명을 같이하게 된 데는 다분히 현실적인 이유가 있었다. 무엇보다도 교황권과 황제권 사이에 야기된 새로운 정치적 분쟁이 구조적인 이유였고, 이것이 대학에 미친 영향이 그 직접적인 계기였다.

1314년 제위에 오른 신성로마제국의 황제 루드비히 4세는 합스부르그 가의 경쟁자 프리드리히 오스트리아(Frederic of Austria)를 1322년 뮐도르프(Mühldorf)에서 패배시킨 다음 자신의 제권을 거듭 천명하고 있었다. 그

51) L. J. Daly, *The Medieval University 1200~1400* (New York, 1961), pp.48~63 참조.
52) Gewirth, 앞의 책 I, pp.21, 40, 41.

러나 프랑스 군주 필립 5세(1316~1322)의 지지를 확보한 교황 요한 22세
는 루드비히의 제권을 정면 부정하고, 1324년 3월 마침내 그를 파문하기에
이르렀다. 이에 아비뇽에 맞서 싸워야 했던 황제 루드비히는 교황을 굴복
시키는 데 도움이 되는 모든 유용한 수단을 필요로 하였던바, 특히 자신의
제권을 정치적 이론으로 그리고 종교적 이념으로 각각 정당화시켜 줄 수
있었던 파리 대학의 속권주의자와 청빈파 프란시스회에 대하여는 정치적
보호를 아끼지 않았던 것이다.[53]

한편 프랑스 군주와의 화해를 통해 중앙집중적인 교회정부[54]를 구체적
으로 추진하였던 교황 요한 22세에게는 두 유형의 적이 도사리고 있었다.
직접적인 위협은 이를 나위 없이 공격적인 황제와 그의 군대였다. 그러나
그에게는 황제라는 외부의 적 못지않게 '금욕적 그리스도교 이념의 오랜
전사집단'도 바야흐로 매우 위험스러운 '내부의 적'이 되어 가고 있었다.
'절대 청빈'을 자구적으로 신봉하였던 이들 프란시스회의 청빈파 수도사
집단은 이제 비세속적 탈소유성이라는 엄격한 이념적 도덕적 기준을 성직
자는 물론 교황청 그 자체에 적용하고자 하였다. 이들에 따르면 교황전능
권의 세속적 해석, 특히 현세 사물에 대한 교황의 지배권(dominium) 요구
는 그리스도교의 복음적 신조에 위배되는 이단적인 것이었다.[55]

이 같은 시대 상황은 황제를 정점으로 한 청빈파 프란시스회와 논쟁적
속권주의자들의 일견 기이해 보이는 반교황 연합전선을 형성시키는 계기
가 되었다. 이들 모두에 대한 아비뇽 교황청의 파문 위협은 당연히 대학
내의 청빈파 수도사와 속권주의자들 사이의 유대를 강화시켰으며, 이들 반
란적 지식인들은 보다 강력한 현실적 보호를 요청하게 되었고, 이를 신성

53) W. T. Waugh, 'Germany: Lewis the Bavarian,' *CMH* VII, pp.113~136 참조.
54) J. Weakland, 'Administrative and Fiscal Centralization under Pope John XXII 1316~1334,' *Catholic Historical Review* 54 (1968), pp.39~54, 285~310 참조.
55) 이 시기 교황청과 청빈파 프란시스회의 갈등에 관하여는 특히 E. Peters, *Heresy and Authority in Medieval Europe* (London, 1980), pp.235~250 ; M. Lambert, 'Franciscan Crisis under John XXII,' *Franciscan Studies* 32 (1972), pp.123~143 을 참고할 수 있다.

로마제국의 루드비히 4세는 기꺼이 제공하였던 것이다. 사실 황제 루드비히는 자신의 정치적 목적을 위해 속권주의 정치 이론과 청빈파의 종교적 도덕성을 동시에 그리고 절실히 필요로 하고 있던 터였다.

마르실리우스가 이 반교황 동맹에 어떻게 가담하였는지는 분명하지 않다.[56] 또한 앞서 지적했듯이, 그가 일찍부터 호흡하였던 공화주의 정치 전통이 황제 루드비히가 기대하였을 제권의 강화 내지 절대화의 이론적 기반이었다고 곧바로 결부시키기도 어렵다.[57] 그럼에도 불구하고『평화수호자』를 통해서 당대 사회의 모든 정치적 분쟁의 일차적 책임이 교황청의 현세사 개입에 있다[58]고 거듭 밝혔던 그로서는 현실적으로 선택할 만한 정치적 입지가 달리 없었을 것이다. 황제 측에 가담하는 길만이 교황청의 직접적인 위협으로부터 벗어나는 방편이었고, 스스로 일관되게 논증한 자율적 세속권력을 정치적으로 실천해 보는 기회를 보장받을 수 있었다. 마르실리우스가 황제의 정치적 동반자로서 담당하게 된 실천적 역할은, 이를테면 교황 요한 22세와 황제 루드비히 4세의 분쟁 그리고 여기에 파리 대학의 속권주의자와 청빈파 수도사 집단이 가담하여 만든 당대적 현실 정치 구조의 한 부산물이었다.[59]

3) 황제의 동반자

『평화수호자』의 출간 이후 아비뇽의 종교재판에 회부되어 있던 마르실리우스는 존 장당 및 일단의 청빈파 수도사들과 함께 1326년 봄 뉘렘베르그(Nüremberg)에서 황제 진영에 가담하였다. 바야흐로 그는 대학인에서

---

56) 이 점에서 마르실리우스의 경우는 '황제여, 폐하께서 저를 칼로 보호해 주신다면, 저는 폐하를 붓으로 보호하겠나이다'라고 명시적으로 밝혔던 오캄의 경우와는 대조적이다.
57) 마르실리우스가『평화수호자』에서 자신의 후견인 루드비히 4세를 명시적으로 언급한 경우는 단 한 번(*DP* I, i, 6)뿐이다.
58) 본절 주 93 이하 참조.
59) Emerton, 앞의 책, pp.15~17.

황제의 동반자라는 현실 정치의 일원으로 변신하게 되었다. 1327년 1월 트렌트 행으로 시작된 루드비히 4세의 이탈리아 원정에 동행하였던 그는, 당연한 결과이지만, 같은 해 4월 교황청에 의해 이단자로 정죄되었다. 교황 요한 22세에 따르면 마르실리우스와 존 장당은 '이단 교설을 퍼뜨리는 역병의 전파자이며, 악마의 아들들'이었다.[60]

아비뇽의 정죄에도 불구하고, 루드비히와 마르실리우스 등은 남진을 계속하였다. 그리하여 5월에는 밀라노를 그리고 이듬해 1월에는 로마를 장악하였다. 이 곳에서 루드비히는 '로마 인민'(*populus romanus*)에 의해 황제로 대관되었고, 프란시스회 수도사였던 피터 코르바라(Peter Corvara)가 대립교황(anti-pope) 니콜라스 5세로 선출되는 한편, 마르실리우스는 황제의 대리자로서 로마 시정을 책임지게 되었다.[61] 여기서 마르실리우스는 교황권으로부터 완전히 독립된 속권체제의 확립뿐만 아니라, 교회와 성직자들을 세속정부의 한 부서로 편입시키는 '과격한' 정치개혁에 착수한 것 같다. 이와 같은 일련의 사태는 그 자체로서 흥미로운 수수께끼의 하나이다. 단지 분명한 점은 마르실리우스가 이탈리아 원정이라는 황제 측의 이 정치·군사적 모험에 탁월한 이론가로 기능하였고, 루드비히의 힘을 빌려 『평화수호자』의 정치 원리들을 적극 실천해 보고자 노력하였다는 사실 정도일 것이다.

그러나 이 눈부신 정치 실험은 극히 단명으로 끝났다. 몇 달도 채 넘기지 못한 그 해 4월 황제와 대립교황 그리고 마르실리우스는 다시 로마를 떠나지 않을 수 없었고, 1328년 봄 이들이 피사에 머무르는 동안 당대의 지식인 윌리엄 오캄(William of Ockham) 등의 정통파 프란시스회 수도사들이 새로이 그들의 진영에 가담하였음에도 불구하고, 1330년 초엽까지는 이들 모두가 루드비히의 원래 근거지였던 바바리아로 되돌아가고 말았다.[62] 교황권에 대한 황제 측의 이 모험적인 공격은 실패하였으며, 바라클

60) W. Ullmann, *Medieval Political Thought*, p.205에서 재인용.
61) Gewirth, 앞의 책 I, pp.21~22. 이 원정에 함께 참여했던 존 장당은 이 때 페라라(Ferrata)의 주교로 임명되었다.

러프(G. Barraclough)가 지적했듯이 오히려 그것은 제권의 한계를 더욱 분
명하게 드러내는 한 계기이기도 하였다.63)

그러나 이 실패가 마르실리우스의 정치적 논리에 어떤 가시적 변화를
가져온 것 같지는 않다. 그가 타계하기 직전 집필된 1342년의 『소수호자』
(Defensor Minor)는 『평화수호자』의 논리를 거듭 천명하였다.64) 사실 황
제 루드비히 4세는 '모험'에 실패한 이후 아비뇽과의 화해를 모색하였고,
아들의 혼인 문제에서도 마르실리우스의 견해를 따르지 않았으며, 심지어
그는 마르실리우스에 대한 훈계조차 교황청에 약속하였다.65) 그러니까 말

---

62) Allen, 앞의 글, pp.190~191 ; H. S. Offler, 'Empire and Papacy: the Last Struggle,'
   Transactions of the Royal Historical Society 6 (1956), pp.21~47 참조. 필자는 마르
   실리우스와 오캄을 이 시기 인민주권론의 핵심적 두 기둥이라고 생각한다. 그러나
   이들의 삶과 사상적 배경은 판이하게 다르다. 청빈파 수도사였던 오캄이 유명론적
   스콜라사상가의 태도를 유지하였다면, 마르실리우스는 시종 현실과 세속사회의
   정치 질서를 문제 삼는 아베로이스적 아리스토텔레스주의자였다. 양자를 비교한
   연구는 다음과 같다. J. Sullivan, 'Marsiglio of Padua and William of Ockham,'
   AHR 2 (1896~1897), pp.409~425, 593~610 ; J. G. Sikes, 'A Possible Marsilian
   Source in Ockham,' EHR XLI (1936), pp.496~504 ; G. Lagarde, 'Marsile de
   Padoue et Guillaume d'Ockham,' Revue des sciences religieuse 17 (1937),
   pp.108~185, 428~454 ; C. J. Nederman, State and Political Theory in France
   and England 1250~1350: Marsiglio of Padua, William of Ockham and the
   Emergency of 'Natural' Traditions of Discourse in the Later Middle Ages
   (York Univ., 1983).
63) 바라클러프(G. Barraclough)는 '마르실리우스, 존 장당 그리고 오캄 등이 가담한
   이 「모험」이 아비뇽 교황청에 대한 광범위한 반감을 줄이고, 역으로 제권에 대한
   전반적 신뢰를 떨어뜨리는 데 기여하였다'라고 지적하였다. The Medieval
   Papacy (London, 1968), pp.146~147.
64) 『소수호자』는 표제가 말하고 있듯이 『평화수호자』의 축약본이다. 이는 브람톤(C.
   K. Brampton)에 의해 편찬되었으며(Birmingham, 1922), 『소수호자』의 일부인
   Tractatus de Jurisdictione imperatoris in causis matrimonialibus는 M. Goldast
   ed., Monarchia S. Romani imperii II (Frankfurt, 1611~1614), pp.1386~1390에
   실려 있다. 그 밖에 역시 마르실리우스에 의해 집필된 것으로 보이는 Tractatus
   de translatione imperii도 Goldast, 위의 책 II, pp.147~153에 실려 있다. 여기서는
   네더만(C. Nederman)의 캠브리지 판(Cambridge Univ. Press, 1993)을 텍스트로
   사용했으며, 이를 DM으로 표기하였다.

년의 마르실리우스는 자신의 정치적 후견인보다 더욱 완강하게 스스로의
정치적 논리에 충실하였던 셈이다. 그의 정치적 신념의 견결성은 그가 겪
은 현실적 좌절과 말련의 비타협적 삶을 통해 더욱 뚜렷이 드러나고 있다
고 하겠다.

지금까지의 고찰은 그리스도교 사회에 대한 보편적 지배권을 놓고 교권
과 속권이 벌인 전환기적 권력 투쟁의 과정을 한 실천적 이상주의자가 어
떻게 걸어갔던가를 보여주고 있다. 자연과학자로 출발하였던 마르실리우
스는 이 분쟁의 와중을 아베로이스적 아리스토텔레스주의에 입각한 단호
한 반교황권주의자로 일관하였다. 그가 담당했던 현실적 기능은 황제의 속
권을 이론적으로 보장하고, 그것의 구현에 적극 참여한 일이었다. 그럼에
도 불구하고 마르실리우스는 단테와는 달리 전통적인 의미의 제권주의자
가 결코 아니었다. 그가 담당했던 그리고 실패했던 실천적 기능은 그의 이
론의 직접적 산물이라기보다는 과격한 반교황권주의자로서 달리 선택의
여지를 가질 수 없었던 현실 정치의 한 소산이었다. 오히려 우리는 그의
정치의식의 고유한 성격을 황제와도 기꺼이 결별할 수 있었던 그의 정치
적 이상에서 찾아야 하지 않을까.

그렇다면 마르실리우스의 진정한 정치적 신념은 무엇이었던가. 다행히
도 마르실리우스의 정치적 견해와 활동의 원리가 그의 주저 『평화수호자』
에 거의 고스란히 담겨 있다고 생각된다.[66] 이제 『평화수호자』의 성격을

---

65) Emerton, 앞의 책, pp.19~20 ; Ullmann, *Medieval Political Thought*, p.205 ; Waugh,
앞의 글, pp.126~127, 133 ; K. J. Thomson, 'A Comparision of the Consultations of
Marsilius of Padua and William of Ockham relating to the Tyrolese Marriage of
1341~1342,' *Archivum Franciscanum Historicum* 63 (1970), pp.3~43.

66) 『평화수호자』가 처음으로 영역된 것은 헨리 8세를 위해 의도적으로 편집된 W.
Marshall, *The Defender of Peace translated out of Latin into English* (1535)이
다. 본서가 의존하고 있는 지워쓰의 것 이외에도 『평화수호자』는 숄츠(R. Scholz,
Haniover, 1932)와 프레비 오튼(C. W. Previé-Otron, Cambridge, 1928)에 의해서
도 편찬된 바 있다. 필자는 앞서 밝혔듯이, 마르실리우스가 염두에 두었던 '평화
수호자'를 '세속정부' 내지 '통치자'로 파악하였다(Gewirth, 앞의 책 I, 25 ; II, 7 및
제1장 용어 해설 참조). 물론 이 점에 대해서는 다른 의견도 있다. 강치원, 「중세

검토해 보아야 할 차례인 것 같다.

4. 『평화수호자』의 성격

1343년 교황 클레멘트 6세(Clement VI, 1342~1352)에 의해 '자신이 읽은 책들 가운데 가장 이단적인 것'[67]이라고 선언된 『평화수호자』는 상당한 기간 동안 마르실리우스와 존 장당의 공동 저작으로 알려져 왔다.[68] 여기에는 마르실리우스와 존 장당이 함께 파리 대학에서 가르쳤으며, 1327년 교황 요한 22세에 의해 함께 이단자들로 정죄되었고, 또한 함께 황제 루드비히에게로 피신하였으며, 이들 모두가 라틴 아베로이스주의을 수용하였다는 점 이외에도 약간의 이유가 있다.

『평화수호자』는 세 부분의 논술 즉 *Dictio Prima* (I강), *Dictio Secunda* (II강), *Dictio Tertio* (III강)로 구성되어 있는데, 이 가운데 국가를 주제로 했던 I강은 교회를 주제로 하는 II강 및 간략한 결론부인 III강과는 주제뿐만 아니라 문체와 서술 양식에서도 약간의 차이가 있다. 따라서 이들은 『평화수호자』가 한 사람의 저술이 아니고, 존 장당이 I강을 그리고 마르실리우스가 II강과 III강을 각각 집필하였다고 추정하게 되었다. 단지 이들은 II강이 『평화수호자』를 집필하게 된 본래의 의도와 주장을 담고 있고, 이 저작이 당대에 미친 충격과 출간 이후 얻었던 수세기 동안의 명성도 주로 II강에 의한 것이며, 또한 분량에서도 II강과 III강이 전체의 3/4을 넘기 때문에, 마르실리우스를 『평화수호자』의 주된 저자라고 할 수 있을 따름이라고 판단하였다.[69]

정치사상사에 있어서의 마르실리우스의 위치」, 지동식 편, 『서양고대와 중세의 사회』 (1993), 900~901 참조.

67) J. B. Morrall, 졸역, 『중세 서양의 정치사상』 (탐구당, 1983), 171에서 재인용.

68) 대표적으로 다음의 연구를 들 수 있다. M. W. Valois, 'Jean de Jandun et Marsile de Padoue, auteurs du Defensor Pacis,' *Historie littéraire de la France* 33 (1906), pp.528~623 ; H. Otto, 'Marsilius von Padua und der *Defensor Pacis*,' *Historische Jahrbuch* XLV (1925), pp.189~218.

그러나 이와 같은 견해는 숄츠와 지워쓰 등에 의해 보다 실증적인 검토가 진전됨에 따라 심각한 도전을 받게 되었다.[70] 특히 스킨너는 근년의 연구에서 『평화수호자』의 I강은 왕왕 존 장당의 집필분으로 간주되어 왔다. 그러나 이 점을 문제 삼는 데는 그럴 만한 내면적 이유들이 있다. 왜냐 하면 『평화수호자』 I강의 논지는 존 장당의 것으로 알려진 정치적 저술들과는 현저한 차이가 있기 때문이다. 『평화수호자』에 대한 필자의 해석이 틀리지 않다면, 필자는 존 장당이 집필했다는 주장에 대하여 제기되어 있는 의문에 한 가지 이유를 추가하고자 한다. 필자는 『평화수호자』 I강에서 보인 마르실리우스의 주된 의도가 자신의 고향이었던 파두아의 체제가 구현하였던 이탈리아 도시공화정의 인민주권적 형태를 분석하고, 이에 대한 변론을 추구하는 것이었다고 생각한다. 만약 이 같은 해석이 정당하다면, 존 장당이 『평화수호자』의 I강을 집필하였을 개연성은 극히 희박하다고 생각된다. 마르실리우스가 저작 전체의 집필자임에 틀림없다는 견해가 훨씬 더 타당하다[71]라고 지적하고 있다. 현 단계에서는 마르실리우스를 『평화수호자』의 유일한 저자로 간주하는 것이 무리가 없어 보인다.

마르실리우스는 스스로 『평화수호자』가 오랜 노고 및 집중적인 연구와 사색의 소산이라고 밝히고,[72] 그 표제를 '평화수호자'라고 붙인 데 대하여 이렇게 설명하였다.

---

69) Allen, 앞의 글, pp.173~175, 190 ; McIlwain, 앞의 책, pp.297~299 등도 이에 동조하거나 유보적인 견해를 밝혔다.

70) 이에 관해서는 다음의 연구를 참고할 수 있다. R. Scholz, 'Zur Datierung und Uberlieferung des *Defensor Pacis* von Padua,' *Neues Archiv der Gesellschaft für älter deutsche Geschichtskunde* XLIV (1927), p.490 이하 ; M. J. Tooley, 'The Authorship of the *Defensor Pacis*,' *Transactions of the Royal Historical Society* IX (1926), pp.85~106 ; D. Bigongiari, 'Notes on the Text of the *Defensor Pacis*,' *Speculum* 7 (1932), pp.36~49 ; A. Gewirth, 'John of Jandun and the *Defensor Pacis*,' *Speculum* 23 (1948), pp.267~272.

71) Skinner, 앞의 책, p.53.

72) *DP* I, vi.

이 글은 사회의 평화와 안녕(*tranquilitas*)이 어떻게 이룩되고 보존되는가 그리고 이와는 정반대인 분쟁이 어떻게 발생하고 규제되고 또 제거될 수 있는가의 주요 원인들에 대해 논의하고 설명하고 있다. …… 이 글은 통치자와 신민 모두에게 자신들의 평화와 자유를 보존하기 위하여 반드시 해야 할 바가 무엇인가를 깨닫게 할 것이다.

(이 책에 수록된) 인간적 및 신적 진리들이 이해되고, 가슴에 새겨지며, 부지런히 추구되고 또한 지켜질 때, 국가 내지 여타의 다른 사회공동체들의 평화와 안녕이 유지될 수 있을 것이다.

이를 통해서만 사회적 삶을 영위하는 인간은 이 세상에서 충족한 삶(*vita sufficiens*)을 성취할 수 있으며, 영원한 행복(*beatitudo*)을 향해서도 제대로 나아갈 수 있다. 이들은 비록 서로 다른 세계에 속한 것이지마는, 모든 인간에게 자명한 바로서 인간 욕구의 최선의 대상이며 목표이다.73)

마르실리우스에게는 무엇보다도 사회적 평화가 이 땅에서의 충족한 삶과 영원한 행복이라는 인간 욕구의 두 가지 목표를 가능하게 하는 수단이었다. 이 신조는 그 자체로서 충격적인 것이 아닐 수 없었다. 왜냐 하면 전통적 교황권주의자들은 물론 아퀴나스류의 그리스도교적 아리스토텔레스주의자들에게도 여전히 현세적 삶의 목표는 마땅히 종교적인 무엇이었다. 그리하여 이것은 그리스도교 신앙을 통해서 이루어질 수 있고, 또한 사회적 평화와 자유 그리고 이를 위해 통치자와 신민이 반드시 하여야 할 바 즉 정치적인 가치와 의무 등도 그것이 종교적인 가치와 목표를 이룩하는 수단일 때 정당하고 유용하다고 이해되었기 때문이다.

물론 마르실리우스라고 해서 '영원한 행복' 그 자체를 부정하거나, 그것이 그리스도교적 신앙을 떠나서 얻어질 수 있다고는 전혀 말하지 않았다. '그리스도 당신께 찬미와 영광을'이라는 문구가 『평화수호자』의 대미이며, 글을 마무리할 때도 '본인의 주장 가운데 만약 비가톨릭적 요소가 있다면 고치겠으며, 이에 대한 교정과 판단이 가톨릭 교회의 권위에 속한다'74)는

---

73) *DP* III, iii.
74) *DP* III, iii.

점을 잊지 않고 덧붙였다. 사실 '가톨릭적 신앙과 성서의 원리가 아닌 이교도의 법률과 종교 그리고 이들의 지혜로는 세속의 삶과 영원한 행복을 성취할 수 없다'[75]는 그의 신앙적 고백을 의심할 만한 직접적인 증거는 『평화수호자』의 어디서도 찾아보기 어렵다.

그럼에도 불구하고 마르실리우스의 주된 관심은 결코 영원한 삶 내지 이를 위한 종교적 가치나 질서의 추구가 아니었다. 자신이 가리키는 '충족한 삶'이 영원한 또는 천상적 의미가 아니라 현세적 내지 지상적 의미의 '좋은 삶'(bene vivere)이라고 구체적으로 밝혔던[76] 그는, '모든 국가와 기타 정치공동체들에 있어서 평화가 최대의 선인 반면에 분쟁은 참을 수 없는 악이며 …… 따라서 모든 사람은 공포, 나태 및 여러 한계들을 극복하고 반드시 평화를 위하여 노력하여야 한다'[77]고 주장하였다. 다시 그의 말을 들어보자.

> 건강이 동물에게 있어서 본성(natura)에 부합하는 최선의 상태인 것과 마찬가지로, 평화는 국가가 이성(ratio)에 부합함으로써 성취할 수 있는 최선의 상태이다. 동물에 있어서 건강이란 몸의 각 부분들이 자신의 본성에 속하는 기능들을 완벽하게 수행하는 상태인 것과 마찬가지로, 도시 혹은 국가에 있어서도 평화가 최선인 이유는, 이것을 통해서 그 집단의 구성원들이 이성과 이성의 성과에 부합하는 기능들을 완벽히 수행할 수 있기 때문이다. 분쟁은 도시 혹은 국가가 병든 상태이다. 이 상태에서는 그 집단 구성원의 전부 혹은 일부가 본연의 의무를 완전히 혹은 적정한 정도로 수행할 수 없다.[78]

평화가 최대의 선이며, 반드시 추구되어야 하고, 무엇보다 소중한 이유에 대해서, 마르실리우스는 그것이 어떤 종교적인 미덕(virtus)이나 가치를

---

75) *DP* I, v, 14.
76) *DP* I, iv, 2.
77) *DP* I, i, 4~5.
78) *DP* I, ii, 3.

가지고 있기 때문이라고는 조금도 주장하지 않는다.79) 그에게 있어서 평화는 국가 등의 사회공동체(civilis communis)들이 이룩할 수 있는 현세적인 삶의 질서였으며, 공동체 구성원들이 각각의 본성적 기능을 완벽하게 수행하는 건강하고 이성적인 상태였다. 평화의 가치는 그것을 통해서 국가와 그 구성원들이 동물 내지 노예 상태에서 벗어나 이 땅에서 '좋은 삶'을 얻도록 하는 현실적인 정치적 토대라는 점에 있었다.80) 마르실리우스는 교황권주의자와 그리스도교적 아리스토텔레스주의자들 사이에 공통적으로 유지되어 온 종교적 가치와 현세적 정치 질서의 관계에 대한 상하의 계서적 인식을 처음부터 거부하였던 것이다.

앞서 지적한 아리스토텔레스에 대한 그의 각별한 외경도 이와 같은 맥락에서 이해될 수 있다. 마르실리우스의 스승 아리스토텔레스는 이를 나위 없이 그리스도교의 신앙 내지 가치와는 무관한 '이교도 현자'였다. 그리하여 스스로 밝혔듯이 아리스토텔레스의 가르침이 '영원한 행복에 이르는 길'이라고 단정하기는 어려웠다. 그럼에도 불구하고 그는 『평화수호자』 I 강의 전편, 사실상 거의 모든 페이지에서 아리스토텔레스의 저술들을 인용하였으며 또한 그의 견해를 철저하게 따랐다.81) 심지어 그는 자신의 논술이 '아리스토텔레스가 이미 규명한 바에 대한 반복으로서, 불필요한 것일 수도 있다'82)라고까지 말할 정도였다. 마르실리우스가 '이교도 현자'에 대하여 취했던 태도 가운데 아마도 유일하게 유보적인 측면이 있다면, 그것

---

79) 그렇다고 해서 마르실리우스가 '종교적 미덕' 그 자체를 부정한 것은 아니다. 여기에 해당되는 것으로서 그는 신앙·희망·박애·복음적 청빈을 지적하였다(DP II, ii, 5 ; II, xiii, 18). 또한 그는 분별력(prudentia)을 '지적 미덕'이라고 밝히고, 이것이 도덕적 미덕과 무관하다고 생각하지도 않았다(DP, xix, 2, 10). 따라서 마르실리우스의 virtus를 도덕적인 덕성과는 무관하게 사용했던 마키아벨리의 virtù와 동일시하기는 어렵다.

80) DP I, iv, 1.

81) 이 점은 그가 당대의 아리스토텔레스주의자였던 토마스 아퀴나스를 거의 전혀 언급하지 않았던 점과 좋은 대조가 된다. 아마도 이것은 그가 처음부터 자신과 아퀴나스의 주장 사이에 있는 현저한 차이를 인식하고 있었음을 반증하고 있다.

82) DP I, i, 7.

은 아리스토텔레스가 이교도라는 단순자명한 사실이 초래할 결과에 대한 종교적 판단일 것이다.[83]

영원한 내세의 삶(*futuri saeculi*)을 현세의 삶(*praesentis saeculi*)과 철저하게 분리하여 생각하였던 마르실리우스에 있어서, 주된 관심은 명백히 그리고 오로지 이 땅에서의 삶이었다.[84] 평화를 위한 논의가 의미를 갖는 이유도, 그것이 내세가 아니라 현세에서의 좋은 삶을 위한 조건 즉 세속적인 질서이기 때문이었다. 신앙의 효과에 관하여 '국가의 평화와 안녕 그리고 이 땅을 살아가는 인간의 충족한 삶이 신앙을 통해 보다 용이하게 보존된다'[85]라고 밝히는 그의 퍽 공리주의적인 지적도, 지상에서의 삶만을 문제 삼은 그의 기본 입장의 오히려 자연스러운 한 귀결인 것이다.

『평화수호자』가 중세의 정치적 저술로서 남달리 가지는 일차적인 의의가 바로 이 점에 있다. 저자는 국가와 사회공동체들의 정치적 원리와 질서에 관한 논의가 영원한 삶에 대한 종교적인 논의와는 달리 반드시 탈종교화 그리고 세속화되어야 한다고 천명하였다. '인간의 현세적 삶에 있어서 이 세상에 속한 것들에 관한 한, 가장 바람직하고 종국적인 목표는 세속적 행복(*civilis felicitas*)이며, 그 토대가 평화이다'[86]라는 신조가 마르실리우스로 하여금 '신앙의 수호자'가 아니라 '평화의 수호자'를 쓰게 한 근본 동력이었다.

마르실리우스의 견해를 체계화하기 위해서는 복잡하고 방대한 집필인 『평화수호자』의 구조를 먼저 파악해 두는 일이 필요할 것이다. 저자의 설명을 들어보기로 하자.

83) 이 점은 아베로이스주의자였던 마르실리우스가 취한 재미있는 태도 가운데 하나이다(Strauss, 앞의 책, p.280 참조). 따라서 알렌의 '마르실리우스는 사실상 그리스도교도가 아니었다'는 지적도 독단적으로 들리기는 하지만 참고가 된다(Allen, 앞의 글, p.171).
84) *DP* II, viii, 5.
85) *DP* I, v, 11 ; McDonald, 앞의 책, p.176 참조.
86) *DP* I, vii.

본인은 이 저술을 3강으로 구성하고자 한다. I강에서는 자연, 관습 혹은
왜곡된(orbti) 감정에 오염되지 아니한 모든 정신에 자명한 명제들에 입각
해서, 인간 이성에 의해 발견된 확실한 방법을 통해 본인의 견해를 입증할
것이다.

II강에서는 영원한 진리에 대해 확립된 증언을 통해서 그리고 이에 관한
성스러운 해석 및 기타 그리스도교 신앙에 관하여 공인된 교사들의 전거를
통해서, (I강이) 입증한 바를 확인하도록 하겠다. 그리하여 II강은 더 이상
의 외적 증명 없이도 그 자체로서 완결되도록 할 것이다.

III강에서는 통치자와 시민을 포함하는 모든 시민들이 반드시 준수하여야
할 몇 가지 결론 내지 유용한 교훈을 내리게 될 것이다.[87]

저자 스스로 인식하고 있는 것처럼, 『평화수호자』의 I강과 II강은 '현세
적·정치적 평화의 보존'이라는 일관된 문제를 서로 구별되는 주제와 방법
을 통해서 그러나 상호보완적으로 논의하고 있다. 국가(regnum)를 주제로
삼은 I강은 사회공동체들의 평화가 어떻게 유지될 수 있는가, 다시 말해서
정치적 분쟁의 일반적 원인이 무엇이며 또한 이것이 여하히 규제될 수 있
는가 하는 질문에 대한 저자의 견해를 담고 있다. 그런데 마르실리우스는
저술의 머리 부분에서 이미 '분쟁이 여러 다양한 본원적 원인들을 가지고
있는 것은 사실이다. 그러나 일상적인 방식으로 표출될 수 있는 이들 원인
의 거의 대부분은 가장 탁월한 철학자의 『정치학』에 제시된 바 있다'라고
밝혀 두었다.[88]

이를테면 I강은 모든 국가에 공통적으로 적용될 수 있는 정치적 구조와
그 기능들에 대한 일반적 원리를 '인간 이성이라는 확실한 방법'을 통해,
직접적으로는 아리스토텔레스의 이론을 수용 내지 재해석함으로써, 규명
하고자 한 것이었다. 마르실리우스는 I강의 핵심적인 논의, 즉 인민주권론
에 입각한 법률 및 정부에 대한 견해를 12장과 15장 그리고 17장에 담았다
고 직접 밝혔는데,[89] 19개 장으로 이루어진 I강의 논의 구조는 대략 다음

---

87) *DP* I, i, 8.
88) *DP* I, i, 3 ; I, xix, 3 참조.

과 같이 구분될 수 있다.[90]

(1) 국가와 평화의 개념 : 1~2장
(2) 국가의 기원과 목표 : 3~4장
(3) 국가의 구성 : 4~7장
(4) 정부론 : 8~9, 15~17장
(5) 법률론 : 10~14장
(6) 정부와 국가의 관계 : 17, 19장
(7) 정부와 법률의 관계 : 18장

아마도 당대인들에게는『평화수호자』 I강이 대체로 II강의 주장을 위한 예비단계로 받아들여졌을 것이다. 그러나 매길웨인(McIlwain)은 'I강은 순수 정치학에 관한 중세기의 모든 저술들 가운데 가장 흥미로운 저작이며, 그 자체로서 커다란 중요성을 가지고 있다'[91]고 지적하였다. 이는 필자의 생각으로는 매우 적절해 보인다. 왜냐 하면 II강이 주로 '그리스도교 국가 내의 평화'를 논의하고 있는 데 비해, 오늘날의 연구자들은 모든 국가에 공통적으로 적용되는 정치 구조와 분쟁의 원인들에 관한 마르실리우스의 '일반 이론'에 더욱 관심을 가질 수도 있겠기 때문이다.

『평화수호자』 II강에서도 기본 출발점은 세속사회의 평화가 어떻게 유지될 수 있는가 하는 데 있었다. 그러나 특히 II강은 현실적으로 이 평화를 위협하는 최대의 적, 마르실리우스의 표현을 빌리면, '기이하고 단일한 원인'(unusual singular cause)에 대해 논의를 집중하였으며,『평화수호자』의 독특한 성격도 이 점에서 분명하게 드러난다.

(분쟁의 본원적 원인으로는) 그 밖에도 단일한 그리고 매우 모호한 원인 이 있다. 이것에 의해 로마제국은 오랫동안 어려움을 겪어 왔으며, 지금도

89) *DP* II, i, 4.
90) Gewirth, *Defensor Pacis* II, xxii~xxiii 참조.
91) McIlwain, 앞의 책, p.300.

어려움에 빠져 있다. 이 원인은 전염성이 매우 강해서 다른 모든 도시와 국가들에 쉽게 스며들며, 그 탐욕성으로 인해 이미 도시와 국가의 대부분을 정복하였다.[92]

마르실리우스에 따르면 정치적·사회적 분쟁을 일으키는 당면한 최대의 위협은 무엇보다도 보편적 지배권에 대한 교황청의 요구였다. 그는 I강을 마무리하면서 이렇게 제시하고 있다.

> 로마의 주교들은 그리스도교도들 사이에 평화를 추구한다는 미명 아래 현세사에 개입하였으며 …… 오늘날 이 로마 주교(교황 요한 22세)는 이탈리아와 독일 전역을 포함하는 모든 지역에서 개인, 집단, 소규모 통치자와 공동체 혹은 군주 및 황제 등 여하한 경우를 막론하고, 그리고 이들의 모든 봉토와 현세적 소유에 대해서, 전체적이고 강제적인 현세적 지배권을 가지고 있다고 주장한다.[93]
> 전능권(*plenitudo potestatis*)에 대한 몇몇 주교들의 이 잘못된 생각 그리고 이른바 그리스도에 의해 자신에게 전능권이 부여되었기 때문에 (현세적) 통치권 역시 자신에게 속한다는 이들의 사악한 지배욕, 이것이 바로 도시와 국가들에서 분쟁과 불화를 일으키는 단일 원인이다.[94]
> 인간의 모든 평화와 행복에 완전히 반대되는 이 혐오스러운 역병은 전 세계에 걸쳐 여타의 진지한 그리스도교도 국가들에도 쉽게 감염될 수 있다. 따라서 이것은 절대적으로 멸절되어야 한다.[95]

마르실리우스는 이 종교적 원인(divine cause)이 세속통치자의 정상적인 기능을 저해하고, 국가로부터 평화와 안녕을 빼앗고 있으며, 거의 모든 유형의 재난과 불평등 그리고 모든 악을 끊임없이 일으키는 원인이라고 단정하고,[96] 이 단일 원인의 위정치적(quasi-political) 주장의 부당성을 입증

92) *DP* I, i, 3.
93) *DP* I, xix, 11.
94) *DP* I, xix, 12.
95) *DP* I, xix, 13.
96) *DP* I, xix, 3~4.

하는 것이 II강의 목표라고 천명하였다.[97] 마르실리우스는 전통적인 교황
전능권에 대한 자신의 비판이 특히 15장, 16장, 17장, 그리고 21장에 담겨
있다고 스스로 언급하고 있는데,[98] 30개 장으로 구성된 II강의 논의 구성은
다음과 같이 정리될 수 있다.[99]

(1) 논의의 목표와 방법 : 1장
(2) 교회와 정신사의 개념 : 2장
(3) 사제의 기능과 권한의 성격 : 3, 6~10장
(4) 사제권과 세속 정치 권력의 관계 : 4, 5장
(5) 사제와 복음적 청빈 : 11~14장
(6) 사제의 직책과 교회조직의 권위 : 15~18장
(7) 사제와 성서해석 : 19~21장
(8) 로마 주교와 교황전능권 : 22~26장
(9) 반론과 재반론 : 27~30장

『평화수호자』 II강은 전통적인 성직자와 교회조직의 정치적 요구에 대해
한 속권주의자가 힘들여 준비한 철저한 공격의 논리를 여실히 보여주고
있다. 그의 기본 인식은 '그리스도의 나라란 이 땅에 속한 것이 아니며,[100]
또한 복음의 법(the evangelic law)은 분쟁적인 세속사의 해결 내지 인간
이 이 땅에서 법률을 통해 바라는 바를 위해서 제정된 것이 아니다'[101]라
는 점이었다. 그리하여 II강은 그리스도교 사회의 병든 현실이 무엇보다도
교황청과 성직자들의 현세사에 관한 개입에 그 책임이 있다고 분석하는
한편, 이 불행한 상황을 종식시키기 위한 실천적인 방안들을 주로 성서, 특
히 신약 성서를 근거로 제안하였다.[102] I강이 아리스토텔레스의 이론에 기

97) *DP* II, i, 3.
98) *DP* II, xxiii, 4.
99) Gewirth, 앞의 책 II, xxiv~xxvi 참조.
100) *DP* II, iv, 7.
101) *DP* II, ix, 13.
102) 이것이 *DP* II강의 기본 골격이다. 구체적으로는 *DP* II, ii, 3 ; II, xv, 3 ; II, xvi, 12

초하였던 것과는 달리, II강의 보다 논쟁적이고 파당적인 공격의 논리는 그리스도와 그의 사도들(the Apostles) 그리고 초기 교부들의 가르침과 관행, 즉 초기 그리스도교 사회의 이념과 실제에 대한 세밀한 역사적 검증에 그 기초를 두고 있었다.[103] 마르실리우스는 자신의 논의의 유니크한 성격을 처음부터 잘 알고 있었던 것 같다. '교회의 성격과 구조'에 대한 논의가 현세 국가의 '정치적 평화의 관건'이라는 II강의 문제의식에 대해 그는 스스로 이렇게 밝혔다.

분쟁의 이 단일 원인을 드러내고 규명하는 것이 본인의 의도이다. 아리스토텔레스와 그 시대 철학자들은 이 원인을 알 수 없었다. 그리고 아리스토텔레스 이후 이것을 알 수 있었던 사람들 가운데 어느 누구도 이를 규명하고자 하지 않았다. 우리는 모든 국가와 도시들에서 이것이 보다 용이하게 척결되도록 하기 위하여 그리고 덕성을 갖춘 통치자와 시민들이 보다 안전하고 평화롭게 살 수 있도록 하기 위하여 이 원인의 실체를 드러내고자 한다.[104]

~14 등을 들 수 있다. 한편 마르실리우스가 구약 성서에 대하여 취한 비판적 태도는 음미해 볼 만하다. DP II, ix, 10에서는 '그리스도교 신도들이 유대 민족에게 요구되었던 구약의 율법과 구약 성서의 명령 내지 조언을 모두 준수하여야 하는 것은 아니다. 진정 이것들 가운데 일부는 지키지 않아야 한다'라고 밝혔고, DP II, ii, 4에서는 '영원한 구원을 위해서는 복음의 명령 및 무엇을 하여야 하고 또 무엇을 하지 말아야 하는가에 대해 올바른 이성이 가르치는 바를 반드시 준수하여야 한다. 그러나 구약의 율법(the Old Law)을 모두 지켜야 하는 것은 아니다'라고 주장하였다.
103) 마르실리우스의 전거에 대한 연구로는 다음의 것들이 있다. C. Condren, 'Marsilius of Padua's Argument from Authority: A Survey of its Significance in the *Defensor Pacis*,' *Political Theory* 5 (1977), pp.205~218 ; C. Condren, 'On Interpreting Marsilius of Padua's Use of St. Augustine,' *Augustiniana* 25 (1975), pp.217~222 ; C. W. Previé-Otron, 'The Authors Cited in the *Defensor Pacis*,' *Essays in History Presented to R. L. Poole* (Oxford, 1927), p.407 이하 ; D. G. Mulcahy, 'The Hands of Augustine but the Voice of Marsilius,' *Augustiniana* 21 (1971), pp. 457~466.
104) *DP* I, i, 6 ; I, i, 3 ; I, xix, 3 참조.

이를테면 마르실리우스는 I강에서 규명하였던 인간 이성에 입각하는 정치 원리가 병든 그리스도교 사회라는 현실에 어떻게 활용되어야 하는가를 II강에서 따지고자 하였다. I강이 정상적인 정치 질서에 대한 일반적 분석이라면, II강은 이것을 자신이 속해 있던 그리스도교 사회의 병적인 분쟁 증후들에 구체적으로 적용하기 위한 임상적 처방의 모색이었다. 그러니까 II강의 종교적 검토와 이에 입각한 도발적인 반교황권주의 논리는 종교비판적 외양에도 불구하고 철저하게 세속적 정치적 동기로 일관된 것이었다. '먼저 과거와 미래의 모든 악의 뿌리인 이 잘못된 견해(교황주권론)의 가면을 벗기고 집어던지는 일, 그리고 필요하다면 외적 수단을 통해서 이를 규제하도록 하는 일'이 II강의 과제였던 것이다.105)

흥미있는 점은 아리스토텔레스의 이론을 따르는 I강의 일반적 이성적 정치 원리가 II강의 방법인 '영원한 진리에 대한 증언'과 이에 관한 '성스러운 해석 및 교사들의 가르침'을 통해서 그 정당성이 충분히 확인되며, 또한 이것이 외적인 수단을 통해서라도 강제되어야 한다는 마르실리우스의 시각이다.106) '그리스도교도들의 완전한 공동체에 있어서 선거와 성직 임명은 오직 인간입법권자(*legislator humanus*) 혹은 신도 대중에 의해서만 가능하다. 이 점을 먼저 성서를 통해서 입증하고 그 다음에는 이성적 추론을 통해서 확인하겠다. 이 원리는 I강의 12장, 13장 그리고 15장에서 이미 입증한 바와 동일하거나 유사하다'107)고 밝힘으로써, 그는 그리스도교적 전거에 입각하고 있는 II강을 통해서 I강에서 분석한 정치적 원리의 정당성을 보완하겠다는 의도를 드러내고 있다. 명백히 그는 그리스도교 사회의 정치 원리도 이교도 사회의 그것과 조금도 다를 바가 없다고 상정하였다. 이와 같은 마르실리우스의 견해는, 바꾸어 말한다면, 자명한 이성과 신앙적 계시 내지 아리스토텔레스의 이론과 신약 성서의 가르침이 상충하는 원리가 아니며, 두 원리는 현세사의 운용에 관한 한 완벽하게 일치된다는

---

105) *DP* I, xix, 23.
106) Gewirth, 앞의 책 I, pp.44~49 ; 주 95 참조.
107) *DP* II, xvii, 9~11.

주장에 다름이 아닌 것이다.[108]

『평화수호자』의 역사성과 독창성의 또 하나의 근거가 바로 여기에 있다고 생각된다. 마르실리우스는 교황권주의자들과는 달리 교황전능권을 전면 부정하고, 교회와 성직자를 국가와 사회의 한 '유용한' 부분으로 철저하게 포함 내지 부속시켰다. 뿐만 아니라 그는 그리스도교적 아리스토텔레스주의자들이 그러하였던 것처럼, 그리스도교 사회 내의 국가와 교회는 이성과 계시를 각각의 주된 기반으로 하여 상호 보완적으로 병행하여야 한다는 견해에 머무르지도 않았다. 오히려 그가 추구하였던 화두는 아리스토텔레스에 기초한 '이교적' 이성적 정치 원리가 그리스도교 사회라는 삶의 현장에서 어떻게 철저하게 그리고 '신앙적으로' 실천되어야 할 것인가 하는 데 있었다.

마르실리우스와 그 시대의 경험 즉 14세기에 접어들면서 야기된 교권과 속권 간의 분쟁, 그리하여 초래된 양자 간의 계서적 정치 질서의 충격적인 와해는 이제 교회와 국가가 병존할 수 있는 보다 새롭고 현실적인 정치 원리를 요구하고 있었다. 이에 마르실리우스는 먼저 세속국가가 인간의 본성적 욕구에 입각한 완전한 공동체이며, 이것의 운용이 이성적 현세적 원리에 입각하여야 한다는 점을 천명하고, 그것과 교회의 권위 및 계시적·종교적 원리와를 철저하게 분리하였을 뿐만 아니라, 전자의 정당성이 후자에 의해서도 충분히 확인된다고 주장하였다. 그리스도교적 전거에 의해서도 입증되는 이성적 원리야말로 그가 규명하고 또 실현하고자 했던 정치 질서였다.

다시 말해서 그에 따르면 그리스도교 사회라 하더라도 아리스토텔레스가 제시하였던 사회체제, 즉 완전하고 실질적인 세속국가의 자율과 인민의 의사에 입각하는 세속정부를 마땅히 보장해야 하였다. 그런데 이는 현세사에 관한 한 신앙적 계시가 아니라 인간 이성의 근본적이고 이론적인 우위에 의해서만 구현될 수 있는 정치 질서였다.[109] 아니 계시적 요소란 이성

---

108) Gewirth, 앞의 책 I, pp.52~53 참조. 필자의 견해로는 이 점이 '마르실리우스 아베로이스주의'의 두드러진 한 특징이다.

적 원리를 승인하고 실천하는 근거라는 것이 그가 이해한 그리스도교적
신앙이었다. 『평화수호자』의 일관된 논지 즉 교황주권론에 대한 전면적 부
정과 이를 통해 수호하고자 했던 그리스도교 사회의 평화는, 무엇보다도
국가와 교회, 이성과 계시, 그리고 현세사와 정신사에 대한 아베로이스적
아리스토텔레스주의 논리를 그 토대로 한 것이었다.

5. 맺는말

한동안 마르실리우스와 존 장당의 공동 저작으로 알려졌던 『평화수호
자』는 오늘날 마르실리우스의 단독 저작으로 그리고 아마도 중세가 낳은
가장 중요한 정치 저술의 하나로 간주되고 있다. 마르실리우스는 『평화수
호자』I강에서, 현세 사회의 정치 원리와 질서에 관한 한, 전통적인 그리스
도교적 전제에 의해서가 아니라 인간의 본성적 욕구에 입각한 탈종교적
논의여야 한다고 주장하였다. 그에 따르면 현세적 행복(civilis felicitas) 내
지 충족한 삶(vita sufficiens)이 이 땅에서의 삶의 목표이며, 그것은 정치공
동체의 평화를 통해서만 이룩될 수 있었다.

또한 그는 II강에서 세속사회의 평화가 확립되기 위해서는 무엇보다도
국가가 교황과 교회의 지배로부터 해방되어 자율적 이성적 질서를 회복하
여야 한다고 주장하였다. 그에 따르면 당대의 그리스도교 사회는 심각하게
병든 사회였고, 그 일차적 책임이 교황과 성직자의 탐욕에 있었으며, 모든
사람에 의해 마땅히 추구되어야 할 이성적 정치 질서는 성서와 초기 그리
스도교 사회의 관행에 의해서도 그 정당성이 입증될 수 있었다. 그리하여
『평화수호자』는 충격적이게도, 성직자와 교회를 세속국가의 이성적인 정
치적 강제력에 예외 없이 복속하여야 하는 하위조직의 일부로 편입시키게
되었던 것이다.

---

109) Morrall, 앞의 책, pp.174, 188 ; McIlwain, 앞의 책, p.313 ; D'Entrèves, 앞의 책,
    p.73 등 참조.

이와 같은 『평화수호자』의 속권주의 논리는 마르실리우스가 받은 사상
적 영향 및 학문적 훈련과 무관하지 않은 것 같다. 그는 일찍부터 파두아
에서 반교황주의와 공화주의 정치전통을 호흡하였고, 아리스토텔레스 사
상의 영향이 유난히 강했던 그 곳의 대학에서 아베로이스주의자 피터 아
바노의 사사를 받으며 의학을 공부하였다. 그리하여 그는 사회를 일종의
유기적 생명체로 이해하고, 그것의 건강한 운용 원리를 철저하게 탈종교적
합리적으로 해명하고자 했다. 정치적 아베로이즘이 『평화수호자』의 기저
를 이루게 된 것은 결코 우연한 일이 아니었다.

또한 그는 당시 지적 중심지였던 파리 대학에서 인문학부의 교수와 총
장 등으로 일하며 『평화수호자』를 집필하였다. 이때 마르실리우스는 반교
황적 태도를 함께 공유했던 대학 내의 청빈파 프란시스회 수도사들과 더
불어, 아비뇽의 교황청과 신성로마제국의 황제가 벌인 권력 투쟁의 와중에
서 황제 측에 가담하였다. 『평화수호자』가 천명하였던 한 논지 즉 현세사
에 관한 한 종교적 가치를 압도하는 이성적 정치 원리의 우위를 그는 황제
의 보호와 힘을 빌려 실현해 보고자 하였던 셈이다.

그럼에도 불구하고 그가 제권주의자였던 것은 결코 아니다. 황제 루드비
히의 탁월한 동반자라는 그의 정치적 입지는 그의 정치 이론의 직접적인
귀결이었다기보다는, '교황, 주교, 사제 등의 성직자는 여하한 경우에도 세
속통치자, 정치공동체 혹은 집단 및 개인들에 대하여 정치적 지배권과 강
제적 사법권을 가질 수 없다'110)는 신념을 가졌던 한 완강한 반교황권주의
자에게 현실 정치의 구조가 부과한 피하기 어려운 삶의 여정이었다. 오히
려 그의 정치적 견해의 진정한 독창성은 현실 정치상의 그의 행보가 아니
라, 비타협적이라 할 그의 정치적 신념과 획기적 논리 즉 정치 권력의 부
동의 원천이 인민의 의사와 동의임을 거듭 확인하는 그의 주의주의적 인
민주권론(theory of voluntaristic popular sovereignty)에 있었다.

『평화수호자』의 성격은 14세기 초엽의 그리스도교 사회와 그것의 정치

---

110) *DP* II, iv, 1.

적 상황, 즉 프랑스의 군주 필립 4세와 교황 보니파키우스 8세의 갈등 및
뒤이은 아비뇽의 교황들과 신성로마제국 루드비히 4세 간의 투쟁을 상정
하지 않고는 제대로 포착되기 어렵다. 세속 정치지배자의 실질적인 힘과
아리스토텔레스 정치 이론의 파급 그리고 전통적인 계서적 정치 질서의
해체는 그리스도교 공동체의 안정과 평화에 심대한 충격을 가하였다. 현세
적 삶의 목표와 그것의 정치적 조건들에 대한 근본적인 재해석의 계기가
여기에 있었다. 이제 그리스도교 사회는 전통적 교황권주의 논리는 물론
아퀴나스류의 병행주의 이론과도 확연히 구별되는 새로운 정치적 가치와
이론의 모색을 요청하게 되었던 것이다. 이를테면『평화수호자』는 이 시대
적 요구의 핵심을 정치적 평화와 사회적 공공 이익의 재확립으로 파악하
고,[111] 이를 구현하는 방안으로서 인민주의적 속권주의라는 새로운 지평의
논리를 분명하고 일관되게 제시한 것이었다.

[111] 필자는 평화에 관한 마르실리우스의 논의를 시대 상황이 낳은 한 지적 산물로 파
악하였다. 그렇기는 하지만 마르실리우스의 논술이 이 점에서 약간의 한계를 가지
는 것 또한 사실이다. 왜냐 하면 그의 평화론에서는, 스킨너의 적극적인 평가에도
불구하고, 당시 이탈리아 도시국가들의 중요한 정치적 쟁점이었던바 서로 상쟁하
는 도시국가들 간의 대립과 갈등, 그리고 도시국가 내부의 대시민(*magnati*)과 소
시민(*popolani*) 사이의 신분적 갈등 등에 관한 충분한 검토를 찾아볼 수 없기 때
문이다. Gewirth, 앞의 책 I, pp.28~30 참조.

II. 인민주권론

1. 문제의 제기

교권(*sacerdotium*) 대 속권(*regnum*)이라는 서양 중세 사회의 이원적 정치구조는 교황권주의자와 속권주의자 사이에 그리스도교 공동체의 현세적 정치 주도권에 대한 논쟁을 끊임없이 유발해 왔다. 그러나 지역국가(regional state)의 대두[1]로 대표되는 중세 말기의 변화하던 정치적 상황은 현세 사회의 자율성, 정치지배자의 권한과 한계, 사회와 정부의 관계, 개인 대 정치공동체 및 교회와의 관계 등과 같은 다양한 정치적 주제들을 새롭게 표면화시켰고, 이들에 대한 새로운 인식과 이에 걸맞는 정치체제의 모색도 구체화되고 있었다. 그리하여 울만은 황제 루드비히 4세의 이론가였던 마르실리우스의 반교황적 주장에 대해서도, 단지 그것을 중세적 속권주의 정치 이론의 하나로 규정하는 데 머무르지 않고 이를 아리스토텔레스의 사상을 근거로 하였던 정치적 아베로이즘으로, 그리고 정치 주권체에 대한 인식의 혁명적 전환을 내포하고 있는 일종의 인민주의 이론으로 해석하였다.[2] 울만의 이 탁월한 해석은, 당연한 일이기도 하지만 오늘날의 중세사가들 사이에 마르실리우스의 정치사상의 논리적 구조와 성격 그리고 그 의의와 한계에 관한 왕성한 논의를 초래하였다. 이 같은 논의는 금세기 말엽에 접어들면서 중세 사회와 문화 전반에 대하여 뚜렷이 제고된 광범위한 관심에 의해 더욱 강화되고 있는 실정이다.[3]

---

1) W. Ullmann, 'Territorial Sovereignty,' *Medieval Political Thought* (Penguin Books, 1975), p.195 이하 참조.
2) Ullmann, *Principles of Government and Politics in the Middle Ages* (London, 1978), p.280 ; *Individual and Society* (London, 1967), p.135 이하 참조.
3) 칸토(N. Cantor)는 중세 전반에 대한 관심을 폭발적으로 진작시킨 예로서 에코(U. Eco)의 *The Name of Rose*와 터치만(B. Tuchmann)의 *A Distant Mirror,* 그리고 하워드(D. Howard)의 *Chaucer: His Life, His Works, His World* 등과 같은, 반

오늘날 중세사 연구의 두드러진 한 성과는, 그것이 중세 세계의 다양성
창의성 심지어 모호성을 현저하게 증대시켜 놓았다는 점에 있다.4) 중세 정
신의 단순성 내지 명료성이 아니라, 오히려 그 복합성 내지 모순성이 중세
세계 전반을 과거 어느 때보다도 우리네 세계에 더욱 가깝게 만들고 있는
요인일 것이다. 이에 여기서는, 지금까지의 연구성과를 토대로 마르실리우
스의 주저인『평화수호자』를 당대의 정치문화적 맥락에서 분석함으로써
그의 인민주권론의 이론적 구조와 현장적 성격을 실체적으로 해명해 보고
자 한다. 마르실리우스의 주장과 이상은 종래 상정되었던 바와는 달리 복
합적이고 다의적이다. 그리하여 한편으로 그것은 중세 정치사상의 역동성
과 창의성을 훌륭하게 보여주고 있을 뿐만 아니라, 다른 한편으로 그것은
오늘날 우리네 문제들에 대해서조차 중세 정신이라는 거울을 통해서 의미
깊은 사유의 단서를 제공하고 있다.

중세 정치사상 특히 마르실리우스에 대한 오늘날의 연구태도는 다음의
세 유형으로 대별될 수 있을 것 같다. 첫째, 전통적인 문헌고증적 접근방법
이다. 오늘날에도 왕왕 채택되고 있는 이 방법은 마르실리우스의 주요 저
술들에 대한 정밀한 실증을 통해서, 먼저 그의 견해의 내용을 밝히고, 또한
그것이 과거로부터 무엇을 수용하고, 무엇을 비판하였으며, 무엇이 그 유
산인가를 규명하고자 하였다. 알렌(J. Allen)과 매길웨인(C. McIlwain) 등
은 이 같은 접근을 통해서 마르실리우스의 정치적 주장들에 흐르고 있는
정치의식의 성격과 그것의 영향을 해명하였다.

둘째, 사상의 역사에서 점하는 자유·평등·정의와 같은 이른바 주요
'단위 개념'(unit idea)에 초점을 맞추어 그것이 마르실리우스의 견해와 어
떻게 결부되고 있는가를 해명하는 접근방법이다. 러브조이(A. Lovejoy)의
'단위 개념들의 역사'(history of unit ideas)를 고전적인 예로 들 수 있는

드시 학문적이지는 않다 하더라도, 근년에 출간된 중세 관련 저술들이 대중적으로
거둔 선풍적 명성을 들고 있다. N. Cantor, *Inventing the Middle Ages*
(Cambridge, 1992), pp.17~19.
4) Cantor, 위의 책, pp.29~30 참조.

이 방법에 대해서는, 역사를 합리 대 현실, 이성 대 관습, 진보 대 존재의 연쇄 등으로 대비시켜 해석하는 단순 이분법의 오류에 빠질 수 있다는 비판이 오늘날 제기되어 있다. 자유·진보·인민주권 등의 단위 개념 그 자체에 논의의 초점을 둠으로써, 이들의 인식 주체의 다양한 의도와 실체적 의미의 가변성 및 이들이 제기된 '상황'을 충분히 고려하기 어렵다는 난점이 지적되고 있는 것이다. 마르실리우스의 경우 그의 견해의 근대적 성격을 강조하는 대부분의 연구들은 이 같은 접근태도를 직접 또는 부분적으로 가지고 있다.

셋째, 정치사상사의 다양한 연구주제(그것이 특정 개념이든, 저술이든, 혹은 인물이든)를 그 시대적 상황 내지 구조의 산물로 상정하고, 이를 철저하게 역사적으로 분석·해명하려는 접근방법이 있다. 이는 특정 개념·견해·저술 등을 해명함에 있어서, 그것이 표명하는 명제와 용어의 일반적 의미뿐만 아니라 이들이 누구에 의해, 어떠한 의도로, 논쟁 과정에 어떠한 성격의 무기 내지 도구로 활용되었는가 등을 면밀히 검토함으로써, 표명된 명제·용어·개념들의 정확한 실체를 역사적 맥락과 더불어 포착하려는 태도이다. 포코크(J. Pocock)가 '정치사상의 역사'(history of political thought) 대신 '정치적 담론의 역사'(history of political discourse)를 제안한 동기도 정치사회체들이 간단없이 창출해 내는 언어·담화·언명들의 다의적 함의를 다양하고 복합적인 맥락과의 연계 하에서 분석해 내려는데 있었다. 필자가 따르고자 한 태도도 이 같은 유형의 접근방식이다. 마르실리우스가 표명하였던 주장·개념 등이 당대의 정치적 담론으로서 가지는 진정한 의미와 의도는, 그가 속했던 정치적·지적 상황과 맥락에 대한 역동적인 고려를 통해 드러날 수 있으며, 이것이 그의 정치사상의 성격과 의의를 실체적으로 해명하는 방법이 아닐까 생각되었다.5)

---

5) J. Gardinar ed., *What is History Today* III (London, 1988) 참조. 스킨너는 문헌고 증 및 단위 개념적 접근을 '명백한 시대착오'라고 지적하고, '지난 20여 년 사이에 사회사상과 정치사상 연구에 각별한 관심을 기울인 학자들에 의해 새롭고 획기적인 한 대안이 제시되고 있다. 이는 연구자들로 하여금 문헌이나 단위개념에 초점

일견 마르실리우스의 정치적 견해와 활동은 당대의 교황과 교황권주의
자들의 교황주권론(theory of papal sovereignty)에 대한 격렬한 반박과 부
정을 그 특징으로 하고 있다. 그에 따르면 반드시 수호되어야 할 정치공동
체의 평화(*pax, tranquilitas*)에 대한 최대의 위협이, 교황전능권으로 포괄
되었던 교황청 정부의 현세사 지배권의 요구였다. 이를 '기이하고 단일한
최대의 적'이라고 불렀던 그로서는 이 위정치적 요구를 부정하고 척결하는
것이 무엇보다도 절박한 정치적 과제 즉 평화 수호의 핵심으로 생각되었
던 것이다.

이 같은 마르실리우스의 반교황·반사제적 속권 우위의 논리는 그가 속
했던 시대의 정치 상황이 빚어낸 현장적 분위기를 잘 반영하고 있다. 그렇
기는 하지만 그의 이 논쟁적 속권주의 견해는 정치공동체의 정상적 정치
질서와 운용의 원리 다시 말해서 정치공동체의 일반이론에 대한 그의 독
특한 인식과 신념에 입각한 것이었다. 따라서 마르실리우스 고유의 이 일
반이론에 대한 이론적 분석과 상황적 재구성은 그의 정치적 주장들의 논
리적 구조와 현장적 역동성을 동시에 포착하는 한 관건적 작업이 아닐 수
없다. 그의 인민주권론의 독특한 의의와 한계도 이를 통해서 제대로 해명
될 수 있을 것이다. 단지 여기서는 주제를 한정하여 정부론을 중심으로 이
같은 작업을 시도해 보도록 하겠다.

을 맞출 것이 아니라 주어진 역사 시기의 사회적·정치적 언어 전체에 초점을 맞
출 것을 요구하고 있다. 처음부터 이 방법을 채택함으로써 우리들은 주요 문헌들
이 나오게 된 의미의 영역과 이것에 미친 기여를 포착하게 될 것이며, 그리하여
마침내 지적 맥락에서 점하는 주요 문헌들의 위치를 제대로 자리 매김할 수 있을
것이다'라고 제안하였다. 스킨너의 이론을 이해하기 위해서는 Q. Skinner, *The
Return of Grand Theory in the Human Sciences* (Cambridge, 1985), pp.3~20 ;
J. Tully ed., *Meaning and Context* (Cambridge, 1988) 특히 pt. II 참조.

2. 국가론

1) 변화된 국가 인식

중세의 전통적인 국가 인식은 다분히 성 아우구스틴류의 그리스도교적 신학적 국가 개념에 기초하고 있었다. 인간의 도시(*civitas terrena*)는 가장 완전한 공동체인 신의 도시(*civitas dei*)와는 달리 인간의 원죄와 탐욕 (*cupiditas*)에 의해 초래된 비본성적 공동체이기 때문에, 이에 속하는 모든 인정집단과 현세 제도들은 예외 없이 불완전성과 한시성을 태생적으로 가지고 있으며, 따라서 이 땅에서의 여하한 정치공동체나 국가도 그 자체로서는 진정한 의미의 정의를 이룩할 수 없다고 생각되었다.6) '그리스도가 창설하고 지배하는 공화국 이외에서는 진정한 의미의 정의가 있을 수 없다'7)는 것이었다.

물론 성 아우구스틴이 이 땅에서의 정치적 결사의 당위성 내지 필요성을 부정한 것은 전혀 아니었다. '어떤 이가 왕국의 지배자가 되고, 다른 사람들이 이에 복속하는 것은 신의 섭리와도 무관하지 않았다'8)고 그는 밝혔다. 그에 의하면 정치공동체는 질서를 유지하고, 소유를 보호하며, 사회적 분쟁을 방지하기 위해서 즉 평화를 이룩하기 위해서, 이의 관리체인 정부 (*gubernator*)를 반드시 필요로 하였다. 이 땅에서의 생존에 필요한 경제적 정치적 안전은 현세적 평화와 질서를 통해서만 가능하기 때문이었다.9)

그렇기는 하지마는 이 땅에서의 인정적 법률 및 사회제도, 신분제, 정치적 강제권 등은 본질에 있어서 신의 사랑(*caritas*)과 정의를 실현하고 공유하는 적극적인 과정이 아니었다. 오히려 그것은 인간의 탐욕에 대한 일종의 징벌 내지 불가피한 구제책이었다. 현세적 삶과 이에 수반되는 정치 질

---

6) St. Augustine, *City of God*, tr. G. E. McCrakem (Penguin Books, 1981), XIX, 5 ; H. Paolcci ed., *The Political Writings of St. Augustine* (Chicago, 1962), pp.346 ~351 참조.
7) *City of God* II, 21.
8) *City of God* XVIII, 2.
9) *City of God* XIX, 13, 17, 26.

서의 가치는 그 자체로서가 아니라, 삶의 진정한 목표인 영원한 삶에 대한 그것의 기여 정도에 의해 결정될 것이었다.[10]

'진정한 정의는 신에 대한 복속을 통해서만 성취될 수 있으며,[11] 현세적 소유들은 반드시 영원한 삶을 향유하기 위한 수단으로 사용되어야 한다'[12] 라는 성 아우구스틴의 정치적 비관주의(pessimism)와 교회우위론이 중세 내내 유지되었던 교황과 교회의 세속적 권한과 소유에 대한 지배권의 토대였던 것이다. 그러니까 '그리스도의 현세적 대리자인 교황에 복속하지 않고는 누구도 영원한 삶에 참여할 수 없다'[13]라는 중세 교황권주의자들의 시각 근저에는 종교적 가치와 현세적 가치에 대한 대립적 계서적 가치판단 및 사회적 정치적 삶의 불완전성이라는 성 아우구스틴류의 독특한 이원적 인식이 변함없이 흐르고 있었다.

그러나 13세기 중엽 이후 아리스토텔레스의 『정치학』의 수용과 더불어 형성된 새로운 국가 인식은, 중세적 아리스토텔레스주의자들의 손을 거치면서 종래와는 다른 지평의 국가론에로 진전되고 있었다. 먼저 아리스토텔레스에 있어서 국가가 '자급자족적이며 완전한 공동체'인 근거는 주로 두 가지 의미에서였다.[14] 국가는 인간의 단순한 생존에 필요한 혈연적 지연적 결사체들인 가정(communitas domestica)과 촌락(vicus)으로부터 성장한 가장 발달된 사회적 공동체(civilis communitas)인 동시에, 국가를 통해서 인간은 최선의 도덕적인 그리고 정의로운 삶 즉 '좋은 삶'(bene vivere)과 '충족한 삶'(vita sufficiens)을 성취할 수 있다는 점 때문이었다. 국가는 인간의 본성적 결사체들이 성장하여 도달하는 종국적 형태의 사회적 결사이며, 인간의 본성적 욕구의 목표인 좋은 삶을 가능하게 하는 고유한 공동복지체라는 것이었다.[15]

---

10) M. Curtis ed., *The Great Political Theories* I, p.143.
11) *City of God* XIX, 21, 23, 25.
12) *City of God* V, 25 ; XI, 25.
13) A. Gewirth, *Marsilius of Padua* I, p.16 참조.
14) Aristotle, *Politica* I, 2, 1256b, 8, 27, 31/나종일 역, 『정치학』(삼성사상전집, 1980), 43~45쪽 참조.

그리하여 중세 아리스토텔레스주의자들도 점차 국가를 인간 본성의 상실의 결과 내지 현세적 생존의 보호를 위한 한시적 보조적 수단으로 간주하던 성 아우구스틴류의 인식을 벗어나서, 이를 사회적으로 정치적 동물인 인간의 현세적 삶에 필수불가결하고 자연스러운 공동체로 이해하기 시작하였다. 이들도 국가를 인간성의 원죄적 타락과는 무관한 즉 인간 본성에 부합하는 '완전한 결사'로 수용하게 되었던 것이다. 이같이 국가가 인간 본성의 산물로서 인간의 본성적 욕구인 행복(felicitas)과 선한 생활(bona vita)을 성취하는 데 필요한 최선의 결사체로 간주됨에 따라 국가의 목표 역시 재정립되기에 이르렀다. 인간의 본성이 완성되기 위해서는 도덕적인 동시에 현세적인 가치들의 구현이 반드시 요구되는만큼 이에 대한 추구가 국가에 부여된 고유한 목표의 일부라고 판단하게 되었던 것이다.16)

중세 아리스토텔레스주의자들에 따르면 국가의 정당성은 인간으로 하여금 영원한 삶이라는 그리스도교적 목표의 성취에 그것이 얼마나 기여하는가 하는 점은 물론, 이 땅에서 성취 가능한 최선의 삶 즉 인간성의 완전한 구현이라는 도덕적 사회적 목표에 그것이 얼마나 기여하는가 하는 점에 의해서도 확인될 수 있었다. 내세지향적이었던 그리스도교적 인식과는 무관한 아리스토텔레스류의 인간관 및 국가관은 종속적 비관적이었던 아우구스틴류의 국가 인식에 중대한 변화를 초래하였다. 국가는 인간의 본성을 구현시키는 완전한 정치체로서 종교적 목표와 현세적인 목표를 동시에 가진다는 것이었다.

사실 중세 아리스토텔레스주의자들은 현실 정치의 문제에 있어서 교황권주의자, 속권주의자 그리고 아퀴나스류의 병행주의자 등으로 다양하게 나뉘어져 있었다. 이는 그리스도교적 전제와 아리스토텔레스류의 인식이

---

15) *Politica* III, 10, 1280b, 6, 14, 33 ; 위의 책, 129~131쪽 참조.
16) 이 점은 토마스 아퀴나스, 엥겔베르트 아드몬트(Engelbert of Admont), 에기디우스 로마누스, 제임스 비테보, 단테, 존 파리, 아우구스티누스 트리움푸스, 프톨레미 루카(Ptolemy of Lucca) 등의 중세 아리스토텔레스주의자들에게서 공통적으로 확인된다. 이에 관하여는 Gewirth, 앞의 책 I, pp.85~86 참조.

다양하게 결합될 수 있기 때문이었다. 그럼에도 불구하고 이들은 이 땅의 국가(civitas terrena)가 종교적·도덕적 계도를 필요로 한다는 사실에는 모두 동의하였다. 그리하여 이들은 세속국가의 정치체제에 있어서도 종교적 및 도덕적 덕성을 갖춘 '고상한' 통치자의 일인지배 체제(monarchy)를 공통적으로 선호하였다. 왜냐 하면 이들의 주된 관심이, 국가에 부여된 종교적·도덕적 목표를 여하히 효율적으로 이룩할 것인가 하는 점이기 때문이었다. 이를테면 목표지향적인 국가론이 중세 아리스토텔레스주의자들의 한 특징적 성격이었던 동시에 그 한계였던 셈이다.

한편 마르실리우스도 충실한 아리스토텔레스주의자답게 새로운 국가 인식을 가지고 있었다. '인간은 벌거숭이로 그리고 보호되지 않은 채 태어나기 때문에, 스스로에게 유익한 것을 취하고 해로운 것을 피하기 위하여, 본성적 필연적으로 정치적 결사를 추구하기 마련이며, 이들 가운데 자율적 수단을 갖춘 완전한 결사체가 국가'라는 것이었다.[17] 또한 그는 국가가 그 존재 이유인 인간의 좋은 삶을 이룩하기 위해서는 이 세상에서의 충족한 삶과 내세에서의 영원한 행복(felicitas beatitudo)이라는 두 가지 목표를 함께 지향해야 한다는 기본 태도도 확고하게 공유하고 있었다. '국가의 목표는 삶, 특히 좋은 삶인바, 삶에는 두 가지 유형이 있다. 하나는 이 땅에서의 현세적 삶이며, 다른 하나는 내세에서의 영원한 삶이다'[18]라고 그는 거듭 밝혔던 것이다.

그렇기는 하지마는 마르실리우스는 대부분의 중세 아리스토텔레스주의자들과는 달리 국가에 대한 자신의 논의를 그것의 목표(finis)에 비추어 진전시키지 않았다. 중세 아리스토텔레스주의자들에게 있어서 가정 내지 촌락들에 비해 국가가 보다 완전한 공동체인 주된 이유는 가정 내지 촌락들이 생식, 생존, 자기방어 및 사회적 안전 등을 그 목표로 하는 데 비해, 국가를 통해서 인간은 정의롭고 도덕적인 삶을 더욱 용이하게 성취할 수 있다는 점 때문이었다. 다시 말해서 국가는 보다 높은 가치를 목표로 하기

---

17) *DP* I, iii, 2, 5 ; I, iv, 1, 5 등.
18) *DP* I, iv, 3 ; I, v, 2 ; I, vi, 1 등.

때문에 보다 완전한 공동체였던 것이다.

그러나 마르실리우스에 있어서는 국가의 이념적 목표 내지 완전하고 도덕적인 인간공동체의 추구 등이 핵심적 관심사가 아니었다. 오히려 그의 주된 관심은, '국가의 목표인 충족한 삶은 평화 없이는 결코 성취될 수 없으며,[19] …… 분쟁, 불일치 그리고 분열은 인간의 모든 행복과 평화에 완전히 반대되는 것인바,[20] …… 마치 동물에 있어서 질병과도 같이, 로마제국과 모든 국가들을 잠식하여 이들을 어려움에 빠뜨리고 또한 이 땅의 사회체제들을 병들게 만드는,[21] 참을 수 없는 악인 분쟁들로부터 여하히 평화를 보존할 것인가 그리고 여하히 평화의 적인 이 분쟁을 모든 힘을 다해 격퇴할 것인가'[22] 하는 데 있었다. '분쟁의 원인을 해명하여 모든 국가들로 하여금 이를 용이하게 척결하도록 함으로써, 통치자와 신민들이 보다 안전하게 평화로운 삶을 영위하도록 하는 것'[23]이 자신의 목적이라고 그는 스스로 밝혔던 것이다. 이 땅에서의 평화로운 삶 즉 인간공동체의 평화를 보존하는 데 요구되는 현세적 방법에 관한 탐구라는 순수히 정치적인 주제가 마르실리우스의 논의의 일관된 초점이었다.

마르실리우스는 인간 본성에 입각한 인정 공동체가 가정과 촌락으로부터 국가로 성장한 점을 이렇게 설명하고 있다.

가정이 가장 큰 사회 단위였던 시기에 인간의 모든 행위, 특히 사회적 행위(*actus civiliter*)들은 가계의 노인들에 의해 법률 및 관습과는 무관하게 규제되었다. …… 그러나 촌락이 형성되면서 노인들은 정의와 공익에 관련된 사항들을 약간의 이성적 규칙 내지 위자연법(quasi-natural law)에 의해 규제하게 되었다. 이 규범은 일종의 형평(*equitas*)에 대한 인식을 그 토대로 하였던 인간 사회의 특정 의무들에 대한 이성적 명령이었다. 이같이 통

19) *DP* I, i, 1.
20) *DP* I, i, 2.
21) *DP* I, i, 3.
22) *DP* I, i, 4.
23) *DP* I, i, 7.

치수단의 차이가 발생하게 된 원인은, 촌락의 경우 유해한 행위들의 징벌
을 위한 약간의 체계적 규정 없이는, 분쟁이 야기되어 촌락 그 자체의 해체
가 초래될 수도 있기 때문이었다. …… 촌락이 확대되고 인간 이성과 경험
이 보다 증대된 완전한 공동체에 이르러서야 좋은 삶의 완전한 규칙과 방
법이 발견되었다. 인간의 이성과 경험이 완전히 발달된 공동체가 곧 국가
이다.[24]

마르실리우스가 인간의 본성적 결사체들의 형태상의 변화 즉 가정으로
부터 촌락에로 그리고 다시 국가에로의 변화를 불완전으로부터 완전에로
의 질적 변화, 즉 좋은 삶을 향해 나아가는 '발전'이라고 이해하였던 것은
분명하다.[25] 그러나 그것이 발전인 이유는 이들이 가졌던 목표의 차이
(*differentia finis*) 때문이 아니었다. 오히려 그 이유는 이들이 각각 가졌던
통치수단의 차이(*differentia regiminis*) 때문이었다. 국가가 완전한 공동체
인 한 근본적인 이유를 그는 국가가 인간 이성과 경험의 산물인 완전한 규
칙을 삶의 방식으로 가지고 있기 때문이라고 설명하였다. 마르실리우스에
따르면 본성적 정치공동체들의 변화의 진정한 의의는, 그것의 규모나 목표
의 변화에 있는 것이 아니라, 그것을 지배하는 수단이 자의적인 것으로부
터 위자연법적인 것에로, 그리고 다시 완전한 규칙의 지배에로 발전한 데
있었던 것이다.

여기서 우리는 성 아우구스틴류의 전통적 교황권주의자와는 물론 많은
중세 아리스토텔레스주의자들과도 처음부터 구별되는 마르실리우스의 정
치사상의 고유한 토대를 확인할 수 있다. 그도 국가를 정치적 동물인 인간
의 본성적 경험이 발전시킨 최후 최고의 완전한 결사체로 이해하였다. 또
한 그 역시 국가가 지향하여야 할 좋은 삶이 종교적 및 도덕적 가치의 구
현을 포함하여야 한다는 사실에 동의하고 있었다. 그렇기는 하지만 그의
논의가 초점을 맞추고 있는 좋은 삶은 종교적·도덕적인 의미의 삶만이

24) *DP* I, iii, 4.
25) *DP* I, iii, 2.

아니었다. 무엇보다도 그의 일차적인 관심은 이 땅에서의 충족하고 자족적
인 삶 즉 현세적 행복의 성취였으며,26) 그 불가결한 수단이 완전한 규칙이
고, 이것을 국가가 가지고 있다고 그는 생각하였다. 더욱이 그에 따르면,
최대의 선은 평화의 열매이기 때문에 인간은 반드시 이를 욕구하여야 하
고, 또한 이를 보존하기 위해 반드시 노력해야 할 뿐만 아니라, 모든 개인,
집단 그리고 공동체들에게 '신성한 사랑과 인간 사회의 법률' 모두에 의해
강제되어야 할 가치가 바로 국가의 평화였던 것이다.27)

마르실리우스가 이해하였던 국가의 완전성과 목표 그리고 완전한 규칙
은 전통적인 중세의 그것과 매우 거리가 멀었다. 그에게 있어서 국가가 완
전하고 이성적인 정치공동체였던 주된 이유는, 국가 없이는 충족한 삶이
성취될 수 없고, 충족한 삶의 관건이 평화이며, 국가는 인간 이성과 경험의
산물인 좋은 삶의 완전한 규칙 즉 '법률'(lex)을 가지고, 특히 이를 강제함
으로써 평화를 보존할 수 있다는 점 때문이었다. '국가는 법률의 강제를 통
해 정치적 평화를 수호해야 하며, 이를 통해 인간은 이 땅에서의 삶의 목
표인 현세적 행복을 성취할 수 있다'는 탈종교적·세속정치적 국가 인식이
마르실리우스의 모든 정치적 견해의 출발점이었던 것이다.

2) 국가의 목표 : 평화

마르실리우스의 정치적 논술들은 아리스토텔레스의 견해를 여러 측면에
서 수용하였다. 이 점은 국가의 유형에 관한 논의에서도 여실히 확인된다.
그는 국가를 네 유형으로 구분하였다.28)

---

26) *DP* I, ii, 1.
27) *DP* I, i, 4. 필자의 견해로는 마르실리우스의 모든 정치적 논술의 기본 지평이 여
기에 있다. 그의 논의의 초점은 '보다 높은 가치' 또는 '보다 적극적인 선'을 규명
하고 이룩하는 데 있었다기보다는, 다분히 '방어적'인 정치적 가치라고 할 '평화'를
해명하고 수호하려는 데 있었다. 또한 그는 '완전한 공동체'인 국가를 통해 평화를
보장함으로써, 이 땅에서의 충족한 삶이 성취될 수 있다고 확신하였다.
28) *DP* I, ii, 2.

첫째, 국가는 단일한 지배체제에 속하는 다수의 도시 내지 지역들을 가리
킨다. 이 경우 국가는 정체(*politia*)에 있어서는 도시와 다르지 않다. 둘째,
국가는 고대 사회에서 흔히 발견되는 건강한 군주정과 같은 특정 형태의
정치체제 내지 지배조직을 가리키기도 한다. 셋째, 오늘날 가장 빈번히 사
용되는 국가 개념은 위의 두 유형의 합성체로서의 국가이다. 다수의 도시
들로 구성되는 군주가 지배하는 왕국(*regalis monarchia*)이 여기에 속한다.
넷째, 국가는 모든 유형의 건강한 지배체제의 공통적인 기반을 가리키기도
한다.

마르실리우스는 먼저 지배체제의 건강성을 특히 세 측면, 즉 그것이 신
민의 동의(*consensus*)에 입각하고 있는가 그리고 공공 이익(*commune
conferens*)을 지향하는가 그리고 그것의 지배형식이 법률(*lex*)에 부합하는
가 하는 점으로 규정하였다.29) 그리고 자신은 네 번째 의미의 국가 개념을
사용하겠다고 밝혔다.30) 따라서 마르실리우스에게 있어서 국가는 그 지배
체제에 있어서 (1) 구성원들이 현세적 행복을 추구하는 데 필요한 건강한
지배체제를 가진 공동체, (2) 충족한 삶을 이룩하는 데 필요한 모든 자족적
수단을 갖춘 공동체, (3) 현세적 정치적 강제력(*coactus*)을 갖춘 완전한 결
사체를 의미하였다.

또한 마르실리우스는 국가를 살아 있는 생명체와도 같이 여러 지체들로
움직여지는 일종의 유기적 공동체로 이해하였다.31) 그리하여 그는 이 유기
체를 구성하는 사회의 여러 부분(*pars*)들에 관해서도 아리스토텔레스의 견
해를 그대로 수용하였다. 그에 따르면 국가 즉 완전한 사회는 명예로운 계
층(*honorabilitas*)과 평민 계층(*vulgarus*)으로 구성되는데, 통치자(사법관)
·전사·성직자가 전자를, 농민·수공업자·회계인(상인)이 후자를 구성

29) 이들 세 요소에 관한 검토가 바로 본장의 주제이기도 하다. 우선 각각의 근거를
   들어보면, 동의 - *DP* I, ix, 5 ; 공공 이익 - I, ix, 2~3 ; 법률 - I, ix, 4~6 등이다.
   특히 국가가 '공공의 이익'을 지향해야 한다는 견해는 매우 아리스토텔레스적이
   다.
30) *DP* I, ii, 2.
31) *DP* I, ii, 3 ; I, xv, 5, 6 ; I, xvii, 8 등.

하였다.32) 충족한 삶에 대한 인간의 본성적 욕구(voluntas)는 다양한 재원
들을 필요로 하는바, 이들 모두가 사회의 한 부분 내지 집단에 의해 제공
될 수는 없기 때문에, 자족적 경제공동체인 국가는 다양한 직책(officum)과
기능(opus)을 담당하는 다수의 '부분'들로 구성되어야 한다는 것이었다.33)

그렇기는 하지만 마르실리우스가 국가를 인간의 본성적 욕구에 입각한
완전한 결사체로만 파악한 것은 또한 아니었다. 중세 아리스토텔레스주의
자에게는 인간이 본성적으로 정치적 · 사회적 동물이었음에도 불구하고,
여전히 인간의 최선의 삶은 종교적, 도덕적 그리고 자연적인 삶(심지어 비
사회적이기조차 한 삶)이었다. 그리하여 인간의 본성적 욕구의 일부인 정
의 · 우애 · 도덕적 덕성의 함양 등이 국가의 당연한 지상 목표로 간주되었
다. 그러나 마르실리우스는 인간들의 결사 그 자체를 본성적 선 내지 욕구
의 대상으로 해석하지 않았다. 다시 말해서 그는 설령 정의, 우애 및 도덕
적 가치들이 인간의 본성적 욕구에 속한다 하더라도, 이들을 이 땅에서의
국가가 반드시 추구해야 할 충족한 삶의 불가결한 조건으로는 진지하게
고려하지 않았다.

사실 국가에 대한 마르실리우스의 접근은 다분히 인간의 동물적 · 경제
적 욕구에 입각한 것이었다. 그에 의하면 인간은 원죄 이후 땀 흘리는 노
동을 통해 생존을 영위할 수밖에 없게 되었으므로, 인간의 결사란 바로 이
를 위한 것이었다. 따라서 완전한 결사체인 국가의 직접적인 목표도 인간

32) *DP* I, v, 1 이하 ; *Politica* VII, 8, 1328b, 3 이하.
33) *DP* I, iv, 5. 마르실리우스는 애초부터 성직자 계층(*pars sacerdotalis*)을 세속국가
로부터 구별되는 집단이 아니라 국가의 한 부분으로 간주하였다. 매길웨인은 이를
근거로 마르실리우스가 교회와 국가 간의 전통적 관계를 혁명적으로 반전시켰다
고 평가하였다(C. H. McIlwain, 앞의 책, p.313). 그러니까 국가를 구성하는 사회
적 부분(*pars*)들에 대한 아리스토텔레스의 이론을 교권과 속권의 관계에 대한 하
나의 새로운 논리, 즉 속권우위론의 한 중요한 근거로 재해석한 최초의 중세 아리
스토텔레주의자가 마르실리우스인 셈이다. 그러나 엄밀한 의미에서 마르실리우스
의 속권우위론을 교회와 국가의 관계에 대한 이론이라고 보기는 어렵다. 그것은
처음부터 국가 내의 통치자와 성직자라는 '두 부분들' 사이의 관계에 대한 이론이
었다.

생존의 불가결한 요건인 식량, 주거지, 기타 생필품의 교류 및 사회적 안전의 제공 등에 있었다.34) 그런데 인간은 태어날 때부터 서로 상충하는 요소와 열정들을 가지고 있기 때문에, 그리고 특히 원죄 이후 인간 결사체들에는 이견·분쟁·분열 등이 야기되기 마련이므로,35) 자연(*natura*) 그 자체로는 인간의 이 같은 동물적·경제적 욕구가 완전히 보장될 수 없다고 그는 판단하였던 것이다.

우리는 이 점을 반드시 깨달아야 한다. 즉 좋은 삶을 위해서는 인간의 좋은 행위와 열정이 반드시 필요하며, 여기에는 적정한 조화가 불가결하다. 그러나 인간은 이를 이룩하는 수단을 본성으로부터 전적으로 완벽하게 부여받지는 않는다. …… 인간은 본성적 계기들을 넘어서 이성을 통해 이를 이룩하는 수단을 가지게 되었다.36) …… 자연(본성)이 그 자체로서는 제공할 수 없는 인간의 모든 외연적 행위(*actus transeuntes*)와 내면적 행위(*actus immanentes*) 및 열정의 조화를 위해서 국가는 여러 부분들을 형성하였다.37) …… 특히 행위 당사자가 아닌 다른 사람들에게 이익 혹은 손해를 끼치는 외연적 행위는 적정한 조화를 위해 반드시 조절되어야 한다. 그렇지 않을 경우 그것은 투쟁과 분열 그리고 마침내 국가의 파괴와 충족한 삶의 상실을 초래할 것이다.38)

마르실리우스에 의하면 충족한 삶에 대한 인간의 동물적·경제적 욕구가 다양한 직책과 기능을 가진 여러 부분들로 조직된 인간공동체를 구성한 근본 동인이며, 이 유기적 공동체의 보존은 인간의 좋은 행위와 열정의 조화가 반드시 필요하고, 이를 위해서 인간은 본성적 수단만이 아니라 이성적 수단을 계발하게 되었다. 따라서 완전한 공동체인 국가는 특히 사회 각 부분의 모든 외연적 행위들을 이성적으로 조절하여, 마땅히 이들의 조

---

34) *DP* I, iv, 3 ; I, vi, 1, 2.
35) *DP* I, iv, 3, 4.
36) *DP* I, v, 3.
37) *DP* I, v, 3.
38) *DP* I, v, 7.

화를 유지하여야 했다. 왜냐 하면 인간의 충족한 삶은 이에 의해서만 보장될 것이기 때문이었다.

그에게 있어서 좋은 삶이란 일차적으로 인간의 생물적 욕구(biological voluntarism)의 충족을 의미하였던바, 이는 도덕적 가치의 추구를 통해서가 아니라 자족적 공동체인 국가가 그 구성원들의 사회적 행위들을 이성적으로 규제함으로써, 그리하여 공동체 각 부분들의 사회적 행위의 조화가 유지됨으로써 이룩되는 것이었다. 독창적 아리스토텔레스주의자였던 마르실리우스의 한 진면목이 바로 이 점에 있다. 그는 국가를 인간 본성의 산물 특히 동물적·경제적 욕구의 산물로 이해하는 한편, 이러한 본성적 욕구는 이성적 노력을 통해서 충족될 수 있다고 지적하고 있다. 그는 국가야말로 이성적 사회 조직과 이를 규제하는 이성적 수단, 특히 정의롭고[39] 합리적이며[40] 강제적인[41] 인간 행위의 규범 즉 법률을 가짐으로써, 공동체의 보존과 충족한 삶을 가능케 해 준다고 밝히고 있다.[42] 이를테면 그는 인간의 본성적 욕구 내지 생물적 주의주의를 좋은 삶 및 이성적 정치공동체의 부동의 기반으로 간주하였던 것이다. 아마도 이 같은 인식은 그의 정치적 논술에서 도덕적 규범인 자연법(lex naturalis)에 관한 논의를 거의 찾아볼 수 없다는 사실과도 무관하지 않을 것이다.

마르실리우스가 국가를 부분적으로 성 아우구스틴류의 인간 원죄의 산물로 그리고 부분적으로 중세 아리스토텔레스주의류의 인간 본성에 입각한 자연적(본성적) 산물로 수용하였던 것은 분명하다. 그럼에도 불구하고 그의 고유한 독창성은 그가 국가를 본성적 욕구의 충족을 위한 인간 이성의 산물로 파악하였다는 점에 있다. 그에 의하면 국가는 현세적 삶의 목표인 좋은 삶을 이룩하기 위해서는, '본성적 계기를 넘어서' 그리고 '본성이 제공할 수 없는' 이성적 수단에 의해 조절된 인간의 외연적·사회적 행위

---

39) *DP* I, xi, 4 등.
40) *DP* I, xi, 4 등.
41) *DP* I, x, 5 등.
42) Gewirth, 앞의 책 II, pp.436~438 참조.

들의 조화가 반드시 유지되어야 했다. 분쟁, 분열 그리고 국가의 파괴란 이 외연적·사회적 행위들의 이성적 조화가 무너진 상태에 다름 아니었다. 다시 말해서 인간 행위의 조화롭고 이성적인 조절 내지 분쟁과 분열의 극복 즉 평화가 바로 국가가 추구하여야 할 이 땅에서의 좋은 삶의 불가결한 조건이었던 것이다. 따라서 '이성적 정치공동체로서의 국가'라는 마르실리우스의 인식의 구체적인 의미도, (1) 모든 정치적 권력과 조직의 자명한 목표가 국가의 평화(pax civitatis)이며, (2) 정치적·현세적 평화가 다양한 직책과 기능을 가진 사회 각 부분들의 유기적 공존의 절대 조건이므로, (3) 국가는 이성적 수단 특히 법률적 규제를 통해서 인간의 외연적 행위들을 조절함으로써, (4) 평화를 반드시 보존하여야 한다는 그의 신념에서 찾을 수 있는 것이다.

그렇다면 마르실리우스에 있어서 평화란 구체적으로 무엇을 가리키고 있을까. 그의 설명을 먼저 들어보기로 하자.

본성(자연)에 부합하는 동물이 조화로운 여러 기관들로 구성되며, 이 기관들이 그 기능들을 상호 교류함으로써 전체를 위하는 것과 마찬가지로, 국가 역시 이성에 부합하여 설립된 여러 부분들로 구성된다. 따라서 국가와 그 부분들의 평화에 대한 관계는 동물과 그 기관들의 건강에 대한 관계와 유사하다. …… 동물에 있어서 건강이란 각 기관들이 본성에 부합하는 기능들을 가장 잘 수행하는 상태인데, 이와 마찬가지로 국가에 있어서도 평화란 그 부분들이 이성에 의해 부여된 고유한 기능을 완벽하게 수행하는 상태이다. 국가에 있어서 평화의 상실은 동물에 있어서 질병과도 같이, 국가의 여러 부분들 전체 또는 일부가 자신들의 기능을 완벽하게 수행할 수 없도록 완전히 또는 부분적으로 방해된 상태이다.43)

마르실리우스의 평화는 국가를 구성하는 사회의 여러 부분들이 각각에 부여된 기능들을 이성에 부합하여 완벽하게 수행하는 상태를 의미하였다.44) 이는 마치 동물의 각 기관이 그 기능을 조화롭게 상호 교류함으로써

---

43) *DP* I, ii, 3.

유기체의 건강을 유지하는 것과도 같았다. 그러나 이는 전통적 평화 개념과는 매우 거리가 먼 것이었다. 전통적으로 중세인들은 평화를 기본적으로 두 측면에서 이해하고 있었다. 먼저 그것은 모든 사물에 내재하는 보편적 질서를 가리켰다. 사물의 평화는 질서의 안정을 의미하며, 질서의 안정은 모든 사물이 신에 의해 부여된 각각의 위치에 배치되는 상태이므로, 평화란 결국 신법적 질서가 구현된 상태로 간주되었던 것이다.

또한 평화는 특히 인간에게 있어서, 단지 사물들 간의 외부적 관계만이 아니라, 신 내지 신적 가치체계와의 내면적 일치(concordia)를 의미하였다. 진정한 평화는 인간 정신의 내면적 평화이며, 이는 신성한 사랑 내지 박애로부터 파생되는 것으로서 인간의 다양한 욕구와 의지들이 신성한 가치들과 조화롭게 합일되는 정신적 질서를 가리키고 있었다. 일찍이 성 아우구스틴은 국가의 평화를 '신이 제시한 명령과 복속의 체계에 대한 인간의 합일'로 규정해 놓은 바 있다.[45] 그리하여 평화에 대한 이 같은 이해는 결국 평화에 영향을 주는 모든 사항들에 관한 지적 검토 내지 판단 그리고 사법적 관리권이 교권의 일부임을 확인해 주고 있었다.[46]

이에 비해 마르실리우스가 정의한 평화는 세 가지 점에서 의미 있는 특징을 드러내고 있다. 첫째, 그의 평화는 철저하게 사회적·정치적으로 규정된 개념 즉 현세적 평화(pax civilis)를 의미하였다. 현세적 행복(civilis felicitas)을 '이 땅에서 성취 가능한 인간 욕구의 최선의 대상 및 인간 욕구의 궁극적 목표'[47]로 이해하였던 그는, 사회 각 부분들의 고유한 기능의 수행 즉 평화를 이러한 행복의 필수불가결한 조건으로 간주하였다. '사회적 삶을 영위하는 인간의 평화를 저해하는 것은 결국 그들로부터 이 땅에서의 충족한 삶을 빼앗는 일'이었으며,[48] '평화를 통해서만 인간은 이 땅에서

44) DP I, ii, 3 ; I, xix, 2 등.
45) City of God XIX, 13.
46) Gewirth, 앞의 책 I, pp.95~96 참조.
47) DP I, i, 7.
48) DP II, xxvi, 13.

의 삶의 충족성을 이룩할 수 있다'49)는 것이었다. 그의 이 같은 평화는 여하한 신법적·종교적 고려와도 무관한 이 땅에서의 사회적 삶의 기본 질서를 가리키고 있다. '평화가 없으면 인간은 내세에서의 영원한 행복조차 제대로 예비할 수 없다'50)는 지적은, 그가 가졌던 평화 개념의 현세성을 역설적으로 웅변해 주고 있다.

또한 그는 평화를 '정치공동체의 건강성이 유지되는 상태'로 이해함으로써, 전통적인 정신적 평화와는 매우 거리가 먼 일종의 정치적 질서로 규정하였다. 처음부터 '국가의 평화에 대한 논의'51)가 자신의 의도임을 밝혔던 그는, 세속통치자의 핵심적 의무가 정치공동체의 평화의 유지임을 누차 지적하였고,52) 그가 제시한 결론의 일부도 '평화는 강제적 정부의 적법하고 방해받지 않는 규제에 의해 이룩된다'53)는 것이었다. 전통적 평화 인식에 입각하고 있었던 중세 교황권주의자들에 대한 마르실리우스의 반론과 속권우위론은 그 기반에 있어서 철저하게 정치적으로 해석된 평화 개념 위에 구축된 논술이었던 것이다.

둘째, 마르실리우스는 평화를 전적으로 개별국가 내부의 질서로 파악하였다. 그의 평화 개념은 신법적인 보편적 질서는 물론, 단테가 그러했던 바와 같은 세계국가의 보편적 평화54) 등도 함의하고 있지 않으며, 심지어 다른 국가와의 관계조차 거의 고려에 포함시키지 않았다. 그것은 오직 국가의 여러 부분들 즉 사회의 각 집단과 계층들이 외부의 방해 없이 고유한 기능과 상호간의 교류를 완벽하게 수행하는 상태였다.55) 말을 바꾸어 보면, 그에게 있어서 평화의 적 내지 그 반대는 일차적으로 전쟁 등과 같은 국가 간의 문제가 아니었다. 그리하여 그것의 결과도 정복이나 제국의 성

---

49) *DP* I, i, 1 ; III, iii.
50) *DP* III, iii.
51) *DP* I, ii, 1.
52) *DP* I, xix, 3 ; II, v, 7 등.
53) *DP* III, iii.
54) Dante, *De Monarchia* I, iv.
55) *DP* I, xv, 6 등.

립 등이 아니었다. 그에게 있어서 평화의 상실이란 교황권의 개입으로 초래된 개별국가 내부의 사회적 정치적 불화와 분쟁을 의미하였다. 그리하여 그 결과도 개별국가의 대내적 유기적 공동체 질서의 해체로 이해되었던 것이다.

그가 일관되게 유지하였던 두 기본 시각, (1) 다른 사람들과의 결사를 통해서 영위되는 인간의 사회적·현세적 삶은 필연적으로 갈등·불화·분쟁·분리 등을 배태하기 마련이다, (2) 적어도 당대에 있어서는 성직자 계층이 평화의 실현에 주된 장애물이다[56]라고 보는 태도는, 그로 하여금 평화의 문제를 첨예하게 개체국가의 대내적 질서의 문제로 인식하도록 만들었다. 사실 교황권에 대한 그의 비난도 발단이 도덕적 신학적 근거에 있었다기보다는, 교황청의 세속사에 관한 간섭이 정부의 기능을 '방해하여' 국가 내에서 분쟁과 불화를 야기한다는 점에 있었던 것이다.[57] '이탈리아의 주민들이 평화롭게 공존하였을 때, 그들은 전 세계를 자신의 지배하에 둘 수 있었다'[58]라는 지적은, 그가 이해한 평화의 한 특징을 선명하게 드러내고 있다. 마르실리우스에게 있어서 평화는 보편적 질서 또는 국가들 간의 문제가 아니었다. 그것은 무엇보다도 개체국가 구성원들의 사회적 공존의 구조 즉 대내적 질서의 문제였다.

셋째, 마르실리우스의 평화 논의는 그 지평이 사회의 여러 부분들(pars) 간의 외연적·사회적 행위와 기능적 상관관계에 집중되어 있다. 그는 먼저 인간 행위를 비조절적 행위와 조절적 행위로 구분하고, 후자를 의지적 행위(voluntary, elicited act)와 동일시하였다. 그리고 이를 다시 외연적 행위와 내면적 행위로 구분하여, 정신적·도덕적 영역에 속하는 내면적 행위가 아니라 오직 외연적·사회적 행위만을 정치적 규제 및 법률적 판단과 관리의 대상으로 간주하였다.[59] 그에 의하면 국가의 보존과 충족한 삶은 인

---

56) *DP* I, xix, 3 등
57) *DP* I, xix, 3, 4.
58) *DP* I, i, 2. 『평화수호자』에서 이탈리아 도시국가들 간의 관계에 대한 고찰을 찾아보기 어려운 이유도 부분적으로는 이 점에 있었다고 생각된다.

간의 비조절적 행위 및 내면적 행위가 아니라 외연적 행위의 조절에 의해
서 성취될 수 있었다. 또한 이 외연적 행위들이 조화롭게 조절된 사회적
정치적 관계 즉 국가의 모든 부분 내지 신분들이 각각의 기능을 외부적 간
섭 없이 완벽하게 수행할 수 있는 상태가 곧 평화였다. 그러니까 마르실리
우스에 있어서 평화의 문제는, 행위 당사자만의 주관적 지평상의 것이 아
니라, 공동체 내의 다른 사람과 그들의 행위에 영향을 미치는 모든 외연적
행위와 그것의 사회적 기능에 대한 이성적 강제적 조절의 문제 바로 그것
이었다.

전통적으로 중세인들은 도덕적·종교적 가치들의 내면적 주관적 성취를
평화의 주요한 소산으로 간주하였다. 그러나 마르실리우스에 의하면 '시민
들의 상호 결사, 이들의 기능의 상호 교류, 이들 사이의 상부상조 및 이들
의 고유하고 공통적인 기능을 외부로부터의 방해 없이 수행하도록 하며
또한 이들로 하여금 각각에 부여된 수단에 따라 공공의 이익과 의무에 동
참하도록 하는 힘'60)의 유지가 평화의 산물이었다. 앞서 지적한 것처럼, 마
르실리우스는 국가 형성의 한 근본 동인과 그 특징을 인간의 생물적 욕구
와 자족적인 경제공동체로 파악하였고, 이는 그 구성원들의 충족한 삶에
필요한 다양한 요구들이 건강하게 추구되고 교류될 때 성취될 수 있었
다.61) 다시 말해서 충족한 삶은 공동체 구성원들의 상호 결사, 상호 교류,
상부상조, 사회경제적 기능의 분업적 수행, 공공의 이익과 의무에의 공동
참여와 같은 외연적 활동의 이성적 조절을 통해서 즉 평화가 유지됨으로
써 보장될 수 있다고 그는 밝혔던 것이다.

명백히 마르실리우스는 평화를 탈종교적, 비보편적 그리고 비내면적 개
념으로 파악하는 한편, 이를 세속정치적, 개별국가적 그리고 일종의 사회
적 질서로 파악하였다. 이 같은 평화는 진정한 평화를 신법적 보편적 질서
의 반영 또는 인간 정신의 내면적 평화 및 신과의 합일로 간주하여 온 중

59) *DP* I, 4, 7 ; II, viii, 2~5.
60) *DP* I, xix, 2.
61) *DP* I, iv, 5.

세적 전통과는 현저하게 구별되는 것이 아닐 수 없다. 그의 평화는 무엇보다도 국가를 구성하는 사회의 여러 부분들이 각각의 정치적·사회적·경제적 역할을 완벽하게 수행하는 분업과 협업의 이성적 체계가 유지되는 상태를 가리키는 것이었으며, 이를 통해서 삶의 현세적 목표인 충족한 삶이 성취될 수 있다는 데 그 의미가 있었다. 그러니까 그의 평화는 실제에 있어서 '완전한 인간공동체'인 국가가 해체되는 경우 이와 더불어 함께 와해될 수밖에 없는 사회적 질서 내지 정치적 조건이었던 셈이다. 마르실리우스가 국가의 보존을 평화의 관건적 과제로 파악하였던 근거도 바로 이 점에 있었다.62)

여기서 우리는 마르실리우스의 정치적 논술에 깊숙이 투영되어 있는 당대의 정치적 상황을 여실히 확인할 수 있다. 당시 교권과 속권 간의 첨예한 갈등은 바야흐르 파국으로 치닫고 있었다. 이에 그는 아비뇽의 교황들이 자신들의 탐욕을 위장한 교황전능권 이론을 내세워 합법적 통치자인 황제 루드비히 4세를 파문함으로써, 세속적 정치 단위를 위협하고 또한 평화를 와해시키고 있다고 판단하였다. 그에 따르면 성직자 계층(pars sacerdotalis)은 애초부터 통치자 계층(pars principans)의 일부가 아니었으며,63) 이들의 권한 즉 교권은 본성적으로 정치적·강제적 지배권을 포함하고 있지 않았다.64) 그리하여 그에게 있어서는 무엇보다도 절박한 당면 과제가 교황전능권 이론이 궤변에 불과한 오류임을 입증함으로써,65) 자율적 정치공동체를 보존하고 평화를 회복하는 일이었던 것이다.

탁월한 아리스토텔레스주의자였던 마르실리우스가 현세적 삶과 영원한 삶 모두를 국가가 추구하여야 할 좋은 삶의 일부로 수용하였다는 점은 조금도 예외적인 것이 아니었다. 그러나 그는 유니크하게도 '영원한 삶은 자명하지도 입증될 수도 없다'66)고 규정하고, 이 땅에서의 인간 행위의 종국

62) *DP* I, iv, 4 ; I, iv, 7 ; I, xvii, 3 ; I, xvii, 5 등.
63) 본절 주 32, 33 참조.
64) *DP* II, iv, 3~13.
65) *DP* I, xix, 13 ; II, xxiii 등.

적 목표는 현세적 행복이며, 이는 정치공동체의 평화 없이는 결코 성취될
수 없는 삶이고, 이를 위한 완전한 정치공동체가 국가라고 파악하였다. 이
를테면 국가의 평화는 현세적 행복의 불가결한 조건이었던 동시에 모든
국가적·정치적 조직의 자명하고 이성적인 목표였던 것이다. 그런데 마르
실리우스는 평화를, 중세적 전통에서와는 달리, 개별국가의 사회적 각 부
분들과 그 기능들이 조화롭게 조절되는 일종의 현세적·세속적 정치 질서
로 이해하였다. 요컨대 그것은 국가 없이는 이룩될 수 없는 정치적인 가치
였다. 평화에 대한 그의 논의가 정부 및 법률과 같은 극히 정치적인 주제
에 대한 논술로 나아간 것은 오히려 당연한 일인 것이다.

3. 정부론

마르실리우스에 따르면, 인간의 본성적 욕구에 입각한 '완전한 사회'는
그 구성원들의 충족한 삶을 성취하기 위한 것으로서, 이는 국가의 평화를
반드시 필요로 하였다. 또한 그에 의하면 인간의 현세적 결사체에는 필연
적으로 갈등·분쟁·분리 등이 있게 마련이며, 특히 당대에 있어서는 평화
에 대한 최대의 위협이 교황과 교황청 정부의 현세사에 관한 지배욕이었
다. 그런데 마르실리우스는 평화를 신법적 질서 내지 내면적 조화로서가
아니라, 세속정치적 개별국가적 그리고 일종의 사회적 질서로 이해하였다.
그리하여 그는 정치공동체를 구성하는 모든 부분(신분)들의 외연적 사회적
행위들에 대한 이성적 강제적 조절이, 국가를 보존하고 평화를 유지함으로
써 충족한 삶을 성취하는 관건임을 강력히 주장하게 되었다. 이 점이 다분
히 '방어적'인 정치적 가치라고 할 평화가 마르실리우스에 있어서 그토록
중요한 정치적 화두였던 기본 이유였다. 그렇다면 평화의 불가결한 조건인
사회적 행위들에 대한 이성적·강제적 조절은 누구에 의해서, 어떠한 원리
와 체제로 집행되어야 할까.

---

66) *DP* I, iv, 3.

1) 정부의 필요성

마르실리우스는 평화를 '국가를 구성하는 여러 사회적 부분들이 조화롭게 조절됨으로써, 이성에 따라 이들에게 부여된 고유한 사회·경제적 기능들이 완벽하게 수행되는 정치 질서'로 규정하였다. 그러니까 여러 사회적 부분들이 먼저 조직되어야 하고, 또한 이들의 기능이 반드시 조절되어야 한다는 점이 그에게 있어서는 평화의 전제였다고 하겠다. 이 역할을 과연 누가 그리고 어떻게 담당해야 할 것인가.

교황권주의자들에 따르면 그것은 이를 나위 없이 교황의 권한에 속했다. 교황은 그리스도가 직접 로마의 주교 성 베드로에게 부여했던 '묶고 푸는 권한' 즉 교황전능권에 입각하여, 세속통치자를 포함한 그리스도교 공동체의 모든 구성원들이 이 땅에서의 삶을 통해 신성한 가치와 목표를 추구하도록 계도해야 할 의무와 권한을 가지고 있었다. 이들은 인간의 영혼 내지 정신이 육체 내지 물질에 비해 보다 가치 있고 중요한 만큼, 전자를 지배하는 교권이 후자를 지배하는 속권에 비해 마땅히 정치적 우위를 점해야 한다고 생각하였다. 그것은 신적 질서의 일부였다. 뿐만 아니라 통치자란 최선의 지적 도덕적 자질과 덕성을 갖춘 자여야 하므로 사실상 그는 사제의 일원일 수밖에 없다는 것이 이들의 견해였다.

그러나 마르실리우스는 기본적으로 성직자 계층을 다른 모든 일반민들에 비해 보다 신성하고 가치 있는 그리하여 우월하고 지배적인 계층으로 간주하지 않았다. '인간의 다양한 신분과 직책은 국가의 여러 구별되는 부분들에 불과하다'[67]고 판단하였던 그는, 앞서 지적하였듯이, 성직자 계층 역시 국가의 다른 계층들과 다를 바 없는 국가의 한 부분에 지나지 않는다고 생각하였다. 오히려 그에 따르면, '성직자는 그리스도교적 복음의 법을 전파하고, 성사를 집전하며, 인간이 행하고 믿고 거부하여야 할 것들을 가르침으로써, 내세에서의 영원한 행복을 얻도록 도와주는 자들로서, 이 땅에서의 물질적 정치적 지배와는 무관한 사람들이었다.'[68]

---

67) *DP* I, iv, 5.

인간의 삶을 구성하는 근본 요소가 영혼과 육체인 것은 사실이지만, 그러나 그는 이 점이 세속통치자에 대한 성직자의 사회적 우위 내지 속권에 대한 교권의 정치적 우위를 보장한다고는 전혀 생각하지 않았다. 정신사(spiritualia)와 현세사(temporalia)를 영원한 삶에 관한 것과 이 땅에서의 삶에 관한 것, 비물질적인 것과 물질적인 것 그리고 내면적 행위와 외연적 행위로 각각 엄격하게 구분하였던,[69] 그는 각각에 대한 관리권도 마땅히 구분되어야 한다고 판단하였다. 그러니까 정신사를 지배하는 사제는 현세사를 지배하는 세속통치자와는 달리 애초부터 정치적 지배계층이 아니라는 것이었다. 그의 표현을 빌리면, '영혼을 지배하는 자가 육체를 지배하는 자가 아닌 것은 육체를 지배하는 통치자가 영혼을 지배하는 사제가 아닌 것과 꼭 마찬가지였다.'[70]

더욱이 그는 정신사와 현세사를 단지 엄격히 구분하고, 성직자 계층이란 국가의 한 비정치적 부분에 지나지 않는다는 점을 강조하는 정도에서 멈추지 않았다. 사실상 그는 현세적 삶에서 차지하는 정신사의 영역을 폭넓게 상정하지 않았다. 그리하여 그는 전통적으로 정신사의 일부로 간주되어 온 성직자의 행위 및 교회 재산에 대한 관리권 그리고 성직의 임명권조차 교권이 아니라 속권의 일부라고 주장하였다.

성직자의 행위라고 해서 모두 정신적인 것이라고 불려서는 결코 안 된다. 이와는 반대로 이들의 행위의 많은 부분은 사회적, 상쟁적, 육체적 또는 현세적인 것들이다. 왜냐 하면 이들도 이자놀이, 저축, 구매와 판매, 살인, 도적질, 강간, 배신, 사기, 위증 등을 할 수 있으며, 이단에 빠질 수도 있고, 분노에 사로잡히거나 범죄를 저지를 수도 있다. 이 같은 행위들은 정신적인 것이 아니라 명백히 육체적 현세적인 것이다.[71] …… 만약 로마의 교황에게 성직을 임명하고, 교회의 모든 세속재산을 처리할 수 있는 전체적이고

68) *DP* I, vi, 7, 10.
69) *DP* II, ii, 4~5.
70) *DP* II, xxx, 1.
71) *DP* II, ii, 7.

무제한적 권한이 허용된다면, 모든 왕국과 정치공동체들은 와해의 위험에 빠지게 될 것이다.72)

정신사와 현세사에 관한 그의 새롭고 엄격한 구분은 매우 폭이 좁고 제한된 의미의 정신사 개념에 입각한 것이었다. 오히려 그의 태도는 육체의 주인으로서 영혼의 주인이 아닌 자가 어디에 있는가 하는 것이었다. 명백히 마르실리우스는 국가의 각 부분을 조직하고 이들을 조절하는 권한이 성직자 계층 내지 교권에 속한다고 생각하지 않았다. 이들은 정치적 부분이 아니었으며, 성직자가 지배하는 정신사와 교권은 삶의 전 영역에 걸친 무엇이 결코 아니었다. 단지 이들이 국가의 한 중요한 부분인 이유는, '국가의 평화 및 현세에서의 인간의 충족한 삶을 보다 용이하게 보존하는데'73) 필요하고 유용하기 때문이었다.

그렇다면 국가를 조직하고 여러 사회 부분들의 기능과 외연적 행위를 이성적으로 조절함으로써 국가의 평화를 유지하는 실천적인 정치적 과제는 누구의 책임일까. 필자가 읽기로는, 이 통치 책임의 실제 담당자에 대한 마르실리우스의 견해는 두 가지 답변을 동시에 내포하고 있다. 하나는 그것이 인민집단 전체(populus, universitas civium)라는 것이고, 다른 하나는 정부 내지 통치자 부분(principatus, pars princpians)이라는 지적이다. 먼저 '인민집단 전체'와 실제적 통치 책임의 관계에 대한 그의 지적부터 검토해 보기로 하자.

기본적으로 '인민집단 전체'를 '모든 사람'(omnes persona)으로 간주하였던 그는, 이들의 본성적 욕구의 정치적 결과에 대해 두터운 낙관적 신뢰를 가지고 있었다. '모든 사람은 왜곡되거나 혹은 다른 장애가 없는 한, 본성적으로 충족한 삶을 욕구하고, 이에 반대되는 것을 회피한다'74)라고 밝혔던 그는, 모든 사람의 본성적 욕구에 입각한 사회적 정치적 결사, 특히

---

72) DP II, xxi, 13.
73) DP I, v, 11.
74) DP I, iv, 2.

국가를 통해서 인간의 충족한 삶이 성취될 수 있음을 거듭 지적하였다.[75] 부분이 아니라 전체, 소수가 아니라 다수에 대해서 가졌던 그의 신뢰[76]가 '모든 전체는 그 부분들보다 위대하다. 따라서 무엇이 선택되고 무엇이 거부되어야 하는가에 관한 인민집단 전체 내지 그것의 보다 비중 있는 다수 (*valentior multitudo*)의 판단이, 각 부분들의 개별적인 판단에 비해 보다 우월하다'[77]라는 그의 확신의 토대였던 것이다. 이에 평화와 같이 국가 전반에 관련된 주요 사항인 경우, 이를 판단하고 결정하는 일차적인 권위는 마땅히 특정 부분이 아니라 인민집단 전체에 속해야 한다는 것이었다.[78]

> 본성(*natura*)은 필요한 것들을 결여하지 않으며, 또한 본성은 보다 고귀한 것들을 열망한다. 모든 소멸될 수밖에 없는 것들 가운데 가장 고귀한 존재가 인간이다. 이들에 의해 국가가 설립되고, 충족한 삶의 성취에 필요한 서로 구별되는 다양한 부분들이 조직되었다. 본성 그 자체에 의해 이 같은 구별이 누적되어 왔으며, …… 그리하여 삶의 충족성을 위해 필요한 정도까지 다양한 인간들이 다양한 부분들을 구성하게 되었다.[79]

여기서 우리는 인간의 고귀성과 인간의 본성적 욕구의 정치적 완비성에 대한 마르실리우스의 확고한 신뢰와 낙관을 재확인할 수 있다. 그는 인간을 '모든 소멸될 수밖에 없는 것들 가운데 가장 고귀한 존재'로 파악하고, 필요한 것들을 결여하지 않는 인간의 본성적 욕구에 의해 '삶의 충족성에 필요한 정도까지 국가의 각 부분들이 형성되어 왔다'라고 밝히고 있는 것이다. '성직자 계층과 같은 사회 각 부분들의 개별적 판단에 비해서, 평민계층이 포함되는 인민집단 전체의 판단이 정치적 지적 도덕적으로 우월하다'[80]는 그의 유니크한 주장도 어쩌면 '인간의 고귀함과 인간 본성의 완비

---

75) *DP* I, iv, 2.
76) J. Quillet, 'Community, Counsel and Representation,' *CMPT*, pp.559~561 참조.
77) *DP* I, xiii, 2.
78) *DP* I, xv, 4 ; I, xii, 5 ; I, xiii, 2, 4.
79) *DP* I, vii, 1.
80) *DP* I, xii, 4~6 ; I, xiii, 3~8.

성' 그리고 '전체의 위대함'에 대한 그의 인식의 당연한 귀결이었다. 또한 이 점이 바로 그가 중세 정치 이론가로서는 극히 예외적으로 강조하였던 인민집단 전체의 포괄적이고도 막중한 정치적 비중의 근거였다.

사실 그는 그리스도교 공동체의 통치 과정 전반에서 차지하는 그리스도 교적 인민집단 전체(*universitas civium fidelium*)의 실천적 정치적 역할의 비중을 매우 크게 설정하였다. 그에 따르면 법률을 제정하고,[81] 통치자를 선출하며,[82] 이들을 교정하는 기능[83]뿐만 아니라 교회의 대주교인 교황[84] 및 공의회를 선출하고,[85] 신조를 규정하며,[86] 파문을 규제하고,[87] 공의회 의 모든 결정들을 확정하는[88] 등의 광범위한 정치적 기능이 그리스도교적 인민집단 전체에 속했다. '모든 사람'을 함의했던 인민(*populus*)은 실로 폭 넓은 정치적 권한들의 실천적 주체였던 것이다.

마르실리우스는 첨예하게 상쟁하고 있던 교황과 황제의 틈바구니에서 이 땅에서의 삶의 목표가 충족한 삶이며, 이 충족한 삶에 대한 모든 사람 들의 본성적 욕구가 완전하고 이성적인 정치공동체 즉 국가와 그 조직을 형성하였고, 현세사란 국가와 이것의 사회적·정치적 활동과 조직에 영향 을 미치는 모든 외연적 행위이므로, 이를 규제하는 정치 권위는 속권 특히 인민집단 전체의 고유한 권한에 속한다고 주장하였다. 정신사의 우위와 그 것의 독점적 관리권에 근거하였던 중세 교권의 정치적 우위론에 대하여, 그는 현세적 정치 권력의 종국적이고 실천적인 토대가 인민집단 전체임을 완강히 천명하였던 것이다. 그의 인민주의(populism) 논리는 교권과 속권 사이의 전통적인 우위 논쟁을 단숨에 그리고 혁명적인 방법으로 해결하는

81) *DP* I, xii~xiii.
82) *DP* I, xv, 2.
83) *DP* I, xviii, 9~11.
84) *DP* II, xxii, 9~11.
85) *DP* II, xxi, 3~5.
86) *DP* II, xx, 1, 2.
87) *DP* II, vi, 13 ; II, xxi, 8, 9.
88) *DP* II, xxi, 1, 3, 4.

대안이었던 셈이다.

그렇기는 하지만 인민집단 전체의 정치적 주권성과 이의 실제적 통치권한을 강력히 제기한 것이 마르실리우스가 제시한 독특한 답변의 전부는 결코 아니었다. 사실 인민집단 전체가 국가와 평화의 보존에 요구되는 실제적 통치기능을 모두 그리고 직접 담당할 수는 없는 일이었다. '인간의 결사체들에 발생하게 마련인 논쟁, 분쟁, 투쟁 그리고 분리' 등은 오히려 '공동체를 교란하고 억압하려고 하는 자들을 규제하는' 평화의 실천적 관리자를 반드시 필요로 한다는 것이 또한 그의 생각이었다.[89]

> 이성에 부합하는 국가 및 그 부분들은 마치 자연에 부합하는 동물 및 그 기관들과 유사하다. 동물에 있어서는 운동의 원리인 힘과 열기가 동물의 다른 유기적 부분들을 형성하고 구분하는 보편적 실제적 동인인바, 이 부분이 심장이다.[90] …… 이성에 따라 설립된 국가도 반드시 이와 유사하게 이해되어야 한다. 전체 시민집단은 가장 먼저 그리고 반드시 이 심장에 해당하는 부분을 구성하여야 한다. 이 부분이 정부이다. 정부는 사회의 정의와 공공의 이익에 관련된 사항들을 판단하고, 명령하며, 그 결정을 집행하는 실제적 권한을 가진다. 이 부분이 국가에서 다른 어느 부분보다도 가장 필요한 부분이다. 정부가 없이는 사회공동체가 존재할 수 없거나 오래 유지될 수 없다. 통치자 부분의 기능은 투쟁과 분열을 야기하고, 마침내 국가의 파괴와 충족한 삶의 상실을 초래하게 될 모든 해악들을 정의의 규범 즉 법률에 따라 규제하는 데 있다.[91]

동물의 유기체적 운동을 가능하게 하는 동인을 힘과 열기로, 그리고 이를 공급하는 부분을 심장으로 이해하였던 마르실리우스는 이성적 정치공동체의 심장에 해당하는 부분이 바로 정부라고 규정하였다. 그에 의하면, 국가의 모든 부분들 가운데 '가장 먼저 그리고 반드시' 구성되어야 할 부분인 정부는 정치공동체에 힘과 열기를 공급함으로써, 이를 존립시키고 유지

---

89) *DP* I, iv, 4.
90) *DP* I, xv, 5.
91) *DP* I, xv, 6.

시키는 일차적인 동인이었다. 또한 정부는 정의와 공익에 관련된 사항들을 판단하고 명령하며, 다른 부분들의 과도한 행위들을 법률에 따라 조절하는,[92] 즉 국가의 다른 모든 신분들의 사회적 행위들을 규제함으로써[93] 평화로운 정치 질서를 관리하는 가장 '으뜸 가는' 조직이었다.

요컨대 정부(*principatus*)와 통치자 부분(*pars principans*)을 동일시하였던 그는 국가와 평화의 보존에 필요한 실제적인 통치의 책임이 정부의 고유한 권한에 속한다고 밝혔다. '모든 사람은 법률의 규제에 반드시 따라야 하며,'[94] '법률은 그것이 지켜지지 않으면 아무런 쓸모가 없으므로,'[95] '특정 사람의 법률에 의한 공동체 전반에 대한 지배가 반드시 필요하다'[96]는 것이 그의 생각이었다. 통치자의 기능은 공동체 내의 분쟁과 분열을 막기 위해 모든 사람들이 법률에 따르도록 강제하는 일이었던 것이다.[97] 마치 심장의 열기가 동물의 유기적 움직임을 가능하게 하는 것과 같이, 통치자의 권한도 사회 각 부문들의 기능이 방해받지 않도록 법률을 실효성 있게 집행하는 무장되고 강제적인 권한이었다. 동시에 이는 특정 사람 즉 통치자에게 위임된 권한이기도 했다.[98] 다시 말해서 그에게 있어서 정치공동체 전반에 대한 정부의 지배란 곧 이 공동체의 으뜸 가는 부분인 통치자 계층의 합법적 강제적 규제를 가리키는 것이었다. 여기에 그의 인민주의 정부론의 다의성이 있다. 마르실리우스는 정치공동체의 전반에 대한 한 사람 또는 소수 통치자의 합법적 규제와, 앞서 언급한, '인민집단 전체의 위대성'에 대한 그의 신념이 정치 현실에서 서로 상충할 수도 있다는 점은 거의 고려하지 않았던 것이다.

---

92) *DP* I, v, 7 ; II, viii, 4, 5.
93) *DP* I, ix, 7 ; I, x, 1.
94) *DP* I, xii, 8.
95) *DP* I, xii, 6.
96) *DP* I, xi, 4.
97) *DP* I, x, 2, 6, 7 ; I, xii, 8 ; I, xviii, 2 ; II, viii, 4, 5 ; III, ii, 15, 30 등.
98) *DP* I, xv, 4.

(인민집단 전체 즉) 인간입법권자는 국가의 특정 직책들을 누가 그리고 어떻게 수행해야 할 것인지를 반드시 결정하여야 한다. 그러나 법률의 집행은 다수의 시민단 전체에 비해 통치자에 의해서 더욱 편리하게 수행될 수 있다. 왜냐 하면 이 같은 기능은 한 사람 또는 소수의 통치자로 충분하기 때문이다. 그렇지 않을 경우 공동체 전체가 불필요하게 이 같은 일에 몰두해야 하는데, 이는 다른 필요한 기능들의 수행을 방해할 것이다. 통치자가 이 일을 수행할 때 사실상 공동체 전체가 그 일을 하는 것이다. 왜냐 하면 통치자는 공동체의 법률에 따라 이것을 수행하기 때문이다. 또한 통치자는 그 숫자가 소수 내지 한 사람이기 때문에, 법률을 보다 용이하게 집행할 수 있다.[99]

명백히 마르실리우스에 따르면, 인민집단 전체에 의해 통치자가 결정되고, 그가 공동체의 법률에 따라 그 기능을 수행하는 한, 한 사람 또는 소수의 통치자가 보다 편리하고 효율적인 지배의 수단이었다. 통치자는 공동체의 다른 부분들을 보존하고, 이들로부터 불필요한 부담을 덜어 주며, 이들로 하여금 각각의 고유한 기능에 전념하도록 도와줄 뿐만 아니라, 이들의 공통 요구 즉 상호간의 교류 역시 보호해 주는 조직이었다.[100] 그가 통치자 계층을 국가의 모든 부분들 가운데 으뜸이며 다른 부분들은 이의 명령에 따라야 한다[101]라고 주장하였던 근거도, 이들이 정치공동체의 이 땅에서의 질서와 현세적 목표를 위해 무엇보다도 중요한 부분이기 때문이었다. 이를테면 정부와 통치자는 인민집단 전체의 본성적 욕구인 충족한 삶의 성취에 반드시 필요한 기능인 모든 장애와 위협들을 편리하고 효율적으로 규제함으로써 국가를 보존하고 평화를 유지하는 정치적 핵심체였다.

'통치자가 일할 때 공동체 전체가 일하는 것'이라는 마르실리우스의 주장은 이를 나위 없이, 현세적 행복을 목표로 하는 이 땅에서의 정치공동체에 관한 한, 세속정부의 절대적 필요성과 그 정치적 역할의 관건적 중요성

---

99) *DP* I, xv, 4.
100) *DP* I, xv, 12.
101) *DP* I, xv, 14.

에 대한 그의 통렬한 인식에 입각한 것이었다. 그리하여 아마도 이것이 의도했던 일차적 표층적 함의도, 당대에 있어서는, 교권과 성직자 계층의 세속통치자에 대한 복속의 정당성을 입증하고, 이를 실현하려는 데 있었을 것이다. 그렇기는 하지만 통치자의 대권적 기능과 공동체 전체의 주권성이라는 새로운 주제에 대한 마르실리우스의 실용주의적 시각은, '인민집단 전체의 위대성'으로 단숨에 직결되곤 하는 그의 반교황적 인민주의 논리에 미묘하고 복잡한 역동성을 더해 주고 있다는 것이 필자의 생각이다. 따라서 마르실리우스의 인민주권론의 진정한 성격도, 세속정부와 교권 내지 교회정부와의 관계만이 아니라, 정부와 사회의 관계, 즉 그가 추구하였던 세속정부 그 자체의 성격에 대한 규명을 통해서 드러날 수 있다고 판단된다. 세속정부의 기능, 그 구성의 원리와 형태 그리고 정부와 국가의 다른 사회 부분들과의 관계에 대한 그의 견해를 검토해 보려는 주된 동기도 이 점에 있다.

2) 정부의 기능

마르실리우스는 국가의 평화를 (1) 분쟁과 분열이 없는 사회적 정치적 질서, (2) 국가의 모든 부분들이 각각의 고유한 기능들을 완벽하게 수행하는 상태, (3) 사회 구성원들의 외연적 행위가 이성적으로 조절된 상태라고 규정하였다. 그렇다면 국가의 '으뜸 가는 부분'인 정부[102]가 분쟁을 방지할 뿐만 아니라 공동체의 다른 모든 부분들로 하여금 방해받지 않고 제 기능을 수행할 수 있도록 하기 위하여, 즉 평화를 수호하기 위해서 해야 할 일은 무엇일까?

마르실리우스는 먼저 '통치자는 법률 및 자신에게 부여된 권위에 따라 반드시 국가의 각 부분들과 직책들을 조직하고 구별하여야 하며, 이에 적합한 자들을 임명하고 또 필요한 교육을 제공하여야 한다'[103]라고 지적하

---

102) *DP* I, v, 7 ; I, ix, 1, 2 ; I, xv, 14 등.
103) *DP* I, xv, 8.

였다. 법률과 권위에 입각해서 사회체제와 통치 조직(regimen)을 구성하는 일이 통치자의 일차적 과제라는 것이다. 이 통치 조직을 통해서 정부와 통치자는 정치공동체 내의 다른 모든 구성원들을 구분하고, 교육하고, 임명하며, 또한 이들의 사회적 행위들을 규제해야 할 것이었다.[104]

앞서도 지적했듯이, 마르실리우스가 법률의 집행(executio)과 더불어 공동체를 지배하고(regere) 그 구성원들의 과도한 외연적 행위들을 교정하는(rectum) 일이 정부의 주요 기능이라고 이해하였음은 분명하다.[105] 따라서 이것은 교황권주의자와 중세 아리스토텔레스주의자 역시 공유하였던 인식, 즉 세속정부의 목표는 사람들로 하여금 내세의 행복을 준비하도록 하고, 윤리와 덕성을 가르치고 계도하는 데 있다는 견해와 외견상 크게 다를 바 없어 보인다. 그러나 마르실리우스는 정부 기능의 목표를 국가의 보존이라는 단일하고 현세적인 것에 초점을 맞추고 있었다. 그리하여 그것은 '선하고 도덕적인 인간과 사회'를 추구하여야 했던 전통적인 중세 정부와는 판이하게 다른 정치적 기능들을 담당하는 정부를 제시하도록 만들고 있었다.

공동체 구성원들의 사회적 외연적 행위들만을 고유한 관리 영역으로 하였던 마르실리우스의 정부는 사실상 사회 구성원들 상호간의 이해관계의 충돌을 정부 기능의 전제조건으로 상정하였다. 모든 사람들은 사제든,[106] 교수든,[107] 누구를 막론하고 자신들의 개인적 이익을 추구하고 불리한 것은 피하고자 하기 때문에,[108] 그리고 일부 사람들은 병든(orbatum) 본성을 가지고 개인적 악의와 무지에 의해 공동체의 판단에 동의하지 않기 때문에,[109] 인간결사체인 사회에는 어디서나 그리고 언제나 사회적 갈등·분쟁·범죄·충돌 등이 불가피하게 마련이었다.[110] 그런데 이 같은 사회적 갈

---

104) DP I, ix, 7 ; I, xv, 13 ; II, viii, 4, 5.
105) DP I, x, 1, 2, 6, 7 ; I, xii, 8 ; I, xiv, 7 등.
106) DP II, ii, 3.
107) DP II, xxi, 15.
108) DP II, viii, 9.
109) DP I, xii, 5.

등은 결국 평화를 위협하고 국가의 보존을 위태롭게 하는 요소였다.

따라서 정부는 처음부터 단순히 분쟁의 방지만을 의도하는 행정적 기능 뿐만 아니라, 개인들 및 사회 각 부분들 간의 불가피한 이해관계의 충돌을 실질적으로 억제함으로써 이들의 고유한 기능이 완벽하게 수행되도록 하는, 즉 사회의 건강성을 유지하여 주는 강제적 재판관의 기능도 반드시 가져야 하였다. 마르실리우스에 따르면, 통치자는 '법률과 관습에 따라 정의와 공익에 관한 사항들을 판단하는 권위를 가지고 있으며, 자신이 내린 판단을 명령하고, 강제력을 통해 이를 집행하는 자'111)였다. 정부 내지 통치자는 정치공동체의 행정적 부분(pars executiva)인 동시에, 고유한 권위를 가지고 정의와 공익을 판단하고 또한 이를 강제하는 사법적 부분(pars judicativa)이라는 것이 그의 기본 생각이었다.

그런데 마르실리우스는 정부 내지 통치자의 사회 다른 부분들에 대한 규제가 반드시 법률(lex)과 규범(regula)에 입각하여야 함을 거듭 강조하였다.112) 법률은 통치자가 벗어날 수 없는 지배의 형식이라는 것이다.

> 통치자는 사회적 인간 행위들을 규제함에 있어서, 우리가 법률이라고 부르는 규범에 반드시 따라야 한다. 이 규범은 통치자의 형식(forma)이며 반드시 형식이어야 한다.113) …… 법률의 통치자에 대한 관계는 형식의 질료(materia)에 대한 관계와 같다.114). …… 형식 즉 법률을 제정하는 기능은 인민집단 전체에 속한다. 그러나 이 형식에 따라 인간의 사회적 행위들을 규제하는 기능은 이 형식의 질료인 통치자에 속한다.115)

마르실리우스는 통치자의 정치적 규제가 그 형식에 있어서 법률에 의한 것이어야 한다고 강력하게 주장하였다. '통치자에 의해 부과되는 징벌과

---

110) *DP* I, iv, 4 ; I, xv, 6 ; I, xix, 12 ; II, viii, 6, 7, 8 ; II, ix, 12, 13 등.
111) *DP* II, ii, 8.
112) *DP* I, x, 6, 7 ; I, xii, 8 ; I, xiv, 7 ; II, viii, 4, 5 ; II, x, 4~6.
113) *DP* I, x, 1.
114) *DP* I, x, 2 ; I, xiv, 10.
115) *DP* I, xv, 3.

포상은 법률이 정하는 바에 따라야 한다.116) …… 통치자 역시 법률에 의
해 규제되어야 한다'117)는 것이 그의 견해였다. 통치자의 행정적 사법적 기
능이 초법률적인 것이 아님은 물론 통치자 자신조차 형식 즉 법률적 규제
의 대상임을 그는 분명하게 천명하였다. 심지어 그는 '사람의 지배가 아니
라 이성 즉 법률의 지배'118)를 요구할 정도였다. 그렇기는 하지마는 그가
통치자의 법률적 지배만을 강조하는 데서 멈춘 것은 또한 아니었다. '사법
적 판단과 그 집행에 있어서 선거로 선출된 통치자는 공공의 이익을 위해
서 어떤 법률을 적용하고 강제할 것인가를 스스로 선택할 수 있다'119)라고
밝혔던 그는, 통치자의 이 같은 사법적 판단과 명령(praeceptum)은 '마치
동물의 심장이 유기체의 각 부분에 대해서 그러한 것과 마찬가지로, 반드
시 그리고 한순간도 멈추지 않고 지속적으로 강제되어야 한다'고 주장하였
던 것이다.120)

그에 따르면, 오직 통치자만이 법률의 위반자들에 대하여 사법적 판결을
부과하고 징벌을 가하는 강제적 권한을 가지고 있으며,121) 공동체에 해악
을 끼치는 자는 누구를 막론하고 통치자의 사법적 판단에 따른 징벌을 통
해 반드시 치유되어야 하였다.122) 사회의 건강성을 유지하기 위해서 통치
자에 의해 부과되는 사법적 판단과 징벌은 반드시 그리고 지속적으로 투
여되어야 하는 '일종의 치료제'였던 것이다. 분명 마르실리우스의 정부는
매우 폭넓은 행정적·사법적 권한을 가지고 있었다. 그의 정부는 법률을
선택·해석·적용하고, 판결을 부과하며, 또한 이를 강제로 집행할 수 있
었을 뿐만 아니라, 공동체의 건강에 해악을 끼치는 자는 개인이든 집단이
든 또한 사회의 어떤 부분이든 통치자의 법률적 처방 즉 정부의 강제적 규

---

116) *DP* I, xv, 11.
117) *DP* I, xv, 7.
118) *DP* I, xi, 4.
119) *DP* I, xii, 2~3.
120) *DP* I, xv, 12, 13.
121) *DP* I, xviii, 1.
122) *DP* I, xv, 11.

제에서 벗어날 수 없었다.

마르실리우스는 통치자가 인민집단 전체에 의해 제정된 형식을 벗어나지 않는 한, 이 형식에 따른 공동체 전반에 대한 폭넓은 행정적 사법적 규제 기능이 통치자의 고유한 권한임을 조금도 의심하지 않았다. 사실 이 같은 그의 정치적 신념은 그가 속했던 정치 구조의 파국적 갈등과 그의 저술이 가졌던 반교황권주의적 논쟁성을 감안할 때 놀라운 일이 아니다. 이에 그가 강조하였던 '통치자의 법률적 지배의 원리'가 당대의 정치적 논술로서 가지는 의미를 우리는, '세속지배자도 마땅히 법률의 규제를 받아야 한다'는 규범적 측면 못지않게, 그가 거듭 밝혔듯이,[123] '합법적인 통치자에게는 법률의 강제성에 입각한 정치 권력의 독점이 보장되어야 한다'는 실용주의적 측면에서도 확인할 수 있는 것이다.

물론 마르실리우스도 대부분의 중세 이론가들과 마찬가지로 '통치자 역시 인간이기 때문에 잘못된 견해와 왜곡된 욕망을 가질 수 있으며, 그리하여 법률을 위반할 수도 있다'는 사실을 인정하였다. 단지 이 경우 그는 통치자를 판단·명령·교정·응징하는 권한이 교황권주의자와는 달리 '입법권자인 인민집단에 속한다'고 지적하였다.[124] '인민집단의 교정에 복속하지 않는 정부는, 그것이 어떠한 것이든 전제정이 될 것이며, 인민집단의 생활은 이로 인해 노예적인 것으로 떨어지고' 말 것이라는 생각에서였다.[125]

그러나 여전히 그는 '통치자의 적절한 행위가 사회의 공익과 평화의 실천력이므로 이 통치 부분의 활동을 본질적으로 저해하는 것은, 그것이 무엇이든 분열과 평화의 상실을 초래하게 될 것'[126]임을 거듭 천명하였다. 더욱이 그는 '통치자의 기능이 법률과 그것이 부여하는 권위에 입각하는 한, 통치자 자신이 모든 사회적 행위들의 규범 그 자체이다'[127]라고까지 주장

---

123) *DP* I, x, 4 ; II, ii, 8 ; II, x, 9 등.

124) *DP* I, xviii, 3.

125) *DP* I, xviii, 3.

126) *DP* I, xix, 2, 3.

127) *DP* I, xviii, 2. '통치자=행위 규범'이라는 마르실리우스의 지적은 '정부의 지배권과 법률의 강제성 그리고 입법권자인 인민집단의 주권성'이라는 세 요소 간의 미

하였다. 사실상 이 같은 주장은 마르실리우스가 합법적 통치자에 의해 독점된 정치 권력의 정당성을 전혀 문제 삼지 않았음을 드러내고 있다. 그가 이해하였던 정부의 행정적 사법적 기능은, 그것이 반드시 법률적이어야 한다는 단서에도 불구하고, 사회의 다른 모든 부분들의 모든 사회적 행위들을 예외 없이 그리고 한순간도 멈추지 않고 규제하고 판단하며 강제할 수 있는 힘과 수단을 수반하였던 것이다.

돌이켜보면 정신사의 우위에 근거한 현세사에 대한 성직자의 사법적 권위는 중세 교황전능권의 전통적이고도 핵심적인 초석이었다. '성서에 관한 지혜에 의해 모든 자연과학이 판단되는 것과 마찬가지로 교권은 현세사를 판단해야 하며, 지혜의 판단이 감각의 판단을 교정하는 것과 마찬가지로 교권은 속권을 판단해야 한다'는 것이 교황권주의자들의 공통된 인식이었다.[128] 이들에 의하면, 신성한 지혜로 정신사를 관리하는 교권이 불완전한 감각세계의 현세사를 관리하는 속권을 판단하고 교정하는 것은 그리스도교 공동체의 당연한 질서였다. 그러나 마르실리우스는 '정부의 행정적 사법적 기능은 사회의 여하한 다른 부분에 의해서도 그리고 교황권을 포함한 여하한 다른 권위에 의해서도 제한받지 않는다'라고 주장하였다. 따라서 그의 논리는 정치 권력의 목표와 수단에 대한 탈신학적 비계서적 실용주의적 해석에 입각하여, 정신사 대 현세사, 지혜 대 감각, 그리고 교권 대 속권의 전통적 관계를 그야말로 역전시킨 반교황권주의적 속권주의 정부 이론 바로 그것이었다.

한편 마르실리우스는 정부를 심의적 부분(pars consiliativa)으로도 이해하였다.[129] 그의 심의적 부분이 국가의 법률 및 기타 기본적인 결정들을 제정하였던 아리스토텔레스의 '심의적 부분'과 일치하지 않는 것은 분명하

묘한 정치적 역학관계에 대해 논쟁의 여지가 많은 문제를 제기하는 것이 사실이다. 또한 이 점은 그의 인민주권론의 실체적 성격이 과연 어디에 있는가 하는 본 연구의 주제와도 직결되어 있다. 이 문제에 대해서는 다시 검토해 보도록 하겠다.
128) Gewirth, 앞의 책 I, pp.226~227 참조.
129) *DP* I, v, 7, 13 ; I, vii, 1 ; I, viii, 3.

다.130) 마르실리우스에 따르면, 법률은 인민집단이 제정하는 것이고, 심의적 부분으로서의 정부는 공동체의 공익에 관련된 사항들에 대하여 신중한 분별력(*prudentia*)을 가지고 단지 법률을 보완하는 역할을 담당하였다.131) 그는 정부의 심의적 기능으로서, (1) 법률로 정해지지 않은 사항들을 판단하고 집행하는 역할, (2) 법률로 제정되어야 할 사항들에 대한 예비적 검토 등을 지적하였다. 전자가 법률 집행상의 보완적 역할이라면, 후자는 입법 과정상의 보조적 역할이라고 하겠다. 먼저 통치자가 법률을 집행함에 있어서 신중한 분별력을 가지고 심의적 기능을 담당해야 하는 이유에 대해서 그는 이렇게 설명하고 있다.

　　인간의 사회적 행위들 가운데 법률로 정해지지 않은 행위와 그 처리방식에 대한 판단 및 이의 집행을 위해서 통치자에게는 분별력이 요구된다. 분별력이 없으면 그는 오류를 범하게 될 것이다.132) 실제적 사항들에 관한 심의(*arbitrio*)를 위해서는 선과 악을 판별하는 올바르고 이성적인 습관인 분별력이 필요하다. …… 통치자가 인간의 사회적 행위들을 규제함에 있어서 반드시 입각하여야 할 인정법(*lex humana*)은 그 대부분이 실제 사항에 관한 것이다. 그런데 이들 모두를 한꺼번에 법률로 제정한다는 것이 항상 가능해 보이지는 않는다. 경험은 우리들에게 이들이 시간과 장소에 따라 가변적이며 서로 매우 다를 수 있다는 사실을 명확하게 가르쳐 주고 있다. …… 인간은 실제 사항들에 있어서 바라는 바를 법률로 제정하는 것이지, 그것의 본래적 성격이 올바르거나 또는 올바르지 않기 때문에 법률이 그같이 제정되는 것은 아니다.133) 이와 같은 이유들로 인해서, 법률로 분명하게 제정되지 않았거나, 사실상 보편적으로 규정되기 어려운 사회적 행위들을 판단하기 위해서 통치자의 심의가 필요하다.134)

---

130) 제1장 용어 해설 참조.
131) *DP* I, xiv, 3.
132) *DP* I, xiv, 3.
133) *DP* I, xiv, 4.
134) *DP* I, xiv, 5.

분별력을 '선과 악을 판별하는 올바르고 이성적인 습관'으로 정의하였던 그는, 인정법이란 옳고 그름에 의해서라기보다는 '실제 사항들에 있어 인간이 바라는 바'가 제정된 것이기 때문에, 그것은 시간과 장소에 따라 그리고 여건에 따라 가변적 잠정적이라는 한계를 가질 수밖에 없다고 생각하였다. 이에 통치자는 고유의 행정적 사법적 기능을 수행함에 있어서, 분별력을 가지고 '법률로 정해지지 않았거나' 혹은 '보편적으로 규정하기 어려운' 다양한 실제적인 문제들을 이성적으로 판단하고 그것의 처리방식을 선택하는 심의적 기능도 담당해야 한다는 것이었다.

뿐만 아니라 마르실리우스는 법률을 제정하는 과정에서도 정부의 심의적 기능이 필요하다고 생각하였다. 그는 입법 과정을 세 단계로 파악하였다. 첫 번째 단계가 사회적 공익과 정의를 위해 법률로 제정될 가능성이 있는 규칙들을 탐구·발견하여 이들을 제안하는 심의의 단계이며, 두 번째 단계가 제안된 규칙들의 법률적 정합성을 논의하고, 이를 구분하여 잠재적인 법률로 선정하는 단계이고, 세 번째 단계가 제안·선정된 규칙들을 강제적 명령(coactivum praeceptum)으로 승인함으로써 법률로 확정하는 단계였다.[135] 그는 법률로 제정될 필요가 있는 인간 행위의 규칙들을 탐구하고 제안하는 심의(consiliari)의 단계와 이 심의를 거친 잠재적 법률들을 실정적 인정법으로 판정하고(judicare) 승인하는 단계로 구별하여, 전자를 정부의 심의적 기능으로 그리고 후자를 인민집단의 입법적 권한으로 각각 이해하였던 것이다.

마르실리우스에 있어서 잠재적 법률들에 대한 심의 기능이 정부 내지 통치자 집단의 전유물이었던가 하는 문제는 논란의 여지가 없지 않다. 그의 주장을 다시 인용해 보기로 하겠다.

인민집단 전체가 사회의 정의, 공공 이익, 공통의 난제, 의무 및 기타 유사한 사항들에 관한 기준, 그리고 미래의 법률 또는 규칙들의 조사, 발견, 검토를 분별력 있고 경험이 많은 자들에게 위임하는 것은 적절하고 또한

---

135) *DP* I, xiii, 8.

매우 유용하다. 이들 분별력 있고 경험이 많은 사람들 가운데 일부는 국가
의 중요 부분들에 의해 그 비율에 따라 선출되거나, 혹은 이들 모두가 인민
전체의 집회에서 선출될 수도 있다. 이들이 법률을 발견하기 위하여 다른
대중들을 방해하지 않고 함께 모이는 것은 하나의 적절하고 유용한 방법이
될 것이다.136)

위의 주장에서 우리는 심의집단에 의한 잠재적 법률들의 심의의 필요성
이 입법의 예비단계로서 인정되고 있다는 점, 이 같은 기능을 위해서는 분
별력과 경험이 요구된다는 점, 입법권자와는 구별되는 이 심의집단은 인민
집단에 의해 그 일부 또는 전부가 선출되어야 한다는 점, 선거에 의해 선
출된 통치자의 이 심의집단에의 참여가 배제되지 않고 있다는 점 등을 충
분히 확인할 수 있다. 마르실리우스가 충실한 아리스토텔레스주의자였으
며, 아리스토텔레스에게 있어서는 정부가 심의적 부분으로서 법률 제정에
필요한 심의적 기능과 판정적 기능을 모두 담당하였다는 사실은 충분히
시사적이다. 이를 근거로 우리가 '정부는 분별력을 갖춘 심의적 부분이어
야 한다'는 마르실리우스의 지적을, 정부 내지 통치자는 입법을 위한 예비
적 심의를, 독점적으로는 아니라 하더라도, 담당할 수 있다는 의미로 해석
하는 것은 크게 무리한 일이 아닐 것이다.

심의적 부분인 정부는 정치공동체들의 다양하고 가변적일 수밖에 없는
실제적 요구들에 대하여 분별력 있게 법률을 적용하고 집행해야 할 뿐만
아니라, 공동체에 필요한 법률이 무엇일까를 심의하고 또 제안하는 일종의
입법적 기능도 가진다는 것이 그의 견해였다. 요컨대 불완전할 수밖에 없
는 인정법을 집행·적용·입법하는 과정 모두에 걸쳐 이를 실천적 탄력적
으로 보완하고 보조하는 일이 정부의 심의적 기능이었다.137)

여기서도 우리는 마르실리우스 견해의 논쟁성과 현장성을 여실히 확인
할 수 있다. 중세적 전통에 따르면 관습법적 인정법의 규제가 구체적이지

---

136) *DP* I, xiii, 8.
137) *DP* I, ix, 10 ; I, xvi, 11.

않은 경우, 신성한 지혜를 가진 성직자 계층의 계도는 세속정부의 행정적
사법적 기능의 불가결한 지침이었다. 성직자들의 계도 없이는 세속정부의
신성하고 불변하는 목표인 종교적 윤리적 가치의 구현이 사실상 불가능할
것이었다. 그러나 마르실리우스는 법률로 정해지지 않은 사항들은 물론 앞
으로 법률로 제정되어야 할 것들에 대해서조차, 그리고 인민이 실제로 바
라는 바가 무엇인가에 대해 세속통치자의 심의적 기능을 인정하였다. 사실
당대의 정치 현안들은 교황청 정부와 특히 그 곳의 교회법학자들에 의해
그 성격이 규정되었으며, 필요한 법률이나 이론도 이들에 의해 발견되거나
제공되고 있었다. 따라서 마르실리우스가 밝힌 세속정부의 이 같은 심의
기능은 관습과 법률에 대한 전문적 지식과 신성한 지혜를 근거로, 교황청
정부와 교회법학자들이 요구하고 있었던 세속통치자와 현세사에 대한 간
섭의 길을 철저하게 봉쇄하는 논리였던 것이다.

　마르실리우스는 이 밖에도 공동체 구성원들에 대한 직업의 결정, 군대의
지휘, 교회 재산에 대한 규제와 과세, 성직의 임명 및 교육 등과 같은 정부
의 구체적인 기능들에 대해서도 흥미있는 의견을 제시하였다. 무엇보다도
이는 '통치자란 동물의 심장과도 같이 국가의 다른 부분들에 힘과 열기를
공급함으로써, 이들을 유기적으로 조직하고, 이들 각각의 기능이 제대로
수행될 수 있도록 유지하여야 한다'[138]는 인식이 그 토대였다. 그는 먼저
군대와 사제 집단에 대한 정부의 규제를 강조하였다.

　누구도 스스로의 뜻에 따라 국가의 직책을 선택하도록 허용되어서는 안
된다. 누구도 군대와 사제의 기능을 임의로 행사하거나 행사할 수 있어서
는 안 되며, 어떠한 통치자도 이를 허용해서는 안 된다. 이는 국가에 필요
한 재원의 부족을 초래할 것이다. 통치자는 국가의 이 같은 부분 내지 직책
을 담당할 사람의 수와 질을 그들의 능력과 기타 다른 사항들을 고려하여
반드시 결정하여야 한다. 그렇지 않은 경우 국가는 한 부분의 다른 부분에
대한 과도한 증대로 인해 해체될 수도 있을 것이다. …… 정치공동체는 여

138) *DP* I, xv, 1, 2.

러 부분들로 구성되어 있으므로, 이것의 균형이 보존되기 위해서는 여러
구성 부분들 간의 적정한 비율이 반드시 유지되어야 한다. 만약 그렇지 못
할 경우, 즉 수적·질적 불균형이 증대될 경우 공동체는 해체될 것이다. …
… 민주정 하의 빈민 및 그리스도교 사회에서의 사제와 같은 특정 부분의
증대는 여러 부분들로 구성되는 국가에 있어서 왕왕 간과될 수 있다.139)

국가의 보존은 여러 구성 부분들의 수적·질적 균형을 반드시 필요로
하기 때문에, 군대 및 사제를 비롯한 국가의 모든 직책들은 임의로 선택되
는 것이 아니라 통치자에 의해서 결정되거나 허용되어야 한다고 그는 명
시적으로 지적하였다. 정부는 사회 각 부분들을 개인의 능력 등에 따라 조
직하여 적정한 비율로 유지해야 한다는 것이었다. 이들 가운데 통치자가
군대의 편성 및 지휘권을 가져야 한다는 점은 이를 나위가 없었다. '반란적
이거나 불복종적인 사람들에 대한 통치자의 판결이 강제력을 가지고 집행
되기 위해서, 통치자는 반드시 일정한 수의 군대를 필수적으로 가져야' 하
였다.140) 그것은 인민이 노예로 전락하는 것을 방지하는 불가결한 수단이
었다.141) 특히 흥미로운 점은 그가 사제의 숫자와 권한의 증대를 그리스도
교 사회에서 반드시 경계해야 할 요소로 간주하였다는 사실이다. 이 점을
다시 확인해 두기로 하자.

오늘날 로마의 교황들에 의해 자행되는 바와 같이, 만약 로마의 주교나
다른 사제들이 면책권을 가지고 통치자의 강제적 판단에 복속하지 않거나,
혹은 인간입법권자의 동의 없이 스스로 그 같은 강제적 판단자가 되려고
하거나, 혹은 모든 성직자 집단을 통치자의 사법권으로부터 분리해 낼 수
있다면, 이것은 불가피하게 세속통치자의 사법권을 거의 완전하게 무효화
시키는 결과를 초래할 것이다. 이는 모든 통치자와 공동체들에게 매우 중
대하고 심각한 해악이라고 본인은 믿는다. …… 만약 지식인이든 무식자이
든 차별 없이 성직자가 될 수 있고, 모든 성직자 집단이 교황의 교서에 의

139) *DP* I, xv, 10.
140) *DP* I, xiv, 8.
141) *DP* I, v, 8.

해 통치자의 사법권으로부터 면제되어 공적 사회적 의무들로부터 면책권을 부여받을 수 있다면, 대다수 사람들이 성직자가 될 가능성이 대단히 많다. 반면에 사회적 의무들을 부담할 사람의 수는 거의 없어질 것이다. 이는 정치공동체에 대한 가장 심각하고 파괴적인 해악이다.142)

그에 의하면 국가 보존의 일차적인 책임자는 세속통치자로서 그의 강제적 사법적 판단을 무력화시키거나 분리하거나 무효화하는 모든 특권적 시도는 예외없이 평화의 적인 분쟁의 원인이었다.143) 따라서 로마의 주교나 사제들이 통치자의 강제적 판단에 복속하지 않거나, 스스로 강제적 판단자가 되고자 하거나, 또는 임의로 성직에 나아가는 행위 등은 결코 허용될 수 없었다.144) 이는 심각한 해악이었다. 왜냐 하면 성직자들의 과도한 면책특권과 수적 증대는 정치공동체 전반에 미쳐야 할 통치자의 강제적 사법권을 사실상 제한할 것이며, 조세 등 공적 사회적 의무들을 부담할 부분을 과도하게 줄임으로써 재원의 부족을 초래하는 등 국가를 파괴할 수도 있을 것이기 때문이었다. 성직자를 포함한 모든 공동체 구성원들의 부분 내지 직책이, 통치자의 판단에 의해서, 적정한 비율로 배치되어야 하고 또 균형 있게 규제되어야 한다는 것이 그의 지론이었다.

물론 마르실리우스는 통치자가 공동체 구성원들을 여러 '부분들'(pars)로 배치할 때, 개인들의 능력과 기타 사항, 특히 그들의 본성적 소질이 충분히 고려되어야 함을 강조하였다.145) 그렇기는 하지마는 결국 그것은 정치공동체를 구성하는 모든 개인들이 각각 속해야 할 '부분' 사실상 신분이, 개인의 선택에 의해서가 아니라 오직 통치자에 의해 분별력 있게 배정되어야 한다는 주장에 다름 아니다. 세속정부의 권한에 대한 마르실리우스의 이 같은 견해는 그의 강렬한 속권주의 신념과 더불어, 국가에 대한 그의 유기체적 시각 및 세속통치권의 전체성(totality)에 대한 인식을 여실히 드

142) DP II, viii, 9.
143) DP I, xix, 3.
144) DP II, viii, 9.
145) DP I, vii, 1.

러내고 있다고 하겠다.

앞서 우리는 정신사에 대한 마르실리우스의 고유한 해석을 살펴본 바 있다. 그의 정부론의 한 특징도 통치자의 기능이 현세사에 대한 규제 이외에 정신사의 일부로 간주되어 온 종교적 사항들에 대한 규제 역시 포함하고 있다는 점에서 찾을 수 있다고 생각된다. 그는 교권에 속하는 정신사의 전통적 일부였던 교회의 숫자도 통치자가 규제하여야 한다고 밝혔으며,[146] 교회의 현세 재산 특히 교회령에 대한 정부의 규제도 강력히 주장하였다. 그렇지 않을 경우, '오늘날의 많은 교황들에게서 보듯이' 탐욕적이고, 무지하며, 악의적이고, 세속적인 지배권까지 추구하는 로마의 주교들은 교회의 부를 자의적으로 처리함으로써, 크고 작은 모든 왕국과 정치공동체들을 해체의 위험에 빠지게 할 수도 있다는 것이었다.[147]

뿐만 아니라 그에 따르면, 통치자는 십일세와 기타 교회 수입 그리고 교회의 현세 재산들 가운데 가난한 사제 및 구호를 필요로 하는 사람들을 위한 최소한의 분량을 초과하는 잉여재산에 관해서도, 그것이 공동체의 방어와 유지 그리고 복지를 위해 필요한 것인지 아닌지를 반드시 판별하여야 했다.[148] 그리하여 통치자는 공공 과세권은 물론 복음적 사목에 필요한 분량을 초과하는 교회의 잉여재산에 대한 과세권도 반드시 가져야 한다고 주장하였다.[149] '영원한 삶'은 신의 명령인 계명을 지키는 일 이외에는 아무것도 필요로 하지 않으므로, 이를 위해서 교권과 성직자는 모든 현세적인 것들에 대한 경멸과 청빈을 먼저 실천하고 또한 이를 가르쳐야 한다[150]는 것이 그의 논리였다. 더욱이 마르실리우스는 통치자 혹은 인간입법권자만이 교사의 자격을 부여할 수 있다고 지적하였다.

---

146) *DP* II, xvii, 15, 16 ; III, ii, 22.
147) *DP* II, xxi, 12 ; III, ii, 28 등 참조.
148) *DP* II, xxi, 14 ; III, ii, 27.
149) *DP* II, xvii, 18.
150) *DP* II, xiv, 37 ; II, xvii, 16~18 ; II, xxi, 1~15 ; III, ii, 27, 28 등.

가르치는 자격은 이 땅의 사람들에게 공공 이익 또는 해악을 초래할 수 있기 때문에, 이 자격을 부여하는 권한은 합법적으로 그리고 반드시 로마의 주교 혹은 다른 사제나 성직자 집단으로부터 철회되어야 한다. …… 오늘날 주교들은 이 권한을 세속통치자로부터 빼앗아 지식인 집단을 자신들에게 예속시킴으로써, 세속통치자에 대한 자신들의 강탈을 유지하고 방어하는 매우 강력한 도구로 이들을 활용하고 있다. …… 교사의 자격은 반드시 인간입법권자와 통치자만이 합법적으로 부여하여야 한다. 그렇게 함으로써 이들은 지식인과 현명한 사람들의 지지를 확보하고 유지하게 될 것이다. 이 같은 지지는 정부와 통치 조직을 안정시키고 방어하는 데 다른 여하한 외형적 도움보다도 훨씬 중요하다는 사실을 반드시 깨달아야 한다. (교사의) 자격과 직책을 부여하는 권위는 교권 내지 성직자가 아니라 오직 통치자에게 속한다.151)

교사와 지식인이 차지하는 정치적 비중의 막중함에 대한 이처럼 통렬한 자각에 달리 설명이 필요할까. 공공의 이익 및 정부와 통치 조직을 지키는 데 지식인의 역할이 무엇보다도 중요하다고 판단했던 그는 이들에 대한 관리권이야말로 반드시 그리고 합법적으로 세속통치자에게 속해야 한다고 밝혔던 것이다. 뿐만 아니라 그는 성직자로부터 교사, 지식인, 현명한 사람 등을 구분함으로써, 지식인=성직자라는 오랜 중세적 전통도 전혀 수용하지 않고 있었다. 이제 정부의 기능에 대한 마르실리우스의 견해를 정리해 두기로 하자.

그는 교황권주의자는 물론 중세 아리스토텔레스주의자와도 달리 정부 내지 통치자를 정치공동체의 행정적·사법적·심의적 부분으로 파악하였다. 통치자는 공동체 전반을 조직하고 규제하는 법률적이며, 강제적인 지배권을 가진 조직이었고, 정치공동체가 가장 필요로 하는 부분이었으며, 공동체의 다른 부분들이 제 기능을 다할 수 있도록 열기와 에너지를 한순간도 멈추지 않고 공급하는 심장이었다. 또한 그에 따르면 정부는 군대 지휘권, 공공 과세권, 직업 내지 신분의 배분적 관리권 및 전통적으로 교권의

---

151) *DP* II, xxi, 15 ; III, ii, 25 참조.

138 서양 중세 정치사상 연구

일부로 간주되어 온 성직자의 임명, 교회의 설립, 교회 재산의 관리, 교육
과 교사에 대한 임명과 감독 등의 기능도 가져야 했다. 그의 모든 정치적
논술의 부동의 초점이었던 국가의 보존 및 평화의 유지는 통치자로 하여
금 이에 필요한 극히 폭넓은 정치적 기능들을 지속적 실천적으로 가지도
록 했던 것이다.

마르실리우스에 의하면 정부의 행정적 사법적 규제는 반드시 법률적이
어야 하고, 법률의 제정은 인간입법권자 즉 인민집단 전체에 속했다. 통치
자의 지배권은 그것의 형식인 법률로부터 벗어날 수 없다는 것이 그의 확
고한 입장이었다. 그러나 동시에 그는 입법 초기 단계의 심의 기능이 통치
자에게 속하며, '입법권자의 권위에 의한 세속통치자만이 평신도이든, 성직
자이든, 신분과는 무관하게 모든 개인과 집단의 인신 및 재산에 대한 강제
적 사법권을 가진다'[152]는 신념을 가지고 있었다. 그리하여 그는 성직자 집
단과 그것의 면책 특권이 국가에 대한 가장 심각한 해악일 수 있으며, 교
회 재산에 대한 과세와 성직자의 임명이 속권의 일부이고, 또한 통치자는
통치 조직을 안정시키기 위해서 교사 및 지식인의 자격을 관리해야 한다
는 등의 충격적인 발상과 제안도 서슴지 않았다.

이들은 중세적 정치문화를 고려할 때, 심지어 오늘날에 있어서조차, 퍽
도발적인 제안에 해당할 것이다. 그러나 이 충격적 제안들이 14세기의 정
치적 위기와 이의 극복을 위한 모색이 낳은 한 대안이었다는 데 그 독창성
과 역사성이 있어 보인다. 명백히 마르실리우의 대안은 세속정부의 관건적
중요성 및 직설적인 반교황권주의적 논쟁성과 더불어, 정치공동체의 평화
의 절대성과 이에 수반되어야 할 세속통치자의 광범위한 현세적 기능에
대한 독특한 정치적 신념의 산물이었다.

3) 정부의 형태

마르실리우스는 국가의 여러 부분들이 이성적으로 부여된 각각의 고유

---

152) *DP* III, ii, 15.

한 기능을 '방해받지 않고' 수행하는 건강한 사회적 정치적 질서, 즉 평화를 유지하는 일이 정부의 책무라고 밝혔다. 그렇다면 어떤 원리에 따라 조직된, 어떠한 형태의 정부가 이를 가장 효율적으로 달성할 수 있을까. 이같은 정부 형태에 대한 논의에서도 마르실리우스는 다분히 아리스토텔레스의 『정치학』 3·4권의 견해를 따르고 있었다.

> 통치자 내지 정부에는 두 유형이 있다. 건강한 정부와 병든 정부가 그것이다. 신민의 의사에 부합하여 공공의 이익을 위해 통치하는 유형이 건강한 정부이다. 건강한 군주정(kingly monarchy), 귀족정(aristocracy), 그리고 폴리티(polity)가 전자에 속하며, 전제적 군주정(tyrannical monarchy), 과두정(oligarchy), 그리고 민주정(democracy)이 후자에 속한다.[153]

그는 정부를 두 유형 여섯 형태로 구분하고, 특히 여러 부분(신분)들로 구성된 정치공동체의 공공 이익, 즉 지배계층의 사사로운 이익이 아니라 국가 이익의 전체성에 대한 추구를 건강한 정부의 관건으로 이해하였다. 이 점은 아리스토텔레스의 견해가 마르실리우스에 의해서도 충실히 수용되었음을 잘 보여주고 있다. 계속되는 그의 설명을 더 들어보기로 하자.

> 건강한 군주정은 한 사람의 통치자가 신민의 의사와 동의에 따라 공공의 이익을 위해 지배하는 건강한 정부이다. 그 반대인 전제정은 한 사람의 통치자가 신민의 의사와는 무관하게 자신의 사사로운 이익을 위해 지배하는 병든 정부이다. 귀족정은 신민의 의사와 동의에 따라, 그리고 공공의 이익을 위해 오직 명예로운 계층만이 지배하는 건강한 정부이다. 그 반대로 과두정은 신민의 의사와는 무관하게 몇몇 부자와 권력자들이 자신들의 사사로운 이익을 위해 지배하는 병든 정부이다. 폴리티는 두 가지 의미를 가지고 있다. 한편으로 그것은 모든 유형과 형태의 지배체제 내지 정부를 공통적으로 가리킨다. 그러나 다른 한편으로 그것은 한 특정한 형태의 건강한 정부를 가리킨다. 이 경우의 폴리티는 모든 사람이 신민의 의사와 동의 그

---

153) *DP* I, viii, 2.

리고 공공의 이익을 위해 각자의 신분, 능력 내지 조건에 따라 정부와 그것의 심의적 기능에 어떤 방식으로든 참여하는 정부이다. 그 반대로 민주정은 다른 부분들의 의사나 동의와는 무관하게, 적정한 비율에 따른 공공의 이익 전체가 아니라, 오직 대중(vulgus) 내지 가난한 다수만이 정부를 조직하고 지배하는 정부이다.154)

마르실리우스에 있어서 '정부의 건강성' 여부를 가늠하는 결정적 요소는 두 가지였다. '신민의 의사와 동의'라는 요소와 더불어, 정부가 사사로운 이익을 추구하는가 혹은 '공공의 이익'을 추구하는가 하는 점이 그것이다. 그가 귀족정을 오직 명예로운 계층만이 지배하는 정부라고 하면서도 건강한 정부로 간주했던 근거가 여기에 있었으며, 또한 그가 민주정을 혼합정(politia)과 구별하여 '병든 정부'로 간주했던 주된 이유도, 그것이 공동체 전체의 이익이 아니라 '오직 대중 내지 가난한 다수들'만의 이익을 추구한다는 점에 있었다.155)

마르실리우스가 가장 많은 지면을 할애하며 세밀하게 분석한 형태의 정부는 군주정이었다. 그는 군주정을, (1) 군대의 지휘와 같은 특정하고 단일한 기능만을 위한 제한군주정, (2) 세습제 전제군주정, (3) 선거에 의한 군주정이면서도 공익을 외면하고 사적 이익을 추구하는 선거제 전제군주정, (4) 세습적 승계와 더불어 선거에 의해 선출된 통치자가 법률에 따라 통치하는 건강한 군주정, (5) 마치 가장이 가계를 지배하듯이 통치자가 공동체의 모든 것을 지배하는 가부장적 군주정 등의 다섯 형태로 구분하였다.156) 그리고 나서 그는 실현 가능한 건강한 정부들 가운데 '아마도 건강한 군주정이 보다 완전한 형태의 정부일 것'이라고 덧붙였다. 그러니까 정부의 형태들에 있어서는, 군주정을 선호한 다른 많은 중세 아리스토텔레스주의자들 및 로마법학자들과 마르실리우스의 견해가 외견상 크게 달라 보이지 않는 것이 또한 사실이다.157)

---

154) *DP* I, viii, 3.
155) '*politia*'에 관해서는 제1장 용어 해설 참조.
156) *DP* I, ix, 4.

그러나 이 같은 군주정이 어떤 원리 내지 방법에 의해 구성되어야 하는
가 하는 문제에 관한 한, 마르실리우스는 여하한 중세 아리스토텔레스주의
자에 비해서도 단호하고 명쾌한 답변을 가지고 있었다. 마르실리우스의 이
특징적인 태도는 여러 곳에서 확인된다.

신이 항상 직접적으로 행동하는 것은 아니다. 사실상 거의 모든 경우에
그리고 거의 모든 장소에서 신은 인간 정신이라는 수단을 통해서 정부를
설립하였다. 인간은 신으로부터 정부의 설립에 필요한 분별의 의지를 부여
받았다.158) …… 선거에 의한 정부가 그렇지 않은 정부에 비해 우월하다는
점은 분명하다. 정부를 설립하는 이 방법이 완전한 공동체들에 있어서 보
다 항구적인 방법이다. 더욱이 최선의 통치자는 오직 선거라는 방법에 의
해 구해질 수 있다.159) …… 선거제가 정부의 보다 확실한 규범이라는 점은
의심의 여지가 없다.160) …… 정부 설립의 방법에 관한 한, 본인의 결론은,
절대적으로 보다 나은 방법이 선거제라는 것이다.161)…… 인간입법권자가
거의 언제나 추구하고 성취해 온 공공 이익은 언제나 선거를 통해서 이룩
될 수 있다. 또한 이 입법권자가 선거를 수행하는 권위를 가진다.162)

그는 선거제 원리가 인간에게 본성적으로 부여된 분별의 의지를 통해서
다양한 현세적 여건과 장소에 부합되게 정부를 수립하고, 공공의 이익을
지속적으로 성취하는 실패하지 않는 방법이며, 선거에 의한 정부가 우월한
정부이고, 선거에 의한 정부의 구성이 최선의 통치자를 구하는 보다 확실
한 규범임을 단호하게 주장하고 있다. 앞서 우리는 신민의 동의 및 공공의

157) 토마스 아퀴나스, 프톨레미 루카(Ptolemy of Lucca), 엥겔베르트 에드먼트(Engelbert
    of Admont), 존 파리, 단테, 에기디우스 로마누스, 제임스 비터보, 아우구스티누스
    트리움푸스, 존 장당 등을 그 예로 들 수 있다. K. Pennington, 'Law, legislative
    authority and theories of government, 1150~1300,' *CMPT*, p.443 참조.
158) *DP* I, ix, 2.
159) *DP* I, ix, 7.
160) *DP* I, ix, 9.
161) *DP* I, ix, 11.
162) *DP* I, xvi, 19.

이익이라는 두 요소가 정부의 건강성을 가늠하는 척도였음을 지적하였다. 그런데 그는 여기서 멈추지 않고 선거제가 정부를 구성하는 '절대적으로 보다 나은 방법'임을 명확히 하였던 것이다. 결국 이는 '공동체 전체의 이익을 보다 지속적으로 확실하게 성취하는 정부란 인간입법권자 즉 인민집단 전체의 선거에 의해 설립된 정부이다'는 주장에 다름 아니다. 사실 그는 신민의 동의와 공공의 이익이라는 두 관건적 요소들 가운데서도 선거제 즉 신민의 동의가 건강한 정부의 보다 중요한 요건이라는 생각을 가지고 있었다. 이 점에서도 그의 태도는 조금도 애매하지 않다.

모든 정부는 자발적인 신민(voluntary subjects) 혹은 비자발적인 신민(involuntary subjects)을 가진다. 전자가 건강한 정부이고, 후자가 병든 정부이다. …… 신민의 동의 및 공익을 위한 법률이라는 두 요소가 병든 정부로부터 건강한 정부를 구별해 내는 근거이다. 그러나 이들 가운데 절대적 내지 보다 중요한 판별의 기준은 신민의 동의이다.163) …… 선거에 의한 군주가 그렇지 않은 군주에 비해 보다 자발적인 신민을 가진다.164)

마르실리우스에 따르면, 신민집단 전체의 선거에 의한 정부와 그렇지 않은 정부 즉 세습적 정부 및 분별력과 덕성을 갖춘 소수집단에 의한 정부 등과의 사이에는 근본적 차이가 있었다. 설령 이들 모두가 공동체 전체의 공공 이익을 꼭 같이 추구한다고 하더라도, 신민집단 전체의 선거에 의한 정부가 명백히 보다 우월한 정치 조직이었다.165) 왜냐 하면 이러한 정부가 그렇지 않은 정부들에 비해 보다 자발적인 신민을 가질 수 있기 때문인데, 이 자발적인 신민이야말로 정부의 건강성을 유지하는 관건이었던 것이다. 심지어 그는 '만약 신민의 대다수가 자신들의 정치 권위의 행사 기회가 항구적으로 봉쇄되었음을 깨닫는 경우, 그들은 반란에의 참여를 합법적으로 모색하게 될 것'166)임을 경고할 정도였다. 그에 의하면 신민집단 전체의 동

163) *DP* I, ix, 5.
164) *DP* I, ix, 6.
165) *DP* I, xvi, 18~19.

의를 수렴하는 방법인 선거제가 법률에 따라 공익을 추구하게 될 건강한
정부를 구성하는 '절대적 내지 보다 중요한' 원리였던 것이다.

그리하여 마르실리우스는 군주제와 선거의 원리를 동시에 수용하는 선
거제 군주정(the elected monarchy)을 강력히 변론하였다. 그는 이를 다시
세 형태로 나누어 검토하였다.167) (1) 한 가계를 선택한 다음 그 가계의 지
속적 지배권을 보장하는 세습제 선거군주정, (2) 한 개인을 선택하여 그의
생애 동안의 지배권을 보장하는 종신제 선거군주정, 그리고 (3) 한 개인을
선출하여 그에게 일정 기간의 지배권을 보장하는 임기제 선거군주정 등의
구분이 그것이었다. 그러나 그는 세습제에 관한 한 '모든 군주는 세습적 승
계가 아니라 새로운 선거를 통해서 즉위하는 것이 공동체의 충족한 사회
적 삶을 위해 절대적으로 보다 낫다'168)는 점을 분명히 하였다.

이 논의에서 약간의 모호한 점이 있다면, 그가 임기제 선거군주정을 단
지 개념적 형태로만 제기하였을 뿐, 이를 종신제 선거군주정과 비교하여
상론하지는 않았다는 사실일 것이다. 그렇기는 하지만 마르실리우스는 실
제에 있어서, 통치자의 잘못이 명시적이고 지속적이며 중대한 법률에 대한
위배가 아닌 경우, 그리고 인민집단 전체의 판단과 합법적 절차에 따라 통
치자가 그 지배권을 상실하지 않는 경우, 선거에 의한 군주권의 합법적 정
통성을 조금도 문제 삼지 않았다. 오히려 그는 여기서 관습의 중요성을 강
조함으로써, 통치자에 대한 신민의 존경과 복속이 지속적인 것이어야 함을
밝혔다.169) 따라서 마르실리우스가 선거에 의한 종신제 군주정을 건강한
정부의 현실성 있는 한 형태로 선호하였다는 추정은 상당한 설득력을 가
진다고 하겠다.

그럼에도 불구하고 필자는 정부 형태에 관한 마르실리우스의 논술이 갖
는 진정한 특징을, 그가 선거제 종신군주정을 최선의 정부 형태로 간주하

---

166) *DP* I, xvi, 21.
167) *DP* I, ix, 9 ; I, xvi, 1 등.
168) *DP* I, ix, 9 ; I, xvi, 11~24 등.
169) *DP* I, xviii, 6.

였다는 점에서 찾기는 어렵다고 생각한다. 사실 군주정은 이론과 실제 모두에서 그야말로 중세적인 정치 관행의 일부였으며, 선거제 원리 역시 표면상의 '혁명성'에도 불구하고 정치 권위를 창출하는 이미 확립된 '중세적' 방법의 하나였다. 이 점을 해명하는 데 반드시 많은 설명이 필요하지는 않을 것이다. 선거제는 교황을 선택하는 전통적인 방법으로서, '교황이 선거에 의해 선출된 교회의 수장이라는 점이 그리스도교 신민집단의 그에 대한 충분한, 심지어 과도한, 복속의 한 주된 원인'[170]임을 마르실리우스도 누구 못지않게 잘 알고 있었다. 더욱이 그가 황제 루드비히 4세의 제권을 그토록 격렬히 변론하였던 핵심적 토대도, 루드비히야말로 '제국 인민에 의해 합법적으로 선출된 통치자'[171]라는 점 때문이 아니었던가.

선거제 원리를 들어, 마르실리우스의 정치적 논술을 '혁명적' 내지 '근대적' 성격의 것으로 직결시켜 해석하는 데 선뜻 동의하기 어려운 이유가 여기에 있다. 필자로서는 선거제를 반드시 비중세적 탈전통적 정치 관행이었다고 단정할 만한 충분한 근거를 가지고 있지 못한 것이다. 그러나 우리는 마르실리우스가 매우 분명하게 주장하였던 선거제 원리로부터 그의 강렬한 인민주권적 신념은 새삼 확인할 수 있다. 그에 의하면, 인민의 의사와 동의가 국가의 정의롭고 이성적인 규범인 법률을 제정하고, 통치자의 권한(*potatestas*)에 강제력(*potentia coactiva*)을 부여하는 관건이었으며, 더욱이 신민집단 전체에 의한 선거제가 최선의 통치자와 건강한 정부를 구성하는 '절대적으로 보다 나은 방법'이었다. 정치적 지배권의 형식(form)과 질료(matter)인 법률과 통치자 모두의 진정한 형성력이 인민의 의사와 동의이며, 또한 이것이 신민집단의 정치적 자발성을 보장해 준다는 자각이야말로 그의 정치의식의 지평이었다.

---

170) *DP* I, xvi, 16. 교회의 권위를 철저하게 공격하였던 마르실리우스가 이 점을 인정하였다는 것이 오히려 흥미롭다. 그는 선거제 군주정이 세습제 군주정에 비해 신민의 복속 정도를 약화시킬 수 있다는 자신에 대한 반론을 논박하는 구체적인 사례로 이를 활용하였다.

171) *DP* I, i, 6 ; II, xxi, 13 ; II, xxvi, 11 등.

다시 말해서 '국가를 자유민의 공동체'172)로 이해하였던 마르실리우스는 이 땅에서의 모든 건강하고 합법적인 정치적 권위(*auctoritas*)의 유일한 원천을 인민의 자발적인 의사와 동의로 간주하였다. 그런데 선거제는 인민집단의 자유롭고 자발적인 의사에 따라 통치자에게 주권적 정치적 권위를 지속적 합법적으로 위임하고, 세속정부로 하여금 법률에 따라 공공 이익을 성취하도록 하는 '실패하지 않는' 방법이었다. 그의 견해가 주의주의적 인민주권론으로 불리게 된 주된 근거도 이 점에 있다고 하겠다.

동시에 마르실리우스가 밝힌 정부 구성의 선거제 원리는 또한 그의 치열한 현실 인식 내지 반교황권주의적 신념을 충실히 반영하고 있다. 파문과 대립교황의 옹립이라는 극단적 반목으로 줄달음쳤던 당대의 정치 현장에서, 황제정부가 아비뇽의 교황들에 대해서 휘두를 수 있었던 아마도 가장 유용한 이론적 무기는 세속정부 및 그 지배권의 정통성이었을 것이다. 그것은 자율적 세속정부의 당위성뿐만 아니라, 전능권을 주장하는 교황권의 허구성과 탐욕성을 한꺼번에 입증하는 역습의 논리가 될 것이었다.

마르실리우스에게 있어서는 선거제야말로 세속정부의 정통성을 보장해 주는 관건이었다. 그러니까 그가 건강한 정부 및 최선의 통치자의 구성 원리로서 선거제를 이토록 강조하였던 것은, 그의 후견자였던 황제 루드비히 4세가 '제국의 인민에 의해 선출된 통치자'라는 점과도 무관하지 않을 것 같다. 이를테면 선거제 종신군주정의 원리는 합법적인 정부 구성을 위한 일반이론이었던 동시에 당대의 위기적 정치 상황을 타개하고자 했던 한 황제파 속권주의자의 현장적 논리이기도 하였던 것이다.

그렇다면 정부 형태에 대한 마르실리우스의 논의의 진정한 특징은 어디에 있을까. 필자는 오히려 이를 다양한 형태의 정부들 간의 상대적 우열에 관해서 그가 취했던 고유한 무관심에서 찾을 수 있다고 생각한다. 그에 따르면, 군주정과 마찬가지로 귀족정과 혼합정 역시 건강한 정부의 한 형태들이었다.173) 그럼에도 불구하고 그는 이들을 사실상 상호 비교해서 논하

172) *DP* I, xii, 6.
173) *DP* I, xvii, 2.

지는 않았다. 오히려 그는 '상이한 시간과 장소에 속했던 다양한 인민집단
은 서로 다른 형태의 정부를 선호하였다는 사실을 우리는 반드시 기억해
야 한다'174)라고 밝혔다. 건강한 정부라 하더라도 인민의 의사와 선택에 따
라 그 형태가 다양할 수 있다는 점을 그는 충분히 인식하였던 것이다.

　사실 군주정, 귀족정 그리고 혼합정 등의 상대적 우월성에 대한 논의는
중세의 전형적인 정치적 주제 가운데 하나였다. 아퀴나스와 같은 중세 아
리스토텔레스주의자들이 군주정을 선호하였던 것도 다양한 형태의 정부들
이 가지는 통치효율상의 우열에 관한 검토를 통해서였다. 그러나 마르실리
우스는 시간과 장소에 따라 서로 다른 형태의 정부가 선호될 수 있음을 언
급했을 뿐, 이들에 대한 상대적 우월성의 검토는 의도적으로 회피하였
다.175) 군주정에 대한 그의 논의도 반드시 군주제 그 자체의 속성이라고는
보기 어려운 요소들, 즉 정부의 건강성, 선거제, 공공 이익, 자발적 신민 등
에 대한 규명과 이의 실현에 그 역점이 있었다. 지워쓰가 마르실리우스를
'실로 군주정에 대해서 철저히 무관심하였던 최초의 중세 사상가'176)로 평
한 원인도 여기에 있었다. 군주제의 장단점에 대한 비교론의 부재 등 통치
의 효율성 내지 정부 형태의 문제에서 보이는 그의 무관심은 다분히 '예외
적인 태도'에 속하는 것이었다.

　그 이유가 어디에 있었을까? 먼저 마르실리우스의 개인적 삶의 역정이
그 원인의 일부를 해명해 주고 있다고 생각된다. 그가 일찍부터 호흡하였
던 이탈리아의 도시국가, 특히 파두아의 정치문화는 다분히 공화정적인 것
이었다.177) 그리하여 오늘날 스키너 같은 학자는 마르실리우스의 근본적인
정치적 신념이 '교회의 잠식으로부터 도시공화정 하의 자치정부의 자유를
보호하려는 것이었다'178)고 지적하고 있다. 이에 우리는 (1) 마르실리우스

---

174) *DP* I, ix, 10.
175) *DP* I, viii, 4.
176) Gewirth, 앞의 책 I, p.117.
177) 제2장 1절 주 36, 37, 71, 111 등 참조.
178) Skinner, *Foundations of Modern Political Thought* I, pp.52~53.

가 오랫동안 호흡하였던 정서적 정치적 풍토가 중세적 군주정의 그것이 아니었으며, (2) 공화정 체제에 대한 그의 애정과 체험이 매우 두터운 것이었다는 점을, 군주체제에 대한 전반적인 선호에도 불구하고, 그가 이것을 명시적으로 표명하지는 않았던 개인적 이유의 일부로 추정해 볼 수 있다.

그러나 보다 근본적인 이유는 그가 정부 형태의 문제를 정치 질서상의 본질적인 변수로 간주하지 않았다는 점에 있을 것이다. 중세 아리스토텔레스주의자들에 의해서조차 군주체제가 선호된 주된 원인은, 일인지배 체체가 신성한 계서적 질서의 현세적 정치적 반영으로서, 이를 통해 종교적 도덕적 목표와 가치들이 이 땅에서 효율적으로 구현될 수 있다는 점 때문이었다. 그러나 마르실리우스는 이 땅에서의 삶의 목표를 종교적 도덕적 목표의 구현이 아니라 충족한 삶 내지 현세적 행복의 성취로 상정하고, 이들은 인민의 본성적 의사와 욕구의 구현을 통해 이룩될 수 있다고 이해하였다. 그리하여 정부가 충족한 삶을 추구하고 인민의 본성적 의사와 욕구에 부합하는 한 즉 정부의 건강성이 유지되는 한, 그것이 어떠한 형태를 취해야 하는가 하는 점은 부차적 주변적인 문제에 지나지 않을 수도 있었다.

앞서 지적한 바와 같이, 마르실리우스는 중세 아리스토텔레스주의자로서는 독특하게도 정부로부터 입법적 권한을 분리하여, 정부의 기능이 무엇보다도 법률의 행정적 사법적 집행에 있다고 주장하였다. 또한 그는 이 입법적 권한의 보유자 즉 인간입법권자를 인민집단 전체로 규정하고, 이들의 자발적인 동의를 정부의 정통성의 관건으로 파악하였다. 주권적 입법체인 인민집단은 자신들이 '바라는 바'를 법률로 제정하고, 이를 실천에 옮길 정부를 선택할 수 있다는 것이 그의 생각이었다. 그러니까 인민이 동의한 정부가 인민의 의사에 의해 제정된 법률에 따라 공공의 이익을 구현하는 한, 그것의 지배체제가 어떤 형태를 취하고 있는가 하는 점 즉 통치의 효율성과는 무관하게 건강하고 합법적인 정부였던 것이다.

통치자는 인민집단 전체의 선거에 의해 그 권위를 부여받는다. 한 사람을 실제에 있어서 통치자로 만드는 것은 바로 이 권위이다. 법률에 대한 지식,

분별력 및 도덕적 덕성이 완전한 통치자의 자질인 것은 사실이지만, 이 자
질들을 갖춘 사람이라 하더라도 이러한 권위를 갖지 못한 경우 그는 통치
자가 아니다.179) ······ 선거는 항상 입법권자의 권위에 의해 시행되어야 하
며, 입법권자는 우리가 누차 지적해 온 바와 같이 시민집단 전체 혹은 그
중요 부분(*valentior pars*)이다.180) ······ 시민집단 전체의 의사가 정부를 구
성하며, 정부에 권한과 법률을 부여한다.181) ······ 정부는 모든 기능을 수행
함에 있어서 반드시 법률에 의해 규제되어야 한다. 그렇지 않을 경우 통치
자의 행위는 적법한 목표인 국가의 보존으로부터 이탈될 수 있다.182)

명백히 마르실리우스의 논술의 초점은 인민의 주권적 정치 권위가 정부
의 구성 그리고 통치자의 기능에 결정적·단선적(unilinear)으로 흐를 수
있어야 한다는 점에 놓여 있다. 그는 선거에 의한 정부 그리고 법률에 의
한 통치자의 지배를 거듭 강조하였다. 왜냐 하면 그것이 인민의 주권적 정
치 권위의 보루이기 때문이었다. 다시 말해서 인민집단의 주권적 정치 권
위가 정부의 구성과 기능에 있어서 지배적 단선적으로 유지되는 한, 정부
가 어떤 형태를 취해야 하는가 하는 점은 정치적 여건과 공동체 구성원들
의 선호에 따라 가변적일 수 있는 부수적 요소에 불과했던 것이다. 그가
건강한 정부의 요건으로서 신민의 동의, 공공의 이익, 자발적 신민, 법률적
지배 등을 명확히 지적하면서도, 정부 형태에 대해서는 '시간과 장소에 따
라 달라질 수 있다'고 밝혔던 것은, 그에게 있어서 정부 형태의 문제란 정
치체제의 정통성 내지 건강성을 말해 주는 본질적 요소가 아니었음을 반
영한다고 하겠다.

앞서 지적했듯이, 그는 건강한 정부의 형태로서 군주정, 귀족정 그리고
혼합정을 들었다. 그러나 그는 이들의 차이를 단지 '지배자가 한 사람인가,
소수인가 혹은 전체인가 하는 수적 차이에 의해 구별될 뿐'183)이라고 밝히

---

179) *DP* I, xv, 1.
180) *DP* I, xv, 2.
181) *DP* I, xv, 6.
182) *DP* I, xv, 7.
183) *DP* I, xv, 4.

고, 이를 통치의 효율성 문제와는 전혀 결부시키지 않았다. 오히려 그는 '정부의 모든 행위, 판단 및 명령들이 단일성을 유지하는 한, 그것이 한 사람에 의해 지배되든 다수에 의해 지배되든, 그 같은 정부는 하나이다'[184]라고 주장하였다. 그에 의하면 정부의 통치 행위가 인민집단의 주권적 정치 권위를 단일하고 일관되게 반영하는 한, 정부 형태의 차이란 단지 지배집단의 수의 차이에 불과하였으며, 따라서 이는 정치 질서의 본질적인 변수가 될 수 없었다. 그의 주된 관심은 오직 통치 조직과 행위의 건강성이라는 질의 문제였지, 정부의 형태 즉 지배자의 수의 문제가 아니었던 것이다. 마르실리우스가 드러내고 있는 정부 형태에 대한 무관심은 결코 우연한 일이 아니었다. 그것은 오히려 인민집단의 주권적 정치 권위와 정부의 통치 행위 간의 단일성에 대한 그의 압도적인 관심의 역설적 표현이었던 것이다.

마르실리우스는 정부 기능의 고유한 목표인 평화 유지와 국가 보존을 위해 어떠한 형태의 정부가 최선의 것일까 하는 문제를 논하면서, 선거제 종신군주정을 실현 가능한 건강한 정부의 한 형태로 간주하였다. 그러나 그의 논의의 초점은 목표지향적 국가 인식에 입각한 일인지배 체제의 효율성과 같은 군주정 그 자체를 변론하는 일과는 매우 거리가 멀었다. 그가 무엇보다도 중요하게 상론한 것은 정부의 건강성 내지 정통성이었던바, 이의 특징적 속성으로서 그는 인민의 동의에 의한 정부, 공동체 전체의 이익을 추구하는 정부, 자발적 신민을 가진 정부, 그리고 법률적 지배에 충실한 정부 등을 지적하였다. 특히 그는 신민집단의 의사와 동의를 수렴하는 방법으로서 '중세적' 정치 관행의 일부이기도 했던 선거제 원리가 정부의 정통성과 건강한 정치 질서의 요체임을 거듭 강조하였다.

그러나 필자는 정부 형태에 대한 그의 논의의 진정한 특징이 그가 선거제 종신군주정을 선호하였다는 사실에서 찾기는 어렵다고 생각한다. 그가 아리스토텔레스주의자였고, 그의 후견인이었던 루드비히 4세가 '제국의 신

---

184) *DP* I, xviii, 2.

민에 의해 선출된 황제'였음을 감안한다면, 이는 오히려 당연한 측면이 있
는 것이다. 더욱이 국가(regnum)와 도시(civitas)를 사실상 구별하지 않았
던 마르실리우스의 논술에서, 우리는 당시 이탈리아 도시공동체들에서 실
험되었던 정치 원리 즉 '주권적 시민단의 동의에 입각하는 정부'라는 공화
주의 신념도 충분히 확인할 수 있는 것이다.[185]

필자는 그가 정부 형태의 문제에 대해서 취했던 다분히 의도적인 무관
심이 오히려 이 점을 해명해 주는 열쇠라고 생각한다. 그는 건강한 형태의
정부들인 군주정, 귀족정 그리고 혼합정(폴리티)의 차이를 통치의 효율 내
지 질적 차이라는 맥락에서 판단하지 않았다. 그에 의하면 정부의 형태란
정치공동체의 상황과 여건을 고려한 인민집단의 선택에 따라 다양하게 가
변적일 수 있었다. 그에게 있어서는 인민집단의 주권적 정치 권위가 확실
히 유지되는 한, 즉 통치집단의 정통성이 보장되는 한, 정부의 형태 문제는
정치공동체의 건강성 내지 정치 질서의 합법성을 결정하는 본질적인 요소
가 아니었던 것이다.

결국 마르실리우스의 정부 형태론, 즉 그가 해명한 건강한 정부의 특징
적 성격들은 기본적으로 특정 형태의 정부를 변론하기 위한 것이 아니었
다. 오히려 그것은 다양한 형태의 정부체제에 적용될 수 있었다.[186] 그것은

---

185) 필자는 혼합정(Politia)에 관한 견해가 마르실리우스에 대한 '공화주의적' 해석의
한 기초임을 지적한 바 있다(본장 2절 주 155, 177, 178 및 4절 주 128 등 참조).
스킨너(Q. Skinner), 카(D. Carr), 세갈(H. Segall) 등은 모두 이탈리아의 도시공화
정이 마르실리우스 논술의 모델이었다는 점에 동의하고 있다. H. Segall, 'Der
Defensor Pacis des Marsilius von Padua: Grundfragen der Interpretation'
(Wiesbaden, 1959), pp.51~57 역시 참고할 만하다. 그러나 울만(W. Ullmann)은
이 같은 모델이 과연 마르실리우스에 의해 구체적으로 상정되고 또한 실제적으로
추구되었던가 하는 점에 회의적인 태도를 표명하였다. Ullmann, 'Personality and
Territoriality in the Defensor Pacis: the Problem of Political Humanism,'
Medioevo VI (1980), p.399 참조.
186) 콘드렌, 네더만 등은 '세속정체에 관한 『평화수호자』의 논술은 외곬의(exclusive)
것이 아니라 포용적(inclusive)이어서, 다양한 형태의 정부체제와 결부될 수 있었
다'라고 평한 바 있다. Condren, 'Democracy and Defensor Pacis-On the English
Language Tradition of Marsilian Interpretation,' Il Pensiero Ploitico 13 (1980),

오직 인민의 의사와 동의, 즉 인민의 주권적 정치 권위가 제대로 실현되는 통치 조직에 관한 논의였다. 마르실리우스에 있어서 최선의 정부 형태는 그것이 어떠한 형태를 취하든, 인민의 주권성이 단선적으로 유지되는 정부 및 인민의 의사가 절대적으로 반영되는 정부였다고 할 것이다. 우리가 그의 논술을 주의주의적 인민주권론의 중세적 전형으로 파악하는 한 근거도 여기에 있다.

4) 정부의 단일성

지금까지 우리는 완전한 공동체로서의 국가란 이 땅에서의 충족한 삶과 평화를 성취하기 위해 반드시 정부를 필요로 하며, 정부는 공동체의 행정적·사법적·심의적 부분으로서 성직자를 포함한 사회의 다른 모든 부분들에 대하여 지속적 강제적인 지배력을 포괄적으로 가져야 한다는 마르실리우스의 견해를 검토하였다. 동시에 우리는 정부의 토대와 형태에 관한 그의 논술을 통해서 인민집단의 주권적 정치 권위에 대한 그의 신념도 분명하게 확인할 수 있었다. 그렇다면 이 포괄적 강제적인 정부와 인민집단의 주권적 정치 권위와의 관계를 마르실리우스는 어떻게 이해하고 있었을까. 요컨대 이제 정부와 사회의 관계에 대한 그의 견해를 검토해 보아야 할 단계가 되었다.

우리는 당대의 사회가 그리스도교 사회(*societas christiana*)였으며, 그 사회의 정치 질서의 한 근본적 특징이 정치적 이원주의[187] 즉 세속정부(*regnum*)와 교회정부(*sacerdotium*)라는 두 개의 중심축을 갖는 이원적 정부 구조에 있음을 잘 알고 있다. 따라서 세속정부와 중세 그리스도교 사회의 관계에 대한 우리의 논의도 우선 세속정부와 교회정부와의 관계를 보는 마르실리우스의 견해로부터 출발하는 것이 순서일 듯싶다.

---

pp.311~312 ; C. J. Nederman, 'Nature, Justice and Duty in the *Defensor Pacis*-Marsiglio of Padua's Ciceronian Impulse,' *Political Theory* 18 (1990), p.633 참조.

187) 제1장 용어 해설 참조.

그리스도교 사회 전반에 대한 지배권이 전능권을 가진 교황에게 속한다고 주장하였던 교황권주의자는 물론이려니와, 토마스 아퀴나스를 비롯한 그리스도교적 아리스토텔레스주의자들에게도 교회정부의 당위성은 의문의 여지가 없어 보였다. 그리스도교 사회는 교권과 속권이라는 두 개의 중심을 가진 타원형 사회이며, 정신사와 현세사의 관리를 각각의 고유 영역으로 하는 이들 두 정부의 조화로운 협업과 병행은 당연하고 또한 바람직한 정치 질서라는 병행주의(parallelism) 인식이 이들의 기본적 태도였던 것이다. 교회정부의 필요성과 존재이유는 인간이란 영혼과 육체라는 양면성을 가지고 있다는 사실만큼이나 중세인들에게는 자명한 것이었다.

그러나 바로 이 점에서 마르실리우스는 매우 다른 견해를 가지고 있었다. 그 역시 인간의 삶에 정신과 육체라는 구별되는 두 영역이 있음을 인정하였으며, 성직자들이 추구하는 바가 보다 고상한 가치이고 이들의 조언이 보다 완전한 것일 수 있다는 생각도 충분히 수용하고 있었다.[188] 그러나 그는 이 같은 점들이 교권과 성직자의 정치적 권위와 지배권의 정당성을 보장해 준다고는 전혀 생각하지 않았다. 그는 오히려 교권과 성직자가 특정한 지역과 사람들에 대해서 배타적인 지배권을 요구하는 것은 신학적으로 오류이며, 인간 이성에 위배될 뿐만 아니라 역사적으로도 근거가 없는 '순수한 탐욕'의 발로라고 주장하였다.[189] 특히 교황과 교황권주의자들

---

188) *DP* II, iii, 12, 13 ; II, xxx, 3, 4.

189) 특히 *DP* II, xxiii~xxv 참조. 교황 실베스터 1세 이후 역대의 중세 교황들에게 현세권을 보장해 온 '역사적'인 한 공식문서로 간주되어 왔던 「콘스탄티누스 대제의 기진장」(The Donation of Constantine)의 진위 여부 및 그 의의에 대해 마르실리우스가 드러냈던 비판적·회의적 태도는 매우 흥미롭다(*DP* I, xix, 8 ; II, xi, 8 ; II, xvi, 9 ; II, xxii, 9, 10 등 참조). 마르실리우스의 후기 저술인 *De Translatione Imperii*의 핵심 주제는 바로 이 「콘스탄티누스 대제의 기진장」으로부터 파생된 현세권 요구를 역사적·비판적으로 검토하는 작업이었다. '마르실리우스의 목표가 전적으로 논쟁적인 것은 아니었다. 그러나 그의 *De Translatione Imperii*는 교황권주의자들의 역사적 주장에 정면으로 대응하고, 일종의 내적 비판을 통해 그것을 해체하고자 한 독창적 시도였다. 마르실리우스에 있어서 역사는, 이성 그리고 계시의 영역과 더불어, 그것에 입각하여 현세사에 대한 교황우위권 요구를 격퇴해야 할 또 다른 전장이었다'는 네더만의 지적은 매우 적절해 보인다(Nederman, 앞

의 이 같은 요구는 이 땅에서의 평화를 위협하고 국가를 해체시키게 될 가
장 위험하고 혐오스러운 악이라는 것이 그의 생각이었다.

> 한 국가 내에 여러 정부가 있어서, 이들이 단일한 최고 정부에 귀속되지
> 않거나 그것에 의해 지배되지 않는다면, 이는 사물의 판단, 명령 그리고 집
> 행에 있어서 공익과 정의를 이룩할 수 없을 것이다. 인간의 해악이 응징되
> 지 않는 경우 이는 투쟁과 분열을 야기할 것이며, 마침내 국가의 해체를 초
> 래할 것이다. 그 같은 결과야말로 반드시 회피되어야 할 악이다.[190]

마르실리우스는 극히 분명하게 그리고 예외적으로 한 국가 내에 단일한
최고 정부가 있어야 공익과 정의 그리고 공동체의 평화가 유지될 수 있으
며, 반면에 다수의 정부는 투쟁과 분열 그리고 공동체의 해체를 초래할 것
이라고 지적하였다. 중세 그리스도교 사회의 이원적 정부 구조를 염두에
둔다면, 무엇보다도 그것은 국가의 모든 정치적 권한이 세속정부에 의해
수렴되어야 하며, 교권의 현세적 지배권은 '반드시 회피되어야 할 악'이라
는 주장에 다름이 아닐 것이다. 앞서 우리는 그가 정신사와 현세사의 구분
을 수용하면서도, 정신사의 성격과 영역을 극히 좁게 규정함으로써, 세속
정부의 필요성은 물론 그것의 정치적 우위와 포괄적 규제 기능을 강조하
였음을 지적한 바 있다. 그는 이 논리를 조금도 굽히지 않고, 단일 세속정
부가 그리스도교적 공동체의 정당하고 또 당연한 정치체제여야 한다는 데
까지 나아갔던 것이다.

단일성의 원리(principle of unity)가 마르실리우스의 독창적 아이디어였
던 것은 물론 아니었다. '신의 단일성은 이에 상응하는 인간 사회의 단일성
을 요구하고 있다' 혹은 '단일성의 원리란 비분리의 원리(principle of
indivision)이다' 등과 같은 언명이 드러내고 있듯이, 이는 일종의 스콜라적
형이상학의 개념이었다. 따지고 보면, 중세 아리스토텔레스주의자들이 군

의 책, xi~xiii 참조).
190) *DP* I, xvii, 3.

주정을 선호했던 한 근거도, 평화를 신과의 일치 내지 다수 대중의 단일성 (unity of the multitude)으로 이해하고, 일인지배 체체가 다수에 의한 지배에 비해 신에 대한 효율적 계도 및 대중의 단일성 유지 그리고 통치자와 인민 및 인민들 상호간의 분리와 불화를 방지하는 데 보다 유용하다는 점에 있었다.

그러나 누구도 이 단일성의 원리를 그리스도교 사회가 가져야 할 단일 세속정부의 원리로 발전시키지는 않았다. 다시 말해서 누구도 이를 '성직자의 역할은 엄격히 내세에 관한 일로만 한정되어야 한다,' 또는 '교권은 인간의 현세적·사회적 행위들에 대한 정치적 지배권을 전혀 포함하지 않는다,' 그리고 '세속정부는 성직자 집단을 포함한 공동체의 모든 부분들을 반드시 그리고 지속적으로 지배해야 한다'는 도발적인 정치적 주장으로 표명하지는 않았다. 더욱이 누구도 이를 '정치공동체의 최고 통치권위란 분리되어서는 안 된다. 이의 분리는 국가의 단일성 곧 평화에 대한 위협이다. 따라서 이는 단일한 세속정부에 반드시 귀속되어야 한다' 등과 같은 반교황권주의적 속권주의 논리의 근거로는 이해하지 않았다. 그런데 마르실리우스는 이를 '하나의 국가 곧 하나의 정부'라는 정치적·세속적 단일정부의 원리로 진전시켰던 것이다. 다소 긴 느낌이 있지만 이 점에 관한 마르실리우스의 견해를 몇 군데서 계속 인용해 보기로 하겠다.

우리의 적들이 말하는 것처럼 단일한 최고 정부에 복속하지 않는 다수의 정부가 있다고 치자. 이들 다수의 정부로는 사회적 정의와 공익이 보존될 수 없다.191) …… 왜냐 하면 일부 사람들은 어떤 한 정부에 복속하기를 바랄 것이고, 다른 일부 사람들은 그와는 다른 정부에 복속하기를 바라게 될 것이며192) …… 또한 정부들 간에도 서로 상대를 지배하기 위해서 분쟁이 초래될 것이기 때문이다. 만약 한 국가 내에 여러 정부가 병존한다면 인간 이성과 노력의 가장 위대한 산물의 하나인 국가는 쓸모없는 무용지물이 되고 말 것이다. 모든 사회적 공익은 단일 정부에 의해서 완전하게 성취될 수

191) *DP* I, xvii, 3.
192) *DP* I, xvii, 5.

있다.193) …… 더욱이 만약 정부가 여럿이라면 어떠한 국가도 하나일 수 없
다. 하나의 국가가 존립하는 이유 혹은 (특정 정치공동체가) 하나의 국가라
고 불리는 이유는, 정부의 단일성 즉 하나의 정부에 의해 국가의 다른 모든
부분들이 지배되기 때문이다.194) …… 국가의 단일성이란 무엇인가. 그것
은 질서의 단일성이다. 이는 절대적 의미의 수적 단일성이 아니라, 다수의
사람이 상호 어떤 관계를 가져야 하는가 하는 관계의 단일성을 가리킨다.
다시 말해서 그것에 의해 사람들이 지배되고 통치되는 정부의 단일성인 것
이다.195)

이보다 더 명확한 '단일 정부'에의 변론을 중세의 정치적 논술들에서 찾
기는 아마도 쉽지 않을 것이다. 마르실리우스에 의하면 정부의 단일성은
정치공동체 내의 사회적 관계 내지 질서의 단일성을 이룩함으로써 국가를
존립시키고, 사실상 이를 하나의 국가로 불리도록 만드는 기본 요소였다.
반면에 한 국가 내의 여러 정부는 공동체를 분리시키고 상호간의 분쟁을
초래함으로써, 인간 이성과 노력의 가장 위대한 산물인 국가를 무용지물로
만들 것이었다. 국가가 어떤 형태로든 유지되기 위해서는 '단일 정부가 필
수적이며, 다수의 정부로는 불가능하다'196)는 것이 그의 생각이었다. 국가
와 정부를 철저하게 현세적·정치적으로 파악하였던 그는, 이 땅에서의 인
간 행위와 갈등들에 대한 실천적·강제적·법률적 규제 즉 통치의 목표가
아니라 수단을 사회적 정의와 공익 그리고 국가 그 자체를 보존하는 실체
로 간주하였으며, 이는 단일 정부에 의해 집행되어야만 완전할 수 있다고
거듭 강조하였던 것이다.
　'하나의 국가 곧 하나의 정부'라는 이 충격적인 원리는, 특히 이 하나의
정부가 마르실리우스에 의해 표방된 바와 같은 강제적 포괄적 세속정부인
경우, 그것은 비단 교황의 전능권뿐만 아니라 교회정부라는 '자명한' 정치

193) *DP* I, xvii, 6.
194) *DP* I, xvii, 7.
195) *DP* I, xvii, 11.
196) *DP* I, xvii, 1, 3 ; II, x, 8.

적 법률적 실체 그 자체의 부정에로도 나아갈 수 있었다. 그는 이 점에서도 특유의 단호함을 그대로 유지하였다. 예를 들어 보기로 하자. 그에 따르면, 성직자가 법률을 위반한 경우 그가 성직자라는 사실은 농부 또는 목수라는 사실과 꼭 마찬가지로 우연하고 부수적인(accidental) 요소였다. 본질적 요소는 그가 인정법(lex humana)을 위반했는가 아닌가 하는 점이었다. 부수적인 것이 본질을 변경하거나 무효화할 수는 없으므로, 성직자의 위법행위 역시 통치자의 사법적 지배를 반드시 받아야 했다. 성직자의 의무에 비추어 볼 때, 이들의 위법은 보다 무겁고 엄격하게 응징되어야 한다는 것이 그의 생각이었다.[197]

마르실리우스는 교회정부의 핵심적 기반이었던 교회 법정의 자율성과 성직자 집단의 면책 특권을 정치적 영역에 있어서 결코 인정하려 하지 않았다. 그는 정부의 단일성이 없이는 통치자의 사법적 기능이 제대로 집행될 수 없고, '인간의 해악이 응징되지 않는 경우, 공동체 내부의 투쟁과 분열 그리고 국가의 해체가 초래될 수 있다'[198]는 자신의 논지를 성직자와 교회정부에 대해서도 일관되게 적용하였다. 그에 의하면 다수의 정부와 특정 집단의 면책 특권은 사회구성원들을 분리시켜 정의와 공익을 저해하고, 사회적 관계의 단일성을 해체할 것이며, 정부들 간의 분쟁을 유발할 것이었다. 따라서 특정 정치공동체가 국가로 존립되기 위해서는, 하나의 정부가 성직자 집단을 포함한 사회의 모든 부분들을 지배해야 한다는 것이 그의 논리였다. 그에 의하면 교회정부와 세속정부의 병존은 그리스도교 사회 내의 질서의 단일성 즉 평화를 위협하는 구조적 원인이었다. 그는 그리스도교 사회라 하더라도 그것이 평화를 유지하는 정치공동체가 되기 위해서는, 이원적 정부 구조가 아니라 하나의 최고 정부 즉 단일 세속정부가 반드시 필요하다고 확신하였던 것이다.

---

197) DP II, viii, 7, 9. '날카로움이 없었더라면 마르실리우스는 아무것도 아니었다'라는 오즈맹의 지적은 마르실리우스 논리의 특유의 치열함을 잘 드러내고 있다. S. Ozment, 앞의 책, p.151.
198) DP I, vii, 3 ; II, iv, 5.

그러나 국가 곧 하나의 정부라는 원리의 의미가 교황의 전능권과 정치적 실체로서의 교회정부의 부정에만 있는 것은 아니었다. 오히려 그것의 진정한 의미는 정부와 사회의 관계에 대한 마르실리우스의 견해가 여기에 내포되어 있다는 데 있었다. 명백히 마르실리우스가 주장하였던 단일 세속정부는 행정적·사법적·심의적 기능을 가진 정부가 공동체의 다른 모든 부분들에 대하여 예외 없이 지속적 강제적 지배력을 가지는 통치 조직이었다. 심지어 그는 자유민들조차 국가의 자족성을 위해서 '원하는 바에 따라 마음대로 자신의 직업을 선택하도록 해서는 안 된다'[199]라고 주장할 정도였다. 그러니까 그가 이해하였던 단일정부의 권한은 분리되거나 도전될 수 없는, 사실상 사회 전체에 대한 독점적 전체적 성격의 정치적 지배력이었던 셈이다.

앞서 우리는 마르실리우스가 좋은 삶에 대한 공동체 구성원들의 본성적 개별적 욕구를 국가 구성의 동인으로 간주하였음을 지적하였다. 인민집단의 본성적 욕구와 의사가 이들에 의한 선거와 법률을 통해서 단선적으로 관철되는 정부가 건강하고 합법적인 정부였다. 인민집단 전체 즉 사회가 이 땅에서의 모든 정치적 권한과 권위의 단일하고 종국적인 주권체였던 것이다.

그런데 동시에 그는 세속정부의 기능과 단일성에 대한 변론을 통해서, 사회구성원들의 개별적(individual)·주의주의적(voluntaristic) 동인은 국가의 평화가 유지되어야 성취될 수 있는 것이라고 지적하고, 국가의 평화는 사회구성원들의 개별적 욕구들의 외연적 표출 즉 모든 사회적 행위들에 대한 정부의 엄격한 규제를 통해서만 이룩될 수 있다고 밝혀 놓았다. 다시 말해서 그는 인민집단의 동의와 법률에 위배되지 않는 한, 정부와 통치자는 유일하고 강제적인 지배력을 사회 전반에 대해서 직접적 포괄적으로 가져야 한다고 주장하였다. 얼핏 역설처럼 보이는 마르실리우스의 이같은 주장들의 논리적 구조와 성격이 문제인 것이다.

---

199) *DP* I, 10.

다른 많은 중세 이론가들과 마찬가지로 마르실리우스 역시 정부와 통치자를 구분하지 않았다. 그러니까 통치자의 자질과 성격은 정부의 그것까지 결정해 주는 요소였다. 이에 통치자의 자질 즉 '완전한 통치자'에 대한 그의 견해는 정부의 성격, 나아가서는 정부와 사회의 관계에 대한 그의 태도를 해명하는 한 단서가 될 수 있겠다.

국가와 정부를 종교적 도덕적 목표(finis)에 비추어 생각하였던 중세인들에게는 통치자의 자질이 중요한 관심사의 하나였다. 왜냐 하면 이 요소가 인정 정치집단의 정당성 내지 효율성의 많은 부분을 설명해 주기 때문이었다. 그리하여 이들은 박애·겸손·관용·순결·고매함 등의 여러 종교적 도덕적 덕목들을 통치자가 마땅히 갖추어야 할 자질들로 간주하였다. 마르실리우스 또한 국가의 가장 중요하고 일차적인 부분인 통치자가 상당한 도덕적 자질을 갖추어야 한다는 점에는 아무런 이의가 없었다. 더욱이 그는 분별력(prudentia), 정의로움(justitia), 공정성(aequitas) 그리고 정부와 인민에 대한 애정(caritas)을 완전한 통치자의 자질로서 구체적으로 지적하기까지 하였다. 외견상 이와 같은 점들은 전통적인 인식과 크게 달라 보이지 않는다. 그러나 이 도덕적 덕목들이 통차자에게 필요한 이유에 대한 그의 설명이 흥미롭다.

> 분별력은 통치자로 하여금 극히 유능하게 자신의 고유한 기능, 즉 사회적 이익과 정의에 관한 사항들을 판단할 수 있도록 만든다. …… 법률로 제정되지 않은 인간의 사회적 행위들을 판단함에 있어서 통치자는 분별력에 의해 계도되어야 한다.[200]
>
> 통치자에게 특히 요구되는 것은 정의로움이라는 도덕적 덕성이다. …… 만약 통치자가 도덕적 정서적으로 왜곡되었거나 악한 경우 즉 정의롭지 못한 경우에는, 국가가 아무리 정비된 법률을 가진다 하더라도 일부 사항들은 통치자의 자유재량에 위임될 수밖에 없으므로, 심각한 해악이 국가에 초래될 수 있다.[201]

---

200) *DP* I, xiv, 3.
201) *DP* I, xiv, 6.

앞으로의 통치자에게 요구되는 덕목은 공정성이라는 덕성이다. 보편적 준거적 규범인 법률이 개별적인 사건들에 항상 충분할 수는 없다. 이들 법률이 결여된 사건들을 다룸에 있어서, 공정성은 재판관으로 하여금 특히 스스로의 감정을 다스리도록 만들며, 법률에 대한 친절한 해석 내지 교정적 조절을 하도록 만든다. …… 이와 같은 덕성들과 함께 앞으로의 통치자에게 또한 요구되는 것이 국가의 신민들에 대한 탁월한 애정 내지 자비심이다. 이 애정에 의해 통치자의 행위는 열정과 선의를 수반하게 될 것이며, 공동체 및 이를 구성하는 개인들의 이익을 추구하게 될 것이다.[202]

여기서 애정은 비단 통치자에게만 요구되는 덕목이었다기보다는 모든 그리스도교도들에게 보편적으로 요구되기 마련인 일종의 종교적 가치였다. 따라서 이를 논외로 한다면, 그가 밝힌 완전한 통치자의 자질은 정부와 정치적 권한의 성격에 대한 마르실리우스의 고유한 인식을 여실히 반영하고 있다고 보인다. 그는 분별력과 정의로움 그리고 공정성을 필요로 하는 이유를, 통치자가 '법률로 정해지지 않은 사회적 행위' 및 '통치자의 자유재량에 위임된 사항' 그리고 '법률이 결여된 개별적 사건' 등을 판단하고 집행하기 위해서라고 거듭 구체적으로 명시하였다. 그의 설명에 따르면 통치자의 도덕적 자질은 그 자체로서 어떤 정치적 의미나 중요성을 가지는 것이 아니었다. 단지 그 의미는 통치자로 하여금 법률의 미비를 보충하도록 함으로써, 법률적 지배라는 통치자의 기능이 제대로 수행되도록 보조하는 데 있다는 것이었다.

통치자의 도덕적 자질에 대한 마르실리우스의 이 같은 한정적 정치적 해석은 결코 전통적 시각이 아니었다. 교황권주의자들은 정치 권력의 목표를 영원한 삶의 성취로 이해했던 만큼 통치자의 종교적 덕목은 전통적으로 그의 정치적 권위의 불가결한 요건일 수밖에 없다고 생각하였다. 또한 중세 아리스토텔레스주의자들도 통치자의 개인적 사적 자질을 공적인 그것으로부터 분리하지 않은 채 그의 모든 도덕적 덕성들에 대해서 사회적

202) *DP* I, xiv, 7.

정치적 의미를 부여하였다. 그런데 마르실리우스는 이를 통치자에게 바람직한 보조적 요건 즉 합법적 통치권의 부수적 비본질적 요소로만 간주하였다. 요컨대 마르실리우스에 의하면, 어떤 사람이 도덕적 자질을 완전하게 갖추고 있다 하더라도, 기껏해야 그는 통치자가 될 가능성이 있을 뿐, 실제로 그가 통치자는 아니라는 것이었다.[203]

반면에, 비록 통치자가 도덕적 자질에서 신민들보다 열등하다 하더라도, 그가 인민들에 의해 적법하게 선출되었다면 그는 합법적인 통치자였다.[204] 뿐만 아니라, 설령 그것이 불가능한 일이기는 하지마는, 인간의 모든 현세적 사회적 행위들에 관해서 인정법이 완전하게 제정될 수만 있다면, 사실상 통치자에게는 여하한 도덕적 자질도 반드시 요구되어야 할 필요가 없었다. 통치자의 완전한 도덕적 자질조차 단지 불완전한 인정법의 보완을 위해 필요한 부수적 요건일 따름이었다. 마르실리우스에 의하면 통치자를 통치자답게 만드는 요소란 통치자의 사적 도덕적 자질이 아니라, 오직 인민집단이 그에게 부여한 합법적인 정치적 권위 내지 강제적 권한이었던 것이다.[205]

이같이 신적 목표 내지 종교적 도덕적 규범으로부터 해방된 마르실리우스의 정부에 여전히 요구되었던 유일하고 구체적인 규범적 근거가 있다면, 그것은 '인민의 의사와 동의에 입각한 법률적 정부'라는 요소였다. 인간의 본성적 욕구의 소산이 국가이듯이, 인민의 명시적 의사가 정부의 권위와 권한을 구성하는 요건이었다. 또한 인민의 의사인 인정법을 위반한 통치자에 대한 교정과 응징의 권위도 오직 인간입법권자 즉 인민집단 전체에 속한다는 것이 그의 견해였다. 그는 단호하고 분명하게 정치적 지배권의 정당성을 통치자의 개인적 자질과는 무관하게 파악했으며, 이 점에 관한 한 오히려 그의 역점은 인민에 의해 제정된 법률 아래 있지 않은 통치권의 합법성을 부인하는 데 있었다.[206]

203) DP I, xv, 1.
204) DP II, xxii, 13 ; II, xxx, 4 등 참조.
205) DP I, xv, 1, 2 ; I, xix, 5 등.

물론 '법률 아래 있는 정부'라는 개념 그 자체를 반드시 비전통적인 것으로 단정하기는 어렵다. 사실 그것은 일종의 중세적 정치 원리이기도 하였다.[207] 그러나 중세인들이 이해하였던 살아 있는 법률은 인정적 실정법이라기보다는 일차적으로 관습이었다. 그리하여 아리스토텔레스주의자와 로마법학자들에 의해 '법률 아래 있는 정부'의 모형으로서 입헌군주정 또는 혼합정(politia) 등이 논의되는 경우에도, '인민의 동의에 입각한 정부' 및 '법률에 의해 규제되는 정부'라는 원리가 단지 개념적인 형태 이상으로는 제기되지 않았다.[208]

이에 비해서 마르실리우스가 표방하였던 '법률 아래 있는 정부'는 선거에 의한 정부 및 인정법에 입각한 정치적 지배를 정부와 정치 권력의 정당성을 가늠하는 관건적 실제적 정치 원리로 설정하였다. 정부의 기능은 무엇보다도 법률의 집행에 있으며, 정치 주권체인 인민집단의 의사에 따라 법률이 제정되어야 하고, 이들의 동의로 정부가 구성되며, 다시 이들의 판단에 의해 정부의 권위 및 통치자의 권한의 정당성이 철회될 수도 있다는 인식 등이 그의 논리 구조였다. 따라서 마르실리우스의 '법률 아래 있는 정부' 개념의 일차적인 의미는 명백히 정부와 통치자에 대한 입법권자 즉 인민집단의 우위 및 인정법에 의한 규제가 직선적 원천적으로 보장되는 정치 질서에의 추구에서 찾을 수 있다. 정부에 대한 사회의 우위가 그의 인민주의 이론의 논리적 귀결인 셈이다.

그렇기는 하지마는 인민집단의 주권성에 입각한 이 같은 논리는 정부의 정통성을 가늠하는 종래의 관습적 기준들을 그야말로 단일화시켜 놓았다. 이제 정부의 합법성은 오직 인민의 의사 즉 법률적 지배 여부에 의해서만 판단될 수 있었다. 다시 말해서 마르실리우스는 정부와 통치자의 지배권이 종교적 목표 내지 도덕적 자연법적 규범 그리고 개인적 자질 등에 대한 고

---

206) *DP* I, x, i ; I, viii, 3 ; I, xi, 6 ; I, xv, 7 ; II, xxx, 8 ; III, iii 등 참조.
207) Carlyle, 앞의 책, V, p.457 이하 ; VI, pp.3~4.
208) Gierke, 앞의 책, pp.45~46, 151~152 ; Carlyle, 위의 책, V, pp.472~474 ; Gewirth, 앞의 책, I, pp.239~240, 248~249 등 참조.

려와는 무관하게 보장되는 길을 마련해 놓았던 것이다. 그런데 마르실리우스에 의하면, 이 땅에서의 삶의 목표인 현세적 행복은 정치공동체의 평화를 통해서 성취될 수 있고, 이 평화는 단일 세속정부가 모든 통치수단을 독점할 때 비로소 가능한 사회적 관계였다. 이에 그가 표방하였던 '법률 아래 있는 정부'의 또 다른 한 의미를 우리는 단일 세속정부가, 명시적으로 인정법에 위배되지 않는 한, 사회구성원 전체를 지속적 강제적으로 지배하여야 한다는 논리로 해석할 수 있는 것이다.

중세의 이원적 정치 질서로부터 이탈하여 '하나의 국가 곧 하나의 정부'를 표방하였던 마르실리우스는 교회정부의 정치적 법률적 실체성을 부정하고 단일 세속정부의 당위성을 강력히 주장하였다. 또한 정부와 통치자를 동일시하였던 그는, (1) 평화 즉 사회적 질서의 단일성이 이룩되기 위해서는 정부의 단일성이 불가결하고, (2) 이 단일정부의 정치적 사법적 권한의 독점을 종교적 도덕적 규범 및 통치자의 개인적 자질 등으로부터 분리하였다. 단일 세속정부의 정통성은 오직 그리고 오히려 인민의 동의와 인정법이었던 것이다. 결과적으로 이 같은 마르실리우스의 논리는 정부와 사회의 관계에 대한 이중적 해석을 가능하게 한다.

그의 '법률 아래 있는 정부'는 한편으로는 입법권자의 인민집단의 주권성에 대한 확인 즉 정부에 대한 사회의 우위를 변론하는 논리였다. 그러나 동시에 그것은 합법적인 단일 세속정부의 사회 전반에 대한 독점적 전권적 지배를 오히려 변론하는 논리이기도 하였다. 사회에 대한 정부의 우위가 그의 단일정부론의 또 다른 한 함의인 것이다. 따라서 사회와 정부의 관계라는 극히 미묘한 주제에 관한 한 마르실리우스의 견해를 실체적으로 해명해 줄 관건은, 스스로 강조하였던, '합법적인 정부' 내지 '정부의 법률적 지배'가 당대의 정치적 논술로서 가지는 진정한 의미와 성격이 과연 어디에 있었던가 하는 문제로 수렴될 수 있겠다.

5) 단일정부의 절대성

앞서 우리는 '인간의 정치적 행위에 관한 한 신은 원인(remote cause)에 불과하다'[209]는 마르실리우스의 인식을 지적한 바 있다. 그는 이 논지를 더욱 진전시켜 '세속통치자는 인간입법권자의 권위에 의해 세워진다. 그러나 동시에 이들은 신이 보낸 자들이다'[210]라고도 주장하였다. 통치자에 대한 인민의 선출을 신의 선택과 결합시켰던 중세 이론가가 마르실리우스뿐이었던 것은 전혀 아니다. 그것은 중세적 정치전통의 일부이기도 하였다. 그러나 '신의 선택'을 세속정부의 현세적 권한을 제한하고, 교회정부 내지 교황권의 정치적 우위를 보장하는 원리로 해석해 온 중세적 전통과는 오히려 정반대로, 마르실리우스는 이를 세속통치자의 위엄과 권한을 강화하는 요소로 해석하였다.

'모든 사람은 세속의 재판관 혹은 통치자의 강제적 명령에 반드시 복속하여야 한다. …… 이들이 영원한 구원의 법에 위배되는 무엇을 하도록 명령하지 않는 한, 이들의 권위에 도전하여서는 안 된다'[211]는 것이 마르실리우스의 주장이었다. 그는 '신이 세속의 통치자들을 선택하였다'라는 성서의 지적을 '모든 사람은 통치자가 신법을 위반하지 않는 한, 반드시 그에게 복속하여야 한다'는 의미로 해석하였던 것이다. 그의 이 같은 태도는 중세적 맥락 하에서는 역설적이게도 세속통치자의 독점적 강제권이란 인민의 의사로서, 이는 인정법상의 합법성뿐만 아니라 신의 뜻에 부합되는 것이기도 하다는 지적이었다.

그의 독특한 철저성은 이 점에서도 그침 없이 발휘되었다. 그리스도 교도가 아닌 이교도 통치자의 현세권 문제에 대해서도 그는 전혀 머뭇거리지 않았다. '신민은 통치자가 이교도라 하더라도 그리고 설령 그들이 사악하다 하더라도, 반드시 그에게 복속하여야 한다. 단지 이 경우에 문자와 행위로 명시된 신법에 위배되는 사항들에 대하여는 복속해서는 안 된다'[212]

---

209) *DP* I, ix, 2.
210) *DP* II, v, 8 ; II, xxx, 4.
211) *DP* II, v, 4.

라고 거듭 주장하였다. 이 같은 지론은, (1) 그리스도교 신민의 이교도 통치자에 대한 복속이 기본적으로 신법적 정치 질서의 일부이며, (2) 통치자의 현세권의 정당성은 그의 개인적 신조와는 무관하고, (3) 통치자의 현세권은 인정적 권한일 뿐만 아니라 '신성한' 권위를 가진다는 그의 신념을 명확히 확인해 주고 있는 것이다.

당연한 일이지마는, 세속정부와 통치자의 현세권이 '영원한 구원의 법' 내지 '신법'에 위배되지 않아야 한다는 그의 언급은 다양한 해석을 낳을 수 있다. 외견상 이 점은 마르실리우스에 있어서도 정부에 위임된 현세권의 합법성을 가늠하는 규범이 인정법만이 아니라 신법이기도 했음을 드러내는 것처럼 보이기도 한다. 그러나 앞서 우리는 그가 이 땅에서의 삶과 국가의 목표 및 정부와 법률의 속성을 철저하게 현세적 정치적으로 파악하였고, 또한 종교적 도덕적 규범과는 무관한 단일 세속정부의 합법성을 강력히 변론하였음을 지적하였다. 강제력을 결여하는 신법은 정치적인 의미의 진정한 법률이 아닐 뿐만 아니라,213) 신법 그 자체가 인간에게 인정법의 준수를 명령하고 있다214)는 것이 마르실리우스의 확고한 신조였다. 사실상 이 점은 그의 모든 정치적 논술의 핵심적 축인 것이다.

따라서 여기서 언급된 '신법'은 정부에 대한 제한적 규범이라는 의미와는 다른 각도에서 해석되어야 한다는 것이 필자의 견해이다. 먼저 마르실리우스는 분명히 신법과 인정법이 서로 다를 수 있다는 점을 인정하였다.215) 이같이 서로 일치하지 않는 신법과 인정법 사이에서, 정부의 강제적 규제가 '신법에 위배되지 않고' 동시에 '인정법에도 부합하는 경우' 이에 대한 인민의 복속은 이를 나위가 없었다. 그리하여 '신민은 영원한 구원의 법에 위배되지 않는 모든 사항, 특히 인정법과 명예롭고 공인된 관습에 부합하는 사항들에 있어서는 반드시 통치자에게 복속하여야 한다'216)라고 그는

212) *DP* II, v, 4, 5, 7 ; II, ix, 9 ; II, xii, 9 ; II, xxvi, 13 등.
213) *DP* II, ix, 3.
214) *DP* II, ix, 11 ; *DM* viii, 3 ; xii, 5 등.
215) *DP* II, ix, 9~13.

명백히 밝혔다.

문제는 그가 '신법과 인정법이 서로 상충적일 수 있다'[217]는 점을 인정하고, 이 경우에 있어서조차 '세속통치자의 명령이 신법에 위배되지 않는 한 그것이 설령 인정법에 위배된다 하더라도, 반드시 준수되어야 한다'[218] 라고 밝혔다는 데 있다. 필자는 이 지적이 마르실리우스가 누차 천명해 온 인민의 의사와 인정법의 정치적 규제력을 스스로 부정하려는 것이었다고 는 조금도 생각하지 않는다. 또한 이것이 세속정부와 통치자의 합법성의 근거가 인정법이 아니라 신법임을 주장하려는 것이었다고는 더욱이 생각되지 않는다. 오히려 이는 신법(*jus divina*)이라는 새로운 규범을 통해서, '법률 아래 있는 세속정부'의 합법성의 기초를 현저히 확대해 놓았다는 점에 그 의미가 있다고 생각한다. 그는 명백히 통치자의 현세권을 '인정법에 위배되더라도, 신법에 위배되지 않는 한' 보장하고자 했다. 그 이유가 어디에 있었을까. 이는 통치자의 현세적 권한에 대해서 인정적 실정법(*jus positiva humana*) 내지 특정의 법규(*jus statutum*)가 왕왕 가할 수 있는 지엽적·자구적 제한을 신법적 근거를 통해 완화함으로써, 사회 전반에 대한 정부의 독점적 지배력을 보다 강조하려는 데 근본 동기가 있었다는 것이 필자의 해석이다.

마르실리우스에 있어서 세속정부와 통치자에 대한 '신의 선택' 및 '신법' 이라는 개념적 규범은, 필자가 읽기로는, 명백히 세속정부의 정치적 권한을 규제하거나 제한하는 요소가 아니었다. 오히려 그것은 통치자에게 위임된 현세권의 신성성을 보호하고, 단일 세속정부의 현세적 정치 권한의 독점을 강화하는 장치였다. 인민집단의 의사와 동의에 입각하여야 하고, 법률 아래 있어야 할 마르실리우스의 세속정부는, 동시에 '문자와 행위로 명시된' 신법에 위배되지 않는 한 그 당위성이 반드시 보장되어야 할 정부였다. 그리하여 그것은 인정제도인 정부와 통치자의 정치적 권위가 심지어

---

216) *DP* II, v, 5.
217) *DP* II, xii, 8, 9 ; II, xiii, 2.
218) *DP* II, ix, 11.

신법적 명분으로 절대화할 수도 있는 길을 열어 놓고 있었다.

신성하고 독점적인 정부에 대한 마르실리우스의 변론은 이 정도에서 멈추지 않았다. 앞서 우리는 '인민집단이 인간입법권자로서 법률을 제정하며, 이들에 의해 제정된 인정법이 정부의 모든 권한의 합법성의 기초인 동시에 정부를 규제하는 사실상 유일한 규범'이라는 그의 주장을 검토하였다. 정부가 아니라 인민집단이 법률의 제정권을 가진다는 그의 신념이 바로 국가의 개별 부분들에 대한 인민집단의 우위 및 정부에 대한 법률의 우위뿐만 아니라, 통치자에 대한 인민집단 전체의 우위 즉 정부에 대한 사회의 우위를 보장하는 관건이었다. 그런데 바로 이 입법권을 정부와 통치자 역시 공유할 수 있다는 점을 그는 부인하지 않았다.

먼저 '마르실리우스는 군주가 바라는 바가 법의 강제력을 가진다. 인민은 자신들의 모든 지배력과 권한을 군주에게 위임하였다'[219]는 입법자 - 군주(lex-regia)의 로마법 원리 내지 제국적 정치 전통을 충분히 수용하고 있었다. 그리하여 그는 '로마의 대주교는 로마의 황제에게 교회와 사제들이 지켜야 할 법령을 반포해 주도록 간청하였다. 만약 입법권이 황제에게 속하지 않았더라면 대주교는 이 같은 요청을 하지 않았을 것이다'[220]라는 점을 분명하게 밝혔다. 그는 군주에 대한 인민집단의 입법권의 위임을 제국정부의 합법적인 정치 질서의 일부로 파악하였던 것이다. 그의 주장을 들어 보기로 하자.

최고 입법권자는 과거에도 현재도 앞으로도 마땅히 각 국가의 인민들 전체이다. 그러나 이들은 자신의 입법권을 로마 인민에게 위임하였다. 그리하여 로마 인민은 전 세계의 여러 지역들에 대한 법률 제정의 권위를 과거에도 현재도 가지고 있다. 만약 로마 인민이 법률 제정의 권위를 그들의 통치자에게 위임하였다면, 통치자가 입법의 권한을 가지고 있다는 사실은 반드시 지적되어야 한다.[221] ……

---

219) *Digest* I, iv, 1 ; *Institute* I, ii, 6 ; Carlyle, 앞의 책 V, pp.258~259 ; Gewirth, 앞의 책 I, p.248 참조.
220) *DP* II, xxi, 6.

인정법을 완화하거나 면제하는 권한은 인간입법권자인 오직 로마 황제 및 그의 권위에 속한다.[222]

마르실리우스는 입법권이 각 국가의 인민들 전체로부터 로마 인민에게 그리고 이것이 다시 황제에게 위임되었음을 역사적 사실로 받아들였다. 더욱이 그는 '인간입법권자로서의 로마 황제' 즉 입법자-군주의 정치 전통을 단지 과거의 일로만 생각하지도 않았다. 오히려 그에 의하면 현재도 로마 인민은 입법권을 가지고 있으며, 이 사실은 반드시 지적되어야 할 일이었다. 따라서 제국의 통치자도 마땅히 인민들로부터 위임된 입법권을 현재 '가지고 있으며', 인정법을 완화하거나 면제하는 권한도 '오직 황제에게 속한다'는 것이었다. '인민집단 전체는 통치자를 통해서 활동한다. 통치자의 활동이 이들의 활동이다'[223]라는 그의 인식은, 법률 제정의 영역에서도 인민의 주권적 입법권이 통치자를 통해서 행사될 수 있다는 데까지 나아갔다. 다시 말해서 통치자의 입법권조차 인민집단의 주권성 및 정통성 있는 정부 그리고 법률 아래 있는 정부 등의 원리에 반드시 위배되지는 않는다고 그는 생각하였던 것이다.

사실상 마르실리우스는 『평화수호자』 II강과 『소수호자』의 여러 곳에서 '그리스도교도 인간입법권자(humana fidelis legislator) 또는 이들의 권위를 위임받은 통치자' 등의 표현을 통해서, 명시적으로 통치자와 인간입법권자를 동일시하였다.[224] 그리하여 그는 정부도 인민집단과 더불어 법률의

---

221) *DP* II, xxv, 9 ; *DM* xii, 1.
222) *DM*, i, 7.
223) *DP* I, xv, 4.
224) *DP* II, xvii, 9, 15~18 ; II, ix, 9 ; II, xv, 1 ; II, xxi, 2, 5~8 ; II, xxii, 10, 11 등. 참고로 *DM*의 근거를 인용해 보면 다음과 같다. '따라서 인정법에 의하면 입법권자에는 시민공동체 혹은 그것의 보다 중요한 부분 혹은 황제라 불리는 로마의 최고 통치자가 있다'(*DM*, xiii, 9). '이 세상에서 강제적 법률들을 창출하거나 제정하는 권위 내지 권한, 그리고 사람들의 인신이나 재산에 징벌을 부과함으로써 인정법에 의한 사법적 판단을 집행하는 …… 강제적 권한은 시민공동체 또는 황제라고 불리는 최고 통치자에게 속한다. 이는 확실한 인간 이성과 성서 내지 신성한 그리스

제정권을 가질 수 있다는 점을 명백히 하였다. 인민의 배타적인 입법권이 바로 정부에 대한 사회의 우위를 보장하고, 이들이 제정한 인정법이 정부를 규제하는 유일한 실체였음을 감안한다면, 통치자가 제정하는 인정법은 역으로 사회에 대한 정부의 우위를 가능하게 하고, 심지어 통치자의 권한을 절대화할 수도 있는 직접적 근거가 아닐 수 없다. 통치자의 법률225)은 그의 정치적 권위와 권한을 '신법에 위배되지 않는 한' 스스로 보장하는 '인정법적' 근거로 기능할 것이기 때문이다.

전통적 성직자정치론에 반해 '성직자는 인민의 일부로서 이에 포함되어야 하며, 이로부터 분리되어서는 안 된다'226)라고 판단하였던 마르실리우스는, 로마제국과 초기 그리스도교 공동체의 역사를 통해서, 현세사에 대한 모든 관리권은 물론 성직자의 교육과 임명 및 교회 재산의 처분권 등도 통치자에게 양도되었다고 분석하였다.227) 사회구성원 전체에 대해서 그리고 평화에 관련된 모든 사항들에 있어서, 정치적·강제적 지배력은 교회정부 내지 교황이 아니라 오직 세속정부 내지 통치자에게 속한다는 것이 그의 지론이었다. 당대의 정치현실을 감안한다면, 그가 표방한 '하나의 국가 곧 하나의 정부'라는 원리는 교권 대 속권이라는 중세의 전통적인 이원적 정부 구조를 단숨에 종식시킬 수 있는 이론적 현장적 대안이었던 셈이다.

그에 의하면 국가 구성의 원천인 인민집단은 그 주권적 정치 권위를 자발적인 의사와 동의를 통해 단일 세속정부에 위임하였다. 이에 세속정부는 특히 사법과 행정의 영역에서 지속적·독점적 규제권을 합법적으로 가지고 있었다. 또한 세속 통치자는 단지 인민에 의해서뿐만 아니라 신에 의해서 선택된 자이기도 했다. 따라서 통치자의 현세권은 신법에 명시적으로 위배되지 않는 한 신법적 권위에 의해서조차 반드시 보장되어야 했다. 더

도교의 법률 및 성자들이 밝힌 가르침 그리고 공인된 연대기와 역사들 모두에 그 근거가 있다'(*DM*, xvi, 4).
225) 황제의 법률(*DP* II, ii, 7 ; II, xvii, 17) 및 통치자의 법률과 관습(*DP* II, xvii, 17 ; II, xxv, 6) 등 참조.
226) *DP* II, xxv, 9.
227) *DP* II, xvii, 16~18 등.

욱이 이 통치자는 자신의 지배의 합법성과 건강성을 검증하는 실제적 규범인 인정법을 스스로 제정할 수 있었던 것이다.

요컨대 마르실리우스는 인민집단을 인간입법권자로 규정하고 그 주권적 입법권을 거듭 강조하면서도, 이들의 권위를 합법적으로 위임받은 통치자 역시 인민집단과 마찬가지로 국가와 그 정치적·사회적 조직의 종국적 보루 즉 입법적 주권체의 일부로 파악하였다. 그러니까 마르실리우스의 '단일 세속정부'라는 처방은 당대의 정치적 맥락에 비추어 볼 때 매우 충격적인 처방임이 분명하지마는, 그러나 사회와 정부의 관계에 관한 한 그 성격이 결코 단순하지는 않은 처방이었다. 그가 기본적으로 강조하였던 건강하고 합법적인 정부는, 인민의 동의로 구성되고 법률에 따라 지배하는 '법률 아래 있는' 정부였다. 정치적 주권체인 인민집단이 입법권자이고, 정부는 이들에 의해 제정된 법률을 집행함으로써 국가와 평화를 보존해야 한다는 것이 그의 변함없는 신념의 지평이었다.

그러나 동시에 그는 정부 내지 통치자를 인민집단의 정치적 주권이 사실상(de facto), 합법적으로(de jure), 그리고 유일하게 위임된 통치 조직으로 간주하였다. 물론 인민집단은 선거와 입법을 통해서 그 주권적 정치 우위를 간단없이 확인할 수 있고, 정부와 통치자의 모든 활동들을 판단하고 교정하며 응징하거나 심지어 폐위할 수도 있었다. 그럼에도 불구하고 사회의 모든 부분들에 대해서 예외 없이 지속적·강제적 지배권을 독점하는 정부, 또한 자신의 합법성의 실제적 준거인 인정법을 스스로 제정할 수도 있는 정부, 그리고 그 정치적 권위의 신성성이 신법에 의해서도 보장되는 정부인 경우, 우리는 그것의 성격을 어떻게 이해해야 할까. 여기서 우리는 이원주의 정치 전통과의 철저한 결별과 함께 사회에 대한 정부의 우위 역시 보장하고자 하는 그의 논지를 확연히 확인할 수 있는 것이다. 마르실리우스의 단일정부의 현장적 실체는 절대정부(absolute government) 그 자체는 아니었다고 하더라도, 이에 매우 가까운 성격의 정부였다.

더욱이 우리는 마르실리우스가 절대적 성격의 정부를 변론하게 된 상황적 배경으로서도 다음의 네 가지 점을 염두에 두어야 한다.

(1) 마르실리우스는 공화주의적 정치 전통이 강했던 파두아에서뿐만 아니라, 당대의 절대 군주 필립 4세의 거점이었던 파리에서도 공부하고 생활하였으며, 파리 대학의 총장까지 역임하였다. 당시 파리에는 중앙집중적 정부가 대두되고 있었고, 군주 필립은 교황청의 아비뇽 유수 및 삼부회 소집 등의 사건들을 거치면서 그 권한을 현저히 강화하고 절대화하였다. 그러니까 절대정부에 대한 마르실리우스의 이해는 그가 당시 절대주의적 정치문화의 중심지에서 그 곳의 정서적 분위기를 충분히 체화한 속권주의자였다는 사실과 무관하지 않을 것이다. 이 점은 그가 군주 필립을 자신의 후견인이었던 황제 루드비히와 대등한 위상의 합법적 통치자로 간주하였던[228] 이유도 부분적으로 해명하고 있다.

(2) 절대적 성격의 정부에 대한 마르실리우스의 변론은 흥미롭게도『평화수호자』에서도 II강에 집중되어 있다. I강과의 차이점에 대해서 그는 스스로, 'II강에서는 (I강에서 인간 이성을 통해) 본인이 입증하였다고 믿는 바를 영원한 진리에 관하여 확립된 증언들을 통해서 그리고 그리스도교 신앙에 대한 성자들의 해석과 그 밖에 공인된 교사들의 전거들을 통해서 확인하겠다'[229]라고 설명하였다. 인간 이성에 의해 입증된 I강의 정치적 아리스토텔레스주의를 그는 II강에서 성서의 증언과 이에 대한 계시적 해석들을 통해서 확인하고자 했던 것이다. 말을 바꾸어 보면, 그는 중세 그리스도교 사회의 '공인된 교사'의 가르침인 아우구스틴적 신정적 정치 원리의 정당성을 이교도적 산물인 아리스토텔레스의 논리로 검증해 보고자 하였다. 당시 그리스도교의 공인된 해석으로 간주되었던 신정적 정치 원리에 대한 집중적인 검토와 절대적 성격의 정부에 대한 그의 변론은 서로 무관하기 어려운 것이다.

(3) 또한 우리는『평화의 수호자』II강의 논술방법상의 한 두드러진 특징을 원시 그리스도교 사회로부터 당대에 이르는 교황권의 성장 과정에 대한 역사적 비판적 검토라는 점에서 찾을 수 있다. 그는 '성서의 진리와

228) DP I, xix, 10 ; II, xx, 9 ; II, xxi, 9.
229) DP I, i, 8.

성스러운 교사들의 주석은 교황이라 불리는 로마의 주교와 기타 주교 내지 사제들이 집단적으로든 개별적으로든 세속통치자, 정부, 공동체, 집단, 개인들에 대해서는 물론 그 밖의 사제 주교 부제 등에 대해서도, 그들의 재산 및 인신에 관한 강제적 사법권을 가지고 있지 않으며, 반드시 가지지 않아야 한다는 점을 명백하게 입증할 것이다.230) …… 그리스도교 신앙에 대한 성자들 및 공인된 교부들의 가르침은 (이를) 분명하게 드러낼 것이다'231)라고 적시함으로써 II강의 논술 의도를 확실하게 밝혔다.

그런데 그의 논거가 된 이 초기 교부들의 사회적 역사적 무대가 로마 사회였으며, 정치적으로는 입법자 - 군주인 황제의 절대주의 정치 원리가 공인된 시기였다. 자신을 '유일한 입법권자'라고 생각하였던 유스티니아누스 대제의 치세가 바로 이 시기의 일이었던 것이다.232) 따라서 초기 교부들의 '가르침'에 용해되어 있던 절대주의 정치의식233)이 마르실리우스 논리의 한 기초로 수용된 것은 오히려 당연한 측면이 없지 않다. 초기 그리스도교 시대 로마 사회의 제국적 통치 조직을 '정상적' 정치체제로 간주하고, 이를 황제 대 교황, 속권 대 교권의 대립이라는 당대의 현안 해결에 활용하고자 했던 한 속권주의자에 있어서, 인민의 의사에 입각한 그리고 공공의 이익을 추구하는 '황제의 절대정부'란 사실상 자연스러운 한 모델이 아니었을까. 완전한 공동체가 마땅히 추구해야 할 건강하고 합법적인 정치 질서를 입법권자인 인민집단의 정치적 주권이 통치자의 법률적 지배에 의해 실현되는 체제라고 확신하였던 마르실리우스에 있어서, 인민이 바라는 바와 통치자의 독점적 지배가 일치하는 것은 생경하거나 '병적인' 상황이 결코 아니었다. 오히려 이 같은 통치 조직은 역사적으로도 그 당위성이 입증된 실현 가능하고 바람직한 정치 질서였던 것이다.

(4) 끝으로 마르실리우스의 정치적 논술의 논쟁적 목표 역시 충분히 고

---

230) *DP* II, i, 4.
231) *DP* II, i, 5.
232) *Code*, i, 12, 14 ; Carlyle, 앞의 책 V, p.459 참조.
233) *DP* II, xviii, 1 이하.

려되어야 할 요소이다. 그는 '로마의 교황들이 모든 국가에 대한 강제적 사
법권을 장악하고, 이 세상의 모든 통치자와 인민들을 복속시키려는 의도로
보편적 전능권을 주장하였다.234) …… (그러나) 이 혐오스러운 역병을 척
결하는 일은 모든 그리스도교도의 의무이며, 이를 실천하지 않는 것은 불
의이기 때문에,235) …… 자신은 성직자의 폭력적 권한에 대한 공포가 아무
리 크다 하더라도 절대로 이를 포기하지 않겠다'236)라고 천명하였다.

로마의 교황들은 전능권이라는 극히 포괄적인 명목으로 전 세계에 대한
보편적·강제적 사법권을 주장하였다.237) …… 몇몇 교황들의 이 잘못된
견해와 지배권에 대한 그들의 사악한 욕망이 국가의 평화를 위협하고 불화
를 야기하는 진정한 단일 원인이다.238) …… 그들은 그리스도가 이 권한을
자신의 대리자인 성 베드로에게 주었고, 다시 이를 그의 승계자들인 모든
로마의 주교들에게 주었다고 주장함으로써, 모든 인간과 국가에 대한 최고
의 강제적 사법권을 요구하고 있다. …… 이는 오류로서 반드시 부정되어
야 한다.239)

마르실리우스의 일차적 현장적 목표가 교황전능권의 부정이었음은 매우
분명하다. 그것은 '절대로 포기할 수 없는' 목표였다. 바로 이 점 즉 그의
논술의 강렬한 논쟁성이 결과적으로는 속권의 절대화를 변론하도록 이끌
었다는 역설적 추론을 가능하게 하는 것이다.

전능권(plenitudo potestatis)을 여덟 가지 유형으로 구분하였던 그는 그
본질적 속성을, (1) 영역에 있어서, 여하한 신분 및 직책 그리고 부분 등에
관계없이 모든 사회구성원 전체에 미치는 권한, (2) 시행 방식에 있어서,
'모든 의지적 충동에 따라'(following every impulse of the will) 그리고 '여

---

234) *DP* I, xix, 13.
235) *DP* I, xix, 13. 네더만은 이 같은 요소를 'ciceronian impulse'로 해석한 바 있다.
236) *DP* II, i, 2.
237) *DP* I, xix, 9.
238) *DP* I, xix, 12.
239) *DP* II, i, 5.

하한 법률에 의해서도 제한되지 않고'(limited by no law) 행사되는 권한이라고 규정하였다.[240] 또한 그는 순수한 형태의 전능권은 오직 그리스도 혹은 신에게만 있고, 기타 인정적 형태의 전능권은 반드시 인정법에 의해 제한되어야 한다고 밝혔다.[241] 따라서 현세적 정치적 의미의 전능권에 관한한, 그것은 종국적으로 인간입법권자 즉 인민집단에 속할 수밖에 없었다. 그러니까 주목해야 할 점은 그가 총력을 다해 부정한 것이 '교황의 전능권'이었지, 정치적 의미의 전능권 즉 '보편적 강제적 사법권' 그 자체는 전혀 아니었다는 사실이다.

정치적 주권체에 관한 한, 마르실리우스는 명백히 이를 교황으로부터 인민집단에로 이전시켰다. '신은 인간을 통해서 일하며'[242] '전체는 부분보다 언제나 위대하다'[243]는 등의 인식이 인민집단 전체의 주권적 정치 권위에 대한 그의 신념의 중요한 토대들이었다. 그러나 여기서도 그는 단지 '이전' 시켰을 뿐, 정치 주권체의 단일성 그 자체를 부정하지는 않았다. 그가 강조하였던 것은, 이 땅에서의 모든 현세적 권한의 종국적 보루가 '전능한 교황'이 아니라 '주권적 인민집단'이라는 점이었지, 국가의 주권체가 하나이며 또한 그것의 정치 권위가 단엽적 계서체제(monolithic hierarchy)를 통해서 유지되어야 한다는 점을 문제 삼은 것은 결코 아니었다.[244] 우리는 앞서 중세적 정치의식의 한 특징이 정치 주권체에 대한 일원적 인식임을 지적한 바 있지만,[245] 마르실리우스 역시 인민집단이라는 단일 주권체에 의해서 정치공동체의 전반이 지배되는 정치 질서를 정상적인 질서로 간주하고 있었던 것이다.

그러나 '주권적 인민집단'만으로 '전능한 교황'을 실제로 현장 정치에서 척결할 수는 없을 것이다. 그에 의하면 인민집단은 국가를 조직하고 법률

---

240) *DP* II, xxiii, 3 ; I, xi, 8.
241) *DP* II, xxiii, 4.
242) *DP* I, ix, 2.
243) *DP* I, xiii, 2~8.
244) Ozement, 앞의 책, pp.149~155 참조.
245) 제1장 용어 해설 참조.

을 집행하는 모든 행정적·사법적 기능을 통치자에게 위임하였다. 세속정
부 내지 통치자는 인민집단의 주권적 정치 권위를 사실상 합법적으로 양
도받았을 뿐만 아니라, 모든 평화의 적들을 실천적으로 척결함으로써 인민
집단의 주권을 보호하는 유일한 통치 부분이었던 것이다. '통치자의 활동
이 인민집단 전체의 활동'이라는 것이 그의 시각이었다. 역설적이게도 그
가 정부의 강제적·독점적 권한을 주장하고 주권체인 인민집단과 통치자
를 동일시하게 된 데는, 그것이 '절대적' 목표였던 교황전능권을 부정하는
사실상 유일한 합법적인 수단이라는 점 때문이 아니었을까. 절대적 성격의
정부에 대한 그의 변론의 기저에서 우리는 정치적 일원주의 인식에 입각
한 속권주의자 마르실리우스의 현장적·논쟁적 목표의 절박성을 확인할
수 있는 것이다.

　루빈스타인(N. Rubinstein)은 근년의 글에서, '마르실리우스는 『평화수
호자』 II강에서 인간입법권자를 사실상 통치자와 동일시함으로써 통치자에
게 절대적 권위를 부여하였다. 『소수호자』에서는 이 같은 결론들이 제권의
절대주의를 위한 논리적 기초로 활용되었다. 그는 로마 인민이 입법자-군
주인 황제에게 그 권한을 양도하였다고 명시적으로 밝힘으로써, 이 위임의
과정을 완결시켰다'246)고 평가하였다. 마르실리우스가 처했던 상황적 배경
에 대한 지금까지의 검토는 절대적 성격의 정부에 대한 그의 변론이 결코
우연한 일이 아니었음을 충분히 드러내고 있다고 생각된다.

<hr>

246) N. Rubinstein, 'Marsilius of Padua,' *The Middle Ages*, ed. H. R. Loyn (London,
　　1989), pp.220~221. 이와 유사한 해석을 우리는 J. P. Canning, 'Introduction:
　　politics, institutions and ideas 1150~1450,' *CMPT*, p.365에서도 읽을 수 있다. 이
　　를 인용해 본다. '마르실리우스의 이론은 외견상 보이는 것보다 훨씬 탄력적이다.
　　명백히 그는 『평화수호자』 I강의 정치적 모형을 활용하였다. 즉 모든 신민은 자신
　　의 권위를 로마 인민에게 양도하였으며, 다시 로마 인민은 입법자-군주를 통해서
　　황제에게 그 권위를 양도하였다. 그리하여 시민단 전체와 동일시되었던 인간입법
　　권자는 황제와도 동일시될 수 있었다.'

4. 맺는말

그러나 문제는 여전히 남는다. 만약 절대정부 내지 제권의 절대성에 대한 주장이 그의 논술의 진정한 목표였다면, '유일한 철학자'조차 유보하였던 인민집단의 입법권과 통치자에 대한 인민의 지속적 감독권을 그가 그토록 분명하고 일관되게 천명하였던 이유를 우리는 어떻게 설명해야 할까. 마르실리우스의 이 독점적 강제적 정부는, 스스로 힘들여 입증하였던, 인민의 동의에 입각하여 공공의 이익을 추구하는 '건강한 정부' 그리고 인민의 주권적 권위와 그 절대성이 단선적으로 반영되는 형태의 정부와는 어떠한 관계를 가지고 있을까. 또한 그것은 사사로운 이익과 자의적 지배를 그 속성으로 하는 '병든 정부'와는 어떻게 구별될까. 이제 절대주의적 요소조차 내포하고 있는 마르실리우스의 정부론의 성격을 점검해 보는 것으로 이 절을 맺도록 하겠다

명백히 마르실리우스가 '하나의 국가 곧 하나의 정부' 원리를 통해서 단일 세속정부로 하여금 성직자 계층을 포함한 정치공동체의 모든 부분들을 규제하도록 한 것은 '충족한 삶'에 대한 인간의 본성적 욕구와 인민집단의 주권적 정치 권위를 보호하기 위한 것이었다. 그것은 결코 인민에 의해 구성되는 국가 및 그것에 의해 선출되고 지배되는 정부를 부정하기 위한 것이 아니었다. 그의 정부는 언제나 그리고 반드시 '인민이 바라는 바'인 인정법을 집행하고 또 성취하는 '법률 아래 있는 정부'였다.

사실 마르실리우스의 이 같은 인민주의적 견해는, '황제의 권위는 로마 인민으로부터 유래되었다'는 오랜 공리에 동의하고 있었던 중세 로마법학자들의 견해와도 매우 거리가 먼 것이었다. 일찍이 기에르케는 '중세기에 있어서조차 인민주권 사상은 통치자의 주권 사상과 다양하게 결부되어 있었다. 매우 다양한 헌정체제가 추상적 형태로나마 설정될 수 있었던 근거가 바로 이 점에 있었다. 여기에는 인민의 권한 양도에 입각하는 절대주의 체제로부터 입헌군주체제 및 인민주권적 공화정 체제 등이 포함된다'[247]라

247) Gierke, 앞의 책, p.38.

고 지적한 바 있다.

그러나 인민주권의 개념 특히 인민의 입법권을 검토했던 중세 로마법학자들 가운데 먼저 이르네리우스, 플라켄티우스, 로저 등은 '인민은 그 권한을 통치자에게 완전히 그리고 돌이킬 수 없이 양도하였다'라고 생각하였다. 더욱이 이 같은 권한 '이전'을 돌이킬 수 없는 '양도'가 아니라 단순한 '위임'으로 간주하여, '인민은 이 위임된 권한을 회복할 수 있다'라고 이해하였던 불가루스, 바씨아누스, 아조, 휴고리누스 등조차도 인민의 입법권을 이론적 지평 이상의 개념으로는 결코 진전시키지 않았다.248) 이들의 논의는 인민이 통치자로부터 그 권한을 돌이킬 수도 있다는 이론적·잠재적 가능성을 단지 확인하고 유보해 두려는 추상적인 범주에 머무른 것이었다. 그러나 마르실리우스는 '인민의 의사가 법률을 만든다'(*voluntas populi dat jura*)라는 공리를 실천적·지속적·강제적 정치 원리로 수용하여, 이를 정부의 건강성을 가늠하는 진정한 한 관건으로 해석하였다. 『평화수호자』의 결론의 일부가 이 점을 재확인해 줄 것이다.

　오직 인민 전체 내지 그 중요 부분만이 입법권자이다.249) …… 통치자 또는 강제력을 수반하는 다른 관직들에 대한 선거는 반드시(*debet*) 입법권자의 명시적 의사에 따라야 한다.250) …… 인민 대중 즉 인간입법권자의 명시적 의사가 통치자의 권한과 권위를 형성한다. 이들은 통치자 및 여하한 부분도 자의적 결정에 따라 법률에 위배된 판단이나 기타 사회적 행위들을 하지 못하도록 반드시 감시해야 한다.251)

마르실리우스의 정치적 논술과 활동의 직접적 목표는 교회정부와 교황의 현세권에 대한 철저한 공격이었다. 그럼에도 불구하고, 아니 오히려 그

248) Carlyle, 앞의 책 II, pp.58~72 ; Gierke, 앞의 책, pp.43~47 ; Gewirth, 앞의 책 I, pp.252~253 ; McIlwain, 앞의 책, pp.133~136 등 참조.
249) *DP* III, ii, 6.
250) *DP* III, ii, 10.
251) *DP* III, iii, 3.

렇기 때문에, 그의 정부론은 통치자의 입법권조차 수용하는 정치적 절대주의의 요소들을 포함하고 있다. 그에 의하면 평화에 대한 최대의 적은 교황의 전능권이었으므로, 특히 교권과 속권이 첨예하게 대립하였던 당대의 정치적 맥락 하에서, 이를 척결해야 할 세속정부는 도전받거나 분리될 수 없는 정치적 권위와 권한 즉 강제적 독점적 지배권을 반드시 가져야 했던 것이다. 그러나 이것이 그의 인민주의적 신념의 독창성과 의의를 전혀 부정하지는 않는다. 아니 오히려 이 점이 중세의 정치적 논술로서 가지는 마르실리우스의 인민주권론의 현장적 한계와 이론적 특징을 선명하게 드러내고 있다는 것이 필자의 견해이다.

마르실리우스가 변론한 세속정부의 단일성은 정치공동체의 자율적 주권과 사회적 질서의 단일성을 가리키는 것이었던바, 이 같은 단일성은 정부와 공동체 구성원들의 모든 현세적 사회적 행위들을 규제하는 규범 즉 법률의 단일성을 요구하고 있었다. 그런데 이 법률의 단일성은 그것으로부터 법률이 유래되는 주권적 입법체 즉 인민집단의 권위와 권한의 단일성을 전제하고 있었다. 마르실리우스에 있어서는 인민집단이야말로 사회의 전부(whole)로서 단일주권체였다. 그가 민주정을 병든 정부로 규정한 이유도 그것이 전체의 이익이 아니라 '오직 대중 내지 가난한 다수'라는 부분의 이익만을 보호하게 된다는 점 때문이 아니었던가.[252] 그리하여 단일 주권체인 인민집단 전체의 의사와 동의에 입각하는 합법적인 단일 세속정부의 경우, 사실상 그것은 전체적(total) 성격의 강제적이고 독점적인 정치적 권위와 권한을 위임받게 되었던 것이다.

마르실리우스에 의해 표명된 이 단일하고 절대적인 성격의 세속정부는, 교권과 속권이 파국적으로 대립함으로써 현세적·정치적 평화가 심각하게 위협받았던 14세기 초엽이라는 상황을 고려할 때, 비로소 그 성격이 분명하게 드러난다. 그것은 인민집단 전체의 주권적 정치 권위에 대한 부동의 신념과 교황의 현세권 부정이라는 논쟁적 실천적 목표를 동시에 가지고

---

252) *DP* I, viii, 3.

있었다. 무엇보다도 그것은 신성하고 유서깊은 성직자정치론이 아니라 모든 인간의 본성적 욕구에 대한 소박한 낙관을 근거로 당대의 정치 현실을 전면적으로 개편하고자 했던 한 인민주의자에 의해 숙성된 이론적 현장적 대안이었다.

III. 법률론

1. 문제의 제기

한 시대의 법률이 그 사회를 드러내는 거울이라는 점은 서양 중세에서도 크게 다르지 않다. 특히 중세 법률에 대한 이해는 중세적 그리스도교 공화국의 정치 이념과 구조를 해명하는 데 불가결한 하나의 과제이다. 이에 루이스(E. Lewis)는 '중세 정치 이론에 대한 연구는 중세 법률사상으로부터 출발할 수밖에 없다'[1]라고 지적하였다. 또한 울만도 '중세 사회만큼 법률이 중심적 역할을 담당했던 시기는 없었다. 법률은 중세 사회 전반의 구조에서 가장 핵심적 요소였다. 법률은 정부의 원리와 이념을 이해하는 데 반드시 거쳐야 할 관문이다'[2]라고 밝혔던 것이다.

필자는 마르실리우스의 정부론을 검토하면서, 인간 행위의 본성적 성향에 대한 그의 이해가 사실상 이중적 측면을 가지고 있음을 지적하였다. 그에 따르면 인간의 삶의 목표는 영원한 행복의 성취와 현세적 행복 즉 '충족한 삶'의 추구였다.[3] 모든 인간은 그 본성이 병들지 않는 한 이 땅에서의 충족한 삶을 욕구한다. 그리고 이 충족한 삶을 이룩하기 위해서 '인간 이성과 경험이 완전히 발달된' 자족적 자율적 인간공동체가 국가이며, 국가는 정치적 동물(homo politicus)인 인간으로 하여금 이 땅에서 단순한 생존을 넘어 좋은 삶을 이룩하도록 하는 '완전하고' '본성적인' 정치적 결사체라는

---

1) E. Lewis ed., *Medieval Political Ideas* I (New York, 1974), p.2.
2) W. Ullmann, *Law and Politics in the Middle Ages* (Cornell Univ. Press, 1975), pp.28~29. 그러나 이 같은 지적이 당시에 있어서 법률사상과 정치적 논술의 관계가 반드시 직접적인 것이었음을 말하지는 않는다. 울만도 이를, '당대의 정치적 문헌이 중세 법률학자들에 미친 영향은 거의 없었다'라고 밝혔다. *Medieval Idea of Law* (New York, 1949), p.175. 그리하여 중세 정치사상과 법률이론의 관계를 규명한 연구 성과도 주제의 중요성에 비해 오히려 드문 실정이다.
3) *DP* I, iv, 3 ; I, v, 2 ; I, vi, 1 등.

것이 마르실리우스의 시각이었다.

그러나 동시에 그는, 인간은 태어날 때부터 서로 상충하는 요소와 열정들을 가지고 있기 때문에, 특히 원죄 이후 인간 결사체들에서는 이견·분쟁·분열 등이 있게 마련이라고 생각하였다.[4] 따라서 이 피할 수 없는 공동체 내부의 이해관계의 충돌을 규제하고, 인간 행위의 적정한 조화를 유지하기 위해서는, 본성적 수단만이 아니라 이성적 수단과 이의 강제가 반드시 필요하였다.[5] 법률을 강제하는 정부 없이는 '가장 피해야 할 악'인 평화의 상실 즉 국가의 해체조차 불가피할 것이었다. 따라서 완전한 정치공동체는 절대적 성격의 단일 세속정부를 '본성적으로' 요구한다는 것이 마르실리우스의 다른 한 시각이었던 것이다.

사실 그는 세속정부의 정당성과 정치 권력의 건강성을 정부의 형태 또는 그것의 지배 내용에 비추어 판단하지 않았다. 그에게는 강제적 독점적 정부가 오히려 자유롭고 자율적인 사회를 유지하는 관건이었다. 다시 말해서 정치공동체의 '건강성' 여부는 전적으로 '법률의 지배' 여부에 달린 문제였다. 법률 아래 있는 정부인가 또는 법률을 그 형식(forma)으로 한 지배인가 하는 점이 정치공동체의 건강 상태를 판별하는 유일한 가늠자였다.[6] 결국 법률에 의해 지배될 정치공동체의 성격은 법률의 성격에 의해 좌우될 수밖에 없다. 법률론이 마르실리우스의 정치적 논술의 한 핵심인 이유가 이 점에 있는 것이다.

법률적 지배의 당위성에 대한 마르실리우스의 신념은 본성적 정치공동체의 완전성과 독점적 세속정부의 강제력 모두에 대한 변론의 토대였다. 그러니까 법률론에 대한 추구는 그의 속권주의 정치사상의 이론적 기초를 해명하는 작업이다. 마르실리우스는 법률(lex)의 본질을 어떻게 이해하였으며, 이는 그의 완전하고 본성적인 국가 및 주권적 인민집단 그리고 단일 세속정부에 대한 변론과 상호 어떻게 결부되어 있는가, 또한 이는 그의 논

---

4) *DP* I, iv, 3, 4 ; II, viii, 6, 7, 8 등.

5) *DP* I, v, 3.

6) *DP* I, x, 1, 2 ; I, xiv, 10 ; I, xv, 12, 13 등

술의 목표였던 정치적 평화 및 이 땅에서의 충족한 삶의 성취에 어떻게 기여하는가, 그리고 이 같은 그의 법률론은 중세적 법률 사상과는 어떠한 관계에 있는가 하는 문제들에 대한 해명이 여기서의 과제이다. 그리하여 마르실리우스의 인민주의 정치사상 전반의 구조적 실체와 특징에 보다 접근해 보려는 것이 필자의 의도이다.

2. 법률의 유형

중세인들에게 있어서 일상의 사회적 행위들을 규제하는 '살아있는 법'은 무엇보다도 관습(consuetudo)이었다. 따라서 법률의 제정이란 사실상 모든 사람이, 적어도 묵시적 의미에서, 지속적으로 그리고 공통적으로 동의해 온 '오래되고 좋은 관습의 발견'을 의미하였다. 그리하여 이는 오늘날의 눈에서 볼 때 입법적(legislatio) 행위라기보다는 사법적(jurisdictio) 행위에 가까운 것이었다. 법률은 애초부터 주어지고 발견되는 것이지, 만들어지거나 제정되는 성격의 규범이 아니었던 것이다. 중세인들이 입법 과정에서 점하는 인간 의지의 중요성을 크게 문제 삼지 않았던 것도 이 같은 관습법적 인식이 중요한 원인이었다.[7]

그러나 관습법이 중세인들이 알고 있었던 유일한 형태의 법률은 아니었다. 12세기 『로마법 대전』의 발견 및 볼로냐 대학의 성장과 더불어 로마법 학자 및 교회법학자들이 배출되면서 중세 법률학은 급속한 진전을 보게 되었다. 특히 12세기 말엽에는 교회법학자들을 통해 '인간입법권자'에 의해 제정되는 인정적 실정법(ius positivum) 등과 같은 획기적 용어와 개념들이 출현하였으며,[8] 관습법이란 로마법 체계 내의 가장 저급한 형태의 법률로서, 이는 지배계층에 의한 자의적 해석의 여지를 많이 가지고 있다는 점

---

7) J. Canning, 'Law, Sovereignty and Corporation theory, 1300~1450,' *CMPT*, pp.461~462 ; B. 타이어니, 박은구 외 역, 『서양 중세사 연구』(탐구당, 1987), 337 ~380쪽 등 참조.

8) K, Pennington, 앞의 글, *CMPT*, p.425.

도 인식되기에 이르렀다.9)

기본적으로 중세 법률학자들은 인정적 실정법의 근거를 인간 행위에 부여된 객관적 규범에 관한 이성적 인식에서 찾았다. 포스트(G. Post)에 의하면, '자연은 인간에게 이 땅에서의 사회적·정치적 삶에 필요한 새로운 법률들을 인간 이성을 통해 제정하도록 허락하였다. 그러나 이 새로운 법률이 신의 의지를 침범해서는 안 된다는 점은 이를 나위가 없다'는 것이 이들의 공통 견해였다.10) 이 같은 이해의 근저에는, 인간 행위의 객관적 규범이란 인간을 그 일부로 하는 우주의 본성적 질서에 뿌리박고 있으며, 또한 우주의 본성적 질서란 정의롭고 이성적인 신법에 의해 지배된다는 그리스도교 형이상학의 신념이 깔려 있었다. 법률은 자연 신법적 질서와 도덕적 가치를 인간 사회에 매개하는 통로11)라는 인식이 중세 법률 논의의 전제였던 것이다.

다양한 중세 법률사상의 위대한 종합을 우리는 아퀴나스에게서 발견할 수 있다. 아퀴나스는 법률을 영원법, 자연법, 신법 그리고 인정법이라는 네 유형으로 파악하였다.12) 먼저 법률을 인간 행위를 명령하거나 금지하는 규칙과 척도로 규정했던 그는, 영원법(lex aeterna)을 스스로의 궁극적 목표에 따라 우주 전체를 그것에 의해 통치하는 신적 이성 내지 계획 그 자체로, 그리고 자연법(lex naturalis)을 이성적 피조물인 인간의 영원법에의 참

---

9) E. Lewis ed., 앞의 책 I, pp.4~5 ; Ullmann, *Idea of Law*, p.63 참조.
10) G. Post, *Studies in Medieval Legal Thought* (Princeton, 1964), p.3.
11) A. Black, *Political Thought in Europe 1250~1450* (Cambridge, 1992), p.34 ; Ullmann, *Idea of Law*, xxix~xxxi, p.1.
12) 『신학대전』에서 법률사상이 집중적으로 제시되어 있는 부분을 정리하면 다음과 같다.
   ST II, 1, q.90 : 법률의 본질　　*ST* II, 1. q.91 : 법률의 유형
   ST II, 1. q.92 : 법률의 결과　　*ST* II, 1. q.93 : 영원법
   ST II, 1, q.94 : 자연법　　　　*ST* II, 1. q.95 : 인정법
   ST II, 1, q.96 : 인정법의 권한　*ST* II, 1. q.97 : 법률의 변경
   T. Auinas, *Summa Theologiae*, ed. T. Gilby (McGraw Hill, 1964~1981), 61 vols. 가운데 vol. 28 *Law and Political Theory*가 이 부분에 해당된다. G. Dal Sasso, 이재룡 옮김, 『신학대전 요약』 (가톨릭대출판부, 1993), 195~208쪽 역시 참조 바람.

여로 정의하였다. 다시 말해서 자연법은 인간의 본성 및 본성적 목표에 관한 영원법의 원리들 가운데 인간 이성에 의해 파악된 정의롭고 보편적인 규범의 체계였다.

또한 아퀴나스는 인정법(lex humana)을 자연법의 원리들 가운데 구체적인 현세사의 문제들에 관해서 적용된 세부적 이성적 판단들로 규정하고, 인정법의 힘은 그것의 정의로움에서 유래된다고 생각하였다. 자연법에 일치하지 않는 인정법은 올바른 이성과도 부합하지 않으므로, 이는 법률이 아니라 법률의 타락이었다. 모든 인정법은 반드시 자연법에서 유래된 이성적 규범이어야 할 것이었다. 끝으로 신법(lex divina)은 인간의 삶과 행위를 신성하고 초자연적인 궁극적 목표에 비추어 계도하며, 인간의 불확실성을 보완하고 인간의 내면적 행위를 규제함으로써, 모든 악을 제거하는 데 필요한 규범으로 정의되었다.

토마스 아퀴나스는 성 아우구스틴 이래의 중세 법률 전통을 포괄적으로 대변하였다. 이에 의하면 법률의 진정한 제정자는 신이며, 정의(justitia)와 올바른 이성(recta ratio)이 법률의 본질이고, 종교적 가치와 도덕적 덕성 및 사회적 공공 선의 추구가 법률의 목표였다.[13] 또한 법률의 체계에 있어서도 영원법·신법·자연법이 상위법으로서 객관적·보편적 규범이었고, 관습과 인정법은 하위법으로서 실제적이고 다양한 인간 행위의 규칙이었다. 그러니까 상위법은 하위법의 원천 내지 토대인 동시에, 하위법의 한계와 그 타당성을 가늠하는 불변의 기준이었다.[14]

마르실리우스에 있어서도 법률은 정치적·사회적 인간 행위의 객관적 규범이며, 이성이 법률의 본질적 일부라는 점은 의문의 여지가 없어 보였다. 사실 그를 '순수하고' '일관된' 법실정주의자(legal positivist)로 이해하

13) D. Luscombe, 'Natural morality and natural law,' CLMP, pp.705~707 ; A. McGrade, 'Rights and the philosophy of law,' CLMP, p.746.
14) Luscombe, 앞의 글, p.707 ; Ullmann, Idea of Law, pp.37~39 ; F. Oakley, Natural Law, Conciliarism and Consent in the Late Middle Ages (London, 1984), p.105 ; C. McIlwain, 앞의 책, pp.191~192 등 참조.

기에는, 그의 정치적 논술 전반에서 점하는 아리스토텔레스와 중세적 전제의 비중이 너무나 큰 것이었다.15) 이 점은 최근 네더만에 의해 집중적으로 조명되고 있는바, 그의 정치의식의 근저를 흐르는 키케로적 인식을 감안할 때 더욱 설득력을 가지게 되었다.16)

여기서 마르실리우스의 법률론을 분석하기에 앞서, 그것의 성격에 대한 지금까지의 대표적 연구 성과들을 검토해 두는 일이 논의의 지평과 쟁점을 분명히 할 것 같다. 먼저 라가르드(G. de Lagarde)는 마르실리우스의 법률 이론을 전형적 법실정주의로 규정하였다. '아퀴나스를 포함한 중세 아리스토텔레스주의자들에 있어서 법률의 유일한 형성인은 이성이었다. 실정법은 이미 실재하는 원리의 변화하는 실제들에 대한 단순한 개정이었다. 힘은 법률의 형성인이 아니었다. 그러나 마르실리우스는 명백히 의도적으로 이 점을 간과하였다. 그는 법률을 순전히 그것에 부여된 규제력의 관점에서 이해하였다. 마르실리우스에게 있어서 법률은 인간이 그것에 의해 처벌을 받지 않으려면 반드시 지켜야 하는 무엇이었다. 이보다 더 실정주의적인 법률 개념을 상정하기는 어렵다'17)라고 그는 판단하였다.

또한 지워쓰도 유사한 해석을 새로운 시각에서 표명하였다. '마르실리우스가 정당하게 제정된 법률의 합리성을 부정한 것은 아니었다. 그러나 그에게 있어서 법률을 형성하는 관건은 여전히 합리(*ratio*)가 아니라 강제력(*potentia coactivum*)이었다. …… 마르실리우스의 실정주의가 법률의 기초를 자의적 폭력에서 찾았다든가, 법률과 정의의 관계를 비본질적인 것으

---

15) Ullmann, 'Medieval Populism,' *The Listener* LXVI (1961), p.132 ; Lewis, 'The Positivism of Marsiglio of Padua,' *Speculum* 38 (1963), p.541.

16) C. J. Nederman, 'Nature, Sin and the Origins of Socities: the Ciceronian Tradition in Medieval Political Thought,' *Journal of the History of Ideas* 49 (1988), pp.3~26 ; 'Nature, Justice and Duty in the *Defensor Pacis*: Marsiglio of Padua's Ciceronian Impulse,' *Political Theory* 18 (1990), pp.615~637 ; 'Knowledge, Consent and the Critique of Political Representation in Marsiglio of Padua's *Defensor Pacis*,' *Political Studies* 39 (1991), pp.19~35 등 참조.

17) George de Lagarde, *La naissance de l'esprit laique au declin du moyen age* II *Marsile de Padue* (Paris, 1970), pp.165~166, 171.

로 간주했음을 의미하지는 않는다. 그러나 그는 법률이 반드시 정의로워야
한다는 원리를 보장하는 제도적 수단을 마련하지 않았다. 그는 정의가 아
니라 법률에 대해서 실정주의적이었다'라는 것이 지워쓰의 견해였다.18)

한편 숄츠는 마르실리우스의 법률론의 실정주의적 측면이 지나치게 확
대 해석되었다고 지적하는 동시에, 그의 법률 인식을 전통적인 중세 법률
개념으로부터는 상당히 이탈된 것으로 파악하였다. '마르실리우스는 아퀴
나스적 논리와는 달리, 초월적 절대적 원천이 아니라 인간입법권자의 의사
를 법률의 기초로 간주하였다. …… 그에 의하면 법률은 국가에 앞서 그리
고 국가 위에 존재하는 것이 아니었다. 그것은 오직 정치공동체인 인민집
단의 의사에 의해 결정되는 국가의 산물이었다. 그러나 동시에 그의 법률
론은 인민집단의 건강한 의사란 정의 및 사회적 공익(*iustum et civile
conferens*)을 본성적으로 욕구한다는 점을 전제하고 있다. 그리하여 법률
이 설령 외연적 강제력을 가졌다 하더라도, 이 전제에 부합하지 않는 경우
그것은 불완전할 수밖에 없었다'19)라고 평가하였다.

그러나 당뜨레브(A. D'Entrèves)는 마르실리우스의 견해를 실정주의보
다는 전통적 법률 개념을 세속화 내지 인간화시킨 주의주의적(voluntarist)
법률론으로 파악하였다. '강제적 지시(*praeceptum coactivum*)라는 법률의
형식적 요소가 마르실리우스에게 법률의 유일한 구성 요인은 아니었다. 법
률은 정의에 의해서도 마찬가지로 해명되고, 그 가치가 평가되어야 했다.
그러나 이 같은 표면상의 유보에도 불구하고, 마르실리우스의 인식은 전통
적 아퀴나스의 인식과는 정반대였다. …… 그에 의하면 입법권자의 의지야
말로 법률의 절대적 성격의 원천이었으며, 현세사에 관한 한 실제적 권한
은 오직 인정법에 속했다. 인정법만이 그 이름에 걸맞는 유일한 법률이었
다. …… 법률과 정의 모두에 있어서 인간의 의사 및 판단이 점하는 중요

18) Gewirth, *Marsilius of Padua*, pp.135~136.
19) R. Scholz, 'Marsilius von Padua und die Genesis des modernen Staatsbewusstseins,'
    Historische Zeitschrift CLIX (1937), pp.88~103. '마르실리우스는 마키아벨리로
    나아가게 될 도정의 출발점에 위치한다'라는 숄츠의 지적은 의미 깊다(p.99).

성에 대한 특징적 인식이 마르실리우스의 법률론의 고유한 성격이다'라고 당뜨레브는 해석하였다.[20]

끝으로 루이스에 의하면, 마르실리우스의 법률론은 그것이 왕왕 간주되어 온 바와 같은 실정적 혁명적 근대적인 것이 아니었으며, 또한 예외적으로 회의주의적이거나 세속주의적이지도 않았다. '전통적으로 정의와 공익의 결정이 한 개인의 판단에 맡겨져 온 데 비해, 그는 통합적 권위와 집중적 강제력을 보장하기 위해서 법률의 합리성을 확보하는 데 많은 관심을 기울였다. …… 그의 법률론의 독창성은 교회 정치의 현실적 모순들에 대한 불만 및 아리스토텔레스의 사상 그리고 중세 전통의 일부였던 법률적 신학적 개념 등과 같은 당대의 소재들을 대담하고 효율적으로 결합시킨 데 있다. 그의 논리의 가장 큰 맹점은 철저하게 중세적인 순수한 합리성 및 법률적 관계가 권력의 실제적 흐름을 규정한다는 전제를 지나치게 단순하게 수용하였다는 점에 있다. …… 그의 법률 개념은 기존의 중세적 전통들로부터 직접 유래되었다'[21]라고 루이스는 주장하였다.

이상의 연구성과들은 마르실리우스의 법률론의 성격에 대한, 다분히 대립적인 평가에도 불구하고, 우리들의 문제의식에 깊이를 더해 주고 있다. 이를 요약해 보면, (1) 마르실리우스는 강제력을 법률의 본질적 속성으로 이해하였다, (2) 그의 법률론의 역점은 토마스 아퀴나스에 의해 대변된 규범론적(normative) 합리주의적 법률사상과는 상당한 차이가 있다, (3) 그럼에도 불구하고 그의 논술은 법률의 정의로움·합리성·공익성 등에 관한 중세적 인식을 포함하고 있다 등이다.

또한 지금까지의 논의는 마르실리우스의 법률사상의 성격이 제대로 규명되기 위해 반드시 검토되어야 할 새로운 과제도 분명하게 드러냈다. 앞서의 연구자들은 전통적 중세 법률사상에 관한 한 공통된 태도를 가지고 있었다. 이들은 모두가 '법률이란 정의롭고 이성적인 객관적 질서의 표현

---

20) D'Entrèves, *Medieval Contribution to Political Thought* (New York, 1959), pp.61~64, 87.
21) Lewis, 'The Positivism of Marsiglio of Padua,' *Speculum* 38 (1963), pp.571, 582.

이다. 따라서 법률은 그것의 적용 과정에 수반되기 마련인 요소 즉 그것이 어떠한 성격의 명령인가 하는 점과는 무관한 가치의 규범이다'라는 인식과 '법률은 처벌을 수반하는 일종의 강제적 명령이다. 따라서 그것은 본질에 있어서 정치 권력을 가진 자의 의사에 다름 아니다'라는 인식이, 중세인들에 의해 상충적·양자택일적으로 이해되었다고 상정하였다. 과연 이것으로 충분할까.22)

이 글의 과제가 '다행히도' 중세 법률사상의 전통을 포괄적으로 해명하려는 것이 아니기 때문에, 이에 대한 본격적인 검토는 앞으로의 과제로 남겨둘 수밖에 없다. 그러나 중세 법률사상에 관한 지금까지의 이해가 가지는 한계에 대한 인식은 마르실리우스의 법률론의 진정한 재구성을 위한 하나의 의미 깊은 단서임이 분명하다. '마르실리우스의 법률 개념을 순수히 주의주의적이었다고 말하는 것은 성 토마스의 그것을 순수히 합리주의적이었다고 말하는 것만큼이나 오류이다. 마르실리우스의 법철학은 그의 고유한 언어들 속에 내포되어 있다'23)라는 모랄(J. Morrall)의 지적이 매우 유용한 지침인 이유도 여기에 있다. '보다 단순한 해석'을 강조했던 포스트 (G. Post)의 조언에 따라, 이제 마르실리우스의 논술 그 자체에 대한 분석에 입각하여 법률의 목표와 유형들에 관한 그의 견해의 성격을 검토해 보기로 하자.

---

22) 이 점에서 칸토(N. Cantor)의 '중세 정신의 통일성 내지 명료성이 아니라 오히려 그 복합성 내지 모순성이, 중세 세계 전반을 과거 어느 때보다 우리네 세계에 가깝게 만들고 있다'라는 지적은 매우 시사적이다. 중세 법률사상의 복합성에 대한 해명은 흥미롭고 도전적인 오늘날의 연구과제이다. Cantor, *Inventing the Middle Ages* (Cambridge, 1992), pp.29~30 ; Lewis, 앞의 글, p.543 참조. 르 고프(J. Le Goff)는 중세정신의 모호성과 역동성에 대한 역사학적 인식의 모형을 미슐레(J. Michelet)에게서 찾았다. '중세에 대한 미슐레의 추구는 동질성과 이질성에 대한 동시적 공감적 추구였다. 중세는 미슐레 자신에게서 가장 잘 반영된 「긴 역사」의 일부였다. 그는 우리들이 그러한 것과 마찬가지로 중세 그 자체였다'라는 지적은 탁월한 중세 인식의 한 예이다. J. Le Goff, *Time, Work & Culture in the Middle Ages*, tr. A. Goldhammer (Chicago, 1982), p.28.

23) Morrall, 앞의 책, 182쪽.

마르실리우스는 법률의 실재성과 필요성에 관한 한 조금도 의문을 제기하지 않았다. 그에 의하면 인간 결사체의 세 유형 가운데 가정(domus)은 법률을 가지지 않았고, 촌락(vicus)이 위자연법을 가졌음에 비해, 국가(civitas)는 인간 이성과 경험의 산물인 법률을 가지고 있었다. 국가가 완전한 공동체인 이유도 그것이 '좋은 삶'의 '완전한 규칙' 즉 법률을 가졌기 때문이었다.[24] 더욱이 그는 법률을 통치자가 인간의 사회적 행위들을 규제함에 있어서 반드시 갖추어야 할 형식(forma)으로,[25] 그리고 공동체의 모든 구성원들에게 예외 없이 적용되는 보편적 규칙(regula)[26]으로 간주하였다. 법률 없이는 이 땅에서의 삶의 목표와 그 조건인 정치적 평화가 성취될 수 없을 것이었다. '현세적 삶의 충족성을 성취하는 데 가장 중요한 실천적 문제가 바로 법률이다. …… 올바르게 제정된 법률이 삶의 보편적 충족성의 주된 부분을 이룬다. 반면에 올바르지 못한 법률 아래서는 참을 수 없는 노예상태, 억압 그리고 인간의 비참함이 야기될 것이며, 궁극적으로는 정치결사체의 해체가 초래될 것이다'[27]라는 것이 그의 견해였다.

또한 법률의 목표에 관해서도 그는 매우 분명한 생각을 가지고 있었다. '법률의 일차적 목표는 사회적 정의와 공공의 이익이고, 이차적 목표는 통치자의 안전, 특히 세습적으로 승계된 통치자의 안전 및 정부의 지속적인 유지다. …… 정치적 결사체 내의 사회적 판단은 법률 없이는 충분한 정의로움을 가질 수 없다.[28] …… 법률의 목표는 국가와 인민집단의 공공 이익이다'[29]라고 밝혔던 것이다. 그에 따르면 법률은 '좋은 삶'을 보장하기 위해서 정치공동체의 사회적 정의와 인민집단의 공공 이익 그리고 정부의

24) *DP* I, iii, 4.
25) *DP* I, x, 1 ; xiv, 10 ; xv, 12, 13.
26) *DP* I, x, 1 ; I, xii, 6.
27) *DP* I, xii, 7.
28) *DP* I, xi, 1.
29) *DP* I, xii, 5. 여기서 우리는 마르실리우스가 정부와 사회(인민집단)를 충분히 구분하지 않고, 사회적 정의와 공공 이익 그리고 통치자의 안전을 사실상 동일시했음을 확인할 수 있다. 바로 이 점이 그의 논술의 다의성과 시대성을 반영하고 있으며, 또한 이 점은 그의 정치사상의 성격에 관한 논쟁의 한 근거이기도 하다.

유지 및 통치자의 안전을 목표로 하고 있었다. 사실 마르실리우스의 모든 정치적 논술은, 법률이야말로 이 땅의 국가(civitas terrena)에서 발생하는 모든 분열을 방지하고 평화와 자유를 보존하는 진정하고 실제적인 규범이라는 신념에 입각한 것이었다.

그러나 정작 무엇이 법률인가에 대해서는 그 역시 다양한 견해가 있다고 밝히고, 먼저 법률의 의미를 크게 네 가지로 구분하였다.

> 첫째, 법률은 인간 또는 자연으로 하여금 일정한 행위 내지 욕구를 가지도록 하는 본성적·감성적 경향을 의미한다. …… 둘째, 법률은 그것으로부터 노동을 통해 사물의 형태가 만들어지는 인간 정신에 내재하는 사물의 표본 내지 모형에 관한 인식 및 생산활동의 습관(habitus)을 의미한다. …… 셋째, 법률은 내세에서의 영광 또는 징벌을 위해 인간의 의지적 행위들에 관한 명령·훈계·금지 등이 포함된 규범의 체계를 의미한다. 넷째, 법률은 무엇이 사회적 정의와 공익이며, 그 반대가 무엇인가에 관련된 지혜(scientia), 가르침(doctrina) 혹은 보편적 판단을 의미하는바, 이 같은 법률이 가장 잘 알려진 의미의 법률이다.[30]

이 네 유형의 법률들 가운데, 첫째 유형의 법률은 아퀴나스류의 자연법 개념과, 그리고 둘째 유형의 법률은 그의 영원법 개념과 각각 약간의 상관성을 가지고 있는 것처럼 보인다.[31] 그러나 이들 두 유형의 법률에 관한 한 마르실리우스는 언급만 했을 뿐 세밀한 논의는 의도적으로 회피하였다. 그리하여 그에게 있어서 법률은 사실상 신법과 인정법이었다고 해석하더라도 크게 무리는 없을 것 같다.[32] 단지 간과하기 어려운 점은 셋째 의미

---

30) DP I, x, 3.
31) 이 점은 아퀴나스에 의해 대변된 '4 유형의 법률'이라는 중세적 전통이 '외형상' 유지되고 있음을 드러낸다. 그러나 마르실리우스는 이들 4 유형 사이에 유지되었던 전통적인 논리적 관계와 법체계에 대한 인식은 전혀 수용하지 않았다.
32) DP II, ix, 12 참조. 『소수호자』는 법률을 명시적으로 신법과 인정법으로 구분하고 이들을 다음과 같이 정의하였다. 첫째, 신법은 인간이 추구하는 내세에서의 최선의 목표 내지 상황을 위해, 이 땅에서 행하거나 행하지 말아야 할 인간의 의지적

의 법률 즉 신법의 예로서 '마호메트의 법'과 '페르시아의 법' 등이 제시되었다는 사실이다. 중세적 신법 통념이 그리스도교적 신법만이 진리임을 전제하였던 만큼, 그의 신법 개념은 애초부터 독보적인 함의를 지니고 있었다고 하겠다.

마르실리우스에 따르면, 넷째 의미의 법률 즉 현세적·사회적 정의와 공익에 관한 지혜, 가르침 또는 보편적 판단들이 인정법이었다. 그는 이를 다시 두 가지로 세분하였다.[33]

하나는 본질에 있어서 무엇이 정의이고 또 불의인가, 그리고 무엇이 유익하고 해로운가를 단지 제시하는 것으로서, 이 경우 인정법은 정의(jus)에 대한 지혜 내지 가르침을 의미한다.[34] 그리고 다른 하나는 그것의 준수를 강제력을 가지고, 이 땅에서의 보상 또는 형벌을 통해 요구하는 명령으로 이해될 수 있다. 이같이 이해된 법률이 가장 적확한 의미의 법률이다.

그러니까 마르실리우스의 인정법 개념에는 다의적 요소들이 처음부터 내재되어 있었다. 인정법이란 무엇이 정의인가에 대한 가르침인 동시에, '가장 적확하게는', 그것의 준수가 보상 또는 형벌에 의해 강제되는 명령이기도 했던 것이다. 그의 독보적인 신법 개념 및 이같이 다의적인 인정법론의 성격을 우리는 어떻게 규정해야 할까.

행위들에 관해서, 인간의 판단과는 무관하게 주어진 신의 직접적 지시이다(DM i, 2). 둘째, 인정법은 시민단 전체(universitas civium) 또는 그 중요 부분(valentior pars)의 지시이다. 인정법은 인간이 이 땅에서 추구하는 최선의 목표 내지 상황을 위해, 현세에서 행하거나 행하지 말아야 할 인간의 의지적 행위들에 관해서, 그리고 직접적인 인간의 판단에 의해서, 반드시 제정되어야 한다(DM i, 4).

33) DP I, x, 4.
34) 이에 관해서는 제1장 용어 해설 ; Lewis, 앞의 글, p.547 ; Gewirth, 앞의 책 II, xxxv ; Morrall, 앞의 책, p.118 등 참조.

3. 신법

1) 협의의 신법

법률을 사실상 신법과 인정법으로 구분하였던 마르실리우스는, 신법을 '내세에서의 삶을 위해 이 땅에서 행하거나 행하지 말아야 할, 인간의 의지적 행위들에 관한 신의 직접적 지시'[35]로 규정하고, 여기에 모세의 법, 복음의 법, 마호메트의 법, 페르시아의 법 등을 포함시켰다.[36] 중세적 전통에 따르면 신법은, (1) 그리스도교적 구원의 계시적 규범, (2) 최고의 종교적·도덕적 가치의 체계, (3) 신에 의해 명령된 자명하고 이성적인 모든 인간 행위의 원리, (4) 교회법과 교황령 그리고 성서적 원리 등의 총체가 그것이었다.[37] 그러니까 마르실리우스의 신법 인식은 그리스도교적 신법이 아닌 신법들도 상정되었다는 점에서, 외형상 중세적 신법 개념에 비해 포괄적인 것이 사실이다. 그러나 이 외형적 포괄성은, 그가 신법을 중세적 전통의 그것과 처음부터 달리 이해하였다는 점을 드러내는 것 이상으로, 어떤 구체적인 내용을 담고 있는 것 같지는 않다.

그는 그리스도교적 신법 이외의 것들을 오류로 단정했으며,[38] 신법의 당연한 일부였던 '구약 성서의 법'에 관해서도 이것이 그리스도의 도래와 더불어 철회되었다고 밝히고,[39] 이에 관한 검토를 일축하였다.[40] 또한 그는 당시 광범위하게 영생의 지침 및 현세사의 분쟁 해결을 위한 축약된 규범으로 각각 간주되어 온 '모세의 법'과 '십계명'(*Decalogue*)에 대해서도, 이들이 제식적(ceremonial)·법률적 명령임을 인정하지 않았다.[41] '그리스도

---

35) *DM* i, 2 ; xiii, 3 등.
36) *DP* I, x, 3.
37) Ullmann, *Idea of Law*, xxviii, pp.46, 48, 54, 58 ; *Medieval Papalism* (London, 1949), ch.3 ; Lewis, 앞의 글, p.553 등 참조. 중세 교회법학자들은 흔히 '*lex divina*', 또는 '*ius nasturale et divinium*'으로 표기하였다.
38) *DP* I, v, 13 ; I, x, 3 ; II, viii, 4.
39) *DP* II, ix, 10.
40) *DP* II, iii, 9 참조.
41) *DP* II, ix, 9~11.

는 이 같은 명령의 어느 것도 복음의 법으로 제시하지 않았다'42)는 것이
그의 태도였다.

뿐만 아니라 마르실리우스는 교황의 권위에 입각하였던 교회법과 교황
령 역시 신법적 규범이 아니라고 주장하였다. '이는 신법도 인정법도 아니
다. 이는 그리스도교 인간입법권자 또는 그 통치자의 승인 없이, 교황이 자
신의 성직자들과 함께 스스로 제정했다. 따라서 이는 누구에게도, 특히 이
땅에서, 유죄 또는 징벌을 강제할 수 없다'43)는 것이 그 이유였다. 교회법
과 교황령은 정당한 입법권자인 그리스도교 인간입법권자에 의해 제정되
지 않았으므로, 그 자체로서 법률이 될 수 없으며,44) 신이 그 제정자인 신
법은 더욱이 아니었던 것이다.

오히려 그는 교회법과 교황령이 개인 또는 소수집단에 의해 발견되고
기록된 '인위적' '과두적' 문서이며,45) 오류의 가능성이 있고,46) 모든 사람
에게 간교한 언어로 그것의 준수를 부추길 뿐만 아니라, 그것의 단순한 위
반자들을 영원한 정죄로 위협하고 있으며,47) 그 목표는 오직 교황의 권한
을 교사하는 것48)이라고 주장하였다. 반교황권주의자라는 점에서 정치적
입지가 다를 바 없었던 단테조차 교회법에 대한 외경을 감추지 않았다는
사실49)을 감안한다면, 마르실리우스의 이러한 시각은 매우 독특한 예에 속
한다고 하겠다.

마르실리우스는 신법을 복음의 법,50) 은총의 법,51) 새로운 법52) 및 영원

---

42) *DP* II, ix, 9.
43) *DP* II, xx, viii, 29 ; *DM*, xiv, 2.
44) *DP* I, x, 5에서는 '교황령'(*decretalis*)을 인정법의 일부로 포함하였다. 그러나 이
    경우에도 마르실리우스는 '교황령'은 강제력을 결여하기 때문에 '정확한 의미의
    인정법'은 아님을 분명히 하였다.
45) *DP* II, v, 5 ; II, xxviii, 29.
46) *DP* II, xix, 4, 6.
47) *DP* II, xxviii, 29.
48) *DP* II, xxiii, 13.
49) A. Dante, *De Monarchia* III, iii.
50) *DP* I, vi, 4, 7, 8 ; I, x, 3 ; II, ix, 3, 6, 9~12 등.

한 구원의 법53) 등으로 다양하게 표기하였다. 그러나 그의 신법은 무엇보다도 그리스도에 의해 제정되고 판단되는 복음의 법(lex evangelica)이었다.54) 그런데 이 복음의 법이란 신의 직접적 영감에 의해 기록된, 성서의 무오류한 조언과 명령들로서,55) 특히 구약 성서의 법인 '구법'(lex vetus)이 아니라, 신약 성서의 법인 '새로운 법'(lex nova)이 여기에 해당하였다.56) 결국 그의 신법은 인간 구원에 필요한 신약 성서와 그리스도의 지시들로서, 이는 자구적 해석에 의해 그 실체가 확인되어야 하는 협량한 의미의 복음의 법이었던 것이다.57)

이 같은 이해는 교황권주의자들은 물론 아퀴나스의 그것과도 상당한 차이가 있다. 아퀴나스의 신법은 인간 상호간의 관계를 설정해 주는 인정법과는 달리, 신과 인간의 관계 및 인간 상호간의 관계 모두에서 인간의 위치를 설정해 주는 것이었다. 따라서 신법은 인간의 내면적 행위와 외연적 행위 그리고 현세적인 것과 내세적인 것을 두루 포괄하는 가치의 규범이었다. 마르실리우스와 마찬가지로 신법을 '구법'과 '새로운 법'으로 구분했던 그는, 특히 후자의 속성을 '모든 인간의 가슴에 부여된 초자연적 은총'으로 파악하였다. 문자를 통해서 명시적으로 확인되는, 성문화된 법이란 신법의 부차적 속성에 불과하다는 것이었다.

그러나 신법의 본질을 '은총'으로 이해했던 아퀴나스와는 달리, 마르실리우스는 신법을 기본적으로 '인간 행위의 규칙'으로 간주하였다.

> 복음의 법은 그리스도에 의해 부여되고 확정된 법률로서, 내세에서의 삶의 조건을 위한 이 땅에서의 삶과 생활에 관한 것이며, 인간 정신에 실제적

51) *DP* I, vi, 4 ; II, ix, 10.
52) *DP* II, v, 4, 5.
53) *DP* II, xv, 1, 2.
54) *DP* I, vi, 4 ; II, ix, 1, 3.
55) *DP* II, xix, 4, 6 등.
56) *DP* II, ix, 3.
57) *DP* II, iv, 2 ; II, vi, 1 ; II, xvi, 6, 10 ; II, xxii, 20 ; II, xxviii, 6, 16, 24, 26 ; II, xix, 2.

힘을 가진다. 이 법은 인간의 의지적 행위에 관한 규칙으로서 외연적 행위
와 내면적 행위 모두가 여기에 속한다. 또한 이 법은 현세적 삶에서 이를
준수하거나 위반한 자들의 공과와 득실에 따라, 이 땅에서가 아니라 내세
에서 주어질 형벌과 보상을 결정하는 강제적 규칙이다.58)

그에 의하면 신법은 '영생을 얻는 데 필요한, 인간의 의지적 행위에 관한
규칙'이었다. 그러니까 신법이 인간 행위의 규칙인 것은 사실이지마는, 그
러나 그것은 현세적 삶의 조건 즉 이 땅에서의 삶의 충족성에 비추어 인간
의 사회적 행위들을 조절하는 규칙은 아니었다. 그것의 실제적 힘은 인간
의 정신적 영역에 속하며, 내세에서의 삶의 조건을 위한 것이고, 영생 또는
영벌과 같은 이에 따른 보상과 형벌도 내세에서 주어질 것이었다. '누가 나
를 너희들의 재판관으로 만들었느냐 …… 내 왕국은 이 땅에 속한 것이 아
니다'라는 그리스도의 언명이 신법의 이 같은 성격을 여지없이 드러낸다고
그는 생각하였다.59)

그렇다고 해서 마르실리우스가 신법의 법률성(legality)을 부정한 것은
물론 아니었다. 법률을 '징벌의 위협에 입각한 인간 행위의 강제적 규범'60)
으로 파악하였던 그는 신법의 법률성을 이렇게 설명하고 있다.

  복음의 법은 두 가지 방식으로 인간과 관계를 맺는다. 첫째, 신법은 인간
의 현세적 삶과 결부될 수 있다. 이 경우 그것은 엄밀한 의미의 법률이라기
보다는 삶의 여건에 대한 이론적 실제적 가르침에 가깝다. 복음의 가르침
은 이 땅의 누구에게도 그것의 준수를 강요하지 않는다. 따라서 현세적 삶
과 결부된 신법은 법률이 아니라 가르침으로 이해되어야 한다. …… 둘째,
신법은 내세적 삶과 결부되어 있다. 현세가 아니라 내세에서만 이 땅에서
신법을 위반한 자들이 징벌을 받게 될 것이다. 내세적 삶과 결부된 신법은

58) *DP* II, viii, 5.
59) *DP* II, iv, 3, 4.
60) *DP* I, x, 4, 5 ; II, viii, 4 ; II, ix, 3 ; II, x, 8 등. *DM*, xiii, 3에서 마르실리우스는
'법률이란 엄밀히 말해서 그 위반자에 대한 징벌의 위협을 통해, 인간 행위가 행해
지거나 행해지지 않도록 하는 강제적 지시이다'라고 밝혔다.

엄밀한 의미에서 강제력을 갖춘 법률이며, 이 경우 재판관은 주교 또는 성
직자가 아니라, 신법의 직접적 제정자인 오직 그리스도이다.[61]

마르실리우스에 있어서도 신법은 '그것의 위반자들을 예외 없이 판단·
교정·징벌하는 법률이었다.'[62] 그러나 인간의 삶이 현세의 삶과 내세의
삶으로 엄연히 구별되듯이, 신법과 인간의 관계도 현세에서의 그것과 내세
에서의 그것이 판이하게 달랐다. 그에 의하면 신법의 재판관은 교황이나
성직자가 아니라 오직 그리스도이며, 그리스도에 의한 판단·교정·징벌
은 이 땅에 속한 것이 아니었다. 아니, 이 땅에 속할 수 없었다. 따라서 '엄
밀한 의미에서' 강제력을 갖춘 법률인 신법의 법률성은 오직 내세의 삶에
만 실효성 있게 적용될 수밖에 없다는 것이다.

다시 말해서 이 땅에서의 삶에 관한 한, 신법은 여하한 의미에서도 그것
의 준수를 강요하지 않는 단지 '가르침'이었다. 그리하여 엄밀한 의미에서
그것의 법률성은 현세적인 것이 아니었다. 신법적 정의 내지 질서의 추구
가 자명한 삶과 정치의 원리였던 중세 그리스도교 사회에서, '인간 행위의
진정한 규칙'인 신법이 가지게 마련이었던 규제적 현세적 함의를 마르실리
우스는 신법의 법률성을 부정하지 않은 채 사실상 완전히 배제하였다. 그
에게 있어서 신법은 엄격히 비현세적·비규제적·비독점적인 '복음의 가
르침'(docrtina evangelica)이었다. 마르실리우스의 신법 개념이 가지는 독
창성의 근거가 여기에 있다. 종교적 도덕적 규범일 뿐만 아니라, 마땅히 추
구되어야 할 공인된 정치 원리이기도 했던 신법의 '탈정치화'가 바로 협량
하게 이해된 그의 신법의 일차적 성격이다.

2) 비강제성

법의 본질과 형태에 관한 한, 마르실리우스와 중세 아리스토텔레스주의

---

61) *DP* II, ix, 3.
62) *DP* II, x, 2.

자들은 광범위한 공통 인식을 가지고 있었다. 이들 모두에게 신법은 인간 구원의 원리였으며, 인간의 외연적 행위와 내면적 행위를 동시에 포괄하는 규범이었고, 또한 그것은 구법(lex vetus)과 새로운 법(lex nova)으로 구분될 수 있었다. 그러나 구법과 새로운 법을 각각 '공포' 및 '사랑'이라는 인간의 내면적 동기 내지 도덕적 가치를 중심으로 구분했던 아퀴나스와는 달리, 마르실리우스는 신법을 그것의 준수 여부에 따라 초래될 보상 혹은 징벌의 성격을 중심으로 이해하였다. 그러니까 신법에 대한 마르실리우스의 논의의 지평은, 신법 역시 인간 행위의 규칙임을 전제하고 그것이 어떠한 성격의 규칙인가를 해명하는 데 있었다.

그에 따르면 '인간 행위의 규칙'이란, 더욱이 그것이 법률인 경우, 이 땅에서의 인간의 삶과 실제 생활에 관한 명령·금지·조언 등이 당연히 포함되어야 하고, 이에 대한 준수 혹은 위반은 마땅히 응분의 보상 혹은 징벌을 수반해야 하며, 그것도 강제적으로 실천되어야 했다.63) 신법도 이 점에 있어서는 예외가 아니었다.

> 법률은 엄밀히 말해서 그것의 위반자들에 대해 징벌의 위협을 수반하는, 인간 행위의 책무 또는 과실에 관한 강제적 규칙이다. 신법은 내세에서의 목표를 추구하기 위해 신에 의해 직접 제정된 강제적 규칙이며, 또한 신법은 위반자들에 대해 이 땅에서가 아니라 오직 내세에서 부여될 징벌의 위협을 수반한다.64)

앞서도 지적한 바와 같이, 내세적 삶에 관한 한 신법의 법률성은 조금도 의문의 여지가 없었다. 그러나 현세적 삶에 관한 한 신법은 인간 행위의 강제적 규칙(regula coactiva)이 아니었다. 마르실리우스의 주된 논의의 지평이 가치규범으로서의 신법이 아니라 신법의 법률적 실효성에 대한 검토였던 만큼, 그의 '탈정치적' 신법 개념의 핵심은 신법이란 인간 행위에 관

---

63) *DP* II, xii, 3~5.
64) *DM*, xiii, 3, 4.

한 가르침일 뿐, 비강제성이 그것의 본질이다는 점에 있었다.

그렇다면 이 '신법의 비강제성 원리'는 어떤 함의를 가지고 있을까. (1) 이는 그리스도교 신앙의 본질에 관한 마르실리우스의 기본 시각을 드러내고 있다. 그는 그리스도교적 복음의 본질을 지배나 강제가 아니라 해방과 자유의 원리65)로 인식하였다. 그리하여 '그리스도의 자비는 모든 인간에게 삶의 마지막 순간까지 회심의 기회를 준다'66)고 그는 생각하였다. 그에 의하면, '만약 복음의 법이 어떠한 형태로든 강제되는 경우, 신적 정의와 약속은 결국 소멸될 것'67)이며, '신법의 강제력이 현세적인 경우, 그것은 신법의 본성과 목표 그 자체에 위배될 것'이었다.68) 신법은 복음의 법이며, 복음의 본질은 자유와 해방이기 때문이었다.

(2) 중세적 전통에 비추어 볼 때, 신법의 비강제성 원리는 일견 복음의 절대적 가치에 대한 비판으로 보일 수 있었던 것도 사실이다. 그러나 마르실리우스에 있어서 그 의미는 오히려 정반대였다. 복음과 정신사에 관한 한, 그는 강제력과 자율적 의사를 대립적으로 파악하고, 후자의 가치를 보다 우월한 것으로 간주하였다.69) 그리하여 인간 구원의 성취라는 복음과 신법의 목표는 '강제에 의해서가 아니라 자발적 의사를 통해서 비로소 제대로 이룩될 수 있다'70)라고 생각하였다. 그에 의하면 신법적 영역 즉 인간의 구원과 정신사란 인정적 권위나 규범에 의해서 강제될 수 있는 지평의 것이 아니었다. 오히려 그것은 '보다 고귀한 것들을 열망하는'71) 인간 본성의 종국적 목표였다. 따라서 인간의 본성적 욕구에 대한 신뢰 및 인간의 자유의지에 대한 소박한 낙관이 그의 비강제적 신법 개념의 기초였다. 다시 말하면 그리스도교적 구원과 정신사의 본원적 가치 그리고 인간 본성

---

65) *DP* II, iv, 13 ; II, v, 6 ; II, ix, 3~5.
66) *DP* II, ix, 1.
67) *DP* II, vii, 3.
68) *DP* II, ii, 6 ; II, ix, 2, 4.
69) *DP* II, xxx, 3, 4 등.
70) *DP* II, v, 6 ; II, ix, 2, 4, 6.
71) *DP* I, vii, 1.

의 고귀함에 대한 확고한 신념이 그의 비강제적 신법 인식의 변함없는 전제였던 것이다.

(3) 기본적으로 신법은 정신사에 관한 규칙이었다. 그런데 정신사와 현세사란 외견상 그렇게 보이는 것처럼, 인간의 구체적 행위에 있어서 확연히 구별되는 것이 아니다. 물론 이 같은 구분은 매우 전통적인 것이며, 마르실리우스도 이를 수용하였다.72) 그러나 그는 정신사의 영역을 극히 좁게 설정했을 뿐더러, 이단사상과 같은 전형적인 정신사조차 현세사의 일부로 간주하였다. 실제로 그는 그리스도교적 진리에 반하는 이단자들에 대한 강제적 파문과 심지어 처형조차도 변론하였다.73) 그가 역설한 것은 '이단에 대한 합법적 강제권이 교황과 사제집단에 속한 것이 아니라, 오직 인간입법권자에게 속한다'74)는 점이었지, 이단사상에 대한 정치적·무력적 강제가 신법의 비강제성 원칙에 위배된다고는 전혀 생각하지 않았다.75) 이단의 문제는 정신사가 아니라 현세사의 일부이기 때문이었다.

지워쓰는 이 점에 관하여, '정신사의 자발성과 이에 대한 인정법적 강제가 동시에 용인되었다는 점에서, 마르실리우스의 논리에는 명백히 자기 모순적인 요소가 있다'라고 평한 바 있다.76) 그러나 인간의 행위를 정신사와 현세사로 구별하는 것은, 특정 행위의 본질이 그러해서라기보다 다분히 이를 규정하는 시각의 차이를 반영하는 것이 아닐까. 성직자의 임명, 교회 재산의 처리, 이단사상, 혼인문제 등과 같이 교황권주의자들에 의해 철저하게 정신사로, 그리하여 당연히 신법의 영역에 속했던 인간 행위조차 마르

---

72) *DP* I, iv, 3 ; I, v, 2 ; I, vi, 1 ; II, ii, 4~5 ; II, viii, 3 ; 제1장 용어 해설 및 본장 2절 주 69~72 참조.

73) *DP* II, vi, 12~13 ; *DM*, x, 5~6.

74) *DP* II, v, 7.

75) *DP* II, ix, 7 ; II, x, 3, 6, 8 ; II, xxv, 7 ; II, xxviii, 15 ; III, ii, 30 등.

76) Gewirth, *Marsilius of Padua* I, pp.161, 165~166. 이 같은 평가는 충분히 이해될 만하다. 그러나 마르실리우스에 있어서 '이단에 대한 파문과 처형'이 지워쓰가 평하는 것처럼 '정신사에 대한 인정법적 강제였을까' 하는 점은 의심스럽다. 필자는 이를 '이단사상조차 현세사의 일부였기 때문에, 이에 대한 정치적·무력적 강제도 결국 합법적일 수 있었다'라고 해석하는 것이 보다 타당하다고 생각한다.

실리우스에 의해서는 완전한 의미에서 인정법의 영역에 속하는 현세사의 일부로 간주될 수 있었다.

(4) 마르실리우스의 신법은 말하자면 '일종의' 강제적 규칙이었다. 신법은 인정법의 토대로서 '인간을 매체로 해서 일하는' 신의 뜻에 따라,[77] 인정법의 형태로 인간 행위를 강제할 수 있었다. 이 경우 인정법의 강제력은 신법의 강제력의 한 결과였다.[78] 문제는 신법과 인정법이 일치하지 않는 경우이겠는데, 이 때도 신법의 비강제성은 그것의 강제적 적용이 단지 내세로 유보되었음을 의미할 따름이었다.[79] 신법의 법률성 즉 신법적 판단에 따른 인간 행위에 대한 보상과 징벌의 부과 예컨대 영생과 영벌 등은 내세에서 강제적일 것이었다.

'그리스도교의 본질은 자유의 원리이다'라는 신조는 마르실리우스에 있어서 비강제적 신법의 부동의 기초였다. 그는 복음에 의한 인간 구원 및 정신사의 본원적 우선적 가치를 충분히 인정하면서도, 이를 향한 인간의 본성적 욕구 내지 자유로운 선택을 신뢰하였다. 또한 그는 신법적 정신사를 단지 '인간 구원에 필요한 가르침과 성사의 집행'[80]에로 자구적으로 한정하였다. 그리하여 그는 이 땅의 삶에 관한 한, 정신사로 간주되어 온 사실상 거의 모든 인간 행위들을 현세사의 일부 즉 인정법적 영역에 포함시켰다. 인간 행위의 강제적 규칙으로서의 신법의 강제력은 현세에서는 인정법의 형태를 통해서, 그리고 내세에서는 '오직 신에 의해 판단된' 응분의 보상과 형벌을 통해서 '강제적'으로 실천될 것이었다. 그러나 이 같은 해명만으로 마르실리우스 특유의 '신법의 비강제성 원리'의 함의가 충분히 드러나는 것 같지는 않다. 그것의 성격은 중세적 신법 개념과의 관계를 통해서 그리고 당대적 맥락에 의해서도 마땅히 규명되어야 한다.

---

77) *DP* I, ix, 2.
78) *DP* II, ix, 11 ; *DM*, viii, 3.
79) *DP* I, v, 11 ; II, ix, 3, 11 ; *DM*, i, 2 ; xiii, 3, 9.
80) *DP* II, viii, 5 ; II, ix, 2.

3) 논쟁성

마르실리우스의 탈정치적 비강제적 신법은 다시 두 측면에서 그 기본
성격이 검토될 수 있다. 하나는 그것이 과연 근대적 의미의 회의주의 정신
및 신앙의 자유와 결부될 수 있을까 하는 점이며, 다른 하나는 그것이 당
대의 신법 개념과는 과연 어떻게 달랐던가 하는 점이다. 먼저 '개인들은 신
앙에 관해서 자신이 원하는 바를 가르칠 수 있도록 허용되어야 한다'[81]라
는 마르실리우스의 충격적인 고백은, 에머튼 등이 오랫동안 그를 신앙의
자유를 향한 근대 종교개혁운동의 선구자로 해석하여 온 한 근거였다.[82]
그가 신앙의 문제를 계서적 교회조직에 의해 독점적으로 운용할 성격의
것으로 이해하지 않았음은 분명하다.

> 만약 인정법이 이단과 이교도를 금지하는 경우, 이들에 대한 징벌은 인정
> 법에 의해 반드시 강제되어야 한다. …… 그러나 오늘날의 그리스도교 사
> 회가 그러한 것처럼, 만약 인정법이 이단과 이교도가 그리스도교 신도와
> 한 나라에서 함께 생활하는 것을 금지하지 않는 경우, 누구도 이들의 인신
> 과 재산에 대해 현세적 징벌을 강제해서는 안 된다.[83]

마르실리우스는 그리스도교 사회와 이단 및 이교도들의 공존 가능성을
'인정법이 허용하는 바에 따라' 사실상 수용하였다.[84] 그러나 앞서의 인용
문의 주된 논지는, 신앙이 신도집단의 현세적 삶의 문제와 관련되는 한, 신
앙의 문제에 관해서도 성직자 집단이 아니라 그리스도교 인간입법권자의
의사 즉 인정법적 판단이 반드시 존중되어야 한다는 데 있다. 그러나 그의

---

81) *DP* II, xxviii, 17.
82) 제2장 1절 주 9~11 참조.
83) *DP* II, x, 3.
84) 마르실리우스가 언급한 이 '다원적 종교 사회'의 가능성으로부터 종교적 관용사상
   의 맹아를 추적해 보는 일은 흥미로운 작업이 될 수 있다. D, Webb, 'The
   Possibility of Toleration; Marsiglio and the City States of Italy,' *Studies in
   Church History* 21 (1984), pp.99~113은 좋은 예이다.

이 같은 지적이 당대의 그리스도교 사회가 평화를 유지하기 위해서는 그 구성원들의 관계가 공존적이어야 함을 단순히 이성적으로 확인하는 지평을 넘어서, 이단과 이교도들의 신앙에 비추어 그리스도교 신앙을 상대화하였다고 보기는 어렵지 않을까.

사실 필자는 마르실리우스에게서 그리스도교 신앙의 보편적 절대성을 회의하였다거나, 가톨릭적 그리스도교와는 구별되는 신앙적 대안을 모색하였다는 어떠한 구체적 단서도 읽을 수 없었다. 교황의 현세권 등에 대한 철저한 부정에도 불구하고, 여전히 그는 그리스도교만이 진리이며, 가톨릭적 그리스도교밖에는 인간의 구원이 없고, 자신이 충직한 가톨릭적 신앙의 소유자임을 거듭 고백하였다.[85] 그는 '신법에 의한 영원한 벌이 이 땅에서의 여하한 재난보다 심각한 것이며[86] …… 내세에서의 징벌의 위협이 자신의 그리스도교 신앙의 한 동기'[87]라고 밝힐 정도였다. 당대의 상황으로 보아 그는 조금도 예외적이 아닌 신앙심의 소유자가 아니었을까. 필자는 마르실리우스의 '탈정치적' '비강제적 신법' 인식을 그리스도교에 대한 회의주의 정신 내지 개인주의적 그리스도교의 추구로 확대 해석하기는 어렵다고 생각한다. 그의 주장은 오히려 복음의 자발성과 인간의 고귀함에 대한 소박한 신앙을 반영하고 있다는 것이 필자의 견해이다.

이제 마르실리우스가 강조한 신법의 비강제성이 중세적 신법 개념과 어떻게 달랐던가 하는 점을 검토해 볼 차례이다. 그의 신법은 정치적 강제력이 현세에서 잠시 유보되었을 뿐, 여전히 인간 행위의 포괄적 규범이었다. 또한 그것은 인간 구원의 성취를 위한 가르침이라는 점에서 종교적 도덕적 규범이었다. 사실 신법의 탈정치적 비강제성은 마르실리우스 스스로 논거로 활용하였듯이 성서적 원리였고, 교부들의 가르침이었으며, 특히 이는 12세기의 개혁주의 신학자 성 베르나르(St. Bernard of Clairvaux)의 일관된 견해였다.[88] 또한 신법의 비강제성 및 그리스도교 신앙의 비현세성은

85) DP I, v, 14 ; III, 3.
86) DP II, xvii, 11 ; II, xx, 1, 4.
87) DP II, vii, 4 ; II, x, 2.

13세기의 교회법학자와 신학자들에 의해서도 광범위하게 수용된 법률적
신학적 원리였다.[89]

　　인간 사회에 있어서 강제력은 사회적 권한에 의하지 않고는 누구도 이를
　　주장할 수 없다.[90] …… 신법은 징벌에 대한 공포에 의해서가 아니라 덕성
　　에 대한 사랑을 통해서 그것의 준수를 계도한다. 영원한 삶의 성취는 강제
　　가 아니라 자발적 행위를 요구한다.[91]

아퀴나스의 이 같은 견해와 마르실리우스가 밝힌 신법의 비강제성이 본
질에서 어떻게 구별될 수 있을까. 필자로서는 마르실리우스의 지론이 중세
적 신법 개념과 반드시 상충된다고 해석하여야 할 충분한 근거를 가지고
있지 못하다. 그러나 동시에 이 점이 마르실리우스의 신법론의 고유한 성
격을 제한한다고는 생각하지 않는다. 단지 필자는 그의 신법론의 성격 역
시 당대의 정치적 맥락을 통해서 비로소 제대로 해명될 수 있다고 생각할
따름이다. 이에 필자는 그것의 고유한 함의를 인민주의, 반교황권주의 그
리고 속권주의적 지향에서 찾고자 한다.
　　마르실리우스의 법률론의 출발점은 신법의 제정자는 오직 신이며, 인간
입법권자는 단지 인정법을 제정한다는 데 있었다. 그런데 인간입법권자란
인민집단 전체였고, 그리스도교 사회의 인민집단이란 사실상 신도집단이
며, 결국 이는 그리스도교 인간입법권자를 의미하였다.[92] 그리하여 정신사
에 관한 판단과 강제는 오직 신 자체에 속할 뿐 인간입법권자에게 속하는
것이 아니지만, 그러나 신법의 가르침이 무엇인가를 해석하는 권한은 엄격
히 '그리스도교 인간입법권자인 신도집단 전체, 혹은 이들에 의해 선정되

88) 마르실리우스의 성 베르나르에 대한 인용은 매우 광범위하다. 특히 *DP* II, xxvi,
　　18 ; II, xxvii, 11, 12 등 참조.
89) Lewis, 앞의 글, pp.577~582, 특히 574~575.
90) *ST* II, 2, q.66, a.8.
91) *ST* II, 2, q.107, a.1, ad.2.
92) *DP* II, xvii, 9에서 처음 명시적으로 지적된 이후 이 점은 거듭 확인된다.

고, 평신도와 사제 모두로 구성되는, 전체 공의회에 속한다'[93]라고 그는 주장하였다. 그에 의하면 본원적으로 교회(ecclesia)란, 중세적 통념과는 달리, 성직자집단이 아니라 신도집단 전체를 의미하였다.[94] 따라서 교회 전반에 관련되는 신법에 대한 해석의 권한도 마땅히 신도집단 전체에 속해야 하였던 것이다.

누구도 우리가 신법을 인정법에 복속시켰다고는 말하지 못하게 하자. 인간입법권자는 올바르게 명령하고 있고, 명령할 수 있다. 그리하여 정신사에 관한 어떠한 비합법적인 것도 이들에 의해 행해지지는 않는다. 인간입법권자는 신성한 권한을 도용하는 것이 아니라, 그것의 보조자이다.[95]

신법의 비강제성은 이 땅에서의 신의 보조자인 인간입법권자 즉 신도집단의 강제적 명령을 통해서 제대로 보완될 수 있다고 마르실리우스는 밝히고 있다. '신은 인간을 통해서 일한다'라는 그의 일관된 명제는, 법률론에 관한 한 속인과 사제 모두에 대해서 그리고 '사실상 모든 정신사와 현세사에 있어서,' 올바르게 해석하고 명령하는 그리스도교 인간입법권자의 신법적 역할을 의미하였다. 그리스도교 정치공동체가 그의 신법론의 전제였으며, '인간입법권자는 신의 보조자이다'라는 인민집단에 대한 외경과 낙관적 신뢰가, 신법을 인정법에 복속시키지 않고 그것의 법률성을 이 땅에서 보장하는 관건이었다.

인민집단에 대한 이 같은 신뢰가 외견상 단순해 보이는 것은 사실이다. 그러나 그것의 현장적 함의가 반드시 소박했던 것 같지는 않다. 이제 그의 치열한 반교황권주의를 검토해 보자. 중세적 전통에 따르면, 현세사에 대한 신법적 판단은 성스러운 지혜와 분별력을 갖춘 성직자 집단의 고유하고 독점적인 권한에 속했다. 그러나 마르실리우스에 의하면, '정신사에 관

---

93) *DP* II, xix, 3 ; II, xx, 2, 5 ; II, xxi, 4 ; *DM*, xv, 3.
94) *DP* II, ii, 2, 3 ; II, vi, 13.
95) *DM*, xv, 4.

해 어떠한 비합법적인 것도 행하지 않는' 인간입법자란 공동체의 한 부분에 지나지 않는 성직자집단이 아니라,[96] 신도집단 전체여야 했다. 따라서 성직자들의 판단은 어떤 이유로도 신도집단 전체의 의사보다 우월할 수 없었다.[97] 이는 신법이 인정법에 복속되어야 하기 때문이 아니라, 신법에 대한 올바른 해석과 이에 의한 현실적 판단이 신도집단에 속한 권한이기 때문이었다. 더욱이 당대의 성직자는 부패하고, 무지하고, 사악한 집단이며, 신법은 사회적 분쟁을 해결하기 위한 강제적 규범이 아닌 만큼, 신법적 권위에 의한 성직자 집단의 현세적 강제력은 여하한 경우에도 용납될 수 없었다.[98]

사실 교회법과 교황령 그리고 구약 성서의 법 등은 중세 내내 교황의 현세권을 변론하기 위한 교황권주의자들의 이론적 무기였다. 특히 13세기 중엽의 교회법학자 호스티엔시스(Hostiensis)는 교황의 전능권을 '일상적 및 절대적 권한'(potestas ordinata et absoluta)으로 규정하였다. 그리하여 그는 교황의 권한이 단지 실정법적일 뿐만 아니라, 초법률적인 권한 즉 신법적 권위를 가진 보편적 권한임을 입증하고자 하였다.[99] 그러나 마르실리우스는 이 같은 신법 인식으로부터 단호히 이탈하였다. 그는 교황전능권의 전통적 근거였던 교회법·교황령·구약 성서의 법 등이 애초부터 신법이 아님을 지적함으로써, 궁극적으로는 교황전능권 자체의 신법적 당위성을 전면 부정하고자 했던 것이다.[100]

그러나 비강제적 신법의 종국적 함의가 교권주의 논리의 부정에만 있지는 않았다. 그는 성직자 집단의 현세권이 신법적 질서에 단지 위배된다는 점을 밝히는 데 멈추지 않고, 곧장 '인간입법권자 혹은 이들의 권위에 의한 세속통치자는 성직자를 포함한 정치공동체 전반에 대해 강제력을 가진

---

96) *DP* I, iv, 5 ; I, xiii, 2 ; II, xvii, 14 ; *DM*, xvi, 4.
97) *DP* II, xvi, 1, 7, 9 ; II, xx, 2, 4, 14 ; II, xxi, 1, 3 ; *DM*, xii, 9.
98) *DP* II, v, 4 ; II, ix, 7, 8 ; II, xxx, 6.
99) Penninton, 앞의 글, pp.434~436.
100) *DP* I, i, 7 ; I, ix, 3, 4, 13 ; II, i, 5 ; II, xxiii, 4 등.

다'101)는 주장에로 나아갔다. 그는 최후의 논술인『소수호자』의 대미를 이렇게 맺고 있다.

　　로마 교황, 주교 및 사제들은, 그들도 사회공동체의 일부라는 의미 이외에는 인간입법권자가 아니다. 더욱이 이들은 이 땅에서 강제적 법률을 제정하거나, 이에 의해 강제적 판단을 내리는 권한 내지 권위를 가지고 있지 않다. 이는 신법의 지시이다. 오히려 이 같은 강제적 권한과 권위는 인민 공동체 혹은 로마 황제라 불리는 최고 통치자에게 속한다. 이는 인간 이성과 성서 그리고 신법 모두에 부합한다.102)

　명백히 마르실리우스는 '로마 황제라 불리는 최고 통치자'를 중심으로 하는 속권주의 정치 원리의 정당성을, 그것이 단지 현세사를 효율적으로 강제할 수 있다는 점에서만 찾지는 않았다. 그것은 인간 이성과 성서 그리고 신법 모두에 부합하는 정치 원리였다. 그에 의하면 속권주의 정치 질서야말로 절대적 진리인 그리스도교 신앙과 완전한 공동체인 그리스도교 공화국의 사회적 단일성을 유지하는 신법적 정치 원리였던 것이다. 이를 그는 거듭 밝혔다.

　　보편적 통치자(황제)가 보편적 주교(교황)에 비해 신도집단의 단일성을 보다 잘 보존할 수 있다. 고대에도 분리주의자들은 신앙의 단일성을 유지하려는 통치자에 의해 강제되었다. …… 분리주의자들은 주교들에 의해 강제될 수 없었다. 왜냐 하면 주교들은 강제적 권위를 결여하였으며, 강제적 권위는 이들에게 속하지 않았기 때문이다.103)

　마르실리우스가 변론했던 신법은 정신사의 본원적 가치를 전제한 '복음의 가르침'이었다. 그리하여 그가 추구했던 바도 신법의 인정법에 대한 복

---

101) *DP* II, viii, 9 ; II, xxi, 6 등.
102) *DM*, xvi, 4.
103) *DP* II, xxviii, 15.

속이 아니라, 단지 '신법의 탈정치화 및 비강제화'였다. 그러나 그것이 당대의 정치 현장에서 가지는 함의는 매우 역설적인 것이었다. 일차적으로 그 것은 신법과 교회법에 대한 나름의 유서깊은 해석을 근거로 당대의 교황 권주의자들이 요구했던 현세권을 전면 부정하는 이론적 근거였고, 한 걸음 더 나아가 그것은 자신의 인민주의적·속권주의적 정치 이론의 신법적 당 위성을 변론하기 위한 논쟁적 무기였다.

4. 인정법

신법을 인간 행위의 '포괄적' 규칙으로 간주했던 마르실리우스는 인정법 을 정치공동체의 현세적·사회적 행위들을 조절하고 규제하는 '강제적' '이 성적' 규칙으로 규정하였다. 그리고 관습(*consuetudo*), 법규(*statutum*), 평 결(*plebiscita*), 교황령(*decretales*) 등을 여기에 포함시켰다.104) 또한 그는 '정의에 관한 지혜와 가르침' 및 '정의의 적합하고 올바른 질서화'를 인정법 의 내용적 조건으로 간주하고, '그것의 준수를 강제적으로 명령하는 강제 력'(*potentia coactiva*)을 인정법의 형식으로 간주하였다. 그에 의하면 이 형식적 요소 즉 강제력이, '인간의 권위에 의해 제정된 사회적 정의와 공익 에 관한 모든 인간 행위의 규칙과 칙령들 가운데 인정법을 가장 적확한 의 미의 법률이 되도록 하는 본질적 속성'이었다.105)

1) 강제성

중세적 법률사상에 따르면 인정법의 강제성은 그것의 합리성에 의해 설 명되고 또 보장되었다. 법률과 합리의 동일시는 '정의롭지 못한 법률은 법 률이 아니다'라고 했던 성 아우구스틴 이래로 중세 법률사상의 유서깊은 전통이 되었다.106) 마르실리우스도 합리성과 강제성 모두를 인정법의 기본

---

104) *DP* I, x, 6.
105) *DP* I, x, 4.

요소로 간주하였다. 그리하여 합리성을 인정법의 내용으로 그리고 강제성
을 그 형식으로 규정하였다. 인정법은 인간 행위에 있어서 무엇이 옳고 그
르며, 또한 무엇이 이롭고 해로운가에 대한 이성적 지혜와 분별을 당연히
그 내용으로 할 것이었다.

그러나 그는 합리를 법률의 우선적 본질로 간주하지는 않았다. 그에 의
하면, '정의에 관한 잘못된 가르침이라 하더라도, 이의 준수가 강제되는 명
령의 경우' 그것은 인정법일 수 있었다.107) 그러니까 인정법은 그 내용이
절대적으로 옳기(*simpliciter recte*) 때문에 강제성을 부여받는 것이 아니
었다. 그것의 내용적 조건이 설령 결여되었다 하더라도, 정당한 형식 즉 강
제력을 갖춘 경우 여전히 그것은 적확한 의미의 법률이었다. 라가르드와
지워쓰가 마르실리우스를 법률 실정주의자로 해석한 것도 '인정법의 강제
성'에 대한 그의 이 같은 인식 때문이었다.

인정법의 강제성에 대한 마르실리우스의 주장은 매우 완강한 것이었다.
그에 의하면 법률적 강제력은 단순히 교리적·이론적 조언이 아니었으
며,108) 구어적(verbal) 교정 혹은 가르침이 아니었고,109) 또한 내세에서의
정신적인 책망 혹은 징벌도 아니었다.110) 그것은 오히려 개인의 의사에 위
배된다고 하더라도(*etiam non volentam*) 부과되는 징벌이었으며,111) 이 경
우 징벌은 현세적인 것으로서,112) 반드시 실제적·인신적인 것이어야 했
고,113) 또한 물리적·인신적 체포 내지 투옥 등도 수반될 수 있었다.114) 또

106) A. McGrade, 'Rights and the Philosophy of law,' *CLMP*, pp.751~756 ; J.
    Canning, *A History of Medieval Political Thought 300~1450* (New York, 1996),
    p.117 참조.
107) *DP* I, x, 4.
108) *DM*, iv, 3.
109) *DM*, iii, 2.
110) *DP* II, xxviii, 17.
111) *DP* II, xxx, 4.
112) *DP* II, viii, 5.
113) *DP* II, iv, 9.
114) *DP* II, xxviii, 17 ; *DM*, iii, 2. 이 밖에도 인정법의 강제성에 대한 설명을 *DP* II,

한 그는 '오직 인정법만이 그것의 위반자들에게 이 같은 징벌을 부과할 수 있다'115) 및 '인정법은 다름이 아니라 그것에 대한 준수 혹은 위반에 의해 행위자가 이 땅에서 보상 혹은 응징되는 강제적 규범이다'116)라고 분명하게 주장하였다. 이 같은 지적들은 그에게 있어서 인정법이란 무엇보다도 인간 행위의 사법적 준거 특히 일종의 강제적 징벌적 체계였음을 드러내고 있다. 다시 그의 말을 인용해 보기로 하자.

> 법률은 여러 개의 눈으로 구성된 하나의 눈이다. 이는 실제 사항들에 대한 여러 사람의 이해를 수렴하고 있다. 그런데 여러 사람의 이해가 한 사람의 이해보다 우월하다. 따라서 사회적 행위들을 판단함에 있어서 오류를 피하기 위해서는, 그것에 대한 판결이 재판관 한 사람의 자유재량이 아니라 법률에 의해 이루어지는 것이 보다 안전하다.117)

마르실리우스는 중세적 전통과는 달리 인정법을 일차적으로 종교적 · 도덕적 가치들로부터 유래된 이성적 규범으로 이해하지 않았다. 오히려 그것은 통치자(재판관)로부터 '악의와 오류 그리고 자유재량을 배제함으로써,' 실제 사항들에 대한 그의 사회적 판단과 사법적 판결이 여러 사람들의 이해에 부합되도록 하는 데 필요한 보다 안전한 눈(oculus)이었다. 그는 법률의 목표를, (1) 사회적 정의와 공익의 성취, (2) 정부의 지속적 보존이라고 밝힌 바 있다.118) 법률은 세속 정치공동체의 건강성을 지속적으로 유지하는 데 반드시 필요하다는 견해 즉 법률의 실효성에 대한 정치적 인식이, 징벌체계로서의 인정법과 또한 그것의 강제성을 그가 그토록 완강히 주장하게 된 토대였던 것이다.

'건강한 정치적 지배는 그 형식이 법률이어야 한다'로부터, '인정법은 그

---

v, 6 ; II, vii, 4 ; II, ix, 4, 5 ; II, x, 2 ; II, xxix, 12 등에서 읽을 수 있다.
115) *DP* II, xxv, 9 ; *DM*, i, 4.
116) *DP* II, viii, 4, 5.
117) *DP* I, ix, 3.
118) *DP* I, xi, 1.

형식이 강제력이어야 한다'로 나아간 그의 주장의 의미도 여기서 찾을 수 있다. 법률적 지배란 무엇보다도 통치자의 정치 권력의 전제화를 막음으로써 정치공동체의 건강성을 유지하는 원리였다.119) 뿐만 아니라 법률과 물리적 힘이 정치 권력을 실천하는 수단인 만큼, 인정법적 지배는 정치공동체에 야기되는 사회적 불화를 규제하는 합법적인 물리적 힘 즉 정치적 강제력의 정당성의 근거였다. 다시 말해서 인정법에 의한 합법적인 강제력이 바로, 특히 성직자집단에 의해 초래된 모든 분열과 분쟁을 규제함으로써, 그리스도교 공동체의 평화를 보존하는 관건임을 마르실리우스는 역설하였던 것이다.120) 요컨대 '강제적 인정법'은 정치 권력의 전제화를 방지하는 동시에 정치공동체의 단일성과 속권주의 지배체제의 당위성을 보장하는 진정한 수단이었다.

한편 인정법의 강제성 원리는 공익(*utilitas publica, bonum publicum*)에 대한 마르실리우스의 독특한 신념 역시 드러내고 있다. 공익에 대한 중세 아리스토텔레스주의자들의 인식의 요체는 '각 사람에게 각자의 응분의 몫이 돌아가게 하라'는 배분적 정의(distributive justice)에 있었다.121) 그러나 마르실리우스의 공익은 이 땅의 모든 '건강한' 사람이 본성적으로 욕구하는 충족한 삶 그 자체였으며, 이는 성취 가능한 현세적 삶의 질서였다. 동시에 그는 '실제 사항들에 있어서 모든 사람이 하나의 판단(공익)에 한결같이 동의하기란, 왜곡된 본성을 가진 자들에 의해, 매우 어렵고 또한 사실상 불가능하다'122)라고 파악하였다. 그러니까 모든 사람의 '건강한' 본성적 욕구인 공익의 성취는, 이를 위협하는 '왜곡된' 자들에 대한 합법적인 강제를 반드시 필요로 한다는 것이었다. 인정법적 강제력의 불가피성에 대한 그의 변론의 기저에는, 인민집단의 본성적 욕구가 '올바른' 공익이라는 주의주의

---

119) *DP* I, xi, 8 ; I, xii, 4 ; I, xiii, 8. 이 점은 마르실리우스가 변론하였던 단일하고 절대적인 성격의 세속정부 체제의 논리적 근거이기도 했다.

120) *DP* I, xi, 8 ; I, xii, 7 ; II, viii, 5, 7, 9.

121) Black, 앞의 책, pp.24~28, 35 ; J. Blythe, 앞의 책, pp.20~21, 267 등 참조.

122) *DP* I, iv, 2 ; I, xii, 5 ; I, xiii, 2.

적 공익관과 이에 입각한 교정적 정의(rectificatory justice) 개념이 깔려 있었다.123)

흥미로운 점은, 그가 사회적 공익의 본질을 전체 인민 내지 건강한 다수의 본성적 욕구로 간주하면서도, 집합적 전체로서의 인민의 의사(*voluntas populi*)와는 구별되는 개인적 욕구의 정당성에 대한 고려는 전혀 하지 않았다는 사실이다. 그가 정치공동체 구성원들의 개인적 역량과 본성적 소질 및 개인적 경험, 덕성, 정치적 자질 등을 모두 동일시한 것은 물론 아니었다.124) 그가 변론했던 완전한 사회 역시 구성원들의 차별성에 근거한 신분제 사회가 아니었던가. 또한 그는 '자유로운' 신민의 개별적 의사와 법률의 강제성이 서로 상충할 수 있다는 점도 분명히 깨닫고 있었다.125) 사실 모든 인간의 본성적 평등(natural equality)과 현세적 정치적 불평등(temporal political inequlaity)에 대한 인식은 중세적 그리스도교 사회의 자명한 전제의 일부였다. 그럼에도 불구하고 그의 '전체'는 언제나 '부분'보다 위대했으며, 전체의 의사가 공익인 반면에 이에 위배되는 개인 혹은 소수의 사회적 행위는 반드시 규제되어야 할 악이었다. 개인과 집단 내지 부분과 전체의 관계에 대한 그의 견해를 구체적으로 찾아보기로 하자.

---

123) Gewirth, *Marsilius of Padua* I, p.205 참조.
124) 이 점은 마르실리우스가 수용한 중세의 유기체적 사회관을 감안할 때 당연한 일이었다. 그의 정치공동체도 서로 다른 부분(신분)들 즉 통치자(사법관)·전사·성직자와 농민·수공업자·회계인이라는 6신분으로 구성되었다(*DP* I, v, 1). 또한 통치자는 인민을 사회 각 부분으로 배치할 때 개인의 능력과 본성적 소질 등을 충분히 고려해야 하고(*DP* I, vii, 1), 건강한 정서와 선한 동기를 가진 자가 재판관에 적절하고 또한 법률의 제정에는 연구와 분별력 그리고 경험이 필요하며(*DP* I, xi, 3), 지식과 건강한 정서를 갖춘 최선의 통치자는 매우 드물 뿐만 아니라 이들조차도 개인적 덕성에서는 차이가 있다(*DP* I, xi, 6)는 점을 그는 충분히 인정하였다. 그럼에도 불구하고 마르실리우스는 개인에 대한 고려는 배제한 채 '인민집단 전체의 위대성'에 대해 변함없는 신뢰를 유지하였다. 필자는 바로 이 요소가 그의 논술 전반에 고유한 독창성을 부여하고 있다고 생각한다. 필자는 이를 '인민주의의 전체성' 내지 '낙관적 인민주의'로 해석하였다.
125) *DP* I, xii, 4 ; II, xxviii, 19.

누구도 의식적으로 스스로를 해치거나 불의를 바라지는 않기 때문에, 모든 혹은 대부분의 인민이 바라는 바인 인정법은 공익의 성취에 기여한다.126) …… 소수 혹은 부분은 인민집단 전체가 그러한 것만큼 공공의 이익을 판별하거나 욕구하지는 않기 때문에, 소수의 견해가 전체의 그것보다 우월할 수 없다.127) …… 비록 대중이 스스로 진리와 유용한 방안을 발견하지는 못한다 하더라도, 다른 사람들에 의해 발견되고 제안된 방안들을 분별하고 판단할 수는 있다.128) …… 대중이 거의 항상 악하거나 무분별할 수는 없다. 인민 전체 또는 이들의 대부분은 건강한 정신과 이성을 가지고 있으며, 또한 정치공동체와 이 공동체의 유지에 필요한 사항들 특히 법률 등에 관해서 올바른 욕구를 가지고 있다.129)

위의 인용들이, 필자가 읽기로는 인민의 의사와 그 구성체인 개인의 의사와의 관계에 대한 마르실리우스의 논술의 실질적인 전부이다. 결국 인민집단 전체의 '구성적 일부'가 아닌, 자율적인 정치적 주체로서의 '개인'에 대한 자각을 그에게서 찾아보기란 매우 어렵다. 그는 인민집단 전체의 의사와는 다른 사회적 공익, 사회적 공익과 구별되는 실정적 인정법, 인정법의 강제력에 복속하지 않을 수 있는 개인의 권리 등을 단순히 상정하지 않았다.130) 그에 의하면 정치공동체의 구성원 전체 또는 다수에 의해 개별적으로 추구되는 욕구의 집합이 공익이었고, 이것이 바로 인정법의 목표로서, 인정법의 강제력은 개인의 사적·본성적 욕구를 사회적 공익의 형태로 실현시키는 유일한 수단이었다. '인민 전체 또는 그 대부분은 특히 법률 등에 관해서 올바른 욕구를 가지고 있다'는 신념에 기초하였던, 그의 강제적 인정법 논의는 공익의 당위성과 더불어 공익의 집단성 내지 전체성에 대한 거의 맹목적인 신뢰를 그대로 드러내고 있다고 하겠다.

교권주의 논리에 대한 그의 격렬하고 전면적인 부정의 근거도, 이 점에

---

126) *DP* I, xii, 8.
127) *DP* I, xiii, 5.
128) *DP* I, xiii, 7.
129) *DP* I, xiii, 3.
130) 이 점은 동료 인민주의자였던 오캄의 '개체관'과는 뚜렷이 대비된다.

서 다시금 확인된다. 교황과 성직자 집단이 무지하고 탐욕적이며 부패했다는 등의 도덕적·지적 자질을 그가 거론한 것은 사실이다. 그러나 보다 근본적인 이유는 이들의 현세권이 복음의 법에 위배되며, 또한 그것이 인민집단 전체가 아니라 소수집단의 의사에 불과하다는 점이었다. 그에 의하면 복음의 법은 성직자 집단의 인정법에의 복속을 명했으며, 공동체의 일부에 불과한 이들의 요구가 전체를 강제할 수는 결코 없었다. 따라서 성직자 집단의 현세적 강제력은 직접적으로든 간접적으로든, 정신사에 관한 것이든 현세사에 관한 것이든, 여하한 형태로든 합법적인 권한이 아니었다.131) 현세적 강제력의 근거는 '반드시 그리고 오직' 인민집단 전체의 의사에 입각한 인정법적 권한이었다.

마르실리우스는 인정법의 일차적 속성을 합리가 아니라 강제력에서 찾았다. 그에 의하면 인정법은 정치 권력의 자의적 전제화를 막는 여러 개의 눈들로 구성된 하나의 지배형식이었으며, 인간의 상충하는 사회적 행위들에 관한 진정한 사법적 준거로서, 정치공동체를 보존하고 평화를 유지하는 틀이었다. 또한 인정법은 그것의 위반자들에 대해 실질적·인신적 징벌을 부과함으로써, 공익 즉 인민집단 전체의 욕구를 이 땅에서 성취하는 유일한 강제적 규범이었다. '인정 실정법의 강제성 원리'는, 현세적 평화의 성취가 무엇보다 중요한 정치적 과제라는 마르실리우스의 상황 인식과 더불어, 그의 주의주의적 교정적 공익관 및 개인(부분)과 집단(전체)의 관계에 대한 전체주의적 정치의식 역시 뚜렷하게 반영하고 있다.

2) 인민주의

마르실리우스는 인정법을 인간 행위의 사법적 준거 및 사회적 공익의

---

131) *DP* I, xix, 9~12 ; II, iii, 1~12 ; II, xxvii, 12 ; II, xxviii, 15~19 ; III, ii, 3, 7, 14 등. '이를 통해서 마르실리우스는 교회를 세속국가의 한 부서로 만들고, 교회에 대한 세속국가의 이론적 우위를 제공하였다. 이 같은 이론적 우위가 세속국가로 하여금 교회에 대해서 실질적 평등을 주장하는 최초의 계기가 되었다'는 매길웨인의 평가는 흥미롭다. C. McIlwain, 앞의 책, pp.312~313.

보루라는 정치적 효용성에 비추어 주로 이해하였다. 모든 건강한 정치적 지배가 필요로 하게 마련인 강제력의 합법성 보장이 인정법의 존재 이유였다. 그러나 이것이 인정법의 강제성 그 자체의 당위성을 충분히 설명해 준다고 보기는 어렵다. 왜냐 하면 인정법은 사법적 준거 내지 공익의 단지 지침일 뿐, 이를 운용하는 정치 권력은 여전히 정부 내지 통치자의 몫이었다. 그리하여 인간 행위의 조절 및 공익의 구현이라는 정치적 효용에 관한 한, 인정법의 강제력에 못지않게 이를 실제로 운용하는 세속정부의 체제 내지 통치자의 권한이 보다 문제가 될 것이었다. 그렇다면 인정법의 강제성이 마르실리우스에 있어서 그토록 본질적인 정치 원리의 문제였던 이유는 과연 어디에 있었을까.

먼저 '인정법을 제정하는 절대적으로 으뜸 가는 인간의 권위(*auctoritas humana*)는 오직 최선의 법률을 제정할 수 있는 자들에게 속한다'[132]라고 밝혔던 그는 인정법의 제정 절차를 이렇게 제시하였다. (1) 지혜와 경험 그리고 분별력 등을 가진 집단이 법률을 발견하여 제안하면, (2) 인간입법권자 즉 인민집단 전체 내지 그 중요 부분은 제안된 잠재적 법률을 토론·판별·선정하고, (3) 인간입법권자의 승인에 의해 잠재적 법률은 강제적 인정법으로 제정되며, (4) 끝으로 이같이 제정된 인정법은 무지를 핑계로 한 불복 등을 방지하기 위해서 반드시 선언 내지 공포되어야 한다.[133]

마르실리우스에 의하면, 잠재적 법률을 강제적 인정법으로 만드는 관건이 인간입법권자의 승인이었다. 그런데 인간입법권자란 바로 '인민집단 전체 내지 그 중요 부분'을 가리켰다. 따라서 그의 주장은 '인민집단이 최선의 강제적 인정법의 제정자이다'라는 선언이 아닐 수 없다. 인민의 입법권(legislative power of people)이 최선의 인정법을 제정하는 진정한 입법인(legislative cause)이라는 것이다.

마르실리우스의 인민 입법권론을 분석하기에 앞서, 입법권에 관한 중세적 논의를 먼저 검토해 두는 것이 유용할 것 같다. 입법권에 대한 명확한

---

132) *DP* I, xii, 5.
133) *DP* I, xii, 2~3 ; I, xiii, 3, 8. 제1장 용어 해설 참조.

인식의 결여는 중세 법률사상의 한 특징이었다.[134] 또한 로마법의 수용과
더불어 진전된 인정적 성문법 및 입법권에 관한 논의에 있어서도, 교회법
학자와 교황권주의자들은 이를 성스러운 지혜와 정치적 분별력을 갖춘 성
직자 집단의 고유한 권한으로 간주하였다. 설령 '인간의 권위'가 법률의 제
정인이라 하더라도 그 과정에서 점하는 성직자의 권위(auctoritas sacrata)
에 대한 외경은 매우 유서 깊은 중세적 입법 전통의 일부였던 것이다.[135]

한편 중세 로마법학자들에 있어서 입법권은 기본적으로 통치자의 권한
에 속하는 것이었다. 이르네리우스(Irnerius) 이후 이들의 대부분은 '군주의
바라는 바가 법의 힘을 가진다'라는 원리 즉 입법자 - 군주(lex-regia)의 전
통을 로마법의 주된 정치적 유산으로 수용하였다. '모든 사람에 관계되는
것은 모든 사람에 의해 동의되어야 한다'(Quod omnes tangit, ab omnibus
comprobetur)라는 원리조차, 인민의 입법권을 변론하였다기보다는 통치자
의 입법권에서 점하는 인민의 동의의 중요성을 지적하는 정도의 논리로
이해되고 있었다.[136] 사실 인민으로부터 군주에로의 '주권적 정치 권한의
이전'을 완전한 양도가 아니라 '단순한 위임'으로 해석하였던, 불가루스
(Bulgarus)들의 후기 주석학파에 의해서도 인민의 입법권이 이론적 지평
이상의 실천적 · 강제적 정치 원리로는 구체화되지 않았다.[137]

뿐만 아니라 중세 아리스토텔레스주의자들 역시 입법권을 지배자 내지
소수집단의 특권적 권한으로 간주하였다. 무엇보다도 아리스토텔레스 자
신이 이를 통치집단의 심의적 기능의 일부로 판단하지 않았던가. 중세 아
리스토텔레스주의자들이 광범위하게 군주체제를 선호하였던 이유가 그것

134) 본장 2절 주 248 및 본절 주 7, 137 참조.
135) Ullmann, *Principles of Government and Politics*, pp.270~282 참조.
136) Canning, 앞의 책, pp.9, 118, 179 ; F. Oakley, 'Legitimation by Consent: the
    Question of the Medieval Roots,' *Viator* 14 (1983), pp.310~311 ; Wilks, *The
    Problem of Sovereignty*, pp.204~206 참조.
137) Black, 앞의 책, pp.127~128 ; Skinner, 앞의 책 I, pp.63~65 ; W. Ullmann, 'The
    Development of the Medieval Idea of Sovereignty,' *EHR* LXIV (1949), pp.31~
    33 ; Carlyle, 앞의 책, pp.58~72 ; Gierke, 앞의 책, pp.43~46 등 참조.

이 정책의 단일성과 탄력성을 보다 용이하게 보장한다는 점 때문만은 아니었다. 오히려 근본 원인은 일인지배 체제가 통치자 내지 소수 지배집단의 보다 우월한 지혜와 덕성을 토대로 보다 용이하게 법률을 제정하고, 이를 다수의 열등한 인민들에게 보다 효율적으로 강제할 수 있다는 데 있었다.138)

그럼에도 불구하고 인민의 입법권에 대한 마르실리우스의 인식은 매우 구체적이었으며 조금도 유보적이지 않았다. '인민의 의사가 법률을 만든다'(*voluntas populi dat jura*)는 원리에 관한 그의 거듭된 지적들을 정리해 보면 아래와 같다.

(1) 인정법에 강제력을 부여하는 관건은 오직 인민의 선택과 의지일 뿐, 여하한 형태의 다른 권위 즉 교황, 교회법학자, 지혜로운 소수 등의 그것과는 무관하다. *DP* I, xii, 1, 3 ; I, xiii, 2~3.

(2) 지적으로 그리고 정서적으로 공익에 관해 보다 부지런하고, 진리에 관해 보다 확실한 보루는 인민집단 전체이며, 제안된 법령의 결함도 소수가 아니라 전체에 의해 보다 용이하게 확인될 수 있다. *DP* I, xii, 5, 7, 8 ; I, xiii, 5.

(3) 시간, 장소, 상황의 변화 등에 따라 인정법의 추가, 삭제, 해석, 완전한 변경 및 유예 등이 요구되는 경우에는, 오직 인민집단의 권위에 의해 필요한 조치가 취해질 수 있다. *DP* I, xii, 3, 9.

(4) 인정법의 제정권은 소수집단에 속할 수 없다. 과두정 하에서 확인되는 바와 같이, 소수집단은 공익이 아니라 자신들의 특정 이익을 위해 법률을 제정할 수 있다. 또한 소수자의 법령은 설령 선한 것이라 하더라도 다수 대중에 대해 전제적이 된다. *DP* I, xii, 6 ; I, xiii, 8.

(5) 법률은 준수되지 않으면 아무런 소용이 없다. 스스로 입법활동에 참여한 사람은 자신이 참여해서 제정된 법률이, 설령 덜 유용하더라도

---

138) J. Dunbabin, 'Government,' *CMPT*, pp.483~484 ; Lewis, 'The Positivism of Marsiglio of Padua,' p.562 참조.

이에 저항하지 않으며, 이를 담담하게 관용하게 된다. 다수 대중에 의해 동의된 인정법이 전체에 의해 보다 자발적으로 지켜질 것이다. *DP* I, xi, 8 ; I, xiii, 8 ; *DM*, xv, 3.

이를 요약해 보자. 그에 의하면 인민집단이 최선의 법률 제정권자인 이유는 기본적으로 두 가지였다. 첫째, 공익과 진리를 분별함에 있어서, 지적정서적으로 그리고 시간, 장소, 상황의 변화 등을 막론하고, 인민집단 전체의 판단이 성직자 또는 지식인과 같은 소수집단에 비해 보다 우월하다. 둘째, 인민집단 전체에 의해 제정된 법률이 소수집단의 그것에 비해, '완전한' 공동체로서의 신민의 자유 그리고 특히 '덜 유용한 법률조차' 관용하고 지키는 '자발적인 다수 대중'을 가능하게 한다. 인민집단에 의해 제정된 인정법은 인민집단의 본성적 욕구의 우월성과 이에 따른 정치적 자발성을 보장하기 때문에 최선의 법률이며, 따라서 인민집단 전체야말로 최선의 인간 입법권자였던 것이다.

입법적 주권이 오직 인민집단 전체에 속하는 권한임을 역설하는 데 마르실리우스는 결코 지치지 않았다. 그에 의하면 최선의 인정법은 그것의 지혜로움·공익성·선의 등에 의해 반드시 보장되는 것이 아니었다. 그것은 오히려 인정법의 위반자들을 구체적으로 판단하고 응징하는 권한과 이를 지속적으로 실천하는 강제력에 의해서 보장될 수 있었다. 그러니까 인정법의 강제력은 단순한 힘(*potentia*)만이 아니라 정당한 입법적 권위를 필요로 하는데, 바로 이것이 인민집단에 속한다고 그는 판단하였다.

법률의 준수를 요구하는 권한(*potestas*)은 그것의 위반자들에 대해 강제력을 가진 자에게 속한다. 이를 가진 자는 오직 인민집단 전체 내지 그 중요 부분이다. 따라서 인정법을 제정하는 권위(*auctoritas*)도 이들의 것이다.139) …… 성직자와 같이 입법적 권위를 결여한 자들에 의해 제정된 법령

---

139) *DP* I, xii, 6. '힘'과 '권한' 그리고 '권위'의 관계에 대해서는 Oakley, 'Legitimation by Consent,' pp.305~306 ; A. D'Entrèves, *The Notion of the State* (Oxford,

은 여하한 경우에도 완전한 의미의 인정법이 아니다.140)

마르실리우스에 있어서 인민집단은 단지 힘만이 아니라 정당한 권한과 권위를 가진 동시에 '절대적으로 으뜸 가는' 입법적 주권자였다. 따라서 이들의 욕구와 판단에 의해 제정된 인정법적 권한만이 강제적이고 실효성 있는 정치적 권리(jus)일 수 있었다. 입법권에 관한 한, 유서 깊은 전통이었던 '통치자의 권한' 내지 '성직자의 권위'로부터 벗어나서 그는 '인간의 권위'가 인정법의 충분하고 절대적인 입법인임을 천명하였다. 더욱이 그에게 있어서 이 '인간이 권위'의 사회적 실체는 특정 부분 내지 소수집단이 아니라 인민집단 전체였다.

그에게 있어서 인정법의 강제성은 조금도 의문의 여지가 없었다. 왜냐하면 인정법은 인민집단의 의사, 즉 정당한 힘과 권한과 권위를 함께 갖춘 주권적 입법체의 명령이기 때문이었다. 다시 말해서 인민집단이 제정한 인정법은 지배의 효율성과 단일성은 물론, 인민집단 전체의 본원적 우월성과 정치적 자발성을 보장할 뿐만 아니라, 진정한 입법적 권위를 이 땅에서 실천함으로써 인간 본성에 입각한 정치공동체를 보존하는 관건이었다. 인정법의 강제성이 그에게 극히 본질적인 정치 원리의 문제였던 이유도 바로 여기에 있었다.141)

우리는 정부론에서 마르실리우스가 선거에 의해 구성되는 정부를 '절대적으로' 선호한 데서 인민집단의 정치적 주권에 대한 그의 신념을 확인하

1967), pp.1~11 등 참조.
140) *DP* II, xxviii, 29 ; III, ii, 12, 13 ; *DM*, xiv, 2 ; xv, 7 등.
141) 인민집단 전체를 아무런 유보 없이 정치적 및 입법적 주권체로 파악하는 마르실리우스의 시각은 중세 아리스토텔레스주의자로서도 매우 독특한 태도에 속한다. 이는 정치적 동물로서의 인간(*homo politicus*)의 본성적 욕구의 당위성과 그것의 집단의사의 정당성에 대해 그가 가졌던 매우 소박하고 극히 낙관적인 신뢰를 잘 드러내고 있다. Gewirth, *Marsilius of Padua* I, pp.177~178 ; Nederman, 'Knowledge, Consent,' pp.19~35 ; Oakley, 'Legitimation by Consent,' pp.316~317 ; Wilks, 'Corporation and Representation in the *Defensor Pacis*,' *Studia Gratiana* XV (1972), pp.251~292 ; 제1장 용어 해설 참조.

였다. 이제 우리는 인민집단의 입법적 주권에 대한 그의 고유한 변론을 통해서 그의 논술의 다른 한 근간을 발견하게 된다. 그에 의하면 오직 인민집단만이 진정한 인간입법권자로서 정치공동체의 유일한 입법적 주권체였다. 인민집단의 입법권에 대한 신념이, 인민집단의 정치적 주권에 대한 그것과 더불어, 마르실리우스의 정치적 논술 전반의 성격을 인민주권론으로 해석하게 하는 토대인 것이다.

사실 그를 교권과 속권의 갈등이라는 단순 구조 내의 '한 탁월한 속권주의자'로 이해하는 것으로는 충분하지 않다. 그리스도교 공화국의 해묵은 이원적 정치구조가 그의 유일한 주제는 아니었다. 그는 이 땅에서의 모든 건강한 정치적 지배란 반드시 인정법적 지배여야 하고, 인민집단이 바라는 바가 곧 인정법이며, 인민집단에 의해 제정된 인정법의 강제력이 단일 세속정부의 독점적 지배력의 근거임을 밝혔다. '인민집단의 의사(voluntas)와 동의(consensus)가 합법적인 정부를 구성하고, 정치적 지배의 형식을 제정하며, 또한 그것의 현장적 실천을 강제하는 힘과 권위를 부여하는 원천이다'라는, 입법적 영역과 정치적 영역 모두에 걸친 인민집단의 주권성에 대한 자각, 즉 인민주의 신념이야말로 마르실리우스의 정치적 논술의 고유한 축이었다. 바로 이 점이 서구 정치사상 전반에서 그가 합법적 정치 권위의 원천과 정치 권력의 체계적 운용에 관한 위대한 이론가로 매김되어야 할 이유이다.[142)]

3) 합리와 정의

마르실리우스의 '강제적 인정법 원리'는 실정주의적, 주의주의적, 특히 인민주의적 신념을 분명하게 드러낸다. 그렇기는 하지만 이들이 그의 인정법 이론의 성격을 충분히 말해준다고 보기는 어렵다. 신법과 마찬가지로 그의 인정법 역시 자체의 논리에 의해서뿐만 아니라, 중세 법률사상과의

---

142) Black, 앞의 책, pp.21, 71 ; Ullmann, *Principle of Government and Politics*, pp.271~272 참조.

관계에 의해서도 그 성격이 해명되어야 할 것이다. 우리는 앞서 법률의 본질을 합리와 정의 그리고 공익의 규범으로 간주하는, 합리적 규범론적 법률 인식이 중세적 전통임을 지적하였다. 그리하여 마르실리우스가 제시한 인정적 실정법의 강제성 원리는 적어도 외견상 중세 법률사상과 상충하는 것처럼 보인다. 그러나 마르실리우스에 있어서도 강제력이 인정법의 유일한 속성이었던 것은 전혀 아니었다. 이 점은 거듭된 그의 지적에서도 여실히 확인된다.

인정법은 사회적 정의와 공공 이익 및 그 반대되는 것들에 대한 지혜 (scientia), 가르침(doctrina) 또는 보편적 판단(iudicium universale)을 의미한다.143) ······ 인정법은 정치적 분별력과 올바른 이해에 대한 논술 (sermon) 내지 담론(oratio) 가운데 강제력을 가진 것이다.144) ······ 완전한 인정법은 사회적 공익에 대한 진정한 인식을 반드시 필요로 한다.145)

완전한 인정법은 사회적 정의와 공익에 관한 '지혜'와 '올바른 이해' 그리고 '진정한 인식'을 반드시 필요로 하였다. 최선의 통치자에 의한 그러나 법률에 의하지 않는 지배 및 최선의 법률이 지배하는 체제를 상호 비교하면서, 그는 법률적 지배를 강력히 변론하였다. 왜냐 하면 법률은 선한 판단을 내리는 데 필요한 올바른 정서와 진정한 지식을 제공하며,146) 또한 법률은 감정이 배제된 이성과 지식이기 때문에,147) 최선의 통치자라 하더라도 법률 없이는 이성에 부합되지 않는 지배로 전락할 수 있다는 것이 그 이유였다. 마르실리우스에 의하면 올바른 이성(recta ratio)이야말로 인간의 인정법적 권리의 한 기본 토대였다.148) 법률의 지배란 올바른 이해에

143) DP I, x, 3 ; I, xii, 1 ; II, ix, 3 ; II, x, 8 역시 참조.
144) DP I, x, 4.
145) DP I, x, 5.
146) DP I, xi, 1~3.
147) DP I, xi, 4.
148) DP II, xviii, 2, 7, 8 ; II, xx, 14 ; II, xxi, 1 ; III, ii, 1, 4.

입각한 지배 곧 이성의 지배를 가리켰던 것이다.[149]

또한 그는 인정법과 정의 내지 공익의 관계에 대해서도 매우 적극적인 견해를 가지고 있었다. 완전한 공동체로서의 국가의 존립 자체가 정의의 규범을 요구하고 있으며,[150] 그 구성원들의 '왜곡된' 사적 행위들을 조절하고 교정하는 정의로운 규범이 곧 법률[151]이다는 것이 그의 기본 태도였다. 요컨대 국가의 보존이란 정의롭고 강제적인 인정법적 지배에 의해 사회체의 유기적 결합이 지속적으로 유지되는 정치 질서였던 것이다. 그에 의하면 정치적 정의의 본질은 지배의 공정성으로서, 이는 오직 인정법의 정의로움에 의해 이룩될 수 있었다.[152]

뿐만 아니라 그는 최선의 법률이란 인민의 공공 이익을 보장하는 것이며, 인민의 본성적 욕구인 충족한 삶이 곧 공익이고, 이 공공 이익이 바로 정의라고 이해하였다.[153] 그가 법률을 '여러 개의 눈들로 구성된 하나의 눈'으로 규정했던 근거도, 다수 인민의 보편적 판단과 검토가 법률의 공익성을 보장할 뿐만 아니라, 사회적 공익을 인정법과 인민집단의 욕구 모두의 공통목표로 간주했기 때문이었다.[154] 정치적 정의와 사회적 공익을 분리하지 않았던 그에게는 인정법의 공익성에 관한 한 의문의 여지가 조금도 없었다.

> 다수 인민이 사회적 행위에 관해서 정의와 공익의 규칙을 바라지 않을만큼 왜곡된다는 것은 불가능하다. 이 같은 규칙이 강제적 명령으로 제정될 때, 우리는 이를 법률이라 부른다.[155] …… 지식이 적은 일반민이 보다 많은 지식을 가진 전문가들과 제휴하는 것은 진정한 공공 이익을 판단하고 승인하는 데 도움을 줄 뿐, 이를 저해하지 않는다.[156]

---

149) *DP* I, xi, 1, 4, 6, 7.
150) *DP* I, iv, 4.
151) *DP* I, v, 7.
152) *DP* I, x, 5.
153) *DP* I, xii, 5.
154) *DP* I, xi, 1 ; I, xii, 8.
155) *DP*,I, xiii, 2, 3.

명백히 그는 '지식이 적은 다수 인민이라고 해서 진정한 공공 이익을 저해하지 않는다'고 밝혔다. 그것은 불가능한 일이었다. 그러니까 그가 일관되게 주장했던 인민집단의 주권적 입법권은 인정법의 합리성, 공익성 및 그것의 정의로움에 대한 신념과 결코 상충하지 않는다. 물론 그가 파악했던 정의가 절대적인 의미의 종교적 · 도덕적 정의였다고 보기는 어렵다. 그러나 '마르실리우스에게는 합리성이 법률의 본원적 속성이 아니었으므로, 법률이 반드시 정의로워야 할 필요는 없었다'[157]라는 지위쓰(Gewirth)의 해석은, 마르실리우스의 인정법의 인정적 · 주의적 · 강제적 속성을 선명하게 드러낸다는 점에서만 타당한, 그리하여 단지 부분적으로만 유용한 견해이다. 필자가 읽기로는, 이 땅에서의 실제 사항들에 관한 한 무엇이 정의인가에 대한 최선의 준거는 인민집단에 의한 인정법적 판단이라는 것이 마르실리우스의 변함없는 신념이다.[158]

사실 마르실리우스의 법률론은 교황 현세권의 합법성 부정이라는 논쟁적 목표를 끊임없이 가지고 있었다. 그는 교회법이 정당한 입법권자인 인민집단에 의해 제정된 것이 아니기 때문에 엄밀한 의미의 인정법이 아니며, 따라서 합법적 강제력을 결여하고 있고, 동시에 정치적 지배의 충분한 형식이 될 수 없음을 역설하였다. 그러나 이 같은 주장이, 교회와 성직자 집단에 의해 전통적으로 표방되어 온 합리와 정의를 그가 인정법의 본질의 일부로 간주하지 않았음을 말하지는 않는다. '법률은 이성이며, 다수의 인민은 본성적으로 정의와 공익의 규칙을 바란다'는 것이 그의 견해였다. 그렇다면 그의 진정한 의도는 과연 어디에 있었을까.

지금까지의 논술을 정리해 보면, 그는 강제력을 인정법의 일차적 속성으로, 그리고 합리 · 정의 · 공익 등을 이차적 속성으로 간주하였다. 또한 인정법의 제정에 관한 한 무엇보다도 인민집단의 주권적 입법권을 주장하였다. 그러나 필자는 이 같은 논리의 기저에 (1) 개인 또는 소수가 아니라 인

156) *DP* I, xiii, 7~8.
157) Gewirth, *Marsilius of Padua* I, pp.134~136.
158) *DP* I, xi, 3 ; I, xiii, 6.

민집단 전체에 의해서, 합리와 정의 그리고 공익이 보다 잘 판별될 수 있다는 신념, (2) 합리와 정의가 정치 현장에서 구현되기 위해서는 세속정부에 의해 운용되는 인정법의 강제력이 반드시 보장되어야 한다는 판단, (3) 교권과 속권이 첨예하게 대립하는 당대의 정치 상황은 교회법의 강제력 부정 및 정치적 실체로서의 교황정부의 해체를 반드시 요구한다는 등의 독특한 '상황 인식'이 깔려 있었다고 생각한다.

기본적으로 그는 당대의 교황권의 남용 및 교황 대 황제의 대립이 정치 공동체 내의 합리와 정의의 실현을 심각하게 위협한다는 상황 인식을 가지고 있었다. 그리하여 '신의 보조자'인 인민집단이 동의하는 합리와 정의가 이 땅의 현세적 삶에서 구현되려면, 이들에 의해 제정되고 구성된 인정법과 세속정부의 강제력이 반드시 보장되어야 한다고 분석하였다. 그러니까 인정법의 강제력은 그것의 부차적 속성이기도 한 합리와 정의를 '구체적으로 그리고 반드시' 실현하기 위한 장치였던 셈이다. 인정법의 강제성에 대한 그의 일관된 변론은 흥미롭게도 사회적 규범의 합리성과 정치적 지배의 정의로움이 어떻게 '지금 여기서' 성취되어야 할까에 관한 그의 정치적 상황 인식을 반영하고 있다. 합리와 정의에 대한 강렬한 현장적 실천 의지가 마르실리우스의 강제적 인정법론의 한 근본 동기였다는 것이 필자의 견해이다.

마르실리우스가 천명한 인정적 실정법의 강제성 원리는 중세의 합리적 규범론적 법률사상과 상충하는 것이 아니었다. 오히려 그의 강제적 인정법은 합리와 정의에 대한 전통적인 형이상학적 추구로부터, 한 걸음 더 나아가 이를 당대의 정치공동체 내에서 반드시 실천되어야 할 정치 원리로 추구하였다. 그는 합리와 정의의 당대적 현장적 실천을, '성직자의 권위'가 아니라 '인간의 권위' 즉 인민집단의 주권적 입법권에 입각해서, 세속정부의 법률적 지배라는 강제적 형식으로, 그리고 인정법적 공익의 전체성 원리에 따라 단숨에 성취하고자 했던 것이다.

물론 마르실리우스의 이 같은 논리는 적지 않은 비판의 여지를 가지고 있다. 이를테면, 정의와 공익이 과연 인민집단 내지 다수 대중의 분별력에 의해 객관적으로 확인될 수 있는가. 또한 인민집단의 입법권이 정의와 공익에 대한 진정한 이해를 인정법적 규범으로 만드는 충분한 요소인가. 그리고 인민집단의 본성적 욕구 내지 도덕성이 이성적이고 정의로운 인정법의 유일한 원천인가 하는 등의 의문이 그것이다.159) 그럼에도 불구하고 그가 인정법을 완전한 의미에서 인간입법권자의 의지의 산물로 파악했으며, 동시에 인정법을 이 땅에서 성취해야 할 정의와 공익의 진정한 이성적 규범으로 간주했다는 사실에는 조금도 변함이 없다. 전통적 인식이었던 합리·적 규범론적 법률사상이 그의 인민주의적 주의주의적 실정법 논의의 한 부동의 기초였다고 필자는 생각한다.

마르실리우스가 공유했던 중세의 합리적 규범론적 법률사상은 자연법(*ius naturale*)에 대한 그의 언급에서도 뚜렷이 확인된다. 물론 그는 자연법을 중세적 전통에서와는 달리 독자적인 법률의 유형으로 상정하지 않았다. 그리하여 자연법에 대한 그의 언급은 단편적 주변적이다. 그러나 이 같은 언급들조차 그의 인정법 개념의 성격을 드러내는 의미있는 단서가 되기에는 부족하지 않다.

자연법은 입법권자에 의해 제정된 법령들 가운데, 그것이 정의롭고 또 반드시 지켜져야 한다는 점에 거의 모든 사람이 동의한 규범이다. …… 비록 이들이 인간에 의해 제정된 것임에도 불구하고 자연법이라 불리는 이유는, 이들이 합법적인 데 비해 그 반대가 불법적이라는 점이 모든 지역에서 보편적으로 수용되기 때문이다.160) …… 그러나 자연법은 왕왕 모호하게 해석되고 있다. 왜냐 하면 올바른 이성(*recta ratio*)의 명령에 부합된다는 많

---

159) Lewis, 'The Positivism of Marsiglio of Padua,' pp.571~572 참조. 이에 대한 마르실리우스의 분명한 해명은 필자 역시 찾아보기 어려웠다.

160) *DP* II, xii, 7. 이는 전통적으로 수용되어 온 만민법(*ius gentium*)의 법률적 보편성에 대한 변론과 크게 다르지 않다. '만민법'과 '자연법'을 '보편적 공익성'에 비추어 동일한 범주의 규범으로 이해하는 것은 당대에 있어서 예외적인 일이 아니었다. Canning, 'Ideas of State,' pp.5~7 ; B. Tierney, 'Public Expediency and Natural Law: a Fourteenth Century Discussion on the Origins of Government and Property,' *Authority and Power* (Cambridge, 1980), pp.167~182.

은 사항들의 정의로움이 모든 사람에게 자명하지는 않아서, 결과적으로 모든 사람에 의해 동의되거나 수용되지는 않기 때문이다.[161]

위의 인용은 자연법이 법률의 독자적인 한 유형으로 설정되지 않은 이유를 잘 설명해 준다. 그에 의하면 자연법은 '입법권자인 거의 모든 사람'에 의해 제정되고 동의된 '일종의 인정법'이었다. 그것은 마치 모든 지역에서 보편적으로 수용되는 만민법과도 같은 인정법적 규범이었다. 동시에 이 같은 자연법은 그 정의로움이 항상 자명하지는 않아서, 결과적으로 모든 지역과 사람들에 의해 보편적으로 수용되지도 않고 있다는 것이, 그가 밝힌 주요 이유들이었다. 그렇기는 하지만 그가 이성과 정의를 속성으로 하는 자연법 개념 자체를 부정하지는 않았다는 점은 매우 흥미롭다.

중세적 전통에 따르면 자연법은 '이성적 피조물인 인간이 무엇이 선이고 무엇이 악인가에 대한 지식을 가지고 신적 질서에 참여하도록 하는 지침'이었다.[162] 그러니까 그것은 기본적으로 두 가지 의미를 가지고 있었다. 첫째, 자연법은 올바른 이성에 의한 도덕적 명령이었다. 둘째, 자연법은 본성적 정의에 관한 자명한 규칙이기도 했다.[163] 마르실리우스의 지적을 다시 들어보기로 하자.

자연법을 실제적 사항들에 관한 올바른 이성의 명령으로 규정한 일부 학자들은 이를 신법 아래 위치시켰다. 따라서 신법과 올바른 이성의 가르침에 부합하는 모든 사항은 절대적 의미에서 합법적이다. 그러나 인정법에 부합하는 모든 사항이 그러한 것은 아니다. 인정법은 몇몇 측면에서 올바른 이성을 결여하고 있기 때문이다.[164] ⋯⋯ 엄밀한 의미에서 무엇이 옳고,

161) DP II, xii, 8. 법률적 이론과 실제적 관행 사이의 차이에 대해서는 DP I, xvi, 17, 23 참조.
162) Black, 앞의 책, pp.37~39 ; 본절 주 12, 13 참조.
163) Skinner, 앞의 책 II, pp.148~153 ; Gewirth, Marsilius of Padua I, pp.147~150 ; Lewis, 'The Positivism of Marsiglio of Padua,' pp.551~552 ; B. Tierney, 'Origins of Natural Rights Language - Texts and Contexts 1150~1250,' History of Political Thought X (1989), pp.615~646 등 참조.

무엇이 그렇지 못한가 하는 점은 인정법이 아니라 신법에 비추어 반드시 판별되어야 한다.165)

'올바른 이성'이 인정법적 권리의 기초임을 거듭 지적하는166) 한편, 그는 여하한 의미에서도 이성적이고 정의로운 자연법 개념 그 자체를 부정하지는 않았다. 오히려 그는 자연법을 신법과 더불어 인정법의 타당성을 판별하는 절대적 의미의 규범으로가지 간주하였다. 그는 올바른 이성이 결여된 인정법에 대한 상위법적 준거로서의 자연법 개념조차 배제하지 않았던 것이다. 이 같은 자연법 인식을 '영원법의 원리들 가운데 인간 이성에 의해 파악된 정의롭고 보편적인 규범'167)이라는 아퀴나스의 그것과 과연 상충된다고 해석할 수 있을까.

형식논리로만 따질 때, 마르실리우스가 강력히 변론했던 인민집단의 주권적 입법권과 인정법의 강제성 원리는, 인정 실정법의 종국적 타당성을 판별하는 준거로서의 전통적 상위법 개념과 병행하기 어렵다.168) 그러나 그는 '엄밀한 의미에서 인정법의 옳고 그름을 판별하는' 상위법적 준거로서 신법은 물론 자연법 역시 상정했을 뿐더러, 신법과 올바른 이성을 절대적 의미에서 모든 합법성의 원천으로 간주하였고, 더욱이 거의 모든 지역과 사람들에 의해 그 합리성과 정의로움이 동의된 자연법을 '실정적 인정법의 일부'로 규정하였다. 그러니까 그의 자연법 인식은 '이성적이고 정의로운 보편적 규범인 동시에 인정법의 준거'라는 전통적 자연법 개념을 다분히 반영하고 있다는 것이 필자의 생각이다. 사실 마르실리우스는 이 같은 자연법을 인정법의 일부로 포괄함으로써, 중세의 합리적 규범론적 법률

---

164) *DP* II, xii, 8.
165) *DP* II, xii, 9.
166) *DP* II, xviii, 2, 7, 8 ; II, xx, 14 ; II, xxi, 1 ; III, ii, 1, 4 등.
167) 본절 주 12 참조. 케닝에 의하면, 아퀴나스와 마르실리우스 모두에 있어서 법률은 그들의 형이상학적 인식 및 정치철학의 산물이었다. J. P. Canning, 'A Fourteenth Century Contribution to the Theory of Citizenship,' *Authority and Power*, p.203 참조.
168) E. Lewis ed., *Medieval Political Ideas* I, p.29 참조.

인식이 바로 그의 인정법 논의 전반의 한 토대임을 독특한 방식으로 강조하고 있는 것이다.

5. 맺는말

사이먼(P. Sigmund)은 마르실리우스와 마키아벨리를 '서구 정치사상사에서 중세적 인식으로부터 근대적인 인식으로의 이행을 대변하는 이론가'로 지적하고, 마르실리우스의 정치적 논술의 의의를 중세적 그리스도교 공화국(respublica christiana)의 이론적 기초에 대한 해체작업으로 규정하였다.169) 법률의 목표를 정치공동체와 정부의 지속적 보존·및 국가와 인민집단의 공공 이익의 성취로 파악하였던 마르실리우스는, 중세적 전통과는 달리 법률을 신법과 인정법으로 대별하였다.

신법을 '신약 성서에 기록된 그리스도의 직접적 명령'으로 좁게 이해하였던 그는, 이를 '오직 내세에서만 그것의 법률적 강제력이 실천될, 탈정치적 비강제적 복음의 가르침'으로 간주하였다. 이 같은 신법 개념은 그것의 전통적 함의인 현세성과 정치성을 배제하고, 중세 교황권의 유서깊은 기초였던 교회법과 교황령의 신법적 근거를 부정함으로써, 자신의 인민주의적·속권주의적 정치 신념을 변론하는 이론적 토대로 기능하였다. 또한 그는 인정법을 이 땅에서의 모든 사회적 행위들에 대한 강제적·실정적 규범으로, 그리고 인민집단의 정치적 자발성을 유지하는 동시에 통치집단의 자의적 지배를 배제하는 유일한 행정적 사법적 준거로 파악하였다. 흥미롭게도 그의 인정법의 강제성 원리는 단일 세속정부의 합법성 및 사회적 공익의 전체성에 대한 독특한 인식을 뚜렷이 반영하고 있다.

무엇보다도 그의 강제적 인정 실정법 원리는, 인민집단이 최선의 인정법의 충분하고 절대적인 입법적 주권체임을 역설한다는 데 유니크한 특징이

---

169) P. Sigmund, 'The Influence of Marsilius of Padua on the 15th Century Conciliarism,' *Journal of the History of Ideas* 23 (1962), p.392.

있다. 그에 의하면 충족한 삶을 성취하는 유일한 형식인 인정법을 제정하고, 여기에 강제력을 부여하는 진정하고 주권적인 원천은 인민집단 전체 내지 다수의 의사였다. '인정법은 그것의 본래적 성격이 올바르거나 또는 올바르지 않기 때문이 아니라, 실제적 사항들에 있어서 인민이 바라는 바이기 때문에 법률로 제정되었다'는 것이 그의 기본 태도였다.[170] 이 같은 인민집단의 주권적 입법권에 대한 신념이, 인민집단의 정치적 주권성에 대한 인식과 더불어 마르실리우스의 견해를 '정치적 주의주의적 인민주의'로 불리게 하는 주된 근거이다.

그러나 이 같은 인정법 이론이 합리적 규범론적 중세 법률사상과 반드시 상충하는 것은 아니다. 중세적 시각이라고도 할 법률의 합리성, 공익성 및 그것의 정의로움에 대한 인식은 마르실리우스의 인정법 논의에서도 끊임없이 그 토대의 일부로 유지되었다. 이 점은 그가 정의롭고 이성적인 자연법 개념을 부정하지 않은 채, 이를 인정법의 일부 내지 그 기반으로 파악하였다는 사실에서 다시금 확인된다.

그렇다면 우리는 마르실리우스의 인정법 이론, 아니 그의 법률론 전반의 성격을 어떻게 규정해야 할까. 앞서 검토한 바 있는, 이에 대한 지금까지의 다양하고 상충되는 평가는,[171] 근본 원인이 무엇보다도 마르실리우스 자신에게 있다. 그는 한편으로는 법률을 감정이 배제된 이성으로 간주하고 '법률의 지배란 곧 이성의 지배다'라고 밝히면서도, 동시에 주된 입법인을 인민이 바라는 바 즉 인간의 본성적 욕구로 규정하였고, 또한 법률성의 일차적 속성을 강제력으로 정의하였다. 특히 인정법의 강제력의 경우 그는 그것의 종국적 근거를 합리가 아니라 주권체인 인간입법권자의 의지에서 찾았던 것이다.

마르실리우스 법률론의 다의성은 일찍이 15세기의 교회법학자들에게 끼친 그의 영향에서부터 확인될 수 있다. 디트리히 니엠(Dietrich of Niem, †1418)과 니콜라스 쿠사(Nicholas of Cusa, 1401~1464)는 모두가 공의회

---

170) *DP* I, xiv, 4.
171) 본절 주 17~21 참조.

주의자였다. 그러나 이들 가운데 니엠은 자신의 반교황권주의의 논거를, 그리고 니콜라스 쿠사는 자신의 합리적 법률이론의 논거를, 각각 마르실리우스의 법률론에서 발견하였다.[172] 사실 마르실리우스의 법률론의 다의성은 그 자체로서도 의미가 없지는 않다. 콘드렌(Condren)에 의하면, 마르실리우스의 논술의 복합적 탄력성이 그것이 가지게 된 지속적 중요성의 한 근거이며,[173] 칸토(Cantor)에 의하면 중세 사상의 다의적 요소가 중세 세계를 오늘날 보다 가깝게 느끼도록 만드는 한 요소이다.[174] 그리하여 이는 오늘날 새로운 지평의 해명을 촉구하는 계기가 되고 있다.

또한 루이스(Lewis)는 '명백히 마르실리우스는 자연법에 비해 실정법에 보다 많은 관심을 가지고 있었다. 중세 법률학자들도 이 점에서 마르실리우스와 조금도 다를 바 없었다'[175]라고 밝혀 놓았다. 그러니까 마르실리우스의 법률론이 제대로 규명되기 위해서는 중세 법률이론 전반에 대한 세밀한 연구가 선결되어야 할 작업임이 분명하다. 따라서 이 글에서의 해명도 마르실리우스의 법률론 자체의 다의성 및 중세의 법률이론에 대한 불충분한 이해라는 한계를 처음부터 가지고 있는 셈이다.

그럼에도 불구하고 마르실리우스의 법률론에 대한 새로운 성격 규정이 현단계에서나마 반드시 불가능해 보이지는 않는다. 필자는 그의 법률론의 특징을 신법의 경우 탈정치화의 추구, 그리고 인정법의 경우 강제성과 주의주의적 인민주의에 대한 첨예한 인식을 중심으로 파악하였다. 그리고 그것의 주된 정치적 함의를 교황의 현세권에 대한 전면적 부정 및 단일 세속정부의 당위성에 대한 주장 그리고 무엇보다도 인민집단의 입법적 주권에

172) Sigmund, 앞의 글, pp.393, 399~400. 초기 공의회주의자들에게 오캄과 마르실리우스가 끼친 강력한 영향에도 불구하고, 이들이 스스로를 '혁명주의자(revolutionary)가 아니라 전통주의자(traditionalist)로 인식하였다'는 것은 매우 시사적이다. A. Black, 'What was Conciliarism? - Concilian Theory in the Historical Perspective,' *Authority and Power*, 특히 pp.213, 216 등 참조.
173) C. Condren, 'George Lawson and the *Defensor Pacis*: On the Use of Marsilius in Seventeenth-Century England,' *Medioevo* VI (1980), pp.612~613.
174) 제2장 2절 주 3~4 및 본절 주 22 등 참조.
175) Lewis, 'The Positivism of Marsiglio of Padua,' p.554.

대한 신념으로 해석하였다. 그의 법률은 다름이 아니라 구체적 강제적으로 표현된 인민집단 전체의 의사였다. 법률이란 제정되는 것이라기보다 발견되는 것이며, 이에 대한 해석도 '성직자의 권위'에 속한다고 상정되었던 시기에, 마르실리우스의 '인간의 권위'에 의한 이 같은 법률 제정의 논리는 충격적인 '도발'이었음에 분명하다.

동시에 그가 표명한 인정법의 강제성 및 주의주의적 인정법 논리는 결코 실정법의 자의성 내지 자의적 정치 권력의 정당성을 변론하기 위한 것이 아니었다. 인민집단의 주권적 입법권에 대한 그의 신념의 근거는, (1) 합리와 정의를 판별함에 있어서 인민집단 전체의 그것이 개인 혹은 소수집단의 판단에 비해 반드시 그리고 항상 우월하며,176) (2) 사회적 공익이 인정법과 인민집단의 본성적 공통적 목표라는 데 있었다.177) 그가 그토록 일관되게 인정법의 강제성을 주장했던 동기도, 인민집단에 의해 확인되고 동의된, 합리와 정의 그리고 공익을 당대의 정치 현장에서 제대로 그리고 반드시 성취하려는 것이었다.

마르실리우스는 교회정부의 현세권의 신법적 기초를 부정함으로써, 교황주권론은 물론, 교권과 속권의 병존을 공인해 온 중세의 이원적 정치 질서에 도전하였다. 그에 의하면, 그리스도교 정치공동체는 '법률 아래 있는 세속정부'에 의해 완전하게 보존될 수 있고, 통치집단의 강제력의 유일한 근거는 '인간의 권위'에 의해 제정된 인정법이며, 인민집단이 바로 진정한 인간입법권자이고, 다시 이 강제적 인정법은 그리스도교 사회가 마땅히 구현해야 할 신법적 정치 원리의 일부였다. 이를테면 그의 '도발적' 속권주의 견해 즉 단일하고 절대적인 성격을 가진 세속정부의 당위성에 대한 논리적 근거가 또한 그의 인민주의 법률론이었다.

더욱이 그는 중세 법률의 이론적 목표였던 합리·정의·공익 등을 인민집단 전체의 본성적 욕구의 일부로 파악하였다. 그리고 이를 현세적으로 구현하는 실천적 수단이, 인민집단에 의해 제정된 그리고 세속통치자에 의

---

176) *DP* I, xii, 4~8 ; I, xiii, 2, 3, 5 등.
177) *DP* I, xi, 1 ; I, xii, 5, 8.

해 운용될, 인정법적 권한의 강제력임을 일관되게 주장하였다. 그에 의하면, (1) 인민집단의 주권적 입법권, (2) 이에 입각한 강제적 인정법, (3) 이의 운용을 독점하는 단일 세속정부 등이 바로 자신이 속했던 '위기'의 정치 현실을 극복하고, 그리스도교 공화국의 정치 원리인 '법률의 지배'를 이 땅에서 실천하는 관건이었다. 중세 법률의 이론적 목표들을 당대에 그리고 반드시 실천에 옮기고자 하는, 강렬한 정치적 현장적 의도가 마르실리우스의 주의주의적 인민주의 법률론의 고유한 한 성격인 것이다.

끝으로, 마르실리우스는 인민집단이 최선의 인정법을 제정하는 인간입법권자임을 거듭 지적하면서도, 이를 그 중요 부분(pars valentior)과 거의 구별하지 않았으며, 심지어 때로는 그것의 통치 부분(pars principans)과도 동일시하였다.178) 마르실리우스에 있어서 인간입법권자란 그 실체가 과연 무엇이었을까. 그의 법률론이 제시하고 있는 주권적 입법체로서의 인간입법권자는, 그의 정부론에서 확인되었던 정치적 주권체로서의 인민집단과 더불어, 인민의 사회적 실체에 대한 보다 세밀한 규명을 요구하고 있다. 그의 정치사상의 성격이 보다 명확히 해명되기 위해서는, 새롭고 도전적인 학문적 과제들이 여전히 남아 있다고 하겠다.

---

178) *DP* I, xii, 6 ; I, xv, 2 등. 제2장 2절 주 224 역시 참조.

Ⅳ. 인민론

1. 문제의 제기

마르실리우스의 정치적 논술은 교황 및 교회정부의 현세권에 대한 전면적 부정이라는 반성직자 정치론을 그 표면상의 지평으로 하고 있다. 그러나 오늘날 그를 단순히 14세기 초엽의 특수한 정치 상황이 낳은 '한 탁월한 반교황권주의자 내지 속권주의자'로만 간주하지는 않는다. 오히려 서구 정치사상사에서 점하는 그의 유니크한 위치는 현세국가의 형성과 세속정부의 목표 그리고 독점적 세속정부와 강제적 인정법의 원리 등과 같은 보편적 정치적 주제들에서 밝혔던, '인간의 권위' 내지 인민의 역할에 대해서 가졌던 그의 독특한 신념에 의해서 설정되고 있다.

마르실리우스에 의하면, 국가를 구성하는 원천은 인간의 보편적 본성적 욕구이며, 인민집단의 의사와 동의(*voluntas et consensus*)가 정부를 설립·운용하는 종국적 근거이고, 인민의 충족한 삶이 세속정부의 목표였다. 그런데 이는 절대적이고 강제적인 인정법적 지배를 반드시 필요로 하는바, 인간의 권위에 의해 제정된 이 인정법적 규범이 성직자 집단을 포함한 사회구성원 모두를 예외 없이 지속적으로 규제하는 현세적 정치 권력의 유일한 준거였다. 이 땅의 현세사에 관한 한 신은 원인(*causa remota*)일 뿐, 그 일차적 직접적 동인은 언제나 그리고 반드시 인민(*populus*)이라는 것이 그의 논술의 일관된 축이었던 것이다.

이에 '인민주권론자 마르실리우스'라는 획기적인 평가의 기수였던 울만[1]은 물론, 스킨너조차 '마르실리우스에 의해 개진된 인민주권론은 근대 초기 입헌주의 논리의 형성에 주요한 역할을 하였다. …… 공의회주의자와 종교개혁가들을 거치며 점진적으로 성장한 이 같은 논리는 14세기에 발아

---

[1] W. Ullmann, *Principles of Government and Politics*, pp.268~285 등.

된 이후 16세기와 그 다음 시대로 전수되었다'[2]라고 밝혔다. 또한 블랙도 근년의 저술에서 '신정정치에 대한 마르실리우스의 대안은 인민주권 원리에 입각한 자율적 국가였다'[3]라고 지적하였던 것이다.

'모든 현세적 정치 권력의 진정한 사회적 기초는 정치적 동물인 인간 (*zoon politikon, homo politicus*)이다'라는 아리스토텔레스류의 인식에 입각하였던 마르실리우스의 인민주의 이론은 그의 독특한 인간입법권자 (*legislator humanus*) 개념에서부터 비롯되었다. 정치공동체의 평화 즉 질서의 단일성이 유지되기 위해서는 강제적 합리적 법률의 지배가 반드시 필요하고,[4] 통치자가 설령 지혜 등을 갖춘 최선의 인간이라 하더라도 법률의 덕성에는 미치지 못하며,[5] 법률은 신적 의지에 의해서가 아니라 인간 정신의 판단에 의해 제정된다[6]라고 그는 생각하였다. 따라서 그에게는 이 같은 법률의 제정자인 인간입법권자야말로 정치공동체의 진정한 주권체로서, 이들이 바로 인민집단이었다. 다시 말해서 인민집단은 현세사의 일차적 동인인 동시에 그것의 준거인 정의로운 규범(*iustorum regula*)의 제정자였던 것이다.[7] 인민집단의 이 같은 정치적 입법적 주권성에 대한 신념은 그의 주장을 조금 듣는 것으로도 여실히 확인된다.

인간에 의해 국가가 설립되고[8] …… 국가는 인간의 이성과 경험이 완전히 발달된 결사체이다.[9] …… 법률을 제정하는 입법권자 내지 그 일차적

2) Q. Skinner, 앞의 책, I, p.65.
3) A. Black, 앞의 책, p.71.
4) *DP* I, xi, 8.
5) *DP* I, xi, 6.
6) *DP* I, xii, 1.
7) *DP* I, iv, 4~5 참조. E. Peters, 'Pars, Parte: Dante and an Urban Contribution to Political Thought,' *The Medieval City*, ed. D. Herlihy (New Heaven, 1977), pp.113~140 ; D. Carr, 'Marsilius of Padua and the Role of Law,' *Italian Quarterly* 108 (1987), pp.13, 24 ; C. Nederman, 'Freedom, Community and Function: Communitarian Lessons of Medieval Political Theory,' *American Political Science Review* 86 (1992), pp.977~986 등을 참조하기 바람.
8) *DP* I, vii, 1.

직접적 동인은 인민(*populus*) 또는 시민집단 전체(*universitas civium*) 또
는 그 중요 부분(*valentior pars*)이다. 이들은 시민 전체의 모임에서 선거
내지 언어로 표명된 의사를 통해서, 인간의 사회적 행위들에 관하여 행하
거나 행하지 말아야 할 사항들을 결정하고, 이를 현세적 고통 내지 징벌을
수반하는 강제적 명령으로 부과한다.[10] ······ 정부를 구성하거나 선택하는
권한은 인간입법권자에게 속한다. 그 방법은 지역에 따라 다양할 수 있다.
그러나 방법이 어떠하든, 이는 반드시 그리고 항상 입법권자의 권위에 의
해 집행되어야 하며, 공공 이익에 부합되는 경우 통치자를 교정하거나 심
지어 폐위하는 권한도 이들에게 속한다. ······ 입법권자란 우리가 누차 밝
혔듯이 시민집단 전체 또는 그 중요 부분이다.[11]

그러나 인민집단의 주권성에 대한 이 같은 신념에도 불구하고, 정작 마
르실리우스의 인민이 정치공동체의 누구 내지 어떤 집단을 구체적으로 가
리키는가 하는 점은 매우 불분명하다. 또한 이것이 '신은 인간을 통해서 섭
리하며, 인간은 신의 모상(*imitatio*)이다'는 가톨릭적 신조로부터 반드시 벗
어난 것도 아니었다. 실제로 그는 변화무쌍하고 혼란스런 개념일 수밖에
없는 '인민'을 주권체로 적시하고 그 '종국적 권위'를 역설하면서도, 그것의
사회적 실체에 관한 세밀한 검토는 적어도 오늘날의 눈으로 볼 때 극히 불
충분한 정도 이상으로는 진전시키지 않았다.[12] 사실 그는 인민을 사회구성
체로서가 아니라 주로 인간입법권자라는 맥락에서, 그나마 그것도 『평화수
호자』 I강의 12장과 13장에서만 한정적으로 다루었을 따름이다.
  따지고 보면 정치공동체를 이루는 다양한 구성원들 가운데 구체적으로
어느 사회집단 그리고 누가 이 땅에서의 정치적 주권체이며, 더욱이 자율

9) *DP* I, iii, 4.
10) *DP* I, xii, 3.
11) *DP* I, xv, 2.
12) 우리는 이와 유사한 지적을 C. Condren, 'Democracy and the *Defensor Pacis*,' *Il
    Pensiero Politico* 13 (1980), p.311 ; C. Nederman, *State and Political Theory in
    France and England 1250~1350: Marsiglio of Padua, William of Ockham and
    the Emergence of National Traditions of Discourse in the Late Middle Ages*
    (York Univ., 1983), p.357 등에서도 찾아볼 수 있다.

적 인민집단인가 하는 문제는 중세 정치 이론가들의 주요 관심사가 아니었다. '신은 기본적으로 인간을 성직자와 인민(*clerus et populus*)으로 구분했으며, 13세기에 들어 성장을 거듭하였던 도시민조차 악마의 소산이다'[13]는 전통적인 관념이 중세 내내 그 영향력을 잃지 않았다. 이 땅에서의 인간(*persona mundialis*)이란 오직 신적 은총에 의해서 그리고 성직자를 매개로 해서만 구원될 수 있는 '단순한 피조물'에 불과하다는 유서 깊은 그리스도교적 전제가 중세의 정치적 논의의 토양이었던 것이다.

울만에 따르면, 중세 서구에서 자유롭고 자율적인 '정치적 동물로서의 인간'이 발견되고, 다시 이것이 정치공동체의 정치적 사회적 주체인 '시민의 재생'(*regeneratio civis*)으로 진전된 일 자체가, 아리스토텔레스 사상의 영향 특히 윤리학과 정치학의 구분이 수용되었던 13세기 이후의 일이었다.[14] 이 '새로운 정치학'의 형성과 더불어 '토마스 아퀴나스는 인간으로서의 개인과 시민으로서 개인을 분리하게 되었으며, 단테는 인간의 자아실현 수단으로서의 자유에 대한 인식을 가지게 되었다'고 울만은 분석하였다. 르 고프도 이 같은 중세 현실을 다음과 같이 지적하고 있다.

> 중세 사회는 기도하는 자(*oratores*), 싸우는 자(*bellatores*), 그리고 일하는 자(*laboratores*)라는 3 위계로 구성되었다. …… 종교적 함의를 가진 3 위계(*ordo*)가 사회기능적 3 신분(*status*)으로 대치된 것은 13세기의 일이다. …… 이론상 '일하는 자'는 '기도하는 자'와 '싸우는 자'를 제외한 사회구성원 모두를 가리킨다. 그러나 사실상 '일하는 자'란 평민 전체는 물론 도시민 전체도 포함하지 않았다. 이는 단지 상층 도시민만을 가리켰다.[15] ……

---

13) J. Le Goff, *Medieval Civilization*, tr. J. Barrow (Oxford, 1989), p.261 참조.

14) Ullmann, *The Individual and Society* (London, 1967), p.127. Condren, 'Marsilius and Machiavell,' *Comparing Political Thinkers*, ed. R. Fitzgerald (New York, 1980), p.96 ; J. Canning, 'Ideas of the State,' *Transactions of the Royal Historical Society* 5th series 33 (1981), pp.1~3 ; B. Tierney, *Religion, Law and the Growth of Constitutional Thought, 1150~1650* (Cambridge, 1982), pp.29~30, 33~35 ; H. Myers, *Medieval Kingship* (Chicago, 1982), p.269 ; Skinner, 앞의 책, I, pp.48~53 등 역시 참조.

중세인에게 있어서 자유란 일종의 특권으로서, 그것은 공동체 내에서 그리고 상위자에 대한 의존적 관계에서만 존재할 수 있었다. 자유민이란 다름이 아니라 강력한 보호자를 가진 자들이었다.16)

사실 중세 사회에서는 오늘날 우리들이 이해하는 바와 같은 인민, 시민 내지 자유민은 존재하지 않았다. 오히려 그것은 일련의 특권을 가진 소수의 영주계층과 상층 도시민 집단을 의미하였다. 그리하여 정치적 논술들에 있어서도 자유롭고 자율적인 주권적 인민집단의 사회적 실체에 관한 체계적 논의란 마르실리우스를 포함한 중세 이론가 누구에게서도 기대하기 어렵다. 따라서 마르실리우스가 했던 '주권적 인민'에 대한 단편적 언급들을 분석하여, 그 실체를 추적하는 작업도 많은 한계를 가질 수밖에 없다. 요컨대 울만이 '정치적 시민과 자유의 개념 형성에 미친 중세의 위대한 기여들'17)이라고 불렀던, 이 주제에 대한 본격적인 검토는 여전히 도전적인 앞으로의 과제이다.

그럼에도 불구하고 '주권적 인민'의 사회적 실체에 관한 문제는 마르실리우스의 정치적 논술 전반의 본질까지 가늠하게 하는 아킬레스건이다. 울만의 '인민주권론자 마르실리우스' 상에 동의했던 지워쓰,18) 모랄,19) 맥그레이드20) 등은 기본적으로 마르실리우스의 '주권체 인민집단'이 정치공동체를 구성하는 '다수 대중'을 포함한다고 해석하였다. 그러나 일군의 연구자들은 이들과는 판이한 견해를 가지게 되었다. 즉 매길웨인은 마르실리우스의 정치사상의 기본 성격을 '귀족주의적'인 것21)으로, 당뜨레브와 스트로쓰는 '위민주적'인 것22)으로 그리고 윌크스는 '명백히 비민주적'인 것23)으

15) Le Goff, 앞의 책, pp.256~261.
16) Le Goff, 위의 책, p.280.
17) Ullmann, *Individual and Society*, pp.126~135 참조.
18) A. Gewirth, *Marsilius of Padua* I, p.167 이하.
19) J. B. 모랄, 『중세 서양의 정치사상』, 173, 187~188쪽.
20) A. McGrade, *The Political Thought of William of Ockham* (Cambridge, 1974), pp.82~83, 108~109.
21) C. McIlwain, *Growth of Political Thought*, p.304.

로 규정하였다. 마르실리우스의 '자유로운 인민' 내지 '주권적 시민집단'이
란, 중세적 현실에 비추어 볼 때, 결국 봉건적 영주계층 내지 소수의 특권
집단일 수밖에 없다는 것이 이들의 기본 인식이었다.

그러니까 마르실리우스의 정치사상을 인민주권론으로 규정하고, 또한
이를 당대의 현장적 정치 상황의 한 산물로 이해하고자 하는 필자 같은 이
에게는, 그의 인민의 개념과 실체에 대한 분석이 일종의 피할 수 없는 의
무가 아닐 수 없다. 설령 그것이 불충분할 수밖에 없다 하더라도, 주권적
인민의 사회적 실체에 대한 규명 없이는 마르실리우스의 정치적 논술의
진정한 성격이 제대로 해명될 수 없겠기 때문이다. 마르실리우스가 역설했
던 정치적 입법적 주권체로서의 인민집단은 사회적 실체에 있어서 과연
누구를 가리켰으며, 그 의미를 어떻게 해석해야 할까.

2. 인민

마르실리우스는 인간입법권자를 거듭 '인민 또는 시민집단 전체 또는 그
중요 부분'으로 명기하였다.24) 그에게는 인간입법권자야말로 모든 정치공
동체의 진정하고 종국적인 주권체였던만큼, 이를 먼저 '인민'으로 그리고
'시민집단'으로 그리고 다시 '그 중요 부분'으로 점진적으로 한정함으로써,

---

22) A. D'Entrèves, *Medieval Contribution*, pp.54~56 ; L. Strauss, *The History of
Political Philosophy* (Chicago, 1987), pp.235~238.

23) M. Wilks, *Problem of Sovereignty*, p.196.

24) 이 점은 마르실리우스의 저작 전편에서 확인된다. 그 대표적인 예가 '인간입법권
자'를 세 유형으로 구분하여 논술하고 있는 *DP* I, xii, 3이다. W. Kölmel,
'*Universitas civium* et *fidelium* Kriterien der Sozialtheorie des Marsilius von
Padua,' *Medioevo* V (1979), pp.62~63 참조. 필자는 이것이, Kölmel의 지적대로,
주권집단을 점진적으로 구체화하려는 마르실리우스의 의도를 반영하고 있다고 해
석한다. 설령 이러한 해석에 동의하지 않는 경우에도 인간입법권자를 '인민', '시
민' 그리고 '중요 부분'으로 구분하여 각각의 실체를 분석하는 작업은 그의 인민론
을 재구성하는 한 '방법'이 될 것이다. 이 같은 접근방법의 유용성은 근년의 연구
사에서 충분히 확인되고 있다. Gewirth, *Marsilius of Padua* I, p.167 이하.

주권집단의 사회적 실체를 구체화한 셈이다. 마르실리우스가 제시한 순서에 따라 먼저 인민의 개념부터 파악해 보기로 하자.

서구의 고전적 정치 전통 하에서 인민은 두 유형의 서로 다른 사회집단을 각각 가리켜 왔다. 아리스토텔레스를 비롯한 그리스적 전통에 따르면, 인민(δῆμος)은 시민집단 전체가 아니라 오히려 그것의 한 부분 즉 자유민 대중만을 의미하였다. 정치공동체의 신분제적 구성을 전제하였던 이들에게, 인민이란 무엇보다도 귀족과는 구별되는 신분으로서 '특별히 부유하지도, 특별히 덕성스럽지도 않은' 평민(plebs) 내지 다수 대중(vulgus)을 가리키는 개념이었다.[25]

그러나 로마적 전통에 따르면 인민은 평민뿐만 아니라 귀족과 원로원 계층도 포함하는 시민공동체를 두루 함의하였다. '인민=평민'이 아니라, '인민=귀족과 평민집단 전체'라는 보다 포괄적인 인민 개념이 로마적 정치 전통의 한 독특한 기초였던 것이다.[26] 키케로가 인민을 '법률과 공공 이익에 관한 일치된 동의에 의해 결합된 다수'로 정의함으로써,[27] '법률과 공익에 대한 동의'를 인민의 조건으로 지적한 것도 이 같은 맥락에서 이해될 수 있다.

명백히 마르실리우스는 아리스토텔레스류의 정치적 동물로서의 인간을 자신의 논술의 변함없는 토대로 활용하였다. 그러나 인민 개념에 관한 한, 그는 아리스토텔레스적이라기보다는 로마적 전통을 수용한 것 같다.[28] 그

25) Aristotle, *Politics* III, ii, 1281b, 16~26.
26) Carlyle, *Medieval Political Theory* I, ch. 1, 'The Political Theory of Cicero' ; Gewirth, *Marsilius of Padua* I, p.180 등 참조.
27) *De Republica* I, 25, 39. 본서에서는 Cicero, *De Republica*, tr. W. Keyes (Loeb Classical Library, 1948)를 이용하였다.
28) 이 점에서 중세 로마법 전통의 주된 유산을 '법률은 인민이 명령하고 제정한 바이다' 및 '입법적 권위의 종국적 원천은 인민, 오직 인민 전체이다' 등과 같은 일종의 '인민주의 원리'에서 찾았던 오클리와 매킬웨인의 견해는 주목할 만하다. 이는 흔히 '절대주의 정치 원리'를 로마법 전통의 핵심으로 간주해 온 것과는 뚜렷이 구별된다. F. Oakley, 'Legitimation by Consent,' pp.310~311 ; McIlwain, *Growth of Political Thought*, p.135 ; McIlwain, *Constitutionalism - Ancient and Modern*

에 의하면, 현세적 삶의 목표는 충족한 삶(vita sufficiens)이며, 이 땅에서의 충족한 삶은 모든 인간의 본성적 욕구로서, 이는 인간의 정치적 결사 특히 완비된 자족적 정치결사체인 국가를 통해서만 성취될 수 있었다.[29] 그런데 국가란 다름 아니라 바로 자유민의 공동체로서,[30] 이 같은 정치적 결사체의 유지를 바라지 않는 자는 오직 '노예와 외국인들 가운데 발견될 뿐'이었다.[31]

사실 그는 국가를 처음부터 종교적 도덕적 가치의 성취를 위한 수단 즉 목표지향적 관점에서 이해하지 않았다. 그것은 오히려 모든 인간의 본성적 욕구의 산물로서, 이 본성(natura)이란 그야말로 '완전한' 무엇이라기보다는 태생적으로 모든 인간에게 주어지는 보편적 인간성을 의미하였다. 그것은 인간이 심각하게 '병들거나 왜곡되지 않는 한' 본래적 건강성을 잃지 않는 일종의 천품이었던 것이다.[32] 그러니까 그는 '모든 인간의 타고난 천품적 욕구' 즉 보편적 인간성을 완전하고 자족적인 정치적 결사의 형성력으로 간주하였다. '왜곡된 본성을 가진 자' 그리고 '노예와 외국인' 등만을 제외한, '모든 사람'(omnes persona)이 본성에 따라 자발적·자율적으로 국가를 구성하는 '자유민'이며, 이들이 바로 주권적 인민집단이라는 것이었다. 마르실리우스의 인민은 기본적으로 정치공동체 구성원의 대부분이 그것에 속하는 매우 포괄적인 성격의 개념이었다고 하겠다. 더욱이 흥미로운 점은 그가 명쾌하게 밝혔던 포괄적 인민 개념의 근거이다.

모든 인간은 충족한 삶을 욕구하며, 누구도 의식적으로 스스로를 해치거나 불의를 바라지는 않는다.[33] …… 인민 전체 또는 이들의 대부분은 건강

(Ithaca, 1958), p.57 참조.

29) DP I, iv, 2.

30) DP I, xii, 6.

31) DP I, xiii, 2.

32) Reeves, 'Marsiglio of Padua and Dante Alighieri,' Trends in Medieval Political Thought, ed. B. Smalley (Oxford, 1965), pp.92~93.

33) DP I, xii, 8.

한 정신과 이성 그리고 올바른 욕구를 가지고 있다.[34] …… 따라서 전체는 행위와 분별력 모두에 있어서 그 부분들보다 항상 위대하다.[35]

우리는 마르실리우스의 인민 개념의 기저에서, (1) 인민 전체 또는 이들 대부분의 정신과 이성 그리고 욕구의 건강성에 대한 신뢰, (2) 충족한 삶에 대한 추구 즉 '필요한 것들을 결여하지 않고, 보다 고귀한 것들을 열망하는'[36] 인간 본성에 대한 낙관, (3) 사회의 특정 부분이 아니라 전체의 위대성에 대한 신념 등이 두텁게 깔려 있음을 우선 확인할 수 있다. 그의 인민은 무엇보다도 '올바른 욕구를 가지고 불의를 바라지 않는' 모든 인간을 함의하였다. 다시 말해서 그의 포괄적 인민 개념은 인간을 '모든 소멸될 수밖에 없는 것들 가운데 가장 고귀한 존재'[37]로 보는 그의 인간관의 소박한 논리적 귀결 바로 그것이었다.

또한 마르실리우스는 이 땅에서의 충족한 삶이 다양한 사물들을 필요로 하는만큼, 완전한 공동체(*communitas perfecta*)로서의 국가는 이 같은 요구에 부합하는 다양한 사회경제적 기능집단으로 구성되어야 한다고 생각하였다.

국가는 여섯 유형의 부분들로 구성된다. 즉 농민, 수공업자, 회계인(상인), 성직자, 전사 그리고 사법관(통치자)이 그것이다. 이들 가운데 성직자, 전사 그리고 사법관은 엄격한 의미의 국가 구성원들로서 정치공동체의 명예로운 계층(*horonabilitas*)이라 불린다. 그 밖의 농민·수공업자·회계인 집단은 넓은 의미의 국가 구성원으로서 국가가 필요로 하는 기능을 담당한다. 이들은 다수 대중으로서 일반적으로 평민계층(*vulgus*)이라 불린다.[38]

---

34) *DP* I, xiii, 3.
35) *DP* I, xii, 4.
36) *DP* I, vii, 1.
37) *DP* I, vii, 1.
38) *DP* I, v, 1. 필자의 이해로는 아리스토텔레스의 이 '여섯 기능집단'에 의한 국가 구성이론을 적극적으로 활용한 최초의 중세 이론가가 마르실리우스이다.

그는 넓은 의미의 국가 구성원인 '평민'을 엄격한 의미의 그것인 '명예로
운 계층'과 더불어 충족한 삶과 완전한 공동체에 없어서는 안 될 기능집단
으로 간주하였다. 그에게는 농민·수공업자·회계인(상인) 등도 성직자 및
귀족 등과 마찬가지로 정치공동체가 반드시 필요로 하는 '자유로운 인민'
의 일부였던 것이다. 물론 그는 '평민'이 개인적으로는 '명예로운 계층'에
비해 교육·부·덕성·여가 등이 부족하다는 점을 잘 알고 있었다. 평민이
란 교육을 적게 받고, 단순한 정신을 가진 자들이며, 또한 정신적 여유와
신체상의 여가가 부족한, 가난한 다수 대중이었다.[39] 그럼에도 불구하고
그는 이 평민이 주권적 인민집단의 불가결한 '일부'임을 주장하는 데 조금
도 주저하지 않았다.

　　교육이 부족한 자들 또는 자유로운 과업을 위한 여가를 가지지 못한 자
　들도 제안된 법률 및 그 밖의 실제적 사항들을 분별하고 판단하는 데 참여
　해야 한다. …… 교육이 부족한 자들은 그 숫자가 많기 때문에, 앞서의 사
　항들을 판단함에 있어서 소수의 교육받은 자들 못지않게, 오히려 그들보다
　더 잘할 수 있다.[40] …… 지혜로운 소수(*pars prudentes*)에 의해 제안된 규
　칙을 강제적 법률로 제정하는 것은 오직 인간입법권자이다.[41] …… 가난하
　지만 덕성스런 자들에게 통치권을 가질 기회가 반드시 주어져야 한다.[42]

마르실리우스에 의하면 '자유로운 인민'은 교육과 여가가 부족한 가난한
다수 대중들을 반드시 포함해야 하였다. 오히려 다수집단인 평민들이야말
로 제안된 규칙을 강제적 법률로 제정하는 데 반드시 참여해야 하는 인간
입법권자의 핵심적 부분이었다. 심지어 통치권의 행사 기회조차 이들에게
열려 있어야 했다. 농민·수공업자·상인 등과 같은 정치공동체의 모든 기
능집단을 자유롭고 주권적인 인민으로 포괄하는 이 같은 태도는 전통적인

---

39) *DP* I, xii, 2~3.
40) *DP* I, xiii, 4~5.
41) *DP* I, xiii, 8.
42) *DP* I, xiv, 8.

견해들로부터 뚜렷이 구별되는 획기적인 것이 아닐 수 없다. 우선 이는 아
리스토텔레스의 견해와도 판이하게 다르다. 아리스토텔레스의 '지배적 정
치 권위'는 인민이 아니라 통치자집단에 속했고, 그의 인민은 입법권자가
아니었을 뿐더러, 그에게는 공직과 명예가 자유롭고 자율적인 정치 주권체
의 기본 조건이었다.[43]

또한 마르실리우스의 인민은 키케로의 그것과도 차이가 있다. '법률에의
동의'를 인민의 조건으로 간주했던 키케로와는 달리,[44] '법률의 제정'이 그
가 역설한 인민의 본원적 정치 권한이었다. 뿐만 아니라 이는 신과의 관계
즉 '사랑의 대상에 대한 공통의 동의'를 인민의 조건으로 간주했던 성 아우
구스틴(St. Augustine)의 견해와도 구별된다.[45] 그에 따르면 '현세사에 관
한 한 신은 원인일 뿐, 정치적 인간(homo politicus)이 현세사의 일차적 직
접적 동인으로서, 이는 완전한 정치공동체의 모든 사회경제적 기능집단을
두루 함의한다'는 것이었다.[46]

그렇다면 우리는 마르실리우스의 이 획기적인 '포괄적 인민'의 의미를
어떻게 이해하여야 할까. 필자는 이를 두 측면에서 규정하고자 한다. (1)
사실 그는 다른 중세 이론가들과 마찬가지로 유기체적 사회관을 가지고
있었다. 의학도였던 그가 빈번히 정치공동체를 인간의 몸에 견주어 생각한
것은 자연스러운 일이었다.[47] 그런데 전통적인 유기체론자들은 국가가 왜

43) *Politics* III, ii~v.
44) 허승일, 「키케로의 공화정치론과 민주정체관」, 『사회철학대계 I』 (1993), 69~70쪽
참조.
45) Augustine, *City of God*, xix, 24 ; B. Bradshaw, 'Political Wisdom,' *CMPT*,
pp.106~107 ; 김태규, 「아우구스티누스의 사회본질」, 『사회철학대계 I』 (1993),
103~108쪽 ; 이석우, 『아우구스티누스』 (1995), 332~338쪽 역시 참조하기 바람.
46) *DP* I, ix, 2.
47) *DP* I, ii, 3 ; I, iii, 5 등. 그에 의하면, '국가가 여러 부분(기능집단)으로 이루어지는
것은 신체가 여러 부분들로 구성되는 것과 마찬가지였다'(*DP* I, xv, 10). 예를 들
면 그는 국가를 '살아 있는 동물'(*natura animata*)로, 정부를 '심장'으로, 통치자를
'살아 있는 법'(*lex animata*)으로, 그리고 법률을 '여러 개의 눈들로 구성된 하나의
눈'(*oculus ex multis oculis*) 등으로 비유하였다. 그의 유기체적 사회이론에 관해
서는 C. Condren, 'Marsilius and Machiavelli,' p.101 ; D. Carr, 'Marsilius of

242 서양 중세 정치사상 연구

그 구성원 모두에 의해 지배되어야 하는가를 이해하지 못하였다. 왜냐 하면 그들은 국가의 목표인 좋은 삶과 공공 이익이 그 구성원 모두에 의해 보다 잘 판단되고 추구될 수 있다고 생각하지 않았기 때문이다. 또한 그들은 정치 활동에의 참여가 인간의 본성적 자유를 보장하는 중대한 조건임도 이해하지 못하였다. 그리하여 그들은 계서적 지배예속의 신분체제와 이에 수반된 불평등의 정치 원리를 유기적 정치공동체의 당연한 전제로 간주하였다. 그들에게는 개인 내지 소수에게 집중된 정치 권위와 그것의 가부장적 운용이 이를테면 신성한 정치 질서였던 것이다.48)

그러나 마르실리우스는 인민 특히 평민계층이 주권적 정치 권위의 진정한 한 사회적 기초라고 확신하였다. 여기에 그의 인민론의 유니크한 한 함의가 있다. 국가를 '자유로운 인민의 공동체'로 간주한 그에게는 인민의 본성적 욕구인 충족한 삶이 곧 국가 목표였으며, 인민의 동의와 참여 즉 인민의 정치적 자유가 이를 성취하는 최선의 수단이었다.49) '명예로운 계층' 뿐만 아니라 다수 대중인 '평민'이 바로 자유로운 인민의 실체였던 만큼, 정치적 주권과 자유는 이제 더 이상 소수집단의 특권일 수 없었던 것이다. 물론 그가 정치공동체를 구성하는 모든 '개인'들의 정치적 권리와 자질의 '평등'을 주장하지는 않았다. 그럼에도 불구하고 그는 '입법권자인 다수 대중'에 의하지 않는 합법적 정치 권력을 여하한 경우에도 상정하지 않았다.50) 정치 권력의 합법성은 정당한 사회적 기초를 반드시 필요로 하는바, 그에게는 농민·수공업자·상인 등으로 이루어진 정치공동체의 다수 대중 즉 '집단으로서의 평민'이 바로 핵심적 부분이었다. 그의 포괄적 인민개념

Padua and the Role of Law,' p.12 ; C. Nederman, 'Nature, Sin and the Origins of Society - the Ciceronian Tradition in Medieval Political Thought,' *Journal of the History of Ideas* 49 (1988), pp.20~21 등 참조.

48) Lewis, *Medieval Political Ideas* I, pp.220~221 ; 'Organic Tendencies in Medieval Political Thought,' *AHR* 32 (1938), pp.849~876 ; O. Gierke, *Political Theories of the Middle Ages*, pp.24~30.

49) *DP* I, v, 8.

50) 인민에 의한 전제적 폭군의 제거가 합법적이었던 근거도 바로 이 점에 있었다. *DP* I, xv, 2 ; I, xviii, 3.

은 무엇보다도 정치공동체의 다수를 이루는 농민·수공업자·상인과 같은
평민집단의 정치적 자유와 주권성에 대한 독특한 인식에 입각한 것이었다.

(2) 그렇다고 해서 다수 대중인 평민만이 주권적 인민의 전부였던 것은
결코 아니었다. 그의 인민은 '언제나 그리고 반드시' 평민과 명예로운 계층
을 동시에 포함하는 전체였다. 주권체인 인민집단의 전체성에 대한 신념이
바로 속권과 교권이 첨예하게 대립하는 당대의 정치 현장에서, 그로 하여
금 그리스도교 사회의 이원적 정치 질서를 단숨에 극복하고 단일 세속정
부의 독점적 지배를 변론하도록 한 근거였다. 또한 교황주권론에 입각한
성직자 지배체제를 그가 격렬히 공격한 주된 근거도, 그것은 신도집단 전
체(*universitas fidelium*)의 '명예로운 일부'에 지나지 않는 성직자 부분
(*pars sacerdotalis*)이 전체를 지배하는 체제이기 때문이었다.[51] 그것은 부
분의 전체에 대한 파당적 전제라는 것이 그의 견해였다. 그의 반성직자주
의는 인민 전체에 기초하지 않는 모든 정치 권력의 합법성을 부정했던 그
의 포괄적 인민관의 한 산물이었던 것이다.

이 점은 민주정(*democratia*)에 관한 그의 견해에서도 여전히 확인된다.
그는 아리스토텔레스류의 민주정을 '병든 정부'로 단정하였다. 그것은 '평
민 또는 가난한 대중이 다른 부분들의 동의 없이' 전체를 지배하는 체제였
다.[52] 따라서 그것이 파당적 정치체제인 점은 성직자 지배체제가 그러한
것과 조금도 다를 바 없었다. 그에게는 그리스도교 사회의 명예로운 성직
자든, 민주정 하의 가난한 평민이든, 그들이 합법적 정치 권력의 진정한 사
회적 기초가 아니었다. 그것은 '언제나 그리고 반드시' 명예로운 계층과 평
민계층 모두를 두루 포괄하는 인민집단 전체여야 했다.

앞서 우리는 마르실리우스의 포괄적 인민 개념의 기저에 '부분'이 아니
라 '전체'의 위대성에 대한 그의 신념이 깔려 있음을 지적하였다. 정치체제
의 합법성의 근거를 '모든 인간'의 건강한 본성적 욕구에서 찾았던 그는,
인민 전체가 아니라 그 일부에만 기초한 정치체제인 경우, 그것이 어떠한

---

51) *DP* I, ix, 9~12 ; II, v, 4 ; II, ix, 7~8 ; II, xxx, 6 ; III, ii, 3, 7, 14 등.
52) *DP* I, viii, 3.

형태를 취하든 폭군적 전제정(*principatus despoticus*)으로 간주하였다.53)
단일 세속정부의 강제적 독점적 지배의 당위성에 대한 변론도 결국 부분
이 아닌 인민집단 전체의 절대적 주권성에 대한 그의 믿음의 정치적·현
장적 대안에 다름 아니었다. 이 같은 포괄적 인민관이 마르실리우스 논술
의 반성직자주의(anti-sacerdotalism), 반파당주의(anti-factionalism), 그리
고 반전제주의(anti-despotism) 논리의 진정한 토대였다.54) 이는 무엇보다
도 '명예로운 계층'과 '평민' 모두가 자유로운 인민으로서, 완전한 정치공동
체의 진정한 주권체이며, 모든 합법적인 정치 권력은 반드시 이들 전체의
의사와 동의에 입각해야 한다는 그의 고유한 자각의 산물이었던 것이다.

3. 시민

인간입법권자를 인민으로 간주하고, 이를 매우 포괄적으로 이해했던 마
르실리우스는, 다시 이들을 시민집단 전체(*universitas civium*)와 동일시하
였다. 그렇다면 '시민'이란 누구인가. 그는 먼저 시민을 '정치공동체의 행정
적·심의적·사법적 활동에, 자신의 신분에 따라 참여하는 자'55)로 정의하
였다. 그러니까 그의 시민은, '모든 사람'에 무게가 실렸던 인민에 비해 '신
분에 따라서'라는 단서와 '실제적 정치 활동에의 참여'라는 기능적 조건이
부가되어 있다. 주권적 권위체로서의 포괄적 인민 개념에 비해 다소 한정
적인 성격을 가지고 있는 셈이다.

우리는 먼저 마르실리우스의 시민 개념을, 그것이 당대의 시민 개념과
어떻게 달랐던가 하는 측면을 통해 그 성격을 추적할 수 있다. 중세 이론
가들에 있어서 시민 개념의 근간은 아리스토텔레스의 그것이었다. 그런데

---

53) *DP* I, xv, 2, 10 ; I, xviii, 2~3. 특히 그는 입법적 주권이 한 사람에게 속한 체제를
   '전제정', 소수집단에 속한 체제를 '과두정'으로 간주한 바 있다. *DP* I, xii, 8 ; I,
   xiii, 5 참조.
54) Black, 앞의 책, p.124 참조.
55) *DP* I, xii, 4.

아리스토텔레스의 시민은 기본적으로 '통치자의 기능을 실제로 담당하는 자'56)였다. 국가는 완전한 정치공동체이고, 그것의 완전성은 지배집단과 피지배집단 간의 지위와 역할의 상호 교체에 의해 보장되는 것이므로, 시민은 단순한 피지배자가 아니라 통치자로서의 자질과 역량도 가져야 한다는 것이었다. 그리하여 '수공업자가 시민인가' 하는 구체적인 질문에 대해, 아리스토텔레스는 '최선의 국가란 덕성스러운 삶을 위한 것이므로, 덕의 소유가 시민권의 준거이다. …… 따라서 수공업자는 시민으로 간주되기 어렵다'57)라고 답변하였다. '시민 곧 통치자'라는 이러한 인식이 중세 아리스토텔레스주의자들의 시민 개념의 공통 토대였던 것이다.

그러나 마르실리우스는 통치자가 갖추어야 할 정도의 분별력이나 덕성을 시민의 조건이라고는 전혀 생각하지 않았다. 통치자의 자질을 분별력(*prudentia*), 정의로움(*justicia*), 공정성(*aequitas*) 그리고 정부와 인민에 대한 애정(*caritas*) 등으로 파악하였던 그는,58) 앞서 지적한 것처럼 수공업자와 같은 평민이란 분별력·교육·재산·덕성 등이 상대적으로 부족한 자들임을 잘 알고 있었다. 그럼에도 불구하고 그는 이들 평민이 '좋은 삶에 대한 본성적 욕구' 및 '건강한 정신과 이성'을 가진 자들로서, 마땅히 실제적 정치 활동에 참여해야 하는 자유민임을 조금도 의심하지 않았다. 그의 태도는 실로 흥미롭고 독특하다.59)

통치자가 자신의 의무를 수행함에 있어서 나태하거나 무책임한 경우, 이들을 인신 및 재산상의 규제를 통해서 교정하는 권한과 권위는 오직 인간 입법권자에게 속한다. 설령 이 같은 교정권이 시민단 가운데 특정 집단에 속해야 한다고 하더라도, 이것이 여하한 경우에든 성직자에게 속해서는 안 된다. 한편 이것이 경우에 따라서 지혜로운 자 내지 학식을 갖춘 교사들에게 속할 수는 있다. 그러나 참으로 이것은 농민, 수공업자 및 그 밖의 노동

---

56) *Politics* III, 4, 1277b ; VII, 14, 1332b 등 참조.
57) *Politics* III, 5, 1278a.
58) *DP* I, xiv, 43~47 참조.
59) *DM*, ii, 7.

에 종사하는 사람들에게 속하는 것이 정당하다. 그들이 사회적 · 세속적 활동에 참여하는 것은 인간 이성과 법률 그리고 성서 모두의 조언과 가르침에 의해 보장되고 있다.

그에 의하면 당대의 이론가들이 '비시민'으로 규정했던 농민, 수공업자 및 그 밖의 노동에 종사하는 사람들이야말로 '참으로 정당한 입법권자' 즉 완전한 시민이었다.60) 이들의 사회적 세속적 활동에의 참여는 이성과 법률 그리고 성서에 의해 보장된 것이었다. 그는 오히려 지혜롭고 탁월한 소수의 '시민 - 통치자'에 의한 지배체제를 병든 정부 형태, 즉 전제정과 과두정으로 간주하였다.61) 명백히 그는 정치공동체의 구성원을 '시민 - 통치자' 그리고 '비시민'으로 구분하는 아리스토텔레스류의 양분법을 수용하지 않았다. 그는 '정치 활동에 참여하는 시민' 개념의 외연과 내포를 당대의 그것과는 달리 현저히 확대하고 대중화하였던 것이다.

그렇다면 그가 덧붙였던 다른 단서 즉 '신분에 따라서'의 의미는 어디에 있을까. 그는 혼합정(politia)에 관한 설명에서, 그것이 바람직한 정부인 주된 이유를 (1) 모든 자유로운 인민이 시민단을 구성하며, (2) 시민집단이 정부와 법률을 설립 · 제정하고, (3) 혼합정은 '배타적'인 민주정과는 달리 '모든 시민이 각자의 신분, 능력 내지 조건에 따라 행정적 심의적 기능에 참여하는 체제'이기 때문이라고 밝혔다.62) 그러니까 여기서도 그에게는 자유로운 인민이 정치적 시민으로서 입법 및 행정과 같은 시민적 정치 활동에 참여하는 한 조건이 신분이었던 셈인데, 문제는 무엇이 '신분'인가 하는 점이겠다.

기본적으로 마르실리우스는 정치공동체를 그것의 개별적 구성원들과는 구별되는 일종의 가상적 유기체(persona ficta)로 간주하였다.63) 다시 말해서 국가는 고립된 개인들이 다양한 기능집단들로 조직되고, 이들 기능집단

---

60) *DP* I, xiii, 3, 4.
61) *DP* I, xii, 8 ; I, xiii, 5 ; 본절 주 53 참조.
62) *DP* I, viii, 3.
63) *DP* I, ii, 3 ; I, iii, 5 ; I, xv, 10 등.

이 하나의 유기체적 조직을 구성함으로써 완성되는 일종의 생명체였다. 따라서 그에게 있어서 '신분'이란 상하의 계서적 사회체제가 아니었다. 그것은 마치 하나의 생명체를 이루는 각 지체와도 같이, 자족적인 국가가 필요로 하는 사회경제적 역할을 상호보완적으로 분담하는 기능집단들이었다. 이들 기능집단이 바로 각각의 고유한 역할을 유기적 보완적으로 수행함으로써 국가의 자족성을 유지하는 '자유로운 신분'이었던 것이다. 유기체적 사회관에 입각한 이 독특한 신분관이, 필자의 견해로는 그의 시민 개념을 파악하는 한 관건이다. 무엇보다도 이는 주권체인 시민의 기본 단위가 '개인'이 아니라 '집단'이었음을 함의한다. 건강한 신체란 다양한 지체들의 자유로운 기능을 통해 유지되는 것과 마찬가지로, 그에 의하면 국가의 건강성도 시민단의 주권적인 정치 권위 및 적극적인 참여와 활동을 통해서 유지될 수 있었다. 또한 이는 완전한 공동체를 이루는 사회의 각 부분들 즉 여섯 기능집단의 자유롭고 방해받지 않는 기능에 의해 보장될 수 있었다. 세포가 아니라 지체가 몸의 단위인 것과 마찬가지로, 마르실리우스에 있어서는, 개인이 아니라 사회경제적 기능집단 즉 '신분'이 정치적 주권체의 단위였던 것이다.

그가 지적한 '신분에 따른' 시민의 정치 참여도 이 같은 맥락에서 이해되어야 한다. 정부와 법률의 목표인 공공의 이익은 기본적으로 개인들의 산술적 평등을 통해 성취될 수 있는 것이 아니었다. 그것은 오히려 주권적 기능집단들의 유기적 결합을 통해 성취될 수 있었다. 그에 의하면 공공 이익이란 '충족한 삶'이 필요로 하는 정치공동체의 여섯 기능집단들에게 부여된 고유한 활동, 즉 신분에 따라 보장된 사회경제적 역할과 정치 참여의 몫이 정당하게 실천됨으로써 구현되는 무엇이었다. 유기체인 국가의 건강성은 주권적 시민단 모두의 정치적 참여를 반드시 요구하는바, 이는 고립된 개인들의 산술적 평등에 의해서가 아니라, 주권체의 진정한 단위인 '자유로운 신분들' 상호간의 질적·비례적 평등에 의해서 즉 사회 각 부분들의 유기적 결합을 통해서 비로소 성취될 것이었다.[64]

그의 시민 신분은 명백히 정치공동체의 다양한 정치 활동에 적극적으로 참여하는 모든 자유로운 '기능집단'이었다. 그러나 이 같은 시민의 실체가 근대적 민주적 원리에 근거한 '주권적 개인들'은 아니었다.[65] 그 같은 개인 은 콘드렌의 지적대로, 애초부터 마르실리우스가 접할 수 있었던 인식과 언어의 세계에 속하지 않았다.[66] 앞서 우리는 그가 국가를 자유민의 공동 체로 간주했음을 지적하였다. 그러니까 그가 함의했던 적극적 정치주체로 서의 시민도 그 실체는 신분제적 사회구성을 전제한 '자유로운 신분' 즉 자 유민들로 구성된 '다양한 사회경제적 기능집단' 바로 그것이었다. 평민집단 의 정치적 주권성에 대한 신념과 더불어, 독특하게 채색된 유기체적 신분 제 사회관이 그의 주권적 시민 개념의 토대였던 것이다.

그렇기는 하지마는 마르실리우스가 시민을 '자유롭고 적극적인 정치 주 체로서의 기능집단'으로 규정하는 것에서 멈추지는 않았다. 그는 시민집단 으로부터 '어린이, 노예, 외국인 그리고 여성'을 명시적으로 제외하였다.[67] 따라서 이에 관한 검토가 그의 시민 개념을 보다 구체화하는 데 도움이 될 것 같다. 먼저 어린이에 대해서 그는 '어린이들은 거의 잠재적인 시민이다. 이들은 단지 나이가 부족할 따름이다'라고 밝혔다.[68] 그러니까 그에 의하 면 시민이란 기본적으로 '시민의 아들이 시민이 되는' 즉 혈연적 세습과 나 이에 의한 지위였다. 어린이를 '거의' '잠재적인' 성인으로 보는 이 같은 인 식은 '중세에는 어린이가 존재하지 않았다. 오직 어린 성인들이 있었을 따

---

64) Wilks, 'Corporation and Representation,' p.258 참조. 앞서 지적한 바와 같이, 지워 쓰, 스킨너 등이 마르실리우스의 정치사상의 기본 성격을 공화주의로 규정한 근거 도 그의 시민개념의 사회적 포괄성과 정치적 적극성, 및 신분제적 사회구성의 원 리 등에 있었다. 특히 블라이쓰는 14세기의 정치 이론가들 가운데 '오직 마르실리 우스'를 공화정 이론의 기수로 파악하였다. 그 이유로 '마르실리우스의 혼합정부 이론은 단순히 다양한 신분들의 수적 비례에 의한 참여뿐만 아니라, 다양한 이해 관계의 조화와 질적 요소의 적정한 반영이 동시에 보장되는 체제였다'는 점을 들 었다. J. Blythe, *Ideal Government and the Mixed Constitution in the Middle Ages* (Princeton, 1992), pp.163, 202.

65) Nederman, *State and Political Theory*, p.357 참조.
66) Condren, 'Democracy and the *Defensor Pacis*,' pp.303~304, 314~316 참조.
67) *DP* I, xii, 2, 4.
68) *DP* I, xii, 2.

름이다'라는 중세 사회의 일반적 망딸리떼에 관한 르 고프의 지적으로부터
크게 벗어나 보이지 않는다.69)

그러나 노예에 대한 그의 견해에는 다소 주목할 만한 요소가 있다. 대부
분의 중세 이론가들은 아리스토텔레스의 노예관에 동의하고 있었다. 즉 그
들은 처음부터 탁월한 이성을 소유한 '생득적 통치자'와 애초부터 스스로
를 보존하는 데 요구되는 기본적 이성조차 결여한 '생득적 노예'가 나면서
부터 존재한다고 생각하였다. 노예에 대한 이 그리스도교적 배타주의에 관
한 한, 아퀴나스 및 존 장당(John of Jaudun) 등은 물론 오캄과 단테 역시
크게 다르지 않았다. 12~13세기의 아리스토텔레스주의자들 가운데 '생득
적 노예관'과 거리를 유지한 아마도 유일한 인물이 존 파리(John of Paris)
일 것이다.70) 물론 마르실리우스도 '선과 악을 판별하는 올바르고 이성적
인 습관'을 분별력으로 규정하고, 이의 중요성을 충분히 깨닫고 있었다.71)
그러나 그는 이성 내지 분별력을 충분히 가지고 있는가 혹은 그렇지 못한
가 하는 점이 '타고난 통치자' 또는 '생득적 노예'라는 서로 다른 신분을 결
정하는 요소라고는 조금도 생각하지 않았다. 통치집단의 정치적 권한의 근
거는 분별력이 아니라 오직 인민의 동의라는 것이 그의 지론이었다.72) 그
는 여하한 의미에서도 이성의 소유 내지 결여에 기초한 아리스토텔레스류
의 '생득적' 신분 구분의 원리에는 동의하지 않았던 것이다.

그렇다면 마르실리우스는 누구를 노예(servus)로 간주하고, 왜 이들을
시민단에서 제외했을까. 이에 관한 언급을 먼저 들어보자.

국가를 구성하는 자는, 동물 혹은 노예들처럼 단순한 생존만을 추구하는

---

69) Le Goff, *Medieval Civilization*, pp.287~288.
70) Gewirth, *Marsilius of Padua* I, pp.177~178 ; Carlyle, *Medieval Political Theory*
Ⅱ, pp.119~120 ; V, pp.445~447 등 참조.
71) *DP* I, xiv, 5.
72) Oakley, 'Legitimation by Consent,' pp.317~318 ; C. Nederman, *Community and
Consent - the Secular Political Theory of Marsiglio of Padua's Defensor Pacis*
(London, 1995), pp.75~79 등.

것이 아니라, 자유로운 기능을 행할 수 있는 여유를 가지고, 좋은 삶을 영위하기를 욕구한다.73) …… 국가의 유지를 원하지 않는 자는 단지 노예들 가운데 발견될 뿐 시민들 사이에는 존재하지 않는다.74)

그는 노예의 속성을, (1) 단순한 생존만을 추구하거나, (2) 국가의 유지를 원하지 않는 점으로 파악하였다. 그런데 그에 의하면 모든 인간은 그 본성이 왜곡되거나 병들지 않는 한 충족한 삶을 추구하며, 국가는 이를 성취하고자 하는 인간의 본성적 욕구의 산물이었다. 그러니까 자유로운 정치적 사회적 활동과 좋은 삶이 아니라 단순한 생존만을 추구하는 자는 본성이 왜곡된 자들로서, 충족한 삶과 국가에 관해 이처럼 올바른 욕구를 상실한 자들이 곧 노예였다. 다시 말해서 노예란 이성 내지 분별력과 같은 지적 요소가 아니라 올바른 욕구라는 의지적 동기가 결여된 자들이었던 것이다. 아퀴나스류의 주지주의(intellectualism)와는 선명하게 구별되는 그의 주의주의(voluntarism) 태도를 여기서도 우리는 확인하게 된다.

충족한 삶과 국가에 대해 의지적 동기가 결여된 자를 노예로 간주했던 그는 다시 이들을 전제정 하의 예속적 신민과 결부시켰다. '세습적 전제정을 묵종하는 자들은 야만적·노예적 본성을 가진 사람들이다.75) …… 모든 시민은 반드시 자유로워야 한다. 따라서 예속적 지배체제인 타인의 전제정은 결코 허용되어서는 안 된다'76)라는 것이 그의 생각이었다. 그에 의하면 부분의 전체에 대한 지배인 전제정은 주권적·자율적 시민집단과 병행될 수 없었다. 전제적 지배는 반드시 자유로워야 할 시민을 묵종시킴으로써 이들을 노예화하기 때문이었다. 그에 따르면, 전제적 지배가 초래하는 정치적 자유의 박탈이 바로 '자유민인 시민'을 '비자유민인 노예'로 전락시킨다는 것이다.

마르실리우스는 전제정을 매개로 정치적 비자유와 노예를 직결시켰다.

73) *DP* I, iv, 2.
74) *DP* I, xiii, 2.
75) *DP* I, ix, 4.
76) *DP* I, xii, 6.

그런데 그가 이해한 시민집단의 정치적 자유의 핵심은 자율적 입법과정에
의 참여와 같은 주권적 정치 권위의 실천이었다.[77] 따라서 노예란 구체적
으로는 정치적 주권의 자발적·적극적 실천이 '봉쇄된' 시민들 내지 전제
정을 묵종하는 사람들이었다. 여기에 그의 노예관의 다른 한 의미가 있다
고 생각된다. 앞서 필자는 유기체적 신분제 사회관에도 불구하고, 그의 신
분이란 생득적 개념이 아니라 사회적·기능적 개념임을 지적하였다. 마찬
가지로 '생득적 노예관'을 거부했던 그는 이를 시민의 주권적 정치 권위의
실천이 봉쇄되거나 예속적 지배를 묵종해야 하는 전제적 정치 상황의 산
물로도 간주했던 것이다.

사실 '자유민 곧 시민' 및 '노예 곧 비자유민'이라는 인식은 그 자체로서
는 새로운 것이 아니다. 그러나 대부분의 중세 이론가들에게는 건강한 지
배체제와 전제적 노예체제를 가늠하는 관건이 정부가 통치자의 사사로운
이익을 추구하는가 또는 공공의 이익을 추구하는가 하는 점이었다.[78] 그런
데 마르실리우스에게는 공공 이익만이 아니라 피지배집단의 실천적 정치
주권에의 참여 여부가 정치공동체의 건강성 유무를 가늠하는 관건이었
다.[79] 그리하여 이 점은 자유로운 시민과 예속적 노예를 구분하는 한 진정
한 기준이 되었다. 마르실리우스에게 있어서 노예란 생득적으로 존재하는
것이 아니었다. 이들은 충족한 삶과 자족적 국가에 대한 건강한 욕구 즉
의지적 동기가 결여된 자들로서, 특히 전제정과 같은 타율적 지배체제가
낳은 정치적 상황의 사회적 산물이었다.

또한 그는 외국인과 여성도 시민집단에서 제외하였다. 그는 『평화수호

---

77) J. Quillet, 'Community, Counsel and Representation,' *CMPT*, pp.558~561 ;
Nederman, 'Freedom, Community and Function,' pp.982~983 등 참조.
78) Gierke, *Political Theories*, pp.34~35 ; B. Tierney, 'Public Expediency and
Natural Law - A Fourteenth Century Discussion on the Origins of Government
and Property,' *Authority and Power*, pp.167~182 ; D'Entrèves, 앞의 책, p.57 ;
Black, 앞의 책, pp.24~28 등 참조.
79) *DP* I, viii, 2 ; I, ix, 5. Oakley, 'Legitimation by Consent,' p.316 ; Blythe, 앞의 책,
pp.194~195 ; E. Lewis, 'Natural Law and Expediency in Medieval Political
Theory,' *Ethics* 50 (1939~1940), p.155 역시 참조하기 바람.

자』에서 외국인(*alienus*)을 두 번 더 언급했는데 이를 인용해 보면, '일부 외국인들은 정치공동체의 유지를 원하지 않는다.80) …… 국가의 특정 직책들을 외국인이 임의로 맡도록 허용해서는 안 된다'81) 등이 그것이다. 이 정도의 지적으로 외국인에 대한 그의 견해를 충분히 파악하기는 어렵다. 그러나 아마도 그는 외국인들과 평화롭게 공존하는 사회체제를 한편으로는 수용하면서도, 동시에 한 번 외국인이면 영원히 외국인이며, 이들은 정치공동체에 대한 기본적 애정과 이해관계가 시민의 그것과는 다르다고 생각했던 것 같다. 그리하여 그는 '일부 외국인'들이 '임의로' 통치자·군인·성직자와 같은 '명예로운 직책'을 담당하는 것은 반드시 제한되어야 한다고 생각했던 것 같다.

여성(*femina*)에 대한 마르실리우스의 견해도 당대의 일반적 태도로부터 크게 벗어나 보이지는 않는다. 그는 '주부가 가정의 거의 절반이다'라며 주부로서의 여성의 중요성을 인정하면서도, 계속해서 '여성 특히 젊은 여성은 미혼이든 기혼이든 쉽게 오도될 수 있다'82)라고 지적하였다. 이는 성모 마리아에 대한 숭배, 귀족 부인의 궁정적 사랑에 대한 예찬 등에도 불구하고, 교회법에서조차 주부에 대한 구타를 허용하는 등 여성의 열등함과 본성적 죄악성을 숨기지 않았던 중세의 일반적 심성과 크게 다르지 않아 보인다.83) 이 점에서 마르실리우스는 여성들에 대한 교육의 필요성과 여성들의 의사표현의 자유 그리고 여성들 역시 교회의 공의회 참석이 허용되어야 한다고 주장하였던 그의 동료들, 즉 프랑스의 드보아(P. de Bois)와 노가레(G. Nogaret) 그리고 황제측의 동료 윌리엄 오캄에 비해 보더라도 보다 전향적인 인물이었다고 간주되기는 어려울 것 같다.84)

80) *DP* I, xiii, 2.
81) *DP* I, xv, 10.
82) *DP* II, xvii, 12.
83) G. Duby, *Revelations of the Medieval World, A History of Private Life* II (Paris, 1985), pp.77~78 ; Le Goff, *Medieval Civilization*, pp.285~286.
84) Gewirth, *Marsilius of Padua* I, p.177 ; P. V. Spade, *The Cambridge Companion to Ockham* (Cambridge, 1999), p.319 참조.

시민집단에서 명시적으로 배제된 '어린이, 노예, 외국인 그리고 여성'에 대한 마르실리우스의 견해로부터 우리는 약간의 결과를 얻은 것 같다. 이를 요약해 보면, (1) 그는 전통적인 생득적 노예관을 부정하였다. 노예란 의지적 동기가 결여된 자로서, 이는 생득적이 아니라 사회경제적 역할 내지 정치적 상황의 산물이라는 것이다. 그의 노예는 정치적 자유가 없는 예속적 비자유민을 가리키는 개념이었다. (2) 어린이, 외국인 그리고 여성에 관한 한, 그의 견해는 중세의 일반적 인식으로부터 크게 떨어져 있지 않았다. (3) 결과적으로 그의 시민 개념에는 사회의 광범위한 구성원들이었을 비자유민, 예속민, 주변인, 무산자 등에 대한 고려가 충분히 포함되어 있지 않다. 따라서 사실상 시민의 실체는, 그가 변론했던 정치 주권체의 사회적 포괄성에도 불구하고, 문자 그대로 사회를 구성하는 모든 사람이 아니라 세습적으로 자유로운 신분들 특히 '자유민 성인 남자'였다.[85]

그렇다면 우리는 이 같은 시민 개념의 성격과 의의를 어떻게 이해해야 할까. 마르실리우스의 시민은 무엇보다도 국가의 정치 활동에 적극적으로 '참여하는' 인간입법권자였다. 그런데 이 인간입법권자란 '완전한 공동체'를 구성하는 데 필요한 모든 기능집단 즉 성직자·통치자·전사와 같은 명예로운 계층과 더불어 농민·수공업자·상인과 같은 평민계층도 반드시 포함해야 하였다. 더욱이 이 여섯 기능집단 즉 '모든 신분'의 정치 권위에 관한 한, 이들 집단 간에는 여하한 상하 내지 우열의 구분이 있을 수 없었다. 모든 기능집단은 '완전한 공동체'의 불가결한 부분들로서, 정부와 법률의 목표인 공공 이익은 이들 모두의 유기적 결합을 반드시 필요로 하였다. 아니 주권적 정치 권위에 관한 한, 모든 신분이 단지 등가적일 뿐만 아니라 오히려 그 무게는 다수를 이루는 평민신분들에 놓여 있었다. 앞서의 지적대로, 만약 주권적 정치 권위가 구태여 특정 집단에 속해야 한다면, 그것은 다수집단인 평민대중에 속해야 한다는 것이 그의 피할 수 없는 태도였다. 그에게는 '농민, 수공업자 및 그 밖의 노동에 종사하는 사람들'이야말로 '참

---

85) W. Kölmel, 앞의 글, pp.62, 66~67 ; A. Black, 앞의 책, p.125 ; J. Blythe, 앞의 책, p.196 등 참조.

으로 정당한' 인간입법권자였으며, 이들의 적극적 자발적 참여는 '인간 이
성과 법률 그리고 성서 모두에 의해 보장된' 정치 원리였던 것이다.[86]

요컨대 그의 시민은 탁월한 자질을 갖춘 아리스토텔레스류의 '통치자 -
시민'이 아니었다. 또한 그의 자유민 집단은 전통적인 계서적 사회관이 전
제해 온 특권적 신분이 아니었다. 오히려 그의 자유로운 시민은 유기적 공
동체를 구성하는 모든 사회경제적 기능집단들이었다.[87] 그리하여 그에 의
하면 가난하고 자질이 부족한 평민신분이 자유롭고 주권적인 시민단의 다
수 구성원이었으며, 바로 이들이야말로 성직자 집단 또는 지혜로운 소수에
비해 결코 열등하거나 소극적이지 않는, 정치 권위의 실천적 주권체였다.
정치적 자유(libertas politica)가 이제 더 이상 봉건적 지배계층 내지 소수
집단의 배타적 특권이 아니었던 것이다. 여기에 마르실리우스의 시민 개념
의 사회적 실체와 진정한 독창성이 있다고 필자는 생각한다. 그의 시민은
자족적인 국가가 필요로 하는 사회경제적 기능집단들 즉 '여섯 신분에 속
하는 자유로운 성인 남자'였다.[88] 이는 무엇보다도 '농민, 수공업자, 상인,
기능공'(DP I, xii, 2) 및 '평민신분을 이루는 그 밖의 사람들'(DP I, xiii, 4)
즉 다수 대중의 자유롭고 주권적인 정치적 권한에 대한 그의 독특한 인식
을 토대로 한 것이었다.

4. 중요 부분

마르실리우스는 인간입법권자를 모든 정치공동체(politia communis)의
진정하고 종국적인 주권체로 간주하였다. 그리고 그는 이 입법권자의 사회
적 실체를, 만약 우리들의 검토가 크게 잘못되지 않았다면, '모든 사람'으로

---

86) DM, ii, 7.
87) 네더만의 '공동체적 기능주의'(communal functionalism)도 바로 이를 설명하기 위
    한 개념이다. 이에 관해서는, Nederman, *Community and Consent*, pp.5, 55 ;
    'Freedom, Community and Function,' pp.977~986 등 참조.
88) C. Nederman, *Marsiglio of Padua: Writings on the Empire* (Cambridge, 1993),
    xxi ; J. Blythe, 앞의 책, p.197 등 참조.

서의 '인민' 또는 '자유민 성인 남자'로서의 '시민'으로 이해하였다. 그의 인
민(시민) 개념의 이 같은 포괄성은 무엇보다도 그가 합법적 정치 권위의
사회적 근거를 특정 부분이 아닌 전체에서 찾았기 때문이었다. 사실상 그
에게는 시민집단 전체가 바로 국가 그 자체였던 것이다.[89] 그러나 그가 주
권적 인민 내지 시민을 반드시 '전체'로만 이해한 것은 아니었다. 그는 인
간입법권자를 거듭 정치공동체의 '중요 부분'과도 동일시하였다. '인간입법
권자는 인민 또는 시민집단 전체 또는 그 중요 부분'이라는 것이 그의 변
함없는 지론이었다.

　여기에 우리들의 딜레마가 있다. '전체는 언제나 부분보다 위대하다'라는
그의 '전체'에 대한 신념이 여하히, 전체가 아닌 '중요 부분'의 주권성에 관
한 지론과 결부될 수 있을 것인가.[90] 뿐만 아니라 우리는 '위대하고 지혜로
운 부분'(maior et sanior pars)의 우선적 정치 권위에 대한 공인이 중세
사회의 기본적 정치 원리의 일부였음을 잘 알고 있다.[91] 따라서 마르실리
우스의 '중요 부분'이 전통적인 '위대하고 지혜로운 부분'과 실제로 어떻게
구별되는가 하는 점 역시 문제이다. 만약 이 '중요 부분'이 흔히 소수의 특
권적 성직자 집단을 함의해 온 '위대하고 지혜로운 부분'을 단순히 세속화
한 개념 즉 소수의 엘리트 세속인 집단을 가리킨다면, 그의 정치적 논술
전반의 성격조차 진정한 인민주의 신념과는 거리가 먼 '과격한 논쟁적 속
권주의'를 호도하는 정치적 수사로도 해석될 수 있는 것이다.[92] 따라서 '중

89) Ullmann, *Individual and Society*, pp.132~136 ; Black, 앞의 책, p.124 ; Emerton,
　　앞의 책, pp.25, 80~81.
90) '중요 부분'의 절대적 주권성은 마르실리우스 사상의 기본 성격을, 라가르드(G.
　　Lagarde), 끼에(J. Quillet) 등에 의해 '절대주의'로 그리고 보울(J. Bowle), 제이콥
　　(E. Jacob) 등에 의해 '일종의 전체주의'로 해석되도록 한 근거였다. Lagarde, *Le
　　Defensor Pacis* (Paris, 1970), pp.154~155, 175 ; Lagarde, *Marsile de Padoue*,
　　pp.6, 199 ; Quillet, *La philosophie politique de Marsile de Padoue* (Paris, 1970),
　　pp.48, 85~89 ; Bowle, *Western Political Thought* (New York, 1948), p.240 ; E.
　　Jacob, 앞의 책, p.93.
91) E. Lewis ed., *Medieval Political Ideas* I, p.203 참조.
92) Carlyle, 앞의 책, VI, p.9 ; Allen, 'Marsiglio of Padua and Medieval Secularism,'

요 부분'개념의 논리적 일관성 여부와 그것의 사회적 실체의 문제가 마르
실리우스의 정치적 논술에서 가장 뜨거운 논쟁거리의 하나가 된 것은 결
코 우연한 일이 아니다.

1) 수량적 측면

마르실리우스는 중요 부분의 구성을 『평화수호자』 전편을 통해 세 번
직접적으로 한정하였다. (1) '중요 부분'은 법률이 제정·적용될 공동체의
구성원들 가운데 그 수와 질(quantitate et qualitate)을 함께 고려하여 결
정해야 한다.[93] (2) 시민들 가운데 '중요 부분'은 반드시 정치공동체의 명
예로운 관습에 부합되게 구성되어야 한다.[94] (3) '중요 부분'은 아리스토텔
레스의 『정치학』 6권 2장에 명시된 원리에 따라 구성되어야 한다[95] 등이
그것이다. 따라서 이 같은 '직접적 한정'의 의미를 해명하는 일이 우리들의
과제이겠다. 필자는 이를 네 범주로 구분하였다.

사실 마르실리우스의 '중요 부분'은 오랫동안 단지 수량적 개념으로만
해석되었다. 그리하여 이는 정치공동체 구성원의 '다수 집단'을 가리키는
것으로 간주되어 왔다. 이것이 그의 정치적 논술을 다수결주의, 평등주의,
그리고 민주주의 등으로 해석하게 하는 근거였던 것이다. 그러나 프레비
오튼(C. Previté-Orton)의 비판적 사료 검토가, 그 동안 알려지지 않았던
'질적 고려'라는 원문의 한정을 추가함에 따라,[96] '중요 부분'에 대한 그간

Social and Political Ideas, p.172 ; Condren, 'Marsilius of Padua's Argument
from Authority,' Political Theory 5 (1970), pp.206~207, 213~214. 또한 매길웨
인, 당뜨레브, 카알라일 등이 마르실리우스를 전통주의자(traditionalist) 내지 귀족
주의자(aristocrat)로 해석한 근거도 이 점에 있었다. Blythe, 앞의 책, pp.193~194
참조.

93) DP I, xii, 3.

94) DP I, xii, 4.

95) DP I, xii, 4.

96) Marsiglio of Padua, Defensor Pacis, ed. C. Previté-Orton (Cambridge, 1928),
xvi. 이 점에서 알렌(J. Allen)의 해석은 이른바 '민주적 해석'에 일찍부터 의문을
제기한 '예외적 견해'이다. Allen, 'Marsiglio of Padua and Medieval Secularism,'

의 이해도 수정이 불가피해지게 되었다. '중요 부분' 개념에 대한 광범위한
질량적 해석이 이와 더불어 제기된 것은 오히려 당연한 일이겠다. 그리하
여 '중요 부분'은 이제 다수 집단이 아니라 '보다 지배적인 집단'(C.
McIlwain, J. Schwab), '보다 가치 있는 집단'(J. Edman, H. Schneider), '보
다 고귀한 집단'(N. Valois), '보다 탁월한 집단'(G. Mosca), '보다 중요한
집단'(G. Sabine), '보다 나은 자'(P. Janet), '보다 유능한 자'(B. Labanca),
'유력자'(M. Wilks) 및 '엘리트'(M. de Wulf) 등 극히 다양하게 해석되기에
이르렀다. 결국 이 같은 해석은 마르실리우스의 '중요 부분'과 전통적 주권
체 개념인 '위대하고 지혜로운 부분'을 사실상 구별하기 어렵게 만들었던
것이다.

그러나 이같이 무차별한 질량적 해석은 마르실리우스의 본래의 의도를
왜곡할 가능성이 있어 보인다. 우리는 『평화수호자』의 여러 곳에서 '중요
부분'이 명시적으로 시민의 수적 다수(*maior pluralitas*),[97] 과반수(*plurimi,
pluralitas, superflua pluralitas*),[98] 대다수(*ut in pluribus*)[99] 등 수량적인
다수의 개념으로 표기된 것을 확인할 수 있다. 이 점은 법률이 왜 시민집
단 전체 혹은 이를 대표하는 '중요 부분'에 의해 제정되어야 하는가에 관한
설명에서도 분명하게 드러난다.

모든 사람은 그 본성이 병들거나 왜곡되지 않는 한 충족한 삶과 국가를
본성적으로 욕구하며,[100] …… 법률을 제정하거나 정부를 설립하는 권한은
반드시 입법권자 즉 시민집단 전체에 속한다.[101] …… 그러나 모든 사람이
한결같이 공통의 판단에 동의하는 것은 매우 어렵거나 사실상 불가능하다.
왜냐 하면 일부 사람들은 왜곡된 본성을 가지고 있어서 악의 또는 무지로

---

p.181 참조.
97) *DP* I, xii, 5 ; I, xiii, 1.
98) *DP* I, xii, 8 ; I, xiii, 1, 3.
99) *DP* I, xiii, 2.
100) *DP* I, iv, 2.
101) *DP* I, xv, 2.

인해 공통의 판단에 동의하지 않기 때문이다. 그럼에도 불구하고 공공 이
익은 이러한 사람들의 비이성적 항의나 반대에 의해 방해되거나 간과되어
서는 안 된다.102)

기본적으로 주권적 입법권자는 '모든 사람' 내지 '시민집단 전체'였다. 그
런데 왜곡된 본성을 가진 '일부 사람'들은 공통의 판단에 동의하지 않기 때
문에, 그리고 '소수'의 비이성적 반대가 공공 이익을 방해하여서는 안 되기
때문에, 이들 '일부 소수'를 제외한 '중요 부분'이 전체를 대표해야 한다는
것이 그의 논지다.103) 다시 말해서, 모든 사람 내지 전체 가운데 일부 소수
를 제외한 숫자상의 다수 구성원이 곧 '중요 부분'이었던 것이다. '국가는
예속민(subditus)이 아니라 시민(civis)으로 구성되며, 시민집단 전체가 바
로 국가로서, 시민은 성직자 집단을 포함한 모든 신분을 포괄해야 하고, 이
들의 지위는 모두가 대등하며, 모든 신분이 시민으로서 담당하는 기능에는
아무런 차이가 없다는 마르실리우스의 견해는 중대한 결과들을 초래하였
다. …… 수량적 다수결의 원리가 지금까지 질량적 원리가 점해 온 위치를
대치하게 된 것은 당연한 논리적 귀결이었다'104)라는 울만의 지적은 여전
히 유용하다. 마르실리우스가 의도했던 '중요 부분'의 일차적 직접적 함의
는 수량적인 것으로서, 이는 정치공동체의 '일부 소수'가 아닌 '다수 부
분'(pars plures, amplior, maior)105)을 가리켰다. 따라서 주권적 '중요 부
분'은 그의 포괄적·보편적 인민관의 토대였던 모든 사람 내지 전체에 대
한 신뢰와 상충하는 개념이 아니라는 것이 필자의 생각이다.

2) 질량적 측면

그렇다면 '중요 부분'의 구성에서 고려되어야 했던 시민의 질(qualitate)

102) DP I, xii, 5.
103) DP I, xii, 5 ; I, xiv, 8 ; II, xxii, 6 등 ; Gewirth, *Marsilius of Padua* I, pp.185~
186 참조.
104) Ullmann, *Medieval Political Thought*, pp.206~207.
105) DP I, xii, 6 ; I, xiii, 4 ; I, xiv, 8 ; II, xxii, 6.

이란 무엇을 의미할까. 앞서도 지적했듯이, 이 질량적 고려가 '중요 부분'을 고대적 기원을 가진 중세적 성격의 개념, 즉 '아리스토텔레스류의 반민주적 정치 인식과 밀접한 관계를 가진 것으로서, 명백히 숫자상의 다수를 의미하지는 않는다'106)라는 매길웨인 등의 해석의 직접적 근거였다. 그러나 단적으로 말해서 이러한 전통주의적 내지 귀족주의적 해석은 오류가 아닐까 한다. 필자는 마르실리우스가 질량적 고려를 통해서 '중요 부분'의 전체성을 수량적 측면에서뿐만 아니라 질량적 측면에서도 확보하고자 했을 뿐, 이것이 수량적 고려에 비해 우선하거나, 그것을 제한하는 원리는 아니었다고 생각하기 때문이다.

마르실리우스에 있어서 시민의 질은 기본적으로 신분(gradus)을 가리켰으며, 이 신분이란 지배계층 대 피지배계층 내지 자유민 대 비자유민과 같은 전통적 생득적인 것이 아니었다. 그것은 오직 자유민이 정치공동체에서 담당하는 사회경제적 기능에 따른 것이었다. 앞서 지적했듯이 공동체의 모든 자유민은 여섯 개의 사회경제적 기능집단으로 조직되고, 다시 이는 '명예로운 계층'과 '평민계층'으로 구분되었다. 인간공동체를 완전한 형태의 정치적 결사체인 국가로 만드는 것이 이들 기능집단 즉 '자유로운 신분들'이었다. 그러니까 이들은 질적 차이 즉 신분적 구분에도 불구하고 필수불가결한 사회적 구성 요소이며, 이들의 유기적 결합이 완전한 국가를 구성한다는 공동체적 기능주의(communal functionalism) 인식이 그의 사회구성이론의 지평이었던 것이다.107)

따라서 필자는 '중요 부분'의 구성 지침으로 밝힌 '질량적 고려'란 무엇보다도 '서로 질이 다른 신분들'에 대한 고려로 해석되어야 한다고 생각한다. 앞서 필자는 '신분에 따른 시민의 정치 참여'라는 그의 지적의 의미를 '자유민들로 구성된 다양한 기능집단 모두에 대한 정치 참여의 보장'으로 해석한 바 있다. 이와 마찬가지로 '중요 부분의 질량적 구성'에 관한 그의 지적 역시 질적 차이를 전제한 다양한 신분집단들 모두에 대한 고려가 그 기

---

106) McIlwain, *Growth of Political Thought*, pp.303~304 및 본절 주 92 참조.
107) *DP* I, iii, 5 ; I, iv, 5 ; I, v, 2~11 등.

본의도였다는 생각이다. 사실 '중요 부분'의 질이 단지 부분이 아니라 공동체 전체의 질과 일치하기 위해서는, 이의 구성에 명예로운 계층과 평민계층 모두의 참여가 불가결할 것이다. 이는 결국 전통에 따른 '위대하고 지혜로운 부분'만이 아니라, 농민·수공업자와 같이 상대적으로 '질이 낮은' 평민신분들의 주권적 '중요 부분'에의 참여가 반드시 보장되어야 한다는 강조에 다름 아닌 것이다.

뿐만 아니라 마르실리우스에 있어서 시민의 질이란 개인적 자질을 의미하는 것이기도 했다.108) 여기서도 그의 근거는 아리스토텔레스였다. '모든 국가는 수와 질로 이루어진다. 수는 대중의 보다 많은 숫자를 의미하며, 질은 자유, 부, 교육 그리고 좋은 혈통을 의미한다'109)라고 아리스토텔레스는 밝혔다. 마르실리우스가 염두에 두었던 시민의 질도 개인의 이 같은 자질이었다고 보인다.

먼저 자유에 관한 한, 그는 이를 의심할 여지 없는 시민의 자질로 간주하였다. 그의 국가란 자유민의 공동체가 아니었던가. 그러나 부에 관한 한 그는 이를 '그 철학자'와는 달리 시민의 자질과 직결시키지 않았다. 그는 상인 내지 회계인 집단(*pars pecuniativa*) 등 명백히 부를 소유하고 있던 자들을 '질이 낮은' 평민집단에 포함시켰으며,110) 교황청의 부를 탐욕의 소산으로 맹렬히 공격하였고,111) 프란시스 수도회의 절대 청빈(absolute poverty)을 적극 변론했을 뿐만 아니라,112) 가난하고 유덕한 자들의 통치 가능성 역시 보장하였다.113) 그는 여하한 경우에도 부의 소유가 개인의 우월한 정치적 자질을 직접적으로 의미한다고는 생각하지 않았던 것이다. 단지 그 역시 부가 가져다 줄 여가(*licere, vacare*)의 유용성에 관해서는 이를 부정하지 않았다. 그에 의하면 여가는 자유민들에게 노예와는 다른 자유로

---

108) *DP* II, xv, 5 ; II, xvii, 7, 12 ; II, xxi, 15 ; II, xxv, 5 등 참조.
109) *Politics* IV, 12, 1296b.
110) *DP* I, iv, 1 ; I, xii, 4, 6.
111) 특히 *DP* II, xiv ; II, xvii, 16 ; II, xxi, 14 ; III, ii, 23, 27.
112) 특히 *DP* II, xiii, 9~38 ; III, ii, 38.
113) *DP* I, xiv, 8.

운 사회적 활동을 보장하는 요소였으며,114) 그것은 또한 시민들 가운데 심의적 기능에 참여하는 자들을 일상의 생필품을 얻는 데 전념해야 하는 육체노동자들과 구별해 주는 요소이기도 했다.115) 이를테면 그는 여가를 가진 자와 그렇지 못한 자들을 구분하는 아리스토텔레스 이래의 전통을 기능적 유용성의 측면에서는 수용하면서도, 소유 그 자체를 시민의 질을 결정하는 본원적 요건으로는 전혀 생각하지 않고 있었다.

한편 그는 교육의 영향에 관한 한 그 가치를 충분히 인정하였다. 분별력(*prudentes, arbitrio*)과 지혜(*scientia*)를 교육의 산물로 간주했던 그는, 이들이 '실제적 사항들을 이해하고 판단하여야 할' 대부분의 사람들에게 필요한 자질임을 분명히 하였다.116) 심지어 그는 분별력을 통치자의 일차적 자질로 간주했으며,117) 성직자들의 지혜의 결여가 바로 이들의 자격에 대한 그의 반론의 한 근거였다.118) 끝으로 아리스토텔레스가 언급한 시민의 다른 한 자질 즉 '좋은 혈통'에 관한 한, 그는 이에 전혀 동의하지 않았다. 이것은 그가 '세습제 군주정'이 아니라 '선거제 군주정'을 선호했다는 사실에서도 충분히 확인된다. 개인의 덕성스런 자질이란 반드시 혈통적으로 세습되지는 않는다는 것이 그의 지론이었다.119)

이상의 검토는 그가 시민의 개인적 자질들 가운데 자유를 건강한 본성적 욕구로 전제하였고, 또한 여가와 분별력의 유용성에 동의하였음을 보여주고 있다. 더욱이 그는 여가와 분별력을 가진 자들이 소수인 데 비해 그렇지 못한 자들이 다수라는 사실도 부인하지 않았다.120) 그리하여 이는 '중

---

114) *DP* I, iv, 1.
115) '심의적 기능'에 관해서는 *DP* I, xii, 2.
116) *DP* I, xiii, 7 ; Nederman, *Community and Consent*, pp.65~66 참조.
117) *DP* I, xiv, 2~5, 9~10.
118) *DP* II, xxi, 15. 그가 경우에 따라서 성직자 집단을 '지혜로운 부분'(*pars sanior*)으로 인정한 것은 사실이다(*DP* II, vi, 12). 그러나 이같이 일견 상충되어 보이는 지적들조차 지혜와 분별력 그리고 교육의 유용성에 관한 그의 일관된 이해를 반영한다는 것이 필자의 해석이다.
119) *DP* I, xvi, 24 ; I, xi, 7.
120) *DP* I, xii, 2.

요 부분'의 구성에서 여가나 분별력 등의 개인적 자질을 갖춘 소수에 대한 고려를 그가 배제하지는 않았음도 드러낸다. 문제는 이 같은 질량적 고려가 앞서 지적한 수량적 고려와 상충하는 원리인가 하는 점일 것이다. 결론부터 말한다면 상충하지 않는다는 것이 필자의 생각이다. 다시 그의 설명을 들어보자.

> 다수 대중보다 지혜로운 소수가 실제적 사항들에 관해서 무엇이 법률로 제정되어야 하는가를 판단해야 한다고 주장하는 사람들이 있다. 그러나 이 점이 지혜로운 자의 판단이 그들과 교육이 부족한 사람들 모두를 합한 공동체 전체의 판단에 비해 더욱 낫다는 것을 보장하지는 않는다. …… 설령 제안된 법률 혹은 기타 실제적 사항들을 판단함에 있어서 교육이 부족한 자들이 동일한 수의 교육받은 자들만큼 잘할 수 없다고 치자. 이것은 사실이다. …… 그러나 교육이 부족한 자들의 수는 지혜로운 소수가 내리는 판단에 버금 갈 정도로, 아니 그보다 더 나은 판단을 내릴 정도로 증대될 수 있다. 공동체 전체는 그 숫자가 보다 많다. 그리하여 전체의 판단은 개별 부분들의 그것에 비해 보다 확실하다. …… 따라서 정치공동체의 주요 사항들에 관해서는 시민집단 전체 또는 그 중요 부분이 반드시 지배적이 되어야 한다.[121]

명백히 마르실리우스는 정치적 판단과 권한의 행사에 있어서, 이에 참여하는 사람들의 수적 증대와 그것의 질적 향상을 분리해서 생각하지 않았다. 지혜로운 소수의 판단이 그들을 포함하는 전체의 판단보다 우월하지는 않으며, 교육이 부족한 사람들의 '열등한' 판단이라 하더라도, 그 숫자가 증대됨에 따라 지혜로운 소수의 '우월한' 판단을 능가할 수 있다는 것이 그의 견해였다. 그에 의하면 정치공동체가 반드시 추구해야 할 공공 이익 내지 최선의 법률이란 질적으로 우수한 소수 부분과 수적으로 많은 다수 부분의 분리를 통해서 성취될 수 있는 무엇이 아니었다. 그것은 오히려 질량적 요소와 수량적 요소의 결합을 통해 이룩될 수 있었다. 그런데 이 질과 수

121) *DP* I, xiii, 4.

를 동시에 충족시키는 관건이 바로 지혜로운 소수 역시 한 부분으로 포괄
하는 전체였으며, '중요 부분'은 다름이 아니라 이 전체를 대표하는 사회적
실체였다. 따라서 이 지혜로운 소수에 대한 고려 역시 배제하지 않는 '중요
부분'의 구성이야말로 전체의 우월성에 대한 그의 신념의 한 자연스러운
표현이 아니었을까.

마르실리우스가 지적한 '질량적 고려'가 신분에 대한 고려를 함의하든,
개인적 자질에 대한 고려를 함의하든, 또한 양자 모두를 함의하든, 그것이
공동체 전체가 아닌 제한된 부분들 내지 특권적 소수의 주권적 정치 권위
를 위한 잠재적 변론이었다고 해석하는 것은 무리가 있다. 건강한 다수 대
중과 자질을 갖춘 개인들 모두에 대한 고려란, 그에게 있어서는 '수와 질로
구성되는' 공동체 전체를 반드시 대표해야 할 '중요 부분'의 당연한 구성
원리였다. '중요 부분은 전체에 대한 귀족적 지배의 근거가 아니었으며, 또
한 그것은 단순한 숫자상의 다수(numerical majority)의 지배를 위한 근거
도 아니었다. …… 그것은 이를테면 비중 있는 다수(weighted majority)를
가리키는 개념이었다'는 블라이쓰의 해석이 설득력을 갖는 이유도 여기에
있다.122) 카(D. Carr)도 유사한 맥락에서 '중요 부분은 수적 다수 내지 다
수 대중이라는 의미에서 보다 비중 있는 집단이었던 동시에, 대시민의 경
우처럼 보다 가치 있는 집단이었다'라고 해석한 바 있는 것이다.123)

사실 '중요 부분'의 구성이 수적 고려에만 입각하는 경우, 역설적이게도
그것은 다수 부분(pars amplior)이라는 수량적 부분성을 가질 수밖에 없
다. '비중 있고, 가치 있는 다수'로서의 '중요 부분' 개념은 수와 질을 동시
에 고려함으로써, 이 같은 부분성을 극복하고자 했던 마르실리우스 나름의
보완책이었다고 생각한다. 다시 말해서 '질량적 고려'란 전체에 대한 그의
신념의 보다 적극적인 표현에 다름 아니었다. 그의 '질량적 고려'는, (1) 중
요 부분의 구성에 모든 자유민 기능집단(신분)의 참여가 보장되어야 하며,
(2) 여가 및 분별력과 같은 개인적 자질의 유용성에 대한 고려가 포함되어

---

122) J. Blythe, *Ideal Government* 특히 pp.197~198 참조.
123) D. Carr, 'Marsilius of Padua and the Role of Law,' p.13.

야 하고, (3) 개인적 자질의 우월성은 전체 내지 다수의 판단에 의해 반드시 확인될 수 있고, 또 확인되어야 한다는 점을 가리키고 있다고 생각된다. 그리하여 이는 전체의 위대성에 관한 그의 일관된 신념을 적극적으로 보완하고 있다는 것이 필자의 해석이다.

3) 명예로운 관습

'중요 부분은 정치공동체(*politia*)의 명예로운 관습에 부합되게 구성되어야 한다'[124]는 마르실리우스의 지적이 구체적으로 어떤 사회적 관행 내지 정치적 전통을 의미하는지는 매우 불분명하다. 심지어 여기서의 '*politia*'가 정치체제 일반을 가리키는 것인지, 혹은 특정 정부 형태를 가리키는 것인지조차 자명하지는 않다.[125] 그렇기는 하지만 그가 도시국가 파두아에서 성장했으며, 프랑스에서 『평화수호자』를 집필하였고, 신성로마제국 황제의 핵심 이론가로 기능했다는 삶의 역정에 비추어 보아, 그가 언급한 '정치공동체의 명예로운 관습'을 도시국가, 봉건국가 그리고 제국이라는 세 유형의 정치체제에 비추어 검토하는 일은 흥미로운 작업이 될 것 같다.

먼저 마르실리우스가 공화제적 전통이 강했던 이탈리아 도시국가에서 성장하고 수학했다는 사실은 충분히 감안되어야 할 것이다. 특히 파두아 등의 도시국가들은 강한 공동체적 성격을 가지고 있었다.[126] 입법기구였던 대위원회(*concilium majus*)[127]는 시민단 전체로부터 재산의 보유 정도에

---

124) *DP* I, xii, 4.

125) *DP* I, viii, 3.

126) J. Hyde, *Society and Politics in Medieval Italy* (London, 1973), pp.189~193 ; *Padua in the age of Dante* (Manchester, 1966), pp.210~211, 306~309 ; N. Rubinstein, 'Marsilius of Padua and Italian Political Thought of His Time,' *Europe in the Later Middle Ages*, eds. B. Smalley (Evanston, 1965), pp.44~75 ; J. Larner, *Italy in the Age of Dante and Petrarch 1256~1380* (London, 1988), pp.113~122 등 참조.

127) 파두아의 경우, 400명으로 구성되었던 대위원회는 1266년 600명으로, 그리고 1277년 다시 1000명으로 증가하였다.

따라 선출되었으며, 이들이 정무관(*podestā*)을 선택하고, 피선된 정무관은
법률의 집행을 담당하였다. 그리고 이들에게 있어서 평화란 도시국가들 간
의 전쟁의 배제라는 대외 질서뿐만 아니라, 마르실리우스가 주목한 평화의
속성이었던, 법률의 엄격한 징벌적 적용을 통한 구성원들의 이해관계 보장
이라는 대내 질서의 확립 역시 의미하였다. 더욱이 이들은 시정의 자율권
확보를 위한 반성직자주의적 풍토를 전통적으로 유지하고 있었다. 그리하
여 오늘날 많은 학자들이 도시국가의 이 같은 공화주의 내지 반성직자주
의적 풍토가 마르실리우스의 정치적 논술의 토양이었으리라는 해석에 공
감하고 있다.128)

그러나 이 점을 근거로 마르실리우스의 '중요 부분'을 곧장 도시공화정
체제 하의 입법기구였던 대위원회와 직결시키는 데는 어려움이 있다. 여기
에는 대략 세 가지 이유가 있어 보인다. (1)『평화수호자』어디에서도 이
점을 구체적으로 확인할 수 없다. (2) 당시 이탈리아 도시국가들의 공통 정
치현안이었던 일련의 문제들 즉 공화정(*podesta* 체제)으로부터 도시군주
정(*seignoria* 체제)에로의 이행 문제 및 경쟁적 도시국가들 상호간의 대립
문제, 그리고 도시국가 내부의 대시민과 소시민 간의 심각한 신분적 갈등
의 문제 등이 그의 논술에는 거의 전혀 반영되어 있지 않다.129) (3) 설령
그가 도시공화정을 *politia*의 모델로 상정했다 하더라도, 그가 선호한 정치
체제는 여전히 군주정이었다.130) 따라서 필자의 견해로는 도시공화정 체제
를 그의 '중요 부분' 개념의 의미 있는 그러나 부분적인 토양으로만 자리

128) Rubinstein, 'Marsilius and Italian,' 특히 pp.46~49 ; Gewirth, *Marsilius of Padua*
    I, pp.23~31, 196~198 ; Skinner, 앞의 책, I, pp.52~57, 61~65 ; Black, 앞의 책,
    pp.123~125 ; Condren, 'Democracy and the *Defensor Pacis*,' pp.302~303 ; D.
    Carr, 'The Prince and the City: Ideology and Reality in the Thought of Marsilius
    of Padua,' *Medioevo* 5 (1979), pp.279~291 및 본장 2절 주 185 등 참조.
129) 본장 1절 111 참조.
130) Nederman, 'Aristotle as Authority: Alternative Aristotelian Source of Late
    Medieval Political Theory,' *History of European Ideas* 81 (1987), pp.37~38 ;
    Black, 앞의 책, pp.147~148 등은 마르실리우스의 정치적 논술의 주된 영향력을
    그 이후 진전된 군주주권적(monarchical sovereignty) 추론에서 찾고 있다.

매김하는 것이 타당하지 않을까 싶다.

한편 마르실리우스가 정작『평화수호자』를 집필한 곳은 필립 4세 치하
의 봉건국가 프랑스였다. 그는 두 차례에 걸쳐 파리 대학에서 공부하고
(1312~1313년 및 1320~1326년), 인문학부의 교수로 재직했으며, 총장도
역임했으니까, 그가 언급한 politia와 봉건국가 프랑스가 무관하지 않으리
라는 추정은 일견 당연한 일이다. 그러나 문제는 보다 근본적인 데 있는
것 같다. 서구 정치의식의 핵심적 전통을 공화주의(republicanism)로 규정
했던 포코크는 그 특징을 자율적 정치체제, 시민의 자발적 정치 참여, 시민
적 정치적 덕성에 대한 강조 등으로 이해하였다.131) 그에 의하면 공화주의
는 정치적 덕성을 개인의 경제적 이해관계 등에 선행시키는 유니크한 인
간 이해를 그 기반으로 하고 있었다. 그런데 네더만의 비판적 반론이 바로
이에 대한 것이었다. 그의 주장을 들어보자.

마르실리우스에 있어서 인간이란 본질적으로 고립적·단절적·경쟁적이
었다. 그의 국가론의 전제가 동료적이라기보다는 상호 경쟁적인 인간관계
였으므로, 국가의 목표도 당연히 이 같은 인간들 사이의 갈등을 규제하는
데 있었다. …… 그가 상정한 인간형은 기본적으로 공화정 하의 시민이 아
니라 배타적 지배권을 사적으로 추구하는 봉건 영주였다.132)

---

131) 서구 정치사상사 연구의 한 현안이 공화주의와 자유주의의 성격에 대한 문제다.
이 논쟁의 주된 계기가 된 것이 J. G. A. Pocock, *The Machiavellian Moment:
Florentine Political Thought and the Atlantic Republican Tradition* (Princeton,
1975)이었으며, 이에 대한 반론으로는 J. P. Diggins, *The Lost Soul of American
Politics: Virtue, Self-Interest and the Foundations of Liberalism* (New York,
1984) 등이 있다. 그리하여 이들 간의 전선도 덕성 대 이해관계, 마키아벨리 대 존
로크, 공화주의 대 자유주의로 뚜렷하게 형성되어 있다. 이 논쟁을 개관하는 데는
F. Lane, 'At the Roots of Republicanism,' *American Historical Review* 71
(1966), p.411 ; G. Wood, 'Review on J. Diggins,' *The New York Review of
Books* (1985. 2), pp.29~32 ; D. Carr, *Marsilius and the Role of Law*, pp.5~6 등
이 유용하다.
132) C. Nederman, *State and Political Theory*, pp.335~338.

요컨대 네더만은 마르실리우스가 이해했던 인간의 사회적 행위의 기본 동기를 정치적 덕성이 아니라 이해관계로 간주하였다. 그리고 그가 설정한 주권적 인간입법권자 개념의 주된 의의도 그것이 통치자의 행위에 실제적 규제력을 보장하고, 여기에 공동체적 동의를 제공하는 합법적인 수단이라는 점에서 찾았다. 그리하여 마르실리우스가 실천적으로 이론화하고자 했던 인민주권(popular sovereignty)의 종국적 목표도 일종의 사적 주권(private sovereignty)이었던바, 이 사적 지배의 원리가 바로 중세 말 프랑스 정치 이론의 핵심적 지평이었다는 것이다. 따라서 그의 주권적 '중요 부분'의 전형도 사적 지배권을 소유한 동시에 공동체적 동의의 주체였던 프랑스의 봉건 영주들일 수밖에 없고, 그의 정치적 논술의 진정한 기초도 이탈리아의 도시공화정 체제가 아니라 프랑스적 봉건 국가의 원리였다는 것이 네더만의 견해였다.[133]

끝으로 윌크스(M. Wilks)는 마르실리우스의 정치적 논술과 활동의 주된 무대를 신성로마제국으로 파악하였다. 그리하여 그는 정치적 주권체로서의 '중요 부분'이란 단적으로 제국의 유력 제후들, 사실상 제국의 7선제후들을 가리킨다고 해석하였다. 이에 관해서는 그의 주장을 구체적으로 듣는 것으로 충분할 것 같다.

『평화수호자』에서조차 통치자를 실제로 규제하는 것은 '로마의 인민'(*populus romanus*) 즉 입법권자가 아니었다. 그것은 오직 '중요 부분'의 몫이었다. …… 명백히 마르실리우스는 보편적 로마제국이라는 맥락 하에서 사고하였다. 비록 그가 공동체 전체의 동의적 기능을 인정했다 하더라도, 이를 지배한 것은 질량적 부분이었으며, 결국 그것은 정치공동체의 실

---

133) Nederman, 위의 책, pp.332, 352, 357~358, 365~360 등 참조. 우리는 이와 유사한 견해를 라가르드와 끼에 등에게서 확인할 수 있다(본절 주 90 등 참조). 물론 이에 반대되는 견해도 만만치 않다. 예를 들면 모랄(J. Morrall)은 '세습제 군주정이 지배했던 프랑스 거주 기간이 이탈리아 공화제적 전통에 대한 마르실리우스의 견해를 바꾸는 데는 거의 아무런 역할도 하지 않았다'라고 주장하였다(Morrall, 앞의 책, p.180 참조).

제적 권력집단인 유력 제후들이었다. '중요 부분'이 정치공동체의 진정한 관습에 부합해야 한다고 마르실리우스가 밝힌 것은, 우리들로 하여금 14세기의 지배적 경향 즉 유력 제후들이 바로 관습적으로 이러한 권리가 보장되어 온 진정한 권력체였음을 염두에 두도록 요구하고 있다. …… 따라서 인간입법권자의 권위에 입각한 무오류한 주권체에 관한 마르실리우스의 의도는 단순히 유력 제후들에 관한 것으로서, 사실상 이는 제국의 7선제후를 가리키고 있다고 생각된다.134)

'정치공동체의 명예로운 관습'에 대한 이상의 검토는, 우선 정치공동체(politia) 자체가 도시국가, 봉건국가 및 제국 등으로 다양하게 이해될 수 있으며, 그리하여 그것에 부합하는 '중요 부분'의 사회적 실체 역시 이탈리아 도시공화정 체제 하의 대위원회 및 프랑스 군주정 체제하의 봉건 영주집단, 그리고 선제후를 비롯한 신성로마제국의 유력 제후 등으로 간주될 수 있음을 보여주고 있다. 이같이 다양한 해석의 일차적 책임은 마르실리우스 자신에게 있는 것 같다. 그는 『평화수호자』 어디에서도 이를 명시적으로 밝히지 않았다. '마르실리우스의 의도는 특정 형태의 국가 구성을 밝히려는 것이 아니라, 성직자 특히 교황의 현세권 요구를 부정하려는 데 있었다. 따라서 그의 논리는 교황권의 제한이라는 보편적 과제에 맞게 조직될 수밖에 없었다. 이 점이 그로 하여금 지역적 차이와 분열적 쟁점들을 회피한 채, 자신의 견해가 가능한 한 최대한의 잠재적 지지자들을 설득할 수 있도록 모호하게 표현되도록 하였다'라는 콘드렌의 지적도 바로 이 점에 대한 해명인 것이다.135)

'중요 부분'의 한 구성 원리인 '명예로운 관습'이 구체적으로 무엇이었던가에 대한 필자의 단정적인 해석이 여기서 반드시 필요할 것 같지는 않다.

---

134) Wilks, *Problem of Sovereignty*, pp.194~196. 이와 유사한 지적을 우리는 McIlwain, *Growth of Political Thought*, pp.301~308에서도 읽을 수 있다. 양자 모두의 근거가 *DP* II, xxvi였다.
135) Condren, 'Democracy and *Defensor Pacis*,' pp.311~313 ; Blythe, *Ideal Government*, pp.199~202 참조.

그러나 앞서의 분석이 그것의 몇몇 특징을 설명하기에는 부족하지 않다. 그의 명예로운 관습에 부합하는 '중요 부분' 개념은, (1) 당대의 현장적 정치 상황에 관한 그의 경험과 무관하지 않으며, (2) 그것의 실체적 한정을 유보함으로써, 결과적으로 이는 다양한 정치체제와 탄력적으로 결부될 수 있었고, (3) 반성직자주의적 함의를 일관되게 유지했으며, (4) 그것의 주권적 대표성에 대한 인식은, 정치공동체의 단일성 내지 공공 이익의 전체성에 대한 그의 압도적 관심과 실천에의 의지를 일관되게 반영하고 있고, (5) 그것의 다의적 함의는 그의 정치 이론 전반의 보편적 설득력 제고 및 논쟁적 의도를 반영하고 있다는 것이 필자의 생각이다.

4) 아리스토텔레스의 견해

한편 마르실리우스는 '중요 부분'이 '아리스토텔레스의 『정치학』 6권 2장의 원리에 따라 구성되어야 한다'고 지적하였다.[136] 그러니까 그의 지적의 함의를 알기 위해서는 먼저 이 부분에 관한 '그 철학자'의 견해를 듣는 것이 순서이겠다.

> 민주정 형태의 정치 질서에서 기초가 되는 사상은 자유이다. 자유의 여러 형태들 가운데 정치적 자유의 요체는 지배자와 피지배자의 상호 교체이다. 민주적인 정의의 개념은 산술적 평등의 향유로서 이에 따르면 필연적으로 대중이 최고의 권위를 가져야 한다. 즉 다수의 의사가 최종적인 결정이며 정의의 표현이다. …… 민주적인 정의의 개념은 산술적 근거에 입각한 모든 사람에게 평등한 권리 개념이다. 여기서 평등이란 모든 시민이 수에 기초하여 평등하게 권한을 행사해야 한다는 것을 의미한다.[137]

이를 나위 없이 이 부분은 민주정에 관한 해명 부분이다. 다시 말해서 마르실리우스는 '중요 부분'의 구성이 아리스토텔레스류의 민주정의 원리

---

136) *DP* I, xii, 4.
137) *Politics* VI, 2, 1317b~1318a.

에 부합해야 한다고 밝히고 있는 것이다. 그런데 사실 그는 민주정을 '병든 정부 형태의 하나'로 간주했으며, 계속된 『정치학』 6권의 3장이 민주정과 과두정의 원리가 혼합된 혼합정(*politia*)에 대한 변론으로서, 그에 의하면 이 혼합정 체제가 건강한 정부 형태였다. 그러니까 마르실리우스는 '중요 부분'에 관한 한, '구태여' 그것이 '민주적 원리'에 따라 구성되어야 한다고 의도적으로 주장했던 셈이다. 앞서 지적한 바와 같이, 민주정의 비건강성을 전체가 아닌 부분의 지배에서 찾고, 주권체의 절대 단위를 개인이 아닌 집단으로 파악하였던 마르실리우스가 구태여 '그 철학자'의 권위를 빌려 '중요 부분'의 민주적 구성을 강조한 이유가 과연 어디에 있었을까. 따지고 보면 '중요 부분' 역시, 설령 그것이 비중 있는 다수라 하더라도, 일종의 부분일 수밖에 없다. 그럼에도 불구하고 '중요 부분'이 주권체이기 위해서는 반드시 '시민집단 전체 내지 그 권위의 완전한 대표체'여야 했다.138) 마르실리우스의 진정한 의도가 바로 여기에 있었다고 생각된다. 그는 '시민의 수에 기초하여 모든 권한이 등가적으로 행사되는' 민주적 원리야말로, '중요 부분'이 완전한 의미에서 전체를 대표하는 '진정한 대표체'로 구성되는 방법임을 지적하고 있는 것이다.

그런데 민주적 원리란 무엇인가. 아리스토텔레스에 의하면 자유가 민주정의 기초이고, 특히 정치적 자유는 지배집단의 교체를 통해서 유지되며, 최고의 권위를 가진 다수 대중의 의사가 정의이고, 이는 모든 사람의 평등한 권리에 의해 이룩되었다. 그것은 모든 자유민의 자유와 정의 그리고 평등한 권리의 실천을 의미하였다. 마르실리우스는 자신의 '중요 부분'이 이같은 원리, 즉 평등한 권리를 가진 모든 자유민 집단의 최종적 결정에 따라 구성되어야 한다고 밝혔다. 그에 의하면 '중요 부분'의 주권성의 조건이 전체의 대표성이었던바, 이를 확보하는 방법이 산술적 평등에 입각한 민주적 원리의 실천이었던 것이다. 요컨대 그가 구태여 아리스토텔레스의 권위를 빌렸던 이유는, 여하한 경우에도 '중요 부분'이 자유민 전체로부터 분리

138) *DP* I, xiii, 8.

된 '특권적 배타적 부분'에로 전락하는 것을 방지하려는 의도에서였다. 그가 밝힌 '중요 부분'의 민주적 구성 원리는 모든 자유민의 자유로운 의사와 평등한 권리 그리고 다수결의 가치에 대한 그의 독특한 인식을 새삼 드러내고 있다고 필자는 생각한다. 이는 모든 사람(omnes personas)을 함의했던 주권적 인민집단의 포괄성에 대한 그의 신념을 실체적으로 보강하는 논리였던 것이다.

지금까지 우리는 '중요 부분'의 사회적 실체를 규명하기 위해서, 이에 관한 마르실리우스의 한정을 네 범주로 나누어 분석하였다. 먼저 수량적 한정에 관한 한, '중요 부분'은 정치공동체의 '다수 부분'을 가리켰다. 둘째, 질량적 한정에 있어서, 그것이 신분을 의미할 경우 이를 평민계층(vulgus)을 포함하는 사회의 모든 기능집단에 대한 고려로 해석하였다. 또한 그것이 개인적 자질을 의미하는 경우에도, 정치적 판단의 질적 향상과 이에 참여하는 사람들의 수적 증대를 그가 분리하지 않았음을 지적하였다. '중요 부분'은 단지 숫자상의 다수만이 아니라, 수적 우세와 질적 우위를 동시에 함의했다는 점에서 '비중 있는 다수'(weighted majority)의 개념으로 이해될 수 있지 않을까. 셋째, '정치공동체의 명예로운 관습'에 대한 그의 언급은 '중요 부분'의 실체에 관한 다양한 해석을 가능하게 한다. 그리하여 이는 당대의 정치현실 즉 제국, 봉건국가 및 도시공화정 등의 체제와 탄력적으로 결부될 수 있었다. 넷째, 그는 아리스토텔레스의 권위를 빌려 '구태여' 민주적 원리에 의한 '중요 부분'의 구성을 강조하였다. 이는 '중요 부분'의 주권성의 조건이 전체 내지 다수의 산술적 대표성임을 확인해준다.

이 같은 분석은 '중요 부분'의 사회적 실체에 관한 '단정적인 규명'이 얼마나 어려운 문제인가를 여실히 드러내고 있다. 사실 '중요 부분'에 관한 해석은 지금까지도 세 유형으로 대별되고 있다.[139] 첫째, 수량적 해석으로

---

139) 첫째 유형 : Gewirth, *Marsilius of Padua* I, pp.182~199 ; 'Republicanism and Absolutism,' pp.23~48 등.

둘째 유형 : Wilks, 'Corporation and Representation in the *Defensor Pacis*,' *Studia Gratiana* 15 (1972), pp.279~287 ; *Problem of Sovereignty*, pp.194~196

서, 지워쓰 등은 '중요 부분'을 사실상 시민집단 전체 내지 그 다수 부분과
동일시하였다. 둘째, 질량적 해석으로서, 윌크스 등은 이를 소수 지배집단
의 주권적 정치권위를 위한 개념으로 간주하였다. 셋째, 논쟁적 해석으로
서, 콘드렌 등은 마르실리우스가 스스로 선정한 논쟁적 목표를 위해 의도
적으로 '중요 부분'의 개념을 모호하게 정의하였다고 해석하였다. 그럼에도
불구하고 필자는 지금까지의 검토에 비추어, '중요부분'의 실체와 성격을
다음과 같이 규정하고자 한다.

(1) '중요 부분'은 중세 그리스도교 사회의 전통적 주권집단으로 간주되
어 온 성직자 부분, 통치자 부분, '위대하고 지혜로운 부분'(maior et
sanior pars) 등 가운데 어느 집단과도 동일시되기 어렵다.
(2) '중요 부분' 개념은 인민집단의 주권적 정치 권위를 정치현실에 적용
해 보려는 실천적 의도를 반영하고 있으며, 그 유니크한 성격은 이
를 정치공동체의 특정 부분이 아니라 전체와 동일시한 데 있다.
(3) '중요 부분'은 결코 평민신분 내지 여가와 분별력이 부족한 다수 대
중을 입법적 · 정치적 주권체로부터 구분해 내려는 배타적 · 제한적
개념이 아니다. 그는 여하한 경우에도 주권적 정치적 권위의 사회적
실체에 관한 한 건강한 다수와 지혜로운 소수를 분리해서 생각하지
않았다.
(4) '중요 부분'의 주권성의 근거는 그것이 모든 사회경제적 기능집단 즉
모든 자유민 신분을 대표한다는 점에 있다. 이 같은 조건을 충족시
키는 방법이, 그에 의하면 수량적 요소와 질량적 요소에 대한 동시
적 고려 및 민주적 원리에 입각한 '중요 부분'의 구성이었다.

; McIlwain, *Growth of Political Thought*, pp.301~308 ; Lagarde, *Defensor Pacis*,
pp.151~155 ; Quillet, *Philosophie politique de Marsile*, pp.93~99.
셋째 유형 : Condren, 'Democracy and *Defensor Pacis*,' pp.305~306 ; Lewis,
'Positivism of Marsiglio of Padua,' p.556 ; Nederman, *Community and Consent*,
p.86 ; Kölmel, *Universitas Civium et Fidelium*, pp.66~67.

(5) '중요 부분' 개념은 교황주권론의 부정이라는 논쟁적 목표를 가지고 있었다. 그럼에도 불구하고, 아니 바로 그렇기 때문에, '중요 부분'이 '명예로운 계층'과 '평민 대중' 모두를 그 사회적 기초로 하면서도, 반교황권주의적이었던 당대의 정치체제들과 다양하게 결부될 수 있었다.

필자는 마르실리우스의 '중요 부분' 개념에 대한 무차별한 질량적 해석에 많은 의문을 가지고 있다. 그것은 결코 소수집단의 정치적 주권을 변론하기 위한 개념이 아니었다. 그것은 언제나 그리고 반드시 모든 자유민 전체의 주권적 정치 권위에 입각한 개념이었다. 그의 '중요 부분'은 주권적 실체로서의 다수 대중에 대한 신념을 전제하지 않고는 제대로 해명될 수 없다. 그리하여 이는 그의 전체에 대한 신뢰 및 포괄적 인민관과 결코 상충하지 않는다는 것이 필자의 견해이다. 마르실리우스의 '중요 부분' 이론은 그의 정치적 논술 전반의 논쟁적 속권주의뿐만 아니라, 모든 자유민의 주권성에 대한 그의 일관된 인민주의적 신념을 반영하고 있다.

5. 특징과 한계

마르실리우스에 의하면, 정치공동체의 진정한 주권체는 인간입법권자이며, 인간입법권자란 '인민 또는 시민집단 전체 또는 그 중요 부분'이었다. 이에 우리는 '주권자 인간입법권자'가 과연 누구였던가를 알아보기 위해서, 그의 인민, 시민 그리고 중요 부분 개념을 분석해 보았다. 이를 토대로 그 특징적 원리와 한계를 밝혀 두는 것이 그의 인민론의 성격을 분명히 하는 데 도움이 될 것 같다. 먼저 그 특징을 검토해 보기로 하자.

(1) 그의 인민 개념은 무엇보다도 보편적 인간 본성에의 신뢰에 입각한 것이었다. 기본적으로 그의 인민은 모든 사람을 함의했으며, 또한 모든 자유민이 시민이었고, 다수 대중의 주권성이 주권적 '중요 부분'의 변함없는

근거였다. '모든 피조물들 가운데 가장 고귀한 존재인 인간140)은 건강한 정
신과 이성 그리고 정치공동체의 유지에 필요한 사물들에 관한 올바른 욕
구를 가지고 있다.141) …… 누구도 스스로를 의도적으로 해치지는 않으
며,142) 자신의 이익에 대한 개인의 이성적 판단이 공동체 전체를 보호하는
보루이다'143)라고 그는 밝혔다. 가장 고귀한 존재인 모든 인간이 가지고 있
는 본성적 욕구(instinctus naturalis)의 건강성 및 이성적 판단의 공익성에
대한 두터운 낙관적 신뢰가 정치적 주권체에 관한 그의 포괄적 인식의 근
본 토대였다.144)

(2) 그의 인민 개념은 일관되게 반성직자주의 함의를 가지고 있다. 『평
화수호자』의 집필 동기는 여하히 이 땅에서 평화와 충족한 삶을 성취할 것
인가였다. 그런데 그는 이에 대한 최대의 위협을 교황전능권에 입각한 성
직자집단의 보편적 현세권으로 규정하였다. '교황은 선거제의 합리성과 이
로움을 모른다. 교황제가 올바르게 수립되기 위해서는, 그것이 몇몇 소수
의 의사에 의해서가 아니라, 반드시 그리고 오직 인간입법권자 전체의 의
사에 의해 설립되어야 한다'145)라는 인식이 그의 유니크한 인간입법권자
이론의 토대였다. 이를테면 그의 인간입법권자(legislator humanus)는 교
회정부와 세속정부의 대립이라는 전통적인 이원체제 하에서, 교회정부의
보편적 지배를 위한 관건적 원리였던 신성한 입법권자(legislator divinus)
의 정확한 대안이었던 것이다. 따라서 그에 대한 속권주의자라는 역사적
평가도 이 같은 맥락에서 이해되어야 한다. 사실 그의 정치적 논술은 특정
형태의 세속 정치체제에 대한 변론이 아니었다. 그것의 역점은 언제나 입
법권자인 인민의 의사가 모든 합법적인 정치 권력과 체제의 종국적 근거
(ultima ratio)라는 데 있었다. 인민집단 전체의 절대적 주권성에 대한 그의

---

140) DP I, vii, 1.
141) DP I, xii, 3.
142) DP I, xii, 5.
143) DP I, xii, 8.
144) Ullmann, 'Personality and Territoriality,' pp.400~401.
145) DP I, xii, 3 ; I, xvi, 11, 19 ; II, xxvi, 5 ; III, iii 등.

신념이 가졌던 일차적 현장적 의미는 반성직자주의였다.

(3) 그의 인민 개념은 명백히 반파당주의적이다. 전통적 자유민 집단이었던 성직자·통치자·전사 등은 물론 농민·수공업자·상인 집단 역시 자유로운 시민으로 간주했던 그는, 정치 권위에 관한 한 이들 간에 여하한 상하의 계서적 구분도 상정하지 않았다. 심지어 그는 노예·야만인 등도 생득적 신분으로 규정하지 않음으로써, 이들의 정치적 잠재력을 부정하지 않을 정도였다.146) 그에게는 '완전한' 정치공동체가 필요로 하는 모든 사회 경제적 기능집단이 자유민 집단으로서, 이들이 곧 주권체인 인민들이었다. 이 같은 인민관은, 필자의 견해로는 두 가지 심대한 의미를 가지고 있다. 무엇보다도 그것은 정치적 주권 집단을 현저하게 확대하고 대중화하고 수량화하였다. '만약 주권적 정치 권위가 시민공동체의 특정 부분에 속해야 한다면, 그것은 성직자집단이 아니라 오히려 평민집단에게 속해야 한다'147)는 것이 그의 신념이었다. 수적으로 다수 대중인 평민들의 주권성을 그는 역설했던 것이다. 또한 그는 전통적으로 주권적 정치집단을 제한해 온 요소들, 예를 들어 혈통·신분·덕성·교육·신조·부 등에 아무런 직접적인 당위성을 부여하지 않았다. 그의 주권체 인식은 여하한 경우에도 특권적·배타적·한정적인 개념이 아니었던 것이다. 더욱이 그에게는 전체가 언제나 부분보다 위대하였다. 그가 교회정부의 성직자 지배체제와 아리스토텔레스류의 민주정 모두를 반대한 이유도, 이들이 결국 부분의 전체에 대한 지배 즉 파당적 지배체제라는 점 때문이었다. 그에게는 포괄적·등가적·산술적으로 이해된 자유로운 인민집단 전체 내지 다수만이 모든 합법적인 정치체제의 유일한 사회적 기초였다.

(4) 그의 인민 개념은 반전제주의적 함의도 분명하게 가지고 있다. 그에 의하면 국가는 자유민의 공동체였으며, 정치적 자유의 핵심은 지배집단의 교체 및 입법적 주권이었다. 또한 정부는 반드시 공공의 이익을 추구해야 했던바, 공공의 이익이란 특정 집단 내지 개인의 사익이 아니라 언제나 유

---

146) Black, 앞의 책, p.61 참조.
147) *DM*, ii, 7.

기적 공동체의 전체적 이익이었다. 부분의 전체에 대한 지배가 언제나 전제정(regimen despoticum)일 수밖에 없는 이유도 바로 여기에 있었다. 그것은 무엇보다도 지배집단의 이익을 위해 인민의 자유를 제한함으로써, 인민을 예속민으로 전락시켜, 이들의 주권적 정치 권위를 침해할 것이었다. 그리하여 그것은 공공 이익의 전체성 역시 파괴할 것이었다.148)

이 같은 반전제주의적 함의는 인민의 저항권론과 중요 부분의 민주적 구성에 관한 그의 지적에서 특히 두드러지게 나타난다. 인간입법권자에 의해 위임된 모든 권한은 그것의 자율적 판단에 의해 마땅히 철회될 수 있다149)고 생각했던 그는, 무책임한 통치자와 사악한 정치 권력에 대한 인민의 교정권과 저항권을 일관되게 변론하였다.150) 정치공동체의 정치적·입법적 주권은 종국적으로 통치자가 아니라 인민에게 속했던 것이다. 또한 그는 중요 부분이 평등한 권리를 가진 모든 자유민의 의사에 의해 구성되어야 한다는 점도 분명히 하였다. 중요 부분이 단지 부분이 아니라 전체였던 근거는 그것이 '시민집단 전체 및 그 권위의 진정한 대표체'이기 때문이었다. 그에 의하면 산술적 평등에 입각한 대표제 원리(principle of representation)의 실천 즉 중요 부분의 민주적 구성이야말로, 그것의 전체성을 보장함으로써 부분에 의한 주권적 정치 권위의 독점 즉 전제적 지배를 방지하는 관건이었다.151)

(5) 그의 인민 개념은 논쟁적 성격 역시 가지고 있다. 마르실리우스의 인

148) Canning, 'Law, Sovereignty and Corporation,' *CMPT*, p.476 ; Black, 'The Individual and Society,' *CMPT*, pp.595~596. 중세의 전제정에 관해서는 본절 주 53, 90~91 및 Rubinstein, 'Marsilius and Italian Political Thought,' pp.60~61 등 참조.
149) *DP* II, x, 13 ; *DM*, i, 7.
150) *DP* I, xv, 2 ; I, xviii, 3.
151) Wilks, 'Corporation and Representation,' pp.253~292 ; Quillet, 'Community, Counsel and Representation,' p.558 등. '중요 부분'을 철저하게 '전체'와 동일시하는 마르실리우스의 태도는, 역설적이게도 그가 품었던 대표제 원리의 한계 역시 드러내고 있다. 왜냐 하면 그는 오늘날 정치적 대표체들에 부여되고 있는 독립적 자율적 영역을 여하한 형태로도 상정하지 않았기 때문이다. Nederman, *Community and Consent*, p.88 참조.

민론은 아리스토텔레스적 범주에 따라 인간(*homo*)과 인간성(*humanitas*)의
정치적 주권성 내지 자율성을 강조하면서도, 그 유형에 있어서는 로마적
전통에 따라 포괄적 인민관을 표방하였다. 그리하여 그것의 구체적 실체를
중세 사회의 특정 집단으로 명확히 한정하지는 않았다. 앞서 필자는 그의
주권적 인간입법권자 개념이 교황전능권 원리의 한 대안이었음을 지적하
였다. 교황주권론과 교회정부의 보편적 지배를 철저하게 부정하고, 이를
실천적으로 척결하고자 했던 그가 자신의 잠재적 지지자들을 최대한 확보
하고자 하는 것은 오히려 당연한 일일 것이다. 그런데 당대의 세속 정치체
제는 신성로마제국, 봉건국가 및 도시국가 등으로 다양하게 유지되고 있었
다. 따라서 콘드렌의 지적대로, 인간입법권자의 구체적인 구성에 관한 한
마르실리우스는 이를 반교황권주의적 무기로 활용하고자 하는 모든 이들
에게 그것의 구성을 사실상 맡겼다. 그것이 자신의 의도를 현실적으로 구
현하는 잠재적인 방법이 될 수 있기 때문이었다.152)

　그가 인민집단의 주권성을 역설하면서도 이를 '단지' 포괄적으로만 규정
한 것은 우연한 일이 결코 아니었다. 무엇보다도 이는 루드비히 4세의 제
국, 필립 4세의 프랑스 그리고 이탈리아에 산재한 도시국가들의 공화정 체
제와 군주정 체제 모두의 합법성을 보장하는 데 탄력적으로 적용될 수 있
었다. 여기에는 이들 모두를 인민주의 원리에 입각한 현실 정치세력으로서
자신의 반교황 전선에 동원하고자 했던, 그의 논쟁적 실천적 의도가 깔려
있었다는 것이 필자의 해석이다.

　인민 개념의 이 같은 논쟁성은 흥미롭게도 마르실리우스의 정치적 논술
에서 점하는 인민론의 비중을 드러내고 있다. 필자는 『평화수호자』가 14세
기 초엽이라는 시대적 상황의 산물임을 지적한 바 있다. 교회정부와 세속
정부의 첨예한 대립 그리고 아리스토텔레스의 수용을 통한 시민 개념의
부활이 당대의 정치적·지적 맥락의 근간이었다. 반교황주의자였던 그의
논술의 직접적 목표는 무엇보다도 이미 통치 조직이 되어버린 성직자집단

152) Black, 앞의 책, pp.60~61 ; Wilks, 'Corporation and Representation,' pp.287~288
　　; Condren, 'Democracy and *Defensor Pacis*,' p.306 등 참조.

과 교회의 탈현세화(demundanization)에 있었다. 그런데 이를 실천하기 위한 원리가 바로 아리스토텔레스적 개념에 입각한 인민집단의 정치적·입법적 주권성이었다. 다시 말해서 그가 가졌던 주권체 인민집단에 대한 신념은 자신을 보호하는 특정 세속정부를 단순히 변론하기 위한 속권주의 논리의 잠정적·부수적 일부가 아니었다. 그것은 당대의 정치 현안을 거시적 맥락에서 새롭게 규정하고 이를 근본적으로 해결하고자 했던, 한 실천적 지식인의 치열한 지적 모색의 소산이었다. 그의 포괄적·주권적 인민 개념이야말로『평화수호자』전편의 전투적 현장을 본원적으로 설명하는 축인 것이다.153)

마르실리우스의 인민 이론의 성격을 우리는 반성직자주의, 반파당주의 그리고 반전제주의적 함의로 파악하고, 그 기저에 인간 본성에 대한 낙관적 신뢰 및 인민집단의 주권적 정치 권위에 대한 실천적 의도가 깔려 있음을 지적하였다. 그의 인민론은 분명 당대의 정치적 논의를 새로운 지적·정치적 지평에로 옮겨 놓았다.154) 그럼에도 불구하고 그의 인민 개념은 엄격한 한계 역시 가지고 있었다. 이를 우리는 다음의 다섯 측면에서 검토해 볼 수 있을 것 같다.

(1) 마르실리우스가 주장한 주권적 인민의 기본 단위는 개인이 아니었다. 그는 정치 주권체를 모든 자유민으로 간주하면서도, 이를 아리스토텔레스의 범주에 따라 통치자에 의해 배정된 정치공동체의 여섯 사회경제적 기능집단으로 이해했을 뿐, 자유롭고 자율적인 주권적 개인은 전혀 상정하지 않았다. 그의 '자유로운 개인'은 단지 자신의 기능집단에 용해된 익명의 일부로서만 주권적 정치 활동에 참여할 수 있을 따름이었다.155) 전통적 신분 구분에 입각한 계서적 정치 권위를 부정하고 모든 기능집단의 등가적 정치 권위를 보장하는 그의 논리는, 오히려 주권체의 기본 단위가 개인이 아니라 집단이며 또한 공공의 이익 역시 개체적인 것이 아니라 전체적인

---

153) Ullmann, 'Personality and Territoriality,' p.406.
154) Black, 앞의 책, p.71 참조.
155) Quillet, 'Community, Counsel and Representation,' p.530 참조.

것임을 역설하는 결과를 초래했던 것이다.156)

그에 의하면 개인적 이해관계에 대한 인간의 본성적 판단이 국가를 구성하고, 공공의 이익을 성취하는 기본 동인이었다. 그러나 인간의 현세적 삶은 '충족한삶'이라는 단일 목표를 가지며, 이는 국가의 다양한 기능집단이 고유의 사회경제적 기능을 방해받지 않고 자유롭게 수행함으로써 이룩될 수 있었다. 이를테면 그에게는 정치공동체의 평화 즉 집단 간의 조화와 협업이 개인적 목표인 충족한 삶을 보장하는 방법이었던 것이다. 사실 그의 자유민이란 건강한 정신과 이성 그리고 욕구를 가진 자들이 아니었던가. 따라서 국가와 충족한 삶 그리고 자유와 평화가 사적 이익 추구의 당연한 전제인 한, 개인들의 '건강한' 사회적 행위가 정치공동체 전체의 공공 이익에 위배되지 않으리라는 그의 견해는 조금도 이상하지 않다. 단순히 그는 개인의 사적 이익에 대한 추구와 공공 이익의 전체성 사이에, 오늘날의 눈으로 볼 때, 잠재하고 있는 긴장관계를 지나치게 소박하게 낙관하였다고 하겠다.157)

(2) 그의 인민 개념은 기본적으로 중세의 유기체적 사회관에 입각한 것이었다. 국가를 단일 목표를 가진 일종의 본성적 생명체(natura animata)로 이해했던 그에게는, 인체가 그러한 것과 마찬가지로 사회의 여러 기능집단(신분)들의 자유롭고 건강한 활동이 국가의 목표와 자족성을 성취하는 관건이었다.158) 물론 그의 견해는 전통적인 신분제 사회관과는 현저한 차이가 있었다. 첫째, 그의 신분은 혈연적 세습을 통해서가 아니라 한 개인이 담당하는 사회경제적 기능에 의해서 결정되었다. 둘째, 신분 내지 집단을 결정함에 있어서 개인의 능력과 본성적 소질이 충분히 고려되어야 한다고 생각하였다.159) 셋째, 주권체를 구성하는 모든 기능집단은 상하의 계서적

156) Gewirth, *Marsilius of Padua* I, p.199 ; Nederman, *Community and Consent*, pp.62~63 등 참조.
157) Carr, 'Marsilius and Role of Law,' p.21 등 참조.
158) *DP* I, ii, 3 ; I, xv, 5 ; Gewirth, *Marsilius of Padua* I, pp.69~70 ; Nederman, *Community and Consent*, p.145 등 참조.
159) *DP* I, vi, 9 ; I, vii, 1.

체제가 아니라 수평적 · 등가적 관계로 조직되어야 했다. 넷째, 그는 아리스토텔레스와도 달리 농민 · 수공업자 · 상인과 같은 평민 대중을 자유롭고 주권적인 시민집단의 핵심적 기초로 간주하였다.

그러나 이같이 의미 깊은 차이에도 불구하고, 그의 신분 내지 사회관이 사회 구조에 관한 전통적 인식에 입각한 정태적 개념(static conception)임은 여전히 사실이다. 그에게는 단지 '여섯 신분으로 구성되는 완전한 사회'라는 인식만 있었을 뿐, 여섯 기능집단 이외의 자유민 신분은 전혀 논의되지 않았으며, 일단 결정된 신분이 변경될 수 있다고도 고려하지 않았다. 더욱이 이 신분이 개인의 의사에 따라 선택되는 것도 아니었다. 우리는 그에게서 새로운 신분 및 신분 간의 이동 그리고 특정 신분이 되는 과정 등에 대한 이론을 찾아볼 수 없는 것이다. 예를 들어서, 그는 노예와 외국인을 시민집단에서 제외하였다. 그리고 그는 한 번 노예이면 영원히 노예, 한 번 외국인이면 영원히 외국인임을 행간에 함의하였다.160) 그는 단지 어떤 사회집단이 시민이고 또 시민이 아닌가를 정태적으로 규정했을 뿐, 시민화 과정에 관한 한, 시민의 아들이 시민이 되는 현실을 고스란히 수용한 것 이외에는 아무런 새로운 논의도 제기하지 않았다. 마르실리우스 역시 당대의 유기체적 사회관을 정태적으로 수용함으로써, 사회 조직과 사회 구성의 변화 가능성에 관한 새로운 인식을 가질 수는 없었던 것이다.

(3) 그의 주권적 시민은 특징적 포괄성에도 불구하고 불충분하게 해명된 조건적 개념이었다. 앞서 지적한 바와 같이, 그는 '어린이 · 노예 · 외국인 · 여성' 및 '본성이 왜곡된 자'들을 명시적으로 시민에서 제외하였다.161) 전자의 경우 그것은 중세 아리스토텔레스주의자들의 공통 조건이었다. 그러나 '본성이 왜곡된 자'라는 개념은 다분히 마르실리우스 고유의 조건이다. 아마도 그는 이로써 예속적 본성을 가진 자, 국가의 유지를 바라지 않는 자, 그리고 공공 이익은 외면한 채 편협한 사적 이익만을 추구하는 자 등을 가리켰던 것 같다. 그러나 그는 어디에서도 자신의 조건을 충분히 설명

---

160) Kölmel, 앞의 글, pp.73~74 ; Ullmann, 'Personality and Territoriality,' p.404.
161) *DP* I, iv, 2 ; I, xii, 2, 4.

하지 않음으로써, 그 자의성을 완전히 배제하지는 못했다. 사실 '모든 사람' 의 주권성에 대한 그의 신념이 봉건적 신분제 사회에서 정치적 법제적으로 제도화하기 위해서는, 그가 가했던 바와 같은 전통적·자의적 제한만이 아니라 보다 객관적이고 구체적인 시민의 자격에 대한 해명이 필수적일 것이었다. 그의 획기적인 시민론 즉 '모든 자유로운 성인 남자'의 주권적 정치 권위가 오랫동안 본래의 의도에 비추어 적극적으로 해명되고 추구되지 못한 한 원인도 이 점에 있었다.

(4) 그의 인민 개념은 여전히 관념적이다. 이 점은 다음의 두 측면에서 두드러지게 확인된다. 첫째, 그의 '중요 부분' 이론은 실체성이 매우 결여되어 있다. 그의 '중요 부분'은 소수집단의 지배를 위한 중세적 개념이었던 '위대하고 지혜로운 부분'과는 달리 그 역점이 공동체의 다수집단에 있었다. 또한 이는 단순한 숫자상의 다수만이 아니라, 질량적으로도 결코 기울지 않는 '비중 있는 다수'를 함의하였다.162) 수와 질에 대한 균형 있는 동시적 고려가 '중요 부분'을 정치공동체의 단지 일부가 아니라 실질적인 전체로 만드는 관건이었던 셈이다. 그럼에도 불구하고 앞서 분석한 바와 같이, 그는 이 중요 부분의 '균형 있는 동시적 고려'의 구성 방법을 구체적으로 제시하지는 않았다. 그는 단지 정치공동체의 명예로운 관습과 아리스토텔레스의 민주정 원리라는 여전히 막연하고 상충적일 수도 있는 개념으로 이를 보완하고자 했을 따름이다. '중요 부분'이야말로 정치 현장에서 포괄적 인민 내지 시민 집단을 사실상 대표하는 주권체임을 감안한다면, 그 구성방법에 대한 이 같은 해명은 '중요 부분'을 충분히 실체화하지 못했고, 그리하여 결국 그의 인민론 전반의 지평이 관념화하게 된 것도 결코 우연한 일이 아닌 것이다.

둘째, 그의 인민론은 인민집단과 정부 내지 통치집단의 관계에 대한 엄밀한 인식을 결여하고 있다. 그에 따르면 인민은 통치자를 선택하고 법률을 제정하는 정치적·입법적 주권체였다. 그러나 인민은 언제나 '하나의

---

162) Blythe, 앞의 책, pp.197~201.

전체'로서, 그 유기적 단일성이 유지되기 위해서는 이원적 정부체제가 아
니라 단일 세속정부를 필요로 하였다. 이 점이 그의 정치적 논술을 절대적
성격의 세속정부론에로 나아가게 한 계기였다. 더욱이 그는 통치자를 살아
있는 법(lex animata)으로 이해함으로써,163) 그의 입법적 권위를 부정하지
않았다. 입법적 주권이 인민의 정치적 자유의 한 핵심임을 감안한다면, 그
가 결과적으로 수용한 입법자 - 군주 즉 통치자의 입법권은 그의 인민주의
논리 내지 인간입법권자에 대한 신념과 병행하기 어려운 것이 사실이다.
그것은 경우에 따라서 단일정부 및 통치자의 독점적 정치 권한과 인민의
주권적 정치 권위를 분리하고, 정치 권력에 대한 법률적 규제를 해제하며,
부분에 대한 전체의 우위를 무력화시킴으로써, 위인민적인 주권적 통치자
(the sovereign ruler)의 가능성조차 배제하지 않기 때문이다.

물론 그의 단일 세속정부는 교황의 보편적 지배를 현실적으로 척결함으
로써 정치공동체의 평화와 인민의 자유를 이 땅에서 수호하는 수단이었다.
그러나 그는 스스로 변론했던 독점적·절대적 성격의 단일 세속정부가 어
떻게 인민의 주권을 반드시 보장할 것인가 하는 문제는 심각히 논의하지
않았다. 그는 단지 입법권자인 인민집단의 본성적 욕구의 건강성과 이성적
판단의 공익성에 대해 소박하게 낙관했을 따름이었다. 그의 인민론이 관념
적이 된 한 이유도 여기에 있었다. 반교황주의라는 현장적 목표가 주권적
인민과 독점적 세속정부 사이에 개재되어 있던 잠재적 대립에 관한 세밀
한 고려를 압도하였던 것이다.

(5) 그의 인민론은 영토성(territoriality)에 대한 인식 역시 결여하고 있
다. 우리는 영토가 국가를 구성하는 기본 요소이며, 국가가 정치적 주권의
절대 단위임을 잘 알고 있다. 따라서 영토는 주권적 인민집단의 당연한 한
전제일 것이다. 마르실리우스의 포괄적 인민 개념도 국가의 주권적 정치
권위가 특정한 일부 주민이 아니라 전체 주민에 속해야 함을 강조한 것에
다름이 아닐 것이다. 그럼에도 불구하고 그는 인민집단의 입법권과 주권성

---

163) DP I, xv, 4 ; II, xvii, 9 ; DM xiii, 9 ; xvi, 4 등.

만을 역설했을 뿐, 그 영토적 한계에 대해서는 전혀 언급하지 않았다. 이를 테면 그는 인간에 의해 제정된 법률의 강제적 배타적 적용이 정치적 주권의 요체임을 밝히면서도, 그것이 배타적으로 강제되어야 할 지역적 내지 물리적 한계에 관해서는 조금도 고려하지 않았던 셈이다. 영토주권 (*superioritas territorialis*) 개념을 포함하지 않는 인민주권론이 과연 실체화할 수 있을까.

더욱이 이 시기는 지역국가의 대두기였다. 그는 분명 영토상의 구분이 특정 법률과 사법체계의 실효 한계, 즉 정치적 입법적 주권의 물리적 한계임이 광범위하게 확인되던 시기에 속하고 있었다.[164] 따라서 명확한 공간적 구분을 가지지 않는 여하한 인민주권론도 선언적 의미 이상의 실효성을 기대하기는 어려운 실정이었다. 결국 영토성의 결여는 현장적 논리이고자 했던 그의 인민주권론의 한 역설적인 한계로 지적될 수밖에 없다. 그의 견해를 '가장 순수한 형태의 정치적 인문주의'로 간주하면서도, '마르실리우스는 교회의 탈현세화에 반드시 수반되어야 할 정치 주권의 현세화에로는 나아가지 못했다'[165]라고 했던 울만의 지적도 이 점에서 평가될 수 있는 것이다. 또한 '마르실리우스는 사회적 정치적 의미의 혁명주의자가 아니었다'[166]라는 블랙의 분석적 해석도 이 같은 맥락에서 그 근거가 이해될 수 있다. 요컨대 보편적·유기체적 중세 그리스도교 사회가 그의 주권적 인민 이론의 여전한 지평이었던 것이다.[167]

---

164) Ullmann, 'Personality and Territoriality,' pp.401~403 등 참조.
165) Ullmann, 위의 글, pp.407~409.
166) Black, 앞의 책, pp.126, 160 ; Nederman, *Community and Consent*, p.143 역시 참조하기 바람.
167) Kölmel, 'Universitas civium et fidelium,' p.76 참조.

6. 맺는말

마르실리우스의 정치사상의 성격은 오늘날 실로 폭넓고 격렬한 논쟁의 대상이다.[168] 반교황적 속권주의라는 유서 깊은 평가에도 불구하고, 지금도 그것은 제권적 절대주의(imperialist absolutism : J. 끼에), 전통적 귀족주의(traditionalist aristocracy : A. 당뜨레브), 그리고 인민주의적 공화주의(populist republicanism : A. 지워쓰) 등으로 다양하게 해석되고 있다. 사실 이러한 해석들은 각각 나름의 근거를 가지고 있다. 마르실리우스는 황제 루드비히 4세의 동반자였고, 주권적 정치집단인 '중요 부분'의 사회적 실체에 관한 한 질량적 요소와 봉건적 측면이 새롭게 규명되고 있으며, 공화주의 전통을 강하게 유지했던 도시국가 파두아가 그의 삶과 사상의 토양이었던 것이다.

이 같은 작금의 논의는 한편으로는, 그의 주저 『평화수호자』가 변화하는 정치적 상황과 세대들에 늘 새로운 의미를 전달하는 정치사상사의 한 '고전'임을 말해 주고 있다.[169] 그러나 동시에 이는 그의 사상과 활동에 투영되어 있는 현장적·논쟁적 요소들과 논술 자체의 다의성으로 인해, 그의 견해의 진정한 원리와 의미의 해명이 극히 복합적인 과제임을 드러내고 있는 것도 사실이다. 그의 다의적 논술의 한 핵이, 필자의 견해로는, 그의 고유한 인민 개념이다. 그는 모든 현세국가의 정치적 입법적 주권체를 인간입법권자라 부르고, 이를 '인민 또는 시민 집단 전체 또는 그 중요 부분'으로 규정하면서도, 그 사회적 실체에 관한 한 어떠한 직접적인 해명도 구체적으로 제시하지는 않았다.

마르실리우스의 인민(populus)은 기본적으로 '모든 사람'을 함의하는 매우 포괄적인 개념이다. 그런데 정치적 입법적 주권체로서의 인민이란 자유롭고 건강한 인간의 본성적 욕구와 그것의 소산인 국가를 전제로 한 것이

---

168) 네더만은 최근의 글에서, '마르실리우스만큼 폭넓고 격렬한 해석과 논쟁의 문제를 불러일으킨 정치사상가는 일찍이 없었다'라고 밝혔다. *Community and Consent*, pp.143~144.

169) D. Carr, 'Marsilius and Role of Law,' p.6.

고, 국가는 완전하고 자족적인 공동체가 되기 위해서 성직자·전사·통치자·농민·수공업자·회계인(상인) 등의 여섯 기능집단으로 조직되었다. 따라서 인민은 국가의 이 여섯 사회경제적 기능집단에 속하는 모든 자유민이었던 셈이다.

또한 그는 시민(*civis*)을 사회구성원 가운데 어린이·노예·외국인·여성·본성이 왜곡된 자 등을 제외한, 모든 '신분에 따라 정치 활동에 참여하는' 사람으로 파악하였다. 이를 토대로 필자는 그의 시민이란 자유민 신분에 속한 성인 남자 전체를 함의한다고 파악하였다. 그리고 그의 중요 부분(*valentior pars*)을 정치공동체 구성원 모두의 수와 질을 동시에 고려한 '비중 있는 다수'를 가리키는 개념으로 해석할 수 있었다. 그가 '구태여' 민주적 원리에 입각한 중요 부분의 구성을 지적한 이유도, 그 진의가 중요 부분의 주권성이 전체의 위대성에 대한 그의 신념과 상충하지 않으며 오히려 이를 보완하는 것임을 밝혀두려는 데 있었다는 것이 필자의 생각이다.

마르실리우스의 인민론은 무엇보다도 정치적 동물(*zoon politikon*)인 인간의 본성적 욕구에 대한 아리스토텔레스류의 낙관적 신뢰에서 비롯되었다. 아마도 그것이 가지는 직접적인 의의는 중세 그리스도교적 시각 즉 사회란 성직자와 인민이라는 두 신분으로 구성된다는 전통적 견해를 부정한 점에 있을 것이다. 그러나 그의 인민은 아리스토텔레스조차 그것으로부터 배제했던 농민·수공업자·상인 등의 평민집단을 자유롭고 자율적인 주권집단으로 포괄하였다. 그는 사회적 신분을 세습적 혈통이 아니라 경제적 기능에 따라 구분하고, 자족적 공동체가 필요로 하는 사회경제적 기능집단을 자유민 신분으로 간주했으며, 이들 모두의 정치적 입법적 주권성을 철저하게 등가적으로 보장하였다.

물론 그의 주권적 인민이 자율적 개인을 그 단위로 하지는 않았다. 그것은 반드시 집단이어야 했으며, 그것도 유기체적이고 정태적인 전체의 한 지체 즉 사회경제적 기능집단이어야 했다. 그에게는 전체로부터 유리된 주권적 개인 또는 지배적 소수야말로 자유로운 인민의 공동체 즉 국가와 평화를 위협하는 최대의 적이었다. 모든 합법적 정치 권위의 사회적 근거는,

비록 그것이 자의적 조건과 비실제적 관념성 및 영토주권 인식의 결여 등
의 한계를 완전히 극복하지는 못했다 하더라도, 언제나 그리고 반드시, 인
민집단 전체여야 했다.

　마르실리우스에 있어서 주권자인 인민의 전형은 결코 탁월한 이성 내지
덕성과 같은 카리스마적 자질을 갖춘 '명예로운 계층'이 아니었다. 오히려
그에게는 정치적 결사를 통해 이 땅에서의 충족한 삶을 성취하고자 하는
모든 보편적인 인간, 특히 다수의 '평민계층'이 전형적인 인민이었다. 여기
에 그의 포괄적 인민론의 고유한 의의가 있다. 그는 여하한 의미에서도 정
치적 자유와 주권을 소수집단의 배타적·제한적·독점적 특권으로 상정하
지 않았다. 그는 주권적 정치 권위의 사회적 기초를 혁명적으로 확대하고
또한 그 실체를 현저하게 대중화함으로써, 새로운 지평에서 반성직자주의
적 반파당주의적 반전제주의적 정치 원리의 형성을 모색하였던 것이다.

　마르실리우스에 의하면 완전한 공동체가 필요로 하는 '모든 기능집단의
구성원'이 주권자인 인민이고, '모든 자유로운 성인 남자'가 주권집단인 시
민단이며, 이를 민주적 원리에 따라 대표하는 '비중 있는 다수'가 실천적
정치 주권체인 중요 부분이었다. 이 땅에서의 삶에 관한 한, 그에게는 인민
집단 전체가 진정하고 종국적인 단일 주권체였던 것이다. '인민의 소리가
신의 소리(vox populi vox dei)이다'는 것이 마르실리우스의 일관된 신념이
었다.

제3장 윌리엄 오캄의 정치사상

Ⅰ. 삶과 인간

1. 문제의 제기

제이콥(E. Jacob)은 '중세 말기의 역사를 공부하는 모든 연구자는 조만간 윌리엄 오캄(William of Ockham, 1285~1347/49)과 마주치게 된다. 그를 우회해서 이 시기에 접근하는 길은 없는 것처럼 보인다'[1]라고 적절하게 오캄 연구의 중대성을 지적하였다. 그러나 오히려 이 같은 막중함 때문에 오늘날에도 여전히 오캄은 연구자들 사이에 많은 논란의 대상이 되고 있다. 그러나 윌리엄 오캄이 서양 중세의 가장 위대한 사상가의 한 사람이고, 프란시스 수도회의 대표적 신학자이며, 그의 사유체계가 전통적 스콜라 사상에 추가된 가장 독창적이고 획기적인 한 지적 소산이라는 점에는 광범위한 동의가 이루어져 있다. 여기서는 본 연구의 의도에 비추어 지금까지의 오캄 연구성과를 먼저 간략히 정리해 두도록 하겠다.

1) 스콜라 신학자인 오캄은 스콜라 사상의 한 핵심 주제인 보편자 논쟁에 있어서, 개별적·구체적 사건 내지 자연 현상만을 유일 확실한 인식의 대상으로 간주하였다. 그의 유명론(nominalism)은 보편자 개념

---

1) E. F. Jacob, 'Ockham as Political Thinker,' *Essays in the Concilia Epoch* (Indianapolis, 1963), p.85.

의 타당성을 부정하고, 중세 교회의 정통 이론으로 수용되었던 실재론(realism)에 정면 도전하였다.

2) 오캄의 사유체계는 신의 초월성, 전지전능함 및 절대 자유에 대한 신념을 기본 토대로 하였다. 이는 그가 토마스 아퀴나스류의 주지주의 전통 즉 '이성과 계시의 조화'에 비해 둔스 스코투스류의 주의주의적 학풍의 영향을 보다 강하게 받았음을 드러내고 있다.

3) 오캄에 있어서는 현세적 삶 즉 인간 경험과 자연 현상 모두가 오직 개별자들만으로 구성되었다. 따라서 입증되어야 할 것은 개체성이 아니라 보편성 내지 유사성이며, 이는 인간 본성에 엄격히 부합하는 자명한 명제와 충분한 합리에 의해 반드시 증명되어야 한다고 그는 주장하였다. 오캄의 면도날(Ockham's razor)이라 불리는 이 필연적 논증의 원리는 과학적 경험주의의 기저를 형성하였다.

4) 교회 재산에 관한 문제에서 오캄은 정통파 프란시스회(Spiritual Franciscan)가 계승한 성 프란시스의 사도적 청빈(apostolic poverty) 이념 즉 '문자 그대로의 무소유적 청빈이 진정한 모든 그리스도인의 삶의 이상이다'라는 원칙주의적 입장을 견지하였다. 그가 아비뇽의 교황 요한 22세를 마침내 이단자 - 교황으로 단정한 것도 이러한 신조 때문이었다.

5) 14세기 초엽에 야기된 교권과 속권 간의 일련의 정치적 분쟁에서 오캄은 단호히 속권주의자 측에 가담하였다. 교황이 가진 권한은 '지배권'(dominium)이 아니라 '봉사의 권한'(ministerium)이라고 생각했던 그는 세속사에 대한 교황의 개입을 제한할 것과 속권의 자율성을 강력히 주장하였다. 그는 1328년 이후 20여 년 동안 신성로마제국의 황제 루드비히 4세의 보호를 받은 황제의 이론가였을 뿐만 아니라, 교회 재산에 대한 과세권 문제에 있어서도 교황청에 반하여 영국의 군주 에드워드 3세를 변론하는 등 완강한 속권주의적 논쟁객으로 일관하였다.

이상이 근년의 연구자들이 대체로 합의하고 있는 오캄에 대한 간략한 평가이다. 이 같은 연구동향은 오캄 사상의 성격에 대한 놀즈(D. Knowles) 의 지적으로 집약된다. 즉 '성 아우구스틴으로부터 성 아퀴나스에 이르기 까지 중세의 모든 학파는 하나의 신념을 공유하고 있었다. 우주에 대한 합 리적 설명 및 인간과 그 능력에 대한 분석이 하나의 체계로 발견될 수 있 다는 신념이 그것이다. 그러나 오캄은 우주란 설명을 필요로 하는 것이 아 니며 설명될 수 없다, 그것은 단지 경험될 수 있을 뿐이라고 천명하였다'[2] 는 것이다. 그러나 이러한 성과에도 불구하고 코트니(W. Courtenay)는 '이 제야 바야흐로 중세 말기 사회가 경험한 사상적 변화 과정에 대한 진지한 연구가 진행되고 있다'[3]라고 지적하고 있다. 특히 오캄 사상의 성격과 의 의에 대한 해명은 여전히 도전적인 과제로 남아 있다 하겠다.

오캄의 사상사적 위치가 제대로 설정되기 위해서는 반드시 조명되어야 할 기본적인 두 측면을 우선 염두에 두어야 할 것 같다. 필자의 소견으로 는 그 첫째 과제가 근년에 진행되고 있는 원 사료의 편찬[4]을 토대로, 그의 철학 내지 종교사상을 직접적으로 밝히는 일이다. 그리하여 무엇보다도 실 재론과 유명론, 유명론과 오캄주의 그리고 오캄주의와 중세 인민주의, 신 비주의, 이단사상 등의 관계가 이론적 실체적으로 규명되어야 할 것이다.[5]

---

2) D. Knowles, *The Evolution of Medieval Thought* (New York, 1962), pp.323~ 333.

3) W. J. Courtenay, 'Nominalism and Late Medieval Thought: A Bibliographical Essay,' *Theological Studies* 33 (1972), pp.716~734 ; 'Late Medieval Nominalism Revisited 1972~1982,' *Journal of History of Ideas* 44 (1983), pp.159~164 역시 참조.

4) 근년에 출간되고 있는 *Opera Politica*는 4권 가운데 3권이 출간되어 있다. 그것도 1974년 이후 간행되고 있는 개정판은 초판에 상당한 손질이 가해진 수정된 내용 을 싣고 있다. Guillemi de Ockham, *Opera Politica*, ed. J. G. Sikes, H. S. Offler, R. F. Bennet (Manchester Univ. Press, 1974). *Opera Philosophica et Theologica* 도 1974년 이후 베너(P. Boehner), 골(G. Gal), 브라운(S. Brown) 등에 의하여 그 간행이 추진되고 있다. 영역된 것으로는 *Philosophical Writings*, ed. & tr. P. Boehner (Indianapolis, 1979) ; *A Short Discourse on Tyrannical Government*, ed. & tr. A. McGrade (Cambridge, 1992) 등이 있다.

또한 오캄 사상의 지적 유산도 그것이 15 · 16세기에 미친 강력한 영향력
을 감안할 때 근대적 합리주의 및 경험주의의 대두라는 지적 맥락에서 새
롭게 재구성되어야 할 것이다.

두 번째 과제는 그의 정치사상의 본질이 무엇인가 하는 문제이다. 오캄
은 말년을 논쟁적 속권주의자로 일관하면서도, 마르실리우스와는 달리, 기
본적으로는 교회정부와 세속정부의 병행이라는 중세적 이원주의 정치 질
서를 부정하지 않았다. 그 이유가 과연 어디에 있었을까. 그리하여 오캄의
정치사상에 관한 앞으로의 연구는, 그의 국가 · 사회관이 중세 가톨릭적인
것이냐 혹은 새로운 근대적 국가 개념을 제시한 것이냐 하는 해묵은 주제
를 제대로 해명하기 위해서도 새로운 지평의 논의가 반드시 요구되고 있
다. 특히 개체의 신성성에 대한 그의 철학적 신념이 개체와 전체 및 개인
과 사회의 관계에 관한 그의 논쟁적 정치적 견해들에 어떻게 투영되어 있
는가. 정치적 동물로서의 인간에 대한 그의 기본 인식은 무엇이며, 개인의
권리와 정부의 강제력 사이의 관계를 어떻게 이해하였고, 그의 시각이 정
치적 주권체에 관한 전통적 일원주의 인식과는 어떻게 달랐던가 하는 비
중 있고 다양한 쟁점들에 대한 세밀한 재검토는 여전히 미결의 장으로 남
아 있다. 그리고 논쟁객 오캄이 당대의 정치현실에서 추구한 것은 무엇이

---

5) 놀즈는 오캄주의와 14세기의 유명론을 동일하게 파악하였다. 그러나 베너는 오캄
   주의를 유명론과 동일시하는 데 동의하지 않았다. 그는 오캄의 사상을 실재론적
   개념주의(realistic conceptualism)로 파악하였다. P. Boehner, 'The Realistic
   Conception of William of Ockham,' *Collected Articles on Ockham* (New York,
   1958), pp.156~174. 이는 코트니 등의 지적대로 유명론을 어떻게 정의할 것인가
   하는 문제와 밀접하게 결부되어 있다. Courtenay, 앞의 글 ; M. M. Adams,
   'Ockham's Nominalism and Unrealities,' *Philosophical Review* LXXXVI (1977),
   pp.144~176 ; R. C. Turnbull, 'Ockham's Nominalistic Logic: Some Twentieth
   Century Reflections,' *The New Scholasticism* XXXVI (1962), pp.313~329 ; J.
   Reilly, 'Ockham Bibliography 1950~1967,' *Franciscan Studies* 28 (1968), pp.197
   ~214 ; H. Oberman, *The Harvest of Medieval Theology* (Cambridge, 1963) ;
   The Pursuit of Holiness in Late Medieval and Renaissance Religion (Leiden,
   1994) ; 'Nominalism \ Past and Present,' *The Monist* 61 (1978) 특집호 및 본절
   주 35 ; 제3장 3절 주 9, 11 등 참조.

며, 또한 그의 정치적 논술의 유산은 어떻게 규정되어야 할까 하는 주제도
앞으로의 과제이다. 예를 들면 그의 사회관의 본질이 사회제도 전반에 대
한 개인의 거부권을 무한히 보장함으로써 무정부주의적 성격까지 함의하
고 있었던가 등의 논의도 보다 심도있게 진전되어야 할 것이다.[6]

제한된 능력과 상황에 처한 필자가 오캄 연구의 전반적 과제를 모두 다
룬다는 것은 무모한 기도이다. 본 연구에서는 단지 오캄의 정치적 견해의
실체와 성격을 해명해 보고자 한다. 여기서는 그것의 첫 단계로서 오캄의
생애를 통해서 그의 인간상만을 재구성해 보도록 하겠다. 오캄의 인간상에
관심을 가지게 되면서 필자는 오캄의 실제 삶을 우선 확인해 둘 필요성을
느꼈다. 그것은 오캄의 생애조차 많은 중세인들이 그러한 것처럼 논란의
여지가 많이 있고, 근년에 와서야 밝혀진 부분이 있기 때문만이 아니라, 그
의 실제적인 삶에 입각하는 것이 오캄의 사상을 시대적 상황 속에서 자리
매김하는 데 기본이 된다고 판단했기 때문이다. 이는 여전히 광범위한 함
의에는 이르지 못하고 있는 종래 연구의 오류를 피하고, 그의 정치사상에
대한 논의를 새로운 지평에서 접근하는 데도 도움이 될 것이다.

2. 스콜라 철학자 오캄

윌리엄 오캄은 런던 남서부 지역인 서레이(Surrey)의 오캄(Ockham) 마
을에서 1280년에서 1290년 사이, 아마도 1285년경에 출생한 것으로 추정된
다. 대부분의 중세 인물들과 마찬가지로 오캄도 유년기 생활상을 알아볼
만한 기록은 거의 남아 있지 않다. 단지 유년기에 마을의 교구사제로부터
교육을 받았으며, 14세 이전의 소년기에 이미 프란시스 수도회에 입회하였
으리라는 점, 그리고 프란시스 수도회의 런던 교구 학교에서 철학을 공부
한 다음 1310년 내지 1318년경에 옥스퍼드 대학에서 학업을 쌓았다는 사

6) A. S. McGrade, 'Three Current Interpretations of Ockham's Thought,' *The Political Thought of William of Ockham* (Cambridge Univ. Press, 1974), pp.28~43.

실 정도를 확인할 수 있을 따름이다.[7]

오캄의 유년기 생활을 짐작하게 해주는 단서는, 그가 귀족가문 출신이 아니었을 것이라고 한 헤이(Hay)의 추정[8]과, 1306년 2월 26일 서토크 (Southwark)의 성 마리아 교회에서 켄터베리 대주교 윈첼시(R. Winchelsey) 에 의해 부제로 서임된 오캄(Willemnus de Ockham)을 우리들의 주인공 오캄과 동일 인물로 파악한 베너(P. Boehner)의 추정[9] 정도일 것이다. 그 러나 오캄 사상을 형성한 주요 토대가 프란시스 수도회였다고 한다면, 그 가 예외적으로 어린 나이에 프란시스 수도회에 가입하게 된 경위 내지 내 면적 동기가 궁금해진다. 그리고 그가 켄터베리 대주교와 맺은 인연도 그 의미가 전혀 없지는 않을 것이다. 하지만 이 점들에 관해서는 그가 성직자 로 서임된 계기 등과 마찬가지로 아직 충분히 해명되지 못한 상태이다.

오캄의 옥스퍼드 대학 생활에 관해서는 몇 가지 신화가 있다. 호퍼(J. Hofer)의 연구 이후, 그는 머튼 칼리지(Merton College)의 탁월한 신학부 학생이었으며, 둔스 스코투스에게 직접 사사한 적이 있다고 상정되어 왔 다.[10] 그러나 융한스(Junghans)는 오캄이 머튼 칼리지의 학생이었다는 데 대해 의문을 제기하고, 오캄과 둔스 스코투스의 관계에 대해서도, '오캄이 정밀한 박사(*Doctor Subtilis*)를 사적으로 알았을 개연성은 대단히 높지만, 이들이 스승과 제자 관계였다는 이야기는 대단히 의심스럽다'라고 주장한 베너의 견해에 동의한다고 밝혔다.[11] 그나마 분명한 것은 이 시기에 그의 지적 활동이 매우 왕성했다는 사실 정도일 것이다.

---

7) *DNB* 참조. 출생연대에 대한 추정도 학자에 따라 다양하다. 예를 들면 다음과 같
   다. J. Hofer 1300년경 ; L. Baudry 1280~90년 ; D. Knowles 1290년경 ; W.
   Courtenay, E. A. Moody 1285년경 ; G. Leff 1280~85년.

8) D. Hay, *Europe in the Fourteenth and Fifteenth Centuries* (London, 1966), p.58.

9) Boehner, *The Tractatus de Succesiva attributed to William of Ockham* (New
   York, 1944), p.4.

10) J. Hofer, 'Biographische Studien über Wilhelm von Ockahm,' *Archivum Franciscanum
    Historicum* 6 (1913), p.212.

11) H. Junghans, *Ockham im Lichte der neueren Forschung* (Berlin, 1968), pp.27~
    28.

아무튼 오캄은 그의 첫 저술인 『롬바르드 명제집』에 대한 '주석서'를 1317~19년경에 완성하여 이를 가르치기 시작했으며, 이 즈음에 방대한 『논리학 대전』도 집필에 착수한 것으로 보인다. 또한 오캄은 적어도 신학부를 수료한 것으로 여겨지며 신학부의 교수직도 기대했던 것 같다. 그러나 이 기대는 깨끗이 무산되었다. 옥스퍼드 대학의 총장을 역임한 바 있는 유력한 토마스주의자 러트렐(J. Lutterel)이 성체성사의 화체설(theory of transubstantiation)에 관한 견해를 문제삼아 그를 교황청 법정에 제소하였기 때문이다.[12] 오캄이 결국 '자격을 가진 교수'(Magister actu regens)가 아니라 '외경스러운 창시자'(Venerabilis Inceptor)[13]로 남게 된 주된 이유도 여기에 있었을 것이다.

한편 지금까지는 오캄이 아비뇽의 교황청 법정에 출두하기 이전에 당시 지적 연구의 중심지였던 파리 대학에서 학업을 쌓으며 학생들을 가르친 적이 있고, 특히 마르실리우스와는 지적으로 밀접한 교분을 가진 것으로 간주되어 왔다. 풀(Poole)의 주장에 따르면, 마르실리우스의 1324년 작인 『평화수호자』에 오캄이 영향을 미쳤다는 사실은 의심할 여지가 없었다.[14] 그러나 이러한 주장이 높은 개연성을 가진 것은 사실이지만, 근년의 연구가 보여주듯이 여전히 추정의 범위를 넘어서지는 못하고 있다. 더욱이 파리에 체류하였고 마르실리우스와 지적 교분을 가졌다는 주장은 아직 실증되어야 할 부분이 많이 남아 있다. 오히려 오캄이 1324년 아비뇽으로 향하기까지는 주로 런던의 프란시스회 수도원 학교와 옥스퍼드 대학에서 학문에 정진하였을 가능성도 충분히 상정될 수 있다.

또 한 가지, 이 시기 오캄의 행적에 관한 흥미 있는 논쟁점은 1322년 그가 페루지아(Perugia)에 체류한 사실이 있다는 주장이다. 이른바 청빈 문

---

12) J. Mietke, *Ockhams Weg zur Sozialphilosophie* (Berlin, 1969), pp.47~74 참조.
13) '*Venerabilis Inceptor*'라는 호칭은 적지않은 혼란을 야기시켜 왔다. 그러나 이것이 오캄을 '유명론의 창시자'라는 의미에서 그렇게 부른 것은 아니었던 것 같다. 'inceptor'는 자격을 갖추고 박사학위 수여를 기다리는 자들에 대한 일반적인 호칭이었다. F. Copleston, 'Ockham,' *History of Philosophy* 3 (1959), p.43 참조.
14) *DNB* 참조.

제를 둘러싸고 야기된 1321년 이후의 논쟁을 수습하기 위하여 프란시스 수도회 총회가 동년 이탈리아의 페루지아에서 개최되었다. 오캄이 이 회의에 참석하였으며, 프란시스 수도회가 복음적 청빈의 원리를 공식적 견해로 채택하도록 하는 데 '현저한' 역할을 하였다는 것이다. 물론 오캄이 프란시스 수도회의 '충성스럽고 탁월한' 일원으로서 페루지아의 자파 총회에 참석하였을 가능성을 부인할 수는 없다. 그러나 그 곳에서 '현저한' 역할을 한 윌리엄은, 유명론자 윌리엄 오캄이 아니라 윌리엄 노팅엄(William of Nottingham)이었다는 설득력 있는 견해가 제시되어 있다.[15] 사실 오캄은 말년의 기록에서 '복음적 청빈에 관련된 문제 전반에 관심을 가지게 되고, 교황 요한 22세의 칙령들이 그 이전 교황들의 칙령과 모순된다는 점을 발견한 것은 프란시스회의 총원장인 미카엘 세스나(Michael of Cesena)의 지시를 받은 이후의 일이다'[16]라고 밝힌 바 있다. 그런데 그가 총원장 미카엘을 만난 것은 1327년 아비뇽에서였다. 그러니까 종교적 측면에서뿐만 아니라 정치적으로도 민감한 문제였던 '청빈 논쟁'에 오캄이 20년대 초부터 깊이 개입하였다고 판단하기는 어렵지 않을까 한다.

러트렐의 제소에 따라 오캄을 아비뇽으로 소환한 교황 요한 22세는 심문위원회를 구성하였고, 이 위원회가 1324년부터 1327년까지 행한 활동은 2종의 결의문을 통해 알려져 있다.[17] 우선 위원회의 결의가 이처럼 늦어지고 교황청 법정의 판결 역시 지연된 이유로서 코플스톤(Copleston)은 두 가지 점을 지적하였다. 첫째, 심문위원회의 유력한 일원이었던 두란두스(Durandus)가 오캄을 적극 변론해 주었고, 둘째 오캄 자신이 때때로 심문위원회의 소환에 응하지 않고 아비뇽을 떠나 있었다는 것이다.[18] 그러나

---

15) Junghans, 앞의 책, pp.28~31.

16) *Philosophical Writings*, xiv.

17) J. Koch, 'Neuer Aktenstücke zu dem gegen Wilhelm Ockham in Avigon gefeührten Prozeß,' *Recherches de théologie ancienne et médiévale* 7 (1935), pp.353~380 ; 8 (1936), pp.79~83, 168~197 ; A. Pelzer, 'Les 51 articles de Guillaume Occam censures en Avingon en 1326,' *Revue d'histoire ecclésiastique* 18 (1922), pp.240 ~270.

이 설명은 문제의 핵심을 해명해 주지는 못하는 듯하다. 심문위원회란 결국 신조상의 문제를 논의하는 교황청의 자문기구에 불과하다. 그런 점에서 교황청 법정의 종국적 판결, 즉 오캄 견해의 이단성 여부에 대한 판단은 단순히 신학적 지평상의 문제만이 아니었다는 레프(Leff)의 지적이 오히려 시사하는 바 크다.[19]

심문위원회는 오캄의 『명제집 주석서』에서 51개 항을 문제 삼았고, 그 가운데는 '이단적' 내지 '이단적은 아니라고 하더라도 오류'라고 판단된 명제들이 있었다. 그러나 심문위원회의 이러한 결의에도 불구하고, 이를 교황청 법정이 공식적인 입장으로 채택하였다는 근거는 찾아볼 수 없다. 예컨대 위원회의 교리적 시시비비와는 별도로, 가톨릭 교회에 대한 오캄 사상의 정통성은 표면적으로는 여전히 문제가 되지 않았던 것이다. 또한 심문위원회와 교황청의 최종 판단도 반드시 동일한 것만은 아님을 드러내고 있다. 아무튼 적어도 오캄에 관한 한, '정죄'의 직접적 동기가 된 것은 단순히 신조 내지 학설상의 이유만은 아니었던 것 같다.

아비뇽에서의 오캄의 실제 생활에 대해서도 모호한 부분이 많다. 1324년부터 1327년까지의 그의 행적과 동년 12월 아비뇽에 온 프란시스 수도회의 총회장 미카엘 세스나와의 접촉 경위 등이 모두 불분명하다. 또한 오캄의 인간상을 파악하는 데 의미있는 대목이라 할 그의 지적 관심이 어떠한 경험을 통해 철학적·종교적 분야에서 정치적·세속적인 문제로 이행하였는지도 모호하다. 그럼에도 불구하고 다음과 같은 추정은 흥미롭다.

> 3년 이상이나 자신에 대한 제소 건이 교황청 법정에서 계속 논란되는 동안 총명하고 젊은 학자 오캄은 울분을 경험하였다. …… 성급한 전제자 교황 요한 22세는 잇달아 폭풍과 천둥을 일으켰으므로 아비뇽의 분위기는 끊임없이 유동적이었다. 사치와 음모가 범람하는 주변 여건 속에서 오캄의

---

18) Copleston, 앞의 책 III, p.44.
19) G. Leff, *William of Ockham: the Metamorphosis of Scholastic Discourse* (Manchester Univ. Press, 1977), xvi~xvii.

높은 이상은 좌절을 맛볼 수밖에 없었다.[20]

만약 놀즈의 이러한 추정이 사실에서 크게 동떨어진 것이 아니라면, 오캄의 지적 관심의 변화를 보다 사적인 측면에서 추정할 수 있다. 즉 가톨릭 교회의 정통성에 대한 그의 확고한 신념에도 불구하고, 끊임없이 가해지는 신변에의 위협, 교황청 주변에 언제나 있게 마련인 다양한 이해관계에 대한 정치적 고려로부터의 소외 내지 피해 의식, 그리고 교황청의 세속적 탐욕과 복음적 청빈 사이의 엄청난 현실적 괴리가 오캄의 내면적 정서를 심각하게 불안정하게 만들었을 것이다. 여기서 그는 개인적 이상의 수호냐 아니면 교황청과의 화해 모색이냐를 놓고 방황할 수밖에 없었다는 추정이 그것이다.

아무튼 이 즈음 오캄은 이상을 고수할 것인가 아니면 현실적으로 타협할 것인가 하는 갈림길에서, '면도날' 같은 결벽스런 논리학자답게 단호히 비타협적인 입장을 선택하였다. 그런데 오캄이 내린 이 결단이란 다분히 개인적 이상 즉 '외경스러운 창시자'로서의 사상적 신앙적 추구를 위한 것이었음에도 불구하고, 역설적이게도 이는 매우 정치적인 선택이 되고 말았다. 오캄의 철학자 내지 신학자로서의 삶은 사실상 이로써 종결되었으며, 대학인으로서의 지적 성과도 더 이상 기대하기 어렵게 되었다. 이후 오캄은 다시는 벗어날 수 없었던 중세 말 현실 정치의 본류에 휩싸여 들어갔다. 그것도 어쩌면 아비뇽의 교황보다 더욱 탐욕적일 수도 있을 세속적인 정객 황제 루드비히 4세[21]와 이제 그는 운명을 같이하게 되었다.

---

20) D. Knowles, 앞의 책, p.320.
21) 루드비히에 대한 평가는 학자에 따라 다양하다. 리브리히(Lieberich)는 그를 독일의 입법자(Gesetsgeber)로 보았으나, 헤이(Hay)는 그를 단순한 왕조주의적 군주(dynast)의 한 사람에 불과하다고 파악하였다. H. Lieberich, 'Kaiser Ludwig der Baier als Gesetsgeber,' *Zeitchrift der Savigny stiftung für Rechtsgeschichte*, LXXXIX (1959), pp.173~245 ; Hay, *Europe in the Fourteenth*, p.191.

3. 정치사상가 오캄

절대 청빈의 문제를 놓고 교황 요한 22세와 프란시스 수도회 사이에 형성된 긴장관계는 청빈파의 지도자 미카엘 세스나가 1328년 봄 다시 수도회의 총원장으로 선출되면서 더욱 격화되었다. 미카엘의 지시를 받은 오캄도 늦어도 동년 초부터는 '청빈 문제'를 둘러싼 교황청과의 논쟁에 깊숙이 가담하였다. 그는 특히 교황 니콜라스 1세가 남긴 일련의 칙령이 미카엘과 정통파 프란시스회의 견해가 정당하다는 것을 입증하고 있고, 요한 22세의 칙령은 누적된 교회의 지혜를 결여하고 있을 뿐만 아니라, 가톨릭 교리의 정통성에서도 벗어난 것이라고 천명하기에 이르렀다.[22] 결국 오캄에 대한 교황청의 공식적 정죄도 시간의 문제가 되었다. 교황무오류설을 부인하고 그것의 이단성을 공식적으로 표명한 오캄으로서는 더 이상 교황의 보호를 기대할 수 없게 되었던 것이다.

1328년 5월 25일 밤 오캄은 미카엘 세스나, 프란시스 아스콜리(Francis of Ascoli), 보나그라티아 베르가모(Bonagratia of Bergamo) 등 일군의 청빈파 수도사들과 함께 아비뇽 탈출을 결행하였다. 놀즈는 오캄의 이 탈출을 '1917년 레닌이 비밀리에 스위스로부터 페트로그라드로 들어온 사건에 견줄 수 있는, 서구 사상사의 결정적인 한 계기'[23]였다라고 지적한 바 있다. 적어도 1328년의 탈출 결행은 스콜라 철학자였던 오캄의 생애에 매우 극적인 변신의 계기였다.

론 강을 따라 추기경 피터 포르토(Peter of Porto)의 추적을 피하여 아비느모르(Avignes-Mortes)에 이른 오캄 등은 이 곳에서 황제 루드비히 4세가 보낸 전함을 타고 무사히 피사에 도착, 이미 마르실리우스가 합류해 있던 황제 진영에 가담하였다. 확실히 이 사건은 당시 오캄 등이 기대한 것

---

22) Ockham, *Breviloguim*, bk.6, ch.1, 194~197 ; *Dialogus* I, bk.5, ch.16 ; Leff, 앞의 책, p.636 및 본장 2절 주 3 이하 참조.

23) D. Knowles, *The Evolution of Medieval Thought*, p.330. 오캄의 뮌헨 생활에 관해서는, R. Höhn, 'Wilhelm Ockham in München,' *Franziskanische Studien* 32 (1950), pp.142~155 참조.

과는 판이하게 진행되었다. 순수한 복음주의자 집단이 신성로마제국의 황제 즉위 문제로 인해 이탈리아 원정에 나서서 교황청과 정면 대립하고 있던 루드비히 바바리아의 보호를 자청함으로써, 이들과 교황청 사이의 신조상의 논쟁도 이제 그 성격이 달라질 수밖에 없었다. 지금까지는 오캄이 처음 황제 루드비히를 대면했을 때, '폐하께서 저를 칼로 보호해 주신다면, 저는 폐하를 펜으로 보호하겠나이다'(Tu me defendas glatio, ego te defendam calamo)라고 결연히 정치적 이론가를 자청한 것으로 여겨져 왔다. 그러나 근년에 밝혀진 바대로 오캄의 이러한 자청이 실제적 사건이었다고 판단하기는 어렵다.24) 그러나 여전히 이 경구는 그 이후 20여 년 동안 오캄이 행할 활동의 성격을 적절히 시사하는 것이 사실이다.

아비뇽 탈출 이후 교황청의 즉각적인 파문과 체포 명령에도 불구하고, 오캄은 루드비히의 보호 아래 당시 반교황청 운동의 중심지였던 뮌헨에 정착하였다. 이 곳에서 마르실리우스 파두아, 존 장당 등의 속권주의자와 프란시스회의 청빈파 수도사들과의 사이에 폭넓은 지적 정치적 연대가 이루어졌다. 이른바 '뮌헨학파'가 형성되었던 것이다. 오캄은 교황 요한 22세의 칙령이 오류일 뿐만 아니라 바로 요한 자신이 이단자라고 역설하기에 이르렀으며, 1334년 그를 계승한 베네딕트 12세(Benedict XII)에 대해서도 오캄의 항변은 그칠 줄 몰랐다.25) 그러나 논쟁객으로서의 오캄의 논지를 세밀히 고찰하여 보면, 당시 그의 항변은 특정 인물에 집중·제한되어 있었다. 교황 요한과 교황 베네딕트의 개인적 오류를 주로 성토하였을 뿐이고, 폭넓고 기본적인 정치·사회적 쟁점들 그 자체를 정면으로 문제 삼지는 않았던 것이다. 이러한 오캄의 논지에서 한 분수령으로 보이는 된 것이 『교황 베네딕트를 반박함』(Contra Benedictum)26)이었다. 1337년경에 저

---

24) 제1장 용어 해설 참조.
25) 오캄의 이러한 논조는 1330~1332년경에 저술된 것으로 보이는 *Opus Nonaginta Dierum, Contra Errores Johannis XXII Papae, De Dogmnatibus Papae Johannis XXII* 등과, 교황 요한 22세의 사후 그를 재검토한 *Compendium errorum Papae Johannis XXII*, 및 1337~1338년경의 저작으로 추정되는 *Tractatus ostemdus quod Bendictus Papa XII* 등을 일관하고 있다.

술된 이 저작에서부터 오캄은 세속사회의 삶과 질서 그리고 세속인의 권리에 대해 보다 심화된 관심을 표명하였다. 이를테면 당시 정치적 논쟁의 핵심이 되고 있었던 교황전능권의 성격, 정치 권력의 목표, 인간의 자연권, 인정적 법률 내지 제도 등의 근거에 대해서도, 그는 견해를 뚜렷이 밝히게 되었던 것이다.

한 예로 교황전능권에 관한 그의 항변을 들어보자. 전통적 교황권주의자의 견해를 요약하면 대체로 다음과 같다. 모든 교황은 각각 절대자인 신의 현세적 대리자이다. 따라서 교황은 신의 법과 자연법에 명백히 위배되지 아니하는 한, 설령 그것이 일반적으로 인정되는 인정법과 시민법 내지 교회법에 다소 어긋난다 하더라도, 정신사와 세속사 모두에서 무엇이든 행할 수 있는 권한을 갖는다. 이 점에서는 전임 교황의 명령도 예외가 아니다.[27] 그러나 오캄은 한결같이 교황의 전능권이란 문자 그대로의 절대권이 아니라 엄격한 한계를 갖는 권한이라고 주장하였다.[28] 교황의 권한에도 제한이 있다는 그의 주장은 바꾸어 말하면 '교황으로부터 나오지 아니한 권한도 있다'는 논리가 된다. 여기서 오캄은 특히 제국을 지배하는 황제의 통치권이 교황으로부터 나온 것이 아니라, 신으로부터 직접적으로 유래된 것으로서, 특히 로마 인민을 그 매개로 한 것이라고 제기하였다.

이 같은 오캄의 논지 변화는 몇 가지 점에서 주목된다. 먼저 그는 이제 단순히 교황의 개인적 오류를 공격하는 차원에서 벗어나 '교회정부'의 권한을 세속적·정치적 지평의 문제로 다루었다. 현세사에 관한 한 교회정부 역시 인정적 제도의 일부라는 것이었다. 또한 그는 세속적 정치 권력의 본질과 한계에 대해 깊이 있게 검토하고, 이를 토대로 교권과 속권의 관계에 대해서도 새로운 질서를 모색하였다. 무엇보다도 그는 이 시기의 다양한

---

26) Ockham, *Contra Benedictum*, ed. H. S. Offler, *Opera Politica* III, pp.157~322.

27) McGrade, 앞의 책, pp.20~21.

28) 이는 '*Contra Benedictum*' 이후 '*Octo Quaetiones de Potestate Papae*' 등에서 일관되게 표명되었다. 오플러(H. Offler)는 '*Octo Quaestiones,*' *Opera Politica* I, 1~221의 저술연대를 1340년 가을에서 1341년 여름 사이로 추정하였다. 특히 *Quaestio* I은 이 문제를 주로 다루었다.

논쟁적 저술들을 통해 인민, 특히 자율적 개체로서의 인민의 폭넓은 정치적 자유와 권리를 상정하게 되었다.[29]

흥미로운 점은 오캄에게서 보이는 이러한 논지의 변화와 황제 루드비히가 주도한 1338년의 랭스와 프랑크푸르트의 제후회의의 움직임이 시기적으로 일치한다는 사실이다. 제후회의의 결과로 발표된 「합법적 권리」 (Licet iuris)는 황제의 선출과 대관에 관한 교황의 권한을 전면 부정하고, 독일의 선제후들이 선출한 군주가 곧 신성로마제국의 황제임을 천명하였다. 따라서 우리는 제국 통치권의 독립을 추구한 이 반교황적 문서의 작성과 오캄의 태도 변화 사이에 어떤 관련이 있지 않을까 하는 점도 추론해 볼 수 있다.[30]

1342년 미카엘이 타계하자 오캄은 이론의 여지없이 정통파 프란시스회의 총원장직을 승계하였다. 그러나 이 즈음에는 다수의 프란시스회 수도사들 즉 수도회파(Conventual)가 교황청의 인가를 받은 총원장 윌리엄 파리네리우스(William Farinerius)를 추종하였고, 이에 따라 청빈파의 위세도 크게 위축되어 있었다. 아마 오캄도 오랜 투쟁과 점증하는 고립을 감당하기 어려웠는지 모른다. 그리하여 프란시스 수도회의 정통성의 상징인 총원장 반지를 파리네리우스에게 돌려보낸 일은 그가 아비뇽 교황청과의 화해를 모색한 것이었다고 해석될 수도 있다. 그러나 일견 기회주의적으로 보일 수 있는 이 화해의 모색이 반드시 그의 사상적 굴절을 의미하는 것은 아니었다. 오히려 이 시기에 저술된 것으로 여겨지는 방대한 『대화집』 (Dialogus)[31]에는 실제 정치문제에 대한 그의 견해가 가장 논리적이고 체

---

29) *Octo Quaestiones, Opera Politica* I, 69~97.

30) 제3장 3절 주 8 및 *CMH* VII, pp.130~133 ; J. W. Thomson, & E. N. Johnson, *Medieval Europe* (New York, 1965), pp.916~917, 962~963 등 참조.

31) 원래 *Dialogus de Potestate Papae Imperatoris*라는 표제를 가진 *Dialogus*의 저술연대에 대한 추정은 퍽 다양하다. 베너는 1334~1339년으로, 보드리(L. Baudry)와 라가르드는 1339~1341년으로 추정하였다. 그러나 미쓰케(Miethke)는 1341~1346년이어야 한다고 주장한다. Miethke, 앞의 책, pp.121~125 참조. 이하 *Dialogus*로 표기함.

계적으로 피력되어 있다. 『대화집』을 통해 파악되는 오캄은 그야말로 성숙한 반교황권주의 정치 이론가의 모습 그것이다.

오캄의 말년 생애에 대해서도 논란의 여지는 많다. 오캄이 1349년 흑사병으로 사망하였다는 융한스의 검증은 꽤 설득력이 있어 보인다.[32] 그러나 그의 말년의 행적과 관련된 논란의 핵심은 아마 1347년 루드비히 바바리아가 사망한 이후 수년 간의 오캄의 활동을 어떻게 파악할 것인가 하는 문제일 것이다. 논란은 주로 두 가지 행적을 중심으로 한다. 우선 정치적 후견인의 죽음으로 인해 현실적 위상이 크게 흔들린 오캄은 반지에 이어 정통파가 보유하고 있던 프란시스 수도회의 공식 옥새조차 반환하였다. 그리고 교황청 사면의 당연한 조건이었을 참회문의 초안도 이 시기에 작성되었다. 이 참회문의 일부를 인용해 보자.

> 본인은 로마 교회가 믿고 주장하고 가르치는 바를 과거에도 따랐고, 지금도 따르고 있음을 고백합니다. 본인은 황제가 교황이나 대주교를 폐위하거나 선출할 권한이 없음은 물론, 그것이 이단적인 행위임을 과거에도 믿었고 지금도 그렇게 믿고 있음을 서약합니다. …… 앞으로는 결코 루드비히 바바리아와 미카엘 세스나의 이단설과 오류를 주장하지 않겠으며, 또한 교황에 대한 반란적 행동에도 동조하지 않겠습니다.[33]

이 참회문은 명시적으로 자신의 정치적 과오를 사죄하고 있다. 일견 오캄은 생의 마지막 순간에 20여 년 동안 피력해 온 자신의 정치적 주장의 정당성을 단숨에 부정해 버렸다. 이는 『대화집』을 통해 파악되는 반교황권주의 이론가 오캄의 모습과는 엄청난 거리가 있다. 필자의 견해로는, 오캄의 말년 특히 1347년 이후의 행적은 그의 인간상을 재구성해 보려는 노력에 복합적인 단서를 제공하고 있다. 우선 오캄을 단순한 이상주의자 내지

---

32) Junghans, 'Starb Ockham 1347?,' *Ockham im Lichte*, pp.36~41 ; J. Miethke, 'Zu Wilhelm Ockams Tool,' *Archivum Franciscanum Historicum* LXI (1968), pp.79~98 역시 참조.

33) *Philosophical Writings* XV.

과격한 속권주의자 또는 현실적 기회주의자 등으로 단정하기는 어렵지 않을까 한다. 동시에 오캄을 자신의 학문적 사상과 정치적 행보가 분리되어 있는 인물로 냉소적으로 파악하는 시각 또한 정당하지 않을 것이다. 진정한 과제는 그가 품었던 가톨릭적 신앙의 실체, 즉 그를 현장적 이론가로 변신시킨 계기였던 프란시스회의 정통파 수도사로서 그가 추구했던 이상과 열정에 대한 해명이 아닐까.

오캄의 삶을 통해서 그의 인간상을 재구성해 보려는 우리들의 노력은 명백히 많은 한계를 가지고 있다. 문제의 초점은 상아탑 속의 철학자 내지 신학자로서의 오캄상과 속권주의 논쟁객으로서의 오캄상, 다시 말해서 냉엄한 논리와 원칙을 중요시한 이상주의자 오캄과 권력게임의 논리에 따라 개인적 안전을 도모했던 현실주의자 오캄의 상충을 어떻게 극복할 수 있을까 하는 데 있다. 오캄의 정치적 견해를 기회주의적 변론에 불과한 것으로 보게 만든 주요한 근거인 참회문에 대해서는 다음과 같은 점이 고려되어야 하지 않을까 싶다. 먼저 오캄이 설령 참회문을 기초했다 하더라도, 그가 여기에 최종적으로 서명을 하였는지, 그리하여 교황청의 사면을 받았는지 하는 점이 전혀 밝혀지지 않고 있다.[34] 즉 참회문의 증거 능력에 대한 내적 비판작업이 보다 철저해야 한다고 생각된다. 또한 14세기 초엽이라는 상황적 맥락에 비추어 볼 때, 시대를 앞서간 한 지식인의 현장적 선택의 한계 역시 고려되어야 마땅하다. 오캄이 후대에 미친 영향력의 본질도 결국 유명론적 철학사상과 개체주의적 인민주의 논리가 복합된 지적 유산이 아니었던가.

사실 윌리엄 오캄의 스콜라적 학문과 정치적 실천을, 지금까지의 연구성과를 토대로,[35] 전인적 전체적으로 해명하는 일은 여전히 앞으로의 작업일

---

34) McGrade, 앞의 책, pp.25~26.
35) 이에 관해서는 특히 베크만의 근년의 작업을 참고하는 것이 유용하다. J. Beckmann, *Ockham-Bibliographie*: 1900~1990 (Hamburg, 1992) ; 'Ockhamismus, und Nominalismus: Spuren der Wirkungsgeschichte des *Venerabilis Inceptors*,' *Franciscan Studies* 56 (1992), pp.77~95.

수밖에 없다. 그러나 필자는 오캄의 인간상을 재구성하는 데 있어서 1328
년을 분수령으로 하는 종래의 이분법적 시각을 구태여 답습할 필요는 없
다고 생각한다. 한 역사적 인물의 생애가 판이하게 다른 두 양상을 보인다
고 해서, 그것이 곧 그 인물의 삶과 신념, 사상과 행위의 분리를 말하지는
않을 것이다. 오히려 그것은 파편적 사료, 상황적 맥락, 내면적 논리 등에
대한 연구자 측의 보다 깊은 천착을 요구할 따름이다. 코플스톤은 '오캄 연
구의 진정한 문제는 인간 오캄에 대한 우리의 지식이 극히 제한되어 있다
는 점이다'[36]라고 밝힌 바 있다. 오캄의 인간상에 대한 우리의 파악이 단정
적일 수 없는 이유도 여기에 있다.

---

36) Copleston, 앞의 책, III, p.47.

Ⅱ. 교회정부론

1. 머리말

윌리엄 오캄의 정치적 활동과 견해에 관심을 가진 연구자라면 아마도 예외 없이 그의 격렬한 반교황적 태도에 충격을 받게 된다. 당대의 교황권 주의자 가운데 한 사람이었던 콘라드 메겐베르크(Conrad of Megenberg)는 오캄 사후 발표된 『빌헬름 오캄을 반박함』(*Tractatus Contra Wilhelm Occam*)에서 그의 사상을 이렇게 평가하였다.

> 오캄은 성서의 「계시록」에 나오는 괴물에 비교될 수 있다. 합법적인 교회 정부와 교황권의 정통성에 대한 그의 공격은 엄청난 설득력을 가지고 있어서 전체 그리스도인들 가운데 1/3 이상이 그의 주장을 추종한 나머지 올바른 철학으로부터 벗어나게 되었다. 그는 교황을 이 세상을 노예화하려는 악마의 계획의 일부로 만들었다.[1]

콘라드는 오캄 사상의 위험성을 주로 그의 반교회정부적 반교황적 주장 및 그 설득력에서 찾고 있다. 사실 이러한 지적은 매우 정확한 것이었다. 근년에 이르러 오캄 연구의 중요성을 새롭게 그리고 크게 부각시킨 베너(P. Boehner)와 제이콥(E. Jacob)도 지적하였듯이,[2] 오캄의 논쟁적 저술들의 주요 주제가 현실 정치에서 가져야 할 교황권의 한계가 어디에 있으며, 또한 교회정부의 성격이 어떠해야 하는가 하는 문제들에 대한 비판적인 검토였기 때문이다.

오캄의 반교회정부적 정치 성향의 원인은 우선 아비뇽의 교회정부와 프

---

1) Conrad of Megenberg, *Tractatus Contra Wilhelm Occam*, ed. R. Scholz, *Unbekannte Kirchenpolitische Streitschriften* Ⅱ, p.347.
2) P. Boehner, 'Ockham's Political Ideas,' *Collected Articles*, p.444 ; E. F. Jacob, 'Ockham as a Political Thinker,' *Essays in the Conciliar Epoch*, p.103.

란시스 수도회 간의 논쟁 및 교회정부와 신성로마제국의 황제 루드비히 4
세 간의 갈등이 그를 정치 이론가로 변신시킨 직접적인 계기였다는 점에
서 찾을 수 있다. 다시 말해서 프란시스회 수도사라는 종교적인 입장과 황
제 진영의 이론가라는 현실적 연대가 오캄의 정치 활동의 기저였던 것이
다. 오캄은 정통파 프란시스 수도회와 아비뇽의 교회정부 사이에 야기된
사도적 청빈 논쟁에서 절대 청빈의 이념이 성서와 그리스도 그리고 성 보
나벤투라(St. Bonaventure) 등에 의해 명백히 그 정당성이 보장된 삶의 한
원리이며, 또한 이것은 역대 교회정부 특히 교황 니콜라스 3세(Nicholas
III) 등에 의해서도 재가된 신성한 그리스도교적 이상이라고 판단하였다.[3]
이 이상을 교황 요한 22세가 부정하고 있으므로,[4] 그는 교회의 합법적인
수장이 아니라 이단자라는 것이 오캄의 종교적 신념이었다.

한편 정치적으로도 오캄은 교황청 법정의 명령을 무시하고, 아비뇽을 탈
출하여 세속 정치집단에 가담하였다. 오캄의 정치적 후견인이 된 루드비히
4세는 당시 다수의 독일 선제후들에 의해 신성로마제국 황제로 선출되었
음에도 불구하고, 아비뇽의 교회정부로부터는 합법적인 황제로 인정받지
못하고 있었다. 교회정부에 의해 파문에 처해진 한 '탁월한 대학인'이 반교
황 투쟁에 몰두하고 있는 세속 황제의 비호를 받게 되었다는 상황은, 설령
명시적으로는 아니라 하더라도, 지식인 오캄에게 부여된 개인적인 정치적

---

3) 오캄이 논쟁적 이론가로서 집필한 최초의 본격적인 저술이 *Opus Nonaginta
Dierum*(1332~1334)이었으며, 이 책의 주제가 바로 'Franciscan Poverty'의 정당
성 입증이었다. 오캄은 특히 교황 니콜라스 3세(1277~1280)의 교서 *Exiit Qui
Seminat*와 성 보나벤투라의 저작 *Apologia Pauperum*을 절대 청빈의 합법성에
대한 자신의 주장의 근거로 활용하였다. 이 점에 관해서는 L. Baudry, 'L'Odre
franciscain au temps de Guillaume d'Occam,' *Mediaeval Studies* 27 (1965),
pp.184~211 ; M. D. Lambert, *Franciscan Poverty* (London, 1961), pp.126~148
등 참조.

4) 교황 요한 22세의 일련의 교서들, 즉 *Ad Conditorem Canonum* (1322), *Cum Inter
Nonnulus* (1323), *Quia Vir Reprobus* (1329)는 절대 청빈 이념의 오류를 완강하
게 거듭 천명하였다. 이에 대해서는 C. T. Greylish, *William Ockham and Natural
Law* (Michigan, 1975), pp.55~76의 분석이 매우 유용하다.

의무가 무엇이었겠는가를 충분히 시사하고 있다. 사실 오캄을 비롯한 이른바 뮌헨학파의 정치적 기능은 루드비히의 황제권의 합법성을 이론적으로 뒷받침해 주는 일이었다.5)

오캄은 아비뇽의 교황 요한 22세에 대한 프란시스 수도회와 황제 루드비히 4세의 이 같은 투쟁을 근본에 있어서는 동일한 성격의 운동으로 간주하였다. 그는 이들 두 투쟁의 진정한 원인을 신도집단과 세속정부에 부여된 합법적이고 양도될 수 없는 기본 권리들에 대한 교회정부의 부당한 침해라고 파악하였다. 뿐만 아니라 그는 이 부당한 침해에 대한 저항이 신도집단 및 정치공동체 구성원들의 종교적인 그리고 정치적인 의무라고 판단하였다.6) 요컨대 교황권주의자들이 천명한 교황전능권론은, 탈세속적이어야 할 본연의 의무를 저버리고 이 세상을 전제적으로 지배하려는, 교회정부의 무절제한 탐욕을 드러내는 것 이상은 아무것도 아니다는 신념이 오캄의 정치적 논의의 토양이었던 것이다.

14세기 가톨릭 세계의 주된 정치 무대로부터 멀리 떨어져 있던 영국의 한 대학인 오캄이 완강한 반교황권주의적 정치이론가로서, 독일의 황제 루드비히 4세와 제휴하게 되었다는 다분히 '우연스럽게' 보이는 사건의 내면적 동기가 여기에 있었다. 절대 청빈에 대한 오캄의 종교적 신념이 매우 철저한 의미에서 속권주의 정치의식으로 전환될 수 있었던 것은 당대의 교황과 교회정부를 보는 그의 근본 시각의 오히려 '자연스러운' 귀결이었

---

5) 아비뇽의 교회정부와 정통파 프란시스회(Spiritual Franciscan) 및 황제 루드비히 바바리아의 관계를 알아보는 데는 C. Erikson, 'The Fourteenth Century Franciscans and Their Critics I,' *Franciscan Studies* 35 (1975), pp.107~135 ; 앞의 글 II, *Franciscan Studies* 36 (1976), pp.109~147 ; M. D. Lambert, 'The Franciscan Crisis under John XXII,' *Franciscan Studies* 32 (1972), pp.123~143 ; C. K. Brampton, 'Ockham, Bonagratia and the Emperor Lewis IV,' *Medium Aevum* 31 (1962), pp.82~87 등을 참조.

6) *Dialogus* I, bk.3, ch.37, 41 ; *OND*, ch.93, 123. 이 점은 오캄이 교황권주의자들과의 논쟁 및 현실 정치에 더욱 깊숙이 참여하게 되면서 확고한 신념으로 누차 재천명되고 있다. *Octo Quaestiones,* qu.8, ch.7 ; *De Imperatorum et Pontificum Potestate* (1346~1347), ch.15, 21~22, 26 등.

다. 다시 말해서 오캄은 교회정부의 근거와 성격이 무엇인가 하는 문제를, 세속정부의 성격 및 교황권과 황제권의 관계를 밝혀 주는 요소로서뿐만 아니라, 신도집단과 정치공동체의 구성원들에게 부여된 양도될 수 없는 권리가 무엇이며, 동시에 세속사회가 여하히 운용되어야 하는가 하는 쟁점들 역시 규명하여 주는 가장 핵심적인 정치적 주제로 이해하였던 것이다.[7]

2. 교회정부의 자율성

오캄의 교회정부론은 그의 격렬한 반교황적 실제 활동들에도 불구하고, 적어도 외견상 교회정부와 세속정부의 병행이라는 온건한 이론적 틀을 유지하고 있다. 이를 정리해 보면 다음과 같다.

첫째, 진정한 전능권(*plenitudo potestatis, potentia absoluta*)의 소유자인 그리스도는 성 베드로와 그의 후계자들에게 사제와 신도집단에 대한 사목상의 우위(petrine primacy)를 보장하였다. 그러니까 교황수장제 교회정부는 신성한 제도이다.[8]

둘째, 교황은 성사를 집행하고, 사제를 임명하고, 또한 그 조직을 조정하는 권한을 가진다. 동시에 그는 신도집단의 정신사를 관리하기 위해서 법률을 제정하고, 이를 집행하며 또 규제하는 권한을 가진다. 다시 말해서 교황은 교회 곧 신도집단의 정신사를 이 땅에서 효율적으로 관리하는 데 필요한 모든 최고의 일상적 권한을 가진다.[9]

셋째, 합법적으로 선출된 모든 교황은 각각 신의 대리자로서 모두가 동등한 권위를 가지며, 어떠한 세속적 정치 권한 및 사법체계에도 복속할 필요가 없다. 뿐만 아니라 교황과 교회정부는 자신에게 부여된 고유한 영역

---

7) 오캄의 논쟁적 저술들 가운데 초기의 대표작인 *Dialogus* I (1334~1336)은 그야말로 종교적 주제인 '일종의 교회론'이라 할 수 있을 정도이다.

8) *Dialogus* I, bk.6, ch.68 ; *Dialogus* III (1341~1346), tr.1, bk.1, ch.17 ; *Breviloquium de pricipatu Tyrannico* (1341~1342), bk.1, ch.7.

9) *Dialogus* I, bk.6, ch.87 ; *BR*, bk.4, ch.4 ; *An Princeps* (1338~1339), ch.4.

과 기능을 지키고 수행하는 데 반드시 필요한 경우 현세 재산에 대한 사용권(ius utendi)조차 세속정부와 속인들에게 요구할 수 있다.10)

넷째, 정신사에 관한 교황의 특권은 성서와 교부들의 가르침, 교회의 확립된 전통과 교회법 그리고 신법과 자연법에 위배되지 않는 한 무조건적 보편적 권한으로 이해되어야 한다.11)

다섯째, 그렇다고 해서 교황의 일상권이 무제한한 권한은 아니다. 그것은 엄격히 신도집단의 정신사를 관리하는 영역에 제한되어야 한다. 교황이라고 해서 모든 사람에게 그리스도교의 법률을 지키도록 강요할 수는 없으며, 신도집단의 정신사를 관리하는 경우에도 교황은 그 권한을 지나치게 가혹하게 사용하여서는 안 된다. 이를테면 교황은 개인의 자율적 양심을 억압하거나, 극형을 집행해서는 안 된다.12)

여섯째, 교회정부의 강제력은 단지 교회의 법률과 전통에 대한 적극적인 침해 및 교회법이 아닌 다른 세속법률에 의해서는 관리될 수 없는 일들에 대해서만 적용되어야 한다. 그러니까 교회정부의 현세 재산 사용권도 교회정부가 그리스도교도의 권리와 재산을 자의로(ad libitum) 유보하거나 또는 징발할 수 있다는 의미로 해석되어서는 안 된다. 교황과 교회정부의 권한은 여하한 경우에도 다른 사람들의 합법적 권리들을 침해할 수 없으며, 더욱이 그것이 '복음의정신'에 위배되어서는 결코 안 된다.13)

일곱째, 따라서 교황은 엄밀한 의미에서 그리스도의 현세적 대리자일 뿐 그의 모든 권한을 승계한 후계자는 아니다.14)

명백히 오캄은 교황의 일상권과 교회정부의 신성성을 인정하였다. 단지 그 권한의 자의적 남용과 과도한 확대 해석을 엄격히 비판하였다. 그의 이러한 논리는 정신사(sprititualia)와 현세사(temporalia)를 구별하고, 이들이

---

10) *Dialogus* I, bk.7, ch.60 ; *Dialogus* III, tr.2, bk.3, ch.7.
11) *Dialogus* I, bk.6, ch.25 ; *BR*, bk.5, ch.2 ; *OQ*, qu.4, ch.8 ; *AP*, ch.5.
12) *BR*, bk.2, ch.13 ; *DIPP*, ch.2 ; *OND*, ch.106.
13) *AP*, ch.6 ; *DIPP*, ch.7 ; *OQ*, qu.1, ch.7 ; *Consultatio de Causa Matrimoniali* (1341~1342), p.285.
14) *AP*, ch.4 ; *OQ*, qu.1, ch.13 ; *Consultatio*, p.286.

서로 다른 법률체계에 의해 관리되어야 하며, 또 각각의 관리를 담당하는 정부 역시 서로 다르고, 동시에 이들 모두가 자립적이어야 한다는 일종의 병행주의 원리를 반영하고 있다. 먼저 그는 현세사에 대해,

현세사란 역사적으로 보아 인간이 관리해 온 일들, 즉 순수히 자연 및 인간 사회에 속하는 사항들을 가리킨다. 그것은 자연법(*ius naturale*)과 인정법(*ius humanum*)에 의해 규제되어야 하는 인간이 행하고 지켜야 할 일들, 다시 말해서 자연법과 인정법 이외에는 어떠한 법률체계에 의해서도 직접적으로 규제되지 않는 모든 인간사를 의미한다.15)

라고 규정한 다음, 정신사에 대해서는 이렇게 밝히고 있다.

정신사란 신도집단을 관리하는 데 관련된 일들로서, 신은 계시를 통해서 그것의 관리지침을 직접 지시하였다. 그러니까 신도집단 즉 교회를 통치하고 계도하는 데 속하는 모든 문제들, 이를테면 도덕률, 신조, 성사의 절차, 사제 조직의 확립과 운용, 참회에 관한 사항 등이 정신사의 일부이다.16)

오캄은 먼저 이 땅에서의 인간의 현세적 삶이, 다른 중세 아리스토텔레스주의자들과 마찬가지로, 정신사와 세속사로 구성된다고 생각하였다. 그리고 그는 이들의 관리가 서로 다른 정치제도와 법률체계, 즉 세속정부와

---

15) *Dialogus* III, tr.2, bk.2, ch.4. 현세사와 정신사에 대한 오캄의 구분은 *Dialogus* III, tr.2, bk.1, ch.1 및 bk.2, ch.1 2~4 등에서도 확인된다. 제1장 용어 해설 참조.
16) *Dialogus* III, tr.2, bk.2, ch.6. 정신사에 관한 교황권의 구체적인 내용을 제시·검토하고 있는 대목들을 정리해 보면 다음과 같다.
도덕률 : *Dialogus* I, bk.1, ch.16.
교회법 : *Dialogus* III, tr.1, bk.1, ch.16.
신조 : *OND*, ch.6, 122~123.
성사의 절차 : *Dialogus* III, tr.1, bk.1, ch.17.
교회 재산 : *OND*, ch.115 ; *OND*, ch.65, 77 ; *AP*, ch.11.
전체 종교회의 : *Dialogus* I, bk.5, ch.25 ; *Dialogus* III, tr.1, bk.3, ch.8.
기타 정신사 : *Dialogus* III, tr.2, bk.1, ch.17 ; *BR*, bk.2, ch.17 ; *OQ*, qu.4, ch.9.

세속법 및 교회정부와 교회법에 의해 각각 독자적으로 수행되어야 한다고 또한 구분하였다. 그에 따르면 세속사의 관리지침인 세속법은 인간들의 이 땅에서의 '좋은 삶'(bene vivere)을 이룩하기 위한 것이었고, 정신사의 관리지침인 교회법은 종교적인 목표, 즉 '영원한 삶'을 지향하기 위한 규범이었다.[17] 그리하여 교회정부란 신도집단 및 개인들로 하여금 영원한 삶을 성취하도록 가르치고 도와주는 제도이므로, 결국 교회정부와 교황의 현세에서의 권한 내지 기능은 신법과 교회법을 통해서 인간 사회 특히 신도집단의 정신사를 관리하는 영역에로 제한될 수밖에 없다는 것이다. 요컨대 정신사와 세속사는 처음부터 인간 삶의 서로 다른 영역에 속하는 일들로서, 그리스도교 사회에는 양자를 관리하는 교회정부와 세속정부가 필요하고, 교회정부와 세속정부는 각각 자율적으로 고유의 영역을 관리하여야 한다는 인식이 오캄의 교회정부론의 기반이었다.[18]

기본적으로 오캄은 교회정부의 존재이유와 필요성 그리고 그것의 고유한 영역과 권한을 존중하였다. 그가 문제 삼은 것은 단지 교회정부의 무제한적 무조건적 지배권이었다. 오캄의 이러한 태도는 역설적이기는 하지만 교회정부와 세속정부를 각각 대표하는 교황과 황제 모두에게 상대방의 영역, 즉 세속사와 정신사에 대한 간섭권을 동시에 인정하였다는 점에서 가장 뚜렷하게 드러난다. 그는 이렇게 지적하고 있다.

교황과 교회정부는 사제의 권리와 교회정부의 재산 등이 부당하게 침해되고, 세속사회의 공공 이익(publica utilitas)이 심각하게 위협받는 경우 그리고 다른 세속 정치지배자들과 피지배 정치집단이 그것을 교정하거나 응징할 수 없는 상황인 경우에는, 세속사의 관리는 물론 세속통치자를 징벌할 수도 있다.[19]

---

17) *Dialogus* I, bk.6, ch.68.
18) *OQ*, qu.3, ch.12 ; *DIPP*, ch.9.
19) *Dialogus* III, tr.1. bk.1, ch.4.
   (가)   오캄이 밝힌 교황의 세속사 간섭의 조건은 다음과 같다.
         교회 재산 침해 : *Dialogus* III, tr.2, bk.1, ch.19 ; *OQ*, qu.8, ch.6.

교황은 정신사의 관리를 위한 일상권(ordinary power)뿐만 아니라 특정
한 경우에는 세속사 내지 정치적 현안에도 개입할 수 있는 비상권(casual
power)도 보유한다는 점에 오캄은 동의하였다. 흥미로운 점은 그가 황제의
정신사 간섭권 역시 보장하였다는 사실이다.

정신사에 대한 세속 정치지배자의 직접적인 권한은 아무것도 없다. 그러
나 세속 정치지배자들은 교황이 이단자로 전락하거나, 무능력하거나, 또는
나태한 경우, 그리고 교황이 고집불통이어서 그를 조언하고 선출하는 권한
을 가진 집단인 추기경단이 그 기능을 제대로 수행하지 못하는 경우, 및 교
회정부가 세속사회의 공공 이익을 심각하게 위협하는 상황 하에서는, 공공
의 이익을 위해서 정신사를 관리하거나 간섭할 수도 있다. …… 교황의 세
속사 간섭권이 세속 정치지배자의 지위가 교황 및 교회정부의 그것에 비해
하위임을 말하지는 않는다.20)

명백히 오캄은 '정신사에 대한 세속통치자의 직접적인 권한'을 단호히

<hr>

사제권 침해 : *AP*, ch.4 ; *DIPP*, ch.6.
세속사회의 안전 위협 : *Dialogus* III, tr.2, bk.1, ch.16 ; *CB*, bk.6, ch.13.
세속통치자의 교정 불가능한 실정 : *Dialogus* I, bk.6, ch.65.
(나) 교황의 황제에 대한 간섭권 내용은 이렇게 정리될 수 있다.
　일상권/황제의 선출 절차 및 피선된 황제에 대한 재가 : *Dialogus* III, tr.2,
　　bk.1, ch.21.
　비상권/황제직 유보 및 대리 : *OQ*, qu.2, ch.2.
　　황제직 박탈 : *Dialogus* III, tr.2, bk.1, ch.25 ; *BR*, bk.3, ch.4, 13.
20) *BR*, bk.3, ch.16.
(가) 황제의 정신사 간섭의 조건
　세속사회의 안전 위협 : *Dialogus* I, bk.6, ch.21, 92.
　사제조직의 기능 마비 : *Dialogus* III, tr.2, bk.3, ch.7.
　교황의 무능력 : *OQ*, qu.1, ch.17 ; *AP*, ch.5.
　교황의 교정될 수 없는 실정 : *Dialogus* I, bk.6, ch.99.
(나) 이단자 - 교황에 대한 황제의 간섭권
　교황직 유보 : *Dialogus* I, bk.6, ch.91~93.
　교황직 박탈 : *Dialogus* III, tr.2, bk.3, ch.4 ; *OQ*, qu.2, ch.10.
　교황직 효력정지 : *Dialogus* III, tr.2, bk.3, ch.4 ; *OQ*, qu.2, ch.10.

부정하였다. 그리고 교황직의 신성성과 존엄성에 대한 자신의 예찬과 외경을 거듭 천명하였다. 그에게 있어서도 교황이야말로 지고하고 신성한 권위를 가진 그리스도교 사회의 수장이었던 것이다.21) 그러나 그럼에도 불구하고 그의 교황 비상권론은 몇 가지 특징을 가지고 있다. 첫째, 교황의 비상권만을 인정한 것이 아니었다. 이는 속권의 정신사 개입 역시 수반하는 상대적 권한이었다. 둘째, 교황비상권이 행사될 수 있는 조건을 한정된 몇몇 상황들로 구체적으로 명시하였다. 셋째, 교황 비상권의 본질을 도덕적 조언으로 이해하고, 이러한 조언조차 교황의 자의적 판단에 따라서는 안 된다고 밝혔다. 넷째, 이와 같은 비상권에 대해서 정치적 또는 사법적인 강제력을 보장하지 않았다.22) 다섯째, 교황 비상권이 세속정부 내지 통치자에 대한 교황의 정치적 우월성을 말하지는 않는다 등이 그것이다.

다시 말해서 오캄은 신도집단이 마땅히 지향하여야 할 신의 정의(divine justice)가 이 땅에서 현실적으로 추구되기 위해서는 이를 감독하는 기능이 반드시 필요하며, 바로 이 기능이 교회정부의 고유한 임무이고, 교회정부의 수장인 교황의 포괄적 계도의 권한도 충분히 평가하였다. 그러나 여전히 그는 여기에 수반되어야 할 강제적인 권한을 보장하지는 않았으며, 이 같은 감독의 권한이 교황에게만 있다고도 생각하지 않았다. 교황과 교회정부가 본연의 임무를 다하지 못하는 상황을 그는 거듭 상정했으며, 이 경우 세속정부와 통치자에게 교황의 비상권에 상응하는 정신사 간섭권을 마찬가지로 보장하였다. 교황의 권한은 결코 절대적 의미의 보편적 지배권이 아니었던 것이다.

실제로 오캄은 교회정부가 본연의 기능 즉 인간의 정신사를 관리하기 위해서 세속정부와 속인들의 현세 재산을 사용하는 권한도 '반드시 필요한 경우'로 엄격히 제한되어야 한다고 주장하였다. 현세 재산 문제에 관한 한,

---

21) 이 점은 오캄의 저술 전편을 통해 거듭 확인할 수 있다. *Dialogus* III, tr.2, bk.3, ch.7 ; *AP*, ch.2,6 ; *BR*, bk.5, ch.6 ; *OQ*, qu.8, ch.6 ; *DIPP*, ch.10, 2 등.
22) *Dialogus* I, bk.1, ch.16 ; *BR*, bk.6, ch.2, ; *DIPP*, ch.12~13 ; *OQ*, qu.1, ch.7 ; *OQ*, qu.2, ch.9~10 ; *OQ*, qu.8, ch.6.

오히려 오캄은 청빈파 수도사로서의 입장을 분명히 하였다. 그에 따르면, 교회정부가 지향하는 종교적 목표란 성 보나벤투라가 밝힌 바대로, 교황청과 성직자가 최소한의 재산만을 가질 때, 아니 재산을 전혀 가지지 않을 때, 제대로 성취될 수 있을 것이었다.23)

재산의 소유는 처음부터 인정제도이므로, 그것의 운용은 본성상 교회정부의 관리영역에 속하지 않는다. …… 사실 지금까지는 지나치게 많은 재산이 사제와 교회에 무절제하게 기증되어 왔다. 교회정부에 기증된 재산에 대해서 교황이 일반적인 의미의 관리권을 가지는 것은 분명하다. 그러나 그것의 소유권은 교황 또는 교회정부가 아니라 반드시 전체 신도집단 (congregatio fidelium)에 속하여야 한다.24)

전통적으로 교회 재산이 정신사의 당연한 일부로 간주되었으며, 그것의 절대적 관리권이 교회정부에 속했던 점을 감안한다면, 오캄의 견해는 파격적인 것이 아닐 수 없다. 기본적으로 그는, 설령 정신사를 관리하는 데 있어서조차, 교황의 권한이라고 해서 다른 사람들 즉 그리스도교도 및 비그리스도교도, 정치지배자 및 피지배집단 등 누구를 막론하고, 이들의 합법적 권리들을 자의적으로 침해할 수 없었다. 더욱이 재산의 소유와 같이 본성상 인정적 권한인 경우, 교회 재산이라 하더라도 그 소유권은 신도집단 전체에 속하며, 교황의 관리권은 '일반적'인 의미의 것에 불과하다고 그는 생각하였다. 무엇보다도 교황은 그리스도의 대리자일 뿐 그의 모든 주권을 이 땅에서 완전히 승계한 후계자가 아니기 때문에, 현세사는 물론 정신사에 있어서도 절대적인 의미의 관리권자가 아니며, 또한 교황은 자신의 권한이 쉽게 남용될 수 있다는 사실을 반드시 그리고 언제나 인식하여야 했다.25) 요컨대 교황과 교회정부의 권한은 여하한 형태로든 복음의 정신에

23) *Dialogus* III, tr.1, bk.2, ch.6, 20 ; *OND*, ch.76~77.
24) *DIPP*, ch.7. 청빈 논쟁에서 취한 그의 태도가 보여주듯이, 오캄은 교황권과 교회 재산의 관계에 대하여 부동의 신념을 가지고 있었다.
25) *Dialogus* I, bk.5, ch.2~3 ; *OQ*, qu.8, ch.6.

314 서양 중세 정치사상 연구

위배되어서는 안 된다는 신념이 오캄의 인식 지평이었던 것이다.

전체적으로 보아 이와 같은 논리는 정신사의 세속사로부터의 철저한 분리 및 고유한 정치제도로서의 교회정부의 영역과 자율성에 대한 강조와 더불어 교회정부와 세속정부의 상호 보완적인 역할의 분담을 상정하고 있다.26) 그리하여 교회정부의 권한 및 세속정부와의 관계라는 주제에 관한 한, 오캄의 견해는 그리스도교적 아리스토텔레스주의에 입각한 토마스 아퀴나스류의 병행주의적 정치의식과 크게 그 궤를 달리하는 것처럼 보이지는 않는다. 사실 지금까지 살펴본 오캄의 교회정부론은 이른바 '사목권의 우위'에 기초를 둔 수장제 교황정부(papal monarchy)의 원리를 수용한 것이었다. 그리하여 그것은 그리스도교 사회의 전통적인 이원주의 정치 질서의 정당성과 지속성에 대한 관심이 그의 논의의 한 기저를 이루고 있음도 드러내고 있다.

더욱이 그의 주장은 스스로 '모든 정치적 분쟁의 근원'이라고 지적하였던, 아비뇽 교회정부의 권한과 구조가 현실적으로 어떻게 개편되어야 한다는 등의 문제도 사실상 제대로 밝히지 않고 있다. 구태여 오캄의 논의에서 이와 같은 경향의 개혁적 주장을 찾는다면, 교황이 아니라 전체 종교회의 즉 공의회(General Council)가 교회정부의 중추적 기능을 담당할 수도 있다는 가능성을 그가 제시하였다는 점일 것이다. 그러나 실제에 있어서 오캄이 공의회 문제를 현장적 대안으로 간주하고, 이를 심각하게 추구했다고 판단하기는 어렵다. 즉 그는 공의회의 구성, 운용방법, 그 권한의 근거와 한계, 및 수장제 교황정부 내의 위상 등의 쟁점들을 체계적으로 검토하지는 않았으며, 또한 그에게서 교회정부의 개혁을 위한 공의회의 소집이라는 실천적인 정치적 움직임도 찾아보기 어려운 것이 사실이다.27)

---

26) '교황 비상권이 언제 그리고 어떻게 구사되어야 하는지에 관해서 명확한 규칙을 획일적으로 정할 수는 없다'(*Dialogus* III, tr.1, bk.1, ch.16)라고 했던 오캄의 지적도, 그의 의도가 교회정부 또는 세속정부의 권한을 획일적 배타적으로 설정하려는 데 있지 않았음을 잘 드러내고 있다.

27) 오캄 사상을 이른바 '근대적 방법'(*Via Moderna*) 운동의 사상적 원천으로 이해하는 학자들은 오캄을 교회정부의 개혁 및 교회의 대분열을 타개하려는 시도였던

그렇다면 오캄의 교회정부론의 진정한 독창성은 과연 어디에 있는 것일까? 우리는 그것을 교회정부의 영역 및 세속정부와의 관계를 보는 그의 시각에서가 아니라, 교회정부의 근본적 내부체제 다시 말해서 교황과 신도집단의 관계 및 교황권의 운용원리에 대한 그의 견해에서 찾아야 하지 않을까. 특히 오캄은 교황과 교회정부의 모든 권한이 '복음의 정신'에 의해 운용되어야 한다고 주장하였다. 따라서 그가 이해하였던 복음의 정신이 실제로 의미했던 바가 무엇인가, 그리하여 그것이 신도집단에게 보장하고자 했던 바가 무엇인가 하는 점이 그의 교회정부론의 진정한 성격을 드러내는 관건일 것이다. 바로 이 점이 병행주의자들에 의해 구상되었던 '제한적 교회정부론'조차 충분히 설명하지 않았던 측면, 즉 신도집단의 정신사의 관리라는 고유영역 내에서 교황권이 어떤 원리에 의해 여하히 규제되어야 할 것인가 하는 문제에 관한 오캄의 유니크한 입장을 드러낼 것이다.

3. 소극적 교회정부

오캄은 성서와 그리스도의 가르침에 비추어 보아 '해방의 원리'(principle of liberty)야말로 복음의 정신과 그리스도교 법률의 핵심이라고 천명하였다.[28] 물론 그리스도교적 법률의 본질을 해방의 원리로 파악하였던 것이 단지 오캄만은 아니었다. 그와 격렬하게 대립하고 있었던 교황권주의자들 역시 외형상 이 점에서는 다를 바 없었다. 그러나 교황권주의자들은 원죄 이후의 인간과 사회에 대해 성 아우구스틴류의 비관적 시각을 전통적으로 가지고 있었다. 따라서 이들에 있어서 이 해방의 원리란 무엇보다도 '범죄로부터의 해방'으로 이해될 수밖에 없었다. 그리하여 이들은 교황의 권위

'공의회운동'(Conciliar Movement)의 실천적 이론적 기수로 보는 경향이 있다. 그러나 필자는 이와 같은 판단을 내릴 만한 직접적인 근거를 확인할 수는 없었다. 공의회(General Council)에 대한 오캄의 견해는 본서 제1장 용어 해설 참조.
28) *Dialogus* I, bk.6, ch.99 ; *AP*, ch.2 ; *BR*, bk.2, ch.3, 17, 21 ; *OQ*, qu.3, ch.1 ; *DIPP*, ch.3, 5, 9, 11 등.

에 대한 절대적 순복이 인간의 원죄성 즉 현세의 모든 인간이 예외 없이
공유하고 있는 본성적 속성으로서의 범죄성으로부터 벗어나는 유일한 방
법이라고 생각하였다. 그러니까 교황권주의자들에 따르면 교황전능권의
완벽한 구현이 복음의 정신, 즉 해방의 원리를 구체적으로 실천하여 인간
영혼의 구원을 성취하는 길이었다. '설령 세속사에 속하는 범죄라 하더라
도, 여전히 그것이 선악의 식별을 필요로 하는 범죄인 한(pro ratione
peccati), 그것을 판단하는 종국적인 권한은 전적으로 교황에게 속한다. 따
라서 모든 인간사는 신과 가장 가까운 위치에 있는 교황과 사제들에 의해
위로부터 포괄적으로 계도되어야 한다'29)는 전통적인 성직자정치론
(hierocracy)의 이념도 해방의 원리에 대한 이 같은 이해에 근거한 것이었
다. 그러나 오캄이 전혀 동의할 수 없었던 점이 바로 이 대목이었다. 그에
의하면 이는 그리스도교의 복음을 '예속의 법'으로 만드는 일이었다. 그는
이렇게 말한다.30)

> 구약시대의 법률은 예속의 법(lex servitus)이었다. 그러나 그리스도가 제
> 정한 그리스도교의 법률(lex christiana)은 해방의 법(lex libertatis)이다.
> …… 만약 교황이 그리스도와 마찬가지로 전능권을 가지고 있다면, 그것은
> 교황이 신법과 자연법에 위배되지 않는 모든 일들을 무엇이든지 할 수 있
> 다는 의미가 된다. 만약 그렇게 된다면 그리스도교의 법률은 구약시대의
> 그것보다 훨씬 더 '참을 수 없는 예속의 법'(lex intolerabilis servitus)이 되
> 고 말 것이다. 따라서 교황은 세속사에 관해서는 물론 정신사에 있어서도
> 전능권을 가진 존재가 아니다. 교황이 이러한 권한을 가지고 있다는 주장
> 은 명백히 성서에 위배되는 학설이며, 그와 같은 학설을 주장하는 자들은
> 반드시 이단자로 정죄되어야 한다.

오캄에 따르면 그리스도가 제정한 진정한 복음의 정신은 해방의 원리로
서, 이는 교황권에 대한 무조건적 순복을 통해서 인간이 그 범죄성으로부

---

29) A. S. McGrade, 앞의 책, pp.104, 141~142 참조.
30) *Dialogus* III, tr.1, bk.1, ch.5.

터 벗어나는 것을 의미하는 정도의 원리가 아니었다. 무엇보다도 그것은
절대 선 그 자체인 신의 의지와 형상에 따라 만들어진 인간의 본성적 모습
의 성취를 의미한다고 그는 이해하였다.[31] 인간 본성의 구현이 복음의 정
신 즉 해방의 원리를 실천하는 길이라는 것이었다. 그리하여 복음의 정신
에 입각해야 하는 교회정부의 기능도 먼저 신의 모상인 인간 본성의 신성
성을 보장하고, 또한 이 인간 본성에 수반된 본원적인 요구와 권리들이 이
땅에서 신의 의지대로 구현될 수 있도록 도와주는 일이어야 한다는 것이
오캄의 생각이었다.

이와 같은 오캄의 견해는 말할 것도 없이 인간 본성의 완전한 상실을 주
장하여 온 중세적 그리스도교 전통 즉 비관적 인간관과는 매우 거리가 먼
것이었다. 물론 오캄도 완전한 의미의 인간 본성은 원죄 이후 상실되었으
며, 그리하여 이 땅에서 인간 사회가 완전한 자유를 누릴 수는 없게 되었
다는 점에 동의하고 있었다.[32] 그럼에도 불구하고 인간 본성의 신성성에
대한 인식과 인간의 본성적 요구와 권리에 대한 외경이, 오캄에 따르면, 진
정한 복음의 정신인 동시에 모든 합법적인 인정제도들의 기반이었다.

> 최초의 범죄가 인간의 본성(*natura*)을 송두리째 변질시키거나 없애 버린
> 것은 아니다. 여전히 인간은 원죄 이후에도 신의 의사(*voluntas*)에 부합하
> 는 본성의 일부를 유지해 왔으며, 이 변함없는 인간 본성에 따라, 개인들의
> 자유와 권리, 그리고 교회정부를 포함한 모든 인정제도들이 누적되고 형성
> 되어 왔다.[33]

이를테면 오캄은 인간성에 대한 기본적 인식에 있어서 중세적 비관적
전통으로부터 벗어나 있었다. 오히려 그는 '원죄 이후에도 일부 유지되어
온' 신성한 인간 본성을 현세적으로 누적·형성되어 온 모든 합법적인 인
간의 활동과 제도들의 원천으로 이해하였다. 그가 교황권과 교회정부를 인

---

31) *Dialogus* III, tr.1, bk.1, ch.6.
32) *Dialogus* III, tr.2, bk.1, ch.11.
33) *Dialogus* III, tr.1, bk.2, ch.22.

간 본성에 입각한 인정적 제도의 하나라고 규정했던 근거도 여기에 있었다. '물론 성 베드로는 그리스도가 세운 신도집단의 수장이었다. 그러나 성 베드로 이후의 모든 역대 교황들은 신도집단 및 그 대표자 집단의 동의에 의해 선출되었다. 역사적으로 보아 교회정부의 토대는 신도집단의 자율적인 판단 및 이들의 자발적인 순복이었다'34)는 것이 그의 생각이었다. 그에 의하면, '신의 본성에 부합하는, 변함없는 인간 본성에 입각한, 개인들의 자유와 권리'가 교회정부의 토대였던 것이다.

더욱이 오캄은 신도집단의 관리지침인 교회법을 중세적 전통과는 달리 신법의 일부로 간주하지 않았다. 그것은 로마법(civil law)이 그러한 것과 마찬가지로 일종의 인정법이었다. 그에 따르면 교회법과 로마법의 차이는 이들이 그리스도교 신도집단과 세속 정치공동체를 각각 관리하는 고유한 규범이라는 점에 있을 뿐, 기본적으로는 이들 모두가 인정법의 한 유형들에 불과하였다.35) 오캄이 규정한 교회정부는 신성한 제도인 동시에 인간 본성에 근거한 인정적 제도였으며, 교회법 역시 동일한 맥락에서 신법적 규범이 아니라 인간 본성에 따라 누적되어 온 인정적인 정신사의 관리규범이었다. 바로 이 인식이 교황권 대 인간의 본성적 자율성의 관계를 보는 그의 근본 시각이었다.

오늘날 일부 학자들은 교황의 전능권(*totum posse*)을 주장함으로써, 무분별하게도 모든 인간을 예외 없이 교황의 소유물 내지 그의 노예로 전락시키려 하고 있다. 모든 인간 특히 그리스도교도가 교황의 노예가 아니라는 점은 자명한 사실이다. 이들은, 우리 모두가 알고 있듯이, 현세사를 관리하고 재산을 소유하는 등의 정치적 사법적 및 경제적 자유와 권리들을 가지고 있다. 만약 그렇지 않다면 이들이 자신의 재산과 권리들을 교회정부에 기증하거나 양도할 수도 없을 것이 아닌가.36)

---

34) *BR*, bk.4, ch.5.
35) *Dialogus* I, bk.6, ch.97 ; *Dialogus* III, tr.2, bk.2, ch.99 ; *OND*, ch.95 ; *OQ*, qu.4, ch.9.
36) *Dialogus* III, tr.1, bk.1, ch.5.

오늘날 일부 학자들은 신법과 자연법이 보장하고 있는 인간의 자유와 권리들 그리고 이것을 근거로 형성된 모든 합법적인 인정제도들이, 교황의 자의적인 판단에 의해 전면 부정 또는 해체될 수 있다고 주장하고 있다. 이를테면 이들은 교황을 인간 역사의 유일한 상속자로, 그리고 미래 역사의 유일한 형성자로, 또한 모든 인간 위에 군림하는 유일한 지배자로 만들려 하고 있다. 이것은 결코 복음의 정신이 아니다.[37]

명백히 오캄이 이해한 복음의 정신은 교황의 현세적 권한을 보강하거나 교황의 자의적 판단을 강화하는 원리가 아니었다. 오히려 복음은 교황과 교회정부 등 모든 인정제도들로 하여금 인간의 자유와 권리의 정당성을 보장해 줌으로써, 인간 본성의 해방과 성취에 기여하도록 명령하고 있었다. 그가 서슴지 않고 밝힌, '해방된 그리스도교도들은 외형상의 종교적 의식에 반드시 구속되어야 할 이유가 조금도 없다. 또한 이들은 인간의 본성을 제한하는 여하한 유형의 제도와 권위에 대해서도 순복해야 할 필요가 없다'[38]는 지적도 그가 이해한 이러한 복음의 정신의 반영이었다. '외형상의 종교적 의식 내지 인간 본성을 제한하는 제도와 권위'에 대한 예속적 순복은 '신법과 자연법에 의해 보장된 인간의 정치적 사법적 및 경제적 자유와 권리들'의 성취 즉, '해방의 원리'에 위배되는 행위라는 것이 오캄의 신념이었다.

뿐만 아니라 오캄은 모든 교황과 사제들의 진정한 모범인 그리스도 자체를 전능한 통치권자 또는 재판권자가 아니라 무엇보다도 사목자 내지 해방자로 이해하였다.[39] 그리하여 그는 그리스도의 현세적 대리자인 교황 역시 주권(*dominium*) 또는 정치적 지배권(*regnum politicum*)을 가진 자가 아니라, 엄격히 사목권(*ministerium*)만을 가진 봉사자여야 한다고 주장하였다.[40] 주권적 정치지배자로서의 교황은 '모든 인간을 노예로 전락시킬

---

37) *OQ*, qu.1, ch.6.
38) *OQ*, qu.1, ch.6.
39) *AP*, ch.12 ; *BR*, bk.2, ch.19 등.
40) 오캄은 교황을 다양한 술어들로 가리켰다. 이들이 한편으로는 교황직을 보는 그의

수 있으며', 교황을 '인간 역사의 유일한 상속자 및 형성자'로 만드는 것으로서, 이는 결코 '복음의 정신이 아니다'는 것이 그의 논리였다. 교황권주의자들이 위로부터의 하향적 포괄적 계도를 위해서 제시하였던 '전제적 천사 - 교황'(despotic angel-pope)의 이념을, 모든 합법적인 인정제도들을 해체할 수도 있는 '폭군적 이단자 - 교황'(tyrannic heresy-pope)의 합리화를 위한 기만에 불과하다고 그는 단숨에 부정하였던 것이다.41)

　　오늘날 무지한 이단자 - 교황과 몇몇 교황권주의자들은 교황의 정치적 ·
　　사법적 권한을 거의 무한히 요구하고 있다. 그러나 교황은 그리스도가 그
　　러했던 것처럼 통치자가 아니라 해방자여야 한다. ······ 교황이야말로 인류
　　의 하인(servus)이어야 한다.42)

일견 오캄의 이 도전적 주장은 그의 복음 및 사제관의 오히려 당연한 귀결이었다. 더욱이 오캄은 '교황 곧 인류의 하인'이라는 독특한 해방의 원리에 따라 당대의 그리스도교 사회를 실천적으로 개혁하고자 하였다. 신도집단의 교황에 대한 예속화를 '명백한 오류'라고 규정하였던 그는 근본적으로 잘못되고 있었던 당시 사회가 복음의 정신을 회복하는 방법을 두 가지로 제시하였다. '첫째, 교회정부의 정치적 사법적 권한들을 철저하게 줄이고, 둘째 교황은 신도집단의 자유를 무한히 보장하며 이에 간섭하지 않아야 한다'43)는 것이었다. '모든 그리스도교도는 지위의 고하 또는 지식과 재

시각을 드러내고 있다.

봉사자(servant) : *Dialogus* III, tr.1, bk.4, ch.25 ; *OQ*, qu.1, ch.25 ; *AP*, ch.6.

관리자(minister) : *Dialogus* III, tr.1, bk.4, ch.9 ; *OQ*, qu.3, ch.4.

목자(pastor, shepherd) : *BR*, bk.4, ch.1 ; *DIPP*, ch.7.

아버지(father) : *BR*, bk.2, ch.6.

남편(husband) : *BR*, bk.2, ch.6~7.

집사(chamberlain) : *BR*, bk.6, ch.1, ; *OQ*, qu.7.

사면자(dispensator) : *Dialogus* III, tr.1, bk.1, ch.1 ; *OND*, ch.77.

조언자(counselor) : *Dialogus* III, tr.2, bk2, ch.14~15 ; *BR*, bk.2, ch.17.

41) *Dialogus* III, tr.2, bk.3, ch.6 ; *OQ*, qu.3, ch.13.

42) *OQ*, qu.8, ch.7.

산의 유무를 막론하고, 전제적인 이단자 - 교황에 대해 끝까지 저항해야 할
의무가 있다'고 선언했던 그는, 황제 루드비히의 반교황 투쟁에 참여하는
것이 바로 이 의무를 수행하는 방법이라고 촉구하였다.[44] 신도집단의 자유
는 저항의 의무를 통해서라도 반드시 보장되어야 한다고 믿었던 오캄은
'모든 그리스도교도를 반교황 투쟁에 참여시킴으로써', 이를 강력하게 현장
적으로 실천하고자 했던 것이다.

   교회정부와 세속정부의 관계에 대한 오캄의 병행주의와 아퀴나스류의
전통적인 병행주의 정치의식의 차이가 이 점에서 첨예하게 드러나고 있다.
전통적 병행주의자들은 교황과 교회정부가 자신에게 부여된 정치적 및 사
법적 권한들을 인간의 영원한 구원이라는 고유의 종교적 목표를 위해서
적극적이고 효율적으로 활용하여야 한다고 주장하였다. 또한 이 목표가 현
실 사회에서 제대로 구현되기 위해서는, 교회정부와 그것의 동반자인 세속
정부 간의 정치적인 의미의 협업과 조정 그리고 적극적인 역할의 분담이
무엇보다도 중요하다고 밝히고 있었다.

   그러나 오캄은 교황과 교회정부란 신도집단의 본성적인 요구들이 성취
될 수 있도록 도와주는 인정제도이고, 신도집단이란 다름 아니라 복음의
정신에 따라 '해방된' 개인들의 단순한 집합이라고 이해하였다.[45] 결국 그
는 교황과 교회정부란 그리스도교 사회를 구성하는 모든 해방된 개인들의
본성적인 요구, 즉 이들의 권리와 자유를 보호하고 확대하기 위해서 존재
하는 제도라고 생각하였던 것이다. 그러니까 교회정부의 본연의 목표는 애
초에 현세적 권한들의 적극적 활용이나, 세속정부와의 정치적 협업을 통해
서 이룩될 수 있는 성격의 것이 아니었다. 이는 오직 해방의 원리의 실천
을 통해서 이룩될 수 있었다. 더욱이 교회정부를 구성하고 그것에 합법성
을 부여하는 요소는 교황 또는 사제조직이 아니라 신도집단이었다. 따라서
이 신도집단을 구성하는 개인들이 얼마나 많은 해방 즉 자유와 권리들을

43) *Dialogus* III, tr.2, bk.2, ch.8.
44) *Dialogus* I, bk.7, ch.70.
45) *OND*, ch.62 ; *OQ*, qu.3, ch.11.

향유하고 있는가 하는 점이 바로 교회정부가 복음의 정신에 입각하고 있는가 또는 그렇지 못한가를 드러내는 진정한 관건이었던 셈이다.

이제 오캄은 전통적 병행주의자들과는 오히려 반대로, 교회정부는 그것에 부과되어 있던 정치적 및 사법적 권한과 기능들을 철저하게 줄임으로써, 그리하여 그것이 탈세속제도화(desecularize)됨으로써 본연의 종교적 모습을 회복할 수 있다고 밝히고 있었다. 복음의 정신 즉 해방의 원리는 신도집단의 자유가 교회정부의 절대 목표임을 말하고 있으므로, 따라서 교회정부의 내정구조도 교황이나 사제집단이 아니라 반드시 신도집단을 주인공으로 하는 체제로 개혁되어야 하였다. 구체적으로 말한다면, 특정 교회정부의 사목권의 질은 신도집단의 정신사 관리라는 고유한 의무의 운용에 의해서 결정되는바, 이는 교황 등이 얼마나 폭이 좁은 정치적 사법적 권한만을 가지는가, 그리하여 신도집단을 구성하는 개인들의 자유가 얼마나 많이 보장되고 있는가 하는 점에 달려 있다는 생각이 그의 논지였던 것이다.[46]

요컨대 오캄은 교회정부를 근본적으로 정신사만을 관리하는 영역이 제한된 정부일 뿐만 아니라, 이 제한된 영역 내에서조차 신도집단의 자유와 권리의 보호라는 매우 소극적인 기능만을 담당하는 제도로 파악하였다. 그리하여 그가 추구하였던 개혁운동의 근간도 교황과 교회정부는 어떠한 의미에서도 현세를 지배하기 위해 있는 제도가 아니라 봉사하기 위해 있는 제도이며, 정치적 강제력을 통해서 악을 징벌하고 사회를 구제하는 등의 적극적인 기능을 위한 제도가 아니라, 그리스도교 사회를 구성하는 해방된 개인들을 그야말로 보호하는 소극적인 기능을 위한 제도라는 자신의 신념을 구현하려는 데 있었다. 여기에 오캄의 교회정부론이 가지는 정치사상사상의 독특한 좌표가 있다.[47] '신도집단의 자유가 그리스도교 정신의 본질이다. 절대주의적 교황 내지 적극적인 교회정부와 복음의 정신인 해방의 원리의 구현 즉 신도집단 구성원들의 자유에 대한 보장은 여하한 형태로

---

46) *Dialogus* III, tr.1, bk.4, ch.12~20 ; *DIPP*, ch.6~7.
47) McGrade, 앞의 책, pp.147~149, 218~220 등 참조.

도 병행될 수 없다'[48]는 획기적 자각은, 비로소 오캄에 의해 교황권과 교회
정부의 핵심적인 운용 원리로 제시되었다. 이는 정치 권력의 위로부터 아
래로의 흐름이 당연시되었던, 그리고 '교회가 곧 국가'였던 시기에 제기된,
한 도발적인 정치 원리 바로 그것이었다.

오캄의 소극적 교회정부론은 교황권의 자의적 행사가 반드시 배제되어
야 한다는 신념에 입각하였다. 이는 무엇보다도 신의 뜻에 부합되는 변함
없는 인간 본성의 자율성에 대한 침해라는 것이 그의 견해였다. 그리하여
복음의 원리인 신도집단의 본성적인 자유와 권리의 보장을 외면하는 전제
적 교황권에 대한 그의 반발은 실로 격렬하였다. 이 점은 그의 주장을 조
금만 들어 보더라도 분명해진다.

> 인간의 합법적인 자유와 권리로 지금까지 보장되어 왔던 모든 것들이 오
> 늘날에는 교황의 특권의 일부로 전락하고 말았다. 더욱이 이 교황의 특권
> 은 인간 사회의 공공 이익과는 무관하게 한 개인의 자의에 따라 사용될 수
> 있다고 공공연히 주장되고 있다.[49]
> 만약 교황이 절대권을 가지고 성사와 종교의식들을 마음대로 바꾸고 늘
> 리거나, 인간들의 현세 재산 및 인간 그 자체를 완전히 관리할 수 있다면,
> 그리하여 세속군주로부터 그 지위와 왕국을 박탈하거나 또 이들의 재산을
> 징발할 수 있다면, 모든 인류는 가장 엄밀한 법률적 의미에서 교황의 노예
> 이다. 따라서 이러한 주장은 무가치한 오류일 뿐만 아니라 가증스러운 이
> 단적 교설이다.[50]

오캄에 따르면, 교황의 특권 내지 절대권의 자의적 행사는 '모든 인류를
가장 엄밀한 법률적 의미에서 노예로 전락'시키는 무가치하고 가증스러운
이단적 행위였다. 그것은 인간의 자유와 권리, 공공의 이익, 세속군주의 지
위 등을 한꺼번에 부정할 것이었다. 그러나 교황주권론에 대한 이 같은 철

---

48) *Compendium Errorum Ioanniis* XXII (1328), ch.21.
49) *Dialogus* III, tr.2, bk.1, ch.23.
50) *Consultatio*, p.285.

저한 부정에도 불구하고, 따지고 보면 오캄과 교황권주의자들의 판단의 토대가 반드시 달랐던 것 같지는 않다. 교황권주의자들이 제시하였던 교황절대권의 논리적 근거는, 선악의 판단과 현세사의 올바른 운용은 신성한 지혜를 반드시 필요로 한다. 그리고 교회정부의 전통이란 다름 아니라 신성한 지혜의 누적이며 또한 교황이 바로 이 분야의 가장 탁월한 전문가이다. 따라서 교황과 교회정부의 신성한 지혜를 토대로 한 판단은 현세적 삶에 있어서 종국적이고 절대적인 권위를 가질 수밖에 없다는 것이었다.51)

그런데 이에 대한 오캄의 반론 근거는 '교황직의 신성성이 특정 교황의 지혜를 반드시 의미하지는 않는다. 바로 이 점이 한 교황의 특정 행위의 정당성이 언제나 보장될 수 없는 이유이며, 또한 교황의 명령이라고 해서 곧 신법이 될 수 없는 이유이다'52)는 것이었다. 그러니까 오캄의 반론 역시, 교황권주의자들과 마찬가지로, '교황을 포함한 모든 인간의 행위의 정당성이 보장되기 위해서는 신성한 지혜가 반드시 필요하다'라는 지혜의 중요성에 대한 강렬한 인식을 전제하고 있었다. 그가 부정하였던 것은 단지 교황직이 곧 신성한 지혜의 유일하고 진정한 보고이다는 교황권주의자들의 통념뿐이었다. 오캄 역시 중세적 주지주의 전통 위에 서 있었다는 점은 교황권주의자들과 크게 다르지 않았던 것이다.

사실 오캄 사상의 대 기초는 종교적인 것이든 과학적인 것이든 진리의 구체적인 결정체가 신법이며, 신법은 신의 의사의 계시적 기록인 성서에 누적되어 있으므로, 성서에 대한 지식이 진리를 이해하는 신성한 지혜라는 것이었다.53) '신앙과 도덕의 문제 즉 정신사의 관리에 관한 한, 지혜의 필요성은 전체적이고 절대적이다'54)라는 그의 과격한 주지주의적 단정도 이 점을 반영하고 있다. 그러나 오캄은 진정한 지혜란 신법의 탐구를 통해서

---

51) I. Robinson, 'Church and Papacy,' *CMPT*, pp.279~288 ; C. Morris, *The Papal Monarchy* (Oxford, 1989), pp.511~518 참조.
52) *Dialogus* I, bk.6, ch.94.
53) *Dialogus* I, bk.2, ch.25 ; *BR*, bk.3, ch8 ; *OND*, ch.20~21 ; *AP*, ch.5 ; *DIPP*, ch.1 등.
54) *Dialogus* III, tr.2, ch.15.

얻어지는 것이므로, 성서에 대한 지식이 정신사의 관리의 전체적 절대적 근거여야 한다고 거듭 지적하면서도, 교황권주의자들과는 달리, '신성한 지혜의 보고는 교황직이 아니다. 그것의 전문가(peritus)는 성서를 연구하는 지식인들(litterati)이다'55)라고 천명하였다.

여기에 오캄의 주지주의의 역설적 의미가 있다. '모든 인간의 활동은 지혜에 의해 관리되어야 하는바, 성서에 대한 지식이 올바른 지혜의 원천이다. 따라서 성서를 전문적으로 연구하는 지식인은 종교 및 정치 문제들을 포함한 모든 인간사를 검토하고 판단하고 조언하여야 할 권리와 의무가 있다'56)는 것이 그의 생각이었다. 다시 말해서 그에 따르면 지혜야말로 교황과 교회정부가 반드시 입각해야 할 진정한 토대이며, 신성한 지혜 바로 그것이 지식인들로 하여금 교황과 교회정부의 모든 권한들을 엄격히 규제하도록 요구하고 있었다. 교황주권론의 전통적 근거였던 신성한 지혜는 이제 오캄에 의해 교황권에 대한 지식인의 비판과 조언의 의무, 그리고 엄격한 규제를 통해서, 신도집단을 주인공으로 하는 소극적인 교회정부의 초석으로 기능하였다. '지혜가 모든 인간 활동의 관리 지침이다'는 그의 주지주의적 경향은 교회정부 또는 교황이 아니라 지식인의 종교적 및 정치적인 역할을 선명하게 부각시키는 근거였던 것이다.

오캄은 교회정부가 신법과 진정한 그리스도교의 전통을 실현하기 위해서는, 그리하여 그리스도교 사회가 제대로 운용되기 위해서는, 지식인의 역할이 무엇보다도 중요하다고 지적하였다. 그렇다면 누가 지식인이고, 지식인의 속성이 무엇이며, 또 지식인은 어떻게 교회정부의 권한들을 규제해야 할까 하는 점들이 문제이겠다. 먼저 교황 베네딕트(Benedict) 12세에 대한 그의 공격을 들어보기로 하자.57)

베네딕트 12세는 지금까지 있었던 교황들 가운데서도 가장 사악한 이단

---

55) *Dialogus* III, tr.1, bk.2, ch.24.
56) *Dialogus* III, tr.2, bk.1, ch.12.
57) *Tractatus Contra Benedictum* (1337~1338), bk.4, ch.2.

자 - 교황이다. 베네딕트는 스스로 지혜의 수장권을 요구하고 있지만, 그것
은 원래부터 교황에게 주어진 권리가 아니다. 신법과 성서를 연구하는 권
리는 모든 인간의 본성적 자유에 속하기 때문이다. 진리 탐구의 자유, 즉
사상의 자유야말로 자유민의 으뜸 가는 권리이다. 사상에 대한 전제는 신
법과 자연법이 보장하고 있는 인간의 자유와 권리들을 부정하는 첫걸음이
며, 자의적인 지배의 가장 명백한 표식이다. …… 신도집단의 본성적 권리
인 신앙과 사상의 자유에 대한 교회정부의 전제는 인간 사회에 일어날 수
있는 최대의 재앙인바, 이 점이 바로 베네딕트가 이단자 - 폭군인 자명한
이유이다.

교황권주의자들이 상정하였던 '지혜의 수장'으로서의 교황에 대한 오캄
의 공격은 진리 탐구의 자유가 모든 인간 특히 '해방된' 자유민들인 신도집
단의 고유하고 으뜸 가는 권리에 속한다는 신념에서 비롯되었다. 사상에
대한 전제는 폭군적 교황의 가장 명백한 표식이라는 것이었다. 그런데 이
양도될 수 없는 권리인 자유로운 사고를 통해서 성서를 연구하고 또 올바
른 지혜를 습득한 자들이 바로 지식인들이었다. 여기서 특히 흥미로운 점
은 지식인과 교회정부의 판단이 서로 다를 경우에 지식인이 취해야 할 태
도에 관한 오캄의 견해이다. '진리는 객관적인 것이고 인간 본성은 변하지
않는 무엇이므로, 더욱이 신앙과 도덕의 문제에서는 전문가인 지식인의 판
단이 모든 분쟁을 가늠하는 시금석이다. 따라서 지식인들에 의해 일단 내
려진 올바른 판단은 누구에 의해서도 변경될 수 없다. 만약 누군가가, 그가
어떠한 직책과 권위를 가진 자이든, 진리 즉 객관적·합리적 판단을 위협
하는 경우, 지식인은 모든 수단을 다해서 마지막까지 이에 맞서 싸워야 한
다'58)는 것이 그의 시각이었다.

'지식인은 객관적 합리적 판단에 대한 위협에 맞서 모든 수단을 다해 마
지막까지 싸워야 한다'고 그는 밝혔다. 지식인의 의무에 대한 이처럼 절실
한 오캄의 인식 근저에는 '진리의 문제에 관한 한 제도와 권위는 부차적인
중요성밖에 가지지 않으며 경우에 따라서는 완전히 무시되어야 한다. 지혜

---

58) *OND*, ch.123.

와 직책은 별개의 것이다. 많은 경우에 있어서 이른바 고귀한 직책은 오히
려 지혜를 결여한 탐욕스러운 자들이 차지하게 마련이다'59)라는 나름의 독
특한 상황 판단이 깔려 있었다. 오캄에 따르면 신성한 지혜와 제도상의 권
위 그리고 진정한 지식인과 높은 직책의 보유자는 서로 다를 수 있을 뿐만
아니라, '고귀한 직책은 탐욕적인 자들이 차지하게 마련'이기 때문에 오히
려 정면 상충될 가능성이 다분히 있었다. 그런데 올바른 판단을 내리는 일
은 전적으로 '그가 어떤 직책을 가지고 있는가에 따라 좌우되는 것이 아니
라, 그가 진리를 알고 있는가 또는 그렇지 못한가'60)에 의해 결정되어야 할
문제였다. 다시 말해서 반드시 구현되어야 할 진리는 객관적·합리적 판단
을 통해서만 규명될 수 있으며, 이와 같은 판단의 기능이 지식인의 고유한
속성이므로, 따라서 지식인의 지혜와 판단은 부차적인 중요성밖에 없는 인
정적인 제도와 권위 특히 교회정부와 교황직의 그것에 반드시 우선되어야
한다고 오캄은 이해하였던 것이다.

이를테면 오캄은 지식인에 대한 신뢰와 이들의 역할에 대한 보호가 지
혜의 우위를 확립하는 길이며, 지혜의 우위를 보장하는 것이 사회 조직을
올바르게 유지하는 결정적인 보루라고 밝히고 있다.61) 여기서도 오캄의 논
리는 아퀴나스류의 병행주의적인 그것과 첨예하게 구별된다. 오캄의 견해
의 본질을 보수적 병행주의 논리로 파악하였던 베너의 해석은 주로 교황
의 비상권, 즉 '경우에 따라서는'(in casu) 교황과 교회정부가 세속사를 간
섭하거나 관리할 수도 있다는 전통적 병행주의자들의 견해에 오캄 역시
동의하였다는 사실에 근거를 둔 것이었다.62) 물론 오캄도 '교황은 세속사
에 관해서 올바른 이성(recta ratio)이 명하는 바를 수행하는 신성한 권한
을 가지고 있다'63)고 밝혔다. 또한 그도 교황의 비상권을 부정하지 않았던

59) De Dogmatibus Ioannis XXII (1334), 753.
60) Tactratus Contra Ioannem (1334), ch.7.
61) DIPP, ch.13.
62) Boehner, 'Ockham's Political Ideas,' pp.464, 466~467.
63) OQ, qu.8, ch.6.

것이 사실이다.

그러나 오캄의 교황 비상권론은 '여하한 경우에도 진리의 권위가 절대적이어야 하며, 신성한 지혜를 토대로 한 지식인의 합리적 판단은 언제나 존중되어야 한다'[64]는 기본 신조를 통해서만 비로소 그 성격이 제대로 조명될 수 있다. 사상의 자유에 대한 규제는 인간 사회가 경험할 수 있는 최대의 재앙이며, 이 같은 재앙에 대해서 지식인은 있는 모든 수단을 다해 마지막까지 싸워야 하고, 고귀한 직책은 많은 경우에 오히려 탐욕의 소산이며, 사상의 자유에 입각한 지식인의 판단은 가장 고귀한 인정적 직책 내지 제도들 즉 교황권 및 교회정부의 합법성과 권위조차 거부할 수 있다는 것이 오캄의 시각이었다. 우리는 여기서 '합리적 추론을 통해서 선임이 입증되지 않는 모든 것은 악'[65]이라는 그의 투철한 합리주의 정신을 읽을 수 있다. 진리란 곧 올바른 이성이며, 이를 실천하기 위한 합리적 객관적 판단이 지식인의 의무라는 그의 견해는 병행주의자들이 상정한 이성과 계시의 균형의 원리와는 전혀 그 궤를 달리하는 논리였다. 그에게 있어서는 올바른 이성의 절대성이 바로 진리의 절대성을 구현하는 방법이었던 것이다.

그러나 그렇다고 해서 이 과격해 보이는 오캄의 합리지향적 주장들이 파문에 처해진 한 지식인이 늘어놓은 교회정부의 전통과 권위에 대한 냉소적 부정 내지 반교황적인 자기합리화를 위한 단순한 변명만은 결코 아니었다. 합리(ratio)에 대한 오캄의 신념은 두 가지 의미로 해석될 수 있을 것 같다. 하나는 지금까지 밝힌 것처럼 교황과 교회정부의 권한이 이성적 판단에 의해 반드시 규제되어야 한다는 의미일 것이다. 그러나 동시에 이 절대적인 합리의 권위는, 특정 교황을 이단자 - 교황으로 단정하고 그를 격렬하게 공격했던 현장적 도전과는 별도로, 교회정부의 완전한 해체를 방지해 주는 장치로도 기능할 수 있었다.

앞서 오캄은 신도집단의 공공 이익과 자유의 보장이 교회정부가 지향해야 할 진정한 목표이며, 그것은 본질에 있어서 전제적인 교회정부와는 전

---

64) *Dialogus* III, tr.2, bk.1, ch.17.
65) *Dialogus* I, bk.2, ch.27.

혀 병행될 수 없다고 주장하였다. 명백히 이 같은 주장들에는 인정적 제도와 권위에 대한 철저한 회의주의 정신이 깃들여 있었다. 그리고 다시 이 정신은 합리에 입각한 자유민의 개인적 판단과 저항권의 당위성을 열렬히 옹호하는 논리로 표출되었다.66) 그러나 그럼에도 불구하고 오캄은 개인의 자유만을 선으로 그리고 모든 인정제도와 권위를 악으로 단정하는 이분적 극단론에로 나아가지는 결코 않았다. 사실 오캄의 저술 어느 곳에서도, 교회정부의 절대 기반은 신도집단이므로 교회정부의 보편적 권위는 마땅히 해체되어야 한다든가, 교회정부와 사제집단이란 세속정부와 인정 정치공동체의 단지 한 부서로 편입되어야 한다든가 등의 마르실리우스류의 주장을 발견할 수 없다.67) 바로 이 점이 오캄의 교회정부론을, 정신사에 관한 한 모든 개인이 그야말로 동등한 권리를 가진다는 전제에 따라서, 제도의 권위를 전면 부정하는 무정부주의적 논리의 원천으로 이해하였던 라가르드(G. Lagarde)의 해석68)에 완전히 동의할 수 없는 이유이다.

다시 말해서 오캄은 신도집단의 자유를 절대화하면서도, 이를 이유로 교회정부라는 제도의 권위와 합법성을 부정하려고 하지는 않았다. 왜냐 하면 그는 자신이 옹호하였던 신도집단의 본성적 권리인 사상의 자유가 교회정부의 권한과 기능을 완전히 해체하는 결과를 초래하리라고는 전혀 생각하지 않았기 때문이다. 어떻게 개인의 자율적 판단에 따른 저항권과 교회정부의 합법적인 권위가 오캄에게서 서로 양립할 수 있었을까? 무엇보다도 그는 '교황수장제 교회정부가 그리스도에 의해 마련된 것은 자의적인 선택의 결과가 전혀 아니다. 이와 같은 제도의 선택은 그것이 신도집단의 본성

---

66) 오캄의 합리주의의 성격을 알아보는 데는 Lewis ed., 앞의 책 II, p.551 ; D. W. Clark, 'William of Ockham on Right Reason,' *Speculum* 48 (1973), pp.13~36 ; M. A. Sphepard, 'Ockham and the Higher Law,' *The American Political Science Review* 26 (1932), pp.1009 등의 연구가 유용하다.

67) 마르실리우스의 교회정부론에 관해서는 제2장 3절 '정부론'과 McGrade, 앞의 책, pp.37~43, 211~212 ; Gewirth, 앞의 책 I, pp.260~302 등 참조.

68) Lagarde, *La naissance de l'esprit laïque au declin du moyen-âge, IV Guillaume d'Ockham: Critique des structures ecclésiales* (Paris, 1963), p.164. 이에 대한 설득력 있는 반론이 Knysh, *Political Authority*, p.74이다.

적 요구에 가장 효율적으로 부응할 수 있다는 합리적 판단에 따른 것이었다'69)라고 생각하였다. 그러니까 교회정부의 신성하고 합리적인 기초에 대한 수용이 앞서의 난제를 풀어주는 열쇠이다. 오캄에 따르면 신도집단의 영원한 그리고 완전한 표상인 그리스도의 선택이야말로, 신도집단 역시 자의적·전제적이 아니라 합리적·효율적으로 운용되는 교회정부를 본성적으로 요구하고 있음을 반증하는 사건이었던 것이다.70) 그는 이렇게 밝히고 있다.

> 객관적 진리가 교회정부의 진정한 운용 원리여야 하며, 또한 이것이 사상의 자유가 추구하는 바이다. 특히 탁월한 지혜를 갖추고 외경스러운 삶을 영위하는 자들인 지식인은 고귀한 직책 또는 유별난 계시의 소유자가 아니라 진리를 이성적으로 규명하는 자들이다. 이단적 교설들과 싸우는 으뜸가는 전사(*bellatores principales*)들인 이 지식인의 판단에 따라, 신도집단은 착각을 일으키게 하는 현실 문제들에서 그리스도교의 진리에 부합하는 삶을 영위할 수 있다.71)

여기서 합리와 사상의 자유에 관한 오캄의 견해를 정리해 두기로 하자. 첫째, 신도집단의 본성적 권리인 사상의 자유는 진리 탐구의 자유로서 교황과 교회정부는 이를 반드시 보호해야 한다. 둘째, 사상의 자유에 입각한 개인들의 합리적 판단은 교회정부의 정당성을 부정하는 요소가 아니라, 진리에 따라 운용되는 교회정부를 요구하는 요소이다. 셋째, 신도집단의 이같은 본성적 요구는 진리를 규명하는 데 필요한 지혜를 갖추고 있는 지식인들의 권위와 의무를 필연적으로 강화한다. 넷째, 지식인들의 탁월한 합리적 판단이 바로 신도집단의 본성적 자유와 권리들을 성취하도록 하는 관건이다. 다섯째, 교황수장제 교회정부가 그 자체로서 비본성적 반이성적 제도는 아니다. 문제는 이단자 - 교황에 의한 교황권의 자의적 전제적 운용

---

69) *Dialogus* III, tr.1, bk.4, ch.11.
70) *Dialogus* III, tr.1, bk.2, ch.18 ; *Dialogus* III, tr.2, bk.1, ch.1.
71) *Dialogus* I, bk.7, ch.56.

에 있다.

명백히 오캄에 있어서는 사상의 자유와 합리적 추론이 교회정부의 해체를 초래하게 될 요소가 아니었다. '인간의 본성적 자유는 여하한 의미에서도 객관적 진리와는 무관한 개인들의 절대적 자의를 가리키는 것이 아니다. 그것은 특정한 목표를 향한 자유이다. 인정적 제도와 법률들에 대한 모든 유형의 저항들도 이 객관적 진리를 이룩하기 위한 것이어야 한다. 따라서 개인적 저항권의 신성성을 보장해 주는 요소도 오직 합리(ratio)이다'[72] 라는 것이 그의 생각이었다. 그의 반교황권주의적 논지의 핵심은 합법적 교회정부는 종교적 내지 제도적 권위에 의해서가 아니라 인간의 본성적 요구에 부합하는 합리적 판단에 의해 운용되는 정부여야 한다는 점이었다.[73] 개인의 자유든, 교회정부의 권한이든, 그것이 각각 본성적 신적 합리에 입각하는 한, 이들은 결코 상충하는 요소들이 아니었다. 단지 문제는 교황권의 전제화 및 교회정부의 세속제도화라는 이단적 상황 즉 반이성적 현실에 있었다. 결국 오캄의 현장적 의도는, (1) 그리스도교 사회의 핵심 관리체로 전통적으로 간주되어 왔던 교황과 교회정부가 교황전능권이라는 이단적 교설로 인해 그 정치적 사법적 권한을 남용하고 있다고 밝히고, (2) 이를 개혁하기 위해 지식인들이 비판적 저항적 의무를 다함으로써, 신도집단의 자발적 동의에 입각한 합리를 실천하려는 데 있었다 하겠다.[74]

오캄은 지식인 집단을 교회정부의 무분별한 권한들을 규제함으로써 그것이 신도집단의 본성적 요구에 끊임없이 부응할 수 있도록 만드는 저항적 전사집단으로 간주하였다. 뿐만 아니라 이들은 합리적 판단을 제시함으로써 신도집단의 본성적 자유가 객관적 진리에로 자율적으로 수렴되도록

---

72) *OND*, ch.76.
73) *Dialogus* I, bk.1, ch.229~230 ; *Contra Ioannem*, ch.25.
74) 오캄의 이러한 노력은 교황직의 권위, 특히 교황의 사법적 권한을 올바른 교회정부를 구체적으로 기능하게 만드는 본질로 파악하였던 아우구스티누스 트리움푸스와 같은 당대의 교황권주의자들의 견해와는 뚜렷한 대비를 이루고 있다. 양자의 이 같은 견해차에 대한 선명한 분석은 M. Wilks, *Problem of Sovereignty*, pp.530~537 참조.

하는 매체였다. 그리하여 결과적으로 이들을 '해방된' 개인들과 '합법적인'
교회정부를 동시에 보호해 주는 기수로 파악하였다.75) 그에 따르면 탁월한
합리를 보유한 지식인 집단이야말로 교회정부의 자의적 권위주의(arbitrary
authoritarianism)와 신도집단의 자의적 개인주의(arbitrary individualism)를
동시에 규제함으로써, 복음의 정신 즉 해방의 원리를 이 땅에서 구현하는
그리스도교 사회 조직의 핵심체였던 것이다.

합리와 자유 그리고 지식인의 역할을 오캄은 매우 독특한 시각으로 이
해하고, 그 의미를 현장적 실천적으로 적용하였다. 그의 이러한 태도가 교
황수장제 교회정부를 최고의 권위를 가진 신성한 제도로 간주했던 온건한
신조와 '다수 대중의 요구는 물론 천사의 조언조차 이단자 - 교황에 대한
자신의 공격을 멈추게 하지는 못할 것'76)이라고 했던 반란적 정치 활동을
하나의 논리로 결부시켰던 내면의 축이었다. 바로 여기에 중세적 주지주의
전통 위에 서 있었던 오캄의 소극적 교회정부론의 진정한 의미가 있다. 그
가 제시하였던 바, 신도집단의 본성적 자유와 권리의 보호만을 고유한 기
능으로 하는 소극적 교회정부는 해방된 개인들의 지발적인 동의와 합리의
절대 권위 및 지식인 집단의 적극적인 비판적 역할을 통해서 비로소 이 땅
에서 이룩될 수 있는 하인적 관리체 그것이었다.

4. 맺는말

명백히 오캄의 교회정부론의 근저에는 교황 요한 22세가 복음의 정신인
해방의 원리를 저버린 이단자라는 종교적 신념이 도사리고 있었다. 이는
그가 모든 수단을 다해 끝까지 반교황 투쟁에 나서야 할 명분이기도 하였
다. 그러나 정작 오캄이 교회정부의 신성한 관리 영역 및 그것의 배타적
독립적 자율적 권한을 부정한 것은 아니었다. 그에 따르면 교회정부의 최

75) *OQ*, qu.2, ch.2 ; *OQ*, qu.3, ch.1.
76) *Epistola et Fratres Minores* (1334~1336), p.16.

고 관리자인 교황은 정신사의 계도라는 고유한 기능을 위해서 일상권을
가질 뿐만 아니라 비상권도 가지고 있었다. 그리하여 교황은 경우에 따라
서 그리스도교 사회의 공공 이익을 위해 세속사를 간섭할 수도 있는 그리
스도교 공동체 전반의 도덕적 수장이었다.[77]

그러나 동시에 오캄은 당대의 교황과 교회정부가 지나치게 과도한 정치
적 사법적 권한들을 요구하고 있으며, 신도집단과 세속정부에 부여된 양도
될 수 없는 권리들이 이에 의해 부당하게 침해당하고 있다고 판단하였다.
그에 따르면 교회정부의 이 같은 권한 남용이 바로 당대의 그리스도교 사
회가 잘못되고 있었던 근본 원인이었다. 오캄이 무엇보다도 먼저 교회정부
의 관리 영역을 엄격히 정신사로만 제한하고자 했던 이유도 이러한 판단
때문이었다. 교회정부는 '영원한 삶'이라는 순수히 종교적인 목표를 이룩하
기 위한 제도이므로, 교회정부는 그것에 과도하게 부여되어 온 정치적 사
법적 권한들을 철저하게 줄이고, 또 가능한 한 현세 재산을 소유하지 않아
야 했다. 당대의 교황과 교회정부는 정치적 현세적 지배권조차 포함하는
교황전능권 이론을 반드시 극복하는, 과격한 탈세속제도화의 개혁을 통해
서 신의 의사에 부합하는 종교적 모습을 회복해야 한다는 것이 그의 지론
이었다.

동시에 오캄은 교회정부가 단순히 제한된 정부여야 한다는 주장에서 멈
추지 않았다. 오히려 그의 교회정부론의 독특한 성격은 교황권과 신도집단
의 관계, 즉 교회정부의 내정체제에 관한 그의 견해에서 선명하게 확인된
다. 오캄은 교회정부를 기본적으로 인간 본성에 근거를 둔 인정제도의 하
나로 파악하였다. 그리고 그리스도교 정신의 본질을 변함없이 유지되어 온
신성한 인간 본성의 해방과 성취로 이해하였다. 따라서 그에 의하면 교회
정부의 주인공은 교황 또는 사제집단이 아니라 반드시 신도집단이어야 했

---

77) *Dialogus* I, bk.5, ch.16 ; *Dialogus* III, tr.1, bk.4, ch.4, 10, 20 ; *OQ*, qu.3, ch.4 ;
    AP, ch.4 ; *DIPP*, ch.13 ; *OND*, ch.93. 또한 *Dialogus* III, tr.1, bk.1, ch.15 ;
    Dialogus III, tr.2, bk.2, ch.15 ; *BR*, bk.2, ch.15 ; *BR*, bk.4, ch.4 ; *OQ*, qu.1, ch.17
    ; *AP*, ch.5 등 참조.

다. 교회정부는 복음의 정신에 따라 위로부터의 하향적 계도가 아니라, 해방된 개인들로 구성되는 신도집단의 본성적 권리와 자유를 존중하고, 그것이 이 땅에서 성취될 수 있도록 보호하는 기능만을 담당해야 한다고 그는 생각했던 것이다. 교황은 '세속사에 관해서는 물론 정신사에 있어서도 전능권을 가진 존재가 아니며', 교회정부는 신도집단의 자율적인 판단과 자발적인 동의가 그 기초인 만큼, 신도집단을 구성하는 자유로운 개인들의 자유와 권리의 보호라는 단지 소극적인 역할만 해야 한다는 것이 그의 주장이었다.

오캄의 소극적 교회정부론은 신도집단 즉 '해방된' 개인들의 사상의 자유를 교회정부가 여하한 경우에도 규제하지 않아야 한다는 신념을 핵심으로 하였다. 인정적 제도나 직책상의 권위는 많은 경우 탐욕의 표식일 뿐, 해방된 개인들의 자율적인 판단에 결코 우선할 수 없으므로, 신도집단의 사상의 자유에 대한 교황의 전제는 그가 이단자임을 드러내는 가장 명백한 증거였다. 그에 의하면 사상의 자유에 대한 부정은 모든 인간을 노예화하는 첫 걸음이었다. 오히려 오캄은 교회정부의 사목권의 질을 신도집단이 향유하는 자유와 권리의 양에 의해 판단하였다. 교황과 교회정부의 본연의 모습은 정신사의 관리라는 고유 영역에서조차 그 권한과 역할을 현저하게 줄이고, 또한 신법이 명령하는 바인 해방의 원리에 따라, 신도집단의 자유로운 개인적 사고와 판단 및 이에 입각한 저항의 권리를 끊임없이 확대하려는 노력을 통해서 비로소 보장된다는 것이었다.

교회정부의 소극적 기능을 강력히 요구했던 그의 견해의 주된 기반은, 교회정부가 신법에 따라 운용되어야 하며, 진리와 신법을 드러내는 신성한 지혜의 본질은 다름이 아니라 올바른 이성(recta ratio)이라는 신념이었다. 그런데 이 분야의 전문가는 교황 내지 고귀한 직책을 가진 자가 아니라 오캄 자신과 같은 지식인이었다. 따라서 지식인의 합리적 판단은 교황 및 교회정부의 권위에 반드시 우선되어야 했다. 그러나 오캄이 제시한 이 절대적인 합리의 권위가 비단 교회정부의 권한을 규제하는 원리만은 아니었다. 그것은 다른 한편으로는 신도집단의 본성적 권리인 개인적 사고와 판단의 자유들을 진리의 구현에로 자율적으로 수렴함으로써, 소극적 교회정부를 포함하는 그리스도교 사회의 정상적 정치 질서가 유지될 수 있도록 보호하는 장치이기도 했다. 지식인의 역할이 오캄에 의해 두드러지게 부각되었던 이유가 여기에 있었다. 그에 따르면 합리를 근본 속성으로 하는 지식인들이야말로, 교회정부 등 모든 인정제도의 절대화와 무제한한 개인적 자유가 초래할 수도 있을 집단의 해체를 동시에 극복하게 하는 그리스도교 사회의 진정한 보루였다.

오캄의 교회정부론은 교황전능권을 전면 부정함으로써 교황권주의자들에게 강력히 도전하였다. 그의 합리지향적 주지주의 전통에 근거를 두면서도, 교회정부를 철저하게 세속정부로부터 분리하였고, 과격한 탈세속제도화 개혁을 추구하였다. 그리하여 이는 교권과 속권의 병행이라는 외견상의 온건함에도 불구하고, 아퀴나스류의 적극적 병행주의 논리와는 그 성격이 판이하게 구별된다. 뿐만 아니라 오캄의 견해는 인간 본성에 대한 낙관적 신뢰라는 공통의 인민주의적 기반에도 불구하고, 마르실리우스류의 전체주의적 인민주권론과도 뚜렷이 달랐다. 그는 마르실리우스와는 달리, 모든 인정적 제도와 권위의 합법적 기초를 인간의 본성적 욕구가 아니라 올바른 이성에서 찾았다. 그에게는 신도집단을 구성하는 모든 '해방된' 개인들의 자율적 이성적 판단이 언제나 종국적인 것이었다. 더욱이 오캄에 따르면 탁월한 지혜에 입각한 지식인들의 합리적 판단이 신도집단에 의해 자발적으로 수용될 이 땅에서의 진정한 규범이었다. 오캄의 이러한 견해는 종교생활이 일반민의 공공 생활의 극히 중요한 부분이었고, 또한 이에 도덕성을 부여하는 근거였다는 중세적인 사회 상황,[78] 특히 당시 교황 요한 22세를 기수로 했던 교회정부의 전제화 움직임을 고려할 때, 더욱 그 성격이 분명하게 드러난다.[79]

---

78) W. Ullmann, *Medieval Political Thought,* pp.16~18, 186~199 ; *Principles of Government and Politics,* pp.108~114, 215~230 ; R. W. Southern, *Western Society and the Church in the Middle Ages* (Penguin Books, 1970), pp.44~52, 133~169 등 참조.

교황 요한 22세는 11세기 이래로 강화되어 온 수장제 교회정부의 전통을 완강하게 지키고자 하였다.[80] 그는 교황이란 원래 자신의 개인적 양심 이외에는 어떠한 인정법에 의해서도 규제될 수 없으며, 교황과 교회정부의 절대적 우위에 대한 도전은 교회와 사회의 통일을 깨뜨리는 이단적이고 독신적인 행위라는 신념을 가지고 있었다. 그리하여 교황 요한에 따르면 아비뇽의 교회정부는 전체 신도집단의 진정한 관리체(*gubernator*)였으며, 또한 교황은 단순히 신도집단만의 수장일 뿐만 아니라 그리스도교 사회 전반에 대해서도 마땅히 절대적인 지배권을 가져야 하였다. 교황은 언제나 주권자인 신의 유일한 현세적 대리자이기 때문이었다. 이 같은 그의 태도는 아비뇽의 교회정부를 교황을 절대 정점으로 하는 중앙집중적 교황정부(centralized papal government)로 만들고, 다시 이 정부를 중심으로 통일된 하나의 그리스도교 사회를 확립하려는 시도로 표출되고 있었다.[81] 그러나 오캄은 이렇게 말한다.

> 교황에게 알리자. 교황이 모든 인류의 사제라는 의미는 그가 자신 및 교회정부의 이익을 위해서가 아니라 모든 인간을 위해서 봉사하여야 한다는 데 있다는 사실을. 사제란 애초부터 스스로를 위해서가 아니라 다른 사람들을 위해서 있는 존재가 아니었던가.
>
> 교황에게 알리자. 엄격하고 강제적인 명령을 내리는 일은 어떠한 경우에도 교황에게 속하는 권한이 아니라는 사실을.
>
> 교황에게 알리자. 그리스도가 그에게 권한을 준 것은 다른 사람들의 자유와 권리를 위협하거나 파괴하도록 하기 위한 것이 아니라, 이들의 본성적 권리들을 보호하고 확대하여 열매 맺게 하려는 데 있다는 사실을.[82]

79) F. Oakley, 'Avignon and the Monarchical Papacy,' *The Western Church in the Middle Ages* (Ithaca, 1979), pp.32~37 ; D. Hay, 'The Papal Monarchy-the Church as a State,' *Europe in the Fourteenth*, pp.267~291 등 참조.
80) J. E. Weakland, 'Administrative and Fiscal Centralization under Pope XXII, 1316~1334,' *Catholic Historical Review* 54 (1968), pp.41~43.
81) J. E. Weakland, 위의 글, p.39.
82) *AP*, ch.6.

이제 오캄의 교회정부론이 가지는 유니크한 의의를 지적하는 것으로 매듭을 짓도록 하자. 그는 신도집단의 본성적인 요구 즉 개인의 자유와 권리의 확대가 그리스도교 정신의 근본이며, 이는 여하한 경우에도 전제적이고 자의적인 교회정부와는 병행될 수 없음을 분명히 하였다. 그가 맹렬히 추구하였던 반교황적 정치 활동의 목표는 교회정부의 완전한 해체가 아니라, 절대주의화를 지향하는 아비뇽의 교회정부를 근본적으로 개혁하려는 데 있었다. 이른바 교황전능권 이론이야말로 교황과 교회정부의 권력욕과 소유욕을 호도하는 비복음적이고 반이성적인 이단적 교설이었다. 그에 따르면 그리스도교 사회가 본연의 모습을 회복하는 관건은 무엇보다도 교황과 교회정부가 먼저 탈세속제도화하고, 또한 신도집단의 본성적 자유와 권리 그리고 그것의 자율적 이성적 판단을 보장하는 일 즉 해방의 원리를 실천하는 일이었다. 이를테면 그의 소극적 교회정부론은 단순히 교권과 속권 간의 분쟁이라는 당대의 정치적 현안만을 염두에 둔 논리가 아니었다. 그것은 교회정부와 신도집단 모두가 그리스도교적 본연의 모습을 회복하기 위한 논리였다. 무엇보다도 그것은 모든 '해방된' 개인들의 자유와 권리, 그리고 합리의 절대성을 실천적으로 구현하기 위한 논리였다. 이는 전통적 그리스도교 사회의 이원주의 정치 질서를 부정하지 않으면서도, 14세기 사회가 안고 있었던 현실 정치의 구조적 문제에 대한 오캄 나름의 근본적 처방이었던 셈이다.

오캄은 자신이 천명하였던 소극적 교회정부야말로 신법에 일치하는 그리스도교 사회의 진정한 질서라고 확신하였다. 교회정부는 교황이 아니라 신도집단을 주인공으로 해야 하며, 그것의 운용도 인정적 권위에 의해서가 아니라 올바른 이성에 의해 지배되어야 했다. 그리스도교 사회는 종국적으로 해방된 개인들로 구성되므로, 이들의 자유롭고 자율적인 판단 즉 사상의 자유는 반드시 보장되어야 했다. 특히 지식인 집단은 적극적인 역할을 통해 합리를 실천함으로써, 인정적 권위의 전제화와 공익적 가치의 해체를 동시에 방지하는 사회적 보루의 기능을 담당해야 하였다. 필자의 견해로는 신성한 개인, 주권적 신도집단, 사상의 자유, 합리의 절대성, 지식인의 의무

등이 바로 중앙집중적 교황정부를 소극적 교회정부로 현실적으로 개편하기 위해서, 그리하여 그리스도교 사회의 본성적 정치 질서를 회복하기 위해서, 오캄이 제시하였던 교회정부의 개혁 방안이었다.

Ⅲ. 세속정부론

1. 머리말

서양 중세 사회에서는 세속국가가 아니라 종교가 일반민의 공공 생활의 핵심적인 요소였고, 또 그러한 공공 생활에 도덕성을 부여하는 궁극적인 근거였다.1) 그러니까 오캄의 세속정부에 관한 견해 역시 시대적 상황과 더불어 교회정부론을 염두에 두어야 그 성격이 제대로 규명될 수 있다. 이에 여기서는 교회정부론에서 검토했던 그의 논지들이 세속적 정치적 쟁점들에 대한 그의 주장에 여하히 반영되고 있는지를 밝혀보고자 한다. 세속정부에 전통적으로 부여되었던 종교적 의미가 오캄에 의해 어떻게 배제되고 있는가, 그리고 그는 이 땅에서의 정치적 주권과 권한의 문제들을 어떤 원리에 따라 파악했던가, 또한 그는 세속정부의 체제와 기능이 어떠해야 한다고 생각했던가 등의 문제제기를 통해서, 오캄의 정치사상 전반에 한 걸음 더 접근해 보려는 것이 필자의 의도이다.

오캄이 정치 이론가로 활동하던 1320년 중엽 이후 20여 년의 기간은 교회정부와 세속정부의 갈등이 전례를 찾아보기 어려울 정도로 첨예하게 표면화되었던 시기였다.2) 당시의 교황 요한 22세는 전통적인 정치적 이상이

---

1) Ullmann, *Medieval Political Thought*, pp.16~18.
2) 교권과 속권 사이의 갈등을 주로 정리한 사료집으로는 S. Z. Ehler & J. B. Morrall, eds., *Church and State through the Centuries* (London, 1954) ; B. Tierney, *The Crisis of Church and State* (Engelwood Cliffs, 1980) 등이 있으며, 교회와 국가의 관계에 대한 중세적 인식을 알아보는 데는 G. B. Ladner, 'Aspects of Medieval Political Thought on Church and State,' *Review of Politics* 9 (1947), pp.403~422 ; W. D. McCready, 'Papal *Plenitudo Potestatis* and the Source of Temporal Authority in the Late Medieval Hierocratic Theory,' *Speculum* 48 (1973), pp.653~674 등이 유용하다. 특히 교황 요한 22세와 황제 루드비히 4세의 정치적 투쟁에는 일련의 프란시스회 수도사들이 황제 루드비히에 동조함으로써 새로운 변수로 작용하였다. 이 측면을 알아보는 데는, E. Peters, *Heresy and Authority in Medieval Europe* (London, 1980) ; M. Damiata,

었던 통합된 하나의 그리스도교 사회(*societas christiana*)를 확립하기 위해 강력한 중앙집중적 교회정부를 추구하고 있었다.[3] 11세기 이래로 강화되어 온 수장제 교황정부에 대한 신념을 완강하게 가지고 있었던 그는, 가톨릭 교회만이 유일하고 진정한 교회이며, 성 베드로의 직책을 승계한 교황은 신도집단의 수장일 뿐만 아니라 마땅히 그리스도교 사회 전체에 대해 전능권(*plenitudo petatatis*)을 가진다고 생각하였다. 그는 '교황은 자신의 개인적 양심 이외에는 어떠한 인정법에 의해서도 제한받지 않으며, 교황과 교회정부의 정치적 우위에 대한 도전은 사회의 통일을 깨뜨리려는 이단적이고 독신적인 행위'[4]라고 단정하였다.

한편 루드비히 4세는 1314년 다수의 제후들에 의해 신성로마제국의 황제로 선출되었음에도 불구하고,[5] 교황으로부터는 황제로서의 정치적 권위를 충분히 인정받지 못하고 있었다. 마침내 1324년 교회정부가 그를 파문에 처하자 도리어 루드비히는 교황 요한 22세를 신성로마제국의 적, 불의의 친구, 그리고 이단자로 선언하고,[6] 1327년에는 이탈리아 원정을 감행하였으며, 로마에서는 대립교황 니콜라스 5세(Nicholas V)[7]를 세우기까지 하였다. 루드비히에 따르면, 자신은 정당한 절차에 따라 황제에 피선되고 즉위하였으며, 설령 이 과정에 약간의 문제가 있다고 하더라도 이 문제의

Guglielmo D'Ockham: Poverta et Petere (Firenze, 1978) 2vols. 등이 유용하다. 제1장 용어 해설 참조.

3) Weakland, 앞의 글, p.309 참조.

4) 위의 글, pp.41~43.

5) 1314년 10월 20일 프랑크푸르트 선거에서 그 전날 일부 지지자들에 의해 황제로 선출된 프리드리히 오스트리아가 선제후 네 명의 지지를 받은 데 비해, 루드비히 바바리아를 지지한 선제후는 다섯 명이었다. 그러나 전통적으로 황제의 휘장 (*insignia*)을 보관하고 있던 쾰른의 대주교가 프리드리히를 지지하였고, 그는 프리드리히를 11월 25일 본에서 황제로 대관하였다. *CMH* VII, ch.4, 'Lewis the Bavaria' 참조.

6) *CMH* VII, pp.120, 124.

7) 프란시스회 수도사였던 피터 코르바라(Peter of Corvara)는 루드비히 4세의 원정 이후 황제파(*ghibelline*)들이 주도한 이른바 '로마 인민(*populus romanus*)의 대표들'에 의해 1328년 5월 교황 니콜라스 5세로 즉위하였다.

전통적인 해결방법은 전쟁이었다. 따라서 그가 이 전쟁에 승리하였으므로,
교황의 재가가 합법적 황제권의 불가결한 조건이라는 아비뇽의 주장은 제
국을 파괴하려는 책략에 불과하였다. 그는 자신의 반교황 투쟁이 신법과
자연법이 보장하고 있는 세속정부의 자율성을 위한 투쟁이라고 공언하고
있던 터였다.8)

교황 요한 22세와 황제 루드비히 4세의 투쟁은 그야말로 정치적인 갈등
이었다.9) 교황의 직접적인 목적은 신성로마제국과 이탈리아에 대한 아비
뇽 정부의 보다 강력한 지배였으며, 루드비히의 목적은 제국에 대한 자신
의 황제권 확보였다. 널리 알려진 '황제여, 폐하께서 저를 칼로 보호해주신
다면, 저는 폐하를 펜으로 보호하겠나이다'10)라는 경구와 더불어, 이러한
맥락이 지금까지 오캄의 정치적 견해들을 반교황권주의적 내지 제권주의
적인 성격의 것으로 곧장 간주하게 한 시대적 상황이었다.

그러나 탁월한 오캄 연구가의 한 사람인 베너는 근년의 연구성과11)를

---

8) 이 점은 1324년의 자헨하우젠 선언과 1338년의 랭스와 프랑크푸르트에서의 결의
   및 「합법적 권리」(*Licet iuris*) 등을 통해서 거듭 천명되었다. *CMH* VII, pp.130~
   131 및 본장 제2절 주 30 참조.
9) 갈등의 전체적인 성격은 B. Smalley, 'Church and State 1300~1377; Theory and
   Fact,' *Europe in the Later Middle Ages* (London, 1970), pp.15~43 ; H. S.
   Offler, 'Empire and Papacy: the Last Struggle,' *Transactions of the Royal
   Historical Soceity* 6 (1956), pp.21~47 ; W. Ullmann, 'Reflections on the Medieval
   Empire,' *Transactions of the Royal Historical Soceity* 14 (1964), pp.89~108 ;
   Wilks, *Problem of Sovereignty,* pp.15~63 ; B. Tierney, *Religion, Law and the
   Growth of Constitutional Thought 1150~1650* (Cambridge, 1982) 등에서 적절히
   지적되고 있다. 또한 R. Scholz ed., *Unbekannte Kirchenpolitische Streitschrifen:
   Aus der Zeit Ludwigs des Bayern* (1327~1354) (Rome, 1911~1914) 2 vols.가
   이 시기 정치주권 논쟁을 드러내는 기본 사료집이다.
10) 베너는 오캄이 이와 같은 말을 실제로 한 적이 없다고 밝히고, 더욱이 이것이 사
    실을 왜곡하고 있다고 주장하였다. Boehner, 'Ockham's Political Ideas,' p.445. 그
    러나 이 경구는 여전히 오캄의 정치적 활동의 핵심으로 간주되고 있는 것이 사실
    이다. L. Musgrave, 'William of Ockham,' *History Today* 23 (1973), p.628 참조.
11) 이를 알아보는 데 다음의 자료들이 있다. A. C. Pegis, 'Concerning William of
    Ockham,' *Studies in Ancient & Medieval History, Thought and Religion* 2
    (1944), pp.465~480 ; V. Heynck, 'Ockham-Literatur 1919~1949,' *Franziskani-*

토대로 '오캄의 정치적 저술들은 황제의 이익에 봉사할 목적으로 집필된
것이 아니다. 적어도 황제의 이익이 오캄이 주된 관심사는 아니었다. 그는
자신을 보호해 주는 대가로 스스로 무덤을 파는 그런 인물이 아니었다. 그
는 교황의 절대권뿐만 아니라, 황제의 절대권 역시 완강하게 부정하였
다'12)라고 지적하고 있다. 그는 오캄의 정치적 주장들의 본질을 정통적 가
톨릭 사상과 정치 이론들에서 결코 벗어나지 않는, 온건하고 보수적인 논
리로 파악하였던 것이다. 오캄의 정치사상의 성격에 대한 이처럼 상충하고
있는 평가들은, 우리들의 새로운 검토를 절실히 요청하고 있다. 사실 오늘
날도 14세기의 지적 풍토의 성격에 대해서는 토마스 아퀴나스와 르네상스
운동으로 각각 대변되고 있는 13세기와 15세기의 성격에 비해 여전히 모
호하게 이해되고 있다.13) 이 점은 '이 시기의 으뜸 가는 그리고 특히 새로
운 경향을 대표하는 인물로 널리 알려진 오캄의 사상이 여전히 불완전하
고도 불충분한 정도로밖에는 규명되고 있지 못하다'14)는 사실과도 무관하

sche Studien 32 (1950), pp.164~183 ; E. F. Jacob, Some Recent Contribution to
the Study of the Later Middle Ages (Oxford, 1951) ; D. Duncan, Ockham's
Razor (London, 1958) ; H. A. Oberman, 'Some Notes on the Theology of
Nominalism,' Harvard Theological Review 53 (1960), pp.47~76 ; R. C. Richards,
'Ockham and Skepticism,' The New Scholasticism 42 (1968), pp.345~363 ; E. A.
Moody, 'William of Ockham,' Studies in Medieval Philosophy, Science and
Logic (Berkeley, 1975), pp.409~439 ; R. Ariew, 'Did Ockham use his Razor?,'
Franciscan Studies 37 (1977), pp.5~17 ; W. Ullmann, Scholarship and Politics
in the Middle Ages (London, 1978) ; H. A. Oberman, 'The Fourteenth-Century
Religious Thought: A Premature Profile,' Speculum 53 (1978), pp.80~93 및 본장
제2절 주 1~6, 10~12, 35 등 참조.
12) Boehner, 앞의 책, p.145. 그는 계속해서 '전체적으로 보아 오캄의 정치사상은 13
세기의 여하한 고전적 형이상학으로부터도 나올 수 있으며, 또한 그것은 온건한
가톨릭의 정치 이론들과도 일치한다'라고 지적하였다.
13) D. Knowles, 'A Characteristic of the Mental Climate of the Fourteenth Century,'
Melanges offerts a Étienne Gilson (Paris, 1959), pp.315~325 참조. 14세기의 성
격에 대한 간략한 정리로는 R. E. Lerner, The Age of Adversity/졸역, 『14세기 유
럽사』(탐구당, 1987), 13~92.
14) G. D. Knysh, Political Authority as Property and Trusteeship in Works of
William of Ockham (London, 1968), p.8.

지 않은 것이다.

2. 세속정부의 자율성

오캄은 세속정부의 근거에 대해서 이렇게 말하고 있다.

인간은 사법권을 행사하는 정치지배자 내지 정부를 수립하고, 재산을 소
유하는 본성적 권리를 가진다. 이 권리는 자연법과 신법이 보장하는 바로
서, 그것은 한 개인이 어떠한 유형의 신앙을 가지고 있는가 하는 문제와는
별개의 일이다. 이 본성적 권리를 정당한 이유없이 다른 사람으로부터 빼
앗을 수 있는 권한은 누구에게도 없다.15)

무엇보다도 오캄은 인간에게 부여된 양도될 수 없는 본성적 권리가 세
속정부의 토대이며, 현세사를 관리하는 정치적·사법적 권한은 마땅히 이
세속정부에 속하여야 한다16)는 점을 밝히고 있다. 이는 개인적 신앙의 문
제와는 무관하게 신법과 자연법에 의해 보장된 바였다. 세속정부의 영역과

---

15) *BR*, bk.3, ch.6. 필자는 J. Kilcullen tr., *A Short of Discourse on the Tyrannical Government* (Cambridge, 1992)를 주로 이용하였다. R. Scholz ed., *Wilhelm von Ockham als politischen Denker und sein Breviloquium de principatu tyrannico* (Sttutgart, 1952)도 좋은 참고자료이다. 와트는 오캄의 견해가 교회법학자들의 전통적 인식에 기초하였음을 지적하고 있다. J. A. Watt, *The Theory of Papal Monarchy in the 13th Century: the Contribution of the Canonists* (London, 1965), pp.182, 186, 316 ; B. Tierney, 'The Continuity of Papal Political Theory in the Thirteenth Century: Some Methodological Consideration,' *Mediaeval Studies* 27 (1965), pp.227~245 ; K. Pennington, 'The Canonists and Pluralism in the Thirteenth Century,' *Speculum* 51 (1976), pp.35~48 역시 참조.
16) *Dialogus* III, tr.2, bk.2, ch.2 ; *An Princeps ch.2, 5. Dialogus*는 J. Trechsel ed., *Guillelmus de Occam, D. F. M, Opera Plurima* I (London, 1962) 및 M. Goldast ed., *Monarchia Sancti Romani Imperii* II, pp.394~957에 실려 있으며, *An Princeps*는 *Opera Politica* I, pp.223~271에 실려 있다. *Octo Quaestiones*는 *OP* I, 1~221에 게재되어 있으며, 이것의 저술 연대 등에 관해서는 H. S. Offler, 'The Origins of Ockham's *Octo Quaestiones*,' *EHR* 82 (1967), pp.323~332 참조.

권한의 기본 성격에 관한 이러한 인식은 당시 광범위하게 소개되고 있던 아리스토텔레스의 견해를 오캄 역시 깊이 수용하였음을 드러내고 있다.17) 문제는 중세 그리스도교적 아리스토텔레스주의자 및 교회법학자들과 크게 달라 보이지 않는, 오캄의 이와 같은 시각이 세속정부의 목표, 그것의 체제와 운용 방법 및 교회정부와 세속정부의 관계 등과 같은 당대의 절박한 정치적 이슈들에 관해서 어떠한 논리로, 여하히 표명되고 있는가 하는 점이다.

먼저 교회정부와 세속정부의 관계에 대한 오캄의 견해부터 살펴보기로 하자. 보편교회론에 입각한 교황권주의자들에 의하면, 황제와 세속군주의 즉위식에 포함되어 있는 이들의 사제에 대한 충성 서약(oath of homage)은, 이들이 교황 및 사제의 '일종의 가신'임을 드러내는 명백하고 구체적인 증거였다.18) 따라서 영원한 주권자인 신의 현세적 대리자인 교황과 교회정부의 세속통치자와 세속정부에 대한 우위체제야말로 정치 질서의 흔들릴 수 없는 기본이라고 이들은 생각하였다. 오캄 역시 신이 진정한 정치적 주권자라는 사실에는 이론이 없었다.19) 그리하여 레프(G. Leff)도 이를 '정치

---

17) G. Leff, 앞의 책, xv ; Moody, 앞의 책, pp.26~30. 아리스토텔레스의 사상이 중세 정치의식에 미친 영향에 관해서는 J. Dunbabin, 'Aristotle in the Schools,' *Trends in Medieval Political Thought,* ed. B. Smalley (Oxford, 1965), pp.65~85 ; 'The Reception and Interpretation of Aristotle's Politics,' *CLMP,* ed. N. Kretzmann (Cambridge, 1982), pp.657~672 ; Ullmann, *Medieval Political Thought,* pp.159~173 등을 참고할 수 있다. 또한 그것이 중세사상 전반에 미친 영향에 관해서는, *CLMP,* ch.2, 'Aristotle in the Middle Ages', pp.43~98 ; R. McKeon, 'Aristotelianism in Western Christianity,' *Philosophical Papers* (Chicago, 1939), pp.206~235 등이 여전히 도움이 된다.

18) Alvarus Pelagius, *De Planctu Ecclesiae,* ch.36, 37 등. 이와 유사한 주장은 아우구스티누스 트리움푸스에게서도 발견된다. C. H. McIlwain, 앞의 책, pp.278~280 참조. 보드리(Baudry)는 이 시기 교황권주의 논리의 전형을 까사느(Jesselin de Cassagnes)에서 찾았다. L. Baudry, *Guillaume d'Occam - sa vie, ses oeuvres, ses idées sociales et politiques* (Paris, 1949), p.102.

19) 이 점은 오캄의 저술 여러 곳에서 찾아볼 수 있다. *Dialogus* III, tr.1, bk.2, ch.20 ; *Dialogus* III, tr.2, bk.7, ch.9 ; bk.3, ch.4 ; *OQ,* qu.3. ch.1 ; *DIPP,* ch.12 ; *CB,* bk.7, ch.9 등이 그것이다.

적 권한의 종국적 원천이 신이라는 교황 요한 22세의 주장에 오캄 역시 동
의하였다(*OND*, ch.95) …… 오캄의 투쟁은 교황의 그라운드에서의 투쟁이
었다. 그의 반론이 매우 신랄한 것이기는 하지만, 그러나 여전히 그것은 교
황이 밝힌 정치 원리를 전제한 논리였다'라고 평한 바 있는 것이다.[20]

그러나 오캄은 이 같은 신의 주권성이 교회정부의 세속정부에 대한 우
위를 보장한다고는 생각하지 않았다. 오히려 그는 이를 세속정부의 자율성
의 근거로 해석하였다. '신은 초자연적인 무엇을 통해서가 아니라, 언제나
인간이라는 매체를 통해서 현세를 관리한다. 따라서 신이 부여하였다는 것
과 인간으로부터 주어졌다는 명제는, 외형상 그렇게 보이는 것처럼 반드시
상충하는 논리가 실제에 있어서는 아니다'[21]라는 것이 그의 기본 생각이었
다. 그에 의하면 현세의 모든 정치적 절차와 의식은 역사적으로 그리고 인
간 본성에 의해 형성되어 온 인정제도로서, 세속군주의 즉위식의 일부인
도유와 성별의식 역시 인정적 제도였다.[22] 세속통치자의 사제에 대한 서약
의 본질도 인신적 충성의 서약이 아니라 신앙의 수호를 위한 서약이라는
것이 오캄의 해석이었다.[23]

오캄은 아리스토텔레스주의자답게 근본적으로 인간 사회를 그 자체로서
완전하고 자족적인 정치공동체로 간주하였다.[24] 신은 인간을 매개로 자신
의 전능한 주권을 실천하는만큼, 신의 전능함과 인간 사회의 자율 내지 자
유는 결코 상충하는 속성이 아니었다. 이들은 반드시 그리고 얼마든지 함
께 보전될 수 있었다.[25] 그리하여 오캄은 세속통치자의 현세권이 그를 도

---

20) G. Leff, *Heresy in the Later Middle Ages* I (Manchester, 1967), p.250 참조.
   Opus Nonaginta Dierum 가운데 1~6장은 *OP* I, pp.289~374에 그리고 7~8장은
   OP II, pp.375~858에 각각 수록되어 있다.
21) *BR*, bk.4, ch.4, 5, 7, 10.
22) *Dialogus* III, tr.1, bk.2, ch.20 ; *OND*, ch.88.
23) *OQ*, qu.12, ch.12.
24) *Dialogus* III, tr.1, bk.2, ch. 6 ; *Dialogus* III, tr.2, bk.1, ch.31 ; *Dialogus* III, tr.2,
   bk.2, ch.4 ; *BR*, bk.3, ch.7 ; *OND*, ch.25.
25) 이에 관해서는 Knysh, 앞의 책, pp.104~105, 327~328 ; McGrade, 앞의 책, pp.103
   ~109 참조.

유하고, 성별하고, 대관한 사제에 의해 부여되는가 하는 질문을 제기한 다음 이렇게 답변하였다.

도유와 성별의식 등은 (사제가 아니라) 세속통치자에 대한 외경을 고취시키기 위한 인정 절차의 하나에 불과할 뿐, 그것이 세속통치자에 대한 사제의 현세권 부여를 상징하는 것은 아니다. 따라서 이들 의식이 교회정부와 세속정부의 일반적인 관계를 드러낸다는 교황권주의자의 주장은 오류이다.26) …… 세속정부는 본성상 여하한 종류의 위로부터의 정치적 승인이나 재가도 필요로 하지 않는다.27)

오캄은 세속정부의 정치적 권한이 신으로부터 유래된 그리고 교황 내지 사제를 매개로 부여된 것이라는 교황권주의자들의 주장에 정면 도전하였다.28) 그에 따르면 세속정부의 정치 권력은 자율적으로 영위되는 인간 사회를 매개로 해서 신이 부여한 신성한 것이며, 인간의 본성 그 자체가 세속정부의 고유하고 독자적인 권한과 영역을 보장하고 있었다. 교회정부와 세속정부의 관계는 처음부터 상하의 정치 질서로 이해될 문제가 아니었으며, 더욱이 세속정부는 결코 교회정부의 일부 내지 그것의 하위제도가 아니라, 본성상 여하한 종류의 정치적 재가도 필요로 하지 않았다. 그에 의하면 로마제국과 샤를마뉴의 정부가 바로 이를 응변해 주는 자율적 세속정부의 구체적인 예였다.29)

---

26) *Dialogus* III, tr.2, bk.1, ch.1 ; *Dialogus* III, tr.2, bk.1, ch.20 ; *OQ*, qu.5. ch.3. 그렇다고 해서 이와 같은 지적이 지나치게 확대 해석되어서는 안 된다. 오캄은 사제의 비상권에 대한 동의를 통해서 세속정부의 현세권 역시 상당한 정도로 제한하였다. 그는 '일상적으로는 현세사에 관한 사제의 간섭이 반드시 금지되어야 한다. 그는 엄격히 종교적인 의무들에 전념하여야 한다. 그러나 비상시 즉 세속통치자가 사악하거나 나태한 경우에는 사제가 현세사를 관리할 수 있다. 이와 같은 사제의 비상권은 현세사에 대한 보다 많은 지혜를 반드시 필요로 하지도 않는다'라고 지적하였다. *Dialogus* III, tr.2, bk.1, ch.12 참조.
27) *OQ*, qu.5, ch.6 ; *Dialogus* III, tr.2, bk.3, ch.7 ; *OND*, ch.66.
28) *BR*, bk.4, ch.1.
29) *OQ*, qu.1, ch.12.

또한 오캄은 세속정부의 목표에 대해서도 교황권주의자들과는 다른 견해를 가지고 있었다. 앞서 오캄은 종교 특히 그리스도교 신앙과는 무관한 인간의 본성적 권리가 모든 현세적 정치 질서의 토대임을 지적하였다. 그런데 그는 여기서 멈추지 않고, 인민의 의사(*voluntas populi*)를 정치공동체를 형성하고 세속정부를 수립하며 또한 이를 운용하는 직접적 능동적 요소로 이해하였다. '인민은 이미 정치적 권한을 장악하고 있는 지배자들을 단순히 인정해 주는 집단이 아니다. 인민은 스스로 또는 대리자를 통해서 특정 개인 또는 가계를 자신들의 통치자로 선택할 수 있다. …… 어떠한 형태의 세속정부를 가질 것인가를 결정하는 것은 인민의 의사이다'[30]라고 그는 밝혔던 것이다.

명백히 오캄은 현세 정치 질서와 세속정부가 올바르게 유지되기 위해서는 인민의 정치적 역할이 무엇보다도 중요하다고 지적하였다. 그에 의하면 인민은 정부의 형태를 결정하고, 통치자를 선택하며, 정치적 지배권의 정통성을 확인해 주는 보루였다. 그의 견해를 인민주의적인 것으로 해석하는 주요 이유도 여기에 있다. 물론 인민의 정치적 역할에 대한 새로운 인식이 비단 오캄만의 것은 아니었다. 이미 토마스 아퀴나스도 모든 인정적 정치 권한의 토대와 목표에 있어서 인민의 동의와 정치공동체의 공공 이익(*publica utilitas*)의 중요성을 지적한 바 있었다.[31] 그러나 오캄을 아퀴나스와는 달리 인민주의 정치 이론가로 간주하는 근거가 단지 이 점에만 있는 것은 아니다. 실제로 그는 현세권이 특정 통치자 내지 특정 지배집단의 이익이 아니라 인민 전체의 공공 이익을 반드시 추구하여야 한다는 점을

---

30) *Dialogus* III, tr.2, bk.1, ch.6~10 ; *Dialogus* III, tr.2, bk.3 ch.6 ; *OND*, ch.11, 76 ; *Breviloqium*, bk.2, ch.17 ; *An Princeps*, ch.6. 대리인 제도(representative system)에 대한 오캄의 동의는 *Dialogus* I, bk.5, ch.25, ; bk.6, ch.100 ; *Dialogus* III, tr.1, bk.3, ch.9 등에서도 확인된다.

31) 이 점에 관해서는 A. Croft, 'The Common Good in the Political Theory of Thomas Aquinas,' *The Thomist* 37 (1973), pp.155~173 참조. 스킨너는 인민의 동의를 합법적인 세속정부의 토대로 파악한 점이 아퀴나스와 오캄의 정치사상의 매우 중요한 공통 기반이라고 지적하였다. Skinner, *Foundations of Modern Political Thought* II, p.163.

남달리 역설하였다.[32] 그러나 보다 근본적으로 그는 세속정부의 목표인 인민의 공공 이익을 전통적 개념으로 이해하지 않았다. 중세 정치 이론가로서는 극히 이례적이게도 그는 정치적인 의미의 인민의 공공 이익이 종교적 가치를 반드시 전제하여야 할 이유가 없다고 상정하였던 것이다.

오캄에 따르면 변함없는 인간 본성에 입각한 개인의 자유와 권리의 보호가 인민의 공공 선이었다. '세속통치자는 자신에게 위임된 권한들을 인민의 공공 선을 확대하기 위해서 사용하여야 한다. 따라서 그는 모든 신민의 권리와 특권들을 마땅히 존중하여야 한다'[33]는 것이었다. 그런데 그는 독특하게도 인민의 권리가 모든 곳에서 그리고 항상(pro semper) 동일해야 하는 것은 아니라고 주장하였다.[34] 세속정부의 진정한 목표인 공공 선은 가변적이고 구체적인 그리고 인정법에 의해 보장되고 있는 정치공동체의 구성원들의 개인적인 권리 내지 삶의 여건으로 이해되어야 한다는 것이 그의 견해였다.[35] 그가 '만약 세속정부가 무능력해서 공공 이익을 효율적으로 확대하는 데 실패하거나, 그 권한을 남용해서 인민들의 자유를 억압하는 전제정으로 전락하는 경우, 그러한 통치권은 이미 정당한 정부가 아니다'[36]라고 단정하였던 근거도 여기에 있었다.

필자의 견해로는 오캄의 인민주의 논리의 한 두드러진 특징이 바로 이 점이다. 그는 인민의 본성적인 권리를 세속정부의 근거로, 그리고 종교적 가치나 추상적 이념이 아니라 인민집단의 가변적 구체적 공공 이익을 세속정부의 목표로 규정하였으며, 더욱이 공공 이익의 본질을 인정법상 보장된 인민들의 개인적 자유와 권리로 파악하였다. 정치 권력을 남용하는 세

---

32) *Dialogus* I, bk.6, ch.45 ; *Dialogus* III, tr.1 bk.2, ch.6, 17, 31 ; *Dialogus* III, tr.2, bk.2, ch.25, 28 ; *OQ*, qu.3, ch.4 ; *AP*, ch.2 등. 이에 관해서는 C. C. Bayley, 'Pivotal Concepts in the Political Philosophy of William of Ockham,' *Journal of the History of Ideas* 10 (1949), pp.199~218 역시 참조하기 바람.

33) *Dialogus* III, tr.1, bk.1, ch.17.

34) *Dialogus* III, tr.1, ch.3 ; *OND*, ch.5, 11, 17.

35) *Dialogus* I, bk.6, ch.24 ; *Dialogus* III, tr.2, bk.2, ch.28.

36) *Dialogus* III, tr.2, bk.1, ch.2.

속통치자에 대한 저항을 모든 자유로운 인민의 정치적 의무라고 밝혔던[37)
오캄의 저항권 이론도, 인민의 의사와 동의 특히 개인의 자유와 권리를 올
바른 정치 질서의 관건으로 보았던 그의 고유한 신념의 산물이었다. 사실
'공공 이익을 저해하는 전제적 통치자에 대해서 저항하고, 경우에 따라서
그를 응징하거나 폐위하는 권한은 피지배집단의 본성적 권리에 속한다,'[38)
'정의는 어떠한 대가를 치르더라도 반드시 추구되어야 한다'[39)라는 그의
주장은 실천적인 인민주의 폭군응징론의 경향조차 드러내고 있는 것이다.
  명백히 오캄은 인간의 본성적 자율성에 입각한 그리고 자유로운 개인들
의 권리를 보호하는 세속정부를 추구하였다. 그러나 우리는 오캄의 이러한
견해가 아비뇽의 교회정부와 루드비히의 세속정부가 첨예하게 대립하였던
당시의 정치적 상황 하에서 가지는 현장적 의미에 대해서도 충분히 유의
하여야 한다. 세속정부의 현세권은 자율적이어야 하는 동시에 마땅히 인민
의 공공 선을 지향해야 한다는 정치 원리는, 단테에게서 그러했던 것과 마
찬가지로,[40) 오캄에 있어서도 현실적으로는 중세 그리스도교 사회의 포괄
적 정치 단위였던 제국정부의 합법성과 황제권의 존엄성을 변론하는 방향
으로 얼마든지 기능할 수 있었기 때문이다.[41) 실제로 오캄은 이렇게 말하
고 있다.

---

37) *Dialogus* I, bk.7, ch.1, 35, 38 ; *Dialogus* III, tr.1, bk.3, ch.6 ; *Dialogus* III, tr.2,
   bk. 20, 25 ; *OQ*, qu.2, ch.2 ; *OND*, ch.65.
38) *CB*, bk.7, ch.12.
39) *Dialogus* I, bk.6, ch.99 ; *Dialogus* III, tr.2, bk.2, ch.14 ; *OQ*, qu.1, ch.11, 15. 이 같
   은 실천적인 폭군응징론적 경향을 니쉬는 오캄의 정치사상의 성격을 이해하는 데
   매우 중요한 그러나 빈번히 간과되는 축이라고 주장하였다. Knysh, *Political
   Authority*, pp.119~120.
40) 물론 오캄은 단테류의 시도, 즉 로마 역사를 통해서 인간성과 역사 그리고 신학의
   종합을 모색하고, 이를 근거로 한 보편적 제국이론을 제시하려고 하지는 않았다.
   McGrade, 앞의 책, p.99 ; Skinner, 앞의 책 I, pp.16~18 참조. 그러나 단테와 오캄
   의 견해에 유지되는 공통된 성격은 여러 학자들에 의해 지적되고 있다. Boehner,
   앞의 책, p.608 ; W. Anderson, *Dante-the Maker* (London, 1980), p.224 등 참조.
41) 중세적 제국 이념을 알아보는 데는 G. Barraclough, *The Medieval Empire* (London,
   1950) ; Ullmannn, 'Reflection on the Medieval Empire,' pp.89~108 등이 유용하다.

오늘날의 모든 합법적인 정치적 권리들은 로마제국에서부터 비롯되었다. 세계군주정(제국)은 인민의 공공 이익을 효율적으로 확대하는 제도이며, 그것의 합법성은 성서에 의해서도 보장되고 있다.42) …… 황제의 정치적 및 사법적 권한들은 동의, 양도, 기부, 정의로운 전쟁 등의 과정을 통해 형성되기는 했지마는, 그러나 이들 모두는 신에 의해서 주관되었다. 따라서 황제에 대한 현세권 위임의 과정이 종결된 오늘날에 있어서, 황제는 신 이외에는 어떠한 정치적 의미의 상위 권위도 가지지 않으며, 오직 신에 대해서만 책임을 질 뿐이다. 황제의 법정은 현세사에 관한 한 최종 최고의 법정으로서, 황제는 누구를 막론하고 자신의 법정에 소환하여 그들의 잘못된 행위들을 징벌할 수 있다. 신과 인민들에 의해서 위임된 황제의 현세권은 단순한 인정권이 아니라, 비할 바 없는 권위를 가지는 신성한 권한이다.43)

오캄은 당대의 신성로마제국이 바로 역사적인 로마제국을 정당하게 계승한 세속정부라고 주장하고 있으며, 또한 황제는 신에 대해서만 책임을 질 뿐 누구를 막론하고 자신의 법정에 소환할 수 있는 최종 최고의 현세사 관리권자라고 밝히고 있다. 더욱이 오캄에 의하면 원래 로마제국은 그리스인들로부터 이전된 것으로서, 제국 초기에 로마 인민이 가졌던 황제선출권은 후기에 이르러 로마 군대에로 이전되었다가, 다시 프랑크인들의 손을 거쳐 독일의 선제후들에게로 이전되었다.44) 따라서 독일의 선제후들에 의해 합법적인 절차에 따라 선출된 루드비히 4세는 신성로마제국의 의심할 여지가 없는 황제였다. 그러니까 인민의 정치적 역할 및 이들의 공공 이익

42) *Dialogus* III, tr.2, bk.1, ch.1 ; *OQ*, qu.5, ch.6.
43) *BR*, bk.4, ch.2. 제국 형성의 과정들에 관해서 언급되고 있는 대목들을 정리해 보면 다음과 같다.
　동의 : *Dialogus* III, tr.1, bk.2, ch.20 ; *Dialogus* III, tr.2, bk.1, ch.27 ; *Dialogus* III, tr.2, bk.3, ch.6 ; *BR*, bk.3, ch.8, 11.
　양도 : *OQ*, qu.2, ch.3.
　기부 : *Dialogus* III, tr.1, bk.2, ch.17.
　정의로운 전쟁 : *BR*, bk.4, ch.3~4 ; *OQ*, qu.5, ch.6.
44) *Dialogus* III, tr.2, bk.1, ch.29, 30 ; *CB*, bk.6, ch.5 ; *OQ*, qu.4, ch.6, 9 ; *OQ*, qu.5, ch.6.

에 대해서 가졌던 오캄 나름의 신념은 신성로마제국과 루드비히 4세의 황
제권에 대한 그의 현실적인 변론의 한 토대로서도 기능했던 것이 사실이
었다.45)

여기서 오캄의 세속정부론의 기본 지평을 정리해 두기로 하자. 무엇보다
도 그는 세속정부가 인간 본성에 입각한 그리고 신성한 정치 제도로서 현
세사의 관리라는 고유하고 자율적인 영역과 권한을 가진다고 생각하였다.
그에 의하면 인민의 의사가 세속정부의 합법성의 기초이며, 정치공동체의
공공 이익이 현세권의 목표이고, 공공 이익은 가변적 구체적인 것으로서
인정법상의 개인적 자유와 권리를 의미하였다. 또한 그는 세속정부의 절대
목표인 인민의 공공 이익이 제국이라는 정치 단위를 통해서 가장 잘 추구
될 수 있다고 주장하였다. 결국 이 점은 오캄의 인민주의적 세속정부론이,
적어도 당시 상황 하에서는, 루드비히의 제국정부가 아비뇽 교회정부로부
터 여하한 형태의 정치적 간섭도 받을 필요가 없다는 그의 판단과도 무관
하지 않음을 드러내고 있다.

3. 일원주의의 부정

오캄의 정치적 견해는 중세의 이원적 정치구조를 그 토양으로 하였다.
자율적 세속정부의 근거와 목표 특히 제국정부의 권위에 대한 오캄의 견
해는 교회정부를 부정하거나 또는 세속정부와 현세권의 내용을 배타적으
로 규명한 것이 아니었다. 오히려 그것은 교황권 및 다른 정치집단의 간섭
으로부터 황제권의 자율성을 보호하려는 방어적 옹호론의 성격을 가지고
있었다. 그리하여 그것은 연구자들에게 오캄의 의도의 핵심이 자신의 정치

---

45) 제국과 황제권을 변론하고 있는 대목들을 각각 정리해 보면 다음과 같다.
    제국정부 : *Dialogus* III, tr.2, bk.1, ch.1~5, 11~13 ; *BR*, bk.4, ch.14, ; *OQ*, qu.5,
       ch.6 ; *OQ*, qu.8, ch.4.
     황제권 : *Dialogus* III, tr.1, bk.2, ch.1, 20 ; *Dialogus* III, tr.2, bk.3, ch.17 ; *OQ*,
       qu.1, ch.12.

적 보호자였던 황제 루드비히 4세의 현세권을 단순히 변호하려는 데 있지
않았을까 하는 느낌을 가지게 하는 것이 사실이다. 오캄의 정치사상의 본
질을 제권주의적인 성격의 논리로 파악하는 시각은 말할 것도 없고, 그것
이 윌크스(M. Wilks)에 의해서는 '실망스럽게도 보수적' 논리로, 또한 베너
와 제이콥에 의해서는 '병행주의적 입헌주의'의 하나로, 그리고 레프(G.
Leff)에 의해서는 '전통적인 겔라시우스(Gelasius I)류의 병행주의'로 규정
되었던 이유도 여기에 있었다.[46] 과연 오캄의 자율적 세속정부에 대한 신
념의 본질이 제권주의적이거나 보수적이거나 병행주의적인 성격의 속권주
의 정치의식에 입각한 것일까?

먼저 아퀴나스 등이 대변하는 중세의 병행주의적 정치 이론가들은, 앞서
지적한 바와 같이, 세속정부와 교회정부 모두의 자율적인 영역과 권한을
한편으로는 인정하면서도, 여전히 근본적으로는 이들 두 제도의 종교적 의
미를 전제하고 있었다. 또한 그것은 이들 두 정부의 정치 권력이 역할을
분담함으로써 상보적으로 기능하고 동시에 균형이 유지되는 정치체제를
공통적으로 모색하고 있었다. 자율적인 세속정부와 자율적인 교회정부의
적극적인 조화와 협업은 가능할 뿐만 아니라, 그것이 바로 통일된 그리스
도교 사회의 으뜸 가는 정치 질서여야 한다는 것이 당대 병행주의자들의
생각이었다. 따라서 이들의 논의의 핵심도 두 자족적인 정부의 정치적 권
한들이 서로 겹칠 수 있는 잠재적 갈등의 영역과 사건들에 대해, 세밀한
제한과 장치들을 마련함으로써, 양자의 조화로운 협업을 이룩하고 그리하
여 궁극적으로는 그리스도교적 신앙과 가치가 구현되는 정치공동체를 성

---

46) Wilks, *Problem of Sovereignty*, p.87 ; Boehner, 'Ockahm's Political Ideas,' p.463
; Jacob, 'Ockham as a Political,' p.104 ; Leff, *William of Ockham*, p.616 등 참조.
겔라시우스(✝496)의 병행주의가 교권과 속권의 상호 보완적인 기능을 강조하는
방어적 성격의 논리였음에 비해, 아리스토텔레스의 사상이 수용된 이후 진전되었
던 아퀴나스류의 병행주의 이론은 교권과 속권이 모두 가지고 있는 고유한 영역
과 권한 그리고 각각의 자족성과 적극적인 협업체계를 보다 강조하는 경향이 있
다. 'Gelasian Parallelism'에 관해서는 Morrall, 『중세 서양의 정치사상』, pp.30~
31, 150 등 참조.

취하려는 데 있었다.

그러나 기본적으로 오캄은 세속정부를 이 땅에서 종교적 가치를 구현하기 위해 교회정부와 보완적으로 기능해야 할 인정제도로 이해하지 않았다. 물론 그 역시 세속사회의 형성에 관한 한 그리스도교적인 해석을 따랐지만, 그러나 그는 세속사회의 자율성이 원죄로 인해서 소멸되었다고는 전혀 생각하지 않았다.[47] 자율적 세속정부의 근거와 목표를 변함없는 인간의 본성적 권리와 탈종교적 공공 이익으로 규정하였던 것도 이와 같은 '혁명적' 인식 때문이었다. 흥미로운 사실은 이러한 오캄의 견해가 로마제국과 초기 그리스도교 사회에 대한 검토를 토대로 하고 있다는 점이다. 먼저 '그리스도와 그의 초기 사도들은 로마제국 내에서 활동하였다. 그러나 이들이 제국의 형성에 참여한 것은 아니었다'[48]라고 지적한 다음, 그는 계속해서 이렇게 주장하고 있다.

> 그리스도가 제국 법정의 판결에 따른 것은, 그가 제국정부의 정치적 합법성을 인정하였음을 묵시적으로 보여주고 있을 뿐만 아니라, 특히 그것은 그리스도 자신이 여하한 형태로든 이 땅에서 황제의 현세권을 제한하는 정치적 의미의 주권자가 아님을 분명히 드러내고 있다. 오히려 그리스도의 이 행동은 범죄행위들에 대한 판단과 처벌 더욱이 극형의 집행 등이 황제정부의 고유한 권리임을 보장해 주고 있다. 따라서 교회를 벗어나서는 여하한 정치적 주권도 존재하지 않는다는 교황권주의자들의 무책임한 주장은 비그리스도교도들의 본성적 권리에 대한 명백한 침해 행위이다.[49]
> 이성적 인간은 그리스도교 신앙을 받아들이게 마련이라는 의미 이외에는, 황제라고 해서 반드시 그리스도교도여야 한다는 것은 있을 수 없다. 그리스도교는 제국정부의 현세권에 아무런 영향을 미치지 않았으며, 또 그렇게 할 수도 없다.[50]

---

47) *Dialogus* III, tr.1, bk.2, ch.6, 22 ; *Dialogus* III, tr.2, bk.3, ch.6 ; *OND*, ch.23, 25.
48) *BR*, bk.3, ch.3.
49) *BR*, bk.3, ch.6.
50) *BR*, bk.3, ch.13.

기본적으로 오캄이 문제 삼았던 본성적 자율적 세속정부는 분명히 당대적 논쟁의 지평 즉 그리스도교로 개종한 통치자가 그리스도교도들로 구성된 사회를 관리하는, 그리고 그리스도교적인 이념을 지향하는 정부가 아니었다. 사실 그는 그리스도교도와 비그리스도교도들이 공존하고 있는 제국에서 이교도 황제가 이들 모두를 통치하는 것은, 과거에 그러했던 것과 마찬가지로, 앞으로도 편리한 일일 수 있다고 생각하고 있었다.51) 그리스도조차 이교도 황제의 현세권을 인정하지 않았던가. 또한 그는 '그리스도교 사회 내의 이교도들 역시 개인적인 신조와는 무관하게 재산권 등과 같은 본성적 권리들을 행사할 수 있다'52)고 밝혔다. 그리스도교 사회 내의 이교도 황제의 가능성조차 그는 이론상 배제하지 않았다. 어를테면 오캄은 비그리스도교적 세속정부의 현세권과 이교도적 황제 및 신민들의 정치적 권리들이 그리스도교적인 정부 및 신민들의 그것과 마찬가지로 합법적이라고 밝혔던 것이다.

더욱이 오캄은 '황제직은 엄격히 이교도들의 유산이다. 그리하여 그리스도교도 황제라 하더라도 그 권한에 있어서는 이교도 황제의 그것과 조금도 다를 바 없다. 그리스도교도인 황제의 종교적 기능은 그가 황제이기 때문이 아니라, 한 사람의 그리스도교도로서 가능한 것일 뿐이다'53)라고까지 주장하였다. 그에 따르면 정치적 및 사법적 강제력은 원죄 이후의 세속사회가 현세적인 필요에 따라 만들어 낸 것이므로, 강제력을 수반하는 모든 정치적 권한과 직책은 순수히 인정적 역사적 제도로 이해되어야 한다는 것이었다.54) 요컨대 오캄은 중세 교황권주의자와 병행주의자 모두에 의해 전통적으로 제국정부와 황제직에 부여되어 온 종교적 함의와 그리스도교적 의무를 단호하게 부정하여 버렸다. 그의 견해의 핵심을 전통적 병행주

51) *Dialogus* III, tr.2, bk.1, ch.11.
52) *Dialogus* III, tr.2, bk.1, ch.14.
53) *DIPP*, ch.12. 이와 유사한 지적을 우리는 *Dialogus* III, tr.2, bk.3, ch.4 ; *OQ*, qu.2, ch.6 등에서도 찾아볼 수 있다.
54) *Dialogus* I, bk.6, ch.48 ; *CB*, bk.3, ch.7 ; *OND*, ch.11, 18 ; *BR*, bk.2, ch.19.

의적 성격의 논리로 보기 어려운 이유도 여기에 있다. 그렇다면 그것은 과연 어떠한 성격의 논리일까.

오캄의 충격적인 주장은 그것이 당시의 정치적 현안과는 실제에 있어서 아무런 직접적인 관련도 없었다는 점에서 그 성격이 더욱 분명하게 드러난다. 오캄의 후견인이었던 황제 루드비히와 그의 추종자들은 자신들을 그리스도교 사회를 수호하는 진정한 기수로 간주하고 있었다.[55] 그러니까 만약 오캄의 핵심 의도가 루드비히 4세의 자율적 황제권을 단순히 변론하려는 정도의 것이었다면, 그의 주장은 지나친 것일 수밖에 없다. 그리스도교 사회의 기수임을 자처하는 황제의 이론가였던 오캄이 구태여 비그리스도교적인 세속정부의 합법성 및 이교도 황제와 이교도 인민집단의 정치적 권리들을 천명하였던 이유가 과연 어디에 있었을까. 이를테면 그것이 적어도 오캄에 있어서는, 모든 그리스도교 사회 역시 반드시 입각해야 하는 정치 질서의 근본 원리이기 때문이었다.

오캄은 중세 정치 이론가로서는 독특하게도 교회정부가 수립되기 이전의 초기 그리스도교 사회가 세속정부의 본연의 모습 및 속권과 교권의 올바른 관계를 드러낸다고 생각하였다. 무엇보다도 그가 주목하였던 점은, 그리스도교 사회가 형성되기 이전에 이미 확립된 로마제국의 합법성이 그리스도와 그의 사도들에 의해서 완전하게 인정되었다는 사실이다.[56] 그리하여 비그리스도교적인 제국과 비정치적인 그리스도교 집단이라는 초기의 관계는, 그에 따르면, 언제나 지향되어야 할 사회 조직의 모범이었다. 중세 종교개혁 운동들의 끊임없는 이상이었던 완전한 공동체로서의 초기 그리스도교 사회가,[57] 역설적이게도 오캄에 의해, 제국과 황제권에 부과되어 온 종교적 의무의 철저한 부정 및 세속정부의 극단적인 탈종교제도화 논리의 근거로 기능하였던 것이다.

55) Oakley, *Church in the Later Middle Ages*, pp.44~45, 100, 158 역시 참고할 만하다.
56) *Dialogus* III, tr.2, bk.1, ch.4 ; *OQ*, qu.4, ch.6, 9.
57) 중세 종교개혁운동의 성격에 대해서는, B. Bolton 저, 홍성표 역, 『중세의 종교개혁』 (1999) 참조.

오캄은 세속정부를 기본적으로 그리스도교와는 무관한 본성적 인정제도로 규정하였다. 이는 그리스도에 의해 인정되었으며 역사적으로 실천되어 온 정치 원리였다. 그러니까 그의 논리는 처음부터 당대 제권주의자들의 그것과는 다른 지평의 것이었다. 뿐만 아니라 그에 따르면 현실적인 정치 문제들에 관한 한 세속정부는 본성상 교회정부를 협력의 동반자로 전제하여야 할 이유가 없었다. 필자의 견해로는, 여기에 오캄의 시각과 아퀴나스류의 병행주의 이론가들의 한 핵심적인 차이점이 있다.[58] 사실 우리는 오캄에게서 중세 병행주의적 이론의 요체인 세속정부와 교회정부의 협업과 조정을 위한 논의와 장치들을 거의 찾아볼 수 없다. 왜냐 하면 오캄은 이들 두 정부의 근본 성격을 판이하게 다른 지평에서 파악하였으므로, 적어도 정치적인 문제들에서 양자의 권한이 서로 겹치거나 상충할 수도 있는 영역을 아예 상정하지 않았던 것이다.

그럼에도 불구하고 당시 사회가 그리스도교 사회였으며, 그 사회의 구성원이 사실상 그리스도교도였고, 또한 이들의 정신사와 현세사가 각각 교회정부와 세속정부에 의해 관리되어야 한다는 병행주의적이라 할 수도 있을 견해, 즉 자율적인 두 정부로 운용되는 하나의 사회라는 정치체제가 오캄에 의해서도 부정되지는 않았다.[59] 따라서 그의 주장을 일종의 '변형된 병행주의적 이론'으로 규정할 수는 있을 것 같다.[60] 그러나 오캄이 제시한 세속정부와 교회정부의 관계는 중세 병행주의자들의 그것과는 근본적으로 그 궤를 달리하였다. 그것은 두 정부의 조화와 협업이 아니라 양자의 영역과 기능의 첨예한 분리에 오히려 역점을 두고 있었다. 다시 말해서 그리스

---

58) 아퀴나스도 이교도 황제의 현세권을 합법적인 정치적 권한으로 인정한 것은 사실이다. 그러나 아퀴나스는 이것을 '교회정부의 관용' 또는 '과거의 사실' 등으로 설명함으로써 그것의 정당성에 소극적으로 동의하였다. *Summa Theologica* IIa, IIae, qu.10, a.10 ; qu.12, a.2, ad.1 참조. 반면에 오캄은 이것을 적극적인 정치 원리로 수용하였다. 니쉬는 이를 'historical conjuncturalism'으로 해석하였다. Knysh, 앞의 책, p.62 ; McGrade, 앞의 책, pp.101~103 참조.
59) *Dialogus* III, tr.1, bk.2, ch.1 ; *OQ*, qu.7, ch.5 ; *BR*, bk.4, ch.1.
60) Wilks, 앞의 책, pp.146~148 ; Watt, 앞의 책, pp.182~183 등 참조.

도교 공화국 내의 탈정치적인 교회정부와 비종교적인 세속정부라는 두 관리체의 다른 지평상의 단순한 공존이 오캄이 추구하였던 그리스도교 사회의 기본적인 정치 질서였던 것이다.

그렇다고 하더라도 오캄의 이러한 논의들은 여전히 세속정부와 교회정부의 관계가 어떠해야 하는가라는 전통적 주제에 속한 것이었다. 다시 말해서 오캄이 세속정부를 자율적이고 비종교적인 인정제도로 이해하였다는 사실이 곧 바로 세속정부와 그것에 의해 관리되는 피지배집단 사이의 문제에 대한 그의 시각을 충분히 드러내지는 않는다. 그러나 신민집단의 본성적 자유와 권리를 보장하는 세속정부라는 오캄의 견해의 성격이 제대로 규명되기 위해서는 이 측면 역시 반드시 검토되어야 한다. 그런데 지금까지 중세 정부의 내정구조 즉 세속정부와 피지배집단의 관계를 설명하여 온 틀은, 울만이 제시했던바, 신정적 하향적 이론 또는 인민주의적 상향적 이론이었다. 그러니까 일단 논의의 초점은 오캄의 정치적 주장이 이들 가운데 어느 쪽에 속하는가, 그리고 그것의 고유한 성격을 어떻게 자리 매김할 것인가 하는 문제이겠다.

먼저 이 시기의 제권주의자들은 교황권주의자들과의 격렬한 대립에도 불구하고, 절대적인 황제권의 근거를 그것에 부여되어 온 종교적인 신성성에서 여전히 찾고 있었다. 이들과 교황권주의자들의 차이는 신의 현세적 대리자가 교황이 아니라 황제라는 데 있었을 뿐, 이들의 논리 역시 신정적 내지 하향적 정치의식에 입각해 있었다는 점은 교황권주의자들과 조금도 다를 바 없었다.61) 그리하여 제권주의자들은 신과 황제 그리고 정치적 피지배집단 사이의 관계란 마땅히 계서적이고 하향적으로 조직되어야 한다고 생각하였다. 이들에 의하면 피지배집단의 정치적 순복의 의무가 강제되는 수장제 내정구조가 제국의 자명한 정치 질서여야 했으며, 황제의 절대적인 정치적 권위에 대한 도전은 일종의 독신적 비그리스도교적 행위로 간주될 수 있었다.

---

61) Ozment, *Age of Reform*, pp.135~136 참조.

오캄의 후견인이었던 황제 루드비히 4세가 신정적 절대주의 정치 원리의 신봉자였다는 사실은 재론의 여지가 없다. 이 점은 루드비히 4세의 주도 하에 작성된 「합법적 권리」의 서문, 즉 '애초부터 황제의 권한은 오직 그리고 직접 신으로부터 비롯되었다. 신은 황제와 세속군주들을 통해서 신민들에게 정치적 권리들을 부여하였다. …… 황제는 신민의 재산, 권리 및 기타 제국사에 속하는 모든 일들을 관리하는 데 필요한 완전한 권한을 가지고 있다. 황제의 현세권은 교황의 재가 또는 그 밖에 어떠한 정치집단들의 동의도 필요로 하지 않는다. 황제에 대한 복속은 모든 신민의 의무이다'[62]라는 지적에서도 분명하게 드러난다. 사실 대립교황을 세우는 일과 같은 루드비히의 과격한 반교회적 행위도, '이교도로 전락한 교황은 이미 그 순간 사실상 교황직을 상실한다. 이단자 - 교황의 경우에는 그가 폐위되었음을 밝히는 여하한 법률적인 절차도 필요하지 않다. 따라서 이단자 - 교황인 요한 22세는 이미 교황이 아니며, 한낱 평신도보다도 더 작은 존재이다'[63]라는 극히 종교적인 명분에 기초한 것이었다.

그러니까 오캄의 정치적 주장들이 하향적 정치의식에 근거하고 있는가 또는 그렇지 않은가 하는 문제는, 동시에 그의 견해가 황제를 절대 정점으로 하는 세속정부를 지향하는 이론 즉 제권주의적 성격의 것인가 하는 쟁점 역시 풀어주는 한 관건이기도 한 것이다. 분명히 오캄은 황제에게 봉사하는 이론가였고, 또한 그가 제국을 그리스도교적 사회의 바람직한 정치단위일 수 있다고 생각하였던 것이 사실이다. 더욱이 그는 '로마인들로부터 합법적으로 위임된 황제의 현세권은 성서와 역사에 의해 보장된 것이므로, 그것에 대한 도전은 정치적으로 불법적인 행위일 뿐만 아니라 종교적으로도 이단적인 행위일 수 있다'[64]라고까지 지적한 적도 있었다. 그러

---

62) O. Berthold, *Kaiser, Volk und Avignon* (Berlin, 1960), p.282. 울만은 이와 같은 관점에 의한 「합법적 권리」의 이해가 그것을 토대로 1356년 공포된 찰스 4세의 「*Golden Bull*」의 성격도 제대로 드러낸다고 주장하였다. *A Short History of the Papacy in the Middle Ages* (London, 1974), pp.285~286, 290 등 참조.

63) Wilks, 앞의 책, p.516 ; McIlwain, 앞의 책, p.277 역시 참고할 만하다.

64) *Dialogus* III, tr.1, bk.1, ch.9. 이와 유사한 지적은 *BR*, bk.4, ch.1, 10 ; *OND*, ch.93

나 그렇다고 해서 이를 근거로 오캄을 '신민의 모든 정치적 권리들은 반드시 황제에 의해 규제되어야 한다'라고 주장했던 제권주의자들의 신정적 하향적 정치의식과 직결시켜 해석하기는 어렵다.

오캄에 따르면 로마제국의 역사가 황제권의 합법성을 보장하는 근거였다. '오늘날의 모든 합법적 정치 원리들은 로마제국에서부터 비롯되었다'는 것이 그의 기본 시각이었다. 더욱이 흥미로운 점은 제국 역사에 대한 그의 이 같은 고찰이 황제의 절대권을 맹렬히 부정하는 근거로도 동시에 기능하고 있다는 사실이다. 이 경향은 제국의 형성 과정에 대한 그의 지적에서부터 뚜렷이 찾아볼 수 있다.

> 로마 인민들은 전 세계의 보편적인 공익을 위해서 모든 인류를 지배하는 한 사람의 통치자 즉 황제가 필요하다고 느꼈다. 제국 형성에 반대하였던 집단이 공공 이익을 저해하는 자들이었으므로, 제국 건설의 과업은 로마 인민들과 이들에 동의하는 자들의 손에 맡겨졌다. 이 점이 제국 건설에 반대하였던 자들과 반란집단들을 로마 인민들이 합법적으로 복속시킬 수 있었던 이유였다.[65)

무엇보다도 오캄은 제국이 황제에 의해서가 아니라 '로마 인민들과 이들에 동의하는 자'들에 의해서 건설되었다고 지적하고 있다. 또한 그는 제국의 합법성을, 제권주의자들의 생각과는 달리, 철학적 내지 종교적인 원리에서가 아니라, 인류의 공공 이익의 보호라는 그것의 구체적인 기능에서 찾아야 한다고 분명히 말하고 있다. 오캄에 따르면 인민의 동의와 이들의 공공 이익이 제국정부의 근본이고, 황제직은 인민들이 필요하다고 느꼈기 때문에 이들의 선택에 의해 수립된 말하자면 부수적인 조직이었던 것이다.

등에서도 확인된다. 필자는 바로 이러한 지적들이 정치적 선동가 내지 논쟁객으로서의 오캄의 면모를 잘 드러내고 있다고 생각한다. 오캄의 정치 이론의 핵심적 논리구조와는 경우에 따라서 구별해서 파악되어야 할 이 같은 측면에 대한 불충분한 이해가 전통적인 제권주의적 해석에서 흔히 발견된다.

65) *Dialogus* III, tr.2, bk.1, ch.27.

인민과 통치자의 관계에 대한 이러한 인식이 절대적 황제 내지 제권주의
적 정치 이론을 보는 그의 시각을 결정하는 지평이었다. 먼저 황제의 절대
권에 대해서 그는 이렇게 말하고 있다.

> 황제에게 위임된 권한이 현세사에 관한 절대권으로 해석되어서는 안 된
> 다. 만약 황제가 절대권을 가지고 있다면, 그것은 교황이 그러할 경우와 조
> 금도 다를 바 없이, 모든 신민이 황제의 노예 내지 예속민임을 드러내는 것
> 이상은 아무것도 아니다.66)
> 황제라고 해서 현세사에 관하여 피지배집단의 그것보다 더 많은 정치적
> 권한을 가질 수는 없다. 이 점은 극히 명백하다. 황제의 권한은 원래 인민
> 들로부터 위임되었다. 따라서 인민이 그들 자신조차 가지지 않은 권한을
> 다른 사람에게 위임할 수는 없을 것이 아닌가.67)

오캄은 여하한 명분으로도 황제를 포함한 모든 통치자들의 정치적 권한
이 절대적인 것일 수 없다고 밝혔다. 그것은 인민으로부터 유래된 것으로
서, 그것의 절대화는 인민의 노예화를 초래할 것이었다. 그에 의하면 인민
의 정치적 권한은 언제나 그리고 반드시 통치자의 그것에 비해 보다 큰 것
이어야만 했다. 이는 '극히 명백한' 정치 원리의 일부였다. 뿐만 아니라 그
는 세속통치자가 가지는 현세권의 근본 성격을 이렇게 규정하였다.

> 세속통치자가 설령 피지배집단의 동의에 따라 현세권을 부여받았다 하더
> 라도, 그가 전제자로 전락할 가능성은 언제나 있다. 법률과 정부는 하나의
> 목적을 가지고 있는바, 그것은 그 자체가 좋고 선하기 때문에 제정된 것이
> 아니다. 그것은 오직 인민의 공공 선을 저해하는 요인들을 개선하고 징벌
> 하기 위한 수단이다. 만약 황제나 세속 제후들이 공공의 이익보다도 사사
> 로운 이익을 우선시킬 경우, 이들이 정당한 통치자로 간주되어서는 안 된
> 다.68)

---

66) *Dialogus* III, tr.1, bk.2, ch.20.
67) *Dialogus* III, tr.1, bk.2, ch.27.
68) *OQ*, qu.3, ch.8.

명백히 오캄에 따르면, 인민집단이 세속통치자들에게 현세권을 위임한 것은 통치자의 이익을 위해서가 아니라 인민들 스스로의 이익을 추구하기 위해서였다. '인민의 공공 이익과 통치자의 사사로운 이익이 서로 충돌할 경우에는, 본성적인 이익 즉 인민의 공공 이익이 반드시 우선되어야 한다. 따라서 모든 세속정부는 여하한 경우에도 제한된 정치적 권한만을 가져야 한다'69)는 것이 그의 생각이었다. 통치자의 권한은 원래 '그 자체가 좋고 선하기 때문에 제정된 것이 아니라, 인민의 공공 선을 보장하는 수단이다'는 인식이 그의 논의의 지평이었다. 그는 먼저 통치자의 사적 이익을 인민의 공공 이익으로부터 구별하고, 세속정부와 현세권의 근거를 인민의 동의에 두었으며, 그것의 존재 이유를 오직 인민의 공공 선에 대한 기여에서 찾았던 것이다.

앞서 오캄은 황제의 현세권이란 원래 신민집단이 자신들의 본성적 권리의 일부를 자발적으로 위임함으로써 형성된 것이라고 지적하였다. 이제 그는 신민의 공공 이익을 확대해 가는 일이란 무엇보다 인민들 스스로의 자율적인 판단과 권한에 속하는바,70) 황제에게는 단지 인민의 공공 이익을 저해하는 요인들을 징벌하는 제한된 정치적 권한만 위임되었다고 밝히고 있다. 그러니까 오캄에게 있어 황제의 현세권이란 인민집단이 자신들의 공공 이익을 실현하고 보호하기 위해 황제라는 대리자를 통해 사용하는 한 정치적 수단이었던 셈이다. 더욱이 인민의 본성적 자유와 권리를 보장하는 것이 바로 신법과 복음의 정신이었다. 따라서 그리스도교를 이유로 한 모든 유형의 전능권 요구는 오류이고 거짓이며,71) 황제가 전제자로 전락할 가능성은 언제나 있고, 누구도 개인의 본성적 자유와 권리를 빼앗을 권한은 없다는 것이 그의 견해였다. 중세 제권주의의 주된 기반이었던 황제의

69) *OQ*, qu.7, ch.7.
70) *Dialogus* III, tr.1, bk.1, ch.7 ; *Dialogus* III, tr.1, bk.2, ch.17 ; *OQ*, qu.3, ch.4 ; *AP*, ch.2.
71) *Dialogus* III, tr.1, bk.1, ch.7 ; *Dialogus* III, tr.2, bk.2, ch.26~28 ; *OQ*, qu.1, ch.6 ; *BR*, bk.2, ch.4 ; *CB*, bk.6, ch.4.

신정적 절대권에 대한 이보다 강렬한 전면적 부정은 매우 드물 것이다.

또한 여기서 반드시 주목하여야 할 점은, 오캄이 진정한 공공 선의 본질을 정치공동체 구성원들의 개인적 자유와 권리의 보전으로 보았다는 사실이다.[72] 정치적 의미의 공공 선이란 그 내용이 정치공동체 구성원들에게 보장된 구체적인 권리와 자유로운 삶의 여건이며, 종교적으로 보더라도 자유민들로만 구성되는 사회가 이상적인 그리스도교 사회라고 그는 판단하였다.[73] 다시 말해서 그는 여하한 경우에도 공공의 이익을 공동체 구성원들이 이 땅에서 향유하는 개인적인 권익 및 자유와 분리해서 생각하지 않았다. 오히려 그에 따르면 개인들의 집합이 곧 공동체인 것과 마찬가지로, 개별적인 권익의 누적이 바로 공공의 이익이었다. 결국 세속정부와 법률은 하나의 목적 즉 공공 선의 보호를 위한 수단이다는 오캄의 주장은, 다름이 아니라 그것이 사회구성원들의 개별적인 이익을 보호하는 수단이어야 한다는 것을 의미하였다. 이를 정리하면, 수단은 목표를 위해서 봉사할 때 가치를 가질 수 있다. 그런데 세속정부의 정치 권력 독점은 결코 사회구성원들의 개인적 자유와 권리를 보호할 수 없다. 따라서 인민의 공공 선 즉 자유로운 개인들의 권리와 이익의 보장과 절대주의적 전제적 세속정부는 근본적으로 병행될 수 없다는 것이었다. 모든 세속정부의 현세권은 언제나 그리고 엄격히 제한되어야 한다는 오캄의 신념의 유니크한 의미가 이 점에 있었다.

여하한 의미에서도 오캄은 황제권을 절대화하려고 하지 않았으며, 인민의 본성적인 자유와 권리들이 세속정부에 의해 일방적으로 규제되어야 한다고 생각하지 않았다. 그것은 수단의 목표에 대한 침해이기 때문이었다. 요컨대 우리는 그의 격렬한 반교황적 정치 활동들에도 불구하고, 오캄과 제권주의자의 거리가 그와 교황권주의자의 그것에 비해 이론상 보다 가까운 것이었다고 판단할 만한 근거를 전혀 찾아볼 수 없다. 이 점이 오캄의

---

72) *Dialogus* III, tr.1, bk.2, ch.15 ; *OQ*, qu.3, ch.11.
73) *Dialogus* I, bk.6, ch.24 ; *Dialogus* III, tr.1, bk.4, ch.12~20 ; *Dialogus* III, tr.2, bk.2, ch.28 ; *DIPP*, ch.6~7 등 참조.

다양한 정치적 주장들을 관통하는 내면의 한 원리를 드러내고 있다. 그가
맹렬히 부정한 것은 제권주의자와 교권주의자 모두의 기저에 깔려 있었던
신정적 하향적 정치의식 바로 그것이었다.74) 또한 우리가 오캄의 견해를
인민주의 정치 이론으로 규정하는 핵심적 근거도 여기에 있는 것이다.

'정부는 하나의 수단이다'는 오캄의 주장은, 제국에 대한 그의 선호에도
불구하고, 세속정부가 그 형태에서 다양할 수도 있다는 인식 역시 함의하
였다. 제국과 당시 형성의 초기단계를 막 경과하고 있던 지역국가의 관계
를 보는 그의 시각이 이 점을 반영하고 있다.

　황제는 자신이 일상적으로 관리할 수 없는 각 지역의 왕국들의 자율성을
　허용하고, 이들 왕국의 군주들에게 자신의 지역에 대해서 정치적 및 사법
　적 권한들을 직접 행사하도록 보장할 필요가 있다. 실제로 오늘날 황제의
　사법권이 직접 미칠 수 있는 지역은 여전히 제국의 영토로 순수하게 남아
　있는 지역 즉 독일과 이탈리아의 일부 지역에 한정되어 있을 뿐이다.75)

오캄은 황제에 의한 보편적 지배가 아니라 지역국가들의 자율성과 왕국
군주들의 권한 보장이 보다 필요하다고 분명하게 지적하고 있다. 그에 따
르면 대부분의 왕국들이 이미 확립된 군주세습제의 전통을 가지고 있었다.
또한 황제라고 해서 지역국가의 군주들에게서 그들의 정치적 권한을 빼앗
거나 또는 새로운 군주를 선택할 권리를 가지고 있지 않으며, 더욱이 특정
한 가계나 개인을 정치 지배자로 선출하거나 이들의 현세권을 거부하는
일은 본성적으로 인민집단의 고유한 권리에 속하는 것이었다.76) 따라서 제
권주의자들이 주장한 모든 지역과 인민을 획일적으로 규제하는 제국적 정
치체제란 현실적으로도 불가능하다는 것이 그의 판단이었다.

사실 오캄은 그의 저술 어느 곳에서도, 반드시 유지되어야 할 정치 단위

74) McGrade, *Political Thought*, pp.112~115, 132~133 참조.
75) *OQ*, qu.8, ch.4~5.
76) *Dialogus* III, tr.2, bk.2, ch.7 ; *OQ*, qu.2, ch.6, 9 ; *OQ*, qu.3, ch.10 ; *OQ*, qu.4,
　　ch.10 ; *OQ*, qu.8, ch.7 ; *CB*, bk.7, ch.14.

가 제국이라거나, 황제중심적 보편제국이야말로 그리스도교 사회가 진지하게 추구하여야 할 세속정부의 형태라고는 전혀 주장하지 않았다. 오히려 그는 '과거에도 황제가 제국에 속한 모든 지역과 신민을 한결같이 지배한 것은 아니었다. 제국정부는 그것에 부여된 정치적 의무를 담당하는 데 필요한 권한을 유지하는 한, 가능한 한 많은 자율과 자유를 각 지역의 군주와 신민들에게 허용하는 것이 바람직하다'77)고 밝혔다. 그에 따르면 제국과 자율적인 지역국가들의 공존은 과거에도 있었을 뿐만 아니라, 독일과 이탈리아의 일부 지역을 제외하고는 황제의 통치권이 일상적으로 미치지 않는, 당대적 정치 질서 하에서는, 반드시 공존하는 것이 바람직한 정치 질서였다.78) 그에 의하면 자율과 자유의 확대가 보다 근본적인 정치 원리였던 것이다.

이미 오캄은 교황비상권론을 통해서 황제의 통치권을 상당한 정도로 완화하였다. 또한 그는 황제의 현세권을 정치공동체의 공공 이익 즉 인정법상의 개인의 자유와 권리를 보호하는 하나의 수단으로 규정하였다. 더욱이 그는 '정치적 강제력이 특별히 요청되는 긴급한 시기에도, 황제는 신민의 권리와 재산들을 보호해야 할 의무가 있으며 또 황제의 현세권 행사는 경우에 따라서 무제한 유보될 수 있다'79)라고까지 지적하였다. 결국 황제권의 직접적인 보호와 후원에도 불구하고, 오캄이 정작 제시하였던 황제권의 영역은 매우 협량한 것이 아닐 수 없다. 사실 황제의 정치적 권한은 여하한 경우에도 반드시 제한되어야 하며, 때로는 무한히 유보될 수도 있고, 자유로운 인민들의 개별적인 권리와 이익 보장이 제권의 존재 이유일 뿐만 아니라, 지역국가의 자율성이 보다 중요하다는 등의 주장은, 황제 루드비

---

77) *OQ*, qu.4, ch.4.

78) 오캄은 여러 곳에서 세속정부의 형태, 특히 제국정부의 가변성에 대해서 언급하고 있다. *Dialogus* III, tr.2, bk.1, ch.29~30 ; *OQ*, qu.4, ch.6 ; *CB*, bk.13 ; *DIPP*, ch.12 등. 이 점을 근거로 니쉬는 오캄이 구상하였던 앞으로의 유럽의 정치 질서가 자율적 국민국가 체제였음이 분명하다고 주장하였다. Knysh, 앞의 책, p.107.

79) *OQ*, qu.2, ch.2. 이와 유사한 지적을 *Dialogus* III, tr.2, bk.1, ch.8 ; *Dialogus* III, tr.2, bk.2, ch.21 등에서도 발견할 수 있다.

히에게는 오히려 당혹스러운 충격이었을 것이다. 명백히 오캄의 주된 관심은 그의 후견인의 요구였던 '신성한 황제권의 비호'와는 거리가 먼 것이었다고 하겠다.

단지 여기서 한 가지 주목할 점은, 이와 같이 협량한 황제의 현세권이 긴급한 시기에 유보되는 경우, 공동체의 유지에 반드시 필요한 정치적 강제력이 어떻게 그리고 누구에 의해서 행사되어야 하는가 하는 쟁점에 관해서는 오캄 역시 충분히 언급하지 않았다는 사실이다.[80] 요컨대 오캄은 교황정부로부터 제국정부를 분리함으로써 제국정부의 영역과 자율성을 보호하고자 했던 동시에, 제국정부의 정치적 권한을 또한 제한함으로써 그것에 속하였던 지역 왕국과 인민집단의 자율성과 공공 이익을 보호하고자 하였을 뿐, 실제로 인민의 공공 이익이 어떠한 정부에 의해서 가장 잘 성취될 수 있다고는 단정하지 않았다. 세속정부의 형태에 관한 한 오캄은, 모랄(Morrall)이 지적했듯이, '면도날' 같은 판단을 보류하고 이를테면 실용주의적이라 할 유연한 태도를 취하였던 것이다.[81]

우리는 오캄에게서 교회정부의 합법성, 합리의 절대성, 제국과 지역국가를 동시에 포괄하는 세속정부의 자율성, 그리고 무엇보다도 인간의 본성적 개별적 자유와 권리 및 인민집단의 공공 이익의 중요성 등에 대한 인식을 모두 찾아볼 수 있었다. 이 점이 바로 그의 정치적 주장들의 독창성과 시대성을 함께 드러내 준다. 오캄은 결국 추상적인 정치 원리의 정당성에만 집착한 단순한 이상주의자가 아니었다. 오캄의 세속정부론은 역사상의 인정정부들, 특히 로마제국의 실제 양상과 그 구체적인 효용에 대한 세밀한 판단들에 근거를 두고 있었다. 그의 의도의 핵심은 자유로운 개인들의 권리와 이익을 정치공동체의 공공 이익으로, 그리고 이를 모든 현세적 정치권력의 절대 목표로 규정하고, 이를 당대의 정치 상황 하에서 어떻게 현실적으로 가장 안전하게 보장할 수 있을까 하는 데 있었다.[82]

---

80) 이 점은 지금도 다양한 논쟁을 불러일으키는 원인의 하나이다. McGrade, 'Ockham and the rebirth of individual right,' *Authority and Power*, pp.152~154 참조.
81) Morrall, 'Some notes on a recent interpretation,' pp.355~356.

지금까지의 검토는 오캄의 정부론이 중세적 병행주의적 논리가 아니며, 세속정부의 내정구조에 관한 논리는 교황권주의자는 물론 제권주의자들의 견해와도 근본적으로 다르다는 점을 분명히 해주고 있다. 오캄은 결코 신정적 하향적 정치의식의 소유자가 아니었다. 그러나 문제는 여전히 남는다. 그렇다면 오캄이 울만류의 인민주의적 상향적 정치의식을 가진 이론가였던가 하는 점이 그것이다. 다시 말해서 그가 마르실리우스와는 어떻게 달랐던가 하는 의문이 여기서 당연히 제기되는 것이다.

상향적 정치의식은 두말할 나위 없이 인민주권론을 통해서 표출되었다. 마르실리우스류의 인민주의자들은 우선 황제 또는 교황이 아니라 인민집단이 절대적인 의미의 정치적 주권체라고 규정하였다. 그리하여 세속정부의 구성이 반드시 인민의 동의에 입각해야 함과 동시에, 인민의 의사가 모든 법률적 정의와 정치적 권한의 실체여야 했다. 이들에 따르면 황제, 교황 그리고 종교 및 세속제후 등 정치적 관리권을 직접 담당하는 계층은 오직 인민집단의 전제를 위한 단순한 장치들에 불과하였다. 분명히 이들은 정치 권력의 주권체와 권력 흐름의 방향을 신정적 정치의식의 그것과는 매우 다르게 파악하였다. 그러나 이들 역시 정치적 주권의 단일성 즉 인민집단의 의사를 절대화함으로써, 결과적으로 정치 권력의 일방적인 흐름이 정당한 정치 질서라는 전통적인 의식으로부터는 조금도 벗어나지 못했다. 정치적 주권이 교황에게 있든 인민집단에게 있든, 신이 하나인 것과 마찬가지로 정치적 주권체는 하나이며, 정치 권력은 이 단일 주권체의 의사를 일방적으로 강제하는 것이라는 중세의 일원적 주권 인식은 여전히 유지되었던 것이다. 다시 말해서 일원주의 정치의식(political monism)은, 제권주의자 및 교황권주의자들에게서와 마찬가지로, 중세적 인민주의 이론에서도 기본적인 토대를 이루고 있었다.[83]

---

82) 현실 정치 이론가로서의 오캄의 면모를 충분히 고려하는 것이, 일견 복합적으로 보이는 그의 여러 주장들의 본질을 포착하는 데 매우 중요하다고 생각한다.

83) Ullmann, *Principles of Government*, pp.215~230, 269~270 ; McGrade, 앞의 책, p.83 ; Ozment, 앞의 책, pp.154~155. 제1장 용어 해설 참조.

마르실리우스로 대변되는 이 시기 인민주권론은 구체적으로 두 가지 요소, 즉 피지배집단의 동의 및 이들의 지속적인 정치 활동에의 참여 보장이 세속정부의 합법성과 강제력을 유지하는 관건이라고 이해하였다. 또한 마르실리우스는 '세속정부는 사제들에 대해서도 완전한 관리권을 가지고 있다. 또한 경우에 따라서는 이들의 직책을 박탈할 수도 있다'[84]고 밝힘으로써, 세속정부가 교회정부를 관리해야 한다고 주장하였다. 상향적 정부론자들이 제시하였던 세속정부는 다름이 아니라, 인민집단을 절대 주인공으로 하는 그리고 인민집단에 의해 전제되는 정부였다.

앞서 지적한 바와 같이, 오캄도 세속정부의 토대가 인민의 의사와 동의이며, 올바른 세속정부가 운용되기 위해서는 인민의 정치적 역할이 매우 중요하다고 밝혔다. 그에 따르면 피지배집단의 정치적 저항도 인민들에게 부여된 본성적 권리의 일부였다. 그렇다고 해서 그는 인민들의 지속적이고 직접적인 정치 활동에의 참여를 마르실리우스처럼 보장하려고 하지는 않았다. 그는 이렇게 말하고 있다.

설령 세속정부가 인민집단의 의사에 따라 구성되었다 하더라도, 정당한 이유 없이 인민집단의 의사와 반대만으로 정부를 해체하는 것은 합법적이라 할 수 없다. 이 점은 인민집단의 구성원들 사이에서도 마찬가지이다. 한 집단이 특정 개인에게, 그가 반드시 원하지는 않는 일을 하도록 명령할 경우, 이 명령을 받은 자가 스스로 그 수행을 바라지 않는 한, 반드시 이에 따라야 할 의무는 없다.[85]

자발적으로 스스로를 다른 사람의 정치적 지배 하에 복속시킨 경우에도, 그것은 피지배집단과 지배계층 모두에게 상호 의무를 부여한다. 따라서 지배자가 자신에게 부과된 의무를 위배하지 않는 한, 피지배집단의 자유의사만으로 그에 대한 정치적 복속이 철회될 수는 없다. 세속정부는 통치자를 포함한 그것의 구성원 전체의 동의를 통해서만 해체될 수 있다.[86]

84) *Defensor Pacis*, bk.I, ch.15, qu.3.
85) *BR*, bk.4, ch.12~13.
86) *Dialogus* III, tr.1, bk.2, ch.6.

명백히 오캄은 세속정부의 합법성 여부를 피지배집단의 의사가 지속적
·전적으로 반영되고 있는가 또는 그렇지 않는가 하는 문제와 직접 결부
시키지는 않고 있다. '피지배집단의 자발적인 의사에 따라 구성된 세속정
부라 하더라도, 이들의 생각만으로 그것이 해체되지는 않는다. …… 제국
의 기존 체제가 해체되기 위해서는 황제의 동의가 반드시 있어야 한다'[87]
는 그의 지적은, 피지배집단의 본성적 권리들뿐만 아니라 지배계층의 현실
적인 정치적 특권 역시 동시에 보호하고 있다. 여하한 집단 또는 개인도
무오류할 수는 없으므로[88] 인민집단의 의사라고 해서 반드시 정당한 것은
아니었다.[89] '이 땅에서의 올바른 정치 질서는 피지배집단과 지배계층 모
두에게 상호 의무를 부여한다'는 오캄의 견해는 결국 피지배집단의 주권적
정치 참여를 억제하게 마련일 것이다. 더욱이 계서적인 권력 위임을 근간
으로 하는 기존의 봉건적 정치구조 하에서, '인민집단의 의사와 반대만으
로 정부가 해체되어서는 안 된다' 내지 '피지배집단의 자유의사만으로 정
치적 복속이 철회되지는 않는다' 등의 견해가 체제유지적 기능을 담당하리
라는 것은 자명한 일이다.

그렇다고 해서 오캄이 인민의 동의에 의한 특정 황제의 폐위 가능성을
완전히 부정한 것은 아니다. 이미 그는 불의한 통치자에 대한 적극적 저항
을 모든 신민의 의무라고 밝힌 바 있다. 또한 당시 황제 루드비히 4세의 현
세권에 도전하고 있던 볼드윈(Baldwin of Trier)의 주장에 대해서도 그는
부분적으로 공감하고 있었다.[90] 그러나 무엇보다도 그는 인민의 저항권 역

---

87) *OQ*, qu.8, ch.4.
88) *Dialogus* I, bk.5, ch.1~3, 25~30 ; *Dialogus* III, tr.1, bk.3, ch.1~3, 25~30 ; *Dialogus* III, bk.5, ch.3, 5~11 등 참조.
89) *Dialogus* III, tr.1, bk.3, ch.18~20.
90) *Dialogus* III, tr.1, bk.2, ch.6. 볼드윈이 1345년경 진지하게 추구하였던 루드비히 4세의 폐위 시도는 기본적으로 황제 선출권을 가진 독일의 선제후들로 하여금 실질적인 정치 주권체로 재기능하도록 만들고자 하는 노력이었다. E. E. Stengel, 'Baldwin von Luxemburg, ein grenzdeutscher Staatsmann des 14. Jahrhunderts,' *Abhandlungen und Untersuchngen zur mittelalterlichen Geshichte* (Cologne, 1960), pp.180~217 ; Miethke, *Ockhams Weg*, pp.130~131 참조.

시 정의와 공공 이익에 입각하여야 한다고 생각하였다. 따라서 세속군주가 '자신에게 부과된 의무인' 정의와 공공 이익을 침해하지 않는 한, '인민집단의 의사와 반대'에만 입각한 정치적 도전들은 결코 합법적이 아니라는 것이 그의 판단이었다.[91] '인민들이 다수결을 통해서 내린 결정 또는 이들을 대표하는 대리인 집단에 의해서 내려진 결정이라 하더라도, 합법성과 강제력이 반드시 보장될 수는 없다[92]'는 오캄의 지적도 이 점을 가리키고 있다. 집단 내지 다수에 의한 판단이라 하더라도 정의로움과 공익성이 반드시 보장되지는 않으며, 그것이 개인의 의사와 일치하지 않는 경우, 이에 대한 강제력이 반드시 합법적이지는 않다는 것이 그의 시각이었다. 요컨대 그는 세속정부 및 지배계층의 정치적 권한과 더불어 인민의 집단적 의사 또한 절대적으로 전제되어야 할 규범으로는 이해하지 않았다.

뿐만 아니라 오캄은 세속정부가 교회정부를 관리해야 한다고도 생각하지 않았다. 이미 지적하였듯이, 그에 의하면 교회정부는 고유한 영역을 가진 자율적인 관리체였으며, 세속정부란 철저하게 탈종교적인 제도로서 비세속적인 교회정부와는 엄격히 분리되어야 하고, 양자의 거리는 서로 멀리 떨어져 있을수록 바람직하였다. 따라서 오캄에 있어서는 교회정부가 세속정부의 하위부서로 이론상 포함될 수 없었다. 사실 오캄은 근본적으로 인민집단의 의사는 어떠한 법률에 의해서도 제한될 수 없다는 마르실리우스의 견해[93]에 전혀 동의하지 않았다. 그에 따르면 인민집단의 권한 역시 신법과 자연법에 의해서 반드시 그리고 언제나 제한되어야만 하였다.[94] 또한 그것에는 자율적 개인이나 정치적 지배자의 동의 역시 있어야만 했다. 황제, 교황, 인민, 정부 등 여하한 현세적 정치 조직이나 집단도 절대적 의미

---

91) *OQ*, qu.6, ch.2 ; *BR*, bk.4, ch.13.
92) *Dialogus* III, tr.1, bk.2, ch.27. 앞서 공의회에 대한 오캄의 견해를 고찰하면서도 지적하였듯이, 대리인 집단의 권위를 그가 단지 부분적으로만 상정하고 있다는 점에서 그를 '공의회주의 운동의 실천적 선구자'로 간주하는 통설은 재고의 여지가 있다고 생각된다.
93) *Defensor Pacis*, bk.1, ch.1, qu.8 ; bk.2, ch.23, qu.3.
94) *Dialogus* III, tr.2, bk.2, ch.26.

의 정치적 권한을 가져서는 안 된다는 것이 그의 핵심적 주장의 하나였다. 오캄의 논리를 마르실리우스류의 인민주권론자로 규정하기 어려운 이유가 바로 이러한 점들에 있다.[95] '집단의 명령이라 하더라도 한 개인이 이를 자발적으로 바라지 않는 한, 그것에 반드시 따라야 할 의무는 없다'는 그의 지적은 명백히 정치적 주권의 개인성에 대한 고유한 자각을 반영하고 있다. 주권적 정치체에 대한 전통적 일원주의 인식의 부정이 그의 모든 정치적 논술의 독특한 지평이었던 것이다.

4. 소극적 세속정부

지금까지 중세 정치사상을 파악하는 틀로 주로 활용되어 온 병행주의, 교황권주의, 제권주의 그리고 인민주의 등의 개념으로는 오캄의 정치의식의 핵심을 충분히 드러낼 수 없다. 오캄은 이들의 공통된 기반이라 할 정치 주권체의 단일성 인식 즉 전통적 일원주의 정치의식으로부터 벗어나 있었다. 이를테면 그가 추구한 세속정부는 인민집단에 의해 제정된, 그러나 인민집단에 의해 전제되지는 않는 정부였다. 그렇다면 그의 세속정부론의 진정한 성격은 과연 어디에 있는 것일까? 오캄은 세속정부의 목표인 인민의 공공 이익이 제국을 통해서 가장 잘 성취될 수 있다고 지적하였다. 그러니까 그의 제국론은 세속정부가 어떻게 기능하여야 하는가 하는 문제에 관한 그의 견해를 구체적으로 담고 있는 셈이다. 먼저 제국이 왜 최선의 정부 형태일 수 있는가에 대해 그는 이렇게 말하였다.[96]

95) 오캄과 마르실리우스에 대한 비교연구로는, J. G. Sikes, 'A possible Marsilian source in Ockahm,' *EHR* 41 (1936), pp.496~504 ; G. Lagarde, 'Marsile de Padoue et Guillaume d'Odkham,' *Revue des sciences religieuses* 17 (1937), pp.168~185, 428~454 ; K. J. Thomson, 'A Comparision of the Consultations of Marsilius of Padua and William of Ockham relating to the Tyrolese Marriage of 1341~1342,' *Archivum Franciscanum Historicum* 63 (1970), pp.3~43.
96) *Dialogus* III, tr.2, bk.1, ch.1. 라가르드는 오캄의 제국론을 그의 정치사상에 미친 마르실리우스의 영향을 확인해 주는 요소로 파악하였으며, 니쉬는 이 제국론을 근

첫째, 마땅히 세속군주들에 의해 관리되어야 하는 현세사는, 특정 지역의 지배자가 한 사람일 때 그 관리가 편리할 수 있는 것과 마찬가지로, 전 세계 역시 지배자가 한 사람일 때 편리하게 지배될 수 있다. 한 사람의 관리자에 대한 모든 사람의 복속은 모든 사람들 사이의 불화를 보다 효율적으로 제거할 수 있으며, 이들 간의 분쟁 및 송사들 역시 한 사람의 재판관을 통해 보다 용이하게 해결될 수 있다.

둘째, 한 사람의 지배자를 가지는 정치 질서가 악한 사람들을 보다 용이하고 정당하고 엄격하게 그리고 효율적으로 억제할 수 있다. 그렇게 함으로써 선한 사람들이 악한 사람들 가운데서나마 보다 안전하게 조용한 삶을 누릴 수 있다.

셋째, 사회의 모든 구성원들 사이에서 진정한 화합이 증대되고, 참된 존경과 동포애가 확대되기 위해서는 모든 사람이 모든 사람에 대하여 상위자인 동시에 하위자가 되는 인간관계가 형성되어야 한다. 이와 같은 정치 질서와 인간관계란 현실적으로 한 사람이 모두를 관리하는 정치 질서 즉 모든 신민이 한 사람의 공동 상위자의 공동 하위자가 되는 경우에 비로소 이에 가장 근접될 수 있다. 황제가 모든 신민의 공동 상위자여야만 세속군주와 제후들의 특권과 권한의 남용이 효율적으로 규제될 수 있고, 그리하여 인민들의 자유와 권리가 가장 안전하게 보호될 수 있다.

다시금 우리는 '불화의 제거' 및 '조용한 삶' 그리고 '인민들의 자유와 권리의 보호'와 같은 일반민들의 구체적 생활 여건에 대한 실제적인 고려가 오캄의 제국옹호론의 부동의 기반임을 확연히 볼 수 있다. 사실 그의 제국론은 특정한 정치 원리나 가치에 입각한 이론적 성격의 것이 아니었다. 예를 들어 그는 신민의 공공 이익이 세속정부의 절대 목표임을 밝히면서도, 그것을 철학적으로 규명한다거나 또한 이를 성취하기 위해서 제국정부가 어떻게 적극적으로 기능해야 한다는 등의 논의를 구체적으로 하지는 않았

거로 '오캄의 종국적인 정치적 이상은 통일된 하나의 사회에 대한 전통적인 관심을 반영한다'라고 평한 바 있다. Lagarde, 'Marsile d'Ockahm,' p.431 ; Knysh, 앞의 책, pp.42, 65, 126 참조.

다. 그가 밝힌 제국정부의 정당성의 근거는 '한 사람이 전체를 지배하는 정치 질서가 모든 사람이 모든 사람에 대하여 상위자인 동시에 하위자로 생활하는 사회를 현실적으로 이룩하는 데 가장 편리하고 효율적일 수 있다'⁹⁷⁾는 점이었다.

오캄에 따르면, 한 사람의 관리자를 가지는 것이, 악한 의도를 가지고 행동하는 사람들이 언제나 있는 현세에서 인민들 상호간의 불화를 용이하게 제거하고 모든 인민이 동등한 권리만을 가지는 하나의 신분공동체가 용이하게 유지될 수 있었다. 다시 말해서 오캄이 제국과 황제를 옹호한 이유는 그러한 정치체제가 '세속군주와 제후들의 특권과 권한을 효율적으로 규제함으로써' 공동체적 질서를 유지하고, 자유롭고 선량한 인민들의 본성적 권리들이 안전하게 보장될 수 있기 때문이었다. '정치공동체란 그 구성원들의 상호 신뢰를 통해서 유지되며, 이 신뢰는 각 사람의 권리들이 존중되어야만 성취될 수 있다. 따라서 신민의 본성적 권리에 대한 침해는 공동체 내의 신뢰를 저해할 뿐만 아니라 정치공동체의 존립 그 자체를 위협하는 일'⁹⁸⁾이라는 그의 지적도, 신분공동체적 인민집단과 그 구성원들의 개인적 권리에 관한 그의 신념을 여실히 드러내고 있다. 또한 그가 가장 우려하였던 바도 '전쟁은 사악한 자들을 방자하게 만들고, 선한 사람들의 생활이 그것으로 인해 여러 측면에서 제한받게 된다'⁹⁹⁾는 점이었다. 오캄의 주된 관심은 일관되게 지배집단이나 통치 구조의 문제가 아니라 인민들의 자유롭고 안전한 생활에 있었다.

바로 이 같은 시각 즉 모든 인정적 정치 권력은 가치의 창출 또는 질서의 개조와 같은 적극적 기능을 위한 수단이 아니라, 사회 내의 범죄와 무질서를 억제함으로써 신민들의 자율적 생활을 단순히 보호하기 위한 수단이라는 인식이 오캄의 세속정부론이 가지는 한 독창성이다. 그에 따르면 이상적인 세속정부가 다루어야 할 일은 처음부터 선한 사람들에 관한 문

---

97) *Dialogus* III, tr.2, bk.3, ch.7.
98) *Dialogus* I, bk.6, ch.62.
99) *Dialogus* III, tr.2, bk.1, ch.1.

제가 아니었다. 오히려 그것에 부여된 과제는 근본적으로 불화와 무질서를 초래하는 악한 사람들을 효율적으로 억제하는 일이었다. 그리하여 '모든 사람이 모든 사람에 대해 상위자인 동시에 하위자가 되는' 신분공동체를 유지하는 일이었다. 오캄 논의에 포함된 제국정부의 적극적 기능을 굳이 지적한다면, 화합과 존경 그리고 동포애의 확대를 들 수 있을 뿐이다. 그러나 이것도 제국정부가 세속 군주 및 제후들의 특권들을 엄격하게 규제하고, 신민의 권리를 정당하게 존중할 때 성취될 수 있다고 그는 이해하였다. 결국 이상적인 정부가 선량한 인민들에게 할 수 있는 유일한 역할은, 어떤 신성한 가치의 추구나 강제적 계도가 아니라, 이들의 실제 생활이 여하한 경우에도 제한받지 않고 조용하게 유지되도록 보호하는 일뿐이었다. 모든 사람이 하나의 신분을 이루고, 이 신분이 자율적인 개인들로 구성되는 사회체제를 단순히 보전하는 매우 소극적인 기능이 오캄이 파악한 바람직한 세속정부의 본연의 모습이었던 것이다.100)

오캄에 의하면 세속정부의 목표는 자율적 사회의 보전이었다. 이 같은 그의 견해는 인민집단의 본성적인 자유와 권리의 보장을, 세속정부가 이룩할 수 있는 정치적 공공 이익의 요체로 보는 그의 시각에서 더욱 선명하게 드러난다.

비자유민들만을 인민으로 하는 이상적인 세속정부란 존재할 수 없다. 피지배집단이 비자유민들만으로 구성된 정부의 주된 관심은 언제나 지배자의 사사로운 이익이다. 그런데 세속정부란 원래 인민의 공공 이익을 위해서 제정된 제도이다. 따라서 그러한 정부는 결코 최선의 정부가 아니다. 이상적인 정치체제의 순수성과 인민들의 본성적 자유에 대한 구속은 여하한 경우에도 병행될 수 없다. 인민이 개인적으로 법률을 어기지 않는 한, 특히 당사자의 개인적 이익에 반해서 그를 자유가 제한된 노예로 지배하는 정치체제는 어떠한 의미에서든 이상적인 것이 아니다. …… 모든 인민을 예속민으로 하는 정부는 항상 폭군정이며, 이상적인 세속정부의 형태는 그것에 의해 관리되는 모든 인민이 자유민들로만 구성되는 체제이다.101)

100) *OQ*, qu.3, ch.3, 12.

오캄에 따르면, 인민의 본성적 자유에 대한 구속은 의심할 여지없이 정치지배자의 사사로운 이익을 도모하는 행위였다. 특히 당사자의 의사나 이익에 반해서 개인의 자유를 제한하는 정치적 지배는, 자의적 교황권과 신도집단의 본성적 자유의 관계가 그러한 것과 꼭 마찬가지로, 이상적인 세속정부의 순수성과 전혀 병행될 수 없다고 그는 못박았다. 그에 의하면 인민들의 자유로운 의사가 합법적인 세속정부의 근거였다. 따라서 이 자유를 제한하려는 경우에는, 그것을 하고자 하는 정부에 의해서 납득할 만한 이유가 언제나 그리고 매우 구체적으로 제시되어야 하고, 또한 그 이유에 대한 피지배집단의 동의가 반드시 있어야 한다고 그는 주장하였다.102) 오캄이 추구하였던 세속정부는 여하한 경우에도 피지배집단을 예속화하는 정부가 아니었다. 세속정부의 목표는 사회구성원들이 누리는 자유를 양적으로 그리고 질적으로 확대하는 데 있었다. 그리하여 세속정부는 모든 인민이 자유민들로 구성될 때 비로소 이상적일 수 있었다. 그가 제국정부를 변론했던 한 이유도 당시에 있어서는, 그것이 공공의 이익 즉 인민들의 자유로운 생활을 침해하지 않는 소극적인 정치적 기능을 가장 잘 담당할 수 있다는 실제적 판단 때문이었다.

사회적 자유를 정치적 공공 이익으로 간주했던 오캄은 더욱이 그것의 실체를 집단적 전체적으로 이해하지 않았다. 오히려 그것은 개별적 개체적인 권리와 자유의 누적이어야 한다는 것이 그의 견해였다. 그리하여 심지어 그는 정치공동체의 구성원들이 개인적 판단에 입각해서 특정 정치 권력의 정당성을 제고하거나 또 그것에의 복속을 거부하는 등의 행위조차 결코 금기시하지 않았다. 그에 의하면 주권적 개인 내지 개체의 자율성이란 여하한 의미에서도 공동체적 사회체제의 해체를 초래하거나 또는 이상적인 정치 질서와 상충하는 요소가 아니었다. 오히려 그는 '전제정부는 사회 내의 여러 다양한 요소들을 일정한 한 방향으로 강제할 수 있기 때문에,

101) *OQ*, qu.3, ch.6.
102) 이 점은 여러 곳에서 확인된다. *Dialogus* III, tr.1, bk.1, ch.20, 25 ; *Dialogus* III, tr.1, bk.3, ch.7 ; *BR*, bk.2, ch.5, 20 ; *OQ*, qu.4, ch.10 ; *AP*, ch.4 ; *DIPP*, ch.6.

물량적인 측면에서는 보다 강력하고 완벽을 기할 수 있다. 그러나 바로 이 점이 그러한 통치체제가 바람직하지 못한 이유이다. 전제정부의 보다 많은 강제력은 인민들이 본성적으로 누려야 할 자유와 권리에 대한 보다 많은 구속을 의미한다'[103]라고 천명하였다. 사실 그의 저항권 이론의 기초도 '정의가 유지되는 한, 설령 다른 많은 사람들이 공인하는 인정적 규범들이라 하더라도, 경우에 따라서 개인은 그와 같은 규범을 거부할 수 있다'[104]는 점에 있었던 것이다. 그에 따르면 사회구성원들의 다양한 자율적 판단과 인정적 정치 권위에 대한 끊임없는 개인적 검증이 오히려 바람직한 세속 정부와 이상적인 정치공동체를 유지하는 관건이었다.[105]

명백히 오캄은 정치공동체를 구성하는 개인들의 자율적인 판단과 비판을 무한히 보장하고자 했다. 그에 의하면 사회 내의 다양한 요소들을 한 방향으로 강제하는 데 적극적인 통치체제가 바로 전제정이며, 이는 자유민의 정치적 주권에 대한 구속을 의미하였다. 여기서 우리는 정치공동체를 구성하는 모든 인민들이 각각 누려야 할 자유의 가치에 대한 그의 완강한 정치적 신념을 읽을 수 있다. 이 같은 신념은 저항권을 포함한 모든 인정 정치 권한은 그 절대적 기초가 개인의 자유이며, 공공 이익이란 정치적 강제력이 제한되면 될수록 보다 많이 보장된다고 보았던 그의 고유한 시각의 산물이었다. 오캄이 구상하였던 최선의 세속정부는 단지 범죄 내지 사악한 자들만을 규제함으로써, 자유민으로 구성된 모든 인민들의 자율적이고 주권적인 정치적 행위들을 구속하지 않는 정부였던 것이다.

오캄의 세속정부론이 주로 문제 삼았던 것은 세속정부가 어떠한 목표를 향해서 그리고 어떻게 효율적으로 나아가느냐 하는 점이 결코 아니었다. 그에게 중요했던 것은 세속정부가 어떤 사회체제를 가져야 하는가의 문제였다. 오캄은 인민의 공공 선이란 세속정부 또는 정치 권력을 통해서가 아

---

103) *DIPP*, ch.6.
104) *OND*, ch.23.
105) *Dialogus* III, tr.1, bk.1, ch.16 ; *Dialogus* III, tr.1, bk.2, ch.6 ; *OQ*, qu.3, ch.9, 10 ; *OND*, ch.61.

니라 인민의 본성적 권리인 자유를 통해서 성취될 수 있다고 지적하였다.
또한 그는 정치적 자유의 본질을 자유로운 인민들의 다양하고 자율적인
판단과 비판의 보장 즉 이들에 대한 정치 권력의 간섭 배제로 파악하였
다.106) 다시 말해서 세속정부의 목표인 공공 이익은 반드시 사회구성원들
의 자유로운 생활을 간섭하지 않는 정치 질서 즉 모든 인민이 자유로운 사
회체제를 통해서 비로소 이룩될 수 있었다. 결국 오캄이 세속정부의 영원
한 목표라고 규정했던 인민의 공공 이익의 실체는 다름이 아니라 주권적
인민집단 및 그것의 절대적 구성 요소인 개인의 자유 바로 그것이었다.

뿐만 아니라 우리는 여기서 흥미로운 사실을 한 가지 발견할 수 있다.
전통적으로 중세인들은 통치자의 덕성과 자질이 사회의 성격을 결정하고
또 그 사회의 질을 고양시키는 데 매우 중요하다고 생각하였다. 우선 교황
권주의자들은 '신도집단의 덕성은 교황의 그것을 벗어나서는 존재할 수 없
으므로, 교황의 인격과 덕성은 신도집단 전체의 것을 합한 것보다 더 크고
중요하다'107)고 주장해 왔다. 그리고 '미덕과 지혜 등에서 최선의 요소가
지배적이 되는 통치체제가 가장 좋은 정치 질서이다. 정치공동체의 성격과
질은 지배자의 통치 방향과 자질에 의해서 결정된다'는 정치적 아우구스틴
주의(political augustinism)의 전통108)도 이 점을 여실히 드러내고 있다.
그러나 오캄의 생각은 달랐다. '신민의 자유로운 생활이 그렇지 못한 생활
보다 바람직하므로, 자유민의 비율이 높을수록 바람직한 정치공동체에 가
깝고, 이와 같은 사회에 입각하는 정치체제일수록 이상적인 정부에 가깝
다'109)는 것이 그의 견해였다.

---

106) 이 점은 인민집단의 정치적 자유의 핵심을 정치 활동에의 지속적 참여로 파악하
였던 마르실리우스와는 뚜렷이 대비된다. 정치적 자유의 중세적 개념에 대해서는
A. Harding, 'Political Liberty in the Middle Ages,' *Speculum* 55 (1980), pp.423~
443 참조.
107) Augustinus Triumpus, *Summa de Poetstate Ecclesiastica*, qu.6, a.6, ad.2. Kantorwicz,
King's Two Bodies, pp.264~265에서 재인용.
108) 정치적 아우구스틴스주의에 관해서는 Gewirth, 'Philosophy and Political Thought,'
pp.140~141 참조.
109) *OQ*, qu.3, ch.6.

앞서 지적한 바와 같이, 오캄에게는 이교도 황제와 그리스도교 사회 및 그리스도교 황제와 이교도 사회의 공존이 얼마든지 가능하였다. 세속정부는 원래 비종교적인 제도이므로, 그리스도교 사회 내의 세속정부라고 해서 반드시 종교적인 즉 그리스도교적인 정부여야 할 필요는 없다는 것이 그의 지적이었다. 그러나 오캄은 정부의 성격과 사회의 성격이 단순히 무관하다는 판단에서 그치지 않았다. 한 걸음 더 나아가 그는 특정 정치공동체가 누리는 정치적 자유란 구체적으로 그 사회 내의 자유민의 수에 의해서도 표시된다고 지적하고 있는 것이다. 오캄에 따르면 자유민의 수의 증대가 보다 좋은 사회의 질을 그리고 다시 이 사회의 질이 바람직한 세속정부를 가능하게 하는 요소였다.

세속정부의 통치의 질이 정치지배자의 자질에 의해서가 아니라 사회의 성격에 의해서 그리고 사회의 성격은 그 구성원들이 누리는 자유로운 생활 및 자유민의 수에 의해서 결정된다는 오캄의 주장은, 정부에 의해 사회의 성격이 결정된다는 중세적 전통과는 정면 상충하는 논리가 아닐 수 없다.[110] 아우구스틴주의자들이 바람직한 통치체제를 가져오는 관건으로 이를테면 신정적으로 이해하였던 '최선의 요소'를 오캄은 철저하게 세속화시켜 놓았다. 그에게 있어서 최선의 요소란 통치자의 종교적 내지 윤리적 덕성이 아니라 사회구성원들이 현실적으로 누리는 권리와 자유의 정도를 의미하였다. 그런데 여기서 오캄은 자유로운 인민집단 내지 주권적 개인의 자율성과 같은 추상적 논리로서뿐만 아니라 극히 구체적으로 자유민의 수가 바로 세속사회의 정치적 자유의 정도를 가시적으로 드러낸다고 밝혔다. 그에 의하면 자유민의 수의 확대가 곧 바람직한 정치체제의 한 관건이었던 것이다.

'정부의 성격이 사회구성원들이 누리는 자유의 질과 양에 이해 결정된다'고 보는 오캄의 견해는 그야말로 전형적인 상향적 정치의식의 한 예이다. 흥미로운 것은 이러한 시각이 그의 제국옹호론 특히 제국체제가 거부

110) McGrade, 앞의 책, pp.84~85, 121, 216~220 참조.

378 서양 중세 정치사상 연구

될 수도 있는 상황에 대한 그의 설명에서 더욱 선명하게 드러난다는 사실이다. 그는 이렇게 말하고 있다.

> 황제에 의한 보편적인 지배체제는 경우에 따라서 부적합한 것이 될 수도 있다. 예를 들어서 황제직을 제대로 감당할 수 있는 자질을 갖춘 적절한 인물이 없는 경우, 그리고 모든 인민의 본성적인 권리들이 유린될 수도 있는 과도한 정치적 권한이 황제의 자의에 맡겨지는 경우가 그것이다. 그러나 이러한 점들이 한 사람을 전체의 지배자로 가지는 세계군주정 체제의 효율성과 합법성을 부정할 만한 충분한 이유가 되지는 않는다.111)

오캄이 황제에 의한 보편적 지배라는 제국체제가 부적합할 수도 있는 상황을 고려한 것은 분명하다. 그럼에도 불구하고 그가 제국체제의 합법성을 부정한 것은 아니었으며, 더욱이 그는 황제의 현세권이란 정당한 합리적 이유 없이 피지배집단만의 의사와 반대에 따라 박탈되지는 않는다고 주장한 바 있다. 결국 우리는 오캄이 '자질이 부족한' 그리고 '과도한 정치적 권한이 황제의 자의에 맡겨지는 경우'로 인해서, 제국정부의 해체 문제가 심각하게 대두될 수 있는 가능성을 실제로는 크게 우려하지 않았다고 판단할 수밖에 없다. 그 이유가 어디에 있었을까?

앞서 지적하였듯이, 오캄은 사회 전반에서 차지하는 세속정부의 비중을 매우 적게, 그리고 그것에 범죄의 억제라는 소극적인 기능만을 부여했으며, 또한 그것을 사회에 의해 성격이 결정되는 인정적 부차적 제도로 이해하였다. 그에 따르면 세속정부는 피지배집단의 본성적인 자유와 권리를 법률에 따라 단순히 보호하는 장치에 불과할 뿐, 정치 권력이란 처음부터 어떤 가치를 창출해 내는 적극적 수단이 아니었다. 다시 말해서 정치지배자에게는 특별한 자질이 요구된다거나, 강력하고 효율적인 통치체제가 사회와 개인의 문제들을 상당한 정도로 해결해 줄 수 있다는 전통적인 전제를 그는 아예 부정하고 있었다. 반면에 사회를 유지하는 핵심적인 요소는 종

---

111) *Dialogus* III, tr.2, bk.1, ch.1.

국적으로 '신적 속성의 일부라 할 변함없는 인간 본성을 유지해 온 자율적인 개인들'이었다. 이들의 자유에 대한 보장이 정치적 공익이므로 세속정부의 목표는 단순히 사회적 자유 즉 주권적 개인들의 본성적 자유와 권리를 안전하게 보호하는 데 있었다. 통치체제란 결코 사회의 성격을 변화시킬만큼 중요하거나 적극적인 기능을 담당하는 조직이 아니라는 것이 그의 기본 태도였다. 따라서 그는 정치지배자 심지어 황제라고 해서 인민집단을 구성하는 자유로운 개인들 이상의 자질이나 권한이 요구되거나 부여되어야 할 까닭을 발견할 수 없었던 것이다. 제국정부의 해체 문제가 오캄에게 크게 의식되지 않았던 이유도 여기에 있었다고 하겠다.

5. 맺는말

오캄은 결코 세속정부와 정치지배자를 절대화하거나 신성시하지 않았다. 이 점은 그가 교회정부와 교황을 신도집단에 비해 우선시키지 않았던 것과 조금도 다를 바 없었다. 사실 그는 정치적 기능을 자유로운 인민이 추구하여야 할 특별히 중요한 사회적 활동으로도 생각하지 않았다. 인정적 정치 권한은 여하한 의미에서도 바람직한 사회나 가치를 성취하는 데 필요한 적극적인 수단이 아니기 때문이었다.112)

---

112) 오캄의 인정적 정치 권한의 개념을 소극적인 성격의 것으로 파악했던 근거를 정리해 두면 다음과 같다.
  (1) 반드시 신법과 자연법에 의해 규제되어야 한다 : *Dialogus* III, tr.2, bk.2, ch.26 ; *OND*, ch. 2.
  (2) 시간과 장소에 따라 가변적이다 : *Dialogus* III, tr.2, bk.1, ch.5.
  (3) 단순히 사회적인 필요에 의해 형성되었다 : *BR*, bk.3, ch.8 ; *OND*, ch.88.
  (4) 기존 사회구조의 유지가 그 의무이다 : *OQ*, qu.3, ch.12.
    ㄱ) 정치제도 : *OND*, ch.65.
    ㄴ) 소유제도 : *Dialogus* III, tr.2, bk.2, ch.21~25 ; *BR*, bk.3, ch.9, 10 ; *OND*, ch.88, 93.
  (5) 범죄·무질서·상쟁 등의 억제가 주된 기능이다 : *Dialogus* III, tr.2, bk.1, ch.1.
  (6) 개인의 본성적 권리를 침해해서는 안 된다 : *BR*. bk.3, ch.6.

피지배집단인 인민들의 지속적인 정치 활동에 대해서 오캄이 취했던 소극적인 태도 및 제국옹호론에서조차 '다수의 정치지배자의 공존이 반드시 무질서와 내란 그리고 사회의 해체를 초래하지는 않는다'[113]라고 밝혔던 그의 자세는 이와 같은 기반 위에서 비로소 그 성격이 제대로 이해될 수 있다. 그는 매우 철저하게 세속정부, 통치자 그리고 정치적 권위 내지 기능 등을 자유로운 개인들로 유지되는 사회체제의 부차적 소극적 요소들로만 파악하였던 것이다. 그의 상향적 인민주의적 논리는 처음부터 독특한 기반 위의 것이었다고 하겠다.

앞서 오캄은 세속정부를 단지 수단이어야 한다고 규정하였던바, 특히 그의 제국론은 그것이 어떠한 수단이어야 하는지를 제시하고 있다. 그가 제국을 옹호한 이유는 그것이 신민들의 안전하고 조용한 생활을 보장하며, 모든 사람이 모든 사람에 대해서 상위자인 동시에 하위자가 되는 정치공동체를 현실적으로 가능케 하는 데 편리할 수 있기 때문이었다. 그가 그린 바람직한 정치 질서는 모든 신민들의 자유와 권리가 제한받지 않는 사회체제였으며, 또한 그것은 자유로운 개인들만으로 구성되는 하나의 신분공동체를 통해서 완전하게 성취될 수 있었다. 오캄의 세속정부는 인간 본성에 기초한 인정제도이기는 하지만, 인간의 본성적 자유와 권리의 확대 내지 공공 이익의 창출에 적극적으로 기여하는 수단이 아니라, 자유로운 사회 즉 자율적 개인들의 본성적 권리와 사회적 생존을 단지 안전하게 보호하는 소극적인 수단이었다.

이제 세속정부에 관한 그의 논의를 정리해 보자. 세속정부는 신법과 자연법이 보장하는 인간의 변함없는 본성에 근거하고 있으며, 세속사의 관리라는 고유한 영역을 가진 자율적인 제도이고, 처음부터 종교와는 무관한 인정제도였다. 그리하여 세속정부의 합법성은 여하한 형태의 위로부터의 재가도 필요로 하지 않으므로, 따라서 종교적인 이유를 근거로 한 교회정부의 현세사 개입은 마땅히 부정될 수밖에 없었다. 또한 오캄은 바람직한

113) *Dialogus* I, bk.6, ch.92.

정치 질서의 원형을 로마제국에서 찾았던바, 이 같은 시도는 그의 후견인
이기도 하였던 신성로마제국의 황제 루드비히 4세의 현세권에 대한 옹호
론으로 기능했던 것이 일면 사실이다. 그러나 그렇다고 해서 오캄이 세속
정부의 제권주의적 지배를 정당화하려 했던 것은 전혀 아니었다. 우리는
그에게서 중세 제권주의의 기반이었던 신정적 정치의식을 찾아볼 수 없다.
그가 제국체제를 바람직하다고 본 까닭은 종교적 철학적 원리에 의해서가
아니라, 그것이 당시의 정치적 상황 하에서 인민의 공공 이익에 부합하는
현실적인 수단이라는 점에 있었다.

오히려 오캄은 황제의 절대권을 부정하고 그것을 엄격히 그리고 언제나
제한하고자 하였다. 뿐만 아니라 당시 형성되고 있던 지역국가의 독자성을
옹호하고, 더욱이 자율적이고 개인적인 판단에 입각한 정치적 저항권을 자
유민의 양도될 수 없는 본성적 권리로 천명하였다. 명백히 그의 주된 의도
는 특정 세속정부 또는 통치자의 현세적 정치 권한의 합법성을 비호하려
던 것이 아니었다. 오히려 그의 주된 정치적 관심은 자유로운 개인들로 구
성되는 인민집단의 공공 이익과 이들의 주권적 정치 권위를 실제적으로
보장하려는 데 있었다.

그렇다고 해서 오캄의 주장을 울만류의 인민주의 정치 이론으로 획일적
으로 파악하기는 어렵다. 그는 마르실리우스와는 달리 인민집단의 지속적
인 정치 활동에의 참여를 세속정부의 합법성을 가늠하는 관건이라고 생각
하지 않았으며, 인민집단의 정치적 권한을 무제한한 것으로 이해하지도 않
았다. 동시에 그는 세속정부가 인민집단의 전제를 위한 정부여야 한다고도
판단하지 않고 있었다. 오캄은 교황, 황제, 인민집단 등 여하한 인정 정치
집단의 절대화에도 단호하게 반대하였다. 이 점에 주목한 맥그레이드는 오
캄을 '그 시대의 모든 지식인들 가운데 정치 권력의 집중이 초래할 수 있
는 위험을 가장 날카롭게 느낀 인물'로 평가한 바 있다.[114] 우리는 그 근본
원인을 마르실리우스류의 인민주권론자들 역시 교황권주의자 및 제권주의

---

114) McGrade, *Political Theory*, p.109.

자들과 마찬가지로 가지고 있었던 정치적 주권체의 단일성에 대한 인식 및 정치 권력의 일방적 흐름의 정당성에 대한 동의 즉 중세의 일원주의 정치의식에서 찾을 수 있다. 정치적 주권체에 관한 한, 바로 이 일원적 정치의식으로부터 오캄은 유니크하게도 벗어나 있었던 것이다.

오캄의 정치적 주장은 명백히 '인민들의 본성적 자유와 권리가 통치자와 정부의 정치적 지배권에 우선되어야 한다' 및 '세속정부란 인민의 공공 이익을 보호하기 위한 소극적 수단에 불과하다'는 신념에 기초하고 있었다. 이 같은 신념은 세속정부의 기능을 보는 그의 확고한 입장에 여실히 반영되어 있다. 무엇보다도 그는 정치공동체의 공공 이익이 세속정부의 어떤 적극적인 규제나 활동을 통해서 성취될 수 있다고 생각하지 않았다. 그것은 기본적으로 자율적인 개인들의 권리를 보호함으로써, 그리하여 인민들에게 조용하고 자유로운 생활을 보장하여야만 성취될 수 있었다. '공공 이익이 이상적인 세속정부의 불가결한 요소임에도 불구하고, 그것이 합법적인 세속정부의 충분한 조건은 아니다'[115]라는 그의 지적도 이 같은 맥락에서 이해되어야 한다. 그에 의하면 정치공동체의 공공 이익은 세속정부의 특정 기능에 의해서가 아니라 자유로운 인민들의 개체적 개별적 권리들의 보호, 즉 주권적 개인들의 자유롭고 자율적인 사회적 생존에 의해 이룩되는 것이었다.

결국 오캄이 세속정부의 절대 목표라고 밝힌 사회의 공공 이익은 집단적 전체적인 무엇이 아니라, 사회구성원들이 개체적 개별적으로 향유할수 있는 본성적인 삶의 여건을 의미하였다. 그리하여 이를 보장하기 위한 수단인 세속정부가 현실 정치에서 해야 할 역할은 이들의 자유와 권리를 위협하는 요소들을 단지 억제하는 소극적 기능일 수밖에 없었다. 더욱이 그는 정치적 자유의 핵심을 자유롭고 주권적인 개인들에 대한 정치 권력의 간섭 배제로 파악하였다. 그에 따르면 자율적인 개인들을 보호하고 간섭하지 않는 일만이 세속정부를 의미하는 수단으로 만드는 유일한 기능이며,

---

115) *OQ*, qu.3, ch.5.

개인들의 본성적 자유가 보장되는 사회체제는 소극적으로 기능하는 정부만이 이룩할 수 있는 정치 질서였다. 자유로운 개인들의 정치적 주권성은 전제적 정부와는 결코 병행될 수 없고, 또한 이는 여하한 의미에서도 사회적 안전의 해체를 초래하게 될 요소가 아니었다. '정치적 주권체의 개체적 자율적 다원성이 바로 사회의 공공 이익이다'는 것이 오캄의 시각이었다.

오캄의 소극적 세속정부론은 이 땅의 모든 현세적 정치 권한의 종국적 근거가 '신이 그것을 매개로 일하는' 인간이며, 이는 구체적으로 변함없는 인간 본성을 유지하고 있는 '자유로운 개인들'을 가리킨다는 신념에 입각한 것이었다. 사회와 정부의 관계를 보는 새로운 시각도 이 같은 신념의 한 산물이었다. 그는 통치자라고 해서 특별한 정치적 자질이 요구되거나 독특한 사회적 비중이 주어져야 한다고는 조금도 생각하지 않았다. 오히려 그는 피지배집단이 누리는 자유의 양과 자유민의 숫자가 증대될수록 바람직한 정치공동체에 가깝고, 이러한 사회를 토대로 해야만 이상적인 정부가 가능하다고 주장하였다. 다시 말해서 그는 사회의 성격이 정부나 통치자에 의해 규정되는 것이 아니라, 정부의 성격과 통치체제의 질이 사회에 의해 결정되며, 다시 이 사회의 성격은 그것을 구성하는 개인들에게 보장되는 자유의 정도에 의해서 결정된다고 판단하였던 것이다. 오캄에 있어서 세속정부의 정당성을 판단하게 하는 현장적 요소는, 지배집단을 포함하고 있는 사회체제 전반의 성격 즉 사회구성원들 가운데 얼마나 많은 사람이 자유로운 개인들이며 또한 이들이 실제 생활에서 얼마나 많은 자유와 권리를 침해받지 않고 누릴 수 있는가 하는 점이었다.

오캄의 정부론이 가지는 인민주의적 논리의 고유한 성격과 의의가 바로 여기에 있다. 그는 교회정부와 세속정부 모두가 중앙집중적 정치 질서를 맹렬히 추구하던 시기에 절대주의적 정치 권력과 전체주의적 사회체제를 지향하는 어떠한 논리와 시도에도 단호하게 도전하였다. 그에 의하면 모든 정치공동체의 정치적 주권의 종국적 근거는 어떠한 경우에도 특정한 조직 또는 집단이 아니었다. 그것은 언제나 그리고 반드시 자유로운 개인들이었다. 따라서 여하한 정치적 제도와 권위도 이 주권적 개인들 위에 군림할 수는 없었다. 결국 그에 의하면 사회적 공공 이익 그 자체인 자율적인 개인들의 자유와 권리의 보호, 즉 정치적 주권의 개체성 내지 다원성의 실현이야말로 모든 인정 정치제도의 영원하고 신성한 목표였다. 정치 주권체의 단일성에 대한 중세적 일원주의 인식을 거부하였던 오캄이 독특하게 제시했던 소극적인 교회정부와 세속정부는 그 기저에 개체주의적 인민주의(individualistic populism) 이론을 깔고 있었고, 이는 사회와 개인이 누려야할 사상적 및 정치적 자유의 가치에 대한 그의 확고한 신념의 논리적 귀결이었다.

IV. 자연법 사상

1. 문제의 제기

오캄의 정부론은 교회정부와 세속정부의 관계 내지 이들의 고유 영역에 대한 세밀한 검토라기보다는, 이들 두 정부와 각각의 구성원들 즉 신도집단 및 인민집단과의 관계가 어떠해야 하는가라는 주제에 그 초점이 있었다. 정치적 주권체의 단일성이라는 중세의 전통적 인식으로부터 벗어나 있었던 그는, 정치주권의 개체성에 대한 독특한 자각을 기초로 당시의 교회정부와 세속정부 모두가 과도한 정치적 권한을 요구하고 있다고 판단하였다. 정부의 이처럼 과도한 권한은 정치공동체를 구성하는 주권적 개인들의 본성적 자유와 권리를 보장하는 자연법적 정치 질서에 위배되는 것이므로, 따라서 반드시 개혁되어야 한다는 것이 그의 주장이었다. 그러니까 그가 교회정부와 세속정부에 단지 소극적인 정치적 기능만을 부여하고자 한 것도, 자율적 개인들의 주권이라는 자연법적 정치 질서를 구현하려던 오캄 나름의 노력이었던 셈이다. 다시 말해서, 오캄의 정부론의 한 토대가 바로 그의 자연법 사상이었다.

오캄의 자연법 사상에 대한 지금까지의 연구는 뚜렷이 구분되는 두 유형으로 대별될 수 있다. 전통적으로 유명론적 주의주의 사상은 객관적 정치 질서 및 가치에 대한 신념과는 상충되는 것으로 이해되어 왔다. 그리하여 이 전통에 기초한 연구들은 오늘날도 오캄을 의심할 여지 없는 주의주의 법률이론가의 한 사람으로 규정하고 있다. 당뜨레브에 따르면 오캄의 유명론적 인식체계는 자연법 이론에 대한 끊임없는 위협의 잠재적 원천이었으며,[1] 오클리도 '기본적으로 오캄은 모든 자연 질서를 신의 의지의 산물로 보았다'[2]고 지적하였다. 이들은 공통적으로 오캄 사상이 유명론적 스

---

1) A. P. d'Entrèves, *Natural Law: an Historical Survey* (London, 1951), pp.68~69.
2) F. Oakley, 'Medieval Theories of Natural Law: William of Ockham and The

콜라 사상을 대표하고 있고, 이 유명론이 주의주의 법률이론의 근간이므로 오캄의 자연법 이론은 주의주의적인 것일 수밖에 없다는 라가르드의 해석에 동의하였다.[3] 오캄의 자연법 이론을 긍정적으로 파악하고자 했던 쾨멜조차, 그의 정치사상 전반에서 차지하는 자연법 논의의 비중을 '단지 제한된 의미만을 갖는·요소'[4]로 규정한 것도, 오캄의 법률 이론을 주의주의적 성격의 것으로 보는 전통에서 충분히 벗어나 있지 않았기 때문이다.

그러나 그레이리쉬(Greylish), 맥도넬(McDonell)과 같은 근년의 연구자들은 이와는 전혀 다른 의견을 가지게 되었다. 이 새로운 연구경향은 '유명론자들이라고 해서 신과 자연 질서의 관계를 한결같이 비이성적인 무엇으로 간주한 것은 아니었다'[5]라는 오베르만의 분석에 의해서도 뒷받침되었다. 이들은 오캄의 자연법 이론에 대한 전통적 해석 즉 이를 그의 유명론적 인식론에 입각한 주의주의적인 성격의 논리로 간주하는 것은 오류라고 반박하였다.[6] 이들에 따르면, 오캄이 자연법 논의를 통해서 제시하고자 한 정치 질서는 신의 자의적 처분만을 목놓아 기다리는 예측할 수 없는 사회 체제가 아니라, 공동체 구성원들의 동의 및 합리에 입각하는 매우 객관적이고 구체적인 정치 질서였다는 것이다.

Significance of the Voluntarist Tradition,' *Natural Law Forum* 6 (1961), p.72 ; Oakley, 'Christian Theology and the Newtonian Science: the Rise of the Concept of the Laws of Nature,' *Church History* 30 (1961), pp.433~457 역시 참조.

3) Lagarde, *La naissance VI, Ockham: le morale,* pp.146~163 참조.

4) W. Kölmel, 'Das Naturrecht bei Wilhelm Ockham,' *Franziskannische Studien* 35 (1953), pp.39~85, 특히 56 참조.

5) H. Oberman, 'Some Notes on the Theology of Nominalism with Attention to its Relation to the Renaissance,' *Harvard Theological Review* 50 (1960), pp.58, 63 ; Gewirth, 'Philosophy and Political Thought in the Fourteenth Century,' *The Forward Movement of the Fourteenth Century* (Columbus, 1961), p.158에서도 유사한 견해를 읽을 수 있다.

6) H. S. Offler, 'The Three Modes of Natural Law in Ockham: A Revision of the Text,' *Franciscan Studies* 37 (1977), p.207.

오캄은 한편으로는 구체적인 상황의 개별적인 요구들에 관해서 예리한 감각을 유지하면서도, 다른 한편으로는 특정한 정치적 철학적 가치들을 객관적인 것으로 명백히 수용하고 있었다. 이들 두 요소 사이에 개재되고 있는 긴장감이 오캄의 정치사상의 복합적인 구조의 많은 측면들을 설명해 줄 수 있다. 자연법에 관한 그의 논의가 설령 체계적인 것이 아니었다 하더라도, 여전히 그것은 오캄의 정치사상의 가장 특징적인 요소와 밀접히 결부되어 있다.7)

이들은 객관적인 정치적 규범에 대한 오캄의 견해들을 새롭게 규명함으로써, 정치적 오캄주의(political ockhamism) 전반에 대한 성격의 재해석이 모색되어야 하고,8) 자연법 이론 그 자체의 진전에 미친 오캄의 기여도 보다 적극적으로 평가되어야 한다고 주장하고 있는 것이다.9) 물론 오캄은 토마스 아퀴나스와는 달리 자연법에 관한 체계적인 저술을 남기지 않았다.10) 따라서 그의 방대한 논쟁적 저술들 여기저기에 흩어져 있는 자연법에 관한 언급들을 종합하여 따지고 분석하는 작업이 사실상 용이한 일은 아니다. 그러나 이 객관적 정치 질서에 대한 신념이 그의 정부론의 기초였던만큼, 자연법 이론에 대한 검토는 오캄의 정치사상의 기본 성격을 규명하는 한 관건이기도 하다.

2. 자연법의 성격

대부분의 중세 정치 이론가들은 신법과 자연법을 모든 인정적 실정법 (human positive law)에 우선하는 상위법(higher law)으로 수용하고 있었

---

7) A. S. McGrade, *Political Thought*, p.185.
8) K. McDonell, 'Does William of Ockham have a Theory of Natural Law?,' *Franciscan Studies* 34 (1974), pp.391~392.
9) C. T. Greylish, *William Ockham and Natural Law* (Michigan, 1975), p.265.
10) 토마스 아퀴나스는 *Summa Theologica* I~II에서 자연법 문제를 집중적으로 다룬 바 있다.

388 서양 중세 정치사상 연구

다.11) 이 상위법들 가운데 먼저 신법(*lex divina, ius divium*)의 성격에 관한 한 이들은 매우 공통된 견해를 가지고 있었다. 토마스 아퀴나스와 같이 신법의 원천을 신 그 자체(the being of God)로 보고 그 본질을 영원법(the eternal law)으로 이해하든,12) 또는 오캄과 같이 그것을 그리스도의 명령 내지 복음의 법칙으로 이해하든,13) 신법이야말로 모든 법률의 종국적 토대였던 동시에 최고 형태의 법률이었다. 그리하여 신법은 모든 인정법의 법률적 효능에 우선되어야 할 뿐만 아니라, 어느 시기를 막론하고 변함없이 적용되어야 하는 보편적 불변법이었다. 다시 말해서 이들은 신법에 위배되는 인정 규칙들이란 법률로서의 강제력을 가질 수 없다는 점에 일반적으로 동의하고 있었던 것이다.14)

단지 오캄은 여기서 신법을 자연적 신법들(*leges divinas naturalis*)과 실정적 신법들(*leges divinas positivas*)로 구분하고,15) 실정적 신법은 신이 직접 인간 사회에 계시한 명령들을 포함하고 있는 성서, 교부들의 가르침, 교회의 전통 그리고 교회법 등을 통해서 그 구체적인 교훈들이 추출될 수 있다고 밝혔다.16) 그리하여 이 좁은 의미의 신법, 즉 실정적 신법은 그리스도교들에게만 적용되는 법률이며, 또한 그것은 어느 누구도 강제하지 않는 법률이라고 그는 규정하였다.17) 그러니까 오캄에 따르면 신법은 비록 진정한 의미에서 모든 법률의 합법성을 판별하는 영원한 기준이 되는 법률, 즉

11) M. A. Shepard, 'William of Ockham and the Higher Law,' *The American Political Science Review* 26 (1932), pp.1005~1009 참조.
12) Oakley, 'Medieval Theories of Natural Law,' pp.67~68.
13) *Dialogus* I, bk.6, ch.7.
14) 물론 이 점에서 마르실리우스만은 예외이다. 그에 따르면 신법에 일치하지 않는 인정법이라 하더라도 법률적 강제력을 여전히 가질 수 있었다. *Defensor Pacis* II, ch.10, q.7.
15) *Dialogus* III, tr.1, bk.2, ch.20 ; *OND*, ch.65.
16) *Dialogus* I, bk.6, ch.100.
17) *Dialogus* III, tr.2, bk.1 ch.23 ; *BR*, bk.2, ch.10 ; *BR*, bk.3, ch.2. 인간 사회에 계시된 신법의 구체적인 지침을 실정적 신법으로 이해하고, 그것의 기본 속성을 비강제성으로 규정하는 오캄의 관점은 앞서 검토했던바, 복음의 법칙을 해방의 원리(*lex libertatis*)로 파악하였던 그의 태도와도 직결되고 있다.

'법률들 배후에 있는 법률'(the law behind laws)이기는 하지만, 이를테면 그것은 순수히 도덕적인 규범의 일종으로서 당면한 현실 정치의 문제들을 실제로 해결해 주지는 않는 법률이었다.18)

그러나 신법과 더불어 상위법의 한 형태였던 자연법(*lex naturalis, ius naturale*)의 성격에 대해서는 논란이 없지 않았다. 물론 대부분의 중세 정치 이론가들은 자연법을 인정법의 자의성을 제한하는 규범으로 이해하고 있었으며, 또한 그것이 그리스도교도 및 비그리스도교도를 막론하고 모든 인간 사회에 보편적으로 적용되는 법률이라는 점에 광범위하게 동의하고 있었다. 사실 오캄에 있어서도 실정적 신법이란 그리스도교도들에게만 적용되는 데 비해, 자연법은 모든 인정 집단들에 적용되어야 하는 보다 포괄적인 성격의 상위법으로 간주되고 있었다.19) 그러나 자연법의 본질 내지 원천에 관한 중세인들의 논의를 반드시 하나의 전통으로 파악하기란 여전히 어렵다. 기에르케는 그것을 다음과 같이 구별하였다.

중세의 모든 시기를 통해서 유지되어 온 전통적인 시각 특히 실재론자(realist)들의 견해에 따르면, 자연법은 신의 욕구와는 무관한 일종의 지적 요소였다. 신은 자연법의 유일한 제정자(law-giver)라기보다는 이성을 통해서 그것을 가르치는 가장 으뜸 되는 교사로서, 무엇이 옳은가에 대한 합리적 명령인 자연법은 궁극적으로는 신 그 자체에 기초를 두고 있기는 하지만, 그러나 신에 의해서조차 마음대로 변경될 수는 없는 규범이었다. 그러나 이와는 다른 한 시각 즉 유명론자(nominalist)들에 따르면, 자연법은 전적으로 신의 의지의 산물이었다. 이들은 자연법이 정당하고 강제력을 가지는 이유를 순전히 그것이 신의 명령이기 때문에, 다시 말해서 신이 그것을 바랐기 때문이라고 이해하였다. 우리는 신을 자연법의 유일한 그리고 절대적인 제정자로 보는 이와 같은 견해를 오캄, 제르송(J. Gerson), 삐에르 다이이(Pierre d'Ailly) 등에게서 발견할 수 있다.20)

18) Shepard, 'Ockham and the Higher Law,' p.1008 참조.
19) *Dialogus* III, tr.2, bk.1, ch.15 ; *Dialogus* III, tr.2, bk.3, ch.6 ; *OND*, ch.65, 69.
20) Gierke, *Political Theories of the Middle Ages*, p.173.

중세 자연법 논의의 구조를 파악하는 기본 틀로 활용되는 기에르케의
이 분석은, 무엇보다도 자연법의 본질을 신의 이성(divine reason)으로 보
느냐, 아니면 신의 의지(divine will)로 보느냐 하는 시각을 중심으로 다양
한 논의의 성격을 구별하였다. 먼저 대표적인 실재론자의 한 사람인 토마
스 아퀴나스의 견해를 검토해 보기로 하자. 그는 이렇게 말한다.

　모든 사물의 행위와 운동들을 규제하는 신의 지혜(divine wisdom)가 곧
영원법이며, 모든 사물들로 하여금 각각에 부여된 고유한 목표를 지향하도
록 만드는 운동력으로서의 신의 지혜(영원법)는 따라서 자연법 개념을 포
함하고 있다.[21]
　모든 사물이 신의 섭리(divine providence)의 일부라는 것은 이들이 영원
법에 구속되고 있다는 의미이며, 또한 이들이 자신들에게 부여된 정당한
행동과 목표를 각각 지향하려는 본성적 경향을 영원법으로부터 부여받는
한, 모든 사물은 어떠한 형태로든 영원법에 참여하고 있다. 그러나 모든 피
조물들 가운데서도 유일하게 이성적 피조물인 인간은 스스로를 자발적으
로 신의 섭리의 일부 즉 이의 능동적인 참여자로 만듦으로써, 다시 말해서
인간은 자신의 행동과 다른 피조물들의 그것을 이성적으로 조절함으로써,
매우 독특한 형태로 스스로를 신의 섭리에 포함시키고 있다. 따라서 인간
의 이성은 신의 이성 그 자체의 일부이며, 또한 인간에게 부여된 정당한 행
동과 목표를 지향하려는 본성적인 경향도 신의 이성으로부터 유래되었다.
이성적인 피조물에 의한 영원법에의 이 같은 참여가 바로 자연법이다.[22]

아퀴나스의 지적은 세 가지 주장으로 요약될 수 있다. 첫째, 법률은 무엇
보다도 이성적이어야 한다. 둘째, 모든 피조물들에 고유한 행동의 패턴과
목표를 부여하고, 또한 이를 지향하도록 만드는 본성적 운동력이 신의 지
혜 즉 영원법이다. 셋째, 인간사와 관련된 영원법 다시 말해서 인간 이성을
통해서 이해된 영원법이 바로 자연법이다 등이 그것이다.[23] 요컨대 자연법

---

21) *Summa Theologica* I~II, qu.91, a.1.
22) *Summa Theologica* I~II, qu.93, a.1.
23) 아퀴나스의 자연법 이론에 관한 연구로는 D. J. O'Connor, *Aquinas and Natural*

은 인간 이성에 의해 참여되고 추구되는 영원법이었다. 그러나 오캄은 이
와는 매우 다른 견해를 가지고 있었다.

> 우리가 어떤 행위를 선하다 또는 악하다, 그리고 정의롭다 또는 정의롭지
> 못하다고 말할 때, 그것은 그 행위 자체의 본성이 그러하다는 의미가 아니
> 다. 이와 같은 판단의 절대 기준은 신이 그 행위를 명령했느냐 또는 금지했
> 느냐 하는 데 있다.24)

오캄에 따르면 신이 명령하는 바 즉 신의 의지란 본성적으로 그리고 필
연적으로 선하고 정의로운 것일 수밖에 없었다. 다시 말해서 신은 여하한
의미에서도 어떤 규범에 의해 '정당한' 행위를 하도록 강요당하지 않는 존
재였다. 심지어 그는 '신이 특정 인간에게 자신을 미워하도록 명령할 가능
성조차 완전히 배제될 수는 없다. 사실 몇몇 도덕률, 이를테면 십계명의 1
조인 '나(유일신) 이외에는 다른 신들을 섬기지 말라'와 같은 명령은 처음
부터 그것의 정당성이 합리적으로 입증될 수 있는 성질의 것이 아니다'25)
라고까지 지적하였다. '신은 결코 자연 질서의 일부로 포함되거나 또는 그
것에 의해 규제되지 않는다. 모든 자연법은 반드시 신법에 종속되어야 한
다'26)는 오캄의 주장은, 모든 질서와 가치의 절대적 판단 기준이 신법이며,
신법의 본질은 합리적 정당성 등이 아니라 신의 명령 즉 그의 의지
(voluntas)라는 점을 선명하게 가리키고 있다. 그리하여 자연의 질서 역시
신의 의지에 따라 형성된 것이므로 신법에 우선할 수 없을 뿐만 아니라,
오히려 신법이 자연법을 반드시 규제하여야 할 것이었다. 명백히 오캄은,

Law (London, 1967) 등이 유용하다.

24) Ockham, *Super Quatuor Libros Sententiarum* (Lyon, 1495), II, qu.5. 이 책은 롬
바르드(Peter Lombard, 1100~1160)의 『명제집대전』(*Summa Sententiae*)에 관해
서 집필된 중세의 여러 주석서들 가운데 하나이다. C. K. Brampton, 'The Probable
Date of Ockham's *Lectura Sententiarum*,' *Archivum Franciscanum Historicum*
55 (1962), pp.367~374 참조(이하 *Sententiarum*으로 줄임).

25) *Sententiarum* II, qu.29.

26) *Dialogus* III, tr.1, bk.2, ch.24.

기에르케가 분석했듯이, 아퀴나스와는 달리 자연 질서에 내재하는 이성
(the immanent reason)이 아니라 주권자의 의지(the sovereign's will)를
자연법의 기초로 이해하였던 것이다.

그러나 여기서 한 가지 주목하여야 할 점은 오캄의 이와 같은 자연법관
이 권한(potestas)과 권리(ius)의 성격에 대한 나름의 독특한 인식에 입각
하고 있다는 사실이다. 오캄은 '권한'을 신 또는 인간이 스스로 구체적인
행위로 옮길 수 있는 모든 힘(potentia)으로 이해하고,27) 인간에게 부여된
이 '힘'들의 자의적 행사를 금지 또는 허용하는 체계가 바로 자연법이라고
이해하였다.28) 그러니까 오캄에 따르면 신이 인간에게 부여한 모든 권한을
그대로 실현하는 일이 반드시 자연법에 부합하는 것은 아니었다. 인간의
권한의 자의적 구체화는 합법적일 수도 또는 합법적이 아닐 수도 있었다.
반면 오캄은 '권리'를 자연법적 질서에 부합하는 권한으로 규정하였다.29)
다시 말해서 자연법이 그것의 구체화를 허용하고 있는 합법적인 인간의
권한이 곧 권리였던 것이다.

오캄은 권한과 권리를 서로 상충하는 요소들로 이해하지 않았다. 권한은
정당한 권리의 토대였다. 그런데 신은 절대권(potentia absoluta)을 보유하
고 있으므로, 마땅히 스스로 원하는 바에 따라 언제든지 그리고 모든 상황
에서 자연사와 인간사에 개입할 수 있는 권한을 이론상 가져야 하였다. 기
에르케가 오캄의 이론에서 주목하였던 성격도 바로 이 점이었다. 그러나
오캄에 따르면 신의 권한이란 실제에 있어서 자연법적인 인간의 권리들을
이미 포함하고 있었으므로, 그것이 인간의 권리를 부정하거나 위협하는 요
소가 될 수는 전혀 없었다. 신의 권한이 절대적이라 함은 오히려 인간 사
회의 본성적 권리들 역시 절대적인 무엇임을 의미한다는 것이 오캄의 시
각이었다.30) 여기에 자연법의 본질을 신의 의지로 규정한 오캄의 진정한

---

27) *Dialogus* I, bk.7, ch.24.
28) *OND*, ch.58, 85.
29) *OND*, ch.2, 6.
30) *Dialogus* I, bk.1, ch.8.

의도가 있다고 생각된다. 그의 의도는 신의 권한이 자연 질서의 일부가 아
니라 그것의 변함없는 기반이며, 뿐만 아니라 신의 절대적 권한은 자연법
이 보장하고 있는 인간의 권리들의 정당성을 끊임없이 재확인해 주는 영
원한 보루라는 점을 분명하게 밝혀 두려는 데 있었던 것이다.[31]

이와 같은 오캄의 자연법 개념의 현실적인 의미는, 그가 자연법과 신법
모두의 공통 요소로서 '올바른 이성'(recta ratio)의 비중을 특히 강조하였
다는 사실에서 더욱 뚜렷이 드러난다. '인간이 이성적인 피조물인 까닭은,
그것이 합리의 원천인 신의 형상을 따라 만들어졌다는 데 있다. 마찬가지
로 자연법의 원천이 궁극적으로 신이라는 의미도, 그것이 신적인 것일 뿐
만 아니라 합리적인 것이라는 데 있다'[32]라고 오캄은 지적하였다. '자연법
은 직접적이든 간접적이든 성서가 포함하고 있는 계시들을 이성적으로 해
석하고 체계화한 것이다. 바로 이 점이 자연법이 어떤 의미에서는 신법이
기도 한 이유이다'[33]라는 것이 그의 주장이었다.

사실 오캄에 있어서는 자연법과 신법 모두가 신적이고 동시에 이성적인
것이었다. 단지 그 차이는 실정적 신법이 그리스도교 사회의 운용 원리인
데 비해서, 자연법은 모든 이성적 피조물들에 보편적으로 적용되는 규범이
라는 데 있었다. 그러니까 신의 의지의 한 직접적인 표현이기도 한 합리적
자연법이야말로, 그리스도교 사회 또는 비그리스도교 사회를 막론하고, 인
간 사회 전반에 신의 절대권을 구체적으로 구현시키는 객관적 규범이었
다.[34] '신의 주권적 의지가 자연법의 근거이다'는 중세적 전제는 오캄에 의
해서 현세사에 대한 신의 자의적 간섭을 의미하거나, 자연법의 비예측성
내지 불가해성을 가리키는 것으로 간주되지 않았다. 이는 오히려 신이 직
접 자연법의 권위를 보장하고 있고, 인간 사회의 보편적이고 합리적인 규

---

31) Knysh, *Political Authority*, pp.39~40 참조.
32) *Dialogus* III, tr.2, bk.3, ch.6.
33) *Dialogus* I, bk.1, ch.9.
34) *Dialogus* I, bk.6, ch.77 ; *Dialogus* III, tr.2, bk.1, ch.10 ; *BR*, bk.3, ch.7~8 ; *OND*, ch.88.

범이 바로 자연법이라는 의미로 해석되었다. '신은 스스로 금지한 행위를
언제나 명령할 수 있는 권한을 잠재적으로 보유하고 있다'35)는 신적 의지
의 절대성 원리와, 신은 일상권(*potentia ordinata*)을 통해서 절대적이고
불변하며 예외 없이 적용되는 자연법적 질서를 제정하였다는 자연법의 객
관성에 대한 신념이36) 적어도 오캄에 있어서는 전혀 상충하는 명제가 아
니었다. '신은 스스로 바라는 바를 합리로 하여금 명령하도록 한다'37)는 고
유한 그의 논리가, 왕왕 대립적으로 이해되어 왔던 이들 두 명제를 하나로
결부시켰던 것이다.

필자는 교회정부에 관한 논의에서, 오캄이 '사목권의 우위'(petrine primacy)
에 입각한 수장제 교회정부를 합리적 판단에 기초한 그리스도의 의사에
따라 제정된 제도로 이해하였음을 지적한 바 있다. 중요한 단서가 이 점에
있는 것 같다. 근본적으로 오캄은 신의 의사가 비합리적 내지 반이성적인
무엇이라고 상정하지 않았던 것이다. 신의 의지가 자연법의 원천이기는 하
지마는, 그러나 자연법은 계시가 상당한 비중을 차지하는 신법과는 달리
인간 이성을 통해서 합리적으로 인식될 수 있으며,38) 인간 이성의 적극적
인 활동이 이 땅에서의 인간 행위와 사건들을 자연법적 질서에 부합하도
록 만드는 요소이고,39) 신은 예측할 수 없는 자의적 간섭을 통해서가 아니
라 자연법을 통해서 현세사의 문제들이 신의 의사에 따라 규제되기를 바
라고 있다40)는 그의 주장들도 바로 이 같은 맥락에서 파악되어야 할 것이
다. 신의 주권적 의지는 언제나 '올바른 이성'을 포함하고 있으며, 이는 인
간 이성을 통해 인식·실현될 수 있다는 것이 오캄의 자연법 논의의 지평

---

35) *Dialogus* I, bk.5, ch.31. 이와 유사한 지적을 *OQ*, qu.4, ch.9 ; *OND*, ch.95 ; *DIPP*,
   ch.25에서도 발견할 수 있다.
36) *Dialogus* III, tr.1, bk.2, ch.20 ; *Dialogus* III, tr.2, bk.1, ch.10 ; *BR*, bk.3, ch.11 ; *OND*,
   ch.98 ; *DIPP*, ch.16 등.
37) *Sententiarum* III, qu.13.
38) *Dialogus* I, bk.6, ch.47.
39) *OND*, ch.65.
40) *DIPP*, ch.16.

이었다.

오캄에 따르면 절대적이어야 할 신의 의사가 자연법적인 정치 질서를 요구하고 있으며, 자연법의 본질이 '올바른 이성'이므로, 따라서 합리에 위배되는 모든 인간 행위들은 신의 의사에 부합하지 않을 뿐만 아니라 자연법적인 권리에도 속할 수 없었다.[41] 요컨대 그는 현세 질서에 관한 한 여하한 인간 행위도 합리와 자연법에 따르지 않는 경우 신의 의사를 구현할 수 없다고 판단하였다. 자연법을 보는 그의 기본 시각이 여기에 있었다. 오캄의 자연법 이론은 결코 신의 의지와 합리적 사회체제를 대립적으로 파악하기 위한 토대가 아니었다. 오히려 그에 따르면 자연법적 질서야말로 현세 사회가 반드시 추구하여야 할 객관적 이성적 규범인 동시에 신의 명령이었다.

3. 자연법의 유형

1) 절대적 자연법

우리는 여기저기 흩어져 있는 자연법에 관한 오캄의 언급들 가운데 아마도 가장 체계적인 자연법론을 *Dialogus* III, 2부에서 발견할 수 있다. 그는 이렇게 말한다.[42]

자연법에는 세 가지 유형이 있다. 첫 번째 유형의 자연법은 여하한 경우에도 그리고 언제나, 그것과 반대되는 신의 직접적인 명령이 없는 한, 자연이성(*ratio naturalis*)과 완벽하게 일치하는 법이다. 두 번째 유형은 어떠한 인정적 제도와 관습 및 법률도 존재하지 않았던 사회, 다시 말해서 원죄 이전의 자연적 형평(*aequitas naturalis*) 상태에서 유지되었던 자연법이다. 이 자연법은 자연적 형평의 상태가 깨뜨려지지 않았던 사회에 일치하는 질서로서, 만약 모든 인간이 자연이성에 따라 생활해 왔다면 반드시 지켜졌어

---

41) *Sententiarum* I, qu.1 ; III, qu.12.
42) *Dialogus* III, tr.12, bk.1, ch.15.

야 할 법률이다. …… 세 번째 유형의 자연법은 이해관계가 결부되어 있는 모든 사람들이, 모두가 동의하는 어떤 정당한 이유(*ex justa causa*)를 근거로 그것과 반대되는 다른 규범을 제정하기로 합의하지 않는 한, 반드시 준수하여야 하는 법이다. 이 유형의 자연법은 인간 사회가 명백한 이성(*ratio evidens*)을 가지고 확립해 온 행위의 규범들 및 만민법으로부터 유래되었으며, 우리는 이들을 조건적 자연법(*ius naturale et suppositione*)이라 부를 수 있다.

절대적 자연법(*ius naturale absolutum*)은 오캄이 밝힌 자연법들 가운데 첫 번째 유형에 해당한다. 오캄은 '살인하지 말라' 또는 '거짓말하지 말라'는 등의 신의 명령을 단순한 도덕률로 생각하지 않았다. 그에 따르면 이 명령들은 모든 인간에게 본성적으로 부여된 자연 이성에 비추어 볼 때, 그 당위성이 '자명한 규범'(*principia per se nota*)이었다.[43] 따라서 이 절대적 자연법에 대한 위반은 어떠한 명분으로도 정당화될 수 없었다. 심지어 '나는 단순히 그와 같은 규범을 몰랐다'는 변명 즉 무지조차 그 이유가 될 수 없었다. 왜냐 하면 이러한 변명은 신의 자명한 명령에 대한 인간의 의도적이고 사악한 경멸 내지 가증스러운 태만 이외에는 아무것도 아니기 때문이었다.[44]

절대적이어야 할 신의 의사의 현세적 지침으로서 이와 같이 시공의 차이를 막론하고 모든 인간 사회에 적용되어야 할 변하지 않는 규범(*principum immobilis*)을 오캄은 자연 이성에 일치하는 자연법(*ius natulae conforme ratione naturali*)이라고 규정하였다.[45] 흥미로운 점은 그가 이 절대적이고 불변하며 예외 없이 적용되는 자연법의 본질을 합리와는 무관한 신의 자의적 판단이라고는 전혀 생각하지 않았다는 사실이다. 그는 이 규범이 '그것에 반대되는 신의 명령이 없는 한' 반드시 준수되어야 한다고 밝혔다. 결국 이는

---

43) 위와 같음.
44) *Dialogus* III, tr.2, bk.3, ch.6.
45) *Dialogus* III, tr.2, bk.3, ch.6. Greylish, *Ockham and Natural Law*, pp.151~152 참조.

절대적 자연법이야말로 신의 의사와 자연 이성에 완벽하게 그리고 동시에 부합한다는 주장 바로 그것이었다.

이 같은 성격의 절대적 자연법이 오캄에 있어서 교황의 전능권을 제한하고, 모든 절대주의적 정치 권력의 합법성을 부정하는 원리로 기능하였으리라는 점은 의심할 여지가 없다. 그는 '신법과 올바른 이성에 위배되는 모든 인정적 규범들은 이미 법률이 아니므로, 만약 로마법과 교회법의 특정 조항들이 신법과 자연 이성에 위배될 경우 그것은 반드시 지켜지지 않아야 한다'46)고 주장하였다. 더욱이 그는 '황제와 교황 등을 포함한 모든 인정 정치제도의 권한은 반드시 자연법적 질서에 의해 제한되어야 한다'47)는 점을 명백히 하였다. 황제든, 교황이든, 자연 이성 즉 절대적 자연법에 의해 반드시 제한되어야 한다는 것이 그의 신념이었다.

그러나 자연법을 철저하게 인정법의 한 유형으로 재해석하였던 마르실리우스를 아마도 유일한 예외로 한다면,48) 대부분의 중세 정치 이론가들이 자연 이성과 일치하는 불변법으로서의 자연법, 및 모든 인정적 정치 권위들에 대한 그것의 규범적 구속력에 광범위하게 동의하였던 것이 사실이다. 물론 오캄은 신법과 자연법의 유일한 그리고 전권적 해석자가 교황이어야 한다는 성직자정치 이념에는 맹렬히 도전하였다. 그러나 교황권주의자라고 해서 교황을 신법과 자연법을 초월하는 존재로 규정하였던 것은 아니며, 이 점은 오캄 역시 정확히 이해하고 있었다. 실상 이들의 논쟁의 초점은 교황의 권한이 단지 신법과 절대적 자연법에 의해서만 제한되느냐, 아니면 또 다른 유형의 제한의 원리가 있느냐 하는 문제였다.49) 그러니까 오캄의 이 절대적 자연법론은 그의 자연법 이론의 독창적 토대를 말해 주고 있다기보다는, 오히려 그가 입각해 있었던 논리적 기반의 전통성을 드러낸

---

46) *Dialogus* I, bk.6, ch.100.
47) *Dialogus* III, tr.2, bk.1, ch.23.
48) 마르실리우스는 자연법을 인정적 실정법의 한 형태로 규정하였다. *Defensor Pacis* II, ch.12, qu.8. 제1장 용어 해설 등 참조.
49) McGrade, *Political Thought*, pp.177~178 참조.

다는 점에 더욱 의미가 있다고 하겠다.

2) 이상적 자연법

오캄은 두 번째 유형의 자연법을 자연적 형평 상태 하의 사회질서라고 지적하였다. 그에 따르면 이 질서는 '여하한 인정적 관습 또는 제도도 존재하지 않았던, 오직 자연적 형평'(*sola aequitats naturalis*)만이 지배하였던 공동체의 규범이었다.[50] 그러니까 이 자연법은 원죄 이전 사회에서 유지되었던 규범, 즉 역사적 현세적 인간 사회에서는 이기적이고 악을 행하려는 인간의 본성적 성향들 때문에 그대로 지켜지지는 못하고 있던 이상적인 질서였다.

이를테면 오캄은 이 두 번째 유형의 자연법을 보편적으로 적용되어야 할 불변법인 절대적 자연법과는 달리, 그것의 엄격한 적용이 유보될 수도 있고 또 경우에 따라서는 변경될 수도 있는 자연법으로 이해하였다.[51] 그러나 그는 계속해서 '원죄 이후 가지게 된 인간의 도덕적 결함에도 불구하고, 만약 모든 사람이 이성적으로 행동해 왔다면, 이 자연적 형평의 질서는 인간 사회의 충분한 규범이 될 수 있었으며, 오늘날도 그 가능성이 완전히 소멸된 것은 아니다'[52]라고 밝혔다. 여기에 이 두 번째 유형의 자연법이 가지는 독특한 성격이 있다. 오캄은 그것이 원죄 이전의 자연적 형평 상태 하의 질서였기 때문에 현실적으로 반드시 강제적인 구속력을 가지는 것은 아니지만, 그러나 지금도 그것은 이 땅의 이성적인 인간들에 의해서 언제나 추구되어야 할 규범이라고 지적하였다. 그에 따르면, 이 규범은 단순히 유보적 가변적일 뿐만 아니라, 이성적 인간 사회의 충분한 규범이 될 가능성이 여전히 있는 '언제나 바람직한 사회질서'였던 셈이다. 이 유형의 자연법을 이상적 자연법(the ideal natural law)으로 파악하려는 근거도 바로

---

50) *Dialogus* III, tr.2, bk.3, ch.6.
51) 위와 같음.
52) *Dialogus* III, tr.2, bk.1, ch.10.

제3장 윌리엄 오캄의 정치사상 399

이 점에 있다.

오캄이 특히 주목했던 이상적인 자연법적 사회질서는 재산의 공동 소유(*communis omnium possessio*)와 보편적인 자유(*omnium una libertas*)가 유지되는 체제였다. 이에 관한 견해를 통해서 그의 이상적 자연법론을 보다 세밀히 검토해 보기로 하자.

> 모든 사물의 공동 소유와 모든 인간의 보편적인 자유는 이 두 번째 유형의 자연법에 속한다. 절대적 자연법은 반드시 변함없이 그리고 예외 없이 적용되어야 하므로, 이에 따르면 누구도 합법적으로 사유재산을 가질 수 없으며 또한 누구도 만민법(*ius gentium*) 등에 의해 예속민 혹은 노예로 규정될 수 없다. 그러나 오늘날에는 사유재산 제도가 공인되고 있으며, 일부 사람들은 만민법 등에 의해 예속민으로 규정되고 있다. 그리하여 우리는 자연적 형평의 질서 하에서는 재산의 공유와 보편적 자유가 향유되었지만 만민법 등이 사유재산 제도와 노예제도를 합법적인 현세 질서로 보장하고 있다고 말할 수밖에 없다. 재산의 공유와 보편적 자유는 자연법적 질서이기는 하지마는, 그러나 불변의 규범은 아니므로 이에 위배되는 질서들 역시 인간 사회의 합법적인 규범으로 제정될 수 있었다.53)

오캄은 이상적 자연법의 기본 성격을 불변의 규범이 아니므로 만민법 등에 의해 정당하게 변경될 수 있는 점이라고 명백히 지적하고 있다.54) 그렇다면 자연적 형평의 질서가 무너졌던 당대적 상황 하에서, 이미 오랫동안 적용되지 않았던, 공동 소유 및 보편적 자유의 질서를 그가 구태여 이상적인 자연법적 규범으로 거론했던 이유가 어디에 있었을까? 이 점이 의미 깊은 대목이다.

> 비합법적인 폭력을 합법적인 강제력을 통해서 억제하는 것은 정당한 일

---

53) *Dialogus* III, tr.2, bk.3, ch.8.
54) 여기서도 실제적인 사회 여건 및 인정적 정치제도의 권위를 자연법적 질서에 위배된다고 한꺼번에 단정하지는 않으려는 경향, 즉 실용주의적이라 불릴 수도 있을 오캄의 탄력성 있는 태도가 확인된다.

일 수 있다. 그러나 자연적 형평의 질서가 유지되는 공동체에서는 그와 같은 상황이 발생하지 않는다. 자연적 형평과 올바른 이성(*recta ratio*)의 원리를 따르는 자는 누구도 다른 사람에 대해 먼저 폭력을 사용하려고 하지 않을 것이기 때문이다. 강제력은 비합법적인 폭력을 억제함으로써 보편적 자유를 보장하는 데 기여해야만 비로소 정당화될 수 있다.[55]

사유재산 제도는 처음부터 자연법적인 질서였던 것이 아니라, 자연적 형평의 질서가 무너진 이후 인간 사회에 누적되어 온 인정 실정법에 근거한 제도이다. 만약 모든 인간이 올바른 이성에 따라 생활한다면, 모든 사물은 공유될 것이며 재산의 사유화는 일어나지 않을 것이다. 사유재산 제도와 정치적 강제력은 원죄와 이로 인한 인간 본성의 상실이 초래한 사회적 불평등 때문에(*propter iniquitatem*) 형성된 제도이다.[56]

무엇보다도 오캄은 이상적 자연법의 본질이 올바른 이성이라고 지적하고 있다. 또한 그에 따르면 이상적 자연법은 특정 정치지배자의 자의적인 판단 혹은 관련된 몇몇 집단들의 합의 등을 통해서 언제든 그 효력이 유보될 수 있는 그리고 쉽게 포기되어도 무방한 질서가 아니었다. 여전히 자연적 형평의 질서는 '올바른 이성이 그것과는 다른 무엇을 명확히 명령하지 않는 한, 모든 인간집단이 반드시 준수하여야 한다는 의미에서 보편법의 하나'[57]였던 것이다.

다시 말해서 오캄은 인간 본성의 결함으로 인해서 이상적 자연법이 충분히 성취되지는 못하고 있다는 사실을 현실적으로 수용하였다. 그리하여 그는 재산의 공동 소유 및 보편적인 자유의 질서와는 위배되는 사회체제인 사유재산 제도와 정치적 강제력의 정당성을 부정하지 않았다. 그러나 동시에 그는 이와 같은 현세 질서들이 올바른 이성이 명령하는 바에 따라 운용되어야 하며, 또한 이들은 그 자체로서 바람직한 것이라기보다는 사회적 불평등 때문에 형성되었음을 강조하고 있다. 요컨대 오캄은 이상적 자

---

55) *Dialogus* III, tr.2, bk.3, ch.6.
56) *OND*, ch.65.
57) *Dialogus* III, tr.2, bk.3, ch.6.

연법 이론을 통해서 사회적 불평등이 극복된 상태에서의 잠재적 질서가 자연적 형평의 질서 즉 공동 소유제와 보편적 자유가 구현되는 사회체제임을 강력하게 제시하고 있는 것이다. 더욱이 오캄은 모든 인간이 올바른 이성에 따라 생활한다면 이 자연적 형평의 질서가 이룩될 수도 있다고 주장하였다. 결국 오캄의 진정한 의도는 사유재산 제도와 같은 현세 질서를 부정하고 공동 소유제 및 보편적 자유의 질서 등을 추구하는 권한이, 이성적인 인간들에게 실제로 그리고 여전히 부여되어 있는 자연법적 권리의 일부임을 보장하려는 데 있었다고 하겠다.

앞서 검토했던 바와 같이, 오캄이 대학인에서 정치 이론가로 변신하는 데 직접적 계기가 된 것은 청빈파 프란시스회가 제기한 복음적 청빈논쟁이었다.[58] 특히 이 논쟁과 관련하여 오캄과 교황 요한 22세를 심각한 대립 관계로 몰고 간 가장 중요한 쟁점은 한 개인이 실정법상의 권리 없이 현세 사물을 사용하는 일이 정의($iustitia$)에 위배되느냐 또는 위배되지 않을 수도 있느냐 하는 문제였다. 이는 교회정부 내지 성직자의 재산권 남용에 대한 단순한 비판을 넘어서 소유의 문제에 대한 진정한 복음의 정신이 무엇인가 하는 다분히 교리적인 논쟁이었다.

교황 요한 22세는 실정법상의 재산권 내지 소유권($dominium$)을 가지지 않은 자가 현세 사물들에 대해서 단지 사용권(ius $utendi$)만을 주장하는 것은 명백한 오류라고 단호히 정죄하였다.[59] 그러나 오캄은 이에 도전해서 '절대 청빈'의 원리를 실천하려는 프란시스회의 청빈파 수도사들의 삶이 그리스도교도가 실제로 택할 수 있는 복음적 이성적 생활의 한 형태일 수 있다는 점을 격렬하게 주장하였다. 물론 이러한 주장의 배후에는 프란시스회의 수도사였던 오캄이 성 프란시스와 자파 수도회의 고유한 전통에 대해서 가지고 있었던 개인적인 정서적 애정도 무관하지는 않았을 것이다. 그러나 그의 주장의 핵심은 다름이 아니라 재산을 소유하지 않는 사회적

---

58) 제1장 용어 해설 참조.
59) *Cum Inter Nonnullos, Bullarium Franciscanorum* V, p.239 ; Greylish, 앞의 책, p.57에서 재인용. 제1장 용어 해설 참조.

생존의 정당성, 즉 사유재산 제도를 거부함으로써 사물의 공유라는 이상적
인 자연법적 질서를 추구하는 개인적 권리의 합리성을 천명하려는 시도
바로 그것이었다.

오캄은 먼저 소유권과 사용권을 엄격히 구별하였다.[60] 오캄에 따르면
신이 인간을 위해서 만들어 놓은 현세 사물들에 대한 사용권은 양도될 수
없는 본성적 권리의 일부로서, 인간의 생존을 위한 것인 경우, 이 권리는
어떠한 상황 하에서도 마땅히 보장되어야 하였다. 따라서 이러한 사용권의
부정은 신의 명령에 대한 도전이므로 그러한 부정은 인정법에 의해서도
반드시 규제되어야 하였다. 그러나 소유권이란 자연법적 권리가 아니라 단
지 이상적인 자연법의 실효성이 유보된 현세 사회에서 현세적 사물들을
임의로 처리하고 사용할 수 있는 인정법상의 권리를 의미하였다. 그러니까
소유권은 상위적 규범인 자연법적 질서를 이룩하기 위해 경우에 따라서는
인정법에 의해서도 제한될 수 있는 하위적 규범이었던 것이다.

이를테면 오캄은 생존을 위해서 현세 사물을 사용하는 권리를 모든 인
간에게 본성적으로 부여된 양도될 수 없는 자연법적 권리(ius poli)로 이해
한 데 비해서, 사유재산의 소유는 본원적 인간성의 결여를 전제로 제정되
었던 실정법(leges positivas)에 의해 누적된 인정법적 권리(ius fori)로 해
석하였다. 그런데 자연법적 권리는 상위법의 일부로서 인간집단들 사이에
맺어진 동의 또는 협약과는 무관한 자연적 형평 상태 하의 합리적 질서이
고, 인정법적 권리는 이 땅에서 이해관계가 결부된 인간집단들이 편의에
따라 동의 또는 협약을 통해서 제정한 가변적 질서였다. 즉 사용권과 소유
권은 근본적으로 동일한 지평 위의 권리들이 아니었다. 그리하여 신의 명
령인 동시에 자연법적 권리의 일부인 사용권은 언제나 인정적 가변적 권
한인 소유권에 우선되어야 했던 것이다.[61]

---

60) *OND*, ch.2. 오캄의 소유권과 사용권 개념에 대한 세밀한 검토는 McGrade,
    'Ockham and the Birth of Individual Right,' *Authority and Power* (Cambridge,
    1980), pp.150~153 ; Kölmel, 앞의 글, pp.41~44 등에서 찾아볼 수 있다.
61) *OND*, ch.3. 사용권과 소유권에 대한 오캄의 이 같은 구분을 빌리(M. Villey)는 법

또한 오캄은 소유권 개념 자체가 역사적인 과정을 통해서 단계적으로 변질되어 왔다고 파악하였다. 그에 따르면 원죄 이전 사회의 질서였던 원형적 소유권은 그야말로 모든 사물을 공동으로 소유하는 권리였다. 그러나 원죄 이후의 사회, 그 가운데서도 인정적 관습과 제도가 충분히 형성되지 않았던 사회에서의 소유권은 엄밀한 의미에서 공동으로 소유하는 권리가 아니라, 단지 현세 사물을 공동으로 사용하는 권리였다고 그는 이해하였다. 그러다가 원죄 이후 사회에서 인정적 질서와 제도가 누적되면서 사회적 불평등과 재산의 사유화가 초래되었고, 이와 더불어 사적 소유의 개념이 인간 사회에 뿌리박게 되었다는 것이다.[62]

요컨대 오캄은 사유재산에 대한 소유권을 자연 이성으로부터 유래된 것이 아니라 사회적 불평등이 야기된 사회에서 마련된 잠정적이고 불완전한 인정제도로 파악하였다. 또한 그에 따르면, 설령 진정한 의미의 소유권은 원죄 이후의 인간 사회에서 실현될 수 없다 하더라도, 두 번째 단계의 소유권 즉 공동 사용권은 명백히 사적 소유권에 비해 자연 이성에 부합하는 공동 소유권에 보다 가까운 소유의 한 형태였다. 공동 사용권은 현세적 권리인 동시에 사적 소유권보다 우위의 권리라는 것이다. 그리하여 극단적인 상황 즉 그렇게 하지 않고는 스스로의 생존이 유지될 수 없는 경우 등에는, 비록 특정 사물에 대한 실정법상의 소유권이 없다 하더라도, 그것에 대한 '단순한 사용권'(simplex usus facti)은 모든 이성적인 인간이 모든 사물에 대해서 가질 수 있어야 한다는 것이 그의 생각이었다.[63]

더욱이 오캄은 사용권도 실정적 사용권(ius utendi positivum)과 자연적 사용권(ius utendi naturale)으로 구별하여 이해하였다. 그는 먼저 실정적 사용권을 특정 대상에 관해서 인정 실정법이 허용하는 구체적인 사용권으

제 및 정치사상사에 코페르니쿠스적인 혁명을 가져온 계기로 파악하였다. M. Villey, 'La Genese du droit subjectif chez Guillaume d'Occam,' *Archives de Philosophie du Droit* 9 (1964), pp.97~127 참조.
62) *OND*, ch.14, 88.
63) *OND*, ch.65 ; *BR*, bk.3, ch.8.

로 규정하였다. 그런데 경우에 따라서 한 개인은 특정한 실정법의 정당성
에 동의하지 않을 수 있으므로, 따라서 그러한 법률체계에 입각한 실정적
사용권 역시 경우에 따라서는 부정될 수도 있었다.64) 그러나 자연적 사용
권의 경우, 그는 이를 인간집단들 사이의 동의 또는 협약과는 무관한 자연
법적 권리로 파악하였다. 따라서 여하한 인정제도나 법률 심지어 특정 당
사자의 개인적인 요구 또는 자의에 의해서도 자연적 사용권의 정당성은
부정될 수 없었다.65) 그리하여 그렇게 하지 않고는 생존할 수 없는 상황에
처한 개인들의 현세 사물에 대한 '단순한 사용권'은, 실정법의 체계가 어떠
하든 그것과는 관계없이, 여하한 형태로도 유보될 수 있는 성질의 권리가
처음부터 아니라는 것이 그의 판단이었다.

이와 같이 오캄은 사용권과 소유권을 분리하고 또 이들의 개념을 각각
세분함으로써, 현세 사물에 대한 자연적 및 단순한 사용권이 모든 인간에
게 부여된 양도될 수 없는 권리임을 천명하였다. 특히 그는 청빈파 프란시
스회가 주장하였던 사물의 단순한 사용권의 합법성을 두 가지 근거에서
강력히 변론하였다. 오캄에 따르면 그것의 정당성은 자연적 형평의 원리,
다시 말해서 이상적 자연법에 의해서뿐만 아니라 신법에 의해서도 보장된
인간의 본성적 권리였다.

이미 지적한 바와 같이, 신법은 종교적인 목적을 위해서 사유재산의 소
유를 포기하는 모든 사람들 예를 들어 교황, 사제 그리고 수도사 등에게
이 땅에서 자신의 삶을 유지하는 데 반드시 필요한 경우 현세 사물에 대한
합법적인 사용권을 허용하고 있었다.66) 따지고 보면 이러한 사용권 없이는
그들의 삶 자체가 사실상 불가능할 것이었다. 결국 오캄의 의도는 청빈파
수도사들이 행하는 절대 청빈의 서약을 현세 사물에 대한 사적 소유권 및
실정적 사용권에 대한 자발적인 포기로 규정하고, 자연적 사용권 및 단순
한 사용권은 그것과 동일한 범주의 권리가 아님을 밝히는 데 있었다. 이

64) *OND*, ch.60.
65) *OND*, ch.61.
66) *OND*, ch.14, 25~28.

같은 권리들은 개인의 의사 또는 상황과는 무관하게 본성적으로 부여된 자연법적 권리이며, 또한 그것은 이성적인 인간들에 의해서 언제나 추구될 수 있는 질서라는 것이 그의 논리였다.67)

그러나 절대 청빈에 관한 오캄의 견해를 지나치게 확대 해석하기도 어렵다. 그가 밝힌 공동 소유(communis omnium possesio)의 원리는 실제에 있어서 극소수였던 청빈파 수도사들의 종교적 입장을 변론하기 위한 것에 불과하였다. 다시 말해서 그의 주된 의도는 사유재산 제도의 합법성 그 자체를 부정하려는 것은 전혀 아니었다. 그는 공동 소유제가 현실 사회의 토대로서 모든 사람들에 의해 반드시 추구되어야 한다거나, 또는 이것의 구현이 실천적인 정치적 과제임을 주장하지는 않았다.68) 단지 그의 의도는 사물에 대한 사적 소유권을 포기하고 단순한 사용권에만 의존하는 무소유의 삶이 그리스도교도에게 있어서 현실적으로 실천 가능한 이상적인 삶의 한 유형이라는 신조의 정당성을 이론적으로 입증하려는 것뿐이었다. 오캄의 이 '사물에 대한 단순한 사용권' 논리를 유물론적 정치 이념의 중세적 원형으로 파악하려는 트라흐텐베르그의 시도를 그대로 수용하기 어려운 것도 바로 이 점 때문이다.69)

그러나 동시에 우리는 오캄의 이상적 자연법 이론이 그의 정치사상의 핵심적인 요소들과 일관성 있게 결부되고 있다는 사실을 분명하게 확인할 수 있다. 무엇보다도 오캄은 자연적 형평 상태 하의 질서, 즉 자연법적 권

---

67) '사물의 단순 사용권'의 원리가 바로 청빈파 수도사들이 실천하고자 했던 절대 청빈 이념의 핵심이었다. 이 점에 관해서는 특히 Greylish, *Ockham and Natural Law*, pp.41~54 ; J. B. Morrall, 'Some notes on a recent interpretation,' *Franciscan Studies* 9 (1949), pp.346~347 참조.

68) B. Tierney, 'Public Expediency and Natural Law,' *Authority and Power*, pp.167 ~182 ; *Medieval Poor Law* (Bekeley, 1959), p.1~21. Tierney는 절대 청빈의 이념을 중세적 구빈정책의 한 주요한 정신적 기반으로 파악하였다.

69) O. Trachtenberg, 'William of Ockham and the Prehistory of English Materialism,' *Philosophy and Phenomenlogical Research* 6 (1945~1946), pp.212~224. 이와 같은 접근의 고전적인 한 예를 우리는 B. Jarett, *Medieval Socialism* (London, 1913), pp.49, 63에서 찾아볼 수 있다.

리의 본질을 신의 자의가 아니라 올바른 이성(*recta ratio*)이라고 규정하였다. 그리고 이 형평의 질서가 모든 인정적 제도와 관습에 우선하는 규범이라고 밝혔다. 뿐만 아니라 그는 보편적 자유(*omnium una libertas*)를 이상적인 자연법적 질서로 파악하고, 그것의 정당성은 올바른 이성에 의하지 않는 한 특정 집단 및 개인의 정치적 권위나 자의에 의해 부정될 수는 없다고 지적하였다.

사실 오캄의 정부론의 두드러진 성격은 교회정부와 신도집단 그리고 세속정부와 인민집단의 관계에 있어서 정부의 소극적 기능을 강조한 점이었다. 그의 소극적 교회정부론의 핵심은 합리의 절대 권위를 확립함으로써 자의적 교황권을 제한하고자 한 데 있었으며, 또한 자율적인 개인들의 자유가 철저하게 보장되는 정치 질서의 모색이 그의 세속정부론의 주된 축이었다. 그러니까 오캄이 제시하였던 소극적 교회정부론 및 세속정부론은 이들 정부가 무엇보다도 합리와 자유를 보호하는 수단들이어야 한다는 신념에 입각하고 있었다. 그런데 올바른 이성과 보편적 자유가 바로 그의 이상적 자연법 이론의 근간인만큼, 결국 이상적인 자연법적 질서에 대한 오캄의 열망이 바로 그의 소극적 정부론의 토대였던 것이다.

명백히 오캄은 이상적인 자연법적 질서의 현실적인 실천을 극단적으로 밀고 나아가지는 않았다. 그러나 그에 따르면 자연적 형평이 유지되었던 사회에서는 공동 소유제 및 보편적 자유의 질서가 보장되었던바, 이는 사회적 불평등(*propter iniqutatem*)으로 인해 잠정적으로 유보된 정치 질서이기는 하지만, 그러나 그것의 합리성이 부정된 것은 결코 아니었다. 오히려 오캄에 따르면 여전히 이성적인 그리스도교도들은 사유재산권을 포기한 상태에서도, 현세 사물에 대한 단순한 사용권을 통해서 반드시 이 땅에서의 삶을 합법적으로 영위할 수 있어야 했다. 뿐만 아니라 이상적인 세속 정부 하의 피지배집단 즉 바람직한 사회의 모든 구성원들은 신분적 구분과는 무관하게 본성적 권리인 자유를 동등하게 향유할 수 있어야 했다. 오캄에 있어서는 이상적 자연법적 체제에 대한 추구가 이성적인 인간들에게 보장된 영원한 권리의 일부였으며, 또한 이 같은 형평의 질서야말로 보다 나은 인간 사회가 반드시 추구해야 할 객관적인 정치 질서였던 것이다.[70] 오캄의 이상적 자연법론이 가지는 한 부동의 정치적 의미가 이 점에 있다.

3) 조건적 자연법

오캄이 제시한 세 번째 유형의 자연법은 이상적 자연법적 질서의 보편적 실천적 적용이 유보되는 상황을 그 지평으로 하였다. 그는 조건적 자연법(ius naturale et suppositione)을 현세 사회에서 이해관계가 결부되어 있는 모든 사람들이 그것에 반대되는 어떤 규범을 만들기로 구체적으로 합의하지 않는 한 반드시 준수되어야 할 규범으로 이해하였다. 조건적 자연법의 기초는 변하지 않는 인간 본성의 일부인 명백한 이성(ratio evidens)으로서, 예를 들면 인간 행위의 일반 규칙(regulae generales) 및 만민법(ius gentium)으로부터 유래된 자연법 등이 여기에 속했다.[71] 다시 말해서 조건적 자연법은 원죄 이후의 인간 사회에서는 올바른 이성 및 자연적 형평의 질서가 무너지고 사회적 불평등이 야기되었으며, 이에 따라 관련된 사람들의 합의에 의해 인정적 관습과 제도들이 자율적으로 그리고 누적적으로 형성되어 왔다는 실제적 사회 여건을 전제하였다. 그러니까 오캄의 조건적 자연법 개념은, 그 자체로서, 인간 사회의 객관적 정치 질서의 원리인 자연법이 절대적 및 이상적 규범으로서뿐만 아니라 구체적이고 현실적인 규범이기도 함을 말해주고 있다.[72] 그는 자연법과 인정법 간의 전통적 구분을 거부하고, 자연법의 외연과 내포를 크게 확대시켜 놓았던 것이다.

그렇다면 어떠한 성격의 규범이 여기에 해당될까. 먼저 오캄은 조건적 자연법을 근본에 있어서 인정법(ius humanum)의 일부로 규정하였다.

---

70) A. Maurer, 'Ockham on the Possibility of a Better World,' *Mediaeval Studies* 38 (1976), pp.291~312.
71) *Dialogus* III, tr.2, bk.3, ch.6.
72) *Dialogus* III, tr.1, bk.2, ch.17 ; *Dialogus* III, tr.2, bk.3, ch.12 ; *BR*, bk3, ch.8~10 ; Shepard, 'Ockham and the Higher Law,' pp.1012~1013 참조.

인정법이라고 해서 그 성격이 모두 동일하지는 않다. 황제의 법률과 황제 정부에 속하는 하위 정치집단들의 법률을 우리는 시민법(ius civile)이라 부른다. 그러나 몇몇 인정법은 어떤 의미에서 인간 사회 전반의 보편적인 질서와 관련되어 있는바, 이와 같은 질서가 만민법적 질서이다. 황제의 행위는 스스로 제정한 법률에 의해서는 결코 구속되지 않는다. 그러나 황제라 하더라도 모든 민족 특히 이성적인 민족들이 동의하고 준수하고 있는 법률 즉 만민법에 의해서는 마땅히 다른 사람들과 마찬가지로 구속되어야 한다.[73]

오캄에 따르면, 만민법은 분명히 인정적 규범임에도 불구하고, 모든 민족들에 의해 지켜지고 있고 또 관련된 모든 사람들이 그것의 정당성에 동의하고 있는만큼 인간 사회의 보편적인 질서의 체계였다. 따라서 만민법은 인정법인 동시에 자연법적 규범일 수 있다는 것이 그의 견해였다. 그는 '황제의 명령이 신법 또는 자연법이 아니라 인정법에 위배되는 것이라 하더라도, 그것이 시민법이 아니라 만민법에 위배되는 경우, 그러한 명령에 대한 저항은 피지배집단의 본성적인 권리에 속한다'[74]라고 주장하였다. 그에게 있어서 만민법은 황제의 명령과 같은 단순한 인정법이 아니라 신법 내지 자연법과 같은 상위법적 규범의 한 형태였던 것이다.

이를테면 오캄은 관련된 모든 사람들의 보편적인 동의 특히 '이성적인 민족들의 동의와 준수'가 몇몇 인정법을 자연법적 규범인 만민법으로 만드는 관건이라고 지적하였다. 흥미있는 점은 무엇이 이 같은 보편적 동의를 가능하게 하는 요소인가에 대한 그의 설명이다.

예를 들어, 어떤 사람이 자신의 물건이나 돈을 다른 사람에게 빌려 주었다고 하자. 물건이나 돈을 빌려 주거나 또는 빌리는 행위는 절대적 자연법에는 명백히 부합하지 않는 행위이지마는, 그러나 이 경우 우리는 빌린 물건이나 돈을 반드시 주인에게 되돌려주어야 한다는 원리를 합리적 판단들

73) Dialogus III, tr.2, bk.2, ch.28.
74) Dialogus III, tr.2, bk.2, ch.27.

을 통해서 누적해 왔다. 비슷한 예로서, 만약 어떤 사람에 대해서 폭력이
사용되었다고 하자. 무력의 사용은 어떠한 형태의 것이든 이상적 자연법에
는 부합하지 않는 것이지마는, 그러나 이 경우 우리는 정당한 정치적 강제
력을 통해서 폭력을 제거할 수 있다는 원리를 합리적 판단들의 누적을 통
해서 형성해 왔다. 원죄 이후의 인간 사회는 정치지배자를 가지는 것이 불
화와 폭력을 제거하고, 신민들의 공공 이익을 보호하는 데 보다 효율적이
라는 원리를 합리적 판단들의 누적을 통해서 확립해 왔다. 로마인들이 황
제 선출권을 가졌던 것도 어떠한 정치집단이든 관리자가 없는 경우 그 구
성원들은 필요한 관리자를 가질 수 있다는 이 같은 원리가 적용되었기 때
문이다.75)

오캄은 인간이 사유재산을 소유하고 또 합법적인 강제력을 가지는 정치
지배자를 선출하는 권리를 만민법적인 질서로 특히 주목하였다. 이미 지적
한 바와 같이, 재산을 소유하거나 폭력을 강제적으로 억제하거나 또는 정
치지배자를 선출하는 일 등은 절대적 및 이상적 자연법에는 일치하지 않
는 정치 질서이다. 그렇다면 무엇이 이들을 만민법 즉 새로운 형태의 자연
법적 질서로 만들었을까? 오캄은 여기서 그것은 다름이 아니라 '합리적 판
단의 누적'이라고 명확히 밝히고 있는 것이다. '황제조차 정치지배자를 스
스로 선출하고 또 사유재산을 가지는 등의 신민의 권리를 제한할 수 없다'
는 그의 지적도, 이와 같은 권리들은 인간 본성의 일부로 변함없이 남아
있는 합리적 추론 능력의 지속적 보편적 누적을 통해서 형성된 만민법적
규범이다는 인식에 입각한 것이었다.76)

조건적 자연법은 그것이 자연법이기 때문에 객관적 보편적으로 적용되
어야 하는 규범이면서도, 절대적 또는 이상적 자연법과는 달리, 특정한 상
황 즉 사유재산을 침해당했다거나 혹은 부당한 폭력이 발생했다거나 혹은
통치자가 없다거나 하는 등의 일정한 사회적 조건 하에서 보편적 객관적
으로 적용되는 합리적 규범이었다. 그러나 이 경우에도 조건적 자연법은

---

75) *Dialogus* III, tr.2, bk.3, ch.6.
76) *OND*, ch.92.

누적된 합리뿐만 아니라 관련된 모든 사람들의 동의(*consensus humanus*)에 따라 탄력적 가변적일 수 있었다. 이를테면 앞서와 같은 일정한 사회적 조건들 하에서도, 빌려 준 사유재산을 합의를 통해서 되돌려받지 않을 수도 있고, 또한 부당한 폭력에 대해 강제력을 통한 제재가 아니라 합의에 의한 사면으로 해결할 수도 있으며, 그리고 정치지배자를 선출하는 인민의 권리 역시 합의를 통해서 특정 개인 또는 집단에 위임될 수도 있었다. 이해 당사자들 간의 이 같은 합의가 만민법적 규범에 위배되지는 않는다는 것이 오캄의 판단이었다.77)

그러니까 조건적 자연법이란 그것이 실제에 있어서 구체적으로 적용되기 위해서는 합리적 판단의 누적과 더불어 관련된 사람들의 동의가 또한 불가결한 조건이라고 그는 제시하였다. 누적된 합리와 보편적 동의가 이 인정적 자연법의 독특한 속성이었던 것이다. 앞서 우리는 이상적 자연법이 유보되는 데는 명백히 정당한 이유가 있어야 한다는 오캄의 견해를 검토하였다. 이를테면 그는 계속해서 이상적 자연법의 적용이 사실상 유보되고 있는 현실 상황 하에서는, 인간 이성에 기초한 합리적 판단뿐만 아니라 또 다른 한 조건 즉 관련된 모든 사람들의 동의가 반드시 있어야만, 불완전한 인간 사회에서나마 객관적인 정치 질서가 구현될 수 있다고 주장하였던 셈이다.

이러한 조건적 자연법 이론은 두 가지 중요한 의미를 함의하고 있다. 첫째, 이 유형의 자연법은 명백히 포괄적 내지 추상적인 어떤 원리들로부터 기계적으로 추출된 행위의 규범이 아니다. 오히려 그것은 올바른 이성과 형평의 질서가 붕괴된 예외적인 상황 하에서는, 이에 부합하는 특수한 보편적 규범이 인간 사회에 반드시 마련되어야 한다는 절박한 인식을 그 근저에 깔고 있다. 뿐만 아니라 예외적인 상황을 치유하여야 할 이 특수한 보편적 규범은 자의적이거나 권위주의적이 아니라 반드시 합리적인 것이어야 하며, 또한 이것이 구체적으로 실천되기 위해서는 모든 관련된 사람

---

77) *Dialogus* III, tr.2, bk.3, ch.6.

들의 자발적인 동의가 반드시 있어야 한다는 것이 내면의 논리였다. '정부론'을 통해서 검토하여 본 오캄의 거의 모든 정치적 주장들은 직접 또는 간접으로 현실 사회가 극히 불합리하며, 무엇보다도 자유로인 개인의 주권적 자율성이 부당하게 침해되고 있다는 그의 신념과 결부되어 있었다. 바로 이 내면의 동기가 그로 하여금 합리와 동의를 기본 속성으로 하는 현실적이고 객관적인 보편적 규범 즉 조건적 자연법 개념을 모색하도록 한 기반이었던 것이다.[78]

둘째, 오캄의 이 조건적 자연법 개념은 한편으로는 인정 정치제도의 합법성에 대한 그의 신뢰를 명백히 드러내고 있다. 그는 합법적인 인정 정치제도의 형성 단계를 다음과 같이 추정하였다. 먼저 원죄 이후 발생된 인간 본성의 결함은 현세 사회에 정치적 조직의 형성이 필요하다는 이성적 판단들을 누적시켰다. 그리고 인정 정치제도의 운용이라는 현세적인 상황 하에서 그것에 합법성을 부여하는 관건은 관련된 모든 사람들의 동의였다. 그리하여 이와 같이 정당하게 제정되고 또 운용되는 정치제도는 비록 그것이 인정적 제도이기는 하지마는, 모든 민족들에 의해 수용됨에 따라 인간 사회의 개별적 이해관계들을 보호하고 규제하는 보편적인 규범의 일부로 편성되어 왔다는 것이다.[79]

오캄은 결코 인정 정치제도를 단순히 불완전하다는 이유만으로 전면 부정하고자 하지 않았다. 그에 따르면 현세 사회의 인정 정치제도가 자연 이성 또는 올바른 이성과 그대로 일치하지는 않는다 하더라도, 만약 그것이 인간 본성의 일부로 남아 있는 명백한 이성(*ratio evidens*) 및 관련된 자들의 자발적인 동의에 입각하는 한, 마땅히 이는 객관적이고 당위적인 상위 법적 규범으로서의 권위를 가져야 하였다. 다시 말해서 설령 인정제도라 하더라도 인간 행위의 일반 규칙(*regulae generales*)에 일치하는 경우, 그것은 보편적 자연법적 질서의 일부일 수 있다고 오캄은 밝혔다. 결국 그는 조건적 자연법 이론을 통해서 극히 미묘한 문제인 자율적인 개인들과 제

78) McGrade, *Political Thought*, pp.182~183.
79) *Dialogus* III, tr.2, bk.1, ch.10.

도화된 정치 질서라는 두 요소를 결합시키고 있었던 것이다. 바로 이 점이 주권적 개인의 자유로운 의사와 권리의 신성성 그리고 보편적 인정 정치 제도의 객관적 규범적 당위성을 동시에 추구하였던 정치적 오캄주의 (political ockhamism)의 양면성을 실체적으로 드러내는 한 열쇠이다.[80]

오캄이 설정하였던 조건적 자연법의 이 같은 성격은 그가 만민법을 매우 실제적인 생활 규범으로 이해하였다는 점에서도 선명하게 드러난다. 그는 이렇게 말하고 있다.

> 만민법 즉 보편적인 관습은 자연 이성 및 모든 일에서 합리를 추구하는 사람들 사이에 이룩될 수 있는 자연적 형평의 질서와는 다른 것이 사실이다. 그러나 서로 불화하고 범죄를 쉽게 행하는 경향이 있는 원죄 이후의 인간 사회에서는 관습이 반드시 필요하다. 현세 사회에 비형평과 불공정이 야기된 근본 원인은 인간 본성의 결함에 있으며, 이와 같은 비형평을 극소화하여 그것을 자연 이성에 근접시키려는 도덕적인 규범이 만민법적인 관습의 체계(consuetudo juris gentium)이다.[81]

오캄은 만민법을 곧 보편적인 관습의 체계로 파악하고, 이와 같은 관습법(ius consuetudinis)은 자연적 형평의 질서 그 자체는 아니라 하더라도, 그것의 성취를 현실적으로 최대한 가능하게 하는 규범이라고 지적하고 있다. 물론 그가 모든 관습을 합리적이고 보편적인 규범으로 수용한 것은 아니었다. '이른바 인정 관습들은 적지 않은 경우에 비합리적이다. 올바른 이성(recta ratio)은 이 비합리적인 관습들의 개정을 명령하고 있다'[82]고 밝히고, 그리하여 개인들은 경우에 따라서 관습의 일부를 무시할 수도 있다고 그는 생각하였다.[83] 그러나 그는 계속해서 '모든 민족들에 의해 지켜지

---

80) 필자는 라가르드의 흥미로운 연구가 결과적으로 '파괴적인 반란자 오캄상'을 제시하였던 것은 조건적 자연법의 이 측면에 대한 불충분한 이해에서 비롯되었다고 생각한다.

81) OND, ch.88.

82) DIPP, ch.19.

83) Dialogus I, bk.6, ch.100 ; Dialogus I, bk.7, ch.67.

고 있는 보편적인 관습법은 특정한 집단이나 민족의 관습과 실정법에 반드시 우선되어야 한다. 이러한 관습법에 의해 보다 많이 규제되는 통치자일수록 바람직한 정치지배자이다'[84]라고 주장하였다. 보편적인 관습법의 체계를 특정 정치집단의 권위에 우선하는 그리고 그것을 규제해야 하는 만민법적 질서로 보는 시각이 기본적인 오캄의 자세였던 것이다.[85]

여기서도 우리는 불합리한 현세 사회에서나마 실제적이고 바람직한 합리적 규범을 마련하려는 오캄의 의도를 새삼 확인할 수 있다. 그는 보편적 관습법 즉 모든 민족들에 의해 지켜지는 일상적 생활 규범이 특정 정치지배자와 정치제도의 인정적 권한들을 마땅히 규제하여야 하는 상위적 규범 즉 조건적 자연법적 질서라고 밝혔다. 그런데 우리는 이 같은 관습의 체계가 사회구성원 전체의 생활을 구체적으로 그리고 객관적으로 규제하면서도, 변화하는 현실적 사회 여건에 따라 그 구성원들의 명시적 또는 묵시적인 합의를 토대로 항상 그러나 매우 느리게 변화하는 규범임을 알고 있다. 그러니까 그가 제시했던 조건적 자연법의 속성 즉 합리와 동의 내지 객관성과 가변성은 보편적인 인간관계가 누적시키는 사회적 관습의 체계 바로 그것의 속성을 가리키고 있는 셈이다. 오캄은 절대적 내지 이상적인 정치질서가 제대로 구현되기 어려운 현세 사회에서는 만민법적인 관습체계의 준수가 정치공동체의 공공 이익 즉 자유로운 개인들의 이성적 판단과 자발적 동의를 가장 확실히 보장하는 현실적 대안이라고 천명하였던 것이다.

사실 중세의 거의 모든 로마법 및 교회법학자들은, '보다 후기에 제정된 실정법이 그 이전부터 있어 왔던 서로 상충하는 관습들에 우선되어야 한다'는 원리를 공통적으로 받아들이고 있었다.[86] 뿐만 아니라 중세 최대의 관습법 학자였던 브락튼(H. Bracton)과 보마노아(P. R. Beaumanoir)조차 관습법을 만민법의 일부로 이해하지는 않았으며, 더욱이 그것을 자연법적인 질서로 진전시키지는 않고 있었다.[87] 그런데 오캄은 보편적 관습의 체

---

84) *Dialogus* III, tr.2, bk.1, ch.2.
85) *Dialogus* III, tr.2, bk.3, ch.6 ; *OQ*, qu.1. ch.17 ; *OND*, ch.55 등 참조.
86) Shepard, 앞의 글, pp.1018~1020 참조.

계야말로 보다 나은 정치 질서를 위해서 모든 인정적 정치제도들에 비해 보다 많은 규제력을 가져야 한다고 천명하였다. 사실 그가 제시했던 조건적 자연법은 처음부터 당위적 내지 이상적 규범이 결코 아니었다. 그것은 다름이 아니라 일반민들의 일상 생활 속에 깊숙이 자리잡았던 실제 생활상의 관습적 규범이었다. 중세의 자연법 이론들 가운데 오캄의 그것이 각별한 현장감을 가지는 것은 오히려 당연한 일이었다고 하겠다.

보편적 관습의 체계를 만민법적 질서로 그리고 다시 이것을 자연법의 일부로 규정하고 있는 오캄의 자연법 이론은 중세적인 정치 풍토를 고려할 때 그 의미가 더욱 분명해진다. 그리스도교와 밀접히 결부되어 있던 하향적 정치 권력들 즉 교권과 속권은 이론상 인간의 원죄가 초래한 불완전한 현세 사회를 구제하여 종교적인 목표를 성취하기 위한 제도였다. 따라서 그것은 여하한 현세적 규범에 의해서도 구속될 수 없다는 통념이 지배하고 있었다. 그리하여 중세 사회는 주권적 입법체와 같은 인정제도를 관념적 지평 이상의 것으로는 생각해 내지 못하고 있었다. 결국 이 같은 정치 질서 하에서 자의적 내지 권위주의적인 정치적 지배를 규제할 수 있는 사실상 유일한 장치는 극히 실제적이고 구체적인 상위법적 규범일 수밖에 없었을 것이다. 이에 오캄은 개인들의 자율적인 동의와 합리적인 판단을 토대로 한 생활 규범의 누적만이 진정한 사회 변동을 가능하게 하는 관건이며, 또한 이것이 모든 인정적 정치 질서에 반드시 우선되어야만 자의적 권위주의적 정치 권력을 극복할 수 있다고 판단하였다. 인간 행위의 일반 규칙 및 만민법적 관습의 체계를 조건적 자연법으로 규정했던 오캄의 주된 의도가 바로 이 점에 있지 않았을까? 중세적 절대주의 정치 원리에 대

---

87) 브락튼(H. Bracton, †1268)과 보마노아(P. R. Beaumanoir, †1296)의 사상에 관해서는 Bracton, *De Legibus et Consuetudinibus Angliae*, ed. S. E. Thorne, 4 vols. (Harvard Univ. Press, 1968~77) ; Beaumanoir, *Les Coutumes de la Beauvaisis*, ed. A. Salmon 2 vols. (Paris, 1899~1900) ; B. Lyon, *A Constitutional and Legal History of Medieval England* (London, 1960) ; B. Tierney, 'Bracton on Government,' *Speculum* 38 (1963), pp.295~317 ; G. Post, *Studies in Medieval Legal Thought* (Princeton, 1964) 등 참조.

한 오캄의 격렬한 도전은 그의 독특한 자연법 이론의 한 실천적인 산물이
었다는 것이 필자의 견해이다.

4. 맺는말

지금까지 우리는 오캄이 이해하였던 자연법의 본질이 무엇이며, 또 그러
한 자연법 이론이 그의 정치적인 주장들과 어떻게 결부되고 있는가 하는
문제를 검토하였다. 오캄의 자연법 사상의 성격을 규명하려던 지금까지의
시도들은 많은 경우 '자연법의 원천은 신의 의지이다'는 오캄의 전제에 다
분히 압도되어 왔다. 그리하여 이들은 기에르케가 제시하였던 설명틀에 따
라 오캄의 자연법 이론을 객관적 정치 질서에 대한 신념과는 상충하는 주
의주의적 성격의 논리로 규정하는 경향을 보여 왔다.

그러나 이러한 해석들은 권리(ius)를 자연법적 질서에 부합하는 객관적
이고 합법적인 권한으로, 권한(potestas)을 인간에게 부여된 모든 주관적이
고 잠재적인 힘으로 구분해서 파악하였던 오캄의 고유한 시각과 그것에
함축된 의미들을 충분히 고려하지 못한 것이었다. '자연법은 주권자인 신
의 의지의 산물이다'는 오캄의 시각의 의미는 '신은 스스로 바라는 바를 합
리로 하여금 명령하도록 한다'는 논리를 통해서 비로소 제대로 해명될 수
있다. 필자의 분석으로는, 자연법이란 절대적 의미에서 이성적인 것일 수
밖에 없다는 인식이 오캄의 자연법론의 부동의 축이다.[88] 뿐만 아니라 그
는 중세적 교황전능권의 토대였던 신법 특히 실정적 신법을 그리스도교

---

88) 이 점에서 러브조이(A. O. Lovejoy)의 견해 역시 재검토되어야 할 필요가 있다.
러브조이는 '스코투스주의자 및 오캄 등이 대표하고 있는 중세 말기의 극단적 반
합리주의자(extreme antirationalist)들은 자의적·비이성적인 신의 의지를 모든
가치 판단의 유일한 근거라고 주장하였다. …… 그것은 무엇이 선의 속성인가에
대한 합리적 추론의 배제를 의미할 수 있으며, …… 또한 인간이란 경험과 계시
이외에는 여하한 판단의 수단도 가지고 있지 않다는 것을 의미할 수도 있었다'라
고 지적한 바 있다. Lovejoy, *The Great Chain of Being* (Harvard Univ. Press,
1966), pp.69~70/차하순 역, 『존재의 대연쇄』 (1997), 97쪽 참조.

사회만의 관리 지침으로 한정함으로써, 그리스도교와 비그리스도교도들이 공존하는 이 땅에서의 인간들의 삶 전반을 현실적으로 규제하여야 할 규범은 자연법적 규범이라고 밝혔다.

오캄은 자연법을 세 가지 유형 즉 절대적 자연법, 이상적 자연법 그리고 조건적 자연법으로 구별하였다. 그에 따르면 절대적 자연법은 자연 이성(*ratio naturalis*)과 완벽하게 일치하는 불변의 규범이었다. 그런데 대부분의 중세 정치 이론가들도 신법과 더불어 절대적이고 불변하며 예외 없이 적용되는 자연법이 상위법이며, 이 상위법은 모든 인정 실정법에 우선되어야 하고 또한 그것을 규제해야 한다고 생각하였다. 그러니까 오캄의 절대적 자연법은 전형적인 의미의 중세적 상위법의 한 형태였으며, 그리하여 이는 그의 자연법 이론의 토대가 전통적인 것으로부터 떨어져 있지 않음을 드러내고 있다.

한편 오캄은 이상적 자연법을 인간 사회에서 인정적인 관습과 제도가 아직 형성되지 않았던 자연적 형평 상태 하의 질서라고 규정하였다. 무엇보다도 중요한 것은 그가 이 상태 하의 자연법적 권리의 본질을 신의 자의가 아니라 올바른 이성(*recta ratio*)으로 이해하였다는 점이다. 그리하여 그는 이상적 자연법이란 가변적이라는 점에서 절대적 자연법과는 구별되지마는, 그러나 이상적 자연법의 적용이 유보되는 데는 인간집단들 상호간의 자의적인 협약만이 아니라 올바른 이성이 제시하는 정당하고 명백한 이유가 반드시 있어야 한다고 생각하였다.

이를테면 오캄은 이성적인 인간이 마땅히 추구하여야 할 바람직한 정치 질서의 원형이 이상적인 자연법적 질서라고 밝히고, 그것의 구체적인 예로서 공동 소유(*communis omnium posessio*)와 보편적 자유(*omnium una libertas*)의 질서를 지적하였다. 그런데 오캄을 정치 이론가로 변신시킨 직접적인 계기가 청빈 논쟁에서 사유재산권을 포기하는 프란시스회의 절대 청빈 이념을 옹호한 데 있었으며, 더욱이 그의 교회정부론 및 세속정부론의 근간도 신도집단의 자유와 권리를 보호하고, 또한 피지배집단에 대한 정치 권력의 간섭 배제 즉 자유민들의 주권적 자율성을 보장하려는 데 있었다. 이상적 자연법 논의는 이성적 사회체제를 추구하는 개인적 권리의 정당성을 입증하고, 그 권리를 실현하려는 욕구가 바로 정치적 오캄주의의 확고한 기반이었음을 드러내고 있다.

끝으로 오캄은 원죄 이후 인간 사회에서 누적적으로 형성되어 온 인간 행위의 일반 규칙을 조건적 자연법으로 규정하고, 현실적으로 그것은 만민법과 보편적인 관습의 체계를 가리킨다고 주장하였다. 흥미로운 점은 그가 만민법적인 관습의 체계를 인간 본성의 일부로 여전히 남아있는 명백한 이성(*ratio evidens*)과 인간의 보편적 동의(*consensus humanus*)에 입각한 상위법적 규범으로 파악하였다는 사실이다. 그러니까 조건적 자연법은, 관습이 그러하듯이, 인정적이고 가변적인 동시에 구성원들의 자발적인 합의에 근거한 객관적 사회 질서를 의미하였다. 오캄은 조건적 자연법 개념을 통해서 현세 사회와 그 구성원들의 자율성과 객관적 보편적인 자연법적 규범을 일관된 하나의 논리로 결부시키고자 했던 것이다.

사실 오캄의 거의 모든 정치적 주장들은 현실 사회가 불합리하며 반드시 개혁되어야 한다는 생각에 기초하고 있었다. 그러나 그렇다고 해서 그가 현세적 인정적 제도의 효용과 합법성을 전면 부정한 것은 아니었다. 이를테면 그의 조건적 자연법은 자연 이성과 자연적 형평이 무너진 현세 사회라는 특수한 조건을 가능한 한 형평의 상태에 근접시키기 위해서 제시된 합리적 가변적인 보편적 규범이었다. 그는 이와 같은 질서로서 사유재산제도 및 인민의 정치지배자 선출권 그리고 정당한 정치적 강제력 등을 지적하였다. 오캄에 따르면 이들은 현세 사회의 경제적 정치적 질서가 자의 또는 권위에 의해서가 아니라 합리적 판단에 의해서, 그리고 역사적 사회적으로 누적되어 온 인간집단들 상호간의 보편적인 합의 내지 협약에 따라 운용되어야 한다는 사실을 여실히 보여주고 있었다. 더욱이 그는 만민법적 관습의 체계를 모든 인정적 정치제도와 정치지배자의 권한을 현실적으로 규제하는 조건적 자연법적 규범으로 파악함으로써, 현세 사회가 마땅히 구현하여야 할 객관적인 정치 질서를 매우 구체적으로 제시하였다.[89]

이제 우리는 오캄의 자연법 이론을 통해서 몇 가지 의미 깊은 결론을 얻

은 듯하다. 무엇보다도 오캄의 자연법 이론은, 인간 사회의 변천 단계를 보
는 그의 고유한 시각을 토대로 각각의 사회단계에서 유지되어야 할 합리
적인 규범에 대한 규명이었다.[90] 또한 그것은 이러한 규범들을 실천적으로
추구하는 권리가 모든 이성적인 인간들에게 부여된 양도될 수 없는 본성
적 권리의 일부임을 입증하려는 노력이었다.

또한 그의 자연법 이론 특히 이상적 자연법의 형평과 자유의 원리 및 조
건적 자연법 개념의 객관성과 가변성 즉 합리와 동의의 원리 등은 정치적
오캄주의가 가지고 있는 유니크한 성격을 해명해 준다. 그의 정치적 주장
들에 포함되어 있는 서로 상충하는 것처럼 보이는 요소들, 즉 신의 의지의

---

89) 중세적 전통에 따르면 신법과 자연법이 상위법으로서, 인정법은 이것과 대비되는
법률 형태로 이해되었다. 물론 오캄이 중세적 상위법 개념을 부정한 것은 아니었
지만, 그는 자연법이 인정법에 비해 신법에 보다 가까운 성격의 규범이라고는 생
각하지 않았다. 그가 제시한 조건적 자연법은 스스로 밝힌 바대로 인정법적 권리
(ius fori)였다. 이 점에서 오캄의 자연법관은 전통적인 태도와 반드시 일치하지는
않는다. 이에 관해서는, *OND*, ch.65 ; Greylish, *Ockham and Natural Law*, pp.96,
107 ; J. Miethke, *Ockhams Weg*, pp.477~482 등 참조.

90) 이 점을 도식화하면 다음과 같다.

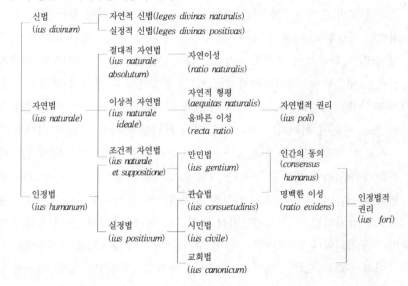

전능함과 합리의 절대성, 현세 사회의 자율성과 인정적 정치 권위의 상대성, 인정적 정치 권한의 불가결함과 소극적 정치 권력의 정당성, 본원적 인간 자유의 신성성과 인정적 제도 내지 규범의 당위적 규제성, 그리고 주권적 개인의 자율성과 합법적 현세권의 강제성 등은, 오캄이 설정하고 있는 독특한 자연법 개념을 통해서 비로소 체계적인 하나의 정치 이론으로 파악될 수 있다. 자연법적 사회체제에 대한 오캄 나름의 견해와 신념 그리고 이를 구현하려는 실천적 열정이야말로 그의 정치적인 활동과 주장의 이념적 지평이었다.

V. 오캄과 프란시스회 정신

오캄의 정부론은 모든 형태의 정부 즉 교회정부든 세속정부든 그 권한을 절대화하지 않고 단지 소극적으로 기능하여야 한다는 신념을 기저에 깔고 있었다. 교회정부든 세속정부든, 기본적으로 이들은 신도집단과 피지배집단의 본성적 자유와 권리들을 각각 보호하기 위한 수단이기 때문이었다. 또한 오캄의 자연법 이론은 이 땅에서의 인정적 정치제도와 사회질서가 반드시 올바른 이성 내지 명백한 이성 등에 일치하는, 다시 말해서 다양한 형태의 합리적 규범에 따라 운용되어야 한다는 신념에 입각하고 있었다. 그러니까 정치적 오캄주의는 모든 인정적 정치 권한과 제도가 사회의 공공 이익(*publica utilitas*)에 봉사하기 위한 수단이며, 더욱이 이는 그 개별적 구성원들의 자발적 동의와 합리적인 판단에 부합하는 것이어야 한다는 원리를 일관성 있게 반영하고 있다.

이와 같은 파악에 대해서 경우에 따라서는, 그것이 과연 14세기 전반에 속했던 한 지식인의 정치적 활동들의 근간일 수 있을까, 또는 그것이 오캄의 정치사상을 이를테면 지나치게 '근대적'(*via moderna*) 개념들로 규정한 것은 아닌가 하는 의문이 제기될 수도 있다. 그러나 우리는 결론부터 말한다면, 오캄의 이 같은 성격의 정치적 견해가 반드시 근대적 내지 탈중세적인 정치 이념으로 해석되어야 한다고는 생각하지 않는다. 이는 오히려 중세 문화의 복합성 내지 다원성을 반영한다는 것이 필자의 견해이다. 이 문제를 해명하려는 것이 오캄의 정치 활동과 프란시스회 정신과의 연계를 검토해 보고자 하는 이유이다.

중세의 교회정부는 신도집단과 그리스도교 사회가 추구하여야 할 현실생활의 강령으로서, 모든 현세적인 것들의 포기, 금욕주의 그리고 겸손의 실천이라는 세 가지 원리를 지속적으로 천명하였다. 교회정부의 이 이념은 적어도 대부분의 중세인들에게는 현세에 대한 교회정부의 보편적 지배의

원리와 상충되어 보이지 않았다. 인간의 삶의 궁극적인 목표가 그리스도교
적 의미의 영원한 삶이었으므로, 구원을 보장해 주는 성사(sacrament)를
관리하는 교회정부가 이 땅에서의 인간의 모든 생활을 미래의 삶에 비추
어 규제하는 것은 당연한 일로 간주되었다. 오히려 교회정부의 이 같은 윤
리적인 요구 즉 엄격한 자기훈련과 금욕적 겸손이야말로 교회와 성직자가
일반민들에 대해 가질 수 있었던 아마도 가장 큰 호소력의 한 근거였다.[1]

중세 그리스도교가 표방하였던 이러한 종교적 이념은 교회정부의 성직
자 계층이 끊임없이 빠져 들어간 세속성에 헌신적으로 대항하려는 전사들
을 부단히 불러모을 수 있었던바, 이러한 전사들의 핵심 집단이 바로 수도
성직자(regular)들이었다. 물론 헌신적인 수도성직자들도 오래지 않아서
자신들의 공격 대상이었던 세속적인 교회정부 내지 재속성직자(secular)들
에 동화되어 갔다. 이미 12세기부터는 이들도 부·지식·명예 등을 갖춘
사회적 지배계층의 일부로 편입되고 있었다. 그러나 여전히 수도원 이념
(monasticism)은 교회의 세속화를 방지하려는 전통적인 중세 그리스도교
이념의 한 전형이었으며, 그리하여 중세의 종교개혁 운동들도 사실상 이
전통을 보전하고 확대하려던 운동의 요람인 수도원들을 중심으로 일어나
게 되었다.

성 베네딕트(St. Benedict of Nursia)에 의해 529년 몬테 카시노에서 발
단된 중세 수도원 운동은, 11세기에는 교황 그레고리 7세를 대표로 하는
클루니파의 개혁운동으로, 그리고 12세기에는 성 베르나르에 의한 시토파
개혁운동으로 표출되었다. 중세 문화와 사상의 절정기라고도 할 13세기에
는 성 프란시스와 성 도미닉(St. Dominic)에 의한 탁발수도회 운동(the
Friar Movement)을 통해서 수도원 이념 또한 그 절정에 이르렀다. 탁발수
도회 운동은 중세 사회의 안정과 더불어 형성된 새로운 사회집단인 도시

---

1) Bolton, *Medieval Reformation* (London, 1983), pp.17~19 참조. 서양 중세 교회의
성격에 관해서는 B. S. Bachrach ed., *The Medieval Church: Success or
Failure?* (New York, 1972) ; J. M. O'Brien, *The Medieval Church* (New York,
1968) ; M. W. Baldwin, *The Medieval Church* (Ithaca, 1953) 등 참조.

와 도시민의 교화에 각별한 관심을 가지고 있었다. 사실 도시의 대두 자체
가 통일된 계서적 공동체라는 중세의 전통적 사회관에 대한 중대한 도전
이었다. 도시의 부자와 빈자들 사이에 야기된 심각한 갈등은 이제 전통적
인 그리스도교 이념을 위해서 싸워줄 새로운 전사집단을 요청하고 있었던
바, 탁발수도회와 탁발수도사들이 바로 이 같은 요청에 부응하려는 집단이
었다.2)

특히 프란시스 수도회는 비교적 일찍부터 주지주의 전통을 수용한 도미
닉 수도회와는 달리, 절대 청빈의 원리를 고수하고 도시 빈민들의 고통에
적극 동참함으로써 청빈과 겸손의 실천이라는 중세적 그리스도교 윤리에
새로운 신성성을 회복시켜 주었다. 그리하여 14세기에 이르러서는 프란시
스 수도회의 수도사들이, 이미 귀족적 사회 조직 내지 지배계층의 일부로
편입됨으로써 도시 빈민이라는 대중적 기반을 상실하였던 기존의 수도원
과 수도승들 그리고 지적 정화운동으로 나아간 도미닉 수도회를 대신해서,
자기 부정과 복음적 청빈의 실천 그리고 사회적 봉사라는 전통적인 그리
스도교적 생활 강령의 핵심적 기수로 기능하고 있었다. 프란시스 수도회의
노력이야말로 수도원 운동을 통해서 중세 전 시기에 걸쳐 표방되어 온 금
욕적인 그리스도교 이념을 14세기의 사회적 변동 속에서 사회적 실천적으
로 구현하고자 한 움직임이었다.

오캄은 앞서 지적한 바와 같이 일찍이 14세 이전의 소년기에 프란시스
수도회에 가입하였다. 그 이후 그가 재속성직자 출신 교수와 수도성직자
출신 교수로 대립되어 갈등을 빚고 있었던 옥스퍼드 대학에 교수로 재직

2) 필자는 'Friar Movement'와 'friar'를 수도원 운동(Monastic Movement) 및 수도승
(monk)으로부터 구별하기 위해 각각 '탁발수도회 운동' 그리고 '탁발수도사'(또는
수도사)로 표기하였다. friar들은 당시 광범위하게 1신분화하였던 monk들과는 달
리 도시 빈민 내지 하층민들과 함께 생활하고 호흡함으로써 이들과 밀착된 정서
적 유대감을 가지고 있었으며, 그들 스스로를 빈민계층의 일부 즉 제3 신분으로
자처하고 있었다. 따라서 friar를 '수도승'으로 통칭하기에는 약간의 어려움이 있
다. 그러나 전통적인 수도원 이념의 구현이 바로 '탁발수도회 운동'의 본질이라는
것이 필자의 견해이다.

할 때도, 그는 프란시스회파 교수들의 대표로 활동하였다. 바로 이 점이 오
캄을 당대의 정치 무대였던 아비뇽에 등장시키는 직접적인 원인의 하나였
다.3) 뿐만 아니라 그는 프란시스회의 전통적 이념이었던 청빈·단순·겸
손의 생활 신조가 신성하고 바람직한 그리스도교적 삶의 원리임을 강력하
게 재천명하는 것을 계기로 황제 루드비히 4세가 이끄는 세속적 정치집단
의 한 핵심적인 이론가로 정착하였다. 이를테면 프란시스회에 속한 수도사
로서 프란시스회 이념의 정당성에 대해서 가졌던 신뢰가 대학인 오캄을
정치인 오캄으로 변신시킨 중요한 동인이었던 것이다. 1334년의 서한에서
오캄은 이렇게 말하고 있다.

> 본인은 신학상의 오류와 이단적인 사상들로 인해서 전통적인 신앙에 편
> 견을 가지고 있는 이단자 - 교황과 그를 따르는 모든 추종자들에 대한 순복
> 을 거부하였습니다. 본인은 이단자 - 교황인 요한 22세가 이미 교황으로서
> 의 지위를 상실하였으며, 교회법에 따라 파문된 자임을 확신합니다. 이 사
> 실은 더 이상의 어떠한 판단도 필요로 하지 않습니다. …… 본인은 요한 22
> 세와 그 추종자들에 대해서 가장 단단한 바위처럼 등을 돌렸습니다. 어떠
> 한 신체상의 억압도 본인의 내밀한 자아를 건드릴 수는 없으며, 펜과 잉크
> 와 종이 그리고 글을 쓸 수 있는 손과 팔이 있는 한 이단자 - 교황에 대한
> 본인의 공격은 계속될 것입니다. 본인은 신성한 학문에 무지한 자들의 명
> 령이 아니라, 성서와 교부들의 가르침 그리고 본회(프란시스 수도회)의 신
> 성한 전통이 지켜져야 한다고 확신합니다.4)

오캄은 전통적인 프란시스 수도회의 이념의 정당성에 대해서 가지고 있
는 자신의 확고한 신뢰가 격렬한 반교황적 정치 활동의 한 토대임을 명확
히 밝히고 있다. 사실 오캄의 삶은 전체가 철저한 프란시스회 수도사로서
의 삶이었으며, 이 점은 그의 정치적 생애를 통해서도 변함없이 유지되었
다.5) 그러나 그렇다고 해서, 비록 정치적 오캄주의와 프란시스회 이념과의

---

3) Morrall, 'Some Notes on a Recent Interpretation,' pp.338~339.
4) *Epistola ad Fratres Minores, OP* III, pp.15~16.

관계가 그 자체로서 흥미있는 주제이기는 하지만,[6] 극히 종교적인 성격을
띠고 있는 프란시스 수도회 운동이 오캄의 정치적 주장들과 어떻게 직결
되고 있는가 하는 문제를 해명하려는 것이 본 연구의 과제는 아니다. 이는
필자의 역량 밖의 일일 뿐더러, 사실 오캄은 일찍이 대학인으로 있을 때부
터 스스로 인간의 이성적 추론의 영역과 종교적 신조를 엄격히 구별하였
다.[7] 그리하여 대부분의 연구자들과 마찬가지로 필자도 오캄의 정치적 견
해의 성격을 그의 종교적인 입장 내지 신조와는 일단 구별하여 파악할 필
요가 있다는 점을 지적한 바 있다.

그러나 오캄의 정치적 삶과 주장을 논의함에 있어서, 오캄이 프란시스회
의 수도사로서 받았던 생활상의 훈련이 그의 삶과 인격의 기초로 형성되
었으리라는 측면마저 간과되어서는 안 된다. 오히려 '성 프란시스의 충실
한 추종자'로서 쌓았던 훈련 즉 그의 인격적 토대가, 오캄이 택하였던 정치
적 주장과 활동에 어떤 일정한 성향과 패턴을 부여하는 관건일 수 있는 것
이다. 아마도 이 점에 대한 불충분한 인식이 근년의 오캄 연구들에서조차
프란시스회의 이념을 정치적 오캄주의의 구체적인 토대로 규명해 내지 못
한 한 원인일 것이다.

프란시스회의 수도사들은 매우 분명한 생활상의 헌장을 가지고 있었다.
1221년과 1223년 두 차례에 걸쳐 성 프란시스에 의해 직접 천명된 이른바
『규칙』(Regula)[8]은 그 이후 계속해서 프란시스회 수도사들에게 생활의 절

---

5) 미카엘 세스나 이후 자타가 공인하는 정통파(청빈파) 프란시스회의 대표였던 오
   캄은 1328년 아비뇽을 탈출한 다음 줄곧 뮌헨의 자파 수도원에서 생활하였다. 오
   캄이 말년에 이르러서는 아비뇽의 교황정부 및 수도회파 프란시스회(Conventual
   Franciscan)와 화해를 모색하였다는 견해도 있기는 하다. 그러나 이러한 해석의
   주된 근거인 『참회서』(Formula)조차 진위 여부가 밝혀져 있지 않아서, 이것을 토
   대로 정치인 오캄의 '사상적 변신'을 말하기는 어렵다. 본장 1절 주 23, 32 등 참조.
6) 프란시스회의 이념을 축으로 정치적 오캄주의의 성격을 해석한 연구로는 M.
   Damiata, Guglielmo d'Ockham: Poverta e Potere (Firenze, 1978~1979), 2 vols.
   이 있다.
7) Dialogus III, tr.2, bk.3, ch.4 ; OQ, qu.1, ch.3 ; Knysh, Political Authority, pp.59
   ~60 참조.

대 규범으로 받아들여져 왔다. 주목해야 할 점은 이『규칙』이 통치권의 근본 성격과 올바른 이성(*recta ratio*)에 입각한 개인들의 자율적인 판단을 보는 독특한 시각을 포함하고 있으며, 또한 그것이 프란시스 수도회를 실제로 구성하고 운용하는 실천적 원리였다는 사실이다. 먼저 통치권의 성격을『규칙』은 이렇게 밝히고 있다.

> 모든 수도사들은 관리자(minister)들에게 마땅히 순복하여야 한다. 그러나 본회의 총원장 및 모든 관리자들은 반드시 형제들을 위해서 존재하는 봉사자여야 한다. 모든 수도사들은 한 사람도 예외 없이 자신에게 부여된 권한을 다른 사람에 대해서 군림하는 자세로 행사하여서는 안 된다. 이것은 수도사들의 생활양식이 아니다. (21년, 규칙 5항)[9]
> 본회의 수도사들은 누구를 막론하고 '상위자'(Prior)로 불릴 수 없다. 모든 수도사들 전체가 아무런 차별 없이 '작은 형제'(Friar Minor)로만 불려야 한다. …… 마땅히 모든 수도사들은 다른 이의 발을 씻어 줄 준비가 언제나 되어 있어야 한다. (21년, 규칙 6항)[10]

명백히 성 프란시스에 따르면, 자신의 수도회 즉 이상적인 그리스도교 공동체란 구성원 모두의 권한에 아무런 차별이 없는 사회 즉 하나의 신분으로 이룩되는 사회여야 했다. '마땅히 모든 수도사들은 다른 이의 발을 언제나 씻어 주어야 한다'는 규범은 '모든 사람이 모든 사람의 상위자인 동시에 하위자가 되는 사회체제'의 운용 원리 그것이었다. 따라서 통치권은 여하한 경우에도 군림하거나 지배하는 권한이 아니라 다른 구성원들을 위해서 단지 봉사하는 특권이어야 하였다. 그의 이러한 정신은, '8항, 본회의 총원장은 반드시 형제단 모두의 하인(*servus*)이어야 한다. …… 10항, 본회의 모든 관리자들은 반드시 수도사들 모두에게 봉사하여야 한다'[11]고 규정한

---

8) 필자가 이용한 텍스트는 B. Fahy, *The Writings of St. Francis of Assisi* (London, 1964)이다.
9) B. Fahy, 위의 책, p.36.
10) B. Fahy, 위의 책, p.37.
11) B. Fahy, 위의 책, pp.62~63.

1223년의 『규칙』에서도 두드러지게 강조되었다. 결국 그것은 총원장 및 관리자란 공동체 구성원들의 권한과 공공 이익을 가장 잘 보호하는 자들로서, 이들은 구성원들의 의사에 따라 선출되어야 한다는 논리로 진전되게 마련이었다. 그리하여 『규칙』은 다시 다음과 같이 규정하고 있다.

> 본회의 총원장이 수도사들에 대해서 적절한 봉사를 하지 못하고, 형제단 전체의 공공 이익이 되지 못한다는 사실이 모든 지역 관리자들에게 분명해질 경우, 각 지역의 형제단에 의해서 선출된 이 지역 관리자들은 시기 여하를 불문하고 반드시 새로운 형제를 본회의 전체 대표자로 선출하여야 한다. (23년, 규칙 8항)[12]

이를테면 성 프란시스는 각 지역의 모든 공동체 구성원들이 그 지역의 대표자를 선출하고, 다시 이들이 전체의 대표자를 뽑는 대리인 대표제도를 프란시스 수도회의 관리체계로 명확히 제시하고 있다. 그에 따르면 이러한 관리체계는 '시기 여하를 불문하고' 반드시 유지되어야 하는 정치 질서였다. 뿐만 아니라 『규칙』은 관리자들의 권한이 공동체 구성원 전체에 의해 납득될 수 있는 방식으로 사용되어야 하며, 또한 형제 수도사들은 자신의 관리자들을 감시하여야 할 의무가 있다는 것까지 규정하였다.

> 모든 수도사들은 스스로 관리자에게 순복하여야 한다. 그러나 관리자란 원래 형제들에 대한 봉사를 목적으로 존재하는 자이므로, 따라서 수도사들은 그들의 관리자들의 행위를 이성의 빛과 우애의 정신에 따라 반드시 검토하여야 한다. 만약 어떤 관리자가 경건한 생활에서 벗어나서 세속적인 데로 기울어질 경우, 마땅히 그는 형제들에 의해 본회의 생활 규범이 정한 바에 따라서 세 번 경고되어야 한다. 그러나 이와 같은 경고에도 불구하고 그 관리자가 자신의 행위를 스스로 고치지 못할 때에는, 형제단은 어떠한 어려움이 있더라도 반드시 그를 본회의 전체 대표자에게 공개적으로 고발하여야 한다. (21년, 규칙 5항)[13]

---

12) B. Fahy, 위의 책, pp.62~63.

······ 이러한 관리자들은 관리자로서뿐만 아니라 본회로부터 절대적으로 추방되어야 한다. (21년, 규칙 18항)14)

『규칙』은 프란시스 수도회라는 공동체가 바람직하게 운용되는 데 필요한 구성원들의 이른바 정치적 의무를 선명하게 제시하였다. '모든 구성원들은 관리자의 행위를 이성의 빛과 우애의 정신에 따라 반드시 검토하여야 하고,' 또 '마땅히 경고하여야 하며', 더욱이 경우에 따라서는 불의한 관리자를 '어떠한 어려움이 있더라도 공개적으로 고발해야' 할 뿐만 아니라, '절대적으로 추방하여야 한다'는 것이었다. 이 같은 실천적 규범들은 프란시스회의 모든 수도사들로 하여금, 통치권이란 반드시 합리적으로 사용되어야 하고 또한 그것이 형제단의 합의와 공공 이익에 반드시 부합하는 것이어야 한다는 높은 수준의 정치의식을 생활화하도록 하였을 것이다. 실상 바로 이 점이 순명(obedientia)을 절대 신조로 하였던 베네딕트 수도회15)와는 달리, 프란시스 수도회의 고유한 정치적 전통과 풍토의 기반이었다.

그러나 무엇보다도 프란시스 수도회의 『규칙』이 가지는 독특한 의미는, 그것이 개인의 이성적이고 자율적인 판단을 공동체 운용의 종국적인 보루로 보장하였다는 점에 있다. 앞서 지적한 바와 같이 성 프란시스는 수도사들이 이성의 빛에 따라 관리자의 행위를 검토하여, 그가 가진 관리권이 정당한 것인가 또는 그렇지 못한가를 판단하여야 한다고 규정하였다. 그런데 문제는 특정 관리자의 관리권 행사에 동의할 것인가 또는 그것을 거부하고 저항할 것인가를 결정하는 권한이 종국적으로 누구에게 속하는가, 다시

13) B. Fahy, 위의 책, p.35.
14) B. Fahy, 위의 책, pp.45~46.
15) 베네딕트 수도원의 신조는 중세 그리스도교 이념의 한 원형이었다. 베네딕트 수도원의 규칙에 관해서는, J. Chamberlin ed., *The Rule of St. Benedict - the Avingdon Copy Edited from Cambridge,* Corpus Christiti College M. S. (Toronto, 1982) ; O. Hagemyer, '*Die Regula Benedicti* in der neueren Forschung,' *Theologische Revue* 72 (1976), pp.89~94 ; A. Walthem, 'Methodological Consideration of the Sources of the *Regula Benedicti* as Instruments of Historical Interpretations,' *Regula Benedicti Studia* 5 (1976), pp.101~177 등의 연구가 있다.

428 서양 중세 정치사상 연구

말해서 모든 수도사들이 이와 같은 결정을 자율적으로 실천할 수 있는가
하는 점일 것이다. 『규칙』의 지적을 다시 들어보자.

　관리자의 명령이 본회의 생활양식과 개인의 양심에 위배되는 경우, 수도
사들은 그러한 명령에 따라야 할 의무가 없다. 관리자의 명령을 지키는 것
이 죄악을 행하는 것을 의미한다면, 범죄를 저질러야 하는 의무란 어떠한
상황에서도 성립될 수 없기 때문이다. (21년, 규칙 5항)[16]
　관리자들은 필요한 경우 자신들에게 속한 수도사를 스스로 찾아가서, 겸
손하고 우애있게 조언하고 또 가르쳐야 한다. 그러나 관리자라고 해서 수
도사의 개인적 양심과 본회의 규칙에 위배되는 일은 여하한 형태로든 강요
할 수 없다. …… 수도사들은 관리자의 명령이 스스로의 양심과 본회의 규
칙에 위배되지 않는 한, 모든 일에서 관리자의 명령에 따라 마땅히 순복하
여야 한다. (23년, 규칙 10항)[17]

　명백히 『규칙』은 모든 수도사들로 하여금 수도회의 규칙과 개인의 양심
에 일치하는 명령 즉 관리자의 '올바른 명령'에만 따르도록 요구하고 있다.
또한 관리자의 명령이 올바른 것인지 또는 아닌지의 여부를 모든 수도사
들이 각자 이성의 빛과 수도회의 규칙에 비추어 보고 판단하도록 촉구하
였다. 더욱이 성 프란시스에 따르면, 바람직한 공동체는 모든 구성원이 동
등한 권리와 의무를 가지는 하나의 신분으로 구성된 사회였다. 그러니까
개인적 이성과 양심에 입각한 수도사들의 자율적인 판단은 공동체 내의
어떠한 지위나 직책에 의해서도 이론상 규제될 수 없었다. 결국 『규칙』은
특정 관리인의 통치권의 정당성 여부를 개인적 양심과 이성에 따라 자율
적으로 판단하도록 보장하였으며, 또한 경우에 따라서는 그것에 저항하는
일이 비단 수도사들의 개인적 권리일 뿐만 아니라 모든 구성원들이 구별
없이 지켜야 할 종교적인 의무이기도 하다고 천명하였던 것이다.
　물론 오캄주의와 프란시스 수도회의 이념, 더욱이 그것과 전통적 수도원

---

16) B. Fahy, 앞의 책, pp.35~36.
17) B. Fahy, 위의 책,, p.63.

운동과의 연계는 매우 복잡하고 미묘하게 얽혀 있어서, 이들의 관계가 체계적으로 밝혀지기 위해서는 보다 심층적인 검토가 있어야 한다.18) 그러나 정치적 오캄주의의 성격 규명이라는 본서의 과제에 비추어 볼 때, 적어도 우리는 수도원 운동의 한 전형인 프란시스 수도회의 이념에 포함되어 있는 다음의 점들은 분명하게 지적할 수 있겠다. 프란시스 수도회에 따르면 모든 수도사들은 그 권한에 있어서 아무런 차별이 없었고, 관리자의 통치권(regnum)은 수도사들을 지배하기 위한 권한이 아니라 형제단의 공공 이익과 수도사들의 개인적 양심을 보호하고 이에 봉사하기 위한 수단에 불과하였다. 그리하여 통치권자의 권위는 여하한 경우에도 그 구성원들의 개인적 양심과 이성의 빛에 따른 판단에 우선될 수 없었다. 이를테면 프란시스 수도회는 모든 수도사들이 동등한 권리와 권위를 가짐으로써 하나의 신분으로 유지되는 공동체, 즉 모두가 모두에 대해서 상위자인 동시에 하위자가 되는 관리체계를 추구했을 뿐만 아니라, 이성적 개인들의 자유롭고 자율적인 판단을 보장하는 공동체를 지향하였다.

프란시스회의 이념이 '정치인' 오캄의 활동과 견해의 한 부동의 원천이었다고 보는 근거가 여기에 있다. 앞서 검토한 바와 같이, 오캄은 교황과 황제 그리고 정부 등이 신도집단과 피지배집단의 본성적 자유와 공공 이익을 보호하는 하인이어야 한다고 거듭 주장하였다.19) 또한 그는 신도집단

18) 이 주제를 더욱 자세히 알아보는 데 다음의 연구들이 유용하다. M. Mollat, *Etudes sur l'histoire de la pauverte* (Paris, 1974) ; P. F. Mulhern, *Dedicated Poverty - Its history and theology* (New York, 1973) ; G. Scalisi, *L'Idea di chiesa negli Spirituali e nei Fraticelli* (Roma, 1973) ; J. Leclercq, *The Love of Learning and the Desire for God* (New York, 1961) ; N. F. Cantor, 'The Crisis of Western Monasticism, 1050~1300,' *AHR* 66 (1960), pp.47~67 ; R. B. Brooke, *Early Franciscan Government* (Chicago, 1959) ; H. Baron, 'Franciscan Poverty and Civic Wealth as Factors in the Rise of Humanistic Thought,' *Speculum* 13 (1938), pp.1~37.
19) 오캄은 '통치권'의 성격을 줄곧 '봉사를 위한 소극적인 권한'으로 이해하였다. 이 점은 이미 검토한 바와 같이 그의 교회정부론과 세속정부론 모두에서 일관성 있게 유지되고 있으며, 다음의 대목들에서 특히 이를 확인할 수 있다. *Dialogus* III, tr.1, bk.1, ch.19 ; *Dialogus* III, tr.1, bk.4, ch.5 ; *Dialogus* III, tr.2, bk.2, ch.27 ;

430 서양 중세 정치사상 연구

과 피지배집단 즉 사회란 종국적으로 개인들의 단순한 집합이며, 정부와
통치권자에 대한 사회적 저항권도 자유롭고 자율적인 개인들에게 부여된
양도될 수 없는 본성적 권리라고 밝혔다. 말을 바꾸어 보면, 정부와 통치권
자는 '개인적 양심과 이성의 빛'에 따른 판단이 종국적 주권적 권위를 가지
는 사회체제를 보호하기 위한 소극적 수단이었다. 그에 의하면 정치공동체
의 절대 주인공은 언제나 그리고 반드시 '자유로운 개인'이어야 했다.

오캄이 제국을 바람직한 정치체제로 제시하였던 것도, 제국정부가 모든
신민의 본성적 권리와 자유를 보장하는 그리하여 정치공동체의 모든 구성
원들이 하나의 신분만을 가지는 사회를 이룩하는 데 편리하고 현실적인
수단이라는 점 때문이었다. 명백히 오캄의 소극적 정부론은 정부가 사회에
의해 규제되어야 한다는 인식에 기초한 것이었고, 특히 통치집단의 형성과
정치 권력의 운용에 있어서 자유로운 개인들의 이성적이고 자율적인 판단
이 신성하고 절대적이어야 한다는 정치적 신념을 기본 원리로 하고 있었
다. 바로 이것이 프란시스 수도회의 『규칙』이 그것의 실천을 요구하는 이
념이 아니었던가?

사실 '모든 관리자는 다른 사람의 발을 씻어 줄 준비가 언제나 되어 있
어야 하며, 또 형제들의 이성적 경고를 존중하지 않는 관리자는 반드시 추
방되어야 한다'는 성 프란시스의 실천적 요구는, 통치권을 가진 관리자가
다른 수도사들의 자율적인 삶을 규제하는 지배자로 군림할 수 있는 가능
성을 철저하게 봉쇄하고 있다. 『규칙』은 개인의 양심과 이성의 빛에 따라
관리자의 행위를 감시하는 역할을 수도사들의 종교적인 의무로까지 규정
하였던 것이다. 더욱이 우리는 이 『규칙』이 프란시스회의 모든 수도사들에
의해 실제로 생활화되고 있었으며, 실상 이 점이 프란시스 수도회가 고유
하게 유지하였던 정신적 활력의 기반이었음을 기억할 필요가 있다. 그러니
까 전통적 프란시스회 이념의 의심할 바 없는 기수였던 오캄에게서 이 『규
칙』의 정신을 구현하려는 실천적 활동과 정치적 견해가 확인된다는 사실

BR, bk.2, ch.6 ; *OQ*, qu.1, ch.5 ; *OQ*, qu.3, ch.4 ; *DIPP*, ch.7 ; *AP*, ch.6.

은 조금도 놀라운 일이 아닌 것이다.

우리는 정치적 오캄주의의 두드러진 현장적 특징을, (1) '모든 통치자는 자의적 내지 권위주의적 지배자가 아니라 반드시 사회의 공익을 위한 봉사자여야 하며, 자율적인 개인의 이성적인 판단이 모든 정치 권력의 정당성의 근거여야 한다'는 상향적 개체주의적 논리, (2) 무지한 이단자 - 교황에 대해서 '손과 펜이 있는 한 공격을 멈추지 않고 또 가장 단단한 바위처럼 등을 돌리는' 격렬한 비판적 저항적 정치 활동들에서 찾을 수 있다. 요컨대 그것은 자율적인 개인의 양심과 이성의 빛에 따른 판단을 정치적 지평에서 '절대적으로 실천하고자' 했던 운동이었다. 그런데 이는 남달리 『규칙』에 의해 훈련되어 있던 한 프란시스회 수도사의 정치적 신념과 종교적 의무의 실천으로 파악될 때 비로소 그 성격이 분명해진다는 것이 필자의 견해이다. '근대적 길'(via moderna)의 기수로 널리 알려져 있는 오캄이 정작 취했던 과격한 정치적 견해와 활동의 한 토대를 뜻밖에도 우리는, 매우 중세적이고 전통적인 수도원 이념의 결정체라고 할 프란시스 수도회의 생활 규범에서 찾을 수 있는 것이다.[20]

---

20) 울만이 대표하고 있듯이 중세 정치사상에 관한 한, 지금까지의 연구들은 공통적으로 보편주의(universalism)와 일원주의(monism)를 '중세적 정치 이념'의 기반으로 전제해 왔다. 그러나 필자는 중세 정치사상의 실체란 이 같은 전제를 통해서가 아니라 수도원, 수녀원, 기사단, 대학, 도시, 도시민과 농민들의 반란, 신비주의자, 이단운동가 등과 같은 여러 사회집단의 다양한 이상과 구체적인 움직임들을 토대로 폭넓게 규명되어야 한다고 생각한다. 다시 말해서 앞으로의 연구는 중세 사회의 복합성과 다양성을 충분히 포괄하는 새롭고 다원적인 중세관을 요구하고 있으며, 또한 이 같은 연구는 '전통적인 중세 세계의 확대와 재구성'을 더욱 가속시킬 것이다.

VI. 맺는말

윌리엄 오캄의 정치사상의 성격은 마땅히 그가 속했던 시기의 기본적
정치 문제들에 대한 대응방안의 하나로 규명되어야 한다. 이 시기의 주된
정치적 쟁점은 로마교회의 아비뇽 유수를 주도한 필립 4세의 이론가 삐에
르 드 플로뜨(Pierre de Flotte)가 잘 말해주고 있다. 그는 대담하게도 교황
보니파키우스 8세에 대해서 '당신의 힘은 말에 불과하지만, 우리들의 힘은
실제적이다'라고 주장하였다. 그러나 교황권주의자들에 따르면 삐에르는
그리스도교 공동체의 진정한 정치 질서를 이해하지 못한 인물이었다. 이들
에 의하면 교황이야말로 그리스도교 사회의 수장으로서 그를 정점으로 하
는 수장제 교황정부가 바로 어떠한 세속정부보다도 더욱 실제적인 권한을
가진 세속사회의 핵심적 관리체였다. 그리하여 교황의 재가를 얻는 데 실
패한 신성로마제국의 루드비히 4세와 같은 자는, 교황권주의자들에 따르면
전혀 황제가 아니었다.

'탁월한 대학인'이었던 오캄이 파문된 황제 루드비히 4세를 후견인으로
하는 철저한 의미의 속권주의 정치 이론가로 변신하게 된 데는 개인적이
고 종교적인 계기가 명백히 있었다. 개인적으로 그는 신성로마제국에 대한
정치적 지배권을 놓고 황제 진영과 격렬하게 대립하였던 아비뇽의 교황청
법정에서 이단성 여부를 심문받고 있었다. 당대의 현장적 정치 구조가 그
의 개인적 변신을 끌어낸 상황이었다. 더욱이 오캄은 절대 청빈의 이념을
놓고 교황 요한 22세와 심각한 갈등에 빠져 있던 정통파 프란시스 수도회
에 속해 있었다. 그러니까 전형적인 청빈파 수도사의 한 사람이었던 오캄
으로서는 프란시스회의 정통적 신조의 당위성을 비판하는 교황의 종교적
권위를 그대로 받아들일 수는 없었을 것이다.

그러나 오캄이 실제로 표명한 정치적 주장들은 이와 같이 그가 황제의
이론가였으며, 또한 반교황적 종교집단의 일원이었다는 개인적 종교적 계

기만으로는 충분히 설명하기 어려운 요소들로 구성되어 있다. 그에 따르면 황제의 현세권은 세속사에 대한 절대적 지배권이 결코 아니었으며, 또한 황제라고 해서 피지배집단에 비해 보다 많은 정치적 권한을 가질 수도 없었다. 황제와의 개인적 관계에도 불구하고 오히려 오캄은, 황제의 현세권이 자유로운 신민들에 의해 위임된 잠정적인 권한이고, 따라서 그것은 언제나 그리고 엄격히 제한되어야 할 뿐만 아니라, 때로는 무한히 유보될 수도 있다고 주장하였다.

또한 그는 신도집단과 피지배집단이 자신들의 관리체인 교회정부와 세속정부에 대해서 각각 가지는 저항권을 강력하게 변론하였다. 그는 '모든 그리스도교도들은 각자 가지고 있는 모든 수단을 동원해서 이단자인 교황에 대해 저항하여야 한다. 교황이 이단자임을 아는 모든 그리스도교도는 반드시 그를 반대하는 행동에 참여하여야 한다'21)고 촉구하였다. 더욱이 그는 정치적 저항의 권리란 한 개인이 인정제도상 어떤 직책 또는 지위를 가지고 있는가에 따라 결정되는 문제가 아니라, 이는 모든 자유로운 인간들에게 부여된 양도될 수 없는 본성적 권리에 속한다고 주장하였다. 여하한 집단이나 제도의 권위도 변함없는 인간 본성에 입각한 개인적 자유와 권리보다 우선될 수 없다는 것이 오캄의 생각이었다. 이를테면 그는 교권적인 것이든, 속권적인 것이든, 모든 유형의 전제적 및 자의적인 지배체제에 대해 맹렬하게 도전하였던 것이다.

그리스도교 사회에 대한 보편적 지배권을 놓고 아비뇽의 교황정부와 루드비히의 제국정부가 첨예하게 맞서 있었던 당시의 정치적 상황 하에서, 오캄의 이러한 견해는 교권은 물론 속권에 의해서도 완전한 보호를 받을 수는 없었다. 그러나 그것은 결코 오캄의 생애에 우연히 일어난 불행한 에피소드의 일부가 아니었다. 오히려 그것은 당대의 정치 질서가, 신법과 자연법에 의해 '해방된 개인들'에게 부여된 인간의 본성적 자유와 권리들을 보장하도록, 전면 개편되어야 한다는 오캄 나름의 투철한 정치의식의 불가

---

21) *Dialogus* I, bk.7, ch.20. 지식인의 저항 의무에 관해서는 특히 *OND*, ch.123 참조.

피한 산물이었다. 자유로운 개인들의 종교적 신성성과 정치적 주권성에 대한 신념이 본원적 계기였던 것이다.

오캄이 보여주고 있는 정치 활동의 기본 패턴은 그가 프란시스회의 수도사로서 받았던 훈련과도 무관하지 않았다. 앞장에서 살펴본 바와 같이, 프란시스 수도회는 모든 수도사들의 이성적 판단과 자율적 동의를 신성시하는 독특한 전통을 가지고 있었으며, 또한 이 전통을 철저하게 구체화하려는 정신적 및 정치적 풍토를 생활화하고 있었다. 프란시스 수도회의 이 고유한 전통과 풍토가, '교회정부 및 교황이 그 권한을 남용하고 있고, 바로 이 점이 당대의 그리스도교 사회가 잘못되고 있는 근본 원인'이라는 오캄의 정치적 판단의 토양이 되었다. 수도회의 생활 규범이 그의 과격해 보이는 실천적 주장과 활동의 기본 지평이었다고 필자는 생각한다.

인간의 이성과 자율에 대한 오캄의 신뢰는 그의 자연법 이론에서 분명하게 드러난다. 그의 자연법 개념은 우선 자연법적 질서를 모든 인간집단이 이룩하여야 할 바람직한 정치 질서의 근간으로 보는 시각에 기초하고 있었다. 그리하여 그는 자연 이성과 올바른 이성을 각각 그 본질로 하였던 절대적 자연법과 이상적 자연법이 불변하고 바람직한 사회체제의 원형이라고 주장하였다. 특히 그는 공동 소유제와 보편적 자유의 체제를 이상적인 자연법적 질서로 규정하고, 이들을 이미 포기된 그리고 무의미한 규범으로서가 아니라, 당대의 이성적 개인들이 여전히 택할 수 있는 권리의 일부로 파악하였다. 그러니까 이상적인 자연법적 질서는 보다 나은 사회에 대한 오캄의 열망을 반영하는 동시에 그가 추구했던 합리적 공동체적 사회체제의 실체를 구체적으로 제시하였던 셈이다.

뿐만 아니라 오캄은 조건적 자연법이 현실적이면서도 객관적인 인간 사회의 정치적 규범이라고 밝혔다. 흥미있는 점은 그가 만민법과 보편적인 관습의 체계를 조건적인 자연법적 질서로 파악하였다는 사실이다. 이 같은 인정적 규범의 경우 인간 본성의 일부인 명백한 이성과 자율적 동의의 산물이면서도 모든 민족들에 의해 보편적 누적적으로 수용되어 온 객관적 성격의 규범이라고 그는 생각하였다. 다시 말해서 오캄은 불완전한 현세

사회의 경우 추상적이고 불변하는 규범을 통해서가 아니라, 이해관계가 결부되어 있는 일반민들의 보편적 합의와 합리적인 판단의 누적을 통해서 객관적이고 자연법적인 정치 질서를 구현할 수 있다고 이해하였다. 아마도 바로 이 점이 오캄의 정치적 견해들에 독특한 현장감을 부여한 원천일 것이다.

인간의 동의와 합리적 판단의 누적을 현세 사회가 입각하여야 할 정치 질서의 관건으로 보는 오캄의 신념은 그의 정부론을 통해서 일관되게 표명되었다. 그의 교회정부론은 기본적으로 교황권과 교회정부가 신성하고 자율적인 제도인 동시에, 신도집단의 본성적 요구에 따라 형성된 인정적 제도의 하나라는 생각에 근거하였다. 그리하여 그는 교회정부를 엄격히 신도집단의 정신사만을 관리하는 제한적 정부로 규정하였으며, 나아가서는 교회정부가 정치적 및 사법적인 그리고 경제적인 권한들을 철저하게 줄이는 탈세속제도화의 개혁을 반드시 하여야 한다고 주장하였다. 특히 오캄은 교회정부의 본연의 기능을 매우 소극적인 것으로 이해하였다. 그에 의하면 그리스도교 정신의 본질은 해방의 원리였다. 따라서 교황과 교회정부의 역할은 해방된 신도집단의 자유, 무엇보다도 해방된 개인들의 사상의 자유를 무한히 보장하는 해방자로서의 기능이어야 했다. 그렇다고 해서 오캄이 이 사상의 자유를 교회정부의 해체를 초래하게 될 요소로 이해한 것은 아니었다. 사상의 자유는 진리를 향한 본성적 욕구이고, 진리의 본질은 합리이므로, 오히려 그것은 합리의 권위를 강화할 것인바, 특히 지식인들을 통해서 확립될 이 합리의 권위는 교황과 교회정부의 권한 남용을 억제하는 동시에 신도집단의 자유 역시 자율적으로 수렴할 수 있다는 것이 그의 주장이었다. 요컨대 오캄이 제시한 자율적 소극적 교회정부는 신도집단의 자발적 동의를 토대로 합리를 구현하는, 그리하여 해방된 개인들의 자유와 권리를 보호하는 정신사의 관리체였다.

한편 오캄의 세속정부론은 정치구조상 그가 처했던 개인적 입장이 시사하는 바와는 달리 전혀 제권주의적 이론이 아니었다. 물론 반교황적 아리스토텔레스주의자였던 오캄은 세속정부를 인간 본성에 입각한 자율적인 제도로 그리고 피지배집단의 동의에 따라 정치공동체의 공공 이익을 확대하기 위한 제도로 이해하였다. 그러나 그는 세속정부를 여하한 의미에서도 선 또는 가치를 직접 창출해 내는 적극적인 기능을 가진 제도라고는 생각하지 않았다. 그가 밝힌 세속정부의 유일한 의미는 그것이 범죄와 무질서의 억제를 현실적으로 강제함으로써, 일반민들의 조용하고 간섭받지 않는 삶을 보장해 주는 수단이라는 점에 있었다.

오캄의 세속정부는 인민의 의사에 따라, 개인적 신조와는 무관하게, 그리고 가변적인 실제적 요구에 부합되도록 설립된 인정적 비종교적 부수적 제도였다. 따라서 세속정부의 현세권이란 여하한 경우에도 인민의 그것에 선행하고 우월하는 권한 즉 절대적인 것일 수 없었다. 그러니까 세속정부가 반드시 추구하여야 할 공공 이익도 다름이 아니라 정치공동체를 구성하는 인민들의 본성적 권리와 자유의 실제적 확대를 의미하였다. 개인들의 단순한 집합이 집단인 것과 마찬가지로 개별적인 권리와 자유의 구체적인 누적이 바로 공공의 이익이었던 것이다. 오캄에 따르면 자율적인 개인들이야말로 주권적 정치체였으며, 모든 인정 정치공동체의 절대 단위였다. 결국 이는 공동체 구성원들의 개별적인 권익을 본인의 의사에 반해서 제한하는 세속정부는 어떠한 형태를 취하든 바람직한 것일 수 없다는 논리로 나아가게 마련이었다. 요컨대 자유롭고 자율적인 개인들로 구성되는 사회체제를 단순히 보호하는 매우 소극적인 기능이 오캄이 파악한 세속정부의 진정한 역할이었다.

이와 같은 오캄의 견해들은 지금까지 중세 정치 이론의 성격을 규명하기 위해서 활용되어 온 일련의 개념들 즉 교황권주의, 속권주의, 제권주의, 병행주의 및 하향적 정치의식, 그리고 상향적 정치의식 등으로는 그 유니크한 성격이 제대로 포착되지 않는다. 물론 오캄도 통일된 하나의 그리스도교 사회를 부정하지 않았고, 교회정부와 세속정부의 병존을 인정하였으며, 수장제 교황정부와 제국적 정부의 독특한 정치적 권위를 합법적인 정치 질서로 수용하였다. 그리하여 그의 주장은 경우에 따라서 아퀴나스류의 병행주의 정치 이론에 가까운 것으로 해석될 수도 있다.

　그러나 오캄의 정치 이론은, 중세기의 정치적 저술로서는 특이하게도, 로마제국과 초기 그리스도교 사회에 대한 역사적 검토에 기초하고 있었다. 그리하여 그는 교회정부를 철저하게 비세속적인 제도로 그리고 세속정부를 근본에 있어서 비종교적인 제도로 파악하였다. 더욱이 그는 교회정부와 세속정부의 조화로운 협업의 모색은커녕 이들을 첨예하게 분리하고 또 그 기능을 현저하게 축소함으로써, 현실 문제에서 양자의 권한이 서로 겹칠 수 있는 영역 및 양자가 마땅히 추구하여야 할 종교적 가치들의 계서적 구현 등과 같은 병행주의적 전제들을 아예 상정하지 않았다. 합리와 계시의 보완을 추구하였던 아퀴나스와는 달리, 오캄에 따르면 합리 그 자체가 현세의 정치 질서들이 원래의 바람직한 상태로부터 얼마나 벗어나 있는가를 분명하게 말해 주는 요소였으며, 또한 합리는 현세의 모든 비합리적인 인정 정치제도들에 반드시 저항하도록 명령하고 있었다.[22]

　오캄의 정치사상의 독창성은 교회정부와 세속정부의 영역 그리고 이들의 관계에 대한 견해들에서보다는 오히려 이들 정부와 각각의 구성원들 간의 관계를 보는 시각에서 더욱 선명하게 드러난다. 앞서 지적한 바와 같이 오캄은 신도집단을 해방된 개인들의 단순한 집합으로, 그리고 이상적인 정치공동체를 자유민들만으로 구성되는 인민집단이라고 밝히고, 교회정부와 세속정부는 각각 이들 피지배집단의 본성적 요구 즉 자유와 권리를 보호해야 할 수단으로 규정하였다. 그에 따르면 사회의 성격은 정부에 의해서가 아니라 사회구성원들이 누리는 권리와 자유의 정도에 의해 결정되며, 오히려 사회의 성격이 정부의 성격과 정치체제의 질을 결정하는 요소였다. 우리가 오캄의 정치사상을 인민주의 이론으로 규정한 근거도 바로 여기에 있는 것이다.

　그러나 오캄을 마르실리우스류의 전체주의적 인민주의자로 파악하기는 여전히 어렵다. 오캄은 마르실리우스와는 달리 인민집단을 단일하고 절대적인 정치 주권체로 이해하지 않았다. 오캄에 있어서 집단은 언제나 개체

---

22) *OND*, ch.76.

내지 개인들의 단순한 집합에 지나지 않았다. 신도집단이라고 해서 해방된 개인들 위에 있지 않았고, 인민집단이라고 해서 자유로운 개인들 위에 있지 않았으며, 공공 이익이라고 해서 개별적인 권익들보다 선행될 수 없었다. 모든 정치적 권한의 종국적 단위는 언제나 그리고 반드시 '신성하고 자유롭고 자율적인 개인들'이라는 것이 그의 생각이었다. 정치 주권체에 관한 한 오캄이 유니크하게 가졌던 개체주의적 인식이, 그로 하여금 여하한 인정적 집단 내지 정치 권위의 절대화 전제화에 대해서도 단호하고 전면적으로 도전하도록 이끌었던 정신적 지평이었다. 이를 개체주의적 인민주의(individualistic populism) 이론의 원형으로 파악한다면 무리한 해석이 될까. 정치 이론가로서 남긴 오캄의 확고한 기여도 이 점에 있다고 필자는 생각한다. 사회와 정부의 관계, 그리고 개인과 집단의 관계를 보는 그의 혁명적인 시각을 계기로, 이제 앞으로의 모든 체계적인 정치 이론은, 자율적 개인과 본성적 사회 그리고 주권적 개인과 합법적 정부와의 관계를 반드시 진지하게 고려해야 할 것이었다.

지금까지 우리는 오캄의 정치사상이 그의 철학체계의 단순한 연장으로서가 아니라 먼저 그 자체로서 재구성되어야 한다는 인식을 가지고 논의를 진전시켜 왔다. 끝으로 이와 같은 우리들의 검토에서 얻어진 바에 따라, 근년의 연구 성과들의 의의와 한계를 지적해 두는 것이 오캄의 사상을 전체적으로 조명해야 할 앞으로의 과제에 한 지침이 될 수 있을 것 같다. 숄츠(R. Scholz)는 오캄의 견해를 신의 전능함 내지 그리스도교적 신학에 근거를 둔 정치 이론의 하나로 이해하였다. 그러나 그리스도교와는 무관했던 사회에 대한 검토가 오캄의 정치적 주장의 실제 기반이었으며, 또한 우리는 그에게서 신정적 가치들이 어떻게 성취되어야 할 것인가에 대한 직접적인 제안도 찾아보기 어려웠다.

한편 라가르드(G. Lagarde)는 오캄의 정치사상을 개인주의 정치의식의 모델로, 나아가서는 무정부주의적 경향까지 포함하는 논리로 파악하였다. 확실히 라가르드는 개체의 신성성에 대한 오캄의 유명론적 인식의 정치적 의미를 적절하게 지적하고 있다. 그러나 오캄은 특히 조건적 자연법 이론

을 통해서 개인의 자율성뿐만 아니라 인정제도의 실효성과 합법성 역시
명백하게 보장하였다. 사실 그의 정치 활동들은 무엇보다도 합법적인 정부
를 모색하고 또한 이를 현실적으로 구현하려는 노력이었다. 정치적 오캄주
의가 수용하고 있었던 실용주의적 내지 실천적 측면을 충분히 고려하여야
만, 그것의 힘과 의의가 제대로 규명될 수 있을 것이다.

또한 오캄의 정치사상은 베너(P. Boehner)에 의해 보수적 입헌주의로,
그리고 제이콥(E. F. Jacob)에 의해 보수와 과격한 개혁적 주장 사이의 중
간지점 정도에 위치한 이론으로 파악되었다. 그러나 우리들의 검토는 오캄
의 정치적 주장들이 보수적이지 않음은 물론 온건한 성격의 개혁을 위한
논리도 아니었음을 분명히 하였다. 그가 천명했던 소극적인 정부와 자유로
운 사회 그리고 주권적 개인들의 본성적 권리와 자율은 본원적으로 새로
운 논리였으며, 더욱이 그는 이들이 구체적으로 성취되는 정치 질서를 비
타협적 추론에 입각하여 지향하였다.

아마도 14세기 전기의 유럽 사회에서 표면상 가장 뜨거웠던 정치적 이
슈는, 교회정부가 그리스도교 사회에 속한 일반민들의 현세 생활을 관리하
는 보편적 권한을 가지고 있는가 혹은 그렇지 못한가 하는 문제였다. 이에
속권주의자와 제권주의자들은 교회정부의 권한이 단지 구어적인 것에 불
과하다고 일축하고 있었다. 그러나 교회정부의 보편적 권한의 성격은 당대
의 정치 이론가들에 의해 보다 신중하게 고려되어야 할 주제였음에 분명
하다. 우리는 이 시기에 빚어진 일련의 교속 간의 갈등을 계기로 수장제
교황정부와 제국적 황제정부 모두가 해체되기 시작했음을 잘 알고 있다.
오히려 정치적 갈등의 진정한 쟁점은, 교속을 막론하고, 전통적인 중세적
인식이었던 보편적 지배권 내지 정치적 주권의 단일성 그 자체였다고 볼
수 있다. 그러니까 교회정부와 세속정부를 적극적으로 분리하고, 정부란
자율적 주권적 개인들로 운용되는 사회체제 내에서 제한적 소극적 기능만
을 담당하는 요소에 불과하다고 하는 일견 과격해 보이는 주장도, 14세기
사회가 안고 있었던 이 근본 문제에 대한 오캄 나름의 처방이었다. 그가
제시하였던 소극적 정부는 보편적 지배권을 놓고 대립하였던 당대적 정치

지평을 관통하여, 적어도 이론상, 인간 생활의 대부분의 영역을 모든 유형의 정치제도들의 직접적인 규제로부터 해방시켜 주는 것이었다. 시대적 산물이었던 오캄의 처방이 가지는 영원한 의의가 이 점에 있다.

이제 우리는 윌리엄 오캄을 14세기의 성격 규명을 가로막고 있는 수수께끼의 인물로 간주해야 할 이유가 없다. 오히려 우리는 오캄을 통해서 인간의 신성성과 개인의 주권성 및 본성적 자유와 권리 그리고 합리의 가치를 몹시 소중하게 신봉했던 한 중세 지식인의 독창적인 사고와 고뇌 그리고 좌절을 접할 수 있다. 오캄의 정치사상이야말로 일반민의 자유로운 삶과 개인의 이성적인 판단 그리고 자율적인 사회에 부여되어야 할 절대적 가치를 현실 정치 속에서 일관성 있게 구현하려는 시도들의 한 전형적인 역사적 유산으로, 그리고 그와 같은 이념이 가지는 운동력의 마르지 않는 한 원천으로 이해될 수 있지 않을까.

제4장 중세 정치의식의 유형

I. 서양 중세 정부론

1. 문제의 제기

한 사회의 목표와 이상의 구체적인 문자화가 그 사회의 법률이며, 정부의 권위와 기능이 법률을 통하여 집행된다는 사실을 우리는 잘 알고 있다. 특히 서양 중세 사회의 정치 구조에서 법률이 차지하는 중요성은 각별한 것이었다. 이를테면 당시의 중요한 정치 이론상의 논쟁거리들, 즉 누가 법률을 제정하며, 법률의 관리자가 누구이고, 최종적인 사법권을 누가 어떻게 가져야 하는가 등의 문제에 대한 중세인들의 논의는 오늘날 우리들이 정치 주권의 문제라고 부르는 이슈에 관한 논의 바로 그것이었다. 일찍이 메이트랜드(F. Maitland)는 '법률이야말로 중세에 있어서 삶과 논리가 만나는 지점이었다'[1]고 지적한 바 있지마는, 정부와 법률의 문제는 밀접하게 결부되어 있었으며, 실상 중세의 거의 모든 정치적 분쟁의 중심에 사법권의 한계에 관한 논란이 자리잡고 있었다.[2]

따라서 우리는 중세의 여러 정치 이론 특히 교권과 속권의 권한과 성격

---

1) Ullmann, *Principles of Government and Politics,* p.20 재인용.
2) Southern, *Society and the Church,* p.113. 오클리는 '*plenitudo potestatis*'라는 술어가 중세 말기에는 'the fullness of jurisdictional power'를 의미하는 용어로 한정되었다고 밝혔다. F. Oakley, *The Western Church in the Later Middle Ages,* p.28 참조.

및 이들의 관계에 대한 논의를 파악하는 주요한 축으로서 법률을 보는 시각을 문제 삼을 수밖에 없다.[3] 성 아우구스틴으로부터 에기디우스 로마누스, 아우구스티누스 트리움푸스 그리고 알바루스 펠라기우스 등에게 전승되어 온 한 유서 깊은 시각은 모든 법률과 정치적 권위가 궁극적으로 신 그 자체로부터, 그리하여 결과적으로는 신의 현세적 대리자인 교황으로부터 유래된다고 보았다.[4] 이러한 견해를 우리는 신정적(theocratic) 내지 하향적(descending) 정부론이라 부를 수 있을 것이다.

반면 이와는 대조적인 시각도 형성되었다. 아리스토텔레스의 재발견 이후 윌리엄 옥세르(William of Auxerre), 존 파리(John of Paris) 등에 의하여 구체화되기 시작하여 마침내 마르실리우스에 의해 현저하게 대변된 이 시각은 공동체와 인민을 모든 정치적 권위와 법률의 원천으로 파악하였다. 이에 따르면 세속군주의 모든 합법적인 정치적 권한은 교황의 의사가 아니라 인정 공동체와 그것의 구성원들에게서 유래되는 것이므로, 여하한 경우에도 정부의 권한은 인민들의 의사와 동의에 복속되어야 하였다.[5] 이 같은 시각과 견해를 우리는 세속적(secularist), 인민주의적(populist) 또는 상

---

3) Ullmann, *Principles of Government and Politics*, pp.19~26 ; S. Ozment, *Age of Reform*, pp.131~138. 모랄(Morrall)은 '중세 정치사상사와 정치 이론의 주제를 그리스도교 공화국 이념의 대두, 발달, 와해 그리고 국가에 대한 보다 순수한 정치적 개념의 회복에 의한 그리스도교 공화국 이념의 대치였다'라고 지적하였다. 그의 파악 역시 울만의 그것과 유사한 기반 위에 서 있다고 보인다. J. B. 모랄, 『중세 서양의 정치사상』, 12쪽. 특히 14세기 초엽에 관한 연구로는 M. J. Wilks, *Problem of Sovereignty*, pp.15~63을 참고할 수 있다.

4) 에기디우스 로마누스(Egidius Romanus)는 '교회의 모든 권한(totum posse)이 교황에게 속하며, 다른 모든 정부를 판단하고 헤아리고 책임을 묻는 권한이 교황에게 속한 반면, 교황 자신은 누구로부터도 판단받지 아니한다'라고 주장하였다. *De Ecclesiastica Potestate*, ed. R. Scholz (Weimar, 1929), pp.190~191 193, 206 등. 이러한 주장은 아우구스티누스 트리움푸스(Augustinus Triumphus)와 알바루스 펠라기우스(Alvarus Pelagius)에 의해 기본적으로 그대로 승계되었다. E. H. Kantorowicz, *The King's Two Bodies - A Study in Medieval Political Theology* (Princeton Univ. Press, 1981), pp.203~205 ; A. S. McGrade, 앞의 책, pp.82~83 참조.

5) Gewirth, *Marislius of Padua* I, pp.237~242, 244~248.

향적(ascending) 정부론이라 부를수 있을 것이다.

2. 하향적 정부론

하향적인 정치의식의 토대는 이를 나위 없이 '모든 권력은 신으로부터 나오며 모든 권위(auctoritas)의 원천도 신이다'라는 성서의 기록이었다. 이와 같은 권력관에 입각한 전형적인 제도의 구체적 실례를 우리는 중세 교회정부의 조직 즉 수장제 교황정부 체제에서 발견할 수 있다. 다음과 같은 구절이 수장제적 교황체제의 기반이었다.

> 잘 들으시오, 당신은 베드로 즉 반석입니다. 그리스도인 나는 이 반석 위에 교회를 세울 터인데, 죽음의 힘도 감히 그것을 누르지 못할 것입니다. 또 나는 당신에게 하늘나라의 열쇠를 주겠습니다. 당신이 땅에서 매어 놓은 것은 무엇이든지 하늘에서도 매인 채로 있을 것이며, 땅에서 풀어 놓은 것은 무엇이든지 하늘에서도 풀린 채로 있을 것입니다.[6]

이에 대한 중세 교황정부의 전통적 해석을 요약하면 다음과 같다.[7]

1) 교회의 기초는 성 베드로이다. 교회 위에 베드로가 세워진 것이 아니라 베드로 위에 교회가 설립되었다는 그리스도의 지적은 베드로의 초월적 · 초교회적 지위를 명백히 밝히고 있다.
2) 교회는 인간의 본성 또는 관습에 의해 형성된 것이 아니라 신이 제정한 신성한 제도이며, 교회는 그리스도교 신앙을 받아들인 자의 총체 다시 말해서 성직자와 평신도 모두를 망라한 집단을 가리킨다. 따라서 개인은 신도집단 공동체인 교회로부터 분리될 수 없다.
3) 그리스도는 성 베드로에게 사목권(petrinity)을 부여하였다. 사목권의

---

6) 마태오 복음서, 16장 18~19 (공동번역).
7) Ullmann, *Principles of Government and Politics*, pp.32~36.

자명한 전제는 신도집단 즉 교회가 신의 의사에 따르도록 지도되고 관리되어야 한다는 점이며, 이 사목권은 규범의 제정을 포함하는 모든 사목에 필요한 권한이 오직 베드로에게 그리고 완전히 위임되었다는 것을 의미한다. 따라서 여하한 개인도, 그가 교회로부터 분리될 수 없듯이, 성 베드로의 관리로부터 예외적일 수 없다.

4) 성 베드로에게 위임된 권한은 문자 그대로의 의미에서 자율적이다. 어떠한 제도나 법정도 '열쇠'를 가진 베드로의 의사를 제한·변경하여서는 아니 되며, 그가 풀거나 매기로 결정한 것에 대하여 심의·통제할 수 없다.

이 같은 해석에 따르면 신도집단 공동체인 교회는 신의 의사에 따라 관리되어야 하는바, 베드로가 제시한 규범이 바로 신의 권위에 의하여 부과된 구속력을 가진 법률이었다. 실제로 교회를 지도하는 기능, 즉 모든 현실적 정치 권한이 베드로에게 위임되었고, 또한 그가 모든 분쟁에 대한 자율적인 그리고 최종적인 판단자였다. 그리하여 성 베드로의 법률과 정치적 권위에 복속하느냐, 복속하지 않느냐 하는 점이 바로 한 개인의 신앙을 판별하는 유일한 가시적 기준이 되었다. 집단 구성원의 자격이 신앙이며, 신앙이 곧 법의 준수이고, 법률이 곧 성 베드로의 의사라는 등식이 성립하였던 것이다. 요컨대 베드로의 지위는 보편적 절대정부 체제에서 모든 정부 기능을 장악하고 있는 절대 군주의 지위 그것이었다.

그렇다면 성 베드로와 역대 교황과의 관계는 어떠하였던가. 교황권주의자들과 대부분의 중세인들은 4대 교황이었던 클레멘트 1세(88~97)의 기록 즉 「클레멘트의 서신」(*Epistola Clementis*)을 성 베드로와 역대 로마교황들과의 관계를 입증하는 결정적인 기록으로 간주하였다. 「클레멘트의 서신」에 의하면, 로마의 모든 그리스도교도들이 모인 자리에서 베드로는 다음과 같이 선언하였다.

나 베드로는 클레멘트가 이 땅에서 판단한 것은 무엇이든 하늘에서도 동일한 결과가 일어날 수 있도록 풀거나 매는 권한을 그에게 수여한다. 그는 반드시 매어야 할 것을 맬 것이며, 반드시 풀어야 할 것을 풀 것이다.8)

다시 말해서 성 베드로는 스스로 분명하고 그리고 공개적으로 자신의 후계자를 지명하였다는 것이다. 따라서 사목권의 상속인 문제에 대해서는 이론의 여지가 있을 수 없었다. 그런데 당시 로마의 상속법에 따르면 합법적인 후계자는 선인의 모든 권리, 의무, 재산, 부채 등을 마땅히 승계하여야 하였다.9) 법률상으로는 상속한 자와 상속받은 자 사이에 아무런 차이가 있을 수 없었다. 동시에 로마의 상속관례는 상속하는 자의 개인적 인격과 그의 직책을 엄격히 분리하였다. 상속의 대상은 정치적 권한, 영토, 재산 등의 객관적 권리와 의무 및 직책에 관한 것이지 결코 상속인의 도덕적 자질이나 개인적 성품이 그 대상일 수는 없다는 것이었다.

따라서 교황 레오 1세(440~461)가 '성 베드로의 모든 권한은 그의 계승자인 교황에게 승계된다'10)고 주장하였을 때, 그것은 전혀 새로운 주장이 아니었다. 모든 교황들은 개인적 도덕적 자질과는 무관하게 성 베드로의 직책과 권리 즉 베드로의 사목권을 보유하고 있다는 지적은 단순히 당시의 상속관행의 한 충실한 반영이었던 셈이다. 흥미롭게도 인정적 규범인 로마법이 교황에 의한 성 베드로의 신성하고 초월적인 지위의 승계를 법제적으로 뒷받침하고 있었다.

교황청에 의하면 애초부터 성 베드로가 그리스도로부터 부여받았던 사목권자로서의 지위는 그의 개인적 성품과는 무관한 것이었다. 뿐만 아니라 많은 중세 교황(실제로 모든 교황)이 스스로 자신들의 인격적 자질은 교회

8) Ullmann, *A Short History of the Papacy in the Middle Ages* (London, 1972), p.14에서 재인용. 성 베드로의 행적과 후계자 지명에 관한 요령 있는 해설을 Southern, *Society and Church*, pp.94~100에서 찾아볼 수 있으며, *Epistola Clementis* 에 관하여는 Ullmann, 'The Significance of the *Epistola Clementis* in the Pseudo-Clementis,' *Journal of Theological Studies* 11 (1960), pp.259 이하 참조.
9) Ullmann, *Principles of Government and Politics*, pp.37~39.
10) Ullmann, 위의 책, p.38.

의 기초인 성 베드로를 승계할 만한 것이 못 된다는 사실을 누누이 밝힌 바 있었다.[11] 이와 같은 인격과 직책의 분리 승계의 원칙은 11세기 중엽 이후 교황의 지위에 두 가지 의미 깊은 보장을 가능하게 하였다. 첫째, 그 것은 모든 교황에게 신도집단과의 관계에 있어서 초법률적 지위를 확립시 켜 주었다. 교황의 모든 명령은 교황 개인의 도덕적 자질과는 무관하게 그 자체로서 구속력을 가지는 것이므로, 신도집단은 교황의 교서나 행위에 대 해 어떠한 법률적 의미의 책임도 물을 수 없기 때문이었다. 그러니까 14세 기 이후 오캄, 위클리프(J. Wyclif), 후스(J. Hus) 등에 의하여 강력하게 감 행되었던바 교황의 개인적 행적에 대한 도덕적 판단을 근거로 한 교황권 에의 도전은, 전통적 교회정부의 입장에서 본다면, 교황직의 기본 전제에 대한 불충분한 이해에서 비롯된 것에 지나지 않았다.[12]

둘째, 모든 교황의 사목권이 전임 교황으로부터 승계된 것이 아니라 성 베드로로부터 직접 상속된 것임을 보장해 주었다. 이 보장은 베드로가 그 러하였던 바와 마찬가지로 모든 교황이 법률의 지고한 제정자이며 또한 그것의 완전하고 자율적인 관리자임을 밝히는 것이었다. 다시 말해서 이는 모든 교황들을 전임 교황들이 제정한 법률과 관행의 제약으로부터 해방시 켜 주었으며, 또한 당대 교황의 명령에 대한 순복의 거부를 '열쇠'의 보유 자였던 성 베드로에 대한 도전으로 곧장 간주할 수 있는 길을 마련해 주었 다.[13] 그리하여 교황에 대한 절대적 순복이 부동의 원칙으로 신도집단의 생활을 지배할 수 있게 되었다. '로마교회에 동의하지 않는 자는 가톨릭 교 도가 아니다'[14]라는 교황 그레고리 7세(1073~1085)의 당당한 주장에서 우 리는 성 베드로와 역대 교황들 그리고 이들과 신도집단의 관계를 엿볼 수 있는 것이다.

12세기 중엽 이후 사법권의 한계와 정치적 권한을 놓고 교황청과 세속

---

11) Southern, *Society and Church*, pp.103~104.
12) Ullmann, *Principles of Government and Politics*, pp.102~107.
13) Southern, *Society and Church*, p.95.
14) *Diploma*, 26. Ullmann, *Principles of Government and Politics*, p.69에서 재인용.

군주들 간의 투쟁이 고조되면서 교황의 지위 역시 보다 선명하게 제시되었다. 당시까지 '그리스도의 대리자'(Vicar of Christ)라는 칭호는 군주, 세속제후, 주교 그리고 사제들에 대한 일반적 호칭이었다.15) 그것은 지나치게 막연하여서 교황이 사용하기에는 적절하지 못한 것으로 생각되었다. 그리하여 교황은 언제나 확고부동한 '베드로의 대리자'(Vicar of Peter)였다. 그러나 12세기 말엽 이노센트 3세(1179~1180)는 '교황은 사도들의 수장인 성 베드로의 후계자이다. 그러나 교황이 베드로의 대리자는 아니다. 교황은 어떤 인간 내지 사도의 대리자가 아니다. 오직 그리스도 자신의 대리자이다'16)라고 재천명하였다. 성자들의 범람과 정치 주권에 대한 치열한 분쟁은 성자들 가운데 한 사람인 베드로의 대리자만으로는 교황의 초법률적 정치적 권한을 충분히 확인하기에 미흡하다고 이노센트는 판단하였다. 그리하여 자신이 바로 모든 군주들의 종국적 주군인 그리스도의 직접적 대리자이며, 자신의 법률이 바로 그리스도교 세계가 반드시 지켜야 할 신의 뜻임을 분명히 해 둘 필요가 있었던 것이다.

이 같은 교황주권론에 입각한 전형적인 중세 교황의 직책, 다시 말해서 하향적 정부체제의 한 모델을, 우리는 교황 그레고리 7세가 「교황의 지시」(Dictatus Papae)에서 밝혔던 27가지 명제를 통해 확인할 수 있다. 이들을 종교(1~5)와 정치(6~11)에 관한 것들로 분류해 보면 다음과 같이 정리될 수 있을 것이다.

   1) 로마교회는 과거에도 오류를 범한 적이 없으며, 앞으로도 세상의 종말에 이르기까지 결코 오류를 범하지 않을 것이다.
   2) 교황만이 주교를 임명 · 전보 · 면직할 수 있다.
   3) 교황만이 새로운 주교구를 설정하거나 옛 주교구를 분할할 수 있다.
   4) 교황만이 전체 종교회의를 소집할 수 있고 교회법을 재가할 수 있다.

---

15) Southern, *Society and Church*, p.104.
16) *Patrologiae cursus completus: series Latina*, ed. J. P. Migne, pp.214, 292.

5) 교황 대리인(legate)은 비록 신분과 직책이 하위자라 할지라도 그 권한에 있어서 주교보다 우월하다.

6) 교황만이 새로운 법률을 제정할 수 있다.

7) 교황은 누구로부터도 판단받지 아니한다.

8) 교황만이 자신의 판결을 변경할 수 있다.

9) 교황은 황제를 폐위할 수 있다.

10) 교황은 세속 지배자들에 대한 신민의 충성을 면제시킬 수 있으며, 모든 세속군주들은 교황의 발에 입맞추어야 한다.

11) 교황청 법정에 제소된 사건은 여하한 하위법정에 의해서도 재판될 수 없다.17)

그레고리의 교서가 밝히고 있는 바에 따르면, 교황의 권한은 교회사는 물론이고 세속사에 있어서조차 신도집단 전체를 구속하는 보편적 절대주권자의 그것이다. 무엇보다도 교황은 그리스도교 공동체에 관한 한 초법률적 존재로서 유일한 법률제정자(law-giver)이며 최고의 사법권자인 동시에 황제와 세속군주 그리고 신민 모두의 절대적 상위자였다.

교황을 정점으로 하는 정부 역시 다른 모든 정부들과 마찬가지로 질서의 유지가 주요한 기능이었다. 질서에 대한 교황청의 기본 입장은 현세 질서란 신이 직접 제정·운용하고 있는 천상의 질서의 연장 내지 모방이어야 한다는 생각이었다.18) 그런데 위디오니시우스(Pseudo-Dionysius the Areopagite)의 설명에 의하면, 신은 모든 천사들에게 각자의 기능과 지위에 따라 자신들의 직접 상위자에게 복속할 것을 명령하였으며, 그리하여 모든 천사들은 질서정연한 피라미드형 계서체제를 통해 신의 규제를 받도

---

17) E. Lewis ed., *Medieval Political Ideas* II, pp.380~381. 원래 「교황의 지시」 (*Dicatus Papae*)에는 종교사와 세속사에 관한 조항들이 뒤섞여 있다. 오히려 이 점이 교서를 그레고리 7세의 문서로 보는 견해에 설득력을 더하고 있다. 모랄, 앞의 책, 47쪽.

18) Ullmann, *Principles of Government and Politics*, p.46.

록 되어 있었다.19) 말하자면 신의 질서의 본질은 하향적 계서체제라는 것이었다.

따라서 현세의 질서도 마땅히 하위신분의 상위신분에 대한 복속의 계서적 연계여야 하며, 그리하여 마침내 유일 존재인 신에 대한 복속으로 귀결되어야 하였다. 아르눌프(Arnulf of Lisieux)는 '정당한 질서란 권력이 머리로부터 수염으로, 그리고 수염으로부터 의복의 가장자리까지 연속적으로 흘러 내려가는 것이며, 지위와 신분의 피라미드형의 상하 구분이 계서체제이다'20)라고 밝혔다. 바꾸어 말하면 지위와 신분의 구별 속에 내재되어 있는 신비한 신의 지혜를 관리하는 방법이 하향적 계서조직이며, 바로 이것이 신성하고 정당한 질서라는 것이었다. 그런데, 비유적으로 말한다면, 하늘과 땅이 만나는 교차지점에서 두 발 가운데 하나는 하늘을 그리고 다른 하나는 땅을 딛고 서 있는 자가 교황이었다. 따라서 교황으로부터 유래되지 아니한 이 땅의 정치 권력은 존재할 수 없었고, 교회정부의 질서 유지도 곧 계서적 사회 조직을 통하여 교황의 정치적 권위가 위로부터 아래로 계서적으로 흐르는 것을 지속시키는 일이었다.

질서 유지자로서의 교황의 가장 본질적 기능은 법률의 제정과 관리였다. 우선 교황은 복속의 구조와 계서적 권력 위임의 체제, 즉 자신에게 속한 모든 사람들이 가져야 할 권한과 지켜야 할 의무를 명백히 한정하는 규범을 제정하여야 하였다. 사목권의 고유한 속성인 규범의 제정이 바로 교황의 으뜸 가는 현실적인 정치적 기능 즉 입법권이었던 셈이다. 또한 교황은 제정된 법률 즉 신성한 질서를 관리하기 위하여 필요한 장치들도 두어야 했다. 세속군주와 교황청 법정의 존재 근거가 바로 여기에 있었다. 법률의 관리를 통한 하향적 계서조직의 실제적 운용이 이들의 존재 이유였던 것이다. 먼저 세속군주에 관해서 살펴보자.

세속군주의 법적 지위는 당연히 교황의 그것보다 하위였다. 적어도 이론

19) *De coelesti hierarchia* VIII, ed., J. Parker (London, 1899), pp.32~33 ; B. Altaner, *Patrologie* (Freiburg, 1958), pp.466 이하.
20) *Patologia*, ed., J. P. Migne, p.155.

상 그리스도교 공화국 내에서 세속군주에게 부여된 모든 기능은 '인류의 구원'에 기여해야 하며, 세속군주들 역시 통치자이기에 앞서 교회의 일원이었다. 따라서 세속군주도 교황의 사법적 권한으로부터 예외일 수 없게 마련이었다.[21] 그러나 이와 같은 이론상의 상하관계가 세속군주를 보는 교황의 시각이 경멸적이었음을 말하는 것은 결코 아니다. 세속군주의 위치는 오히려 특별한 것이었다. 일찍이 사도 바울도 '세속군주들은 악을 행하는 자들을 벌로 응징하여야 한다'[22]고 밝힘으로써, 세속군주들의 고유한 정치적 기능을 명백히 인정하였다. 교황청의 전통적 관점은, 교황 그레고리 1세 (590~604)가 지적하였듯이, 세속군주제란 신에 의해서 제정되었으며, 교회정부에 반드시 필요한 그리고 독특한 역할로 교황을 보필하는 특권적 기구라는 것이었다.[23]

물론 교회에 유익한 선이 무엇이고, 교회가 금지해야 할 악이 무엇인가를 판단하는 것은 충분한 지혜를 갖춘 전문가인 교황의 권한의 일부였다. '교황의 가르침이 설령 부당하다 하더라도, 여전히 그것은 순복되어야 한다'[24]는 교황 이노센트 4세(1243~1254)의 주장은 선악의 판단이 전적으로 교황에게 속한다는 신념의 표출이었다. 그러나 이 땅에서 자행되는 현실적 악행들에 대하여 제재가 필요한 경우, 교황이 자신의 판단을 직접 구사하는 수단은 성례금령(interdict)과 파문령(excommunication)뿐이었다.[25] 교황으로서도 자신의 판단과 법률에 따라 악을 제거하는 강제적 징벌적 수단 즉 세속군주의 물리적 힘을 필요로 하고 있었다.

---

21) 우리는 여기서 휴그 성 빅토르(Hugh of St. Victor)가 *De Sacramentis* II, 2에서 밝혔던, '세속정부를 설립하고 그것을 판단하는 권한은 오직 교회정부에 속한다'는 교황전능권주의적 논증을 상기하게 된다. Hugh of St. Victor, *On the Sacraments of the Christian Faith*, tr. R. J. Deferrari (Boston, 1951), p.256 ; Southern, *Society and Church*, pp.126~128 참조.
22) 「로마인들에게 보낸 편지」 13장 4~5 (공동번역).
23) *Register* V.39, p.36 ; Ullmann, *Principles of Government and Politics*, pp.65~66 참조.
24) L. Buisson, *Potestas und Caritas* (Tübingen, 1959), p.262 참조.
25) Southern, *Society and Church*, p.125.

한편 세속군주들은 교황에 복속함으로써, 비록 소극적 기능이기는 하지만, 신정적 계서조직 내에 보장되어 있는 악의 실제적 척결자로서의 위엄과 자유26)를 보장받을 수 있었다. 뿐만 아니라 그것은 여러 현실적인 보상들을 누릴 수 있는 길이기도 하였다. 평화시에는 세속적 정치 권력의 당위성과 신뢰할 수 있는 행정 대리인들을 보장받을 수 있었고, 그리고 전시에도 교황청이 후원하는 군대와 재정적인 지원 및 외교와 여행상의 편의 등을 제공받을 수 있었다. 말하자면 매력적인 보상27)들이 교황에 대한 세속군주들의 자발적인 복속을 기다리고 있었다.

세속군주와 더불어 교황의 전능권에 현실성을 더하여 준 장치가 교황청 법정이었다. 고전적 의미의 공동체적 동의를 신앙으로 대치한 중세인들에게 신적 정의의 관리자인 교황이 사회의 공공 이익(*public utilitas*)의 기수라는 신념은 자연스러운 것이었다.28) 그리하여 종교사든 세속사든 신도집단의 모든 문제를 교황이 자신의 법정에서 스스로 제정한 법률과 절차에 따라 판단하는 권한을 가지며, 교황의 보편적 권한이 여하한 지역적·부분적 정치 권위보다 우위이다29)는 인식이 중세 내내 보편적으로 수용되었다. 교황청 법정은, 교황에의 복속이 세속군주들에게 그러하였던 것과 마찬가지로, 매력 있는 실제적인 여러 보상들을 사제와 일반민에게 약속하고 있었다. 그것은 일차적으로 사제들에게 세속군주의 경제적 압박과 세속 법정에의 소추 위협으로부터의 해방을 보장하였다. 또한 그것은 일반민들에게도 신의 권위로 부여된 교황의 제 규범에 의한 보호를 의미하였다. 이는 한편으로는 일반민들의 일상 생활이 가지는 도덕적 신성성을 확인하는 수단이 되었고, 다른 한편으로는 일반민들이 폭력으로부터 최소한의 생존의 안전을 실제적으로 보장받을 수 있는 장치이기도 했다. 교황청 법정의 지

---

26) 중세적 자유 개념에 관하여는 A. Harding, 'Political Liberty in the Middle Ages,' *Speculum* 55 (1980), pp.423~443 참조.
27) Southern, 앞의 책, p.130.
28) Ullmann, *Principles of Government and Politics*, pp.67~68.
29) Southern, 앞의 책, p.129.

위가 설령 이론상의 우위에 불과한 것이었다 하더라도, 여전히 그것은 세속군주들의 탐욕에 대한 제어장치로 기능하게 마련이었고, 세속법정의 판단에 동의할 수 없었던 자들에게는 그것이야말로 종국적으로 의존할 수 있는 권익 보호의 보루였던 것이다.

우리는 12~13세기를 통해 교황청 법정에 제소된 사건의 수가 엄청나게 증가하고 있음을 볼 수 있다.[30] 이는 교황청 법정의 권위와 효율이 세속법정에 비하여 보다 강력하였다는 사실을 반영한다. 교황청의 주요 관심사가 이론상의 권위는 물론 실제적 사법 절차의 정비와 법정의 효율적 운용이었다는 점은 12세기 중엽 이후의 많은 교황들이 당대의 뛰어난 법률학자들이었다는 사실을 통해서도 추정될 수 있다.[31] 교황청 법정은 교황정부의 여러 기구들 가운데서도 가장 잘 정비된 조직이었으며,[32] 집중된 송사들을 효율적으로 다룸으로써 당시 형성되고 있었던 초기 단계의 지역국가(regional state) 조직의 모델로도 기능하였다.[33]

사실 이러한 교황청 법정은 교회정부의 확실한 한 재정적 원천일 수 있었다. 서던(Southern)의 표현을 빌리면 '제소자들은 빈손으로 오지 않았다. 그들은 자신들이 가진 모든 것을 대금으로 지불하였다'[34]는 것이다. 따라서 교황청 법정의 효율적 운용과 제소 건수의 증가는 결과적으로 법정 수익의 현저한 증대를 의미하였다. 13세기 교황들이 그 이전 시기의 교황들에 비해 보다 광범위한 정치적 영향력을 행사할 수 있었다[35]는 사실도 교

---

30) Southern, 위의 책, p.119.

31) 예를 들면 Alexander Ⅱ(1159~1181), Innocent Ⅲ(1198~1216), Gregory Ⅸ(1227~1241), Innocent Ⅳ(1243~1254), Boniface Ⅷ(1294~1303) 등의 교황을 지적할 수 있다.

32) 교황청 법정의 정비를 말해주는 하나의 표식으로 법정 관리인(curial staff)의 숫자를 들 수 있다. 교황 니콜라스 2세(1179~1180) 때에 200여 명이었던 법정 관리인은 14세기 초엽 보니파키우스 8세 때 300여 명으로 증대되었다. Oakley, *Western Church*, p.46.

33) J. R. 스트레이어, 졸역『근대국가의 기원』(1982), 47~48쪽 ; Southern, *Society and the Church*, p.121 등 참조.

34) Southern, 앞의 책, p.113.

황청 법정의 강화된 기능 및 여기에 수반되었던 재정적 수익의 증대와도 무관하지 않을 것이다.

우리는 교황주권론에 입각한 수장제 교황정부를 하향적 정부의 전형으로 주목하였다. 교회정부의 전통적 해석에 따르면, 교황은 정치 권력의 원천인 동시에 정점이었다. 교황은 '열쇠'를 위임받은 성 베드로의 승계자로서, 또한 그의 사목권을 가진 그리스도의 대리자이기 때문이었다. 교황은 '인류의 구원'을 위하여 궁극적으로 신에게 복속하는 그리하여 신의 정의가 성취되는 질서를 이 땅에 이룩하여야 했던바, 구체적으로 그것은 피라미드형의 계서적 사회 조직을 통한 정치 권력의 하향적 흐름을 유지하는 일이었다. 이를 위해 그는 먼저 질서의 틀 즉 법률을 제정하고 또한 법률을 관리하는 권한을 가지게 되었다. 교황 그레고리 7세가 밝히고 있는 교황의 전능권(totum posse)은 무엇보다도 교황이 그리스도교 사회에서 법률과 규범의 유일한 제정자인 동시에 그것의 관리자 즉 입법권자 겸 사법권자라는 신념을 토대로 한 것이었다.

수장제 교황정부를 운용하는 데 필요한 주요한 정치적·사법적 장치는 세속군주와 교황청 법정이었다. 교황은 세속군주에게 악의 실제적 척결자라는 독특한 기능과 신성한 지위를 부여하였으므로, 세속군주들에게 그것은 매력 있는 지위와 현실적 보상들을 향유하는 방법이었다. 또한 교황은 현세의 모든 문제에 대한 최종적 판단자로서 교황청 법정을 운용하였다. 교황청 법정의 효율적 운용은 교황의 보편적 주권에 대한 이론상의 확인을 넘어서, 교황의 직접적 정치력의 행사를 가능하게 하는 제도적인 그리고 경제적인 한 초석이었다. 다시 말해서 세속군주의 자발적인 복속과 교황청 법정의 효율적인 사법적 기능이 그리스도교 공동체 내에서 교황의 주권적 정치 권력을 하향적 계서적으로 유지해 주는 관건이었던 셈이다. 흥미로운 사실은 세속군주들과 치열한 갈등의 와중에 있던 아비뇽의 교황

---

35) Southern, 위의 책, p.123. 또한 서던은 종교회의(council)의 개최 시기와 성격에 대한 검토를 통해서 1123~1312년을 교황청 정부가 효율적으로 정비되고 기능하였던 시기로 추정하였다. 'The Tools of Government,' 위의 책, pp.39~40.

들에 의해 중앙집중적 교황수장제 정부가 보다 강력히 추구되었다는 점이다.[36] 황제측 이론가 집단인 뮌헨학파(Münich Academy)[37]가 이 하향적 교회정부 운동의 기수였던 교황 요한 22세(1316~1334)[38] 시기에 저항적 지식인들에 의해 형성되었다는 사실은 우연한 일일 수 없을 것이다.

3. 상향적 정부론

울만은 수장제 교회정부가 수립되기 이전인 고대 그리스의 폴리스, 로마 공화정기 그리고 게르만족의 원시 부족집단에서 이미 인민과 공동체를 법률과 정치 권력의 원천으로 보는 시각을 발견할 수 있다[39]고 지적한 바 있다. '인민의 의사에 입각한 정부'라는 인민주의 원칙이 '모든 자유민들과 그 대표자들은 법률의 제정자인 동시에 법률의 판단을 집행할 수 있고, 불법적인 행위에 대해 스스로 자조권을 행사할 수 있다'는 고대 사회의 저항권과 대의체 이론의 토대였다는 것이다.[40]

그러나 4세기 이후 중세적 그리스도교라는 이념으로 무장한 하향적 신정적 정치의식은 앞서 살펴본 바와 같이 정치 이론의 분야에서도 고대의 유산을 압도하였다. 법률과 정치 권위에 대한 새로운 이론은 고대 유산의 전반적인 재발견, 특히 아리스토텔레스의 『정치학』의 수용과 더불어 진전되었다.[41] 아리스토텔레스 이론의 재발견이 미친 영향이 혁명적이었던 것

---

36) Oakley, *Western Church*, pp.39, 50.

37) 여기에 속한 인물로는 존 장당, 마르실리우스, 오캄, 미카엘 세스나, 보나그라티아 등을 들 수 있겠다. 1338년 프랑크푸르트 제후회의에서 채택된 「*Licet iuris*」도 이들의 이론적 뒷받침 아래 마련되었다. 본서 제1장 용어 해설 참조.

38) J. E. Weakland, 'Administrative and Fiscal Centralization under Pope John XXII 1316~1334,' *The Catholic Historical Review* LIV (1968), pp.39~54, 285~310 참고.

39) Ullmann, *Principles of Government and Politics*, pp.21~22.

40) P. W. A. Immink, 'At the roots of medieval society,' *Institut für Sammlegende Kulturforschung* XXIV (1958), p.33.

41) Ullmann, *Principles of Government and Politics*, p.231. 울만은 '『정치학』이 끼친 심대한 영향은 갈릴레오와 뉴튼이 준 충격에 비교될 수 있다'고 지적하였다. 같은

은 무엇보다도 자연에 대한 견해가 전통적인 중세의 그것과 본질에 있어서 크게 다르다는 점에 있었다.

우리는 중세 자연관의 전형을 성 아우구스틴에게서 발견할 수 있다. 아우구스틴은 자연과 창조를 밀접히 결부시켜 이해하였다. 그리하여 결과적으로 창조 이후 역사적으로 진전된 현실 세계와는 꽤 유리된 당위(ought)의 질서와 세계를 자연의 질서와 세계로 제시하였다. 아우구스틴에 있어서 자연상태란 곧 신이 우주를 창조할 당시의 창세적 원형적 사물의 상태로서, 원죄 이후의 역사적 현실은 비자연(a-nature)의 상태였다.[42]

인간의 자연상태 역시 예외일 수 없었다. 낙원으로부터 추방되기 이전의 인간, 즉 창세시의 본성적 인간 상태가 아우구스틴이 본 '자연스러운' 인간의 모습이었다. 그러니까 '원죄' 이후 인간 사회에 부여된, 그리하여 모든 인간이 예외 없이 경험하여야 할 질병, 죽음 등과 같은 악이 존재하는 현실세계는 자연스러운 인간의 상태가 아니었다.[43] 아우구스틴에 따르면 자연스럽게 보이는 성장·죽음·정열·탐욕 등과 분리될 수 없는 현실 세계의 인간의 모습은 말하자면 인간의 진정한 자연(본성)을 상실한 오히려 비인간(a-human)의 상태였다. 이러한 자연관이 '그리스도의 은총(grace)만이 진정한 인간 본성(human nature)을 회복할 수 있다'는 성 아우구스틴의 신조의 기초였다. '원죄' 이후의 현세적·가시적 인간 즉 본성을 상실한 비인간을 통해서는, 당연한 귀결로서, 진정한 인간성이 이해될 수도 성취될 수도 없을 것이기 때문이었다.

책, p.244 ; G. Post, 'Philosophy and Citizenship in the Thirteenth Century-Lacisation, the two Laws and Aristotle,' *Order and Innovation in the Middle Ages* (Princeton, 1976), pp.401~408, 567~570 참조. 아리스토텔레스의 재발견이 '혁명적' 사건이었다는 점은 철학과 신학 분야에서도 지적되고 있다. 조요한, 「아리스토텔레스의 생애와 사상」, 『삼성사상전집(1)』, 27쪽 ; P. Tillich, *A History of Christian Thought* (New York, 1968), p.180 등. 중세 사상가들과의 비교사적 분석을 시도한 근년의 연구로는 F. J. Marcologo, *Aristotle, Aquinas, Ockham* (1971)이 있다.

42) *De Civitate Dei* XII, i, 3.
43) *De Civitate Dei* XIX, ii, 13.

성 아우구스틴의 자연법 이론 역시 '자연상태란 사물의 창세적 상태이
다'는 그의 자연관을 토대로 하고 있었다. 자연이 신의 의사에 따라 창조된
것인만큼, 자연의 질서 역시 신의 의사의 일부여야 하며, 이것이 자연법적
질서이다는 점은 아우구스틴에게는 자명한 원리였다. 신은 자신의 속성의
일부인 이성을 자신의 형상에 따라 창조된 인간에게 부여하였으며, 따라서
인간이 본성적 이성을 통해서 신이 제정한 자연의 질서를 이해할 수 있었
다. 그리하여 '창세기'가 보여주고 있는 인간의 평등, 재산의 공유, 사심 없
는 우애 등의 신성하고 이성적인 질서가 성취되는 사회가 자연법적 인간
관계였다.44)

그러나 '낙원'으로부터 추방 이후 형성된 비자연적 현세 질서는 인간 본
성의 상실이 초래한 비인간적 상태의 산물인만큼, 모든 현세 질서는 본원
적 자연법의 왜곡 이상은 아무것도 아니었다. 아우구스틴에 따르면, 자연
스럽게 보이는 이 땅의 모든 현세적 인간 질서는 근본에 있어서 반자연법
적 내지 비자연법적인 것이었다. 자연법은 신의 의사이며, 자연법적 질서
의 성취는 인간 본성의 회복을 통해서 가능하고, 인간성 회복의 열쇠는 인
간의 뜻과는 무관한 신의 은총이다는 성 아우구스틴의 논리가 바로 중세
교회정부의 대전제였다.

이 같은 자연론은 12세기 교회법 학자들을 통해 더욱 체계화되었다. '교
회법의 아버지'로 불리는 그라티안(Gratian of Bologna)은 그의 주저 『교회
법령집』(Decretum)45)에서 '인간의 창조는 자연과는 무관하게 신의 신성한
계획과 섭리 하에 이루어졌다.46) …… 본성적 인간은 신의 '자연스러운' 형

---

44) *De Civitate Dei* XIII, 15.
45) *Decretum*의 원명은 *Concordia discordidantum canonum*, 즉 '조화되지 않는 교회
법의 조화'였다. 이는 그라티안의 기본 의도를 잘 드러내고 있다. 그는 교회법의
단순한 수집이 아니라 변증법적 논리를 통하여 서로 모순되는 여러 종규들을 조
화롭게 종합하는 작업을 추구하였다. Ullmann, *Law and Politics in the Middle
Ages* (Ithaca, 1975), pp.165~166, 176 참조.
46) *Decretum*, Dist. I. 필자는 Gratian, *The treatise on laws*, tr. A. Thompson
(Catholic Univ. of America Press, 1993)을 텍스트로 이용하였다.

상으로서 …… 은총만이 (원죄 이후의) 인간들에게 이 본원적 신성성에의 참여를 재확립한다.47) …… 진정한 인간관계의 토대는 신의 의사의 표출인 자연법 즉 교회법이다'48)라고 주장하였다. 그라티안은 비그리스도교도들 역시 신이 창조하였다는 사실만으로도 이들의 진정한 인간관계가 신의 의사에 부합하는 것이어야 할 충분한 근거라고 생각하였다. 따라서 모든 인간의 본성적 관계인 자연법적 질서는 신의 의사와 은총의 구체적 통로인 교회법을 실천함으로써 비로소 회복될 수 있을 것이었다. 다시 말해서 인간 사회에 있어서 본성적 자연과 자연법적 질서는 모든 인간이 교황에게 순복함으로써만 실현할 수 있는 신성한 가치였다.

이러한 전통적 중세 자연론은 1220년대에 수용된 『정치학』이 가져다준 충격을 계기로 변질되기 시작하였다. 아리스토텔레스에 의하면 무엇보다도 인간은 자연법 하에서 생존하며, 인간의 합리적 의사를 자연법의 표출로 이해하였다. 자연은 본성적으로 선을 추구하므로 선과 악, 정의와 불의에 대한 인간의 합리적 지식 역시 자연법적 인식의 일부였다.49) 또한 국가도 사회적 동물인 인간 본성에 입각한 자연적 산물이었다. 국가는 가족·촌락·도시 등과 마찬가지로 인간 본성에 입각한 자연적 하위공동체들의 절정이며, 자족적·자율적·자립적인 인간 결사체였다.50) 자연이 선을 추구하는만큼 인간 본성의 가장 높은 수준의 결사체인 국가도 마땅히 선을 지향하였다. 국가로 하여금 본성적 선을 성취 가능하게 하는 수단이 법률로서, 따라서 법률은 당연히 자연 질서의 현세화 내지 구체화여야 했다.51) 국가의 자연적 구성원이 인민이며, 인민은 본성적 추론에 따라 선과 악, 정의와 불의를 판별하므로, 자연 질서의 일부로서 선을 위한 수단인 법률의 실제적 원천은 인민 그 자체이고, 인민의 공공 이익의 증대가 바로 법률의

---

47) *Decretum*, Dist. V.
48) *Decretum*, Dist. VII.
49) *Politics* I, ch.1, 11, 12.
50) *Politics* I, ch.2.
51) *Politics* I, ch.2, 15, 16.

현실적 목표라는 것이었다.52)

아리스토텔레스는 인민 다수의 판단이 법률을 결정하는 요소이며, 법률적 정의의 관리가 사회의 질서를 유지하는 근본이라고 생각하였다.53) 또한 인민은 국가와 법률의 목적이 어떻게 성취되어야 할 것인가를 가장 잘 알고 있는 자들이었다. 따라서 법률의 제정뿐만 아니라 그것의 관리를 통하여 본성적 선의 성취에 참여하는 것은 인민의 타고난 권리였다.54) 자연법은 인민의 의사가 정치 권력의 주권적 원천임을 보장하고 있다는 것이다. 요컨대 '그 철학자'에 따르면 인간 본성의 최고 결사체가 국가이며, 법률의 제정과 법률적 정의의 관리가 인간의 본성적 권한의 일부이고, 바로 이것이 자연법적 질서를 정치적으로 구현하는 일이었다. 그는 자연과 인간성에 대해 아우구스틴적 중세적 시각과는 단순한 강조점의 차이가 아니라 근본적으로 판이한 인식을 가지고 있었던바, 이에 따라 전혀 새로운 방향의 정치 권력의 흐름이 제시되었던 것이다.

아리스토텔레스의 자연 이론을 도입하여 이를 중세적 사회 상황에 활용하고자 모색했던 인물이 윌리엄 옥세르(William of Auxerre)였다.55) 윌리엄 옥세르에게서 우리는 두 가지 종류의 자연 개념이 병존하고 있음을 발견할 수 있다. 그는 '원죄' 이전의 무후한 상태가 자연이라는 전통적 이해와 더불어, '창세인의 범죄가 인간의 본성을 완전히 부패·소멸시키지는 않았다. 원죄는 은총의 일부인 영생, 고통으로부터의 해방 등을 인간에게서 빼앗아 갔다.56) …… 그러나 여전히 인간은 자연적 추론 능력을 가지고

---

52) *Politics* III, ch.2 8, 9.
53) *Politics* III, ch.6 ; V, ch.8, 9.
54) *Politics* III, ch.1, 12 ; VII, ch.2, 12.
55) 'Gulielmus Altissiodorensis'로도 불린 윌리엄 옥세르는 교황 그레고리 9세(1227~1241)가 아리스토텔레스 사상의 파급을 저지할 목적으로 1231년 파리 대학의 교수들로 구성한 조사위원회의 일원이었다. W. H. V. Read, 'Aristotelianism and the University of Paris,' *CMH* V, pp.817~819 참조. 윌리엄 옥세르의 자연 개념의 중요성을 주목한 최초의 학자가 마틴 그라브만이었다. M. Grabmann, *Mittelaeterliches Geistesleben* I (Munich, 1926), p.71 이하 ; O. Lottoin, *Psychologie et morale au xii et xiii siècles* II (Louvain, 1946), pp.74~75 참조.

있다. 그리하여 인간은 신과 자연의 의지가 명령하는 바를 판별하고, 그것을 이행하려는 본성적 자질을 여전히 보유한다'[57]는 생각 역시 가지고 있었다. 그런데 윌리엄 옥세르가 시도했던 이 '원죄'의 의미에 대한 재해석, 즉 인간 본성의 완전한 상실에 대한 부정은 현실적 제 인간관계에 대한 보다 긍정적인 평가의 토대가 될 수 있었다. '추상적 (아우구스틴적) 자연 개념이 (원죄 이후의) 제 인간 행위에 대한 도덕적 판단의 척도가 될 수는 없다. …… 이성적 존재인 인간의 경험이 무엇이 자연인가를 구성하는 요소이다. …… 도덕적 판단의 척도는 구체적인 그리고 가시적인 인간 그 자체이다'[58]라고 그는 지적하였던 것이다.

윌리엄 옥세르가 수용하였던 자연과 인간 본성에 대한 새로운 시각은 '그리스도교적 아리스토텔레스주의자'로 불린 일군의 중세 사상가들에게로 전승되었다. 특히 이는 아리스토텔레스의 사상에 가장 정통하였던 당대의 사상가 토마스 아퀴나스를 통하여 중세 정치사상의 불가결한 일부로 편입되었다. 아우구스틴적 신정적 시각과는 불편한 관계일 수밖에 없었던 아리스토텔레스의 고전적 자연주의는 이제 아퀴나스의 해석을 통하여 그리스도교적 우주론에 부합하는 새로운 사회 원리로 받아들여질 수 있었다.[59]

아퀴나스가 이룩한 사고체계의 두드러진 기반은 그가 자연을 아우구스틴적 추상적 개념으로가 아니라, 물질적 실존적 실체로 파악한 점에 있었다.[60] 그에게 자연은, 아리스토텔레스에 있어서와 마찬가지로 실재하는 사물들의 생성·성장·소멸의 운동 원리였다. 자연적인 것은 사물 자체의 본

---

56) G. Altissiodorensis, *Aurea explanatio* II (Paris, 1510), tr.27, fol. 97v. Ullmann, *Principles of Government and Politics*, pp.241~242에서 재인용.

57) *Aurea explanatio* II, tr.10, fol. 66rb. Ullmann, 위의 책, p.242.

58) *Aurea explanatio* III. tr.7, fol. 169va. Ullmann, 위의 책.

59) 토마스 아퀴나스의 정치사상에 관하여는 T. Gilby, *The Political Thought of Aquinas* (Chicago, 1958) ; R. A. Cofts, 'The Common Good in the Political Theory of Thomas Aquinas,' *The Thomist* 37 (1973), pp.155~173 ; E., J. Dunn and I. Harris, *Aquinas* (Cheltenham, 1997) 2 vols. 등 참조.

60) 아퀴나스와 아우구스틴의 자연론의 차이에 대해서는 A. M. Fairweather, *Aquinas on Nature and Grace* (Philadelphia, 1954), pp.21~24 참조.

성에 따른 자연적 경향(inclinatio naruralis) 이상의 아무것도 아니었다.[61] 자연이란 은총이 결정적 역할을 하는 초자연의 세계와는 처음부터 다른 질서에 속하는 그 자체로서 독자적이고 자율적인 세계라는 것이었다.[62]

아퀴나스는 이러한 자연관을 토대로 국가 역시 자연적 소산으로 파악하였다. 『정치학』에 대한 주석에서 그는, '국가는 가족·촌락·도시 등과 같은 자연적 공동체의 최고 형태로서, 이 지고한 본성적 인간결사체인 국가는 자연법적 질서에 부합하는 것이다'는 아리스토텔레스의 주장을 재천명하였다.[63] 국가는 인간의 본성적 의도들을 가능한 한 최대로 실현시켜 줄 완전한 공동체(communitas perfectissima)이며, 국가의 목적은 그 자체의 좋은 삶(bene vivere) 즉 자족과 자립이었다.[64] 따라서 국가는 자연 이외의 어떠한 기구, 이를테면 교황청이나 교회조직 등을 필요로 하지 않으며, 초자연적 요소가 국가 활동에 개입해야 할 이유도 없었다.[65]

국가가 그러한 것과 마찬가지로 국가의 법률들 역시 자연의 소산이라고 아퀴나스는 생각하였다. 그에 의하면 인간 본성의 고유한 속성인 자연 이성을 통해 인간이 판별해 낸 자연의 질서와 자연적 정의가 인정적 법률이었다.[66] 자연적 질서와 정의 즉 자연법이 인정법의 원천인 동시에 그 정당성의 근거라는 것이었다. 이 같은 논리는 결국 모든 인정적 실정법(ius positivum)의 정당성이 자연법에서 유래되었다는 주장이 아닐 수 없다. 더욱이 그에 의하면 자연법은 신의 의사이고, 인간의 이성적 추론의 산물인 실정법은 자연법의 구체적 표출이었다. 따라서 궁극적으로는 신의 법이 인

61) *Summa Theologica* I, qu.10, a.1 ; qu.21, a.1.
62) *Summa Theologica* I, qu.10, a.1 ; qu.21, a.1. 우리는 이를 '사물의 이중 질서 (duplex ordo in rebus)의 원리'라고 부를 수 있을 것이다. Ullmann, 앞의 책, pp.246~247 참조.
63) *Commentary on Politics*, bk.1, le.1, 15~40 등. R. Lerner & M. Mardi eds., *Medieval Political Philosophy*, pp.302~311 참조.
64) *Commentary on Politics*, pro.2, 4 ; bk.1, le.1, 10~11 ; bk.3, le.5, 385~390. R. Lerner & M. Mardi eds., 위의 책, pp.301, 329~331 참조.
65) *Summa Theologica* II-ii, qu.10, a.10.
66) *Summa Theologica* I-ii, qu.95, a.2.

정 실정법의 합리성과 구속력을 보장하고 있다는 것이었다.67)

국가의 법률이 인간 이성의 자율적 판단의 소산이다는 주장은 무엇보다도 법률의 제정이 인간의 권한에 속하는 것이며, 본성적 인간 이성이 실정법의 완전한 토대라는 점을 분명히 하였다.68) 그런데 인정 실정법은, 교황이 배타적 입법권을 갖는 그리하여 보편적 규범성을 가지는 교회법과는 달리, 특정한 사회 조건들에 대한 구체적 경험들이 누적시킨 인간의 의도적 행위의 산물이었다. 다시 말해서 인정법은 객관적 규범인 자연법의 표출임에도 불구하고, 장소와 시간에 따라 변하는 다양한 사회적 조건 하에서 제정된 인간 행위의 규범이었다. 요컨대 이는 인정법이 다양한 조건에 맞게 정치공동체의 자족과 자립 그리고 공공 이익을 성취하기 위해서는 구체적 가변적일 수밖에 없다69)는 것을 의미하고 있었다.

국가와 인정법에 대한 이와 같은 인식은 두 가지의 의미 깊은 주장을 함의하고 있다. 앞서 아퀴나스는 세속정부란 국가 구성원들의 본성적 제 경향을 실현시키는 수단이며, 인간의 자연 이성은 좋은 삶을 지향한다고 밝힌 바 있다. 이는 무엇보다도 세속통치자의 역할에 대한 중요한 변화를 초래하였다. 전통적인 아우구스틴류의 정치의식 하에서는 세속군주에게 악의 징벌이라는 한정된 소극적 기능만이 부여되어 왔다. 그러나 아퀴나스는 세속통치자가 인정법의 합리성과 구속력을 가지고 좋은 삶을 지향하는 국가와 인민의 본성적 제 잠재력을 결실시켜야 한다는 대단히 적극적인 기능을 부여받았음을 시사하고 있다.70) 수장제 교황정부론이 제시했던 하향적 계서체제 내의 신정적 군주와는 판이한 성격의 세속군주가 대두될 수 있는 토대가 마련되고 있었던 것이다.

또한 아퀴나스는 국가가 담당해야 할 역할이 무엇인가를 말하는 것이

67) *Summa Theologica* I-ii, qu.95, a.2.
68) *Summa Theologica* I-ii, qu.94, a.3.
69) *Summa Theologica* I-ii, qu.95, a.3.
70) *De Regimine Principum* I, ch.14, 15 ; Ullmann, *Principles of Government and Politics*, p.256 참조.

인민의 본성적 권한에 속한다고 주장하였다.71) 세속군주와 국가는 인민이
요구하는 정치적 의무를 단지 수행하는 자에 불과하다는 것이다. 다시 말
해서 세속군주도 인민의 의사에 의해 제정된 법률의 규제와 제한을 마땅
히 받아야 하였다. 아퀴나스에 따르면 세속군주는 인민의 의사의 실체
(personification)72)이며, 그의 정치적 통치권(regimen politicum)을 보장하
는 기반도 인민의 권한(potestas populi)이었다.73) 여기서 우리는, 설령 그
것이 토마스 아퀴나스의 원래 의도와 반드시 일치하지는 않는다 하더라도,
인민이 정치적 주권자이며, 이들의 의사가 정부의 틀을 만들고, 세속통치
자란 인민이 이성적 판단에 따라 제정한 법률이 지시하는 바대로 자율적
·적극적으로 기능하여야 한다는 상향적 정부론의 맹아들을 접하게 되는
것이다.

　명백히 아퀴나스는 하향적 정부이론의 전면 부정에로 나아가게 할 수
있는 요소들을 배태하고 있었다. 그러나 그 자신이 이들을 현실에 옮길 기
회와 의사는 전혀 갖고 있지 않았다. 아퀴나스의 논리를 보다 선명하게 진
전시키고 프랑스의 필립 4세(1285~1314)와 교황 보니파키우스 8세(1255~
1306)74)의 대립이라는 정치적 상황에 이를 적용하고자 했던 인물이 파리
대학의 속권주의자였던 존 파리(John of Paris)였다.

　자연과 초자연에 대한 아우구스틴류의 구분으로부터 벗어나서 아리스토
텔레스 - 토마스적 인식에 입각했던 존 파리는 먼저 교회를 초자연적 신비
집단으로 그리고 국가의 토대를 자연과 자연법으로 파악하였다.75) 그리하
여 초자연적인 삶과 현세적인 삶이 본질에 있어서 다르듯이, 교회와 국가

---

71) *Summa Theologica* I, qu.75, a.4.
72) *Summa Theologica* II-ii, qu.67, a.2.
73) *Summa Theologica* I-ii, qu.105, a.1.
74) 보니파키우스의 법률론에 관해서는 D. Luscomb, 'The *Lex divinitas* in the Bull *Unam Sanctam* of Pope Boniface VIII,' *Church and Government in the Middle Ages*, ed. C. Brooke (Cambridge, 1976), pp.205~221 참조.
75) *De poteatste regia et papali*, ch.1. 본서에서는 John of Paris, *On Royal and Papal Power*, tr. J. A. Watt (Toronto, 1971)를 이용하였다.

는 각각 신이 부여한 고유한 목적에 따라 지켜야 할 서로 다른 법칙을 가지고 있다고 주장하였다. 사제의 정신적 권한 특히 교황의 사목권은 인류의 영원한 구원을 위해 성사를 관리하고, 이를 통해서 신앙과 도덕을 가르치는 데 있으며,[76] 국가와 세속통치자의 현세적 권한의 목적은 사회적 공동체의 공공 선을 이 땅에서 증진시키는 일이었다.[77]

인간은 본성적으로 시민적·정치적 존재이므로, 공동체를 이루어 생활하게 마련이라고 이해했던 존 파리는 특히 도시와 국가를 각각 완전한 자족적 공동체로 파악하였다.[78] 그는 이 점을 당시의 정치적 현안이었던 교권과 속권의 관계에도 적용하였다. 세속군주직이 교황직보다 먼저 성립하였으며, 더욱이 프랑스에서는 그리스도교도가 존재하기 이전부터 군주들이 있어 왔다[79]는 점 등을 지적함으로써, 그는 왕국의 현세사에 관한 한 세속군주의 권한이 사제의 정신적 권한에 비해 마땅히 우위에 있어야 한다고 주장하였던 것이다.[80] 존 파리에 따르면 그것은 의사가 인간의 몸을 진단하는 데 있어서, 설령 철학자가 진리에 관한 지식을 훨씬 풍부하게 갖추고 있다 하더라도, 철학자의 가르침을 따르지는 않는 것과 마찬가지 이치였다.[81]

또한 존은 사법권이란 자연적 사물들에 관한 것이라고 생각하였다. 따라서 교황의 사법권이 정치적 공동체의 현세적 사건들에 대해 강제력을 갖지는 않는다고 그는 생각하였다. 두 가지 현저한 세속사에 대한 견해가 이 점을 분명하게 드러낼 것 같다. 먼저 군주의 폐위를 들어보자. 존은 군주란 설령 그가 타락한 자라 할지라도 여전히 '완전한 대중'의 지배자라고 생각하였다. 군주의 타락에 대하여 교황이 취할 수 있는 모든 규제수단은 신이

---

76) *De potestate regia et papali*, ch.7.
77) *De potestate regia et papali*, ch.1 ; B. Tierney, *Sources of Medieval History* I (New York, 1978), p.323 참조.
78) *De potestate regia et papali*, ch.1.
79) B. Tierney, 앞의 책, p.324.
80) *De potestate regia et papali*, ch.5.
81) 같은 책.

제시한 바인 조언, 성례금령 그리고 파문일 뿐 그 이상일 수는 없었다.82) '군주에 대한 교황의 권한은 조건적 부차적이며, 국가를 와해시킬 수도 있는 군주의 폐위는 전혀 교황의 사법적 권한 내에 있지 않다'83)는 것이 존의 견해였다. 오히려 그는 '왕국에 손해를 끼치는 교황의 간섭을 판단하는 자가 세속군주이다. 세속군주가 가지고 있는 칼은 단순히 모양만의 것이 아니다'84)라고 주장하였다.

또한 세속재산에 관해서도 그는 뚜렷한 의견을 가지고 있었다. '재산권은 자연법적 질서이다. 노력·근면·노동을 통해 재산을 획득하는 것은 인간 자신이다. 따라서 재산에 관한 권리는 이들이 다른 사람의 그것을 침해하지 않는 한, 인간의 고유한 권한이다. 이들은 스스로의 의사에 따라(pro libito) 재산을 처리할 수 있다'85)고 주장하였다. 그에 의하면 세속재산의 관리는 명백히 교황의 사법권 밖의 일이었다. 교황이 보유한 사법권은 정신사에 관한 것일 뿐, 현세사의 사법권은 세속군주의 권한에 속하며, 소유의 문제야말로 현세사의 핵심이기 때문이었다. 존은 성 베드로와 그의 승계자들에게 위임되었다고 주장된 전능권(totum posse)을 부정하는 데 주저하지 아니하였다.86)

존은 왕국의 자율성과 왕국의 세속사에 대한 교황의 개입, 특히 사법적 간섭의 배제를 주장하였다. 이 같은 속권주의적 견해들 가운데 특히 흥미를 끄는 것은 인민의 지위에 관한 그의 생각이다. '국가가 자연의 소산인

82) *De potestate regia et papali*, ch.13.
83) 같은 책. 존 파리의 설명을 직접 들어보면 다음과 같다.
　(가) 조건적 : 교회법정이 세속법정처럼 범죄행위에 대해 신체적·금전적 처벌을 부과할 수는 없다. 단지 세속군주가 기꺼이 금전적 처벌과 회개를 감수할 경우에만 교회법정은 이를 판단할 수 있다.
　(나) 부차적 : 세속군주가 이단적이며 교정이 불가능하고 교회의 규제에 대하여 경멸적일 경우, 교황은 인민을 설득하여 그들을 통해서 세속군주의 통치권을 박탈하고 그를 폐위시킬 수 있다.
84) *De potestate regia et papali*, ch.20.
85) *De potestate regia et papali*, ch.7.
86) *De potestate regia et papali*, ch.19 ; Ullmann, 앞의 책, p.264.

만큼 그것의 종국적 창조자는 신이다. 그러나 국가의 정부 즉 군주는 신에 의해서뿐만 아니라, 한 개인 또는 한 가문을 선택함으로써 군주를 선출하는 인민에 의해서 세워졌다'[87]라고 그는 지적하였다. 그에 의하면 군주권은 교황으로부터 유래된 것이 아니라 인민의 의사의 표출로서 인민의 권한이 그것의 토대였다. 따라서 군주의 폐위가 문제될 경우에도, 이에 대한 판단은 마땅히 교황이 아니라 완전한 대중인 인민의 권한에 속한다는 것이었다.[88]

정치 권력의 원천으로서의 인민의 지위는 정부 형태에 관한 그의 견해에서도 찾아볼 수 있다. '아리스토텔레스가 『정치학』에서 입증하였듯이, 단순히 한 사람이 덕에 따라 통치하는 정부가 다른 단순한 정부들에 비해 보다 좋을 것이다. 그러나 귀족정과 민주정이 혼합된 정부 형태가 단순한 정부 형태보다 더욱 훌륭하다. 혼합정부는 모든 인민에게 정부에의 참여를 상당한 정도로 허용한다. 이를 통해 인민의 평화가 유지될 수 있으며, 모든 인민은 그러한 정부를 사랑하고 또 보존하고자 할 것이다. …… 시민들 자신이 법률을 제정하는 정부 형태가 혼합정이다'[89]라고 그는 밝혔다.

아리스토텔레스적 인간과 자연관을 토대로, 세속국가의 자족성과 세속 군주권의 자율성을 보장하고자 했던 존의 논리는 단지 속권주의적 지평에서 멈추지 않았다. 그에 따르면, 인민의 의사가 법률과 군주정의 기반이며, 인민의 참여를 보장하는 정부가 평화와 공공 이익의 성취에 기여하는 선한 정부이고, 군주의 현세권에 대해 책임을 묻는 기관도 인민이었다. '교황도 결국 인민을 위해서 존재한다'[90]라는 존 파리의 인민주의적 경향은, 적어도 이론상으로는, 전통적 교회정부의 근거였던 신정적 하향적 이론과의 결별을 여실히 드러내고 있다.

새로운 정치 질서를 모색하였던 이 같은 상향적 정치의식은 13세기를

---

87) B. Tierney, 앞의 책, p.324.
88) 같은 책, p.329.
89) *De potestate regia et papali*, ch.19.
90) *De potestate regia et papali*, ch.24.

경과하면서, 사회 조직의 항구적인 일부로 성장한 공동체 조직들 즉 도시 · 길드 · 대학을 통해서 그리고 일련의 사건들, 이를테면 십자군 원정 · 탁발수도회 · 농민반란 · 이단운동 · 신비주의 운동 등을 통해 꾸준히 파급 · 수용되고 있었다.[91] 13세기가 경험한 이러한 사회 변동들과 아리스토텔레스 사상의 수용 및 토마스주의적 체계를 기반으로 하여, 새롭게 재구성된 인민주의적 상향적 정치의식의 전형을 우리는 마르실리우스에게서 발견할 수 있다.

지워쓰(A. Gewirth)는 마르실리우스의 정치 이론의 핵심을 이렇게 지적하였다. 첫째, 국가는 인간 이성의 산물로서, 인간의 '충족한 삶'을 성취하기 위해 존재한다. 둘째, 정치적 권한의 역할은 주로 이 땅에서의 인간 상호간의 갈등 해결에 있으며, 정치적 권한의 특성은 그것이 강제력을 보유하고, 이를 합법적으로 실행한다는 점에 있다. 셋째, 정당한 정치적 권위의 유일한 원천은 인민의 의사와 동의이다.[92] 물론 이 같은 마르실리우스의 견해가 반드시 일관성을 가지는 것은 아닐 것이다. 국가란 어떠한 것이 선이고, 무엇이 이로운 것인가에 대한 인간의 합리적 인식을 토대로 그것의 성취를 지향한다는 논리와 그것의 유일한 토대가 인민의 의사이다는 논리 그리고 정치적 권한은 강제적이어야 한다는 논리 등이 반드시 일치하지는 않기 때문이다. 아마도 마르실리우스의 진정한 독창성은, 그가 국가의 기초를 합리적 목적과 강제력으로 파악했다는 점에 있다기보다는, 정치 주권의 문제에 있어서 이를 철저하게 인민의 의사(*voluntas populi*)로 파악했다는 점에 있을 것이다.

마르실리우스에 따르면, 각자의 특정한 이해관계를 추구하는 인간의 사회적 · 시민적 활동들은 분쟁과 갈등으로 점철되기 마련이었다.[93] 따라서 정치공동체의 평화와 질서를 유지하여야 할 정부는 단순한 규제가 아니라

---

91) Ullmann, 앞의 책, pp.215~230 참조.
92) *Defensor Pacis*, ed. & tr., A. Gewirth (Toronto, 1980), pp.xxx~xi 참조. 이하 *DP*로 줄임.
93) *DP* I, ii, 14.

강제력이 수반된 지배권을 가져야 한다고 주장하였다.94) 그러나 마르실리우스는 정치적 강제력이란 단순히 강한 힘(*potentia*)만이 아니라 정당한 권한(*potestas*)과 권위(*auctoritas*)를 갖출 때 비로소 합법적일 것일 수 있다고 생각하였다.95) 문제는 정당한 권한과 권위가 어디서부터 나오며, 어떻게 부여되는가 하는 점이었다.

법률과 정부를 구분했던 그는 '법률의 제정이 정부 활동의 제일 동인이다. 통치자는 부차적 동인 내지 도구에 불과하며 …… 정부의 존재 이유는 법률의 엄격한 시행에 있다'96)고 생각하였다. 법률이야말로 국가의 질서를 유지하고 인민의 평화로운 공존을 보장하는 보루 즉 강제적 규범으로서, 단지 법률을 통해서만 권한과 권위가 정당하게 위임될 수 있다는 것이 그의 생각이었다. 정부의 강제력은 '법률적'일 때 비로소 권한과 권위를 갖춘 정당한 힘일 수 있으며, 그리하여 '충족한 삶'의 성취에 기여할 수 있다는 것이었다.97) 그에 따르면 법률 위에 군림하는 정부는 그것이 어떠한 형태를 취하든 정당한 정부일 수 없었다.98)

더욱이 마르실리우스는 법률의 제정자를 정치적 주권자로 파악하였다. '인민만이 유일한, 그리고 제한받지 않는 법률의 제정자이다'99)는 그의 선명한 지론이 획기적인 근거도 여기에 있다. 마르실리우스의 논리는 아리스토텔레스-토마스적 자연 인식을 더욱 진전시킨 결과였다. 그는 국가를 인간의 본성적 욕구의 산물로, 그리고 '충족한 삶'에의 욕구를 실현시킬 수 있는 자족적 공동체로 파악하였다. 그런데 국가가 이 같은 욕구를 성취하는 길은 공동체의 진정한 잠재력인 인민 전체의 의사를 구현하는 일이었다. 특히 이를 위해서는 정부의 제일 동인인 입법의 문제에서 인민의 의사가 충실히 반영되어야 했다. 그리하여 '법률을 제정하는 권한은 법률의 위

94) *DP* I, xv, 13 ; II, ii, 8.
95) *DP* I, xv, 5, 8, 9 ; II, iv, 2.
96) *DP* I, xv, 2, 4.
97) *DP* I, xii, 5.
98) *DP* I, xviii, 3
99) Gewirth, *Marsilius of Pauda* I, pp.167~225 참조.

반자에게 강제력을 행사할 수 있는 자들의 것이다. 이들은 다름이 아니라 인민 즉 시민단 전체이다. 따라서 법률을 제정할 수 있는 권위는 이들에게 속한다'100)고 그는 밝혔던 것이다.

> 좋은 정부와 그렇지 못한 정부를 식별하는 절대적 내지 보다 비중이 높은 기준은 인민의 의사이다.101) ······ (하나의 정치공동체 내에서) 강제력을 가진 조직이 다수여서는 안 된다. 그것은 정치공동체 자체를 와해시킬 것이다.102) ······ 인민의 의사를 제한하는 것은 자연 그 자체일 수밖에 없는데, 인민의 의사는 원래 자연에서 유래된 본성적인 것이므로, 결국 그것은 제한될 수 없다.103)

마르실리우스는 유일하고 무제한적인 법률의 제정권자가 인민이며, 인민의 의사가 좋은 정부의 절대적 기반임을 천명하였다. '자연법은 실상 인간이 제정한 법률이다. 실정법이 강제력을 가지는 것은 그것이 자연법이라기보다 인민의 의사의 구현이기 때문이다.104) ······ 정의와 강제력 가운데 정치적 법률의 핵심을 형성하는 것은 강제력이다.105) ······ 그러나 복음의 법률은 이 땅의 여하한 인간에게도 강제적 명령을 부과하지 않는다. 따라서 이 땅의 인간사에 관한 한 그것은 법률이 아니라 마땅히 교리라고 불러야 할 것이다'106)라는 과격한 주장도 그의 인민주의 논리의 오히려 당연한 귀결이었다.

마르실리우스의 인민주의는 세속정부가 반드시 인민의 공공 이익을 추구해야 하며, 세속군주는 인민의 구체적인 합의와 동의 위에 있어야 한다107)는 원칙을 포함하고 있었다. 그는 선거제가 이 원칙을 실천에 옮기는

---

100) *DP* I, xii, 6.
101) *DP* I, ix, 5.
102) *DP* I, xvii, 3.
103) *DP* II, xxiii, 3.
104) *DP* III, iii ; II, xii, 7.
105) *DP* I, x, 4.
106) *DP* II, ix, 3.

적절한 방법이라고 생각하였다.

> 선거에 의한 정부만이 통치자에게 합법적으로 통치권을 위임한다.108) …
> … 인민의 선거에 의하지 아니한 어떠한 정부도 정당한 정부가 아니다.109)
> …… 선거에 의한 정부가 보다 자발적인 인민을 가질 수 있고, 선거에 의한
> 통치자의 선택이 보다 지속적인 법률에 의한 지배를, 그리하여 공공의 이
> 익에 보다 기여하는 정부를 가능하게 한다.110) …… 선거제가 최선의 통치
> 자를 가져다 준다.111)

그러나 이 같은 인민주권론(doctrine of popular sovereignty)에도 불구
하고, 뜻밖에도 우리는『평화수호자』에서 정부 형태에 관한 뚜렷한 논의를
찾아보기는 어렵다. 이 점에 관하여 울만은 '마르실리우스의 의도는 최선
의 정부 형태를 제시하는 데 있지 않았다. 그는 정부가 인민의 의사에 의
해 구성되고 지배되는 한, 그것의 형태가 중요하다고 생각하지는 않았다.
그의 현실적 접근이 특정 형태의 정부에 대한 제안을 유보시켰다. 이 문제
에서 마르실리우스는 유연하였다'112)라고 지적한 바 있다. 적어도 마르실
리우스의 주된 논지는 정치적 강제력이 효율적으로 구사될 수 있는 정부
형태가 어떠한 것인가 하는 문제와는 거리가 먼 것이었다. 오히려 그의 주
장의 핵심은 '인민이 전체 권력의 보유자이고, 인민의 의사가 법률과 정치
권위의 토대이며, 정부는 항상 인민의 의사에 복속하여야 한다'는 주의주
의적 인민주의의 원리였다. 여기서 우리는 신정적 교황을 정점으로 하는
하향적·계서적 사회체제와는 거의 완벽한 정반대의 논리, 즉 주권적 인민
을 기반으로 하는 상향적 사회체제와 정부론을 접하게 되는 것이다.

---

107) *DP* I, xv, 1, 2.
108) *DP* I, xii, 3.
109) *DP* I, ix, 5.
110) 특히 *DP* I, xvi 참조.
111) *DP* I, ix, vi~vii.
112) Ullmann, 앞의 책, p.272.

4. 맺는말

지금까지 우리는 정치적 주권의 원천이 무엇이며, 그것의 구체적 표출인 법률을 제정·관리하는 권한이 누구에게 속하는가 하는 문제의식을 근간으로, 울만의 시각에 비추어 중세의 정부론을 살펴보았다. 울만은 이를 상향적 정부론과 하향적 정부론으로 대별하였다. 성 베드로의 사목권에 근거한 중앙집중적 교회정부론과 마르실리우스류의 인민주권론은 확실히 첨예한 대비를 이루고 있다.113) 법률을 신적 정의의 규범으로 볼 것인가 아니면, 인간 의사의 구현으로 볼 것인가 하는 시각이 두 논의를 가르는 관건이었다. 구체적으로 이는 정치적 주권 특히 법률의 제정권이 교황 및 세속 통치자의 권한이냐, 아니면 인민집단에 속하는 권한이냐 하는 쟁점을 중심으로 한 것이었다.

그러나 우리는 이러한 논의가 모두 '어떠한 사람도 두 주인을 동시에 섬길 수는 없다' 혹은 '어떠한 공동체도 한 사람의 최고 재판관에 복속하지 않는 한 완전히 설 수는 없다' 등의 정치적 주권체에 대한 전통적인 정치적 일원주의(political monism)를 벗어나지 못하였다는 사실을 지적할 수밖에 없다. 두 유형의 정부론은 모두 주권적 정치체의 단일성을 기본적으로 전제하였다. 그러니까 이 정치적 주권체가 교황이냐, 인민집단이냐에 따른 권력 흐름의 방향이 하향적이나 또는 상향적이나 하는 차이에 대한

---

113) 오즈맹(Ozment)은 다음과 같은 도식을 제시하였다. *The Age of Reform*, p.153.

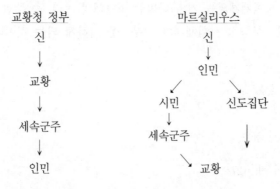

논의가 지금까지의 중세 정부론 연구의 지평이었다. 다시 말해서 두 유형의 중세 정부 모두 단일 주권체를 정점으로 정치 권력의 일방적 흐름을, 상향적이든, 하향적이든, 정당한 정치 질서로 상정하였다. 그리하여 사회 조직에 있어서도 모두가 일종의 피라미드형 체제를 추구했다는 점에서는 조금도 다름이 없었다.

과연 중세 정치 이론가들이, 모든 현세사가 '영원한 구원'에 대한 제 고려에 완전히 압도되는 수장제 교황정부 또는 교회가 세속국가의 한 부서에 지나지 않는 마르실리우스류의 전체주의적 세속국가라는, 두 가지 선택의 여지밖에 갖지 않았을까. 이에 오즈맹은 '아마도 울만은 나무보다 숲을 더욱 선명하게 본 것 같다. 근년의 비판적 성과는 그가 분석적 측면의 작업에 비해 종합화 작업에 보다 많은 시사를 준다는 점을 성공적으로 밝히고 있다'고 지적하고, 다음과 같은 비판들을 소개하고 있다.[114]

(1) 그리스도교 전통은 신정적 정치 권위를 형성시켰을 뿐만 아니라, 정치적 평등주의 및 상향적 정부론의 한 원천이었다.

(2) 이교적 고전사상들과 인민주의적 정치 이론을 반드시 직결시킬 수는 없다. 그들 역시 황제를 신성시하였고, 정치 권력의 구조를 하향적 관점에서 파악하였다.

(3) 중세 교황들이 하향적 권력론을 반드시 지지하지는 않았으며, 더욱이 세속군주들이 상향적 정치의식을 반드시 후원한 것도 아니었다.

(4) 하향적 시각의 이론가였던 교회법 학자들이 교회정부의 공의회주의 운동을 추진한 주역들이었으며, 콘스탄스 종교회의에서도 교회정부 내의 헌정적 교황체제를 옹호하였다.

---

114) Ozment, *The Age of Reform*, p.136. 비판적 연구들로는 B. Tierney, *Foundations of the Conciliar Movement: The Contribution of the Medieval Canonists from Gratian to the Great Schism* (Cambridge, 1955) ; A. M. Stickler, 'Concerning the Political Theories of the Medieval Canonists,' *Traditio* 8 (1949~1951), pp.450~463 ; F. Oakley, 'Celestial Hierarchies Revisited: Walter Ullmann's Vision of Medieval Politics,' *Past & Present* 60 (1973), pp.3~48 등 참조.

(5) 아리스토텔레스 사상이 반드시 상향적 정치의식의 형성에 기여한 것
    만은 아니었다. 인간 본성에 부여된 정치적 잠재력의 완전한 실체화
    에 대한 그의 점진적 발전론은 상향적 및 하향적 권력론 모두와 결
    부되었다.

(6) 울만은 아퀴나스를 상향적 정부론의 기초를 다진 각별히 중요한 인
    물로 파악하였다. 그러나 『신학대전』은 매우 신정적 교서인 교황 보
    니파키우스 8세의 『지극한 성스러움』의 주요 근거의 하나였다.

필자는 로마법 및 아리스토텔레스의 『정치학』이 재발견된 이후, 활력을
되찾고 있었던 13~14세기의 정치적 논의들에서 정치적 주권체에 관한 이
원적 내지 다원적 정치의식을 실증적으로 밝히는 작업이 중세 정치사상사
연구의 앞으로의 한 과제가 아닌가 생각한다. 새로운 정치적 가치와 질서
를 모색하였던 중세 정치 사상가들의 진정한 모습을 체계화하는 작업은,
그리하여 중세의 정치적 논의들의 활력과 다양성을 제대로 담아내는 학문
적 작업은, 여전히 미완의 장으로 남아 있다.

Ⅱ. 그라브만의 이론 : 14세기 철학과 정치사상의 관계

1. 문제의 제기

우리는 봉건적 그리스도교 공동체라는 서양 중세 사회의 기본 성격이 14세기를 경과하며 크게 변화하였음을 잘 알고 있다. 전통적 스콜라 사상도 이 시기를 통해 심대한 본질적 변화를 경험하였다. 특히 윌리엄 오캄은 논리학 분야에서, 니콜라스 오뜨르쿠르(Nicholas of Autrecourt)와 존 뷰리당(John Buridan)은 인식론 분야에서, 그리고 토마스 브래드워다인(Thomas Bradwardine), 존 장당(John of Jandun) 등은 자연철학 분야에서 획기적이라 할 새로운 방법론을 기초하였다.[1] 흥미있는 점은 바로 이 시기에 대체로 간과되어 온 영역인 정치사상의 분야에서도 일대 변화가 있었다는 사실이다.

교황권주의자와 반교황권주의자 내지 속권주의자로 대별된 당시의 정치사상가들은 첨예한 이론적 논쟁을 전개하였다. 그리하여 교황권주의자의 전통적인 논리뿐만 아니라 반교황권주의자의 견해 또한 보다 정교해지게 되었다. 이제 새로운 지평의 정치사상이 뚜렷이 대두되기에 이르렀던 것이다. 이 같은 새로운 정치적 모색들 가운데 우리는 14세기 첫 세대의 이론가로서 에기디우스 로마누스(Egidius of Romanus), 제임스 비터보(James of Viterbo), 존 파리(John of Paris), 단테(Dante) 등을 들 수 있으며, 두 번째 세대로서 아우구스티누스 트리움푸스(Augustinus Triumphus), 알바루

---

1) 이 시기 각 분야의 업적들 가운데 주요한 몇 가지를 소개하면 다음과 같다.
  논리학 : P. Boehner, *Medieval Logic: An Outline of Its Development from 1250 to c. 1400* (Chicago, 1952) ; E. A. Moody, *Truth and Consequence in Medieval Logic* (Amsterdam, 1953).
  인식론 : J. R. Weinberg, *Nicholas of Autrecourt* (Princeton, 1948).
  자연철학 : J. Maier, *Studien zur Naturphilosophie der Spätscholastik* (Rome, 1949 ~1955), 4 Bände.

스 펠라기우스(Alvarus Pelagius), 마르실리우스 파두아, 윌리엄 오캄 등을 지적할 수 있다.

14세기의 마지막 세대 가운데 그 이전의 두 세대에 견줄 만한 독창적인 이론가가 있는지에 대해서는 분명하지 않은 것 같다. 그 이전 세대와 어깨를 나란히 견줄 만한 독창적인 이론가를 찾아보기 힘들다는 것이 지금까지의 연구가 시사하는 바였다. 그러나 이 세대 역시 루폴드 베벤베르그(Lupold of Bebenberg), 존 위클리프(John Wyclif) 등의 인물을 배출하였다. 근년에는 이들의 사상과 가톨릭 교회정부의 공의회주의(conciliarism) 및 종교개혁 운동과의 관계가 적극적으로 규명되고 있으며, 근대적 주권국가 이론의 형성과 이들과의 관계에 대해서도 진지한 검토가 진행되고 있다. 지워쓰 등은 이를 중세사상사 연구의 현저한 한 연구 경향으로 지적하고 있다.[2]

요컨대 서구 사상사에서 14세기는 철학과 정치사상 모두에 결정적인 한 전환기였다. 두 분야에서 동시에 일어난 이 같은 급격한 변화는, 과연 당시의 철학과 정치사상이 서로 무관하게 이 같은 변화를 독자적으로 경험한 것일까, 만약 그렇지 않다면 철학적 입장과 정치적 견해 사이에 어떤 논리적 관계를 설정할 수 있지 않을까 하는 흥미로운 문제를 우리들에게 제기하고 있는 것이다.

논의의 진전을 위해서, 먼저 오늘날 일부 사상가들이 '정치적 결정과 그 제도란 어떤 철학적 기반을 필요로 하는 것이 아니다'[3]라고 주장하고 있는 점에 대해서 일단 짚고 넘어가야 할 것 같다. 물론 이러한 주장이 특히 현

2) A. Gewirth, 'Philosophy and Political Thought in the Fourteenth Century,' *The Forward Movement of the Fourteenth Century*, pp.128~129 ; J. W. Malley, 'Recent Studies in Church History 1300~1600,' *Catholic Historical Review* 55 (1969), pp.397~403 ; L. Daly, *Political Theory of John Wyclif* (Chicago, 1962), p.58 등 참고.
3) F. Openheim, 'Relativism, Absolutism and Democracy,' *American Political Science Review* XLIV (1950), pp.951~960 ; A. Quinton, 'Philosophy and Beliefs,' *The Twentith Century* CLVII (1955), p.495 이하.

대 사회에 있어서 상당한 설득력을 가지고 있음을 부인할 수는 없다. 그러나 이들의 주장이 '철학과 정치사상 사이에는 아무런 의미 있는 관계도 설정할 수 없다'라고 하는 논리의 정당성을 여전히 입증하고 있지는 못한 것이 또한 사실이다.

이 점에 관해서는 많은 언급이 필요하지 않을 것이다. 우리는 이를테면 경험을 통해서 모든 정치적 결정이 정책결정자의 사적 입장 내지 개인적 행동양식에 의해서뿐만 아니라 예외 없이 그 정책 자체의 정당성에 의해 설명되고 있음을 잘 알고 있다. 다시 말해서 어떠한 정치적 결정이든 그것에는 최소한 결정을 내린 개인 혹은 집단의 세계관·민족관 등의 사적 가치관이 개입하고 있으며, 또한 이 가치관에 따른 합리화 내지 정당화도 있게 마련이다.[4] 사실 오늘날 세계가 겪고 있는 정치적 갈등의 본질이 어느 정도는 그것이 입각하고 있는 철학적 토대 자체의 상충적 성격에 기인하는 것임을 부인하기란 어려운 일이다.

그러나 그렇다고 해서 우리들의 고찰이 '철학과 정치사상 사이에는 항상 밀접한 어떤 논리적 관계가 있다'는 식의 가정을 전제하는 것은 결코 아니다. 상기한 언급은 단지 양자 사이에 과연 의미있는 관계를 설정할 수 있을까, 만약 관계가 있다면 그것이 어떠한 것일까 하는 호기심이 무익한 것일 수만은 없음을 지적해 두고자 한 것이다.

그러나 철학과 정치적 인식의 관계에 대한 호기심이란 매우 막연한 것이 또한 사실이며, 이 문제에 관한 종래의 연구 역시 여러 갈래로 갈라져 있다.[5] 이에 미리 여기서의 그 고찰의 한계를 분명히 해 두는 것이 필요할

---

4) H. Kelsen, 'Absolutism and Relativism in Philosophy and Politics,' *What is Justice?* (Berkeley, 1957), pp.198~208 ; J. W. M. Watkins, 'Epistemology and Politics,' *Proceedings of the Aristotelian Society* LVIII (1957~1958), pp.78~102 등 참조.

5) 한 예를 들자면 'liberal democracy'의 철학적 기반에 대해서도 다양한 주장이 제기되어 있다. 즉 B. 러셀은 그 기반으로서 존 로크와 흄의 경험주의 전통을, J. 듀이는 실험주의적 과학적 방법론을, J. 마리탱은 자연법에 관한 스콜라사상의 전통을, R. 니부르는 원죄에 관한 칼빈(J. Calvin)류의 신념 등을 지적하였다. Gewirth, 'Philosophy and Political Thought,' p.125 ; B. Russel, *Philosophy and Politics*

것 같다. 필자가 의도하는 바는 14세기에 형성되었던 철학과 정치 이론의 관계를 알아보기 위해, 상이한 철학사조에 속했던 사상가들이 당시의 정치적 이슈에 대하여 표방한 견해가 각각 어떠하였던가를 검토해 봄으로써, 이들 사이에 어떤 논리적 관계가 있었는지를 규명하려는 데 있다.

물론 이러한 방법을 택하였다고 해서 당시의 여러 정치적 사건들이 기본적으로 비철학적이라 할 계기들의 영향을 다분히 받았으며, 더욱이 철학자가 아닌 인물들 예를 들어 로마법 학자들6)에 의해서도 유력한 정치 이론이 제시되었다는 사실 등을 간과하려는 것은 아니다. 그러나 14세기에 발발하였던 일련의 심각한 정치적 갈등 즉 프랑스의 군주 필립 단려왕과 교황 보니파키우스 8세 간의 분쟁, 교황청의 아비뇽 유수, 신성로마제국의 황제 루드비히 4세와 교황 요한 22세의 투쟁, 백년전쟁, 농민반란, 교회의 대분열 등은 스콜라 철학자들 사이에 그 양과 깊이에서 유례를 찾아보기 어려운 대논쟁을 유발하였다. 이 논쟁의 주역이었던 에기디우스 로마누스, 존 파리, 제임스 비터보, 단테, 아우구스티누스 트리움푸스, 알바루스 펠라기우스, 마르실리우스, 오캄, 위클리프 등이 바로 당대의 가장 뛰어난 정치 이론가였던 동시에 또한 탁월한 철학자였다는 사실을 우리는 주목하게 되는 것이다.

14세기에 접어들면서 더욱 첨예화된 교권과 속권 간의 갈등은 스콜라 철학자들에게 자신의 정치적 입장을 천명할 것을 강요하였다. 스콜라 철학자들은 사변적 논리와 함께 정치적 입장도 동시에 밝힐 수밖에 없게 되었으며, 실제로 이들은 당면한 정치적 현안들에 깊숙이 개입하고 있었다. 지 워쓰는 이러한 점에서 14세기에 비교될 수 있는 시기가 있다면 '홉스, 스피노자, 로크 등이 활약하였던 17세기를 들 수 있을 정도'7)라고 지적한 바 있

(London, 1947) ; J. Dewey, *The Public and Its Problem* (New York, 1927) ; J. Maritain, *Scholasticism and Politics* (New York, 1940) ; R. Niebuhr, *The Children of Light and the Children of Darkness - a Vindication of Democracy and a Critique of its Traditional Defense* (New York, 1944) 등 참고.
6) 바르톨루스(Bartolus), 발두스(Baldus), 존 안드레(John Andrae) 등과 같은 로마법 학자들을 그 예로 들 수 있겠다.

다. 그러나 17세기 때조차도 에기디우스 로마누스가 교황 보니파키우스에게, 그리고 마르실리우스, 오캄 등이 황제 루드비히에게 끼쳤던 바와 같은 영향, 즉 철학자가 정치 권력자에게 직접적으로 방대한 영향을 준 경우는 찾아보기 어렵다. 철학적 입장의 차이에 따른 세속권력에 대한 견해차가 확연히 표출되었으며, 또한 이들이 상호 역동적인 관계를 형성했다는 점에 14세기 사상의 한 유니크한 성격이 있는 것이다. 오히려 이 점에서 14세기는 철학과 정치사상의 관계를 비교적 선명하게 드러내는 좋은 학문적 탐구의 대상이 된다고 하겠다.

정치적 쟁점에 대한 이 시기 철학자들의 견해가 특히 흥미로운 것은 당대의 철학과 정치 이론이 그 바탕에 있어서 각각 하나의 핵심적 문제를 안고 있었다는 데도 이유가 있다. 질송(Gilson) 등은 중세 철학자들이 안고 있었던 근본적인 주제가 이성과 신앙의 관계에 대한 문제였다고 지적하였다.[8] 13세기 중기 이후 이른바 '이중진리설'을 표방한 아베로이스주의(averroism)가 서구 사상계에 대두하면서 이 문제에 관한 철학자들의 논의는 보다 첨예하게 대립되었다.[9] 전통적으로 중세 철학자들의 '학파'란 그리스도교적 진리를 규명하는 데 있어서 점하는 신앙과 이성의 조화와 상충의 문제에 대한 태도가 핵심적 축이었던 것이다.

정치사상에서도 14세기의 양상은 이러한 경향을 현저하게 드러내고 있다. 중세의 정치 이론가들이 직면하였던 가장 기본적인 정치적 쟁점은 교회와 국가의 위상에 관한 논란, 즉 교권과 속권 가운데 어느 쪽이 보다 우월한가 하는 문제였다. 그런데 이 정치적 권위의 우월성을 놓고 세기 초엽부터 교황과 세속군주들이 정면 충돌하게 되자, 이 문제는 정치 이론가들의 입장을 교권주의자 또는 속권주의자로 갈라놓는 현저한 분기점이 되고

---

7) Gewirth, 앞의 글, p.129.

8) E. Gilson, *History of Christian Philosophy in the Middle Ages* (London, 1955), pp.4~6.

9) D. Knowles, *The Evolution of Medieval Thought* (New York, 1962), pp.199~201. 아베로이스주의에 관해서는 R. Lerner & M Mahdi eds., *Medieval Political Philosophy* (Ithaca, 1972), pp.164~185 참조.

말았다.[10] 그러니까 이러한 상황 하에서는 한 철학자 내지 학파의 이성과 신앙의 관계에 대한 견해와 교권과 속권의 관계에 대한 입장을 동시에 고찰하여 상호간의 연계성을 살펴보면, 그들 속에 내재하고 있었던 철학과 정치 이론 사이의 논리적 관계 또한 규명될 수 있다고 일단 가정해 볼 수 있다. 이 같은 가설을 전제로 하여, 중세의 철학과 정치사상의 관계를 검토한 학자가 바로 그라브만(M. Grabmann)이었다.

2. 그라브만의 이론

일찍이 위대한 중세 사상사가였던 그라브만은 교권과 속권의 위상에 대한 견해와, 이성과 신앙 가운데 어느 쪽이 보다 우월한 권위를 가지고 있는가 하는 문제에 대한 태도 사이에는 일정한 논리적 관련이 있다고 추정하고, 그 관련체계를 밝혀 보고자 하였다. 그리하여 그는 1934년 발표한 논문 「아리스토텔레스 철학이 교회와 국가의 관계에 관한 중세 이론에 미친 영향에 대한 연구」[11]에서 철학적 인식과 정치적 견해의 관계를 분석하는 데 대단히 유용하고도 명쾌한 한 모델을 제시하게 되었다. 우선 그의 이론을 정리해 보자.

이성과 신앙의 관계에 대한 중세 철학자들의 기본 입장은 세 가지 유형으로 대별될 수 있으며, 그것은 교권과 속권의 위상에 대하여 당시 정치사상가들이 취했던 세 가지 형태의 태도 즉 교황권주의, 병행주의 그리고 반교황권주의와 정연한 논리적 관련을 맺고 있다. 철학사상의 첫 번째 유형은 전통주의적 아우구스틴 학파(traditionalist augustinians)이다. 성 보나벤투라(St. Bonaventura), 헨리 젠트(Henry of Ghent) 등은 신앙의 권위가

---

10) C. H. McIlwain, *The Growth of Political Thought*, pp.202~214 ; Ullmann, *Principles of Government and Politics*, pp.24~26.

11) M. Grabmann, 'Studien über den Einfluss der Aristotelischen Philosophie auf die mittelalterlichen Theorie über das Verhaltnis von Kirche und Staat,' *Sitzungsberichte der Bayerischen Akademie der Wissenschaften* (1935), Heft 2 ; Gewirth, 앞의 글, pp.133~137 참조.

이성의 그것보다 우월한 것은 자명한 사실이라고 생각하였다. 신앙만이 인간에게 초자연적 지복을 가져다줄 수 있는바, 그것은 이성에 의하여 성취될 수 있는 자연적 행복보다 당연히 월등한 것이기 때문이었다. 따라서 행복을 추구하는 인간의 삶에 있어서 이성이란 신앙의 보완 없이는 무력하며, 여하한 경우에도 이성에 의한 판단은 신앙에 의한 그것에 완전히 복속되어야 하였다.

중세 대부분의 사상가들이 그러했던 것처럼, 이들에게 있어서 이성과 신앙의 지위에 관한 논의는 단순히 이론의 문제일 뿐만 아니라 일종의 가치선택의 문제였다.12) 다시 말해서 이들에게 있어서 신앙의 우월성이란 현실적으로 그리스도인의 성품과 행위의 기준이 어떠해야 하고, 또 이 땅에서의 정치적 질서가 어떠해야 한다는 등의 현세적 실제적 삶의 문제와 불가분의 관계를 가지고 있었다. 그리하여 모든 인간의 이성적 판단 내지 행위는 절대적 가치인 신의 뜻을 구체적으로 표현하는 신앙적 교리의 가르침을 성취하는 데 기여해야만 나름의 종속적 의미 내지 하위적 가치를 가질수 있었다.

전통주의적 아우구스틴 학파의 이 같은 계서적 가치관(hierarchized-value consideration)은 신앙만이 초자연적 지복을 가져다줄 수 있는 만큼, 신앙생활을 계도하는 교황의 권위가 어떠한 현세적 지배권보다도 우월하다고 하는 정치적 입장을 형성하게 마련이었다. 교황권주의자의 사상적 기반도 바로 여기에 있었다. '교황은 정신사는 물론 세속사에 관해서도 직접적인 권한을 가지고 있으며, 교황의 권위만이 절대적이고 궁극적인 것이다'13)라고 했던 아우구스틴주의자 에기디우스에게서 종교적 가치를 세속사회의 질서에 우선시키는 교황권주의자의 한 전형을 발견하게 된다.

두 번째 유형의 중세 철학사상이 그리스도교적 아리스토텔레스 학파(christian aristotelians)이다. 온건 실재론자였던 토마스 아퀴나스, 알베르

---

12) Gewrith, 위의 글, p.134.
13) Egidius of Rome, *De Ecclesiatica Potestate*, ed. R. Scholz (Weimar, 1929), bk.2, ch.12. E. Lewis ed., *Medieval Political Ideas* I, pp.114~115 재인용.

투스 마그누스(Albertus Magnus) 등을 대표적인 인물로 하는 이 학파의
지론은 무엇보다도 '이성과 신앙은 진리에 접근하는 두 수단으로서 이들은
각각 고유하고 자율적인 영역을 가지고 있다'는 것이었다. 따라서 이성과
신앙이란 결코 우열관계에 있는 것이 아니라 상호 등가적이며, 각각의 영
역에서 자족적이라고 생각하였다. 물론 이들도 현실 생활의 목적이 궁극적
으로는 정신적인 것을 지향하여야 한다고 믿었다. 그러나 이들은 그것이
곧 '신앙의 가치가 이성의 그것보다 항상 우월하다'는 도그마의 정당성을
입증하는 것이라고는 생각하지 않았다. 이성을 자연과, 신앙을 은총과 결
부시킨 아퀴나스는 '은총은 자연을 폐하는 것이 아니라 그것을 완성시킨
다'14)라고 밝혔다. '종국적 목적이 성취되기 위해서는 이성과 신앙이 조화
롭게 보완적으로 병행되어야 하며 또한 병행될 수 있다'는 것이 그리스도
교적 아리스토텔레스 학파의 신념이었다.15)

　이성과 신앙을 각각 자족적·등가적인 것으로 파악한 이들은 국가와 교
회의 관계에 대해서도 병행주의적 원리를 천명하였다. 국가와 교회는 양자
모두 자율적이며, 현세사와 정신사라는 각각의 고유한 영역을 가지고 있는
만큼 그들의 지위 또한 상하 내지 주종적인 것이 아니라 등가적 병존적이
라는 것이었다. 아퀴나스는 '국가는 자연적으로 존재하는 것이며, 인간은
본성적으로 정치적 동물이다'라고 하는 아리스토텔레스의 입장을 거듭 확
인하였다.16) 인간 이성의 자족성에 대한 자각은 자연적·현세적 제 가치를
새롭게 인식하도록 하였으며, 이들에게는 정치적 질서의 문제가 인간의 본
성적 삶에 필요한 현세적 가치의 중요한 일부였다.

　이들은 인간의 현세적 삶 가운데 정신적인 것이 문제가 될 경우에만 교
황이 세속사에 우월적 권위를 가지고 개입할 수 있다고 생각하였다. 이는

14) T. Aquinas, *Summa Theologica* I, qu.1, a.8, ad.2,
15) E. Gilson, *Reason and Revelation in the Middle Ages* (New York, 1938), pp.69
　　~99 ; W. T. Jones, *The Medieval Mind* (New York, 1952), pp.278~282 ; F. C.
　　Copleston, *A History of Medieval Philosophy* (London, 1972), pp.182~191.
16) Aquinas, *De Regimine Principum* I, i ; 'Commentary on the Politics,' *Medieval
　　Political Philosophy*, pp.300~302 참조.

신앙에 관한 문제에 대해서만 신앙의 권위가 이성의 그것보다 우월하다는 그들의 철학적 신조의 귀결이기도 하였다. '국가와 교회의 자율성은 마땅히 존중되어야만 한다. …… 국가든 교회든 예외적 상황이 아니면 상대방의 영역에 개입할 수 없다. 세속사에 대한 교황의 권한은 간접적인 권한이다'[17]라고 하는, 독립적 자율적 병행주의 원칙이 교권과 속권의 분쟁에 대하여 아퀴나스, 존 파리 등 그리스도교적 아리스토텔레스 학파가 줄곧 견지하였던 정치적 입장이었다.

세 번째 유형의 중세 철학사상이 라틴 아베로이스 학파(latin averroists)이다. 이 학파에 속하는 시제르 브라방(Siger of Brabant), 보에티우스 다치아(Boethius of Dacia) 등의 철학적 견해와 정치적 태도 사이의 연계는 아우구스틴 학파나 그리스도교적 아리스토텔레스 학파의 그것만큼 명료하지는 못한 것 같다. 이들은 이른바 현세 사물에 대한 '이중진리설'의 입장에 따라, 궁극적 진리에 관한 한 이성이 아니라 신앙이 이에 도달하는 길이라는 입장을 기본적으로는 부정하지 않았다. 신앙이 영원한 진리를 계시적으로 드러내는 데 비해서 이성은 감각적 경험을 토대로 한 지식을 가르쳐줄 뿐이기 때문에, 이성과 신앙이 상충할 경우 이성은 신앙의 가르침을 입증할 능력을 가지고 있지 못하다는 것이었다.[18]

그럼에도 불구하고 아베로이스 학파의 진정한 특징은 인간 이성을 '그 자체로서 완비된' 것으로 보는 데 있었다. 그리하여 인간의 이성이 종교적 가르침을 충분히 증명할 수 없다는 이들의 선언은 무엇보다도 합리적 추

---

17) Aquinas, *Summa Theologica* II, ii. qu.60, a.6, ad.3 ; *De Regimine Principum* I, xiv ; John of Paris, *De Potestate Regia et Papli*, chs., I, III, V. 이 밖에도 *Medieval Political Philosophy*, pp.300~334, 406~415 등 참조.

18) Siger of Brabant, *Quaestiones morales*, ed. F. Stegmüller, *Recherches de thèologie ancienne et mèdievale* III (Paris, 1931), pp.172~177 ; Boethius of Dacia, *De Summo bonno sive de vita philosophie*, ed. Grabmann, *Mittelalterliches Geistesleben* (Munich, 1936), pp.200~204. 라틴 아베로이즘에 관해서는 M. D. Wulf, *Philosophy and Civilization in the Middle Ages* (New York, 1963), pp.282~283 ; 정의채·김규영 공저, 『중세철학사』 (1977), 277~280 쪽 등 참조.

론과 종교적 도그마는 서로 다를 수 있다는 점을 뚜렷이 하는 결과를 가져왔다. 그런데 철학자들은 원래 합리적 추론만을 문제 삼는 자들이므로, 따라서 그들이 종교적 도그마에 대해서 연연한다는 것은 애초부터 아무런 의미가 없었다. '이성과 신앙이 상충하는 결론에 도달할 경우, 철학자는 신앙이나 종교적 가르침에 대해서는 전혀 개의할 필요가 없다'[19]는 것이었다. 이 같은 주장은 합리적 추론이 그 자체로서 의미있고 정당하며, 설령 그것이 신앙적 교리와 일치하지 않는다 하더라도 이 점이 반드시 합리적 추론의 비진리성을 말하지는 않는다는 주장에 다름 아니었다. 이성의 완비성에 대한 바로 이 같은 인식이 '신학의 시녀'였던 중세 철학을 마침내 신학적 전제들로부터 '해방'시켜 줄 것이었다.

무엇보다도 아베로이스 학파의 이러한 논리는 전통적 아우구스틴 학파가 상정했던 영혼과 육체, 정신과 물질, 신앙과 이성, 계시와 합리 간의 계서적 가치체계의 부정을 의미하였다. 그리고 이 같은 부정은 신학적 전제가 아닌 '합리적 고려들'만에 의한 정치과학(science of politics)이 형성될 수 있는 길을 마련해 주었다.[20] 철학의 신학으로부터의 이 같은 해방이 정치사상의 진전에 준 영향은 명백히 획기적이었다. 정치적 논의의 전통적 지평이었던 하위적 종속적 가치의 세계가 이제 그 자체로서 자율적이고 완비된 인간 이성의 고유한 추론의 영역이 되었기 때문이다. 동시에 세속 국가도 '현세적 가치'를 초월한 종교적 목표를 지향해야 한다는 부담을 바야흐로 벗어던져 버릴 수 있게 되었다.

그라브만은 투철한 반교황권주의자였던 마르실리우스의 정치적 입장을 아베로이스 학파와 직결하여 파악하였다. 마르실리우스는 '교황청은 세속사에 관하여 직접적인 권한은 물론 간접적인 권한도 없다. …… 세속사회와 관련이 있는 한, 정신사에 관한 것이라 하더라도 교권은 속권의 지배를 받아야 한다'고 주장하였다.[21] 그리스도교 사회라 하더라도 모든 합법적

19) Averroes, 'The Decisive Treatise: determining what the connection is between religion and philosophy,' *Medieval Political Philosophy*, pp.166~167.
20) *DP* I, i, 8 ; I, iv, 2 ; I, v, 10~11 등 참조.

강제적 정치 권력은 오직 세속정부에 속한다는 것이 그의 견해였다. 그의 염원이었던 '세속사회의 교황청으로부터의 완전한 독립'[22] 즉 정치공동체의 현세적 사회적 복지를 압도적으로 고려하는 정치 질서의 확립이라는, 속권주의적 정치적 주장은 이성의 완비성에 대한 신념과 신학으로부터 해방된 철학을 그 이론적 기반으로 하고 있었다.

3. 그라브만의 이론에 대한 비판

그라브만의 이론은 14세기가 경험한 철학 및 정치사상의 다원적 변화를 선명하게 파악할 수 있는 한 모델을 제시하였다. 그는 전통적 아우구스틴 학파와 정치적 교황권주의를, 그리고 그리스도교적 아리스토텔레스 학파와 병행주의 정치 원리를, 또한 라틴 아베로이스 학파와 반교황적 속권주의를 결부시켰다. 그러나 그라브만의 모델에서와 같이 이성과 신앙의 권위에 대한 견해를 속권과 교권의 상대적 위상에 관한 정치적 입장과 직결시키는 데는 중요한 결함도 내포되어 있다.

그라브만이 제시한 모델은 정치적 우월권을 서로 주장하는 세속군주와 교황이 대치할 경우, 이를테면 황제는 일방적으로 이성에 그리고 교황은 주로 신앙에 기초하였다고 도식화한 셈이다. 과연 그러했을까? 여기서 우리는 교황의 호소 가운데 신앙보다 이성적 판단에 더욱 입각한 것은 없었던가, 그리고 황제 등 속권의 지배자 역시 신앙에 대한 자신들의 우선적 순복과 충성을 끊임없이 천명하지 않았던가 하는 당연한 의문을 제기할 수밖에 없다. 그라브만 스스로도 자신의 모델이 두 영역 간의 전반적인 경향을 드러내는 것일 뿐, 한계를 가지고 있음을 시인하였다.[23] 자신의 모델이 제시하는 도식적 관계로부터 벗어나는 예들이 있기 때문이었다. 문제는

21) *DP* I, 104~109 ; II, xlvii~liii.
22) Sabine, *A History of Political Theory*, pp.290, 298, 300~301 ; McIlwain, 앞의 책, pp.308~313.
23) Grabmann, 'Studien über den Einfluss,' p.7.

이러한 예들이 단지 지엽적 '변형'에 불과한 것이었을까 하는 점에 있다. 오히려 이 '변형들'에 대한 검토가 철학과 정치사상 사이에 내재하였던 논리적 상관관계의 실상에 대한 새로운 한 실마리가 될 수 있지 않을까.

그라브만은 '신앙에 대한 이성의 완전한 복속'이라는 철학적 원리를 속권에 대한 교권의 절대적 우위라는 정치적 교황권주의와 직결시켰다. 그러나 존 위클리프의 경우는 오히려 그 정반대이다. 위클리프의 철학사상이 아우구스틴 학파에 속하는 것임은 명백하다. 그는 그리스도교적 아리스토텔레스 학파의 주장에 반하여 국가의 형성과 이에 대한 정치적 지배권의 근거가 인간의 원죄성과 불완전성에 있다고 생각하였다. '세속사회에 대한 합법적 지배는 (신의) 은총 없이는 불가능하다. …… 신앙과 은총이 없으면 군주도 왕국도 신민도 존립할 수 없다'는 것이 그의 기본 입장이었던 것이다.24) 그럼에도 불구하고 위클리프는 14세기의 사상가들 가운데 가장 확고한 반교황권주의자의 한 사람이었다. 그에 의하면 교황은 결코 교회 위에 군림하는 통치자가 아니었으며, 교황권은 반드시 비강제적 탈세속적 반소유적이어야 했다.

> 교황은 결코 교회의 수장이 아니다. …… 누구에게나 교황에게 순종하는 것이 그의 영혼을 구원하기 위해 필요하다라고 강요되어서는 안 된다.25) …… 교황은 세속사에 아무런 권한도 없다. 세속사에 대한 지배권을 요구하는 교황은 그리스도에 반하는 자이다. 세속군주는 교황과 교회의 권한 남용을 중지시킬 수 있으며, 또한 성직자의 세속재산을 합법적으로 몰수할 수 있다.26)

위클리프에 있어서는, '은총 없이는 합법적 군주가 있을 수 없다'는 철학적 아우구스틴주의와 '교황의 현세권 요구는 반그리스도적인 것이다'는 정

---

24) J. Wyclif, *De Officio Regis*, ed. Pollard & Sayle, pp.72, 247 ; *De Ecclesia*, ed. Loserth, p.321 등.
25) *De Ecclesia*, pp.5, 31 등.
26) *De Ecclesia*, pp.337, 376~377 ; *De Officio Regis*, pp.119~120, 146, 186 등.

치적 반교황권주의가 엄연히 양립하였다. 어떻게 이것이 가능하였을까. 무엇보다도 위클리프는 신에게 직접 호소할 수 있는 권한이 성직자 특히 교황의 대권에 속한다는 교권주의자의 논리를 정면 거부하였다.

> 신은 교황과 세속군주에게 각각 정신사와 세속사를 관장할 수 있는 권한을 분리해서 위탁하였다.[27] …… (정신사를 위탁받은) 교황의 참된 모범은 현세에서는 결코 세속적인 권한을 행사하려 하지 않았던 그리스도의 모습이어야 한다. 교황의 속성은 그리스도가 그러했던 바와 같이, '끊임없는 인내'이며 속권의 속성은 '강제력'의 행사이다.[28] …… 따라서 교황은 그리스도의 인간성의 대리자이며 강제력을 가진 세속군주가 그의 신성의 대리자이다.[29]

위클리프가 '세속군주는 반드시 성직자를 규제하여야 한다'[30]라고 밝힐 만큼 확고한 반교황권주의자였던 것은, 오히려 그가 신봉하였던 아우구스틴주의의 계서적 가치관의 당연한 귀결이었다. 위클리프의 견해에 따르면, 교황의 표상은 그리스도의 현세적 모습으로서 끊임없는 인내가 그 속성이었다. 반면에 속권의 고유한 요소가 신성한 강제력이었다. 그런데 신성이 인간성에 비해 보다 우위의 가치인 것은 자명한 사실이므로, 따라서 그리스도의 인간성의 대리자인 교황이 아니라 신성의 대리자인 세속군주가 마땅히 신의 주된 현세적 대리자여야 했던 것이다.[31]

또한 그라브만은 '이성과 신앙이 각각의 고유한 영역에서 자율적 자족적이다'라고 하는 관념을 그리스도교적 아리스토텔레스 학파의 특징으로 보았다. 그리고 이 인식이 곧 아퀴나스류의 국가와 교회에 대한 병행주의적 정치 이론의 기반이라고 파악하였다. 그러나 제임스 비터보, 알바루스 펠

---

27) *De Ecclesia*, pp.314~316 ; *De Officio Regia*, pp.4, 12 등.
28) *De Officio Regis*, p.8 ; Daly, *Political Theory*, pp.4, 12 등 참고.
29) *De Officio Regis*, pp.58, 86.
30) *De Officio Regis*, pp.13~14.
31) *De Officio Regis*, p.79 등.

라기우스32) 등 적지 않은 교황권주의자뿐만 아니라, 반교황권주의자였던
윌리엄 오캄도 아리스토텔레스 학파의 철학적 원리를 따랐던 것이 엄연한
사실이다. 중세 아리스토텔레스주의자들 가운데는 토마스 아퀴나스와 같
은 병행주의자뿐만 아니라 제임스 비터보와 같은 교황권주의자 및 오캄과
같은 반교황권주의자도 포함되어 있었던 것이다. 먼저 제임스 비터보
(James of Viterbo)의 경우를 검토하여 보자. 제임스 비터보는 가족·도시
·국가 등의 공동체를 이렇게 묘사하였다.

> 이들 공동체 또는 사회는 그 철학자 아리스토텔레스가『정치학』1권에서
> 밝혔듯이 인간의 본원적 성향에 의해서 형성되었다. …… 인간이란 언어를
> 가지고 있어서 각기 개인의 의사를 표현함으로써 상호이득을 도모한다. 한
> 개인이 혼자의 힘만으로 충분한 삶을 영위할 수는 없다. 인간은 본성적으
> 로 다른 사람들의 도움을 필요로 하고 있기 때문에 무리를 짓고 살게 마련
> 이며, 따라서 사회적 동물이다.33)

인간이 사회적 동물이며, 국가가 인간 본성의 산물임을 밝힘으로써, 제
임스 비터보는 아우구스틴 학파의 핵심적 신조의 하나였던 '원죄에 의한
세속사회의 성립'을 확연히 부정했던 아리스토텔레스주의자였다. 그럼에도
불구하고 그는 교황권의 우위를 주장한 뛰어난 이론가의 한 사람이었다.
'신의 대리자는 교황이며, 교황은 전능권(plenitudo potestatis)을 부여받았
다. 여기에는 정신사에 관한 권한뿐만 아니라 세속사에 관한 권한도 포함
되어 있다'34)라고 그는 주장하였다. 속권과 교권의 관계에 대한 그의 주장
을 들어보자.

32) Alvarus Pelagius, De Planctu Ecclesiae, ed. J. T. Roccaberti, Bibliotheca maxima pontifica III (Rome, 1698). 특히 국가와 교권의 관계에 대한 펠라기우스의 견해에 관해서는 E. Lewis ed., Medieval Political Ideas I, pp.360~363 ; II, 628 참조.
33) De Regimine Christiano, pt.1, ch.1. 필자는 James of Viterbo, On Christian Government, ed. & tr., R. W. Dyson (Suffolk, 1995)를 이용하였다.
34) De Regimine Chiristiano, pt.2, ch.7.

세속군주의 특수한 기능은 법률을 관리하는 일이다. 이는 먼저 법률을 선포하고 그리고 법률을 공정하게 집행하는 것이다. …… 법률은 그것을 지킴으로써 인민들이 선량하고 덕성을 갖춘 생활을 영위할 수 있어야 한다. 다시 말해서 사법·입법 등 군주권의 목적은 인민들이 이 땅에서 덕에 따라 살 수 있도록 하는 데 있다. …… 그런데 덕성은 근본적으로 영혼의 문제이다. 영혼의 문제는 이성에 관한 것이든 은총에 관한 것이든 모두 정신적인 것이며, 정신적인 것에 대한 관리권은 당연히 교권에 속한다.35)

'이성에 관한 것이든 영혼에 관한 것이든 이에 대한 관리권은 당연히 교권에 속한다'는 주장은 결국 '군주와 그의 법률은 교황의 승인을 받아야 한다'는 교황권주의자의 논리로 나아가게 마련이었다.36) 사실 제임스 비터보는 '교황은 군주를 폐위시킬 수 있다. 때로는 군주의 폐위가 오히려 교황의 의무일 수 있다'37)라고까지 생각하였다. 그러니까 제임스 비터보에게는 정치적 교황권주의자와 철학적 아리스토텔레스주의의 혼합이 전혀 당혹스러운 과제가 아니었던 것이다. '은총은 자연을 폐하는 것이 아니라 완성시킨다'라고 한 당대의 아리스토텔레스주의자 아퀴나스의 신조38)에 대한 그의 해석을 들어보기로 하자.

은총은 자연을 폐하는 것이 아니라 그것을 형성하며 완성시킨다. 은총은 정신적 권한에, 그리고 자연은 세속적 권한에 속한 것이므로 …… 정신적 권한은 속권을 배척하는 것이 아니라 오히려 그것을 형성하고 완성시킨다. 사실 모든 인간의 힘은 정신적인 것에 의하여 보완되지 않는 한 불완전하며 충분히 형성된 것이 아니다. 교황에 의한 승인과 재가, 그것이 바로 보완책이다.39)

---

35) *De Regimine Chiristiano*, pt.2, ch.6.
36) McIlwain, *Growth of Political Thought*, p.255 등.
37) *De Regimine Christiano*, pt.2, ch.7.
38) 본절 주 14~17 참조.
39) *De Regimine Chiristiano*, pt.2, ch.7.

제임스 비터보는 아퀴나스류의 아리스토텔레스주의를 명백히 수용하였다. 그러나 그는 아퀴나스가 제시했던 병행주의 원리 즉 '이성과 신앙의 균형'이 불안정한 일면을 가지고 있다고 파악하였다. 그리하여 종국적으로는 신앙과 은총이 이성과 자연에 비해 우월하다[40]는 사실을 인정하지 않을 수 없었다. 왜냐 하면 신앙 없이는 그리스도교 사회의 존립 그 자체가 문제 될 것이기 때문이었다. 그는 이성과 자연의 자족성이 불완전하고 '상대적'인 것임을 강조하는 것만으로도 교황권 우위의 정당성은 충분히 입증된다고 보았던 것이다.[41] 그에게는 아리스토텔레스주의가 오히려 교황권의 절대성을 보장하는 논리가 될 수 있었다.

후기 스콜라 사상가들 가운데 가장 독창적인 사상가로 보이는 윌리엄 오캄의 경우, 그의 철학사상과 그가 취한 정치적 태도 사이의 논리적 관계를 밝히는 일이 용이한 작업은 아닌 것 같다. 오캄의 철학적인 그리고 정치적인 제 견해가 일관된 하나의 논리 위에 있는 것이냐, 아니면 독립된 별개의 사고체계이냐 하는 논의조차 여전히 합의에 이르지 못하고 있는 것이 실정이다.[42] 그러나 적어도 우리는 오캄의 사상을 그라브만의 모델에서 벗어나는 '변형'의 한 예로서는 충분히 지적할 수 있을 것 같다. 유명론(nominalism)으로 불리는 오캄의 철학사상이 아우구스틴 학파가 아니라 아리스토텔레스 학파에 속하는 것임은 분명하다. 보편자(universal) 문제에 관해서 오캄은 개별자(individual)만이 실체이며, 보편자란 개념에 불과하다고 생각하였다.

보편자에는 두 가지 종류가 있다. 첫째는 (사람들에게) 자연스러운 예측을 유발시키는 기호로서의 보편자이다. …… 그런데 이러한 보편자란 인간의 정신적인 상태 이외의 아무것도 아니다. 두 번째 종류로는 다수의 사물

---

40) *De Regimine Chiristiano*, pt.2, ch.4.
41) 위와 같음.
42) 기에르케, 라가르드 그리고 보드리(Baudry) 등은 오캄의 철학과 정치사상 사이에는 밀접한 논리적 연관성이 있다고 보았다. 그러나 베너, 숄츠 그리고 모랄 등은 오캄의 철학과 정치사상을 논리적으로 독립된 별개의 두 사고체계로 파악하였다.

을 가리키는 데 사용되어 온 인습적 기호로서의 보편자이다. 그러나 이러한 보편자도 인습적으로 사용되어 온 것일 뿐, 하나의 질료를 가리키고 있다.[43] …… 보편자들이란 결코 실체가 아니다.[44] …… 개별형(particular form)과 개별질(particular matter) 내지 형과 질의 개별적 혼합 이외에 실체란 존재하지 않는다고 한 '그 철학자'에게 동의하지 않을 수 없다.[45]

베너는 아리스토텔레스 논리학의 재체계화를 지향한 것이 오캄의 논리학이라고 파악하였다.[46] 베너를 계승한 근년의 오캄 연구자들에 의하여 가장 설득력 있게 규명된 국면도 바로 이 오캄 사상의 중세적 기반에 관한 측면이라고 놀즈(Knowles)도 밝힌 바 있다.[47] 이 같은 아리스토텔레스주의적 철학사상에도 불구하고 오캄의 정치사상을 병행주의적인 그것이라고 파악하기는 매우 어렵다. 황제의 권한과 교황권의 관계를 세밀히 따지고 있는 『대화집』(Dialogus)에서 그는 이렇게 논술하였다.

인류 사회는 일반적으로 사회의 공익에 속하는 사항들에 관한 것들을 세속군주에 복속시키기로 합의하여 왔다. …… 명백히 공익에 위배되지 아니하는 한, 사회의 공공 이익에 이바지하는 일들에 관한 것을 황제에게 복속시키는 것도 마찬가지로 일반적이다.[48]

'폐하께서 저를 칼로 보호해 주신다면, 저는 폐하를 펜으로 보호하겠나이다'라는 경구는 오캄의 정치적 입장을 충분히 드러낸다. 그가 아비뇽의 교황청 법정을 탈출한 이후 신성로마제국의 황제 루드비히 4세의 보호를

---

43) William of Ockham, *Philosophical Writings*, ed. P. Boehner, pp.3, 5~37.

44) 위의 책, p.40.

45) 위의 책, p.43.

46) Boehner, *Collected Articles*, p.26. 특히 'The Medieval Crisis of Logic and the Author of the *Centiloquium* attributed to Ockham,' pp.351~372 참조.

47) Knowles, *Evolution of Medieval Thought*, p.319 ; Courtenay, 'Nominalism and Late Medieval Thought: A Bibliographical Essay,' *Theological Studies* 33 (1972), pp.721~726 등 참조.

48) Ockham, *Dialogus* II, bk.2, ch.28.

받게 됨으로써, 그의 면도날 같은 논리는 이제 교황권에 대한 황제권의 정
치적 우위를 입증하는 한 탁월한 속권주의 이론이 될 것이었다. 물론 오캄
이 교회정부의 존재 의의 그 자체를 부정한 것은 아니었다. 그리하여 결과
적으로 그리스도교 사회가 교회정부와 세속정부라는 두 개의 권력 중심을
가진다는 점도 부정하지 않았다. 그럼에도 불구하고 오캄의 정치적 견해는
명백히 아퀴나스류의 병행주의적 논리가 아니었다. 오히려 그것은 앞장에
서도 살펴보았듯이, 전통적 교황권주의에 대해 가장 파괴적인 속권주의 이
론 즉 개체주의적 인민주의 논리로 해석될 수 있는 것이다.

또한 그라브만은 아리스토텔레스류의 이성의 완비성에 대한 신념을 라
틴 아베로이스주의의 근본 특징으로 보고, 이를 교권에 대한 속권의 우위
내지 국가주의적 정치 이론의 토대로 파악하였다. 철학적 태도에 있어서
전통적인 계서적 가치체계를 부정하고, 합리적 추론의 신학으로부터의 해
방을 추구하는 경우, 이는 세속사회의 자율성을 변론하는 반교황적 속권주
의 논리와 직결된다고 상정했던 것이다. 그러나 이 점에서도 그라브만의
이론이 사실과 반드시 일치하지는 않는 것 같다. 먼저 중세의 대표적 아리
스토텔레스주의자로서 아베로이스 학파의 이중진리설을 수용하였던 존 장
당(John of Jandun)의 철학사상부터 살펴보자.

'철학적 논증만으로는 종교적 도그마를 완전히 입증할 수 없다'[49]라고
생각한 존 장당의 입장은 일견 아퀴나스의 그것과 유사한 면이 있어 보인
다. 그러나 그리스도교적 아리스토텔레스주의와 존 장당의 논리 사이에는
근저에서부터 현격한 차이가 있었다. 아퀴나스는 애초부터 신앙의 가르침
을 보다 명백히 하는 데 도움이 되지 않는 철학적 논증에는 관심이 없었다.
그것의 의미는 여전히 그리스도교적 진리에 이르는 수단이라는 점에 있었
다. 그리하여 '철학적 논증은 몇몇 종교적 도그마의 정당성뿐만 아니라 그
역도 증명할 수 없다'는 것이 아퀴나스의 기본 생각이었다.[50] 그러나 존 장

49) John of Jandun, *Quaestiones in Duodecim Libros Metaphysicae*, in Gewirth, 'Philosophy and Politics,' *The Forward Movement of the Fourteenth Century* (Columbus, 1961) p.144에서 재인용. 이하 *Quaestiones in Metaphysicae*라 줄임.

당의 생각은 그렇지 아니하였다. '철학적 논증이 종교적 도그마의 정당성
을 증명할 수는 없지만, 그러나 그 도그마에 반대되는 명제는 입증할 수
있다'51)는 것이 그의 생각이었다.

  존 장당은 철학적 논증이 설령 신앙의 가르침과 모순된다 하더라도 그
것이 '논증의 무가치함'을 입증하는 것이라고는 전혀 생각하지 않았다. '자
연적 이성과 경험만이 나의 참된 교사이다'52)라고 밝혔던 존 장당은 자신
이 진전시켰던 철학적 이성적 논거가 신앙의 기존 도그마에 미칠 충격에
대해서는 크게 개의치 않았다. 그의 주된 관심은 이성적 추론과 신앙의 일
치 여부의 문제가 아니라, 철학적 논증 그 자체였던 것이다. 물론 존 장당
도 '진리는 합리적 논증이 아니라 신앙과 함께 한다'53)라는 신조는 수용하
였다. 그러나 이성과 신앙의 계서적 가치체계를 전제하지 않는 이 같은 이
중진리설이란 철학적 추론과 종교적 도그마의 차이를 더욱 뚜렷이 하는
데 기여할 뿐이었다. 질송(Gilson)이 존 장당을 14세기 전기의 대표적 아베
로이스주의자의 한 사람으로 주목한 근거도 여기에 있었다.54)

  그렇다면 그의 정치적 견해는 어떠했던가. 존 장당은 오랫동안 마르실리
우스의 주저『평화수호자』의 공동 저자로 간주되어 왔다. 그리하여 존 장
당의 정치사상도 마르실리우스의 그것과 다분히 혼동되어 왔다.55) 그러나
정작 존 장당의 주저『형이상학의 문제』(*Questiones in Duodecim Libros
Metaphysicae*)는 정치적 문제에 대한 그의 실제 견해가 마르실리우스의

50) Wulf, *Philosophy and Civilization*, pp.151~156.
51) S. MacClintock, *Perversity and Error: Studies on the 'Averroist' John of Jandun* (Bloomington, 1956), p.99.
52) Gilson, *History of Christian Philosophy*, p.523에서 재인용.
53) *Quaestiones in Metaphysicae*, Lib.I, qu.16 ; Lib.II, qu.4 ; Lib.II, qu.6, 7, 9. Gewirth, 앞의 글, p.143에서 재인용.
54) Gilson, 앞의 책, pp.522~524.
55) 존 장당이『평화수호자』의 공동 저자라는 학설은 교황청의 파문서에 그 근거가 있었다. 그러나 이 점에 대해서는 매길웨인, 세바인 등도 의문의 여지를 지적한 바 있으며, 지워쓰, 스키너 등은 이 점이 사실과 일치하지 않음을 실증적으로 보여주었다. 제2장 1절 주 70~71 참조.

그것과는 판이한 것이었음을 강력하게 시사하고 있다. 예를 들어 중세 정치의 전형적 화두의 하나였던 '전 세계에 한 사람의 통치자가 있어야 하는가'라는 쟁점에 대해 존 장당은 이렇게 밝혔다.

 단적으로 말해서, 우리는 전 세계에 한 사람의 최고 통치자가 있어야 한다라고 답변하지 않을 수 없다. …… 세속군주는 세속사에 관해서는 최고 사제(교황)에게 복속하지 않는다. 그러나 세속군주라 하더라도 정신사와 덕성에 관해서는 최고 사제에게 복속하여야 한다. 따라서 유일한 최고 통치자는 최고 사제일 수밖에 없다.56)

세속군주라 하더라도 '정신사에 관해서는 교황에게 복속하여야 한다'라는 점은 병행주의적 입장을 연상시키는 것도 사실이다. 그러나 '단적으로 말해서' 존 장당의 견해는 '전 세계에 한 사람의 최고 통치자가 있어야 하고, 교황이 유일한 최고 통치자이다'는 것이었다. 그의 견해는 수장제 교황 정부의 전통으로부터 벗어난 것이 결코 아니었던 셈이다. 그는 '덕성과 자연법에 관한 한, 모든 사람은 그들이 가진 관습과 법률이 어떠한 것이든, 그리고 비록 그들이 그리스도교도가 아니라 하더라도, 교황에게 복속하여야 한다. 그리스도교의 법률을 따르지 않으면 않을수록 그들은 이성으로부터 멀어지게 된다'57)고 밝혔다. 우리는 이를 어떻게 이해해야 할까.

 명백히 존 장당은 세속군주를 포함한 모든 신민이 설령 그리스도교도가 아니라 하더라도, 교황과 그리스도교의 법률에 복속해야 한다고 주장하였다. 교황에 대한 복속이 자연법적 질서이며, 교황의 명령인 그리스도교의 법률이야말로 이성적 규범이기 때문이었다. 그에 의하면 인간 본성의 일부인 이성과 자연법적 규범이 교황권의 우위를 보장하는 근거였다. 이는 인정적 관습과 법률 및 종교적 신조의 차이와도 무관한 보편적 정치 원리라는 것이 그의 견해였다. 이러한 정치적 태도란 오히려 교황권주의자의 시

56) *Questiones in Metaphysicae*, Lib.XII, qu.22. Gewirth, 앞의 글, p.415에서 재인용.
57) *Questiones in Metaphysicae*, Lib.II, qu.5. Gewirth, 위의 글, pp.142~143에서 재인용.

각과 유사한 것이라고 할 수밖에 없지 않을까.

이성의 완비성을 믿었던 라틴 아베로이스주의자였음에도 불구하고, 존 장당은 교황에 대한 군주의 복속을 주장하였다. 어떻게 이 같은 혼합이 가능하였을까? 여기서 우리는 중세 아베로이스주의자들이 공통적으로 보유했던 주지주의적 성향에서 해명의 단서를 찾을 수 있을 것 같다.[58] 존 장당 역시 '최고의 선은 이론적 행복 즉 지혜이다'[59]라고 지적함으로써 자신의 주지주의적 성향을 분명하게 드러냈다. 문제는 그가 지혜와 통치권의 관계를 이렇게 파악했던가 하는 점이겠다.

> 지혜는 정치공동체를 유지하고, 그 구성원들의 선량한 공동 생활을 위해서 반드시 필요하다. 입법자 - 군주가 자신의 신민들을 선량한 시민으로 만들기를 바란다면 그는 지혜를 가져야 한다. 그런데 군주 스스로가 충분한 지혜를 가진 것은 아니므로, 입법자인 군주는 현자 즉 이론적 철학자의 가르침을 필요로 한다. …… 정치적 행복의 종국적 목표는 이론적 행복의 성취이다. 따라서 정치적 행복은 이론적 철학자들의 계도 없이는 결코 성취될 수 없다.[60]

존 장당은 지혜로운 이론을 가진 지식인 집단이 '국가 운용에 필수적'이라고 밝혔다. 왜냐 하면 지혜는 신민들로 하여금 선량한 공동생활을 영위하도록 하는 데 반드시 필요한 요소이기 때문이었다. 또한 지혜의 성취 즉 이론적 행복의 성취가 정치적 행복의 종국적 목표였다. 따라서 지혜는 직접적으로든 간접적으로든, 통치자가 반드시 갖추어야 할 정치적 자질이었다. 그런데 존 장당에 따르면, 지혜는 세속군주가 아니라 이론적 철학자의 속성이었다. 결국 철학자야말로 지혜로써 군주와 신민을 계도하며, 이론으로써 정치적 행복의 목표를 구현하도록 이끄는 정치공동체의 중추라는 것

58) Wulf, *Philosophy and Civilization*, pp.276~278, 281~282 ; Lagarde, *La naissance* III, pp.54~55.

59) *Questiones in Metaphysicae*, Lib.I, qu.1. Gewirth, 앞의 글, p.142에서 재인용.

60) Gewirth, 위의 글, pp.146~147.

이었다.

그렇다면 지혜란 무엇이며, 철학자와 사제들의 관계는 어떠한 것일까? 이에 대한 존 장당의 견해는 매우 분명하였다. 그는 무엇보다도 신에 대한 사랑과 명상 및 신에 관한 지식을 지혜라고 생각하였다.[61] 그런데 사제들은 '신에 대한 사랑과 명상을 그 업으로 할 뿐만 아니라, 신에 관한 지식을 풍부히 갖추고 있는 자들'이었다. 따라서 사제들이 바로 지혜로운 자들이었다.[62] 국가 운용에 필수적인 이론적 철학자의 정치적 의의가 '지혜의 소유' 때문이라고 한다면, 그 지혜란 이를테면 사제의 자격 요건과도 같은 것이었다. 철학자의 정치적 비중이 그가 가진 지혜의 정도에 달려 있다면, 이 지혜의 정도란 바꾸어 말하면 그가 얼마나 훌륭한 사제일 수 있는가 하는 사제적 자질의 함량 문제였다. 존 장당은 마침내 '철학자가 그 이름에 상응하는 정치적 지위 즉 통치자의 교사라는 지위를 누리고자 한다면, 그는 먼저 사제의 자질을 갖추어야 한다'[63]라고 밝히기에 이르렀던 것이다.

이제 우리는 존 장당의 견해를 이렇게 정리해 볼 수 있을 것 같다. 즉 정치적 행복의 목적은 이론적 행복이다. 그러니까 세속군주는 지혜를 가진 이론적인 철학자의 도움과 계도를 반드시 필요로 한다. 따라서 철학자는 세속군주의 교사이다. 그런데 지혜란 다름 아닌 신에 대한 사랑, 명상 및 지식을 말하는 것이므로, 철학자가 지혜를 습득하는 길은 사제의 자질을 갖추는 것이다. 다시 말해서 지혜를 가장 많이 가진 자들이 바로 사제들이며 특히 사제의 수장인 교황이다. 철학자가 군주들의 교사인 것은 그들의 지혜 때문인만큼, 교황이 모든 세속군주들의 교사인 것은 당연한 귀결이다는 것이었다. 교황은 종교적 도그마에 의해서가 아니라 이성적 지혜에 의해서 최고 통치자의 권위를 가진다는 것이 그의 태도였다. 역설적이게도

61) *Questiones in Metaphysicae*, Lib.I, qu.18. Gewirth, 위의 글, p.47에서 재인용.
62) Gewirth, 위의 글, pp.147~149.
63) Gewirth, 위의 글, p.146. 지워쓰는 존 장당이 율법(*leges*)을 종교와 동일시하였으며, 이러한 혼용은 대부분의 아베로이스주의자에게서 공통적으로 발견된다고 지적하였다. 또한 지워쓰는 아리스토텔레스적 전통이 사제와 철학자를 유사하게 보는 경향을 조성하는 데 기여하였다고 파악하였다.

아베로이스주의의 주지주의 전통이 존 장당에게 있어서는 '유사 교황권주의'(quasi-papalism)[64]의 근거가 되었던 것이다.

4. 맺는말

우리는 지금까지 철학과 정치사상 사이에는 일정한 논리적 관계가 있지 않을까 하는 문제의식을 근거로 해서, 14세기 서구 사상가들의 경우를 그라브만의 이론을 중심으로 검토하여 보았다. 그라브만의 이론은 이 관계에 대해 명료한 모델을 제시하였다. 철학사상의 흐름이었던 아우구스틴주의, 그리스도교적 아리스토텔레스주의, 라틴 아베로이스주의와 정치사상의 유형이었던 교황권주의, 병행주의 및 반교황권주의를 각각 차례로 검토했던 그는 철학사상과 정치 이론 사이에 직접적인 논리적 관계가 있다고 판단하였다. 그것도 14세기에는 이성과 신앙의 관계에 대한 철학적 신념과 국가와 교회의 지위에 관한 정치적 입장이 상응하고 있다고 분석하였다.

14세기의 사상적 구조가 갖는 유니크한 성격이 그라브만의 논리에 적지 않은 설득력을 더해 주고 있는 것이 사실이다. 그러나 여기서는 그라브만이 예외적인 것으로 간과하였던, 이른바 사상적 '변형'들을 통해 그의 이론틀을 비판적으로 해명해 보았다. 설령 그것이 주변적 변형이었다 하더라도 우리들의 지적 호기심의 대상에서 제외될 수는 없을 것이다. 먼저 위클리프의 사상은 아우구스틴주의자가 동시에 확고한 반교황권주의자일 수 있음을 보여주었다. 또한 그리스도교적 아리스토텔레스주의를 함께 수용했던 제임스 비터보와 윌리엄 오캄이 정치적으로는 각각 교황권주의적 견해와 반교황권주의적 입장을 표방하였다. 더욱이 탁월한 라틴 아베로이스주

---

64) 존 장당의 정치 이론을 '유사 교황권주의'라고 칭한 것은 그의 견해를 교황권주의와 완전히 동일시하기에는 어려운 측면이 있기 때문이다. 존 장당의 정치 이론의 핵심을 '초자연적 지복의 성취를 지향하는 것'으로 파악할 수는 없다. 그의 정치적 견해의 초점은 오히려 '이론적' 행복을 여하히 현실적으로 성취할 수 있을 것인가 하는 데 있었다. Gewirth, 'Philosophy and Political Thought,' p.147.

의자였던 존 장당의 정치의식은, 종래의 다소 막연한 추정과는 판이하게
도, 유사 교황권주의적인 것이었음을 그의 주저 『형이상학의 문제』는 강력
하게 시사하고 있다. 적어도 근년의 연구는 존 장당이 결코 반교황권주의
자는 아니었음을 분명히 드러내고 있다.

그라브만의 이론틀이 비록 명료하기는 하지마는 그러나 단엽적인 것임
을 이러한 '변형'들은 반증하고 있다. 멀케이(D. Mulcahy)도 그라브만의 모
델이 14세기의 철학과 정치사상의 관계라는 다기한 구조의 전체를 포괄하
기에는 지나치게 단순한 것임을 설득력 있게 지적한 바 있다.65) 그럼에도
불구하고 이러한 '비판' 역시 우리들의 지적 호기심을 충족시켜 주지는 못
하고 있는 것이 여전히 사실이다. '비판' 자체가 양자 사이의 어떤 논리적
관계를 제시하고 있지는 못하며, 따라서 14세기의 철학과 정치 이론의 관
계가 어떠한 것이었을까 하는 의문은 여전히 남기 때문이다.

지워쓰는 14세기 사상가들에게 있어서 철학과 정치사상 사이의 내면적
논리체계를 밝히지 못하는 경우, 이는 다음 두 가지 형태일 것이라고 지적
하였다.66) 당대의 사상가 자신이 애초에 철학적 견해와 정치적 태도 사이
에 어떤 논리적 연계를 가지고 있지 않는 경우가 첫째 유형이며, 두 번째
로는 후대 연구가들의 적확한 분석이 결핍된 경우이다. 전자는 이를테면
한 사상가의 사고와 실제 행동 사이에 아무런 일관성이 없다든가 혹은 철
학에서의 전제·논리 등을 사상가 자신이 제대로 파악하지 못했다든가 할
때이다. 이 경우 그 사상가가 표방하였던 철학적 견해와 정치 이론 간의
내적 연계 또한 비논리적인 것 일 수밖에 없다.

그러나 설령 사실이 그렇다 하더라도, 그 비논리성을 지적할 책임은 여
전히 후대 연구자들에게 있다. 더욱이 위클리프, 제임스 비터보, 오캄, 존
장당 등의 사상을 그러한 유형으로 일괄하여 간주하기란 퍽 어려운 일이
다. 이들에 대한 검토가 보여주는 바는, 오히려 이들의 정치적 견해가 결코

그들의 철학체계와 모순되거나 별개의 것이 아니었다는 점이었다. 논란의 여지가 있는 오캄의 경우를 제외한다 하더라도, 이 같은 사상적 '변형들'조차 여전히 각각의 철학사상과 정치적 태도 사이에 내재해 있던 정연한 논리체계는 충분히 포착될 수 있었다.

지워쓰는 두 번째로 철학과 정치사상 모두에 대한 보다 적확한 분석의 필요성을 지적하였다. 요컨대 그의 지적은 14세기 사상의 전반적 구조와 성격에 대한 전통적 이해를 재검토할 필요가 있다는 것이다. 네더만(C. Nederman)이 근년의 글에서, 중세 말의 정치 이론들에서 점하는 아리스토텔레스 사상의 영향을 비판적으로 검토하고 키케로적 인식의 중요성을 강조했던 의도도 이 같은 맥락에서 해석되어야 할 것이다.[67] 더욱이 '14세기의 사상과 그 이전 세기의 중세 사상 간에는 현저한 차이가 있다'[68]고 한 레프(G. Leff)의 역설은 우리들의 주목을 끌기에 부족하지 않다.

레프의 해명도 여전히 이성과 신앙의 관계에 대한 논의를 14세기 스콜라 사상의 대주제로 설정하였다는 점에서, 문제의식과 접근방식이 종래의 연구들과 그 궤를 달리하는 것은 아니었다. 그러나 그는 이 시대의 사상이 그 논의의 방향에 있어서 종래의 스콜라 사상과는 달랐다고 주장하였다. 아퀴나스가 제시한 '신앙과 이성의 조화와 통합'의 원리를 중세 사상의 전통적 기반으로 파악했던 레프는, 이러한 조화와 통합 개념 그 자체에 대한 도전의 움직임이 14세기 스콜라 사상의 결정적인 한 성격이라고 파악하였다. 따라서 이 시대의 사상가들을 범주화하는 일련의 개념장치도 12~13세기의 그것과는 마땅히 달라져야만 한다는 것이었다. 이를테면 유명론·실재론·아우구스틴주의·토마스주의 등과 같은 전통적 범주로는 14세기에 분출하였던 다기한 논란과 사상적 흐름의 기본 성격을 제대로 가늠할 수 없으므로, 회의주의자·권위주의자 등의 새로운 개념 범주의 도입이 필요

---

67) C. Nederman, 'Aristotle as Authority: Alternative Aristotelian Sources of Late Medieval Political Theory,' *History of European Ideas* 8 (1987), pp.31~44 참조.
68) G. Leff, 'The Fourteenth Century and the Decline of Scholasticism,' *Past & Present* 13 (1956), pp.30~32.

하다고 그는 주장했던 것이다.[69]

　그라브만이 14세기 사상가들을 전통적 아우구스틴주의자, 그리스도교적 아리스토텔레스주의자 그리고 라틴 아베로이스주의자로 분류한 것은 다분히 전통적 방식에 따른 것이었다. 또한 그는 당대의 정치 이론들에 대해서도 교회와 국가의 관계를 주로 문제 삼았던 유서 깊은 지평 위에서 그 성격의 범주화를 모색하였다. 그러나 레프는 14세기의 어떤 두 사상가가, 예를 들어 이성에 대한 신앙의 우위를 인정하였다는 점에서 설령 일치한다 하더라도, 그들의 철학사상을 하나의 '학파'로 포괄할 수는 없다고 밝히고, 더욱이 그들을 정치적 태도에 있어서 교황권주의자로 단숨에 분류하는 것은 결코 정당한 파악이 못 된다고 지적하였다. 레프와 네더만의 앞서의 지적들이 지위쓰가 제안하였던 '적확한 분석'을 위한 새로운 도전의 의미 깊은 실마리가 될 수 있지 않을까.

　철학사상과 정치적 견해를 결부시키는 데 있어서 그라브만의 이론은 확실히 단엽적·직선적인 성격의 모델이었다. 그럼에도 불구하고 철학과 정치사상의 논리적 관계에 대한 그라브만의 기본 가설은, 그에 대한 비판을 통해서도 크게 흔들리지 않는다. 오히려 사상적 '변형들'에 대한 검토가 보여주는 바는 철학사상과 정치 이론 사이에 다양한 그러나 분명한 논리적 관계가 내재하고 있다는 사실이었다. 철학사상과 정치 이론 각각에 대한 보다 면밀한 분석과 새로운 개념틀의 형성 및 이를 토대로 한 '학파'와 '주의'의 새로운 재구성이 그들 사이에 내재했던 진정한 논리적 관계의 체계를 밝혀줄 수 있을 것이다.

---

69) G. Leff, 위의 글, pp.37~38. 14세기 사상가들에 대한 전통적 '범주'의 적용을 폐기하여야 한다고 주장한 레프는 우선 편의상 그들을 '회의주의자'(sceptics)와 권위주의자'(authoritarian)로 대별할 수 있지 않겠는가 하고 제안하였다. 레프는 '회의주의'란 오캄의 학풍을 추종하는 경향으로서 증거와 실제에 의해 입증되지 아니한 모든 것을 지식으로 인정하기를 거부하는 태도이며, '권위주의'란 브래드워다인의 학풍을 따르는 경향으로서 종교적 교리의 권위를 모든 지식과 진리의 핵심으로 생각하는 태도라고 설명하였다.

Ⅲ. 존 위클리프의 개혁사상

1. 문제의 제기

14세기 영국 사회는 교황청의 아비뇽 유수, 백년전쟁, 의회제도의 성장, 가톨릭 교회의 대분열, 흑사병의 창궐 등을 경험하면서 광범위한 변화를 경험하였다. 이 시기의 일련의 사건들은 중세 질서 전반 특히 중세인들의 정신 구조를 뒤흔들어 놓았다. 전 서구를 포괄하는 '하나의 그리스도교 공화국'(*respublica christiana*)이 도전받게 되었고,[1] 사회체제의 급격한 변질에 따라 전통적인 교회의 지위도 변화될 수밖에 없었다.[2]

존 위클리프(John Wyclif)[3]는 이러한 격변의 과정을 살았던 개혁적 운동의 담당자였다. 그는 옥스퍼드 대학의 한 탁월한 철학자 내지 신학자로서뿐만 아니라, 교황청에 반대하여 영국 왕실의 정치적 권위 즉 속권의 기치를 높이 들었던 기수로서 영국인의 한 전형이었으며, 중세 말 영국의 교회(*ecclesia anglicana*)와 사회가 배출한 독특한 신학적 정치적 이론가의 한 사람이었다.

레흘러(G. V. Lechler)[4]가 위클리프 연구에 대한 획기적 신경지를 개척

---

1) G. Sabine, 민병태 역, 『정치사상사(상)』(을유문화사, 1976), 20~21쪽.
2) W. Ferguson, 'The Church in a Changing World: A Contribution to the Interpretation of the Renaissance,' *AHR* 59 (1953), pp.10~11, 18.
3) 위클리프(John Wyclif)는 30여 종의 상이한 철자로 표기되고 있다. 예를 들면 *Wyclyff sive Wikkebeleve, Wiclyffe nequam vita, John de Wycliffe* 등의 표기가 그것이다. 그러나 그의 말년에 이르면 대체로 'of'가 생략된 John Wyklif, Johanne Wycliffe 등의 이름만으로 표기되고 있다. 이는 14세기 말에 이르러 중세인들의 성명철자법이 출신지역을 뺀 '이름만의 표기법'(spelling of proper name)으로 변화하였음을 드러내는 한 예이기도 하다. H. B. Workman, *John Wyclif: A Study of English Medieval Church* I (Oxford, 1926), p.22 참조. 인명표기에 관해서는 본서 제1장 용어 해설 참조.
4) G. V. Lechler, *John Wyclif and His Precursors*, tr. P. Lorimer (London, 1878), 2 vols.는 위클리프 연구에서 기념비적인 업적이다.

한 이후 한 세기를 경과하면서, 종교개혁사에 있어서 위클리프는 흔히 종교개혁의 새벽별(the Morning Star of Reformation) 또는 복음의 박사(doctor evangelicus)로 불려 왔다. 그러나 중세사에서 교회와 국가가 맺고 있었던 극히 밀접한 관계를 감안한다면, 정작 영국사 특히 영국의 정치사상사에서 점하는 위클리프의 비중은 충분히 평가되지 못하고 있다.5) 지금까지 위클리프는 주로 선구적인 종교개혁가 내지 중세 말 스콜라 사상가의 한 사람으로 파악되었다. 그리하여 영국사에서 위클리프의 의의는 대륙으로 건너간 그의 사상이 후스(J. Hus)의 추종자들과 루터(M. Luther)에 직접·간접으로 영향을 주었다는 점, 그리고 루터주의를 통하여 다시 영국의 종교개혁에 간접적인 영향을 미쳤다는 정도로 평가되어 왔던 것이다.

그러나 근년의 연구는 주목할 만한 성과를 가져다주었다.6) 이를 요약해 보면, (1) 위클리프의 사상이 그를 추종하였던 롤라드(Lollards)들에 의하여 영국 사회에 계속해서 유지되었다는 사실이 밝혀진 점, (2) 롤라드들이 영국적 종교개혁을 가능케 한 핵심적 요소의 하나였다는 주장의 대두 등이 그것이다. 근년의 이러한 연구성과는 어떤 의미에서는 위클리프 사상 그 자체에 대한 새로운 검토를 요청한다. 롤라드들이 박해를 무릅쓰고 위클리프의 이상을 영국 사회에 접목시켰으며, 더욱이 그들이 영국의 독특한 정치 전통의 일부로 수용되었다면, 이 운동의 추진력이었던 위클리프의 사상도 그러한 각도 즉 영국적 종교 및 정치 전통의 한 형성인으로 재조명되어야 할 것이기 때문이다.

이에 여기서는 위클리프의 종교·정치사상을 재검토하기 위하여 『교회

---

5) G. A. Benrath, 'Stand und Aufgaben der Wyclif-Forschung,' *Theologische Literaturzeitung* 92 (1967), p.264 ; J. W. Malley, 'Recent Studies in Church History,' *Catholic Historical Review* LV (1969), pp.397~403 참조.

6) 대표적 업적들을 들면 다음과 같다. M. Ashton, 'Lollardy and Sedition 1381~1431,' *Past & Present* 17 (1960), pp.1~37 ; M. Ashton, 'Lollardy and Reformation: Survival or Revival?,' *History* 49 (1964), pp.149~170 ; A. G. Dickens, *Lollards and Protestants in the Diocese of York 1509~1558* (London, 1959) ; J. A. F. Thomson, *The Later Lollards* (Oxford, 1965) ; J. A. Robinson, *Wyclif and the Oxford Schools* (Cambridge, 1961) ; A. Kenny, *Wyclif in his times* (Oxford, 1986).

론』(*De Ecclesia*)[7])과『군주론』(*De Officio Regis*)[8])을 중심으로 다음과 같은 문제, 즉 그는 어떠한 인물이었던가? 그의 사상적 배경은 어디에 있는가? 그의 종교사상의 근간은 무엇인가? 그리고 그의 정치적 견해의 성격은 어떠한 것인가? 하는 문제들을 규명하고자 한다. 위클리프의 방대한 저작[9])을 고려할 때 상기 두 저작만으로 그의 사상의 전모를 드러낼 수는 물론 없을 것이다. 그러나『교회론』과『군주론』이 각각 교회와 국가를 주제로 하여 집필된 사상적 원숙기[10])의 저자의 핵심적 노작이라는 사실은, 이들 두 저작을 중심으로 위클리프 사상의 특징적 성격을 파악하려는 작업에 어느 정도의 가능성을 보장해 준다고 해도 무방할 성싶다.

　이 글의 주된 의도가 영국사에서 점하는 위클리프의 위치에 관한 문제, 다시 말해서 위클리프 사상과 중세 이래로 누적되어 온 '영국적'이라 할 정치 전통을 여하히 접목시킬 수 있을 것인가 하는 데 있는만큼, 가능한 한 종교적 신조상의 쟁점은 피하고자 한다. 그렇게 하는 것이 교회와 국가 그리고 양자의 관계에 대한 중세 교황청의 시각과 구분되는 위클리프의 견해를 오히려 선명하게 부각시킬 수 있겠기 때문이다. 물론 종교사상과 함께 정치사상에 역점을 두고 위클리프를 파악하려는 노력이 전혀 새로운 시도만은 아니다. 그러나 영국 종교개혁에서 점하는 롤라드 운동의 영향을 고려할 때, 위클리프에게서 '고유한 영국적 전통'의 일면을 추적하는 것은 심대한 변질을 경험하고 있었던 14세기 말 영국 사회상의 한 모습을 새로운 각도에서 밝힌다는 점에서도 그 의미를 찾을 수 있을 것이다.

---

7) J. Wyclif, *De Ecclesia*, ed. J. Loserth (London, 1886). 이하 *Eccls.*로 줄임.
8) Wyclif, *De Officio Regis*, ed. A. W. Pollard & C. Sayle (London, 1889). 이하 *Reg.*로 줄임.
9) 위클리프 학회(Wyclif Society)가 1883~1913에 발간한 위클리프의 라틴어 저작만 36권에 달한다. J. P. Whitney, *A Note on the Work of the Wyclif Society* (Oxford, 1927) 참조.
10) *Eccls.*와 *Reg.*를 저술한 시기는 위클리프가 정계를 떠난 후 루터워쓰로 은퇴하기 전의 기간, 즉 2차 옥스퍼드 기(1378~1381년경)에 해당한다. 이 때의 저작들은 현실 정치의 경험이 풍부히 포함되어 있다는 점과 동시에 말년의 격해진 개인적 분노에 빠져 있지 않다는 점에서 그의 사상을 연구하는 데 매우 중요하다.

2. 삶과 인간

존 위클리프가 남긴 많은 유작에도 불구하고 오늘날 그의 인간상을 재구성하기란 용이한 일이 아니다. 왜냐 하면 역사적 인물의 인간상을 재구성하는 데 필요한 기본 요소들, 이를테면 출생연대,11) 출생지,12) 가계 그리고 유년 시절의 생활13) 등이 위클리프에 있어서는 여전히 베일에 가려져 있을 뿐만 아니라, 또한 그가 남긴 글도 극히 비개성적(impersonal)인 서술로 일관하고 있기 때문이다.14) 후스의 추종자들을 후스파(Hussite)라 부르는 데 비해, 위클리프의 추종자들을 위클리프파(Wycliffist)라 하지 않는 이유도 그들에게서 위클리프의 개인적 성향이나 체취를 확인하기 어렵다는 점에 있었다.15) 그러므로 여기서는 비교적 추적이 가능한 대학 생활 이후의 위클리프의 생애를 고찰하고자 하는바, 이를 대별한다면 스콜라 철학

---

11) 출생연대에 관한 추정은 다음과 같다.
   (1) 1320년 : G. M. Trevelyan, *England in the Age of Wycliffe* (London, rev. ed. 1925), p.169.
   (2) 1324년 : *DNB* XXI, p.1117.
   (3) 1328년 : Workman, I, pp.21~2.
   (4) 1330년 : K. B. Mcfarlane, *John Wycliffe and the Beginning of English Nonconformity* (Oxford, 1952), p.3.
12) 출생지로서는 Wycliffe on Tees, Hipswell (혹은 Ipswell), Spresswell 등이 주장된 바 있으나, '요크셔 주 리치몬드 근교' 이상의 정확한 장소는 확인할 수 없다. 이 점은 근년의 연구서에서 공통적으로 지적되는 것이기 때문에 전거 제시를 생략한다.
13) 워크만은 위클리프의 가계에 관하여 '위클리프(Wycliffe) 지방'의 영주였던 로저 위클리프(Roger Wycliffe)와 그의 처 캐더린(Catherine)을 위클리프의 양친으로 추정하였다. Workman, 앞의 책 I, pp.37~39 참조. 위클리프가 위클리프 지방의 영주가 된 것은 1353~1360년경의 일이다. L. Daly, *The Political Theory of John Wyclif* (Chicago, 1962), pp.37~38 참조.
14) 맥팔레인은 위클리프의 인간상을 '박식하고 주도면밀한, 무미건조한 그리고 지칠 줄 모르는 논쟁객'으로 파악하였다. Mcfarlane, 앞의 책, Prologue, xii.
15) 위클리프 추종자들에 대한 명칭은 Lollards, Poor Preachers, Poor Priests, Simple Priests, Itinerent Preachers, True men, Christian men 등 다양하다. 그들에 대한 통칭인 Lollards의 어의는 ① 중얼거리는 불평꾼(Mcfarlane, 앞의 책, p.87), ② 신을 찬송하며 방랑하는 자(Workman, 앞의 책, I, p.327) 등으로 해석된다.

자 내지 대학인의 시기(1372년경까지), 정치 이론가의 시기(1378년경까지), 그리고 종교적 개혁을 주장한 야인 위클리프의 시기 순으로 생각할 수 있을 것이다.

1345년경 옥스퍼드 대학에 발을 들여놓은 위클리프는 '법률, 언어뿐만 아니라 손으로 만든 광학기구들을 수집하러 다닐'[16] 만큼 자연과학 분야에도 폭넓은 관심을 보였다. 그러나 벨리얼(Balliol) 대학에서 문학석사 학위를 받은(1358년경) 이후에는 철학과 신학에 몰두하였던 것 같다. 자타가 공인하는 '옥스퍼드 대학의 꽃'(the Flower of Oxford)으로 성장한 것은 그가 신학박사 학위를 받은 1372년경의 일이었다. 위클리프의 지적 명성은 장엄한 박사(doctor tam solemnis), 심오한 성직자(profundus clericus), 복음의 박사, 위대한 박사 등의 그에 대한 다양한 존칭에서도 찾아볼 수 있다. 역시 옥스퍼드의 일급학자로서 위클리프의 강력한 도전자였던 존 커닝엄(John Cunningham)까지도, '위클리프에 대한 나의 반론은 마치 한 소년이 큰 별을 향해 조약돌을 던지는 것과 같다'[17]고 함으로써, 그에 대한 외경을 표명할 정도였다.

옥스퍼드 대학의 경력을 통해 가장 두드러지는 위클리프의 개인적 성향은 인간성의 존엄에 대한 신념이었다. 초기 저작인『그리스도의 탄생에 대하여』(De Benedicta Incarnatione)에서 이미 그는 이렇게 주장하고 있다.

> 그리스도가 평범한 인간들과 마찬가지로 먹고 마시고 고통받고 죽었다는 사실, 다시 말해서 그리스도의 인간성이 그리스도 인격의 가장 값진 보석이다.[18]

---

16) Wyclif, *Dominio Divino*, ed. R. L. Poole, p.188. Workman, 앞의 책 I, p.100에서 재인용.

17) James, *Mss. Corp* I, 200. 존 커닝엄은 존 곤트(John of Gaunt)의 고해사제였으며, 위클리프보다 먼저 옥스퍼드 대학의 신학박사가 되었다. Workman, 앞의 책 II, p.121 참조.

18) Wyclif, *De Benedicta Incarnatione*, ed. H,. Harris (London, 1886), pp.2~5, 169. 이는 1370년경의 저작으로 추정되며 스콜라 철학자로서의 위클리프의 마지막 저작이었다. Mcfarlne, 앞의 책, p.47 참조.

'그리스도는 평범한 인간의 형제이다'라는 위클리프의 이 자각은 당대인에게 있어서는 확실히 새로운 것이었다.19) 그리스도의 신성만이 찬미와 숭배의 대상이었던 시기에 그리스도의 인간성에 대한 자각은 새로운 인간관을 향한 획기적인 토양을 형성하였다. 이로부터 위클리프는 인류 전반에 대한 그리스도교적 사랑과 인간의 신성성 내지 인간성의 존엄에 대한 의미를 깊이 천착하게 되었고, 이에 대한 신념도 다지게 되었다. 민감한 정치적 이슈이기도 했던 교황의 권위에 대한 그의 비난도, 그가 품었던 인간성의 고귀함에 대한 신념이 그 기초였던 것이다.

> 교황은 스스로 현세 신(God on the earth) 또는 신인(a mixed God)임을 자처함으로써, 그리스도가 유지하고 있었던 고귀한 인간성을 약화시키려 하고 있다.20)

위클리프가 현실 정치문제에 참여하게 된 경로는 모호하다. 그러나 당시 조세권과 고위성직자 임명권을 놓고 교황측과 분규를 거듭하던 영국 왕실측, 특히 새로이 정치적 실권자가 된 존 곤트(John of Gaunt)21)가 옥스퍼드의 이 탁월한 반교황적 속권주의자(secularist)22)에게 관심을 갖게 된 것은 당연한 일이었다. 동시에 교구생활의 체험 등을 통해 유린된 인간의 존엄성23) 회복을 열망하였던 위클리프 또한 자신의 이상을 실현하기 위해서

---

19) 토인비는 중세 서구의 그리스도교 공화국(*respublica christiana*)이 실패한 주 원인을 '교회 정치가들의 인간적 이해의 결함'에서 찾았다. 그는 이 사실이 '지금까지 서구 사회가 경험한 재난 중 최대의 비극이었다'라고 주장하였다. A. J. Toynbee, *An Historian Approach to Religion* (London, 1957), p.151.

20) *Eccls.*, 95.

21) *DNB* X, pp.854~864 참조.

22) 중세 대학의 교수진은 재속성직자(seculars)와 수도성직자(regulars)로 구성되었다. 이들 가운데 특히 재속사제들은 성직자라기보다는 학자들(academicians)이었다. 그리하여 이들을 '순수 대학인'(the university man proper)이라 부르기도 한다. Powicke & Emden eds., *Radshall's Medieval University* I (Oxford, rep. 1969), ch.5, §6 ; III, ch.12, §2 참조.

23) 필링엄(Fillingham, 1361~1368년경), 러쩌샬(Ludgershall, 1368~1374년경) 등의

'행동'하기를 주저하지 않았던 것 같다.

1371년 의회에 대한 자문을 시점으로 정치적 활동에 나선 위클리프는 교황권의 횡포를 공박하고 속권측의 자율적 권한을 옹호함으로써, 영국의 귀족과 농민들로부터 동시에 그리고 단숨에 광범위한 지지를 얻었다.[24] 그러나 개인적 열정과 이상에도 불구하고 그가 할 수 있었던 실제적 정치 활동의 범위는 극히 제한되어 있었다. 1374년 파견되었던 브러지(Bruges) 위원회[25]의 2인자로서 그가 이룩한 성과는 미미한 것이었으며, 위클리프에 의하여 주도되었던 교회 재산의 몰수를 포함하는 대 정치개혁도 무산되어 버렸다.[26] 오히려 세속귀족들은 위클리프의 이상은 외면한 채 자신들의 사욕과 안전만을 도모했기 때문에, 그의 순수한 열망은 이들 탐욕적인 정객의 세속적 이익을 대변하는 한낱 선전의 도구로 전락하였다. 그리하여 마침내 위클리프가 영국의 당면한 지상과제였던 백년전쟁의 정당성마저 폭력과 전쟁의 무익성을 이유로 회의하기에 이르자[27] 이제 위클리프와 속권

교구 생활에 대한 위클리프의 기록은 기근과 흑사병에 허덕이는 농민들의 참상과 그들에 대한 동정으로 가득 차 있다. F. D. Matthew ed., *The English Works of Wyclif: hitherto unprinted* (London, 1890), p.210 등 참조.

24) 세속귀족과 민중적 지지가 적어도 루터워쓰로 은퇴하기 전까지 상당 기간 위클리프를 보호하는 힘이 되었음은 명백하다. 1377년 2월과 78년 5월에 성 바울 성당과 람베쓰에서 각각 열렸던 종교회의에서 위클리프에 대한 정죄를 유보할 수밖에 없었던 것도 주로 이 때문이었다.

25) 1365년 교황 우르반 5세(Urban V)는 영국의 존(John) 왕이 서약한 정기 공납의 납부를 요구하였다. 이는 1333년 이후 연체되었으며, 연간 1000마르크에 달하는 것이었다. 그러나 교황의 요구가 여전히 실행되지 않았으므로, 다시금 십일세 납부를 강력하게 요구하였다. 1374년에 열린 브러지 회담은 이 문제에 대한 영국 군주와 교황측 간의 타협을 모색한 것이었으나 실패하였다. 군주측 대표단의 부위원장이었던 위클리프는 1375년의 2차 회담 때부터는 파견조차 되지 아니하였다. B. L. Manning, 'Wyclif,' *CMH* Ⅶ, pp.451~452 ; A. K. McHardy, 'John Wyclif's Mission to Bruges: A Financial Footnote,' *Journal of Theological Studies* 24 (1973), pp.521~522 참조.

26) Trevelyan, 앞의 책, p.171 ; H. Kaminsky, 'Wycliffism as Ideolog of Revolution,' *Church History* 32 (1963), pp.57~74 참조.

27) 위클리프는 '우리들에게는 다른 나라를 침입할 권한이 없다. 그들(외국인)의 이익을 보호하기 위한 특수한 상황이 아니면, 군주가 두 나라를 지배하려 해서는 안

측의 결별은 시간문제가 되었던 것이다.

1378년 런던을 떠나 돌연 옥스퍼드로 돌아온 위클리프는 다시는 정치적 활동을 기도하지 않았다. 그러니까 결과적으로 볼 때, 탁월한 반교황적 속권주의 이론가라는 개인적 명성에도 불구하고, 그가 성취한 당대의 정치적 업적은 미미할 따름이었다. 맥팔레인(Mcfarlane)은 이를 다음과 같이 분석하였다.

> 위클리프의 정치적 개혁이 실패한 원인은 자신이 공격하던 성직자층의 탐욕보다, 자신을 후원하던 속권층의 그것이 보다 무절제하고 무지한 것임을 미처 깨닫지 못했던 점에 있었다.[28]

맥팔레인의 이 지적은 현실 정치에서 가졌던 위클리프의 한계를 명확하게 드러내 주는 것일 수 있다. 그러나 이러한 정치 경력에서 적어도 위클리프의 인간상의 일면은 확인될 수 있다. 그가 스스로 '옥스퍼드의 꽃'이기를 외면하고 현실 정치에 뛰어든 계기는 교구민들의 참혹한 생활상에 대한 체험을 토대로 의회와 왕실측의 이론가로서 인간성의 고귀함을 구현하려는 데 있었다. 여기서 우리는 당대의 민중과 사회에 대한 봉사를 통하여 신의 대의를 구현하고자 했던 한 실천적 지식인의 단호한 결단과 책임의식을 엿볼 수 있다. 그리고 그가 정치무대를 떠나는 과정 즉 자신의 순수한 이상을 위하여 모든 권력과 등지는 장면은 위대한 이상주의자만이 가질 수 있는 내면적 용기와 진정한 양식을 보여주고 있다.

물론 위클리프의 정치적 이상에는 정치 권력에 대한 불충분한 이해 내지 맹목성[29]도 포함되어 있었던 것 같다. 그러나 비록 그가 의도한 바대로

된다'라고 주장하게 되었다. *Reg.*, 271~272.

28) Macfarlane, 앞의 책, pp.72~73 ; T. J. Hanrahan, 'John Wyclif's Political Activity,' *Mediaeval Studies* 20 (1958), pp.154~166 참조.

29) 민석홍, 「청교도 혁명기의 수평파에 있어서의 자유와 평등의 개념」, 『曉岡崔文煥博士追慕論文集』(1977), 154쪽. 현실 권력에 관한 맹목성에 대해서는 나종일, 「John of Lilburne과 Oliver Cromwell - 청교도혁명에 있어서의 이상주의와 현실

는 아니었다 해도, 그의 이상의 많은 부분이 역사의 누적을 통해 실현될
수 있었던 것은, 트레벨리언(Trevelyan)이 지적한 바와 같이 '위클리프야
말로 당대 사회의 내적 요구와 미래의 가능성을 깊이 이해한 그 시대의 유
일한 인물'30)이었기 때문이 아닐까.

　현실 정치에서 경험한 당혹과 좌절은 오히려 위클리프를 더욱 용기 있
는 지식인으로 만들었던 것 같다. 옥스퍼드로 돌아온 그는 저술 활동을 통
하여 보다 근본적이라 할 정신적 상황의 개혁에 몰두하게 되었던바, 허약
한 체질과 고령에도 불구하고 이 시기에 그의 사상은 가장 풍성한 결실을
맺게 되었다.31) 야인이 된 위클리프는 중세 교회의 전통적인 경계조차 벗
어나기 시작했다. '교황은 현세 교회의 수장이다. 우리는 그에게 복종하여
야 한다'32)고 했던 종래의 고백이 1379년경의 저작인 『교황권에 대하여』
(*De Potestate Papae*)에서는 확연히 부인되기에 이르렀다.

　　부와 권력은 교황을 적그리스도로 만들었다. 교회는 교황을 필요로 하지
　　않는다. …… 공의회에 의한 교회의 통치가 더욱 바람직하다.33)

　물론 여기에는 교회의 대분열(1378~1415)이라는 시대적 상황도 적지않
은 영향을 미쳤을 것이다. 사실 위클리프는 교회의 대분열 직후에만 하더
라도 로마 교황측에 대해 적대적이지 않았다. 그러나 위의 인용문은 이제

　　주의」, 『역사학보』 74 (1977), 1~78쪽 참조.
30) Trevelyan, 앞의 책, p.171.
31) 위클리프의 저작의 대부분이 1378년 이후에 저술된 것으로 보이며, 사인이 되었던
　　뇌졸중은 생존시에 이미 수차 발병하였었다. 휴스턴(R. Houston, 1721~1725)이
　　그린 위클리프의 초상화(1759년작)에서도 그의 허약한 체질을 감지할 수 있으며,
　　루터워쓰로 은퇴한 이유의 일부도 건강상의 문제에서 찾을 수 있다. Mcfarlane,
　　앞의 책, pp.77~79, 88~89 참조.
32) *Eccls.*의 초두에서도 위클리프는 로마 교황 우르반 6세를 'our Urban'으로 부르며
　　외경을 표시하였다. *Eccls.*, 37~38.
33) Wyclif, *Potestate Papae* III, ed. J. Loserth (London, 1870), 321. Workman, 앞의
　　책 II, p.75에서 재인용.

위클리프가 단순히 기존 교회체제의 폐단만이 아니라, 교황수장제 교회정부와 중세의 계서적 교회체제 그 자체의 정당성에 관해 심각한 의문을 제기하고 있었음을 드러낸다. 그의 비판적 논리는 점차 강도를 더하여 교황권의 당위성을 부정하고, 전통적인 가톨릭 신앙의 기본 신조들조차 회의하게 되었던 것이다.

그리하여 위클리프는 화체설(theory of traosubstantiation)이 교황 이노센트 3세(1198~1216) 때에야 비로소 가톨릭적 교리로 채택되었다고 밝히고, 이는 성직자의 종교적 권위를 절대화하기 위한 것일 뿐, 본질적으로는 '비성서적'인 것이라는 주장을 서슴지 않았다.[34] 또한 그는 보수파였던 크닝톤(Knington)이 '복음의 진주를 돼지의 발 아래 던지는 일'[35]이라고 혹평했던 성서의 영역 작업[36]에도 착수하게 되었다. 무엇보다도 그는 상실한 인간성이 회복되기 위해서는 신과 인간의 끊임없는 직접적 교통이 이루어져야 하며, 이는 성서에 대한 개인적 연구를 통해서만 가능하다[37]고 생각하였던 것이다. 위클리프의 이러한 비판적인 지적 작업이 가톨릭 교회의 제도적 구조와 독점적 성서 지식 그리고 성직자의 권위에 대한 중대한 도전이었음은 자명한 일이다.

그가 흔히 종교개혁의 '새벽별'로 불리는 데는 아마 그의 말년의 활동과 긴밀한 관계가 있어 보인다. 그러나 위클리프의 비판적 개혁운동의 대부분이 저술 활동이었다는 점, 다시 말해서 그의 말년의 개혁적 노력의 근간이 실천적이라기보다는 지적 사상적 모색이었다는 사실은 그를 통상의 종교개혁가들과는 구별시켜 주고 있다. 그렇다고 하더라도 '철학의 일인자'라는

---

34) *Eccls.*, 108.

35) Workman, 앞의 책 II, p.186.

36) 딘슬리(Deanesly)가 영문 성서에 관한 위클리프의 신화를 설득력 있게 벗겨놓았음에도 불구하고, 위클리프가 성서의 영역 작업을 주도한 인물의 하나였음은 여전히 사실이다. M. Deanesly, *The Significance of the Lollard Bible* (Cambridge, 1951) ; P. A. Knapp, 'John Wyclif as Bible Translator: the Texts for the English Sermons,' *Speculum* 46 (1971), pp.713~720 ; A. Hudson, 'The Debate on Bible Translation,' *EHR* 354 (1975), pp.1~18.

37) *Eng. Works*, 409, 421 등.

대학 내의 학문적 명성만이 위클리프의 당대적 영향력의 전부는 아니었다. 이 힘만으로 주변에서 기웃거리는 대중들을 움직여 기꺼이 보수 없는 희생적 추종자로 만들기는 어려웠을 것이다. 오히려 긴 지팡이와 얇은 성서 그리고 장식 없는 겉옷만을 걸쳤던 위클리프와 그의 추종자들에게서 우리는 지적 설득 못지않은 위클리프의 인격적 감화력을 느낄 수 있다. 더욱이 롤라드 운동에 대한 열렬한 박해자였던 대주교 토마스 아룬델(Thomas Arundel)마저 위클리프를 완벽한 생활인38)이라 칭한 바 있다. 위클리프는 결코 창백한 지식인만이 아니라 대중적 감화력도 지녔던 실천적 이론가였다고 하겠다.

그러나 위클리프가 말년에 스스로 주창한 비판적 개혁운동의 '전면'에 나서지 않았던 이유는 어디에 있을까? 그의 역점이 실천보다는 여전히 지적 모색에 머물렀던 이유를 워크만은 위클리프의 사상적 경향인 과격한 실재론(radical realism)에서 찾고자 하였다.

> 실재론적 인식의 특성이 실체(being)와 지식(knowing)을 동일시하는 데 있었던 만큼, 과격한 실재론자였던 위클리프에 있어서도 주된 관심은 의로운 삶 또는 인간의 실천적 구제 등의 문제가 아니라 '올바른 사고' 그 자체였다. 의로운 삶과 인간의 구제 등을 그는 '올바른 사고'(right thinking)의 당연한 부산물로 믿었던 것이다.39)

워크만의 이러한 해석조차 위클리프가 대중적 운동의 전면에 나서지 않았던 충분한 동기로는 부족할 수도 있겠다. 그렇기는 하지마는 적어도 이는 위클리프 사상의 기본 성격은 여실히 드러내고 있다. '무지가 항상 변명이 될 수는 없다.40) 그리스도교의 모든 진리는 이성에 입각해 있다. 기적까지도 자연의 빛(lumine naturali) 즉 이성에 의해 설명될 수 있다'41)는 것

---

38) Workman, 앞의 책 I, p.5.
39) Workman, 위의 책 I, pp.322~323.
40) *Eccls.*, 193.
41) *Eng. Works*, 292.

이 위클리프의 기본 태도였다. 실체에 대한 그의 과격한 비판의 논리는 전적으로 올바른 사고 즉 진리와 기적까지도 설명해 내는 인간의 이성과 합리적 추론에 입각한 것이었다.

한편 이성에 대한 위클리프의 이 같은 '과신'은 일반 대중의 정서와 상상력에 대한 공감 내지 이해의 결핍을 의미하는 것일 수도 있다. 종교적 맹신의 분위기에 젖어 있던 중세인들에게는 울고 웃고 미워하고 감격하는 모든 정서생활이 바로 신앙생활 그 자체의 일부였다. 그리하여 이들의 상상력은 끊임없이 신앙의 형상화 즉 종교적인 형상과 의식, 제도와 권위들을 만들었던바,42) 이에 대한 전면적 부정43)은 대중적 신앙 그 자체에 대한 위협일 수도 있었던 것이다. 엄격한 이성주의자였던 위클리프와 일반 대중의 종교적 정서 사이에 있었던 메워지기 어려운 간격, 바로 여기에 대중적 운동가로서의 위클리프의 한계가 있지 않았을까.

명백히 위클리프는 일반 대중의 정서적 요소가 아니라 지적 계몽적 감화에 그 생애를 바쳤다. 그리하여 그의 엄격한 지적 금욕적 신조를 따랐던 추종 세력인 롤라드들이 소수파로 전락한 것은 우연한 일이 아니었다. 더욱이 그는 자신의 정치적 후견인이기도 했던 랭카스터(Lancaster) 공이 최후로 제의한 교회측과의 타협안까지 거부하였다.44) 바야흐로 그는 불가피하게 고독한 항변자의 길을 걸을 수밖에 없었다. 그는 자신의 이상을 구현시켜 줄 현실적인 '힘'인 교권, 속권 그리고 민중적 지지를 모두 외면해 버렸던 것이다. 그러나 오히려 자신의 '올바른 사고'에 위배되는 모든 것들을 외면할 수 있었던, 위클리프의 이 같은 지적 결벽에서 그의 인간상은 두드

---

42) J. Huizinga, *The Waning of the Middle Ages* (Leiden, 1924), p.200. 특히 제12장은 이 문제에 관한 중세 말기인들의 분위기를 잘 묘사해 주고 있다.

43) 위클리프는 모든 종교적 형상화를 '주의 깊은 이해력을 분해시킴으로써 내면의 의미를 가리는 장애물'이라고 배격하였다. *Eccls.*, 514, 544.

44) 1378~79년경 위클리프가 공공연히 화체설을 부정하기에 이르자 랭카스터 공이 급히 옥스퍼드로 달려왔다. 그는 위클리프에게 '진리에 대한 무절제한 사랑으로 인해 화려한 정치적 경력을 망치지 말라. …… 더 이상 이 문제는 거론하지 말라'하고 침묵을 종용하였으나, 위클리프는 이를 거절하였다. *Fasculi Zizaniorum* (Rolls Series), 114 ; Trebelyan, 앞의 책, p.298 참조.

러진다. 빛나는 학문정신, 인간성의 존엄과 인간 이성에 대한 신념, 시대의 내면적 요구에 대한 깊은 통찰, 현실에 뛰어들었던 책임의식 그리고 모든 권력과 등질 수 있었던 내면적 용기…… 여기에 전통적 사회체제가 광범위하게 해체되고 있던 격변의 과도기를 살아간 영원한 한 실천적 이상주의자의 모습이 있다.

3. 사상적 배경

위클리프 사상은 그의 오랜 옥스퍼드의 대학 생활을 통해서 성장하였다.[45] 옥스퍼드 대학은 위클리프의 정신적 고향으로서, 그의 정치적·종교적 개혁운동도 대학에서 그가 거둔 빛나는 업적 위에서만 가능한 것이었다. 친구에게 보낸 한 서한에서 그는 이렇게 말하고 있다.

> 옥스퍼드는 즐겁고 유쾌하고 창조적인 곳이네. …… 신의 집, 천국의 관문이라 부르기에 손색이 없는 곳이지.[46]

14세기 말 옥스퍼드 대학은 토마스 아퀴나스 학파(Thomists)와 둔스 스코투스 학파(Scotists)들 간의 주된 논쟁 무대의 하나였다. 위클리프의 사상을 온건한 실재론자(moderate realist)였던 토마스 아퀴나스와 유명론(nominalism)에로의 길을 마련하였던 둔스 스코투스 가운데 어느 한쪽으로 분류한다면,[47] 그는 토마스주의자에 속해야 할 것이다. 진정한 보편자

---

45) 위클리프의 옥스퍼드 대학 생활은 흑사병, 현실 정치 참여 등으로 인한 일시적 중단을 제외하고는 1345~1381년의 대부분에 이르는 기간 즉 적어도 30년 이상의 기간으로 추정된다.

46) Wyclif, *Opus Minora*, 18 ; Workman, 앞의 책 II, p.97에서 재인용.

47) 토마스 아퀴나스류의 온건 실재론의 특성은 이렇게 요약될 수 있다. 즉 '보편자들이 결코 절대적으로 존재하지는 않는다 하더라도, 사물 앞(*aute rem*), 사물 안(*in re*), 사물 뒤(*post rem*)에 존재한다'고 보는 입장이 그것이다. 그러나 스코투스주의자들은 이를 주지주의적이라 배격하고, '오성'에 선행하는 것으로서의 '의지'의 역할을 강조하였다. 이들을 주의주의(voluntarism)라 부를 수 있겠다.

들의 존재에 대한 증명이 위클리프 철학사상의 기반이기 때문이었다.[48] 그
렇다고 해서 위클리프가 토마스주의의 충실한 후예였던 것은 아니다. 비록
그의 반스코투스학파적 입장이 그를 토마스주의자로 분류하도록 하고 있
지만,[49] 토마스주의자로서의 위클리프의 의미는 오히려 그가 아퀴나스를
통하여 아리스토텔레스와 성 아우구스틴의 감화를 체득하였다는 점에서
찾아야 할 것 같다.[50] 위클리프는 아리스토텔레스를 '유일한 철학자' 또는
'마음의 탐구자'(Searcher of Heart)로 찬양하였다. 이는 그가 뛰어난 대학
인이었음을 감안한다면 오히려 자연스러운 일에 속한다. 그러나 위클리프
가 당시 많은 스콜라 사상가들이 그러했던 것 이상으로 아리스토텔레스를
특별히 외경하고 그의 사상을 추종하였다고 보기는 여전히 어렵다. 그에게
있어서 아리스토텔레스 사상의 원리는 여전히 이교도적인 성격의 논리였
던 것이다.[51]

이에 비해 성 아우구스틴의 영향은 각별하였다. 위클리프 스스로가 '나
를 특별한 방법으로 계몽하여 준 성 아우구스틴에게 감사를 드린다'[52]고
고백하였고, 후일 롤라드들은 위클리프를 '성 아우구스틴의 아들'(Son of
St. Augustine)이라고 부를 정도였다.[53] 서구 정치 전통에 미친 중세의 가
장 커다란 기여의 하나가 아우구스틴 이래로 형성된 그리스도교 공화국
개념이며,[54] 위클리프의 사상도 결국 그리스도교 공화국의 성취에 대한 염
원에 입각한 것임을 상기한다면, 그의 지적 체계에서 아우구스틴주의가 점

---

48) S. H. Thompson, 'Philosophical Basis of Wyclif's Theology,' *Journal of Religion*
    XI (1931), pp.95~96. 위클리프는 보편자를 '사물의 부분으로부터(*ex parte rei*)
    존재한다'고 이해하였다.

49) 레프는 중세 말 사상가들에 대한 일반적인 명칭(유명론자, 토마스주의자 등)의 부
    정확성을 경고하였다. G. Leff, 'The Fourteenth Century and the Decline of
    Scholasticism,' *Past & Present* 13 (1956), p.30 참조.

50) S. H. Thomson, 앞의 글, pp.89~90, 93~94, 104.

51) Workman, 앞의 책 I, p.103.

52) Wyclif, *Dominio Divino* I, ix, 63.

53) Manning, 앞의 글, p.505.

54) Daly, 앞의 책, p.27.

하는 위치는 분명히 막중한 것이었다. 그럼에도 불구하고 아리스토텔레스
와 아우구스틴주의의 영향만으로 위클리프 사상의 고유한 성격을 밝히기
에는 미흡한 것이 또한 사실이다. 실상 이들의 영향은 당시 대부분의 스콜
라 사상가들에게 있어서도 일반적인 것이었다. 이에 우리는 다시금 옥스퍼
드 대학의 고유한 학풍에 주목하게 되는 것이다.

중세 말에 이르러 성장을 거듭한 대학은 다양한 학문정신에의 기폭제였
다. 위클리프의 지적 '고향'이었던 옥스퍼드 대학도 13세기에 이르러 이른
바 옥스퍼드 학파[55]라 불리는 독자적 학풍의 형성을 보게 되었다. 이 학풍
은 무엇보다도 로버트 그로스테스트(Robert Grosseteste, †1253)[56]의 사
상에서 비롯되었다. 그로스테스트는 일찍이 교권과 속권의 관계를 이렇게
정의하였다.

> 성직자들의 세속사에 대한 과도한 개입은 자신들의 신성한 의무를 망각
> 케 할 것이다. 교황의 참된 모범은 현세에서는 결코 세속적인 권한을 행사
> 하려 하지 않았던 그리스도의 모습이어야 한다.[57]

물론 로버트 그로스테스트의 논리는 기본적으로는 현세사에 대한 정신
사 및 현세적 권한에 대한 정신적 권한의 우월성, 즉 속권에 대한 교권의
전통적 우위를 전제하고 있었다. 그러나 그는 성직자의 과도한 세속사 개
입을 비판하였고, 교황의 참된 모범은 탈세속적인 그리스도의 모습이어야
한다고 주장하였다. 그로스테스트의 이러한 교권 인식은 확실히 새로운 시
대를 예고하는 것이었다.

뿐만 아니라 14세기에 접어들면서 발발한 일련의 정치적 사건들[58]은 교

---

55) B. Landry, *L'Idee de Chretiente chez lis scholastiques du XIII siecle* (Paris, 1929), p.52.
56) *DNB* VIII, pp.718~721 참조.
57) H. R. Lucard ed., *Grosseteste episcopi quandam Lincoliniensis epistulae* (London, 1861), pp.91~92. Daly, 앞의 책, p.6에서 재인용.
58) 세기 초에 있었던 프랑스 군주 필립 4세와 교황 보니파키우스 8세 간의 분쟁, 그

권과 속권의 관계를 새롭게 모색하는 촉진제가 되었다. 속권에 대한 교권 측의 변명할 수 없는 굴욕이었던 아비뇽 유수가 드러내고 있듯이, 이제 전통적인 교황권중심적 이념으로부터의 이탈이 표면화되고 있었다. 14세기 초엽의 사상가들 가운데 윌리엄 오캄과 마르실리우스 파두아는 인민주의적 속권주의 이론을 표방한 대표적 인물들로서 위클리프에게도 영향을 주었다. 특히 마르실리우스를 살펴보는 것은 의미 있는 일일 것 같다. 교회와 세속정부 간의 문제에 관해서 위클리프는 마르실리우스의 이론으로부터 커다란 영향을 받았기 때문이다. 교황 그레고리 9세(Gregory IX)가 위클리프의 사상을 '저주받은 이단자 마르실리우스의 기억을 재생시키는 것'이라 비난한 것59)도 이 점을 잘 반영해 주고 있다.

분열된 조국 이탈리아를 혼란으로부터 구하고자 했던 마르실리우스는 아리스토텔레스적 정치 원리들을 깊이 수용하면서, 교황청의 세속적 탐욕에 대해 특히 분노하였다. 현세적 인간 사회를 아리스토텔레스적 의미의 완전한 자족 사회로 이해하였던 마르실리우스는 매길웨인(McIlwain)의 지적처럼, 『평화수호자』를 통해서 교회를 세속국가의 일부로 파악한 중세 최초의 이론가였다.60) 그의 주장을 들어보자.

> 세속사에 대한 교권의 개입이 축소되면 될수록, 현세에서의 신의 뜻의 구현은 보다 확대될 것이다. 현세의 질서와 행복은 신의 간섭 없이 인간 스스로의 노력에 의해서 달성될 수 있다.61)

이 같은 전통적 정치의식의 변화는 이를 나위 없이 당대의 정치적 상황 내지 교황권에 대한 새로운 인식과 결부되어 있었던바, 옥스퍼드의 학풍이

리고 신성로마제국 황제 루드비히 4세와 교황 요한 22세 간의 분규 등을 들 수 있다. 본서 제1장 용어 해설 참조.

59) R. T. Davies ed., *Documents illustrating the History of Civilization in Medieval England 1066~1500* (New York, 1926), pp.231~234. 특히 'Letter of Gregory' 참조.

60) McIlwain, *Growth of Political Thought*, p.313.

61) Sabine, 앞의 책, pp.292~293 ; A. Gewirth, *Marislius of Padua* I, pp.323~326.

이러한 경향의 지적 토양이었던 것이다. 토마스 브래드워다인(Thomas Bradwardine, †1349)의 결정론(determinism)과 리처드 피츠랄프(Richard FitzRalph, †1360)의 주권론(theory of dominion)은 옥스퍼드 학파의 특징적 신학사상이었으며, 또한 그것은 위클리프가 감행하였던 전통적 가톨릭 교회제도에 대한 비판적 개혁운동의 정신적 기반이기도 하였다. '심오한 박사'(doctor profundus)로도 불렸던 브래드워다인은 펠라기우스주의 (pelagianism)에 물들어 있던 당시의 가톨릭적 관행에 심대한 반감을 가지고 있었다. 그는 이렇게 역설하였다.

신만이 모든 행위의 으뜸 가는 시동자(the primary mover)이다. 인간의 노력이 인간성의 불완전함을 완전히 극복할 수는 없다.62)

그는 자신의 해박한 지식을 동원하여 인간을 구원하는 유일한 방법은 인간의 행위가 아니라 신의 은총뿐이며, 이 은총은 신 스스로의 자유로운 의지에 따른 무조건적 결정일 수밖에 없음을 입증하고자 하였다. 17세기의 밀턴(J. Milton)은 이러한 논리를 무익한 지혜와 거짓된 철학이라고 혹평했음에도 불구하고,63) 인간성의 불완전함에 입각한 브래드워다인의 결정론은 획기적인 것이었다. 위클리프의 예정사상으로 계승된 이 결정론은 16세기 종교개혁가들에게 없어서는 안 될 신학적 원리가 되었다.

중세에 있어서 주권론의 출발은 현세적 사물에 대한 종국적 주권(dominium) 개념과 인정적 보유권(possessio) 개념을 구별하는 데 있었다. 피츠랄프는 『바람직한 청빈에 대하여』(De Pauperie Salvatoris)에서 이를 다음과 같이 설명하고 있다.

---

62) T. Bradwardine, De causa Dei contra Pelagium, ed. H. Sabile, I, 308. Workman, 앞의 책 I, p.121 재인용. 토마스 브래드워다인에 관해서는, DNB II, pp.1096~ 1098 ; J. Weisheipl, The Early Oxford Schools, (Oxford, 1984), pp.633~658 참조.
63) Paradise Lost II, pp.565, 558~569에서 밀턴은 신학·철학자들의 허망한 사색과 변론을 조롱하고 있다.

만물의 창조자는 오직 신이다. 인간의 권한은 단지 보유권에 불과하다. 신은 자신의 은총 아래에 있는 자에게 현세적 사물에 대한 권한의 일부를 위탁하는바, 이것이 보유권이다. 따라서 보유권은 본래부터 가변적 제한적이다. …… 신의 위탁 없이는 현세적 사물에 대한 인간의 지배가 성립할 수 없다. 다시 말해 신의 은총 아래 있지 않는 자는 보유권도 가질 수 없다.[64]

당시에 있어서 이러한 논리는 오늘날 이해되는 것 이상의 커다란 의미를 가지고 있었다. 왜냐 하면 신의 주권과는 구분되는 인간의 보유권 개념으로부터, 신의 대의로부터 분리된 현세적 교회제도 및 성직자의 권위에 대한 부정적 비판의 이론적 근거가 마련되기 때문이었다. 위클리프가 교황권을 부정하기 위해 구사하였던, '신의 명령을 위반한 자는 여하한 종류의 현세적 지배권도 가질 수 없다'[65]는 논지도, 바로 이 주권론적 관념을 토대로 하고 있었다. 우리는 리처드 피츠랄프에게서 다음 세대에 보다 날카롭게 다듬어질 현세 교회제도에 대한 비판 이론의 한 원형을 발견하게 되는 것이다.

지금까지 우리는 존 위클리프 사상의 중세적 기원에 해당하는 제 요인들을 고찰하여 보았다. 확실히 그로스테스트, 브래드워다인, 피츠랄프 등 중세 말 옥스퍼드 학파의 영향은 아리스토텔레스류의 현세 사회의 자족성과 아우구스틴주의의 그리스도교 공화국 이념과 더불어 위클리프의 사상을 형성한 주요한 기반이었다. 위클리프의 사상은 결코 스콜라주의에 대한 반론이 아니라 오히려 이들의 지적 유산에 그 토대를 두고 있었다. 이를테면 '옥스퍼드의 꽃'은 중세를 통해 누적된 스콜라적 지혜 위에 핀 '꽃'이라 하겠다. 그러나 그렇다고 해서 전통적인 지적 유산들 중 특정 이념이나 인물을 위클리프의 사상에 직결시키기는 어렵다. 이들 가운데는 상호 모순되는 중세 말기의 사상적 제 경향들이 포함되어 있으며, 위클리프도 이들 중

---

64) E. Lewis, *Medieval Political Ideas* I, pp.123~125. 리처드 피츠랄프에 대해서는 G. Leff, *Richard Fitzralph* (Manchester, 1963) ; K. Walsh, *A Fourteenth Scholar and Primate* (Oxford, 1981) 참조.

65) *Eccls.*, 310~311 ; *Reg.*, 17 ; *Eng. Works*, 409 등.

어느 한 경향만을 전적으로 추종하지는 않았다.

우선 위클리프는 '국가와 교회의 상호 우호적 충고에 의한 조화'66)라는 일종의 병행주의적 입장을 표방함으로써, 교회와 국가의 관계에 있어서 교권우위론은 물론 국가우위론에도 동의하지 않았다. 뿐만 아니라 그는 '모든 사물이 그 자체로서 악한 것은 아무것도 없다. …… 신도 악마에게 복종하여야 한다'67)는 엄격한 결정론적 인식을 가지고 있었다. 더욱이 그는 '인간은 신의 저주나 축복에 의해서가 아니라, 자신의 도덕적 행위에 의하여 멸망을 당할 수도 혹은 영생을 누릴 수도 있다'68)라고 역설하는 자유의지의 신봉자이기도 하였다. 달리(L. J. Daly)가 위클리프의 사상을 '그 자체로서 하나의 소우주'라고 불렀던 것도, 그의 이론체계의 다양성과 이에 대한 정확한 재구성의 어려움을 지적한 것이었다.69) 요컨대 위클리프의 개혁이념은 13세기 이래로 형성되었던 옥스퍼드 대학의 학풍을 중심으로 중세 말기의 다양한 사상적 제 경향의 유니크한 재구성이었다.

---

66) *Reg.*, 39 ; *Eng. Works*, 92.
67) 위클리프는 복음서에 기록된 그리스도가 받은 고난, 즉 유다의 획책으로 체포되어 빌라도와 헤롯의 법정에서 유죄 판결을 받고 십자가형으로 처벌당한 일련의 사건을 신이 악마에 복종한 명백한 증거라고 주장하였다. 이는 1382년 5월의 블랙프라이어 종교회의(Blackfriar's Synod)에서 이단적인 것으로 정죄된 열 가지 명제 가운데 하나이다. 참고로 이 회의에서 결의한 위클리프의 '열 가지 이단적 학설'을 소개하면 다음과 같다.
① 성체성사 후에도 빵과 포도주는 그대로 있다.
② 빵과 포도주가 소멸되어 버리면 기적도 일어나지 않는다.
③ 성체성사가 빵과 포도주를 완전히 그리스도의 몸으로 변화시키는 것은 아니다.
④ 도덕적으로 범죄한 성직자가 성직을 수행할 수는 없다.
⑤ 내적 회심을 경험한 자에게는 외적 고해성사가 불필요하다.
⑥ 그리스도가 미사를 명했다는 학설은 성서적 근거가 없다.
⑦ 신도 악마에게 복종하여야 한다.
⑧ 교황도 범죄하면 적그리스도가 될 수 있다.
⑨ 우르반 6세(Urban VI) 이후로는 진정한 교황이 없었다.
⑩ 성직자가 세속재산을 소유하는 것은 성서의 가르침에 위배되는 것이다.
Davies, 앞의 책, pp.234~236 참조.
68) *Eccls.*, 468 ; *Reg.*, 25 등.
69) Daly, 앞의 책, p.28.

4. 종교사상 : 교회론을 중심으로

1377년 공포된 교황 그레고리 9세의 교서는 위클리프에게 교회의 본질과 제도에 관한 자신의 견해를 천명하도록 요구하였으며,[70] 『교회론』(De Ecclesia)은 이에 대한 위클리프의 답변이었던 셈이다. 1377년경에 착수하여 교회의 대분열이 발발한 직후 탈고한 『교회론』은 그것에 내포된 신학적 논술의 중요성뿐만 아니라, 그것이 대륙에 미친 직접적 영향으로 인해서 위클리프의 종교적 견해를 파악하는 데 불가결한 저술의 하나가 되었다. 실상 후스의 저서 『교황청의 면죄부에 대한 반론』(Adversus Indulgencias Papales, 1412), 『교회론』(De Ecclesia, 1413) 등은 주로 위클리프의 『교회론』을 따른 것이었다.[71]

위클리프의 종교적 이념의 토대는 예정사상이다. 그의 구분에 의하면 교회는 천상 교회(church triumphant in heaven), 현세 교회(church militant on earth) 그리고 연옥 교회(church asleep in purgatory)로 대별되며, 현세 교회에는 두 가지 직책 즉 성직과 속직이 있었다.[72] 교회의 분류에 관한 이러한 견해는 가톨릭의 정통적 교리의 일부였다. 그러나 위클리프는 보다 본질적인 문제라 할 현세 교회의 구성원에 대한 중세적 통념 즉 '성직자가

---

70) 1377년 5월 22일 서명된 교황 그레고리 9세의 교서는 동년 12월 18일 영국에서 공포되었다. 교서는 5종으로서 3종은 대주교 서드베리(Sudbury)와 주교 쿠트니(Courtenay)에게, 나머지 2종은 옥스퍼드 대학 총장과 영국 군주 에드워드 3세에게 각각 발송되었다. 위클리프의 학설 중 이단적인 것으로 보이는 명제 열여덟 가지를 지적한 이 교서는, 위클리프를 투옥하여 심문할 것과 3개월 이내에 그를 교황청 법정에 출두시킬 것을 명하고 있다. 교서가 작성된 다음 3개월 후에 반포되는 것이 관행이었음에 비해 7개월이나 경과된 이후 공포되었다는 사실은 동년 여름 군주와 의회의 자문에 응했던 위클리프의 정치적 영향력에 대한 간접적인 시사이기도 하다.

71) Eccls., 'Introduction,' VI~VII ; W. R. Cook, 'John Wyclif and Hussite Theology 1415~1436,' Church History 42 (1973), pp.335~349 참조.

72) Eccls., 8, 11, 96, 125 ; Eng. Works, 408~409 등. 연옥 교회관과 망자를 위한 특별 미사에 대한 위클리프의 견해에는 일관성이 결여되어 있다. 이 점이 16세기 종교개혁가들과 위클리프의 교회관을 구별짓는 표식의 하나이다.

곧 교회이다'라는 전통적 인식에 정면 도전하였다. 그는 교회의 기초가 신의 선택이라고 믿고, 교회의 구성원에 관해서도 '진정한 교회는 신의 뜻에 의하여 예정된 신도집단 전체이다'[73]라고 규정하였다.

그의 예정사상이 당대적 종교 상황에서 가지는 일차적 의미가 바로 이 점에 있었으며, 이 혁명적 교회관은 위클리프의 일련의 종교적 개혁운동의 논리적 근거가 되었다. '교회 곧 성직자'가 아니라 '교회 곧 신에 의해 선택된 자'라는 명제에는 본질적으로 중세의 가톨릭적 교회제도에 대한 몇 가지 부정적 요소들이 내재되어 있었다.

위클리프의 이 같은 교회론은 주로, (1) 성직자의 권위에 대한 도전, (2) 만인사제설의 주장, (3) 중세 교회제도의 부정, (4) 성서의 절대적 권위 주장 등 네 방향의 개혁운동으로 진행되었다. 먼저 성직자에 대한 위클리프의 태도는 『교회론』의 저작 계기가 되었던 교황 그레고리 9세에 대한 비난에서부터 접할 수 있다. 교황 그레고리를 '가공할 악마'[74]라고 비판한 위클리프는 '교황 및 고위 성직자들도 신의 은총을 벗어날 수 있으며, 이들이 곧 적그리스도일 수 있다는 것이 나의 첫 신조이다'[75]라고 선언하였다. 그에 의하면 오히려 성직자들이 신의 법을 가장 많이 어기는 자들이었다. 왜냐 하면 이들은 물질적 탐욕, 현세적 명예욕 그리고 무절제한 정욕으로 인하여 도덕적으로 타락해 있을 뿐만 아니라, 더욱이 이 사실을 신의 권위로 위장하는 위선자들이었다.[76] 성직자들이 이같이 타락했던 직접적 동기를 세속재산에 대한 탐욕으로 파악했던 위클리프는 진정한 성직자의 모습을 이렇게 제시하였다.

그리스도가 성직자에게 부여한 가장 고귀한 권한은 '벌거벗은 그리스도'를 따르도록 허락한 사실이다.[77] 교회는 빵과 고기를 얻기 위하여 성직을

---

73) *Eccls.*, 25, 70, 74, 76, 111, 129, 140, 439 등.

74) *Eccls.*, 366.

75) *Eccls.*, 29, 464.

76) *Eccls.*, 5, 28, 63, 88~89, 355, 360 ; *Eng. Works*, 391~392, 409.

77) *Eccls.*, 167~169, 176~177.

구하는 무리들을 단호히 퇴출시켜야 한다.[78] …… 교황이 현세 교회의 참된 수장이 되기 위해서는, 그가 그리스도의 겸손과 청빈의 가장 충실한 추종자일 때에만 가능하다. …… 세속군주에 대한 성직자들의 우위는 그들의 인격적 고매함에 있어야 한다.[79]

부유한 성직자에 대한 위클리프의 이 도전이 가지는 현장적 의미는 이를 나위 없이 성직자의 종교적 도덕적 권위에 대한 도전이었다. 그런데 성직자의 권위에 대한 도전은 두 측면에서 그 성격이 해명될 수 있다. 성직자와 세속군주의 관계 그리고 성직자와 평신도의 관계가 그것이다. 그런데 이들 가운데 특히 탐욕적인 성직자와 경건한 평신도의 관계에 대한 검토는 그로 하여금 만인사제설을 주장하게 한 지평이었다. 그는 타락한 성직자가 신의 권능과 기적을 행할 수 있다는 가톨릭 교리에 심각한 의문을 제기하였다. 특히 그에게 충격을 준 것은 화체설이었다. 적그리스도가 어떻게 빵과 포도주를 그리스도의 몸과 피로 변화시킬 수 있단 말인가? 이는 위클리프에게는 오히려 신에 대한 엄청난 모독이었다. 그리하여 그는 마침내 다음과 같은 결론에 도달하기에 이르렀다.

적그리스도가 신성한 성사의 효능을 성취할 수는 없다.[80] …… 사제권은 진정한 교회의 일원이 된 모든 그리스도교도에게 속하는 것이다. 인간 영혼의 문제를 치유하는 일이 특정 계급의 전유물일 수는 없다.[81]

위클리프는 인간 영혼의 문제가 성직자의 전유물이 아니며, 타락한 성직자는 오히려 적그리스도로서, 사제권은 이들이 아니라 모든 진정한 그리스도교도에게 속한다고 주장하고 있다. 만인에 의한 사제기능의 수행 가능성

---

78) *Eccls.*, 203, 208.
79) *Eccls.*, 88, 170 ; *Eng. Works*, 380~381, 426, 457.
80) *Eccls.*, 455.
81) 이러한 정신은 『교회론』 전편에 걸쳐 흐르고 있다. 특히 *Eng. Woks.* 23장 '고해성사' 중 341~345가 이 문제를 주로 다루고 있다.

즉 사제권의 보편성(universal sacerdotium)에 대한 그의 인식은 새로운 교회제도, 아니 어떤 의미에서는, 새로운 사회를 시사한다. 사회란 곧 그리스도교 공동체로서 이에 대한 관리권은 정신적인 것이든 현세적인 것이든 사제적 권한에 속한다는 것이 중세적 통념이었다. 그러니까 이 같은 상황하에서의 위클리프의 도전, 즉 모든 경건한 신도에 의한 사제권의 공유 내지 적어도 이에 대한 자각은 그야말로 모든 그리스도인에 대한 사제적 특권의 보장을 의미하며, 그리하여 이는 만인의 권한의 '평등'을 향한 발상의 혁명을 함의하는 것이었다.

다음으로 교회제도에 관한 위클리프의 견해를 고찰하여 보자. 중세인들을 그토록 오랫동안 가톨릭적 교회체제 아래 묶을 수 있었던 가장 강력한 유대는 역시 죄와 죽음의 문제였다. 인간을 죄와 죽음으로부터 속죄와 구원으로 계도하는 일은 교회의 독점적 기능이라는 관념이 지배적이었다. 특히 중세인의 속죄관은 성직자에 대한 고해를 통하여 실시되는 (1) 육체적 고행, (2) 면죄부(indulgence) 및 성물 구입, (3) 성지순례, (4) 죽은 자의 영혼을 위한 특별 미사 등 교회적 관행으로 제도화되어 있었다. 그런데 14세기 후반에 이르면 정신적 신앙적 참회 행위조차 면죄부 및 성물의 구입과 같은 제도적 물질적 참회 형태로 광범위하게 대체되었다. 즉 참회의 금납화가 만연하는 실정이 되었다.[82]

전통적 교회제도에 대한 위클리프의 도전이 표면화한 계기도 이 문제였다. 그는 교회의 기초와 구성이 신의 선택에 있듯이, 인간의 구원도 오직 신의 예정에 달려 있다는 믿음을 가지게 되었다. 그리하여 신적 선택의 현세적 표현인 인간의 참회란 오직 자발적 정신적인 것일 뿐, 결코 제도화 금납화될 수 없었다. 이에 그는 언제부터 인간의 구원이 교회가 제정한 참회라는 제도에 의해 구속되었던가? 그렇다면 그리스도인의 자유는 어디에 있는가? 하고 반문하기에 이르렀다.

---

82) Trevelyan, 앞의 책, p.131. 교황청 내에 참회국(bureau of penance)이 공식 설치된 것은 1338년 교황 베네딕트 13세에 의해서였다.

그리스도는 인간을 자유롭게 하였음에도 불구하고 적그리스도인 교황은 인간을 속박하려 하고 있다.[83] …… 면죄부 내지 거짓 성물들이란 부자의 장식품 내지 불쏘시개 이상은 아무것도 아니며 …… 무소부재한 신에게 속죄를 구하기 위하여 성지를 순례하는 것은 휴일의 맹목적인 쾌락적 나들이에 불과하다.[84] ……신 이외에는 누구도 타인을 대속할 수 없다. 교황도 '내가 너를 속죄하여 주노라'라고 말할 수는 없다.[85]

위클리프로서는 결코 교황의 속죄권 및 참회의 금납화와 같은 당대의 가톨릭적 속죄 관행의 정당성을 수용할 수 없었다. 그것은 신의 선택에 의한 구원 및 그리스도인의 자유라는 신앙의 기본 원리에 위배되는 것이었다. 비록 위클리프 자신은 충직한 가톨릭 교회의 일원이라는 사실을 의심치 아니하였음에도 불구하고,[86] 이 같은 그의 신념이 중세 교회제도 전반의 부정에로 나아가게 한 동력이었다.

사실 현세적 교회제도의 독점적 속죄권의 부정은 중세인의 심성 구조에 대한 중대한 도전이었다. 중세인들은 비참한 현실에서나마 교회가 제공하는 속죄와 구원의 약속으로부터 커다란 위로를 받고 있던 터였다. 그런데 이 결정적인 문제에서 현세 교회와 사제들이 무능력할 수밖에 없다는 인식의 파급은 불가피하게 대중들로 하여금 교회제도로부터의 이탈을 초래하도록 만들 것이었다. 트레벨리언(Trevelyan)이 이 시기에 경험한 영국민들의 진정한 정신적 변화로서 속죄에 관한 중세적 관념의 탈피[87]를 지적

83) *Eng. Works*, 329.
84) *Eng. Works*, 7, 154, 343 ; *Eccls.*, 465, 561, 569~570 등. 트레벨리언(Trevelyan)은 속죄를 위한 성지순례가 관광객을 유치하기 위한 상업적 책략으로 전락한 한 예로서, 1300년 보니파키우스 8세의 '희년 선포'에 의한 대규모의 로마순례를 지적하였다. Trevelyan, 앞의 책, pp.131~132 ; R. W. Southern, *Western Society and the Church*, pp.133~139 참조.
85) *Eccls.*, 549.
86) *Eccls.*, 11. 위클리프의 이러한 입장은 교황 우르반 6세에게 보낸 서신에도 분명히 드러나며, 자신의 교구였던 루터워쓰의 교회당에서 미사에 참석하던 중 쓰러졌다는 사실도 교회에 대한 그의 신뢰를 웅변하여 주는 것이다.
87) Trevelyan, 앞의 책 p.133 ; E. C. Tatnall, 'John Wyclif and *Ecclesia Anglicana*,'

한 이유도 여기에 있었다.

그렇다면 성직자와 교회제도의 권위에 도전할 수 있었던 위클리프의 비판의 근거는 무엇이었던가? 이에 대하여 위클리프는 자신의 논리가 오직 성서(*sola scriptura*)에 입각한 것임을 역설하였다. 그의 '오직 성서' 사상은 다음과 같이 요약될 수 있다.

> 모든 그리스도교도는 성서를 알아야 한다. 왜냐 하면 그리스도교 신앙의 유일한 핵심적 기초가 성서이며, 또한 성서만이 그리스도교도와 적그리스도를 식별할 수 있는 척도를 제공하기 때문이다.[88] …… 교황에 대한 복속은 원칙의 문제가 아니라 제도와 편의상의 문제이다 ……적그리스도는 비판 활동을 무조건 금하고 있지만, 성서는 우리에게 정당한 비판을 요구하고 있다. 우리는 이성과 양심에 입각하여 비판을 하여야 한다. 만약 이러한 비판이 없다면 인간은 동물과 다를 바 없을 것이다.[89]

위클리프는 자신의 반교황 활동 특히 반그레고리적 활동이 정당한 것임을 자부하였다. 교황에 대한 복속은 삶의 원칙에 속하는 것이 아니며, 이성과 양심에 입각한 비판 활동이 인간을 동물로부터 구별해 주는 요소라는 것이 그의 견해였다. 뿐만 아니라 그는 성직자와 교회제도로부터 해방되어야 할 인간 이성과 양심의 토대가 '오직 성서'라는 확고한 신념을 가지고 있었다. 오직 성서만이 적그리스도를 구별해 주며, 성서적 비판이야말로 진정한 그리스도교도가 마땅히 져야 할 의무의 일부라는 것이었다.

앞서 살펴보았듯이, 위클리프의 종교사상의 두드러진 특징은 그의 예정론에 수반되었던 개인주의적 그리스도교(christianity of individuality)[90]관

Journal of Ecclesiastical History 20 (1969), pp.19~43 참조.
88) *Eccls.*, 34, 38~39, 41, 88 ; *Reg.*, 111, 115 ; *Eng. Works*, 289 등.
89) *Eccls.*, 51 ; *Eng. Works*, 290~291.
90) '개인주의적 그리스도교'관은 종교개혁가들의 공통된 태도였다. 예를 들어 칼빈도 신과의 자유롭고 직접적인 개인적 '만남'을 중시하였다. 그러나 칼빈은 프로테스탄트 교회제도 이를테면 당회제(session), 노회제(presbytery) 등을 통하여 자신의 개인주의적 교회관을 완화하였다. 그리하여 워크만은 '어떠한 종교개혁가에 있어

이라 할 수 있다. 실상 개개인에 대한 신의 예정이 강조되는 논리에서는 교회조직과 성직자의 기능에 대한 고려가 위축될 수밖에 없다. 신과 인간의 직접적 관계 하에서는 종국적으로 개인만이 남게 되며, 위클리프에 의하면, 모든 개인은 교황과 성직자의 권위에 대한 복속을 통해서가 아니라 무오류한 권위인 성서의 자명한 가르침에 따라 스스로를 성찰하고 또한 진리에 이를 수 있었다. 현세 교회라는 제도화된 그리스도교를 벗어났던 그는 성서가 보장하는 개인적 이성과 양심의 자유를 그리스도교의 본질로 이해했던 것이다.

그러나 여기에는 규명되어야 할 두 가지 기본적 문제가 있다. (1) 예정사상은 본질적으로 인간의 자유의지와는 상치된다는 점, (2) 성서의 의미가 항상 만인에게 동일한 것은 아니다는 점 등이 그것이다. 위클리프의 교황권 비판이 신학적으로 예정론을 전제하였다고 해서 그가 인간의 자유의지를 부정한 것은 아니었다. 그는 '신의 예정 …… 그렇다면 인간은 자신의 구원을 성취하기 위하여 아무것도 할 수 없단 말인가'라고 반문하면서, 이렇게 천명하였다.

> 정의와 자비를 행하는 것이 성사를 집전하는 것보다 낫다.[91] …… 인간의 구원은 신성한 삶 즉 개인의 도덕적 공로에 달려 있다. 따라서 인간의 행위가 영혼의 상태에 대한 가시적 시금석이다.[92]

위클리프는 신의 의지를 가시적으로 드러내는 요인이 바로 인간의 도덕적 행위임을 지적함으로써, 신의 예정과 인간의 자유의지 사이의 논리적 문제를 극복하고자 했던 것 같다. 그에 의하면 한 개인이 자율적으로 영위하는 정의롭고 자비로운 삶과 그의 영혼의 구원은 결코 상충하거나 구별되는 요소가 아니었다. 그것은 오히려 인과적 관계에 있었다. 신적 의지의

서보다도 위클리프에게서 신과 인간의 거리가 가장 단축되어져 있다'라고 평하였다. Workman, 앞의 책 II, p.20.
91) *Reg.*, 198.
92) *Eccls.*, 535, 565, 581.

비밀은 인간의 의지적 행위에 의해 입증된다는 것이 그의 견해였다. 위클리프는 루터가 오직 믿음(*sola fide*)으로 대체하였던 교회제도의 기능을 신성한 삶 즉 개인의 '행위'로 바꾸고자 하였던 셈이다.

다음으로 성서 해석의 문제에 대한 위클리프의 견해를 살펴보도록 하자. 그의 반교황적 비판 활동의 근거였던 '오직 성서' 사상이란 과연 어떠한 성격의 논리일까. 성서 해석의 문제에 관한 한 위클리프의 입장은 '단순성' 그것이었다.

> 성서의 진리는 모든 사람에게 자명하다. 누구든지 자신의 단순성에 따라 성서를 읽으면 그 의미를 깨달을 수 있다.[93]

명백히 위클리프는 성서마저 비판의 대상이 될 수 있다는 사실을 예상하지는 못했다. 진리의 자명성에 대한 그야말로 단순한 신념이 그가 표방한 성서의 절대성의 기반이었다. 여기에 그의 신앙적 단순성 내지 개인주의적 종교관의 자의적 측면이 있다. 오늘날 우리는 성서의 의미가, 위클리프가 생각했던 것처럼 항상 만인에게 자명한 것이 아님을 잘 알고 있다. 한 걸음 더 나아가, 오늘날에 와서는 누구도 '위클리프야말로 성서적 진리의 구현자였다'고조차 보장하기 어려운 것이 사실이다. 그럼에도 불구하고 우리는 여기서 신의 예정과 인간의 자유의지의 문제 및 성서적 진리의 자명성 문제에 관한 한, 위클리프의 신념의 토대가 '오직 성서' 및 단순하고 보편적인 인간성에 대한 신뢰였음은 충분히 확인할 수 있다. 이는 결코 '전통적인' 태도가 아니었다고 하겠다.

위클리프의 비판적 종교활동은 무엇보다도 신앙과 제도, 교회와 성직자, 그리고 성직자와 진정한 그리스도교의 분리에 입각하고 있었다. 그리하여 그것은 새로운 교회체제의 형성이라는 건설적인 역할보다는 낡은 교회제도의 해체라는 파괴적인 역할을 주로 담당하였다. 비록 그가 만인사제설 등으로 중세적 교회론을 전면 부정하기는 하였으나, 여전히 그는 16세기

---

93) *Eccls.*, 98, 491.

종교개혁가들에게서 볼 수 있는 바와 같은 새로운 교회에 대한 전망을 결여하고 있었다. 그러나 위클리프의 종교사상을 평가함에 있어서 우리는 당시의 정신적 상황을 반드시 고려하여야 한다. 그는 대부분의 사람들이 성직자와 교회를 동일시하는 시대에 살았으며, 위클리프 스스로 교회를 떠나서는 인간의 구원이 성취될 수 없다고 믿었음에도 불구하고, 그의 견해는 성직자들의 공격과 정죄의 대상이 되었다. 위클리프는 성직자와 교회를 동일시하는 종래의 전통적 교회관을 우선 파괴하여야 할 절박한 이유를 가지고 있었다. 새로운 교회론의 구축은 우선 낡은 교회론을 파괴한 이후에야 가능한 작업이었던 것이다.

위클리프는 '제도적 교회와 관계를 맺는다'(be of the church)는 사실과 '진정한 교회의 일원이 된다'(be in the church)는 사실을 엄격히 분리하였으며, 단순 자명한 성서적 진리를 토대로 이성과 양심에 의한 개인적 비판 활동의 정당성을 신봉하였다. 그는 분명히 후대에 본격화될 탈중세 교회운동의 원리와 영국교회(Anglican Church)의 고유한 한 전통, 즉 신앙의 준거는 오직 성서이다는 이념의 한 원형을 제시하였다. 그는 '그리스도교의 본질이 결코 사람들을 갈라놓는 별난 의식에 있지 않다'[94]고 밝혔다. 여기서 우리는 그가 가졌던 진리의 보편성과 인간성의 신성성에 대한 신념, 및 현세 교회의 타락상에 대한 개혁의 절대성 그리고 기존의 제도 내지 형식의 권위가 아닌 개인의 이성과 양심에 따른 비판 내지 도전의 당위성에 대한 치열한 종교적 자각을 선명하게 볼 수 있다. 바로 이 같은 자각이 그의 사회·정치사상의 기본 토대였다.

5. 정치사상

『교회론』을 탈고한 위클리프는 계속해서 『군주론』(De Officio Regis)을 집필하였다. 교회관의 변화는 당연한 귀결로서 국가와 군주 그리고 속권과

---

94) *Eccls.*, 71, 89, 167.

교권의 관계에 대한 새로운 견해를 수반하게 되었던 것이다.

실상 위클리프는 대부분의 중세 신학자들보다 현실 정치문제에 훨씬 많은 관심을 기울였다.[95] 이는 백년전쟁, 교회 분열 등의 정치적 대사건들에 대한 그의 직접적인 체험과도 무관하지 않았다. 특히 그가 옥스퍼드 대학에서 사상과 신앙을 연마하던 1350년대는 백년전쟁의 초기 단계였으며, 그의 학문정신의 성숙기였던 14세기의 60년대는, 정치적으로 보아, 1360년의 깔레(Calais) 화약으로부터 전쟁이 재발하였던 1369년까지의 기간으로서, 당시 영국은 군주권을 정점으로 한 군주와 제후들의 타협이 적어도 외견상 상당한 정도로 이룩되었던 시기였다. 개괄적으로 보더라도, 14세기 말기의 영국 사회는 의회제도를 비롯한 새로운 국가체제의 토대가 자리잡은 시기였으며, 이와 함께 국가의식도 성장을 거듭하던 때였다. 위클리프의 사상과 개혁운동이 반드시 혁신적인 것만은 아니었음에도 불구하고, 지금까지 대학 내의 일부 학자들에 의하여 논의되던 정치개혁의 문제가 위클리프를 통해 광범위한 국민적 이슈[96]로 대두되었던 것은, 그리하여 그것이 역사상 대중에 대한 최초의 대 정치교육운동[97]으로 비화될 수 있었던 것은, 바로 이러한 당대의 정치적 상황과 밀접한 관련이 있었다. 영국민들로 하여금 새로운 사상을 수용케 할 정치적·정신적 여건이 마련되어 있었던 것이다.

라스키(H. J. Laski)가 지적했듯이, 중세 말기 정치이론의 주요한 화두는, (1) 교회 내에서의 교황의 지위, (2) 교회와 국가 내지 교권과 속권의 관계, (3) 사회구성원들 간의 내부적 관계 등이었다.[98] 먼저 사회구성원들 간의 내부적 관계에 대한 위클리프의 견해를 밝히는 것으로부터 그의 정치사상에 접근해 보자.

---

95) Daly, 앞의 책, p.58.
96) M. J. Harmon, *Political Thought: from Plato to the Present* (New York, 1964), p.147.
97) Sabine, 앞의 책, 220쪽.
98) H. J. Laski, 'Political Theory in the Later Middle Ages,' *CMH* VIII, p.620.

1) 사회론

인류 사회의 형성과 그 기원적 성격에 관한 위클리프의 견해는 일견 매우 전통적인 것이었다. 그는 이 문제에 관한 한, 13세기 이후의 주된 사조였던 그리스도교적 아리스토텔레스주의 즉 아리스토텔레스 - 토마스적 시각을 따르지 않고 있었다. 위클리프는 오히려 아우구스틴주의적 시각 즉 원죄설에 의한 사회형성론을 추종하였다. 이 점에 관한 그의 태도는 단호하였다.

> 현세 사회는 창세인들의 원죄의 산물이다. …… 그러므로 현세의 모든 권력의 유일한 목적은 인간의 원죄성을 제어함으로써 창세시의 무후한 상태(state of innocence)를 회복하는 데 있다.[99]

위클리프의 정치적 견해를 '정치적 아우구스틴주의'로 분류하는 근거도 여기에 있다.[100] 그의 출발점은 인간의 원죄성 즉 현세 사회의 불완전성에 대한 강렬한 인식이었다. 그리하여 그는 현세적 정치 권력에 관한 모든 이론이란 신의 뜻이 직접적으로 반영되었던 창세 상태의 사회질서를 성취하기 위한 것이어야 한다고 생각하였다.

그렇다면 위클리프가 추구하였던 무후한 상태란 어떠한 것이었던가? 우선 그는 신이 직접 창조한 '창세시의 사회'를 그 원형으로 간주하고, 창세 사회의 본질적 특징을 '신은 인간을 위하여 만물을 창조하였다. …… 그리하여 인간은 주권자인 신의 허락에 따라 모든 만물에 대한 보유권을 향유하였다'[101]는 점이라고 지적하였다. 그러니까 위클리프에 따르면, 인간의 모든 만물에 대한 보유권의 현실적 확대는 바로 인간의 원죄성을 제어하

---

99) *Reg.*, 261 ; *Eccls.*, 179~180.
100) Daly, 앞의 책, pp.2~5 참조.
101) *Reg.*, 262~263 ; *Eccls.*, 310. 위클리프는 그의 방대한 저술 *De Civili Domino* (1376)에서 주로 주권론을 다루었다. 그러나 루이스는 위클리프의 주권론의 성격을 '창조적인 것이라기보다는 리처드 피츠랄프의 그것을 보다 과격하게 그리고 정치적으로 적용한 것'이라고 지적하였다. Lewis, 앞의 책, pp.127~129.

고 창세적인 사회 상태를 성취해 가는 과정으로 간주될 수 있었다. 현세
사회의 불완전성에 대한 전통적 인식은 뜻밖에도 현세적 사회질서에 대한
충격적 변혁의 논리를 포함하고 있었던 것이다. 인간의 만물 보유권에 대
한 이 같은 태도는 그의 예정사상과도 결부되어 있었다.

　신의 주권에 의해 '선택된 자들'은 신성한 사제권조차 공유하는 절대 형
평의 공동체였다. 따라서 이들은 현세사의 소유에 관한 문제에서도 모두
공평하게 사물을 보유할 수밖에 없었다. 이에 사물의 공평한 보유를 구현
하는 실천적 대안은 만물에 대한 이들의 공동적 지배 즉 '공유'라는 것이
위클리프의 논리였다. 결과적으로 위클리프는 경제적 평등을 지향하는 과
격한 견해를 밝히게 되었다.

> 모든 재산은 반드시 모든 의로운 자들 즉 선택된 자들에 의하여 공유되
> 어야 한다. 왜냐 하면 이들은 신이 허락하신 바대로 모든 만물을 공평하게
> 보유해야 하기 때문이다.[102]

　비어(M. Beer)가 영국 사회주의의 기원을 위클리프에게서 추적하였던
것[103]도 이 점에 주목했기 때문이다. 위클리프에 의하면 만물은 인간을 위
해 피조되었고, 인간은 이를 공평하게 보유하도록 허락받았으며, 재산의
공유는 신의 뜻을 따르는 의로운 일이었다. 명백히 그는 만물에 대한 공유
를 마땅히 추구되어야 할 바람직한 사회의 기본적 질서로 밝혔던 것이다.
사회경제적 평등에 관한 이러한 위클리프의 시각은 1381년에 발발한 농민
반란에서도 확인된다. 농민반란의 신분적·경제적 이상은 '아담이 경작하
고 이브가 길쌈할 때, 부자가 어디 있고 귀족이 어디에 있었던가?'라는 존
볼(John Ball)의 경구로 대변된다. 이는 기본적으로 당대의 개혁 논리였던
위클리프주의(Wycliffism)[104]와 궤를 달리하는 것이 아니었다. 위클리프

---

102) *Eccls.*, 311.
103) M. Beer, *History of British Socialism* I (London, 1920), pp.22~26.
104) 위클리프의 개혁사상과 운동을 1370년대의 'Wycliffism'과 1380년대의 'Lollard 운
　　동'으로 구분하여, 전자를 정치적 개혁을 지향하는 것으로, 그리고 후자를 종교적

역시 도덕적으로 타락한 지배계층의 신분적 특권을 거부하고, '재산의 공유가 의로운 자들의 양도될 수 없는 권리'임을 신봉하였다. 그리하여 그는 특히 당시 막대한 부와 토지를 보유하고 있었던 교회와 성직자에 대해 충격적인 도전을 감행하던 터였다.[105] 위클리프의 주장에는 농민들의 이상도 투영되어 있었던바, 이 점에서 그는 농민들의 불만을 이론적으로 정제하고 계몽한 시대의 선각자였던 것이다.

물론 위클리프의 이론적 도전을 폭력을 수반한 무절제한 농민들의 격정과 동일시하기는 어렵다. 실상 농민반란 시에 위클리프는 정치적 현안보다는 종교적 문제에 몰두하고 있었으며, 그가 파견한 '가난한 설교사'들도 신분제 타파와 같은 사회적 문제에 깊이 개입한 것 같지는 않다. 반란에 가담한 농민들을 오히려 '잃어버린 양'[106]이라고 불렀던 대목에서 우리는 그의 윤리적 엄격성과 이념적 결벽성을 접하게 된다. 그럼에도 불구하고 위클리프의 사상에 매료되었던 옥스퍼드의 학생과 설교사들은 이를 단순화하여 대중적 운동과 계몽의 수단으로 활용했던 셈이다.[107]

위클리프의 견해는 당대의 사회가 성직자를 포함한 지배계층이 권한을 남용하는 사회라는 확고한 현실 인식에 토대를 두고 있었다. 또한 그는 추구되어야 할 사회의 바람직한 질서로서, 모든 구성원들의 평등한 권한과 자연적 형평에 부합하는 사물의 공유를 주장하였다. 그리하여 그는 특히 재산의 공유를 통한 경제적 평등 이념도 제시하였다. 물론 위클리프의 사상에는 '여하한 경우에도 폭력은 정당화될 수 없다'[108]는 윤리적 결벽성이 포함되어 있었다. 이 점은 대중적 실천적 개혁운동을 제약하는 요소였음이 분명하다. 여기서 우리는 '인간에 의한 정부'[109]를 통해서 창세적 사회 상

개혁운동으로 파악하기도 한다. Trevelyan, 앞의 책, p.293.
105) *Eccls.*, 218.
106) *Reg.*, 9.
107) N. Cohn, 김승환 역, 『천년왕국 운동사』(1993), pp.272~273 ; Trevelyan, 앞의 책, pp.197~198 참조.
108) *Eccls.*, 4.
109) *Reg.*, 93.

태를 추구했던 한 이상주의자의 치열한 열정과 더불어, 이성적 정치 질서 특히 법률과 군주에 대한 흔들림 없는 소박한 외경심이 위클리프의 정치 사상의 토대였음을 확인하게 되는 것이다.

2) 군주론

모든 통치 조직의 가장 중요한 요소가 '법률'임을 전제했던[110] 위클리프 는 바람직한 '인간에 의한 정부'의 형태로서 주로 귀족정과 군주정을 염두 에 두었다. 그러니까 입헌적 귀족정과 입헌적 군주정이 그의 정부론의 지 평이었던 셈이다. 그는 양 체제를 이렇게 비교하였다.

> (입헌적) 귀족정이 훌륭한 정체이기는 하다. 그러나 이는 귀족 전원이 동 일한 덕을 갖추고 있을 때만 가능한 이상적 제도이다. …… 현실적으로 개 인 간의 덕의 차이와 인간 본성에 내재하는 원죄성을 고려할 때 '강제력'을 보유한 한 사람의 지배가 보다 편리하다.[111]

위클리프는 이미 영국에서 그 형태를 갖추기 시작했던 '입헌군주제'를 현실성 있는 이상적 지배체제로 선호하였던 것이다. 입헌군주정 하에서 위 클리프가 먼저 관심을 가졌던 주제는 왕위세습 문제였다. 정치적 논의의 많은 부분을 이 문제에 할애했던 그는 세습제의 폐단으로서 (1) 군주의 지 배가 전제화할 위험성, (2) 군주와 관리들의 타성으로 인한 폭정화의 개연 성 등을 들었다. 그리고 선거제의 폐단으로서는, (1) 선거 과정에서 야기될 수 있는 혼란, (2) 군주의 권위에 대한 인민들의 무절제한 도전 등을 지적 하였다.[112] 결론적으로 그는 만약 군주 개인의 덕과 같은 다른 모든 조건 이 동일하다면, 선거에 의한 군주정보다는 세습제 군주정이 보다 완전한 형태의 통치체제[113]라고 밝혔다. 계속해서 그는 통치자로서 세습 군주가

---

110) *Reg.*, 6~7, 186.
111) *Reg.*, 17.
112) *Reg.*, 9.

갖추어야 할 최대의 자질을 박애정신이라고 지적하였다.

> 정치 권력의 적극적 목표가 무후한 사회를 회복하는 데 있는만큼, 먼저 군주가 이에 적합한 인물이어야 한다. …… 따라서 군주는 신의 품성 즉 박애정신으로 충만해 있어야 한다.[114]

그러니까 위클리프는 왕위계승의 문제에 관한 한, 군주의 개인적 자질과 정치공동체의 동의 그리고 혈연적 요소를 동시에 고려하였다. 이는 전체적으로 볼 때 그의 견해가 왕위계승이라는 하나의 사건에 대해 세습·선출·'신의 은총에 의한 선택'이라는 세 가지 의미를 동시에 부여했던 중세적 전통[115]으로부터 크게 벗어난 것이 아님을 드러내고 있다. 또한 그의 세습제 군주정론은 결과적으로 영국의 정치 현실을 수용하는 것이었다. 그럼에도 불구하고 위클리프의 주장에서 적어도 다음의 세 가지는 지적될 수 있을 것이다. 첫째, 정치 권력은 인민의 공공 이익에 입각해야 하며, 둘째, 공익의 실현을 위하여 정치 권력은 합법적 박애적 강제력을 행사할 수 있고, 셋째, 군주제 즉 일인지배 체체가 보다 효율적이라는 점 등이 그것이다.

먼저 군주의 권위와 임무에 대해 위클리프는 통치 조직의 본질적 요소가 군주라기보다는 법률이라고 지적하였다. 군주의 임무는 정당한 법률을 현명하게 운용하는 일[116]이라는 것이다. 이는 '군주가 할 일은 법률을 판단하는 일이 아니라 법률에 따르는 일이다'라고 했던 아우구스틴류의 중세적 법률 전통을 반영한다. 그러나 군주의 권한과 법률의 관계 즉 법률 아래 있는 군주의 정치적 비중에 대한 그의 인식은 검토해 볼 여지가 있다. 위클리프가 상정하였던 법률은 신법, 교회법, 로마법 그리고 영국법의 네 가지였다.[117] 지고한 권위가 신법임을 전제하면서도 현실 정치에서 점하는

---

113) *Reg.*, 16~17.
114) *Eccls.*, 140.
115) Sabine, 앞의 책, 132쪽.
116) *Reg.*, 25~28.
117) *Reg.*, 102.

신법과 교회법의 실효성을 크게 의식하지 않았던 그는, 영국법과 로마법을
비교하면서 다음과 같이 주장하였다.

> 영국법에는 성문화된 법률과 영국의 고유한 관행들이 동등한 법적 구속
> 력을 가지고 있다. 이 점은 영국법이 로마법보다 자연법칙에 보다 부합한
> 다는 증거이다.[118] …… 군주와 법률과의 관계는 결코 강제적인 복종이 아
> 니라 군주 자신의 덕성 함양을 위한, 그리고 다른 사람들에게 모범을 보이
> 기 위한 자발적 준수의 관계이다.[119]

위클리프는 13세기경부터 이미 광범위하게 형성된 영국의 독자적인 법
률 전통 즉 관행의 원리(doctrine of precendent)를 충분히 인식하였다. 이
관행의 법률적 실효성에 대한 합의가 로마법에 비해 영국법이 우월한 근
거였다. 또한 그는 신법적 권위에 입각한 성직자의 우위 주장에 대해서도,
군주의 법률 준수가 강제적인 것이 아니라 자발적인 것임을 밝힘으로써,
정치적 강제력의 유일한 실체인 군주권의 합법성과 정치적 비중을 결코
제한하려 하지 않았다.[120] 사실 그는 군주의 입법권과 사법권에 관해서도
분명한 견해를 가지고 있었다.

> 군주가 주된 입법자임은 물론, 군주가 스스로의 자유를 제한할 법률을 제
> 정·선포할 의무는 없다.[121] …… 개인들의 범법 행위가 곧 국가를 약하게
> 만든다. 그러므로 국력에 영향을 주는 성직자 임명권과 교회 재산의 문제
> 를 포함한 모든 세속사에 관한 재판권은 당연히 군주에게 속한다.[122]

중세적 전통과는 달리 영국법의 독자성과 입법자 - 군주라는 로마법 원
리를 동시에 수용하였던 위클리프는 성직자들에 대한 군주의 사법권조차

---

118) *Reg.*, 340.
119) *Reg.*, 94.
120) R. Cross, *Precedent in English Law* (Oxford, 1961), pp.18~23 참조.
121) *Reg.*, 93~94.
122) *Reg.*, 113, 119.

적극 변론하였다. 성직자 임명권과 교회 재산에 대한 배타적 관리권이야말로 교회정부가 전통적으로 요구해 온 고유한 권한이 아니었던가. 그의 이러한 군주론에는 물론 반론도 제기되었다. '군주는 이미 그의 지위에 상응하는 충분한 권한을 보유하고 있다'라는 생각이 대표적인 예였다. 이에 대해서도 위클리프는 단호한 입장을 표명하였다.

> 자신(위클리프)에 대한 반론은 탐욕스런 자들의 근거 없는 비방에 불과하다. 오히려 군주는 자신의 영토 내의 유일한 '강제력의 보유자'임에도 불구하고 제후들의 위해 행위와 성직자들의 세속재산 잠식을 제어할 수 있는 적절한 강제력 사용 방안을 가지고 있지 못하다. …… 군주는 신이 그에게 부여한 정당한 권한을 침해당하고 있으며, 왕국 내에 만연된 불의도 여기서 기인된다. 마땅히 군주는 자신에게 부여된 권한을 회복하여 왕국 내의 불의를 척결해야 한다.123)

명백히 위클리프는 군주권에 대한 침해를 당대에 만연된 정치적 혼란과 불의의 한 주된 원인이라고 생각하였다. 그리하여 그의 정치적 개혁 방안도 군주의 합법적 강제력의 회복과 실천에 그 초점이 있었다. 이 같은 왕권중심 사상이 바로 군주로 하여금 이전 세기에 교황이 장악하였던 전능권을 수용하도록 만드는 토대였던 것이다. 더욱이 정치 현실에 대한 대중적 분노와 바람직한 사회체제에 대한 민중적 이상을 그가 폭넓게 공감했음을 감안한다면, 인민과 폭군의 관계에 대한 위클리프의 견해는 국가지상주의적(erastianism) 경향마저 드러낸다.

> 군주의 직책은 신이 부여하였다. 인민의 군주에 대한 복속의 관계는 군주의 정의 또는 불의에 의해서가 아니라, 신의 신성한 계획에 의한 것이다.124)

---

123) *Reg.*, 58, 69 ; *Eng. Works*, 292 참조.
124) *Reg.*, 144.

합법적 군주권의 절대성에 대한 위클리프의 정치적 신념의 기저에는 그의 신학적 태도 즉 예정론적 사고 경향마저 깔려 있었던 것이다. 물론 위클리프가 폭군에 대한 규제를 전적으로 배제한 것은 아니었다. 그는 군주의 전횡을 개인적인 것과 신의 대의에 위배되는 것으로 구분하였다. 전자의 경우에는 겸손한 충고와 인내를 최선의 방안으로 간주한 반면에, 후자의 경우에 대해서는 저항이 진정한 복종임을 밝히면서 죽음을 불사한 저항을 주장하였다.[125] 그러나 다시 이 경우에도 그는 군주가 신의 현세적 이미지이며, 군주권이 신에 의해 부여되었다는 두 가지 사실은 마땅히 존중되어야 한다[126]고 지적하였다. 또한 죽음을 불사한 저항의 구체적인 방법에 대해서도 '폭력과 기만에 의한 방법은 죄악이다'[127]라고 그는 거듭 밝히고 있었다.

이를테면 군주권의 전제화를 방지하는 현실적 규제 장치에 관한 한, 위클리프는 다분히 유보적이었던 셈이다. 단적으로 신민은 폭군에게 복종하여야 하는가? 라는 질문에 대해, '그래야 하는 것으로 보인다'[128]는 것이 그의 결론적 입장이었다.

> 교황이 '그리스도의 인간성의 대리자'인 데 비해, 군주는 '신의 신성의 대리자'이다.[129] ...... 그러므로 교황권의 속성은 '끊임없는 인내'에 그리고 군주권의 속성은 '강제력의 행사'에 있다.[130]

여기서 우리는 군주권의 합법적 강제력에 대한 우선적 당위성의 보장이 교권과 속권의 관계에 대한 위클리프의 변함없는 지론이었음을 확인하게 된다. 1397년 리처드 2세(Richard II)는, (1) 군주는 충분한 힘을 가지고 통

---

125) *Reg.*, 58.
126) *Reg.*, 17.
127) *Reg.*, 9.
128) *Reg.*, 24.
129) *Reg.*, 12, 58, 86.
130) *Reg.*, 8.

치하여야 한다, (2) 법률은 엄격히 시행되어야 한다, (3) 모든 신민은 군주와 그의 법률에 복속하여야 한다고 주장하였다. 이는 위클리프의 군주관을 고스란히 반영하는 요구였다고 하겠다.[131]

위클리프가 상정하였던 군주의 모습은 분명 '강력하고 합법적인 군주'였다. 군주는 신이 그에게 부여한 바대로 입법·사법·행정을 동시에 관장하여야 하고, 개인적 행위의 정의 또는 불의에 관계없이 신민의 복속을 요구할 수 있었다. 뿐만 아니라 군주는 자신의 왕위를 세습할 수 있었고, 성직자를 포함한 모든 신민에 대해 강제적 지배력을 행사할 수도 있었다. 그가 창세적 사회 상태를 지향하기 위해 제시했던 '인간에 의한 정부'는 군주가 신의 현세적 대리자이다는 자각에 입각한 것이었다. 이는 전통적인 중세적 군주관과는 그 지평이 확연히 달랐다. 그럼에도 불구하고 이 같은 군주론 역시 엄연한 한계를 가지고 있었다. 그의 군주론에는 군주권의 본질 내지 군주의 자격에 대한 논의가 결여되어 있었으며, 군주권의 한계 내지 군주와 의회의 관계에 대한 고려도 구체적이지 않았다. 무엇보다도 그는 군주권의 합법성의 기초 즉 정치 권력의 인민주의적 토대에 관한 논의를 간과하였다. 위클리프의 군주론을 새로운 정치 원리의 실천을 위한 프로그램으로 해석하기 어려운 이유도 여기에 있다. 그의 군주론에서 우리는 성직자 집단의 세속적 탐욕을 군주권을 통해서 규제하고자 하는 속권주의적 열망과 함께, 순복의 의무를 당연시해 온 전통적인 그리스도교적 정치 윤리를 동시에 발견하게 되는 것이다.[132]

3) 위클리프와 내셔널리즘

앞서 지적한 바와 같이, 위클리프는 인간의 존엄성이 보장되는 사회를

---

131) *Reg.*, 59 ; J. H. Dahmus, 'John Wyclif and the English Government,' *Speculum* 35 (1960), pp.51~68 참조.

132) 이를 '비현실적 논리'라고 불렀던 워크만은 '위클리프의 정치적 저술들은 플라톤의 『국가』나 모어의 『유토피아』와 같은 성격의 것으로 이해되어야 한다'고 지적하였다. Workman, 앞의 책, I, p.259.

성취하기 위하여, 강력한 군주권의 확립을 역설하였다. 이 같은 위클리프
의 군주관이 역사적인 사건들, 특히 당시의 영국 군주권과는 어떻게 결부
되어 있었던가? 이에 대한 해명은 당시 점증하고 있던 내셔널리즘[133]의 실
상에 접근하는 한 방법이 될 수 있을 것이다.

먼저 영국 군주와 교황의 관계에 대한 위클리프의 견해는 「콘스탄티누
스의 기진장」에 대한 반박에서 매우 구체적으로 드러난다. 그는 속권에 대
한 교황의 우위를 확인하는 상징적인 공식 문서였던 이 「기진장」의 유효
성을 두 가지 이유에서 반박하였다. 첫째, 영국은 「기진장」이 작성될 당시
로마제국의 판도에 속하지 않았다. 둘째, 연대기적으로 보더라도 국가는
교회보다 먼저 수립되어 있었다는 것이다. 그는 오히려 「기진장」을 교황청
의 권력 남용을 초래한 모든 악의 발단으로 간주하였다.[134] 영국이라는 영
토 내에 거주하는 모든 신민은 영국 군주에게 복속하여야 한다. 그렇지 않
는 자는 영국민이 아니다[135]라는 것이 그의 생각이었다. 그러나 이러한 주
장이 위클리프만의 독특한 것은 아니었다. '한 토막의 뼈다귀를 차지하기
위하여 으르렁거리는 개들'[136]이라는 교황에 대한 그의 혹평도 대립된 두
교황에 대한 영국민의 광범위한 불만의 반영이었다. 위클리프가 밝혔던 모
든 신민의 진정한 보호자로서의 군주상은 교회의 분열로 인한 교황권의
하락과 프랑스와의 전쟁 등에 기인하는 국가적 위기의식[137]이 융합되어
표출되었던 영국 국민감정의 한 단면이었다고 하겠다.

중세의 정치적 내셔널리즘은 크게 보아 두 측면을 가지고 있다. 하나는
군주권과 교황권의 관계이고, 다른 하나는 개별국가와 신성로마제국의 관
계가 그것이다. 이번에는 후자 즉 영국과 신성로마제국의 관계에 대한 위

133) 중세 내셔널리즘에 관해서는 C. L. Tipton, *Nationalism in the Middle Ages*
    (New York, 1972) ; J. R. Strayer, 졸역, 『근대국가의 기원』 (탐구당, 1983) 및 제1
    장 용어 해설 참조.
134) *Eccls.*, 292 ; *Eng. Works*, 379.
135) *Reg.*, 58, 71.
136) Wyclif, *Polemical Works* I, 350~1. Workman, 앞의 책 II, p.79 참조.
137) C. Stephenson, *Medieval History* (Washington, 1943), pp.658~692 ; *Reg.*, 69 참조.

클리프의 견해를 고찰하여 보자. 제국의 보편적 지배체제에 대한 그의 견해는 다음과 같았다.

본질적으로는 보편적 지배가 바람직하다. 그러나 현실적으로 이의 원만한 실시가 가능한 것 같지는 않다.[138] …… 왜냐 하면 여기에는 실제적인 지리적 난관, 언어와 관습의 차이 등이 산재하고 있다. 이는 통치상의 행정적 제약과 판단의 착오 그리고 제국에 대한 신민들의 충성심의 결여를 유발할 것이다.[139]

명백히 위클리프는 제국적 지배체제의 한계를 충분히 깨닫고 있었다. 신민들의 충성심의 일차적 대상이 지역국가인만큼, 실제적인 여건들을 고려할 때 국가중심적 정치 질서가 '현실적'이라는 것이 그의 생각이었다. 특히 통치 조직의 핵심인 법률에 있어서 그는 제국법과 영국법을 이렇게 비교하였다.

법률의 소수성이 보다 많은 정의의 실현을 위한 여지이므로, 수적으로 적은 영국법이 제국의 법률보다 우월하다.[140]

그에 의하면 법률의 소수성은 관습의 법률적 실효성과 더불어 제국법에 대한 영국법의 우월성을 입증하는 요소였다. 이를테면 영국 군주는 '우월한 영국법'을 통해서 영국의 신민과 공익을 정치적으로 보호하고 정의를 구현해야 한다고 위클리프는 주장하고 있다. 이는 메이트랜드(Maitland)가 '형식에서는 로마네스크, 본질에서는 영국적인 것'이라 했던 법률적 내셔널리즘(legal nationalism)의 한 표현이 아닐 수 없다.[141] 위클리프의 정치적

---

138) *Reg.*, 261~262.
139) *Eccls.*, 352.
140) *Eccls.*, 56, 193.
141) 위클리프 법률사상의 이 점은 메이트랜드에 의하여 처음으로 주목되었으나, 대부분의 학자들은 이 점을 계속 간과해 왔다.

견해에는 영국적 법률, 관습, 언어 그리고 국토에 대한 자각이 확연히 깔려 있었다. 그에게 있어서는 교황에 의한 것이든, 제국에 의한 것이든, 전통적 인 보편적 지배의 이념 모두가 일종의 비현실적 환상이었다.

끝으로 내셔널리즘의 맥락에서 국부 특히 교회 재산의 문제 또한 검토 할 만한 가치가 있다. 그는 경제적 평등을 이상적인 사회의 한 조건으로 지적한 바 있었고 '하층민의 재산을 유린하는 것 이상으로 정치를 파괴하 는 것은 없다'[142]라고도 밝혔다. 이 문제에 대해 위클리프는 꽤 구체적인 의견을 가지고 있었던 셈이다. 그는 영국민이 겪고 있는 현실적 경제적 난 관이 주로 경작지의 방치, 가축의 심각한 기근, 노동력 부족, 고위 성직자 들을 포함하는 지배계층의 사치 등에 기인한다고 생각하였다.[143] 그리하여 그는 이의 해결책으로서, (1) 방치된 교회 영지의 몰수, (2) 교황청 및 외국 거주 사제에 대한 교회세(tithe) 납부 중지, (3) 인구 증가를 촉진하는 방안 등을 제시하였다.[144]

당시의 교회 재산은 실로 막대한 것이었다. 1376년의 영국 의회는 교회 의 영지가 전 국토의 1/3 이상에 달하며, 영국으로부터 유출되는 교황청의 수입이 군주의 그것의 5배에 이른다고 밝힐 정도였다.[145] 이러한 상황에서 위클리프가 교회의 재산을 문제 삼았던 것은 오히려 당연한 일이었다. 흥 미있는 점은 이 막대한 교회의 부를 그가 단지 종교적인 문제로서가 아니 라 국부의 유실로 간주했다는 사실이다. 그가 교회의 영지와 교회세의 몰 수를 주장한 주된 이유도 영국과 영국민의 경제적 이익을 지키려는 데 있 었다. 경제적 문제를 해결하기 위해서 먼저 국부가 교회로 흘러 들어가는

---

142) *Reg.*, 96.

143) *Reg.*, 31.

144) *Reg.*, 164 ; *Eng. Works*, 421.

145) *Rotuli Parliamentorum* II, 337. S. B. Chrimes & A. L. Brown eds., *Select Documents of English Constitutional History 1307~1485* (London, 1961), p.124 재인용. 트레벨리안은 리처드 2세 때의 연간 로마 교회 수입을 £270,000를 약간 초과하는 것으로, 그리고 성직자의 십일세를 £20,000, 세속인의 십일세를 £30,000 정도로 각각 추산하였다. Trevelyan, 앞의 책, pp.364~365 참조.

것을 막아야 한다고 주장했던 그는 국부의 증대를 위해서도 적극적인 견해를 피력하였다. 그는 무엇보다도 노동력을 국부의 중요한 요소로 인식하였다. 그리하여 그는 비생산적인 인구 중 가장 많은 비중을 차지하는 성직자의 수146)를 제한할 것을 주장하였으며, 또한 건전한 가정생활을 통한 출산율의 상승을 기초로 노동력을 증대시킬 것도 역설하였다.147)

　뿐만 아니라 위클리프는 성직자도 국부의 증대를 위해서 담당해야 할 일정한 역할이 있다고 상정하였다. 그에 의하면, 국부의 진정한 증대는 모든 신민 즉 지배계층과 피지배계층의 공동 노력을 통해서 이룩될 수 있었다. 따라서 당연히 지배계층의 일부인 성직자들은 먼저 사치를 탈피하고, 성실한 노동으로 모범을 보이며, 피지배계층의 이익을 위한 파수꾼의 임무를 충실히 감당해야 한다는 것이 그의 생각이었다.148) 그는 영국 내의 교회와 성직자에 관한 한 영국의 국가적 이익 증대에 마땅히 기여해야 한다는 시각에서 교회의 재산과 성직자의 역할을 해석했던 것이다.

　중세 말 일련의 교회개혁가들은 공통적으로 교회가 본연의 임무 외에 지나치게 많은 짐을 지고 있다149)고 지적하였다. 위클리프는 이 중에서도 가장 먼저 벗어던져야 할 짐이 바로 '교회의 부'라고 강조하였다. 종교적으로도 교회가 경제적인 부를 누려서는 안 될 뿐만 아니라, 정치적으로도 영국 교회의 재산은 영국 국부의 일부였다. 또한 성직자를 포함한 모든 영국민은 반드시 영국 군주에게 복속해야 하였다. 따라서 영국민에 대한 영국 교회와 성직자의 봉사란 경제적 측면에서도 군주와 신민의 이익에 부합하는 봉사의 의무를 담당해야 한다는 것이 그의 논리였다. 영국 군주는 신의 대의를 위하여 교회의 과다한 세속재산을 징발하여야 한다150)는 그의 주

---

146) *Eccls.*, 372. 위클리프의 이 주장에는 약간의 과장도 포함되어 있는 듯하다. 워크만은 1377년경의 성직자 수를 13,000명 그리고 총인구를 200만~250만 명 정도로 추산하였다. Davies, 앞의 책, 'The Population of England as recorded in the Poll-tax accounts of 1377 and 1381,' pp.274~276 참조.

147) *Reg.*, 158 ; *Eng. Works*, 173 등.

148) *Reg.*, 28 ; *Eccls.*, 43 ; *Eng. Works*, 387.

149) Huizinga, 앞의 책, p.153.

장의 기저에는, 영국의 국익을 경제적 지평에서도 보호하고자 했던 나름의
고려가 깔려 있었다고 하겠다.

6. 맺는말

1428년 플레밍(Fleming) 주교는 한 줌의 재를 스위프트 강에 흘려보내
며, '존 위클리프에 관한 기억이 영원히 소멸되기'를 기대하였다.[151] 그러
나 역사의 진전은 그렇게 되지 않았다. 오히려 위클리프는 후대의 종교개
혁 운동에서뿐만 아니라 영국사 그 자체에서도 의미 깊은 위치를 점하게
되었기 때문이다.

위클리프 종교사상의 근간은 예정론이었다. 신의 절대적 선택에 대한 신
념은, 그로 하여금 진정한 사제권이 신의 택함을 받은 모든 그리스도인에
게 속하는 것이라고 믿게 하였으며, 그리하여 마침내 전반적인 중세 가톨
릭의 계서적 교회제도와 독점적 성직자의 권위에 정면 도전하게 되었다.
위클리프에게는 인간의 가시적 '행위'가 곧 영혼의 상태에 대한 시금석이
었으므로, 교황 그레고리 9세를 비롯한 많은 타락한 고위 성직자들이 적그
리스도인 것은 자명한 사실이었다. 그러므로 이들에 대한 자신의 도전은
신앙의 유일하고 완전한 기초인 성서에 의해 그 정당성이 보장된다고 확
신하였던 것이다.

모든 그리스도인의 평등한 권리 및 성서중심적 종교사상이 한편으로는
아우구스틴류의 현세 사회 형성론을 수용했던 위클리프의 정치사상의 토
대였다. 신의 의지와는 무관하다고 판단되었던 당대 교황권의 상황과 현실
사회상에 대해 그는 분노하였다. 그리하여 그는 이를 정치적으로 개혁하는
일이 자신과 모든 그리스도인에게 부여된 의무라고 느끼게 되었다. 그는
인간의 존엄성이 완전히 그리고 평등하게 향유되는 창세적 당위적 사회체

---

150) *Reg.*, 164 ; *Eccls.*, 493.
151) Manning, 앞의 글, p.495 ; Workman, 앞의 책 II, p.320.

제야말로 반드시 추구되어야 할 사회 질서로서, 국가 권력의 존재 이유도 이러한 사회체제의 구현에 있다고 보았다.

위클리프는 국가 권력을 구성하는 요소들 가운데 가장 중요한 것이 법률과 군주라고 생각하였다. 그에게 있어서 법률은 '신적 진리와 인간 이성의 결정체'152)였으며, 군주는 신의 현세적 대리자였던 것이다. 특히 군주는 신의 대리자로서 합법적인 정치적 강제력의 유일한 보유자이고, 성서에 제시된 창세적 정치 질서의 형성에 일차적 책임을 지고 있었다. 따라서 성직자를 포함하는 왕국 내의 모든 신민은 마땅히 군주의 통치에 복속하여야 했다. 그가 입헌군주정을 선호한 이유도 법률적 지배와 군주정 체제의 당위성에 대한 신념이 그 근거였다.

위클리프는 창세적 질서를 구현하기 위해 개혁되어야 할 하나의 실천적 과제가 경제적 불평등이라고 지적하고, 이 같은 불평등은 무엇보다도 교회의 과다한 세속 재산의 보유에 그 원인이 있다고 파악하였다. 여기에 군주의 정치적 강제력이 교회의 세속재산 문제에 개입해야 할 정당한 이유가 있었다. 정신사를 관리해야 할 교회와 성직자는 마땅히 '벌거벗은 그리스도'를 따라 행하고 가르침으로써, 비세속적이어야 할 본연의 임무에 충실해야 한다153)는 것이 그의 생각이었다. 확실히 위클리프는 국가를 모든 신민에게 부여된 천부적 권리를 현실적으로 구현하기 위한 '공공 복지의 공동체'(community of commonwealth)로 간주하였다. 그리고 그는 이것이 지배계층과 피지배계층의 공동 노력에 의해 성취될 수 있다고 생각하였다. 위클리프가 지배계층이었던 군주와 성직자에 대해 각각 법률적 지배 및 피지배계층에의 봉사를 강조하고, 동시에 피지배계층이었던 신민에 대해 이성과 양심에 기초한 비판 및 군주권에의 복속을 강조한 것도 바로 이 공동복지체를 구현하려는 동기에서였다. 그가 품었던 원시 그리스도교적 평등 이념과 민중적 염원에 대한 폭넓은 공감에도 불구하고, 그가 정작 취했던 군주권 강화의 속권주의 논리는 이같은 맥락에서 비로소 제대로 해명

152) *Reg.*, 93.
153) *Eccls.*, 187, 251.

될 수 있을 것이다.

액튼(Acton) 경은 '교회와 국가에 의해 각각 표방된 삶의 원리가 영국사의 독특한 이원성을 이루고 있다'[154]고 지적한 바 있다. 우리는 위클리프의 사상에서 영국적 국가의식이 그의 종교사상과 정치 활동들에 깊숙이 용해되어 있음을 알 수 있다. 그의 정치사상의 기초는 여전히 그리스도교 공화국이라는 전통적 이념에 기초한 것이었다. 그러나 그는 이것이 그리스도교적 신민들의 천부적 권리와 자유 그리고 사회경제적 평등이 구현될 때 비로소 가능하다고 생각했으며, 현실적으로 보아 이는 교황 또는 황제에 의한 보편적 지배체제로는 실현하기 어렵다고 판단하였다. 요컨대 그에 의하면 지역국가를 단위로 합법적인 군주에 의해 관리되는 강제적 정치 권력이 이를 실현하는 관건이었다.

위클리프가 표방하였던 영국 교회(*ecclesia anglicana*)의 의미는 여전히 '영국 내의 교회'(church in England)를 가리키는 것이었다. 그러나 그것에는 머지 않아 '영국의 교회'(church of England)로 성장할 요소들이 내포되어 있었다. 영국 군주는 오직 성서에 입각해서 왕국 내에 거주하는 모든 신민들의 자유롭고 이성적인 활동을 보장하고, 로마 교회와 성직자 계층의 세속적 탐욕에 대해 합법적 강제력을 통해서 왕국의 신민과 국익을 보호해야 한다고 그는 주장했던 것이다. 우리는 위클리프의 사상에서 국가적 행위로서의 영국 종교개혁을 가능케 했던 두 가지 대중적 동력,[155] 즉 교회조직의 권위에 대한 성서적 독자적 신앙 원리의 확립 및 교황청의 영토 잠식에 대한 영국 국토의 자존 주장을 선명하게 접하게 된다. 존 위클리프는 그가 속했던 시대의 산물이었던 동시에 그가 살았던 땅의 소산 즉 영국인으로 서 있는 것이다.

---

154) Lord Acton, *Essays on Church and State*, ed. D. Woodruff (London, 1952), p.145.
155) M. Powicke, *The Reformation in England* (London, 1973), pp.1~4 참조.

참고문헌

1. 1차 사료

1) 저술

Alvarus Pelagius, *Bibliotheca Maxima Pontifica* III, ed. Roccaberti, J. T. (Rome, 1698~1699).

St. Augustine, *City of God*, tr. McCrakem, G. E. (Penguin Books, 1981).

St. Augustine, *The Political Writings of St. Augustine*, ed. Paolcci, H. (Chicago, 1962).

Aristotle, *The Politics* (나종일 역, 『정치학』, 삼성사상전집, 1982).

Beaumanoir, *Les Coutumes de la Beauvésie*, ed. Salmon, A. (Paris, 1899~1890), 2 vols.

St. Benedict, *The Rule of St. Benedict in Latin and English with Notes*, ed. Fry, T. (Collegiville, 1981).

St. Benedict, *The Rule of St. Benedict - The Avingdon Copy Edited from Cambridge, Corpus Christiti College M. S.*, ed. Chamberlin, J. (Toronto, 1982).

Bracton, *De Legibus et Consuetudinibus Angliae*, ed. Woodbine, G. E. 4 vols. (New Haven, 1915~1942).

Cicero, *De Republica*, tr. Keyers, C. W. (Harvard Univ. Press, 1948)

Conrad of Megenberg, *Tractatus Contra Wilhelm Occam*, in *Unbekannte Kirchenpolitische Streitschriften aus der zeit Ludwigs*, ed. Scholz, R. (Torino, 1971) 2 vols.

Dante, *Monarchy and Three Political Letters*, ed. & tr. Nicholl, D. & Hardie, C. (London, 1954).

Francis of Assisi, *The Writings of St. Francis of Assisi*, ed. Fahy, B. (London, 1963).

Hugh of St. Victor, *On the Sacraments of the Christian Faith*, tr. Deferrari, R. J.

(Cambridge : Mass., 1951).

James of Viterbo, *On Christian Government*, ed. & tr. Dyson., R. W. (Suffolk, 1995).

John of Paris, *On Royal and Papal Power*, tr. Watt, J. A. (Toronto, 1971).

John Wyclif, *De Ecclesia*, ed. Loserth, J. (London, 1886).

John Wyclif, *De Officio Regis*, ed. Pollard, A. W. & Sayle, C. (London, 1889).

John Wyclif, *Dominio Divino*, ed. Poole, R. L. (London, 1890).

John Wyclif, *De Benedicta Incarnatione*, ed. Harris, H. (London, 1886).

John Wyclif, *The English Works of Wyclif: hierto unprinted*, ed. Mattew, F. D. (London, 1880).

Marsiglio of Padua, *Defensor Minor*, ed. Brampton, C. K. (Birmingham, 1922).

Marsiglio of Padua, *Defensor Pacis*, ed. Previté-Orton (Cambridge, 1928).

Marsiglio of Padua, *Defensor Pacis*, tr. Gewirth, A. (New York, 1956).

Marsiglio of Padua, *Writings on the Empire*, tr. Nederman, C. J. (Cambridge, 1993).

Thomas Aquinas, *Summa Thelogica*, ed. & tr. Gilby, T. (London, 1964~75), 60 vols.

William of Ockham, *An Princeps pro suo Succursu, Scillicet Guerrae, Possit Precipere Bona Ecclesiarum, etiam, etiam Invito Papa, OP* I. (Manchester, 1974).

William of Ockham, *Breviloquium de Principatu Tyrannico super Divina et Humana, Specialiter autem super Imperium et Subiectos Imeperio*, ed. Scholz, R. (Stutgart, 1952).

William of Ockham, *Dialogus* I~III, ed. Trechel, J., *Guillelmus de Occam, Opera Plurima* I (London, 1962), Goldsat Edition, *Monarchia* II, pp.384~957.

William of Ockham, *De Dogmatibus Ioannis XXII*, Goldast Edition, *Monarchia* II, pp.740~770.

William of Ockham, *De Imperatorum et Pontificum Potestae*, ed. Brampton, C. K. (Oxford, 1927).

William of Ockham, *Epistola ad Fratres Minores in Capitula apud Assisium Congragators, OP* III, pp.1~17.

William of Ockham, *Octo Quaestiones de Potestate Papae, OP* I, pp.1~221.

William of Ockham, *Tractatus Contra Benedictum, OP* III, pp.157~322.

William of Ockham, *Contra Ionnem, OP* III, pp.19~156.

William of Ockham, *Ockham: Philosophical Writings*, ed. Boehner, P. (Indianapolis, 1990).

William of Ockham, *A Short Discourse on Tyrannical Government*, ed. A. McGrade (Cambridge, 1992).

2) 사료집

Curtis, M. ed., *The Great Political Theories* (New York, 1961), 2 vols.

Ehler, S. Z. & Morrall, J. B. eds., *Church and State through the Centuries* (London, 1954).

Goldast, M. ed., *Monarchia Sancti Romani Imperii* (Graz, 1960), 3 vols.

Kendall, E. K. ed., *Sourcebook of English History* (New York, 1904).

Lerner, R. & Mahadi, M. eds., *Medieval Political Philosophy* (Ithaca, 1972).

Lewis, E. ed., *Medieval Political Ideas* (New York, rep. 1974), 2 vols.

Moynihan, J. M. ed., *Papal Immunity and Liability in the Writings of the Medieval Canonists* (Rome, 1961).

Nederman, C. & Forhan, K. eds., *Medieval Political Theory 1100~1400: Readings in the Secular Tradition* (London, 1992).

Scholz, R. ed., *Unbekannte Kirchenplitische Streitschriften aus der Zeit Ludwigs des Bayern 1327~1354* (Rome, 1911~1914), 2 vols.

Tierney, B. ed., *The Crisis of Church and State* (Englewood Cliffs, rep. 1980).

Tierney, B. ed., *The Middle Ages: Sources of Medieval History* (Ithaca, 1978), 2 vols.

2. 2차 사료

1) 연구서

Anderson, W., *Dante the Maker* (London, 1980).

Bachrach, B. S., *The Medieval Church: Success or Failure?* (New York, 1972).

Baldwin, M. W., *The Medieval Church* (Ithaca, 1953).

Bandry, L., *Guillaume d'Occam - sa vie, ses oeuvres, ses idees sociales et politique* (Paris, 1950).

Banrath, G. A. *Wegbereiter der Reformation* (Bremen, 1967).

Barraclough, G., *The Medieval Empire* (London, 1950).

Barraclough, G., *The Medieval Papacy* (London, 1968).

Battaglia, F., *Marsilius de Padove e la filosofia politica* (Florence, 1928).

Beckman, J. P., *Ockham-Bibliographie 1900~1990* (Hamburg, 1992).

Beer, M., *History of British Socialism* (London, 1920).

Berthold, O., *Kaiser, Volk und Avignon* (Berlin, 1960).

Black, A., *Political Thought in Europe 1250~1450* (Cambridge, 1992).

Blythe, J. M., *Ideal Government and the Mixed Constitution in the Middle Ages* (Princeton, 1992).

Boehner, P., *Tractatus de succesivis attibuted to William Ockham* (St. Bonavenure, 1944).

Boehner, P., *Medieval Logic: An Outline of Its Development from 1250 to c. 1400* (Chicago, 1952).

Boehner, P., *Collected Articles on Ockham* (St. Bonaventure, 1958).

Bolton, B., *Medieval Reformation* (London, 1983).

Bowle, J., *Western Political Thought* (New York, 1948).

Brooke. C. N. ed., *Church and Government in the Middle Ages* (Cambridge, 1976).

Brooke, R. B., *Early Franciscan Government* (Chicago, 1959).

Brooke, R. B., *The Coming of the Friars* (London, 1975).

Brown, P. R. L. ed., *Trends in Medieval Political Thought* (Oxford, 1965).

Burns, J. H. ed., *The Cambridge History of Medieval Political Thought* (Cambridge, 1988).

Buisson, L., *Potestas und Caritas: die papastliche Gewalt im Spätmittelalter* (Cologne, 1958).

Cantor, N., *Inventing the Middle Ages* (Cambridge, 1992).

Carlyle, R. W. & A. W., *A History of Medieval Political Theory in the West* (New York, 1903~1936, 3rd. ed.) 6 vols.

Caspar, E., *Geschichte des Papstums* (Tübingen, 1930~1933), 2 vols.

Chrimes, S. B. & Brown, A. L. eds., *Select Documents of English Constitutional History 1307~1485* (London, 1961).

Clarke, D. W., *The Structure of Ockham's Moral Doctrine* (Chicago, 1973).

Copleston, F., *A History of Philosophy* II~III (Westminster, 1962).

Cross, R., *Precedent in English Law* (Oxford, 1961).

Cumming, R. D., *Human Nature and History: A Study of the Development of*

Liberal Political Thought (Chicago, 1969), 2 vols.

Daly, L. J., *The Medieval University 1200~1400* (New York, 1961).

Daly, L. J., *The Political Theory of John Wyclif* (Chicago, 1962).

Damiata, M., *Guglielmo D'Ockham: Poverta et Petere* (Firenze, 1978), 2 vols.

Damiata, M., *Plenitudo Potestates e Universitas Civium in Marilio da Padova* (Firenze, 1983).

Deansly, M., *The Significance of the Lollard Bible* (Cambridge, 1951).

D'Entrèves, A. P., *Natural Law: An Historical Survey* (London, 1951).

D'Entrèves, A. P., *Dante as a Political Thinker* (Oxford, 1952).

D'Entrèves, A. P., *The Medieval Contribution to Political Thought* (New York, 1959).

D'Entrèves, A. P., *The Notion of the State* (Oxford, 1967).

Dempf, A., *Sacrum Imperium: Geschichte und Staatsphilosophie des Mittelalters und der politischen Renaissance* (Darmstaat, 1954).

Dewey, J., *The Public and Its Problem* (New York, 1927).

Dickens, A. G., *Lollards and Protestants in the Diocese of York 1509~1558* (London, 1959).

Diggins, J. P., *The Lost Soul of American Politics: Virtue, Self-Interest and the Foundations of Liberalism* (New York, 1984).

Douie, D. L., *The Nature and the Effect of the House of the Fraticelli* (Manchester, 1932).

Duby, G., *Revelations of the Medieval World, A History of Private Life* (Paris, 1985) II.

Duncan, D., *Ockham's Razor* (London, 1958).

Ebenstein, W., *Great Political Thinkers* (New York, 1951).

Emerton, E., *The Defensor Pacis of Marsilius of Padua* (Harvard Univ. Press, 1920).

Fairweather, A. M., *Aquinas on Nature and Grace* (Philadelphia, 1954).

Farnell, S., *The Political Idea of Divine Comedy* (Lanham, 1985).

Farr, W., *John Wyclif as Legal Reformer* (Leiden, 1974).

Fitzgerald, R. ed., *Comparing Political Thinkers* (New York, 1980).

Flücker, F., *Geschichte des Naturrechts* (Zürich, 1954).

Gardiner, J. ed., *What is History Today* (London, 1988).

Gavin, F., *Seven Centuries of the Problem of Church and State* (Princeton, 1938).

Gierke, O., *Political Theories of the Middle Ages*, tr. Maitland, F. W. (Cambridge, 1900).

Gewirth, A., *Marsilius of Padua and Medieval Political Thought* (Columbia Univ. Press, rep. 1964).

Gilby, T., *The Political Thought of Aquinas* (Chicago, 1958).

Gilson, E., *History of Christian Philosophy in the Middle Ages* (London, 1972).

Goddu, A. L., *The Natural Philosophy of William of Ockham* (Los Angeles, 1979).

Grabmann. M., *Mittelalterliches Geistesleben* (Munich, 1926).

Greylish, C. T., *William of Ockham and Natural Law* (Michigan, 1975).

Harmon, M. J., *Political Thought: from Plato to the Present* (New York, 1964).

Hay, D., *Europe in the Fourteenth and Fifteenth Centuries* (London, 1966).

Hawkins, D., *A Sketch of Medieval Philosophy* (New York, 1947).

Hearnshaw, F. J. C. ed., *The Social and Political Ideas of Some Great Medieval Thinkers* (London, 1923).

Hoffmann, F., *Der Anteil der Minoriten des Bayern gegen Johann XXII unter besonderer Berücksichtigung des Wilhelm von Ockham* (Manchester, 1959).

Hyde, J. K., *Padua in the Age of Dante* (Manchester Univ. Press, 1966).

Jacob, E. F., *Some Recent Contributions to the Study of the Later Middle Ages* (Oxford, 1951).

Jacob, E. F., *Essays in the Conciliar Epoch* (Manchester, 1963).

Jacob, E. F., *Essays in Later Medieval History* (Manchester, 1968).

Jarett, B., *Medieval Socialism* (London, 1913).

Junghans, H., *Ockham im Lichte der neueren Forschung* (Berlin, 1968).

Kantorowicz, H., *The King's Two Bodies: A Study in Medieval Political Theology* (Princeton, rep. 1981).

Keating, C. J., *The Effects of Original Sin in the Scholastic Tradition from St. Thomas to William Ockham* (Washington, 1959).

Kenny, A., *Wyclif* (Oxford, 1985).

Kenny, A., *Wyclif in his Times* (Oxford, 1986)

Knowles, *The Evolution of Medieval Thought* (New York, 1962).

Knysh, G. D., *Political Authority as Property and Trusteeship in the Work of William of Ockham* (London, 1968).

Kömel, W., *Wilhelm Ockham und seine Kirchenpolitischen Schriften* (Essen, 1962).

Kretzmann, N. eds., *The Cambridge History of Later Medieval Philosophy* (Cambridge, 1982).

Lagarde, M. G., *La naissance de l'esprit laique au déclin du moyen âge* (재간).
  I. *Bilan du XIIIe siècle* (Paris, 1956).
  II. *Secteur social de la scolastique* (Paris, 1958).
  III. *Le Defensor Pacis* (Paris, 1970).
  IV. *Guillaume d'Occkam: defence de la l'empire* (Paris, 1962)
  V. *Guillaume d'Occkam: critique des structures ecclesiales* (Paris, 1963)

Lambert, M., *Medieval Heresy* (London, 1977).

Lamprecht, L. P. 저, 김태길 등 역, 『서양철학사』 (을유문화사, 1963).

Le Goff, J., *Time, Work & Culture in the Middle Ages*, tr. Goldhammer, A. (Chicago, 1982).

Le Goff, J., *Medieval Civilization*, tr. Barrow, J. (Oxford, 1989).

Leff, G., *Bradwadine and the Pelagians* (Cambridge, 1957).

Leff, G., *Heresy in the Later Middle Ages* (Manchester, 1967), 2 vols.

Leff, G., *Paris and Oxford Universities in the 13th and 14th Centuries: an Institutional and Intellectual History* (New York, 1968).

Leff, G., *William of Ockham: The Metamorphosis of Scholastic Discourse* (Manchster, 1975).

Larner, J., *Italy in the Age of Dante and Petrarch 1216~1380* (London, 1980).

Lechler, G. V., *Johann von Wyclif und die Vorgeschichte der Reformation* (Leipzig, 1873), 2 Bände.

Leclercq, J., *The Love of Learning and the Desire for God* (New York, 1961).

Leff, G., *Paris and Oxford Universities in the Thirteenth Centuries* (New York, 1968).

Lerner, R. E., *The Age of Adversity: the Fourteenth Century* (Ithaca, 1968).

Lottom, O., *Psychologie et morale au xii et xiii siècles* (Louvain, 1946).

Lovejoy. A. O. 저, 차하순 역, 『존재의 대연쇄』 (탐구당, 1984).

Loyn, H. R. B. ed., *The Middle Ages* (London, 1989).

Lyon, *A Constitutional and Legal History of Medieval England* (London, 1960).

MacClintock, S., *Perversity and Error: Studies on the 'Averrois' John of Jandun* (Indianapolis, 1956).

Mackinson, J., *A History of Modern Liberty* (London, 1906).

Maier, J., *Stuien zur Naturphilosophie der Spätscholastik* (Rome, 1949~1955) 4

Bände.

Marcolongo, F. J., *Aristotle-Aquinas-Ockham: a comparative study of three approaches in metaphsics and their philosophical significance for understanding to medieval contribution to the scientific revolution* (San Diego, 1971).

Maritain, J., *Scholasticism and Politics* (New York, 1940).

Martins, J., *Power and Imagination-City States in Renaissance Italy* (New York, 1979).

McDonald, L. C., *Western Political Theory* (New York, 1968).

Mcfarlane, K. B., *John Wycliffe and the Beginning of English Nonconformity* (Oxford, 1952).

McGrade, A. S., *The Political Thought of William of Ockham* (Cambridge, 1974).

McIlwain, C. H., *The Growth of Political Thought in the West* (New York, rep. 1955).

Miethke, J., *Ockhams Weg zur Sozialphisophie* (Berlin, 1969).

Mollat, M., *The Popes at Avignon 1305~1378* (London, 1949).

Mollat, M., *Etudes sur l'histiore de la pauvre* (Paris, 1974).

Moody, E. A., *Truth and Consequence in Medieval Logic* (Amsterdam, 1953).

Moody, E. A., *The Logic of William of Ockham* (New York, 1965).

Morrall, J. B. 저, 박은구 역, 『중세 서양의 정치사상』 (탐구당, 1983).

Moynihan, J., *Papal Immunity and Liability in the Writings of the Medieval Canonsits* (Rome, 1961).

Mulhern, P. F., *Dedicated Poverty - Its history and theology* (New York, 1973).

Murran, R. H., *History of Political Science* (Cambridge, 1929).

Nederman, C. J., *State and Political Theory in France and England 1250~1350: Marsiglio of Padua, William of Ockham and the Emergence of National Traditions of Discourse in the Late Middle Ages* (York Univ., 1983).

Nederman, C. J., *Community and Consent* (Lanham, 1995).

Niebuhr, R., *The Children of Light and the Children of Darkness - a Vindication of Democracy and a Critique of Its Traditional Defense* (New York, 1944).

Oakley, F., *Council over Pope* (New York, 1969).

Oakley, F., *The Western Church in the Middle Ages* (Ithaca, 1979).

Oakley, F., *Natural Law, Conciliarism and Consent in the Late Middle Ages*

(London, 1984).

Oberman, H. A., *The Harvest of Medieval Theology* (Harvard Univ. Press, 1963).

Oberman, H. A., *Forerunners of the Reformation: the Shape of Late Medieval Thought* (London, 1967).

O'Brien, J. M., *The Medieval Church* (New York, 1968)

Obsborne, C. E., *Christian Ideas in Political History* (London, 1929).

Ozment, S., *The Age of Reform* (New Haven, 1980).

Pantin, W. A., *The English Church in the Fourteenth Century* (London, 1980).

Peters, E. ed., *Heresy and Authority in Medieval Europe* (London, 1980).

Pocock, J. G. A., *The Machiavellian Moment: Florentine Political Thought and the Atlantic Republican Tradition* (Princeton, 1975).

Poole, R. L., *Illustrations of the History of Medieval Thought and Learning* (New York, rep. 1960).

Post, G., *Studies in Medieval Legal Thought* (Princeton, 1964).

Powicke, M., *The Reformation in England* (London, rev. ed. 1973).

Quillet, J., *Philosophie politique de Marsile de Padoue* (Paris, 1970).

Raab, F., *The English Face of Machiavelli* (London, 1964).

Rashdall, H., *The Universities of Europe in the Middle Ages*, eds. Powicke, F. M. & Emden, A. M. (London, rep. 1969), 3 vols.

Réville, A. & Dutaillis, C. P., *Le Soulévement des Travailleurs d'Angleterre en 1381* (Paris, 1898).

Robinson, J. A., *Wyclif and the Oxford Schools* (Cambridge, 1961).

Rossi, G., *Marsilio de Padua profeta de la political mederna* (Lima, 1976).

Russel, B., *Philosophy and Politics* (London, 1947).

Rynn, J. J., *The Nature, Structure and Function of the Church in William of Ockham* (St. Bonaventure, 1979).

Sabine, G. H., *A History of Political Thought* (New York, 1961).

Scalisi, G., *L'Idea di Chiesa negli Spirituali e nei Fraticelli* (Roma, 1973).

Scholz, R., *Marislius von Padua, Defensor Pacis* (Hanover, 1932).

Scholz, R., *Wilhelm von Ockham als politischer Denker und sein Breviloquium de Principatu Tyrannico* (Stutgart, 1952).

Skinner, Q., *The Foundations of Modern Political Thought* (Cambridge Univ. Press, 1978), 2 vols.

Skinner, Q., *The Return of Grand Theory in the Human Sciences* (Cambridge,

1985).

Smalley, B. eds., *Trends in Medieval Political Thought* (Oxford, 1965).

Southern, R. W., *Western Society and Church in the Middle Ages* (Penguin Books, 1970).

Spade, P. V. ed., *The Cambridge the Companion to Ockham* (Cambrdge Univ. Press, 1999).

Stephenson, C., *Medieval History* (Washington, 1943).

Strauss, L & Cropsey, J., *History of Political Philosophy* (Chicago, 1987).

Strayer, J. R. 저, 박은구 역, 『근대국가의 기원』 (탐구당, 1982).

Thomson, J. A. F., *The Later Lollards* (Oxford, 1965).

Tierney, B., *Medieval Poor Law* (Bekeley, 1959).

Tierney, B., *Religion, Law and the Growth of Constitutional Thought 1150~ 1650* (Cambridge Univ. Press, 1961).

Tierney, B., *Foundations of Conciliar Theory* (Cambridge, 1969).

Tierney, B., *Church Law and Constitutional Thought in the Middle Ages* (London, 1979).

Tierney, B. 저, 박은구 외 역, 『서양 중세사 연구』 (탐구당, 1987).

Tierney, B. & Linehan, B. eds., *Authority and Power* (Cambridge, 1980).

Tilly, J. ed., *Meaning and Context* (Oxford, 1985).

Torraco, S. F., *Priests as Physicians of Souls in Marsilius of Padua's Defensor Pacis* (San Francisco, 1992)

Toynbee, A. J., *An Historian's Approach to Religion* (London, 1957).

Trevelyan, G. M., *England in the Age of Wycliffe* (London/rev. ed., 1925).

Trinkaus, C. & Oberman, H. A. eds., *The Pursuit of Holiness in the Late Middle Ages and the Renaissance* (Leyden, 1974).

Tuck, R., *Natural Rights Theories: their origin and development* (Cambridge, 1979).

Ullmann, W., *Medieval Idea of Law* (New York, 1949).

Ullmann, W., *The Individual and Society in the Middle Ages* (London, 1967).

Ullmann, W., *A Short History of the Papacy in the Middle Ages* (London, 1974).

Ullmann, W., *Medieval Political Thought* (Penguin Books, 1975) / 박은구 · 이희만 역, 『서양 중세 정치사상사』(숭실대 출판부, 2000)

Ullmann, W., *Law and Politics in the Middle Ages* (Cornell Univ. Press, 1975)

Ullmann, W., *Medieval Foundations of Renaissance Humanism* (Ithaca, 1977).

Ullmann, W., *Principles of Government and Politics in the Middle Ages* (London, 1978).

Ullmann, W., *Scholarship and Politics in the Middle Ages* (London, 1978).

Utley, F. ed., *The Forward Movement of the Fourteenth Century* (Columbus, 1961).

Utley, F. ed., *The Papacy and Political Ideas in the Middle Ages* (London, 1976).

Watt, J. A., *The Theory of Papal Monarchy in the 13th Century: the Contribution of the Canonists* (London, 1965).

Weinberg, J. R., *Nicholas of Autrecourt* (Princeton, 1948).

Whitney, J. P., *A Note on the Work of the Wyclif Society* (Oxford, 1927).

Wilkinson, B., *Studies in the Constitutional History of the Thirteenth and Fourteenth Centuries* (Manchester, 1937).

Wilks, M., *The Problem of Sovereignty in the Later Middle Ages* (Cambridge, 1963).

Woodruff, D. ed., *Essays on Church and State* (London, 1952).

Workmann, H. B., *Christian Thought to the Reformation* (London, 1911).

Workmann, H. B., *John Wyclif : A Study of English Medieval Church* v. 1 (Oxford, 1926).

Wulf, M. D., *Philosophy & Civilization in the Middle Ages* (New York, 1953).

2) 연구논문

Admas, M. M., 'Ockham's Nominalism and Unrealities,' *Philosophical Review* 86 (1977), pp.144~176.

Allen, J. W., 'Marsilius of Padua and Medieval Secularism,' *The Social and Political Ideas of Some Great Medieval Thinkers*, ed. Heranshaw, F. J. C. (London, 1923), pp.167~191.

Ariew, R., 'Did Ockham use his Razor,' *Franciscan Studies* 37 (1977), pp.5~17.

Ashton, M. E., 'Lollardy and Sedition 1381~1431,' *Past & Present* 17 (1960), pp.1~37.

Ashton, M. E., 'Lollardy and Reformation: Survival or Revival?,' *History* 49 (1964), pp.149~170.

Baron, H., 'Franciscan Poverty and Civic Wealth as Factors in the Rise of Humanistic Thought,' *Speculum* 13 (1938), pp.1~37.

Baudry, L., 'L'Odre franciscain au temps de Guillaume d'Occam,' *Mediaeval Studies* 27 (1965), pp.184~221.

Bayley, C. C., 'Pivotal Concepts in the Political Philosophy of William of Ockham,' *Journal of the History of Ideas* 10 (1949), pp.199~218.

Beckman, J. P., 'Ockham, Ockhamismus und Nonimalismus,' *Franciscan Studies* 56 (1998), pp. 77~95.

Benrath, G. A., 'Stand und Aufgaben der Wyclif-Forschung,' *Theologische Literaturzeitung* 92 (1967), pp.261~264.

Bigongiari, D., 'Notes on the Text of the *Defensor Pacis*,' *Speculum* 7 (1932), pp.36~49.

Boehner, P., 'The Realistic Conception of William of Ockham,' *Collceted Articles on Ockham* (New York, 1958), pp.156~174.

Brampton, C. K., 'Marsiglio of Padua, life,' *EHR* XXXVII (1922), pp.15~51.

Brampton, C. K., 'Ockham, Bonagratia and the Emperor Lewis IV,' *Medium Aevum* 31 (1962), pp.81~87.

Brampton, C. K., 'Personalities in the Process against Ockham at Avignon 1324-1326,' *Franciscan Studies* 25 (1966), pp.4~25.

Canning, J., 'Ideas of State in Thirteenth and Fourteenth-Century Commentators on the Roman Law,' *Transactions of the Royal Historical Society,* 5th series 33 (1983), pp.1~25.

Cantor, N. F., 'The Crisis of Western Monasticism, 1050~1300,' *AHR* 66 (1960), pp.47~67.

Carr, D., 'The Prince and the City: Ideology and Reality in the Thought of Marsilius of Padua,' *Medioevo* 5 (1979), pp.279~291.

Condren, C., 'Marsilius of Padua's Argument from Authority: A Survey of its Significance in the *Defensor Pacis*,' *Political Theory* 5 (1977), pp.205~218.

Condren, C., 'On Interpreting Marisilius of Padua's Use of St. Augustine,' *Augustiniana* 25 (1975), pp.217~222.

Condren, C., 'George Lawson and the *Defensor Pacis*: On the Use of Marisilus in Seventeenth-Century England,' *Medioevo* 6 (1980), pp.595~614.

Condren, C., 'Democracy and the *Defensor Pacis*: On the English Language Tradition of Marsilian Interpreation,' *Il Pensiero Politico* 8 (1980), pp.301~316.

Cook, W. R., 'John Wyclif and Hussite Theology 1415~1436,' *Church History*

42 (1973), pp.335~349

Courteney, W. J., 'Nominalism and Late Medieval Thought: A Bibliographical Essay,' *Theological Studies* 33 (1972), pp.712~734.

Courteney, W. J. & Tacharu. K., 'Ockham, Ockhamists and the English-German Nations at Paris 1339~1341,' *History of Universities* II (1982), pp.53~92.

Crofts, R. A., 'The Common Good in the Political Theory of Thomas Aquinas,' *The Thomist* 37 (1973), pp.155~173.

Dahmus, J. H., 'John Wyclif and the English Government,' *Speculum* 35 (1960), pp.51~68.

Dawson, J. F., 'Richard FitzRalph and the Fourteenth Century Poverty,' *Journal of Ecclesiastical History* 34 (1983), pp.315~344.

Dunbabin, J., 'Aristotle in the Schools,' *Trends in Medieval Political Thought*, ed. Smalley, B. (Oxford, 1965), pp.65~85.

Dunbabin, J., 'The Reception and Interpretation of Aristotle's Politics,' *The Cambridge History of Later Medieval Philosophy*, ed. Kretzmann, N. (Cambridge, 1982), pp.657~672.

Erikson, C., 'The Fourteenth Century Franciscans and Their Critics,' *Franciscan Studies* 35 (1975), pp.107~135.

Erikson, C., 'The Fourteenth Century Franciscans and Their Critics,' *Franciscan Studies* 36 (1976), pp.109~147.

Eschmann, T., 'A Thomistic Glossary on the Principle of the Preeminence of the Common Good,' *Mediaeval Studies* 5 (1943), pp.132~165.

Federhofer, 'Ein Beitrag Zur Bibliographie und Wilhelm von Ockham,' *Philosophische Jahrbuch* 38 (1925), pp.26~48.

Ferguson, W. K., 'The Church in a Changing World: A Contribution to the Interpretation of the Renaissance,' *AHR* 59 (1953), pp.1~18.

Gewirth, A., 'John of Jandun and the *Defensor Pacis*,' *Speculum* 23 (1948), pp.267~272.

Gewirth, A., 'Philosophy and Political Thought in the Fourteenth Century,' *The Forward Movement of the Fourteenth Century*, ed., Utley, F. (Columbus, 1961) pp.125~164.

Ghisaberti, A., 'Bibliografia su Guglielmo di Occam dal 1950 al 1968,' *Rivista di filosofia neoscolastica* LXI (1969), pp.273~284, 545~571.

Grabmann, M., 'Studien uber den Einfluss der Aristotlelichen Philosophie auf die

Mittelalterlichen Theorien uber das Verhaltnis von Kirche und Staat,' *Sitzungsberichte der Bayerischen Akademie der Wissenchaften* (1935), II.

Johnston, H., 'France: the Last Capetians,' *CMH* VII (1936), pp.311~355.

Hagemyer, O., 'Die *Regula Benedicti* in der neueren Forschung,' *Theologishe Revue* 72 (1976), pp.89~94.

Haller, J., 'Zur Lebensegeschichte des Marsilius von Padua,' *Zeitschrift für Kirchengeschichte* XLVIII (1929), pp.166~199.

Hanrahan, T. J., 'John Wyclif's Political Activity,' *Medieval Studies* 2 (1958), pp.154~166.

Harding, A., 'Political Liberty in the Middle Ages,' *Speculum* 55 (1980), pp.423~443.

Hashagen, J., 'Marsilius von Padua im Lichte der Neueren Forschung,' *Historisches Jahrbuch* 61 (1941), pp.247~274.

Hendrix, S. M., 'In Quest of the *Vera Ecclesia*: The Crises of Late Medieval Ecclesiology,' *Viator : Medieval and Renaissance Studies* 7 (1976), pp.347~378.

Heynck, V., 'Ockham-Literatur 1919-1949,' *Franziskanische Studien* 32 (1950), pp.164~183.

Hobn, R., 'Wilhelm Ockham in München,' *Franziskanische Studien* 32 (1950), pp.142~155.

Hofner, J., 'Biographische Studien über Wilhelm von Ockham,' *Archivum Franciscanum Historicum* 6 (1913), pp.209~233, 439~465.

Hudson, A., 'The Debate on Bible Translation,' *EHR* 354 (1975), pp.1~18.

Jacob, E. F., 'Conciliar Thought,' *Essays in the Conciliar Epoch* (Manchester, 1963), pp.1~23.

Kaminsky, H., 'Wycliffism as Ideology of Revolution,' *Church History* 3 (1963), pp.57~74

Kelsen, H., 'Absolutism and Relativism in Philosophy and Politics,' *What is Justice?* (Berkeley, 1957), pp.198~208.

Knapp, P. A., 'John Wyclif as Bible Translator: the Texts for the English Sermons,' *Speculum* 46 (1971), pp.713~720.

Knolwes, D., 'A Characteristic of the Mental Climate of the Fourteenth Century,' *Melanges Offerts a Etienne Gilson* (Paris, 1959), pp.315~325.

Koch, J., 'Neue Aktenstücke zu dem gegen Wilhelm Ockham in Avignon geführten Prozeß,' *Recherches de theologie ancienne et medievale* 7 (1935), pp.353~380 ; 8 (1936), pp.79~93.

Kölmel, W., 'Wilhelm Ockham: Der Mensch zwischen Ordnung und Freiheit,' *Miscellana Medievalia* 3 (1964), pp.204~224.

Kölmel, W., 'Das Naturrecht bei Wilhelm Ockham,' *Franziskanische Studien* 35 (1953), pp.39~53.

Ladner, G. B., 'Aspects of Medieval Thought on Church and State,' *Review of Politics* 9 (1947), pp.403~422.

Lagarde, M. G., 'L'idee de representation dans les oeuvres de Guillaume d'Okham,' *Bulletin of the International Committee of Historical Science* 9 (1937), pp.425~451.

Lagarde, M. G., 'Marsile de Padoue et Guillaume d'Ockham,' *Etudes d'histoire du droit canonique de ddiees Gabriel Le Bras* I (Paris, 1965), pp.593 ~605.

Lambert, M., 'Franciscan Crisis under John XXII,' *Franciscan Studies* 32 (1972), pp.123~143.

Laski, H. J., 'Political Theory in the Later Middle Ages,' *CMH* VIII (1936), pp.629~630.

Leff, G., 'The Fourteenth Century and the Decline of Scholasticism,' *Past & Present* 13 (1956), pp.30~32.

Lewis, E., 'The Positivism of Marsiglio of Padua,' *Speculum* 28 (1963), pp.541~ 582.

Lewis, E., 'Natural Law and Expediency in Medieval Political Theory,' *Ethics* 50 (1939~40), pp.144~163.

Lieberich, H., 'Kaiser Ludwig der Bayern als Gesetsgeber,' *Zeitschrift der Savigny Stiftung für Rechtsgeschichte* LXXXIX (1959), pp.173~245.

Little, A. G., 'Franciscan School at Oxford in the thirteenth Century,' *Archivum Franciscanum Historicum* 19 (1926), pp.803~874.

Luscomb, D., 'The *Lex divinitas* in the Bull *Unam Sanctam* of Pope Boniface VIII,' *Church and Government in the Middle Ages*, ed. Brooke, C. (Cambridge Univ. Press, 1976), pp.205~221.

Lycan, W. G., 'Ockham's Razor,' *Metaphilosophy* 6 (1975), pp.223~237.

Malley, J. W., 'Recent Studies in Church History 1300~1600,' *Catholic Historical Review* 55 (1969), pp.397~403.

Maurer, A., 'Ockham on the Possibility of a Better World,' *Mediaeval Studies*

38 (1976), pp.291~312.

McCready, W. D., 'Papal *Plenitudo Potestatis* and the Source of Temporal Authority in Late Medieval Hierocratic Theory,' *Speculum* 48 (1973), pp.653~674.

McDonell, K., 'Does William of Ockham have a Theory of Natural Law?,' *Franciscan Studies* 39 (1979), pp.105~129.

McHardy, A. K., 'John Wyclif's Mission to Bruges: a financial footnote,' *Journal of Theological Studies* 24 (1973), pp.521~522.

McKeon, R., 'Aristotelianism in Western Christianity,' *Philosophical Papers* (Chicago, 1939), pp.206~235.

Miethke, J., 'Zu Wilhelm Ockham's Tod,' *Archivum Franciscanum Historicum* LXI (1968), pp.79~98.

Moody, E. A., 'Ockham, Buridan and Nicholas of Autrecourt,' *Franciscan Studies* 7 (1947), pp.113~146.

Moody, E. A., 'William of Ockham,' *Studies in Medieval Philosophy, Science and Logic* (Berkeley, 1975), pp.409~439.

Morrall, J. B., 'Some notes on a recent interpretation of William of Ockham's Political Philosophy,' *Franciscan Studies* 9 (1949), pp.335~369.

Morrall, J. B., 'William of Ockham as a Political Thinker,' *The Cambridge Journal* 5 (1952), pp.742~751.

Morrall, J. B., 'Ockham and Ecclesiology,' *Medieval Studies*, ed. Watt, J. A. (Cambridge, 1961), pp.481~491.

Musgrave, L., 'William of Ockham,' *History Today* 23 (1973), pp.625~632.

Nederman, C. J., 'Aristotle as Authority: Alternative Aristotelian Source of Late Medieval Political Theory,' *History of European Ideas* 81 (1987), pp.31~44.

Nederman, C. J., 'Nature, Sin and the Origins of Societies: the Ciceronian Tradition in Medieval Political Thought,' *Journal of the History of Ideas* 49 (1988), pp.3~26.

Nederman, C. J., 'Nature, Justice and Duty in the *Defensor Pacis*: Marsiglio of Padua's Ciceronian Impulse,' *Political Theory* 18 (1990), pp.615~637.

Nederman, C. J., 'Knowledge, Consent and the Critique of Political Representation in Marsiglio of Padua's *Defensor Pacis*,' *Political Studies* 39 (1991), pp.19~35.

Oakley, F., 'Celestial Hierarchies Revisited: Water Ullmann's Vision of Medieval

Politics,' *Past & Present* 60 (1973), pp.3~48.

Oakley, F., 'Legitimation by Consent: The Question of the Medieval Roots,' *Viator* 14 (1983), pp.310~311.

Oakley, F., 'Medieval Theories of Natural Law: William of Ockham and the Significance of the Voluntarist Tradition,' *Natural Law Forum* 6 (1961), pp.65~83.

Oakley, F., 'Christian Theology and the Newtonian Science: the Rise of the Concept of the Laws of Nature,' *Church History* 30 (1961), pp.433~457.

Oberman, H. A., 'Some Notes on the Theology of Norminalism,' *Harvard Theological Review* 53 (1960), pp.47~76.

Oberman, H. A., 'From Ockham to Luther: Recent Studies,' *Concilium* 79 (1966), pp.63~68.

Oberman, H. A., 'The Fourteenth-Century Religious Thought: A Premature Profile,' *Speculum* 53 (1978), pp.80~93.

Offler, H. S., 'Empire and Papacy: the Last Struggle,' *Transactions of the Royal Historical Society* 6 (1956), pp.21~47.

Offler, H. S., 'The Three Modes of Natural Law in Ockham: A Revision of the Text,' *Franciscan Studies* 37 (1977), pp.207~218.

Offler, H. S., 'The Origin of Ockham's *Octo Quaetiones*,' *EHR* 82 (1967), pp.323~332.

Oppeneim, F., 'Relativism, Absolutism and Democracy,' *American Political Science Review* XLIV (1950), pp.951~960.

Otto, H., 'Marsilius von Padua und der *Defensor Pacis*,' *Historische Jahrbuch* XLV (1925), pp.189~218.

Ozment, S., 'The University and the Church: Patterns of Reform in Jean Gerson,' *Medievalia et Humanistica* 1 (1970), pp.111~126.

Pegis, A. C., 'Some Recent Interpretations of Ockham,' *Speculum* 23 (1948), pp.452~463.

Pegis, A. C., 'Concerning William of Ockham,' *Traditio* 2 (1944), pp.465~480.

Pelzer, A., 'Les 51 articles de Guillaume Occam censures en Avignon en 1326,' *Revue d'histoire ecclesiastique* 18 (1922), pp.240~270.

Pennington, A., 'The Cannonists and Pluralism in the Thirteenth Century,' *Speculum* 51 (1976), pp.35~48.

Peters, E., 'Pars, Parte: Dante and an Urban Contribution to Political Thought,'

The Medieval City, ed. Herlihy, D. (New Heaven, 1977), pp.113~140.

Post, G. 'Review on A. Gewirth,' The Listener LVIII (1953), pp.338~340.

Powell, R., 'William of Ockham and suppositio personalis,' Franciscan Studies 30 (1970), pp.131~140.

Powicke, F. M., 'Reflections on the Medieval State,' Ways of Medieval Life and Thought (London, 1949), pp.130~148.

Previté-Orton, C. V., 'Marsiglio of Padua: Doctrines,' EHR XXXVII (1923), pp.1 ~18.

Previté-Orton, C. V., 'The Authors Cited in the Defensor Pacis,' Essays in History Presented to R. L. Poole, ed. Davis, H. W. C. (Oxford, 1927), pp.407 이하.

Previté-Orton, C. V., 'Marsilius of Padua,' Proceedings of the British Academy XXI (1935), pp.137~183.

Prinz, F., 'Marsilius von Padua,' Zeitshrift für Bayerische Landesgeschichte 39 (1976), pp.39~77.

Reeves, M., 'Marsilius of Padua and Dante Alighieri,' Trends in Medieval Political Thought, ed. Smalley, B. (Oxford, 1964), pp.86~104.

Reilly, J. P., 'Ockham Bibliography: 1950~1967,' Franciscan Studies 28 (1968), pp.197~214.

Rubinstein, N., 'Marsilius of Padua and Italian Political Thought of His Time,' Europe in the Later Middle Ages, eds. Hale, J. R. & Smalley, B. (Northwestern Univ. Press, 1965). pp.47~75.

Schmidt, M. A., 'Kirche und Staat bei Wilhelm von Ockham,' Thelogische Zeitschrift 7 (1951), pp.265~284.

Scholz, R., 'Marsilius von Padua und die Idee der Demokratie,' Zeistschrift für Politik I (1907), pp.61~94.

Scholz, R., 'Marsilius von Padua und die Genesis des modernen Staatsbewußtseins,' Historiche Zeistschrift CLVI (1936), pp.88~103.

Shepard, M. A., 'William of Ockham and the Higher Law,' The American Political Science Review 26 (1932), pp.1005~1023 ; 27 (1933), pp.24~38.

Sikes, J. G., 'A Possible Marsilian source in Ockham,' EHR LI (1936), pp.496~504.

Stengel, E. F., 'Bladwin von Luxemburg, ein grenzdeutscher Staatsmann des 14. Jahrhunderts,' Abhandlungen und Untersuchungen zur Mittelalterlichen

Geschichte (Cologne, 1969), pp.180~217.

Stickler, A. M., 'Concerning the Political Theories of the Medieval Canonists,' *Traditio* 8 (1949~1951), pp.450~463.

Sullivan, J., 'Marsiglio of Padua and William of Ockham,' *AHR* 2 (1896~1897), pp.409~426, 593~616.

Tatnall, E. C., 'John Wyclif and *Ecclesia Anglicana*,' *Journal of Ecclesiastical History* 20 (1969), pp.19~43.

Thomson, K. J., 'A Comparision of the Consultations of Marsilius of Padua and William of Ockham relating to the Tyrolese Marriage of 1341~1342,' *Archivum Franciscanum Historicum* 63 (1970), pp.3~43.

Tierney, B., 'Ockham, the Conciliar Theory and the Canonists,' *Journal of the History of Ideas* 15 (1954), pp.40~70.

Tierney, B., 'Bracton on Government', *Speculum* 38 (1963), pp.295~317.

Tierney, B., 'The Continuity of Papal Political Theory in the Thirteenth Century: Some Methodological Consideration,' *Mediaeval Studies* 27 (1965), pp.227~245.

Tierney, B., 'Origins of Natural Rights Language-Texts and Contexts 1150~1250,' *History of Political Thought* X (1989), pp.615~646.

Tooley, M. J., 'The Authorship of the *Defensor Pacis*,' *Transactions of the Royal Historical Society* IX (1926), pp.85~106.

Trachtenberg, O., 'William of Ockham and the Prehistory of English Materialism.' *Philosophy and Phenomenological Research* 6 (1945~1946), pp.212~224.

Turnbull, R. C., 'Ockhams's Nominalsitic Logic: Some Twentieth Century Reflections,' *The New Scholasticism* XXXVI (1962), pp.313~329.

Valois, M. W., 'Jean de Jandun et Marsile de Padoue, auteurs du *Defensor Pacis*,' *Historie littéraire de la France* 33 (1906), pp.528~623.

Valois, M. W., 'Polemische occamiste,' *Rinascimento* 3 (1952), pp.119~141.

Vignaux, P., 'Sur Luther et Ockham,' *Franziskanische Studien* 32 (1950), pp.21~30.

Villey, M., 'La Genese du droit subjectif chez Guillaume d'Occam,' *Archives de Philosophie du Droit* 9 (1964), pp.97~127.

Ullmann, W., 'The Development of the Medieval Idea of Sovereignty,' *EHR* LXIV (1949), pp.31~33.

Ullmann, W., 'Medieval Populism,' *The Listener* LXVI (1961), pp.131~133.

Ullmann, W., 'Reflections on Medieval Empire,' *Transactions of the Royal Historical Society* 14 (1964), pp.89~108.

Ullmann, W., 'Die Bulle *Unam Sanctam*: Rückblick und Ausblick,' *Römische Historische Mitteilungun* 16 (1974), pp.45~77.

Ullmann, W., 'Boniface VIII and His Contemporary Scholarship,' *Journal of Theological Studies* 27 (1976), pp.58~87.

Ullmann, W., 'Dante's *Monarchia* as an Illustration of a Politico-Religious *Renovatio*,' *Traditio-Krisis-Renovatio aus Theologischersicht* (Marburg, 1976), pp.101~113.

Wathen, A., 'Methodological Considerations of the Sources of the *Regula Bendedicti* as Instruments of Historical Interpretations,' *Regulae Bendicti Studia* 5 (1976), pp.101~117.

Watkins, J. W. M., 'Epistemology and Politics,' *Proceedings of the Aristotelian Society* LVIII (1957~1958), pp.78~102.

Weakland, J., 'Administrative and Fiscal Centralization under Pope John XXII 1316~1334,' *Catholic Historical Review* 54 (1968), pp.39~54, 285~310.

Webb, D. M., 'The Possibility of Toleration: Marsiglio and the City States of Italy,' *Studies in Church History* 21 (1984), pp.99~113.

Weisheipl, J. A., 'Ockham and Some Mertonians,' *Mediaeval Studies* 30 (1968), pp.163~213.

Weisheipl, J. A., 'Curriculum of the Faculty of Arts at Oxford in the Early Fourteenth Century,' *Mediaeval Studies* 26 (1964), pp.143~185.

Wilks, M., 'Corporation and Representation in the *Defensor Pacis*,' *Studia Gratian* XV (1972), pp.251~292.

찾아보기

【ㅅ】

지은이 박은구는
서울대 문리대 서양사학과 및 동대학원을 졸업하고, 미국 뉴욕주립대학
대학원에서 수학했으며, 영국 케임브리지 대학 사학부 객원교수와 미국
데이비스 엘킨스 대학 및 킹 대학 객원교수를 지냈다. 현재 숭실대학교
인문대학 사학과 교수(문학박사)로 재직하고 있다.
연구업적으로는 『서양 중세 문화와 사상』(2001), 『서양 중세 정치사상사』
(2000), 『중세 서양의 정치사상』(1988), 『서양중세사 연구』(1987), 『14세기
유럽사』(1987), 『서양사상의 역사』(1986), 『현대 사회사학의 흐름』(1982),
『근대국가의 기원』(1982) 등의 편역서가 있다.

서양 중세 정치사상 연구

박은구 지음

초판 1쇄 인쇄 · 2001년 8월 15일
초판 1쇄 발행 · 2001년 8월 18일

발행처 · 도서출판 혜안
발행인 · 오일주
등록번호 · 제22 - 471호
등록일자 · 1993년 7월 30일
121 - 836 서울 마포구 서교동 326 - 26
전화 · 02) 3141 - 3711, 3712
팩시밀리 · 02) 3141 - 3710

값 28,000원

ISBN 89 - 8494 - 140 - 9 93920